KB188639

어원 語源 상고사 上古史

우리말의 뿌리를 찾아서 밝혀낸 우리 역사

어원^{語源} 상고사^{上古史}

우리말의 뿌리를 찾아서 밝혀낸 우리 역사

1판 1쇄 인쇄 ｜ 2025년 3월 20일
1판 1쇄 발행 ｜ 2025년 3월 25일

지 은 이 ｜ 정진명
펴 낸 이 ｜ 양기원
펴 낸 곳 ｜ 학민사

출판등록 ｜ 제10-142호, 1978년 3월 22일
주   소 ｜ 서울시 마포구 토정로 222 한국출판콘텐츠센터 314호(⊕ 04091)
전   화 ｜ 02-3143-3326~7
팩   스 ｜ 02-3143-3328
홈페이지 ｜ www.hakminsa.co.kr
이 메 일 ｜ hakminsa@hakminsa.co.kr

ISBN   978-89-7193-272-8 (03910), Printed in Korea
ⓒ 정진명, 2025

어원語源 상고사上古史

우리말의 뿌리를 찾아서 밝혀낸 우리 역사

글 · 정진명

학민사
Hakmin Publishers

차 례

책 머리에

　이 책은 2022년 9월부터 2024년 2월까지 인터넷신문 '굿모닝충청'에 연재된 글을 모아서 엮은 것이다.

　언어가 역사의 유물일 수 있는가? 이 질문이 이 글의 시작이었다. 고대사에 나오는 수많은 인명 지명 국명 부족명이 침묵을 한 채 누군가 올바른 이름을 불러주기를 기다렸다. 의문으로 가득 찬 이름들이 정체를 드러낸다면 역사는 한결 정확하게 풀릴 것이다. 이 글은 그런 소박한 질문에 대한 소박한 답이다.

　이런 소박한 글을 신문에 싣도록 용기를 준 김종혁 기자에게 감사의 인사를 글로 대신 전한다. 많은 사람이 공유하여 이것이 비교언어학으로 역사의 비밀스러운 문을 여는 열쇠가 되면 좋겠다.

2023년에 이 책의 자매 편이 먼저 책으로 출판되었다. 『우리 역사 이야기 : 어원으로 본 한국 고대사』가 그것이다. 이 원고가 출판사로 넘어간 뒤에 '어원상고사' 연재가 시작되었다. 따라서 이 두 책은 서로 빈 곳을 채우는 관계가 되었다.

이미 신문에 공개된 글을 책으로 엮기까지 해야할까 싶었지만, 학민사의 배려로 출판하게 되었다. 이 참에 늘 나의 원고를 책으로 엮어주는 학민사에게 특별히 고맙다는 말을 하고 싶다.

정 진 명

역사언어학 서설

일연의 『삼국유사』에는, 한문의 문장 독법으로는 해독되지 않는 문단이 14군데 있습니다. 한문에 정통한 사람들도 풀이할 수 없어서 지난 1,000년 동안 까막 글씨로 남아있었습니다. 그런데 이것을 처음으로 해석한 사람이 일본학자입니다. 일제강점기의 일이죠. 왜 일본인이 이것을 번역했을까요? 이 문장을 한문식이 아닌 일본어 식으로 풀어본 겁니다. 그랬더니 뜻이 조금 통하는 것이었습니다.

이런 사실을 알고 충격을 가장 많이 받은 사람이 자칭 '국보 1호'라고 떠들고 다닌 양주동이었습니다. 양주동은 관련 서적을 한 지게 지고 골방에 처박혀 일본 학자가 했던 그 방식으로 까막 글씨를 풀어냅니다. 그리고 책을 내죠. 『고가 연구』. 1,000년 동안 잠자던 향가가 우리 앞에 모습을 드러내는 순간이었습니다. 저는 국어를 전공했기에 향가를 전문가 수준으로 배웠습니다. 우리 말의 소리가 문자화할 때 빚어지는 고민과 난처함이 향찰 표기에 잘 드러났습니다.

이 향찰 표기는 우리의 생각을 전하는 데 끝내 실패하고 일본으로 건너가서 일본식 표기로 정착합니다. 우리는 15세기에 세종대왕의 훈민정음이 나타날 때까지 한문 원문을 표기 수단으로 삼습니다. 자연스럽게 향찰 표기가 우리 겨레의 기억에서 멀어졌고, 옛 조상들이 쓰던 『삼국유사』의 문장을 알아보지 못한 상황이 된 것이죠. 그것이 향찰 풀이 과정에서 드러난 소동이었습니다.

제가 국어를 전공으로 배우면서 한가지 이상하게 느낀 게 있습니다. 『삼국사기』와 『삼국유사』를 펼치면, 뜻을 알 수 없는 국명과 지명과 인명이 가득합니다. 그 속의 글을 읽으려면 이 이름의 뜻을 알아야 합니다. 하지만 알 수 없죠. 그 이름을 쓴 사람들이 무슨 뜻이라고 밝힌 적이 없으니 말입니다. 역사학자들은 마치 향가 문장을 마주한 옛사람들과 똑같은 상황에 직면한 것입니다. 이상한 건 역사학자 중 아무도 양주동의 노릇을 자처하고 나선 사람이 없다는 것입니다. 이건 정말 이상합니다.

더 이상한 건, 이미 많은 연구를 해놓은 언어학자들에게 묻지도 않는다는 것입니다. 그러면서도 곳곳에서 개똥철학으로 주먹구구식 해석을 시도합니다. 이병도가 주석을 단 『삼국사기』와 『삼국유사』를 펼쳐보면 헛웃음이 나옵니다.

21년 경성京城에 성을 쌓아 이름을 금성金城이라 하였다. ─『삼국사기』 권1 신라본기 시조 혁거세거서간

이병도의 각주) 그 이름은 금성탕지金城湯池에서 취하였다기보다는 「검(城)」 또는 「임금(城)」(王城)의 뜻이 아닌가 한다.

이병도는 金을 우리말 '검'을 적은 것으로 보았습니다. 한눈에 봐도 말이 안 되는 것이, 임금의 '검'을 한자로 적으려면, '儉, 險'을 써야 합니다. 향찰 표기의 원칙이고, 실제로 단군왕검이 그 한자를 썼습니다. 그러니까 이곳 '금성'의 金은 임금이나 신을 뜻하는 말이 아닙니다.

황금을 만주어로는 'asin', 몽골어로는 'alta', 터키어로는 'altïn'이라고 합니다. 2,000년 전에 누군가 金이라는 기록을 남겼다면 그들의 언어로 읽어야 합니다. 수도는 중앙에 있습니다. 중앙을 뜻하는 터키어는 'orta'이고 '목책을 쌓은 성'은 'tura'입니다. 터키어를 쓰는 사람들이 '올타두라(orta-tura)=나라의 중심 수도'라고 부른 동네를 몽골어를 쓰는 사람들은 '알타다라(alta-dara)=황금의 성'라고 듣고 한자로 '金城'이라고 적은 것입니다. 1,000년 전의 김부식이 적은, 2,000년 전의 언어를, 이병도는 지금의 언어로 풀이하였으니, 그게 맞을 리가 없습니다. 한국 역사학계의 태두 이병도의 자백(!)이 이와 같습니다. 그의 주석서에 이런 혀 짧은 소견이 가득합니다.

하지만 황소가 뒷걸음질 치다가 개구리를 잡는 수도 있습니다. 아사달에 대한 해설이 그것이죠. 일본어로 '아사'는 아침(朝)인데, 고조선의 수도 '아사달'이 바로 아침을 뜻하는 말이라는 것입니다. '朝鮮=아사달'이라는 거죠. 바로 뒤에서 설명하겠지만, 이 주장은 아사달에 관한 많은 의견 중에서 제법 그럴 듯한 주장이어서 역사학계의 주요 의견으로 자리 잡았습니다. 언어학을 전공한 저의 눈에는 아주 소박한 소꿉장난 같습니다만, 그래도 이병도의 주장 중에서는 그나마 그럴듯한 어원론입니다.

우리가 고등학교 다닐 때 한국어는 보통 우랄-알타이어에 속한다고 배웠습니다. 제가 대학에 다닐 때는 '우랄'을 떼어버리고 '알타이어족'으로 분류했습니다. 알타이어족을 대표하는 말은 터키어 몽골어 퉁구스어인데, 한국어는 이들보다 훨씬 더 일찍 갈라져 나와서 이들과도 많이 달라졌다는 것입니다. 이기문을 비롯한 서울대 학파의 의견이 주류를 이루었습니다. 이들이 가정한 '원시부여어' '원시한어'는 어디서도 볼 수 없는 가공의 언어입니다. 오늘날의 한국어와 알타이 조어를 연결하는 중간 과정을 상정하여 생각해본 상상 속의 언어죠.

그런데 최근에 새로운 학설이 등장했습니다. 동북아시아의 알타이 제어는 1만 년 전 요동 지역에서 농사를 짓던 사람들이 어떤 이유로 이동하면서 퍼진 언어라는 것입니다. 이 언어의 근거지는 중국 동북부의 홍산과 몽골의 적봉 지역인데, 지금 이곳은 나무 하나 없이 잔풀만 자라는 황량한 땅이어서 여기서 농사를 지었다는 것이 언뜻 이해가 가지 않습니다. 그러나 1만 년 전의 기후로는 이 지역이 농사 짓기에 가장 좋은 곳이었다고 합니다. 이후 소빙하기가 오면서 날씨가 추워져서 지금과 같은 황량한 땅으로 변했고, 그 바람에 그곳 원주민들이 농사짓기 좋은 남쪽으로 이동하면서 언어도 지금처럼 퍼졌다는 주장입니다. 그곳보다 더 따뜻한 지역은, 대체로 발해만과 황해의 주변입니다. 이른바 동이족의 영역이죠. 홍산 문화는 농경을 일찍 시작한 동이족 조상의 문화라는 뜻이죠.

그렇다면 그곳 황량해진 땅에 남은 사람들은 어찌 되었을까요? 초원지대에 남은 사람들은 짐승을 길들이기 시작합니다. 그리고 기원전 3,000년쯤에 이르면 말을 사육하는 데 성공합니다. 말을 사육했다는 것은 대규모 이동과 집단화가 이루어졌다는 뜻입니다. 그러면 이런 현상에서 자연스럽게 떠오르는 사람들이 있습니다. 바로 흉노족이죠. 말과 함께 나타나 농경지를 휩쓸며 약탈하는 사람들이 철따라 중국의 변경을 넘나듭니다. 이들은 춘추전국시대부터 서서히 기록에 나타나 진나라와 한나라에 이르면 변방의 골칫거리로 등장합니다. 바로 이들의 발상지가 알타이산맥과 인근 초원이고, 이들의 언어가 바로 알타이어족입니다. 알타이란 황금산金山을 뜻하는 말입니다.

한국어는 이들의 언어와 비슷하지만, 이들 언어 간의 통일성과 유사성보다 좀 더 낯선 모습입니다. 이들보다 훨씬 더 일찍 알타이조어祖語로부터 분화되었다는 뜻입니다. 앞선 최근 학설로 보면 1만 년 전에 홍산을 떠난 원주민의 언어에 더 가깝다는 뜻입니다. 하지만 이런 사정을 몰랐던 람스테드Ramstedt(1873~1950)나 그를 따르는 학자들이 한국어를 알타이어족에 집어넣어서 설명하다 보니, 앞서 본 원시 부여어나 원시 한어를 쓰는 '고아시아족의 언어'를 중간단계로 설정할 수밖에 없었던 것입니다.

한자 표기로 남은 중국 발해만 지역의 지명을 찬찬히 들여다보면, 몽골어 터키어 퉁구스어와 비교할 때도 어떤 공통성을 보이지만, 오늘날 우리가 쓰는 입말(口語)과 직접 대비할 때 뜻이 더욱 또렷해지는 말들도 많습니다. 그래서 이 5개 언어를 비교해야만 고대사에 등장하는 지명 인명 국명이 좀 더 또렷한 뜻을 드러냅니다.

저는 역사에 문외한입니다. 스무 살 무렵에 신채호의 『조선상고사』(문공사)를 읽어본 것이 전부입니다. 국어를 전공하면서 역사로부터 멀어졌는데, 어원을 정리하다 보니 젊은 날 읽은 신채호가 다시 생각나서 그 꼬투리들을 정리해보려고 펜을 들었습니다. 연재를 하려고 마음먹고 보니, 환갑 진갑 다 지난 늙은이가 노망을 부리는 게 아닌가 하는 걱정도 해봅니다. 이제 시작하는 연재는 역사에 문외한인 한 문학도의 눈에 비친 풍경이니, 설령 제가 틀린다고 해도 저로서는 부끄러울 것도 잃을 것도 없습니다. 역사학도들께서는 때로 못마땅하시겠으나, 제가 그것까지 감당할 필요는 없겠다는 생각이 듭니다. 정 못마땅하시거든 한 늙은이의 망령이라고 치부하시고 눈을 돌려 자위하시기 바랍니다.

역사는 역사학자들의 독점물이 아닙니다. 고대의 언어는 가장 확실한 고고학 자료입니다. 출토되는 유물보다 더 확실한 '뜻'을 보여줍니다. 저는 언어학에 담긴 역사의 지분을 건드리는 것뿐입니다. 가장 확실한 고고학 자료를 건드리지 않는 고고학자들이 더 이상한 겁니다.

1장
한겨레의 뿌리를 찾아서

우리는 나라 이름을 '대한민국'이라고 정했습니다. 이 말은 바로 앞의 왕조인 '대한제국'에서 온 말입니다. '제'를 '민'으로 바꾼 것이죠. 그런데 그 앞의 왕조는 '조선'이었습니다. 대대로 조선이었는데, 왜 하필 '한'으로 바꾸었을까요?

요동과 만주 한반도 일대에 살던 옛 민족들은 대체로 2가지로 불렸습니다. '조선'과 '한'. '한'은 한반도 안의 '삼한'입니다. 이미 역사 교육을 통해서 우리에게 익숙한 말이죠. 조선을 대한제국으로 바꾼 사람들에게 '조선'과 '3한'은 같은 말이었던 셈입니다.

3한은 마한馬韓 진한辰韓 변한弁韓입니다. 한韓은 한자 말일 리 없습니다. 순우리말의 소리를 한자로 적은 것이겠지요. 삼한은 이 '한'이 세 갈래임을 말합니다. 같은 민족이지만, 고대국가로 발돋움하기 전에 셋으로 나뉘었음을 보여줍니다. 나뉘었다는 것은 갈등과 협조가 적절히 이루어진 관계라는 뜻입니다. 만약에 이 셋이 공존하기 힘든 관계였다면 어느 쪽이 먼저 정벌하여 하나로 합쳐졌을 것입니다. 그렇지만 오랜 세월 세 '한'은 공존의 관계를 유지해왔습니다.

3한은 기자조선의 마지막 왕 기준箕準이 위만에게 밀려서 남쪽으로 내려와서 세운 부족국가입니다. 이들은 몽골어를 썼습니다. 그래서 각기 자리 잡은 위치에 따라 몽골어에 해당하는 말을 앞에 붙인 것입니다. 몽골어에서 '바라군(baragvn)'은 서쪽이고, '제즌(jegün)'은 동쪽이고, '비얀(biyan)'은 중앙입니다. 이것이 각기 마馬 진辰 변弁이 된 것입니다. 그러니 마한은 서쪽의 한, 진한은 동쪽의 한, 변한은 가운데의 한이라는 뜻입니다. 실제로 『삼국사기』 신라본기에서는 마한왕을 '서한왕'이라고 했습니다. 마馬와 서西는 같았다는 뜻입니다. 왜 '바'가 아니고 '마'냐고요? 비읍과 미음은 같은 입술소리입니다. 거의 같은 소리가 납니다.

辰의 뜻은 '별'입니다. 수성을 가리키는 말이죠. 신채호는 『조선상고사』에서 그냥 '신한'이라는 음차로 봤습니다. 우리말에서 '신'은 새롭다거나 빛이라는 뜻이 있으니(드라비다어로는 황금), 음으로 적으나 뜻으로 적으나 같은 말입니다. 전국에 '비로봉'이라는 이름이 붙은 산봉우리가 많습니다. 대부분 비로자나불에게 갖다 붙여 해석하는 경우가 많은데, 불교가 들어오기 전에는 뭐라고 했을까요? 이때의 '비로'는 부처가 아니라, '별, 빛'이라는 뜻입니다.

조선 상고사

3한이 동등한 관계는 아닐 것입니다. 더욱이 남쪽으로 내려온 뒤에 세 한은 힘에 따라 서열이 오르락내리락했겠지요.

도대체 어떤 놈이 가장 높은 놈일까요? 힌트가 있습니다. 중국의 고대 왕조 시절에 가장 골치 아픈 부족이 있었는데, 북방의 흉노족입니다. 흉노족은 초원지대를 떠돌며 유목을 하는 집단입니다. 각궁이 짱짱해지는 가을만 되면 남쪽으로 쳐들어와서 노략질한 뒤에 유유히 떠납니다. 종잡을 수가 없습니다. 이들을 막으려고 진시황이 북방에 긴 성을 쌓은 것이 바로 만리장성입니다.

진나라를 뒤이은 한나라에서는 이들 때문에 골치를 앓다가 무제에 이르러 작전을 바꿉니다. 가만히 당할 날을 기다리는 게 아니라, 적의 소굴로 쳐들어가는 것입니다. 그래서 곽거병 위청 이광 같은 명장들을 앞세워 흉노가 사는 초원지대까지 군대를 보내어 소탕합니다. 중국으로 쳐들어가 노략질을 해오기만 했지 거꾸로 공격받으리라 생각한 적이 없던 흉노족은 허를 찔려 혼비백산 달아나죠.

지도를 펼쳐놓고 유라시아 대륙을 살펴보시기 바랍니다. 만리장성을 넘어서 초원지대로 쳐들어간 한나라 군대에 쫓겨서 흉노족이 갈 곳은 2방향입니다. 중심을 빼앗겼으니, 동쪽과 서쪽 둘 중의 한 군데로 달아날 수밖에 없죠. 한나라 무제武帝의 집요한 공격으로 이들은 둘로 갈라져 달아납니다.

서쪽으로 달아나자면 지금의 카자흐스탄이나 우즈베키스탄처럼 천산산맥 너머로 쫓겨납니다. 거기 동유럽에는 원래 사람들이 살았겠죠. 그들은 다시 흉노족에게 쫓겨 서쪽으로 더 갑니다. 어디일까요? 북유럽입니다. 일파만파로 흉노족들이 끝없이 밀려들자 동유럽과 북유럽에 살던 사람들은 남쪽으로 밀려납니다. 그게 세계사 시간에 배우는 게르만 민족의 대이동으로, 로마의 쇠퇴를 가져오는 결과를 낳습니다.

자, 서쪽으로 간 사람들은 '훈족'이라는 이름으로 게르만의 대이동을 촉발했는데, 동쪽으로 달아난 흉노족들은 어떻게 되었을까요? 아무런 소식이 없습니다. 이상합니다. 서쪽으로 간 흉노족들은 세계사의 흐름을 바꾸었는데, 동쪽으로 간 흉노족은 소식이 없습니다. 그리로 안 간 걸까요? 그럴 리는 없습니다. 분명히 동쪽으로 간 흉노족이 있을 겁니다.

　그런데 이 시기, 즉 한 무제가 통치하던 무렵에 동북아시아에서는 묘한 움직임이 일어납니다. 이때는 고조선 말기였는데, 이 시기를 전후하여 한반도와 요하 북동쪽의 만주벌판에 수많은 부족국가가 성립합니다. 삼국시대 이전과 초기의 변화가 모두 이 무렵에 해당합니다. 그렇다면 잠잠했던 고조선 강역이 시끄러워지고, 고대국가가 막 생기던 삼국시대 초기의 상황은 모두 흉노족의 대이동과 관련이 있지 않을까요? 저는 그렇게 봅니다.

　몽골 초원은 바다 같습니다. 너무 넓어 영역을 표시할 수도 없고, 한 사람이 통치할 수 없습니다. 끝없는 초원을 크게 셋으로 나눕니다. 흉노족은 황제에 해당하는 우두머리를 '선우'라고 불렀는데, 그가 초원의 한복판에 삽니다. 한자 표기로는 '單于'인데, 이것을 '선우'라고 읽는 것부터가 심상찮습니다. 單은 뜻에 따라 음이 다릅니다. '홑'의 뜻일 때는 '단'이라고 읽고, '오랑캐임금'을 뜻할 때는 '선'이라고 읽습니다. 그래서 '선우'라고 읽는 것입니다. 한자말이 아니라 딴말을 소리만 적은 것임을 알 수 있습니다.

　'선우'가 뭘까요? 'jenap〉jenu'의 소리를 적은 것으로, '폐하'를 뜻하는 고대 터키어입니다. 터키는 중국 측 기록에는 돌궐突厥이라고 쓰였고, 서양에서는 '투르크'라고 읽죠. 흉노의 일파(돌궐)가 서쪽으로 갔다가 너무 깊숙이 들어가는 바람에 돌아오지 못하고 그 자리에 눌러앉아 지금의 터키가 되었습니다. 흉노는 터키어를 썼다는 뜻입니다.

이 선우가 중앙에 있고 임금 둘을 뽑아서 좌우에 놓습니다. 그 왕을 좌현왕 우현왕이라고 부릅니다. 이들을 보좌하는 직책이 더 있습니다. '녹려왕, 골도후, 대당호, 대도위' 같은 것들입니다. 이들이 서로 얽혀서 선우와 두 현왕을 연결하죠. 평소 이들은 따로 놉니다. 유목 세상의 특성상 그럴 수밖에 없죠. 그러다가 큰일이 있을 때 힘을 합칩니다. 가을이 되어 겨울을 날 준비로 노략질을 해야 하니 어디로 모여라! 이렇게 되는 것이죠. 그러면 부족별로 청황적백흑 오색 깃발(오방기)을 휘날리며 집결합니다. 그리고는 만리장성을 넘는 것이죠. 멀리서 깃발을 보면 어느 부족인지 대번에 알 수 있습니다. 옛날의 전투에서 부대마다 깃발을 들어 휘날리는 것은 여기서 비롯한 것입니다.

나중에는 흉노족이 무제의 역공에 패하여 쫓기게 됩니다. 이들 중에 선우와 좌현왕은 서쪽으로 갔는데, 우현왕이 바로 동쪽으로 몰려갑니다. 그리고 거기서 왕조를 접수하죠. 국가도 아니고 부족도 아닌 어정쩡한 제도와 형태로 살아가던 고조선 지역에 유목지대를 호령하는 통치 체제를 적용하면서 스스로 왕을 잇는 것입니다. 그가 바로 고조선의 마지막 왕 우거右渠입니다. 중국에 시달리던 고조선 사람들은 다민족 연합국가에서 전투 경험이 많은 흉노족의 우현왕을 위만조선의 새 왕으로 추대했을 것입니다.

고조선의 왕 우거右渠는 성이 '우'이고, 이름이 '거'인가요? 알 수 없습니다. 하지만 분명한 건 있죠. 우右가 성은 아닐 거라는 말입니다. 고대사 자료에서 오른쪽을 가리키는 언어 자료는 딱 하나입니다. 흉노족의 우현왕이죠. 그러면 그거라도 잡고 늘어져야죠. 그게 역사학 연구 정신 아닌가요? 역사학도들께서는 저를 탓할 때가 아닌 것 같습니다. 하하하.

천자문

'거'는 뭘까요? 한자의 뜻은 '도랑'입니다. 부동산 행정용어에 '구거부지'라는 우스꽝스러운 말이 있는데, 거기의 '거'가 바로 그 '渠'입니다. 그러나 이게 역사책에 나온다면 뜻으로 읽으면 안 됩니다. 일단 소리로 읽어야죠. '거'에 해당하는 우리 말 중에서 우두머리와 연관이 있는 말이 있을까요? 역사학자들은 모르겠지만, 국어학 전공자인 저는 압니다. '걸'이 그것입니다. 실제로 1575년에 간행된 『천자문』에는 渠 밑에 '걸 거'라고 적혔습니다.

어디서 많이 본 말이죠? 윷놀이에 있습니다. '도, 개, 걸, 윷, 모'가 그것이죠. 한가운데에 걸이 있네요. 리을 탈락이 되면 '거'가 됩니다. 이 윷말의 이름들은 부여의 언어이고, 유목의 자취가 강합니다. 그래서 신채호는 『조선상고사』에서 이것을 부여의 통치제도인 사출도에서 온 것이라고 했습니다. 즉 다섯 지역을 담당하는 벼슬 이름인 마가, 우가, 저가, 구가라고 말이죠. 그런데 중앙만 이름이 없습니다. 왜 그럴까요? 이들 사출도에 명령을 내리는 사람은 다른 이름이 필요 없죠. 곧 왕이죠. 왕은 자기 이름이 없습니다. 하늘이자 땅의 주인이기 때문이죠. 이 왕이 각기 짐승으로 벼슬 이름을 삼은 셈이죠.

그렇다면 중앙을 나타내는 '걸'은 짐승 이름일까요? 사람들은 이것을 '양'으로 비정합니다. 다른 말이 모두 짐승이기 때문이죠. 그러나 우리말로 양은 '염'이라고 하여, 따로 분류합니다. 이 '염'을 닮은 소가 '염소'입니다. '염'은 양의 목소리를 글로 베낀 말이고, 그렇게 우는 소리라는 뜻이죠. 실제 양과 염소는 '여어어어어엄!'하고 웁니다. 하하하.

만약에 사출도가 윷판이고, 걸이 짐승 이름이 아니라면, 당연히 왕을 뜻하는 말입니다. 이걸 강력하게 입증해주는 것이 고구려입니다. 주몽은 5부족 중에서 '계루부' 출신입니다. '계루'와 '걸' 어쩐지 같은 말이라는 느낌이 안 드나요? 저의 주장이 떫은 분은 왼고개를 칠 것입니다만, 그래도 '그거, 그럴듯한데?'라고 생각하는 분이 더 많을 겁니다. 우리가 배운 국사의 내용이 하도 부실하니, 그런 생각이 드시는 겁니다.

'우거'의 '거'는 왕을 뜻하는 말입니다. 고구려 부족들은 사람이 많이 사는 곳을 '구루'라고 불렀습니다. 아마도 '계루'도 왕의 도시, 즉 중심과 수도를 뜻하는 말이었을 겁니다. 사람은 가장 중요한 뇌를 '골'이라고 부릅니다. '걸'이나 '골'이나 같습니다. 우거는 고대의 왕을 뜻하는 말이고, 무제의 흉노정벌이 일으킨 여파가 동쪽으로 밀려간 결과, 흉노족의 우현왕이 고조선 사회에 자리 잡으면서 신분세탁을 한 것이라고 봅니다.

여기까지는 제 개똥철학에 가까운 얘기였습니다. 그러면 좀 더 깊이 들어가 보겠습니다. 한나라 고조 유방은 '풍豊' 땅 출신입니다. 그곳 출신 장군 중에 노관盧綰이란 사람이 있는데, 중국 동북부 지역인 연燕나라의 왕으로 책봉되었습니다. 그런데 이 사람이 반란을 꾀하다가 발각되자 흉노에게 달아나 숨어버립니다. 바로 이때 그의 수하였던 위만衛滿이 노관을 따라가지 않고 스스로 유민을 모아서 중국에 저항하다가 기자조선에 붙습니다. 기자조선의 준왕에게 중국과 조선 사이 완충지대(DMZ)에 머물면서 중국의 공격에 방패막이가 되겠다고 자처한 것입니다. 그것을 준왕이 받아들였는데, 위만은 계속 유민을 끌어모아 세를 불리고 곧 왕검성으로 쳐들어가 준왕을 몰아냅니다. 이때가 기원전 194년입니다. 준왕은 남쪽으로 내려가 다시 나라를 세우니, 그게 바로 '삼한'입니다.

우리가 눈여겨보는 우거는 위만의 손자입니다. 조선의 마지막 왕이죠. 앞서 보았듯이 성도 없고 이름도 또렷하지 않죠. 아예 이름이 없을 수도 있습니다. 위만조선은 우거를 마지막 임금으로 한 무제에게 공격당해 패망하는데, 이때가 108년입니다. 왜 이 골치 아픈 숫자를 나열하느냐면, 한 무제의 흉노정벌 때문입니다. 한 무제가 곽거병, 위청, 이광 같은 명장들을 동원하여 흉노의 본거지를 쳐서 소탕한 것이 기원전 129년의 일입니다.

194년에 위만조선 시작
129년에 흉노 소탕
108년에 위만조선 망함

이 사건들은 마치 고리처럼 연결되었음을 말하려는 것입니다. 한 무제의 공격을 받고 흩어진 흉노족은 서쪽으로 가서 게르만 민족의 대이동을 촉발했는데, 그 중에 일부는 동쪽으로 몰려든 것입니다. 흉노를 공격한 한 무제의 눈에는 흉노와 위만이 똑같은 놈으로 보인 것입니다. 둘 다 터키어를 쓰는 족속들이고, 북쪽의 오랑캐(北狄)가 궁지에 몰리자 동쪽의 피붙이(東夷)에게 들러붙은 꼴입니다. 저걸 그냥 두면 곧 초원으로 되돌아와서 중국 변방을 노략질하는 일을 되풀이할 것이 뻔합니다. 그래서 흉노정벌로 국고가 다하고 국력이 바닥났는데도 조선 정벌을 단행한 것입니다. 이런 무리수를 둔 결과 한나라는 무제 이후 혼란에 빠집니다. 결국, 왕조가 망하고 왕망의 '신新' 나라로 이름까지 바꾸죠.

위만조선으로서는 서북쪽 초원지대에서 몰려오는 피붙이 겨레들이 반가웠을 것입니다. 준왕을 몰아냈지만, 준왕을 따르던 세력이 주변에 가득한 상황에서 틈만 보이면 언제든지 뒤집힐 수 있는 정국이었기에 자신들의 세가 불어나는 것을 마다할 이유가 없죠. 게다가 밀려든 동족들은 한나라와 싸움에 이골이 난 능력자들입니다. '우거'는 특정한 사람의 이름이라기보다는 그들 세력을 대표하는 왕을 뜻하는 말이었을 것입니다. '위만'으로 대표되는 기존의 조선 세력과 새로 밀려든 한나라 유민과 흉노 잔당이 중국에 맞서 싸우기 위해서 뽑은 지도자였을 것입니다.

그런데 이상한 게 있습니다. 위만에게 쫓겨가서 만든 나라 삼한 말입니다. 저라면 '기자조선'이라고 했을 텐데, 나라 이름을 '삼한'이라고 했습니다. 위의 내용을 읽어보면 한반도 남쪽의 '한' 사회에 어찌하여 합쳐지지 않은 세 '한'이 존재하게 된 것인지, 어렴풋이 알 수 있지 않을까요? 흉노족의 통치방식이 고조선을 거쳐서 그대로 남쪽까지 밀려 내려온 것이 아닐까요? 그렇다면 게르만 민족의 대이동만큼이나 거대한 물결이 이 시기의 동북아시아를 덮친 것이라고 봐야 합니다.

이 긴 글의 시작은, 3한이었습니다. 도대체 마한 진한 변한이 뭘 뜻하느냐 하는 것이었죠. 그걸 말하려고 흉노와 한나라, 그리고 고조선 얘기를 길게 꺼낸 것입니다. 이제 목적지에 이르렀습니다. 준왕은 기자조선의 후예이고, 기자조선의 지배층은 몽골어를 썼습니다. 그러다가 흉노와 같은 터키어를 쓰는 위만 족에게 밀린 것입니다.

마한의 '마'는 몽골어로 서쪽이라는 뜻입니다. 실제로 진국의 서쪽에 있죠. 그런데 이때에는 이미 드라비다에서 온 가락국 세력이 한반도 남쪽에 영향을 미치던 때입니다. 그래서 진국과 대립각을 세우면서 왕조가 열립니다. '진국'의 '진'은 몽골어로 동쪽이지만, 드라비다말로 황금이라는 뜻입니다. 황금알에서 태어난 수로 왕의 가락국 신화에 걸맞은 말입니다. 변한은 '변진국'이라고도 했습니다. 이때쯤이면 진한의 영향이 변한에 크게 미쳐 변한인지 진한인지 구분이 잘 안 갔다는 뜻입니다.

이 3한은, 백제가 평양에서 한강으로 내려올 때까지 이 지역을 통치합니다. 그러면 벌써 백제 시대보다 더 먼저 이런 체제가 자리 잡았다는 뜻입니다. 그도 그럴 것이 곽거병이 흉노를 정벌한 것은 기원전 129년이고, 백제가 건국한 것은 기원전 18년이니, 백제 건국 110년 전에 이미 흉노족의 대이동은 시작된 것입니다. 그 여파가 삼한에 들어와서 자리 잡은 뒤에 백제의 건국 세력이 이 지역에 도착합니다.

그러면 삼한 중에서 누가 가장 우두머리인가 하는 것은, 위치로 가늠할 수 있습니다. 마한은 한강가의 경기도와 충청도 지역에 있고, 변한은 전라도 지역에 있었으며, 진한은 경상도 지역에 자리 잡았다고 배웠습니다. 누가 우두머리일까요? 당연히 마한입니다. 마한 쪽에서 남쪽으로 내려다보면 왼쪽에 진한이 있고, 오른쪽에 변한이 있죠. 유목 정치의 구도로 보면 마한은 선우, 진한은 좌현왕, 변한은 우현왕이 되겠죠. 못 믿겠다고요? 백제 개로왕의 아들 곤지가 457년 송나라에 파견됩니다. 그때 송에서 내려준 작위 이름이 '정로장군 좌현왕'이었습니다. 좌현왕은 흉노의 태자가 맡는 직책이니, 곤지는 백제

왕의 태자라는 뜻입니다. 이때까지도 흉노의 습속이나 문화가 백제 사회에 통용되는 상태였음을 볼 수 있습니다. 동북아시아 유목의 자취가 삼국시대 후기까지도 남았다는 증거입니다.

그런데 초원에서 유목하던 시절과 비교하면 많이 달라진 게 있습니다. 유목 생활은 끝없는 이동으로 고단합니다. 그래서 이들 세력 간에 자연히 긴밀한 협조가 이루어집니다. 그렇지만 그런 사람들이 한반도로 들어와서 자리 잡고 나면, 유목은 꼬리뼈처럼 흔적만 남고 실제는 한 곳에 붙박이 생활을 하게 되며, 나아가 농경으로 삶의 방식이 바뀝니다. 그런데도 사회 체제는 유목 시대의 그 방법으로 남아 있는 것이죠. 이것이 외부에서 새로운 세력이 들어왔을 때 쉽게 그전의 체제가 무너져 각자도생하게 된 원인으로 작동합니다.

3한이 이렇게 느슨한 형태로 원시생활을 할 때, 북쪽에서 한 세력이 남하합니다. 아들 둘을 데리고 고구려를 떠난 주몽의 아내 소서노召西奴가 한강 가에 와서 정착하자, 먼저 터 잡고 살던 마한 세력과 맞닥뜨리게 된 것입니다. 그리고 그곳 토착 세력의 협조를 얻어서 백제를 세우죠.

『삼국사기』에 특별한 기록이 하나 있습니다. 즉 백제의 건국 과정에서 이름이 바뀌었다는 것입니다. 즉 온조가 왕위에 오른 뒤에 처음엔 십제十濟라고 했다가 나중에 백제百濟로 이름을 고쳤다는 것입니다. 이것이 할주割註로 처리되어서 역사학자들은 별로 눈여겨보지 않았습니다. 그런데 언어학으로 보면 여기에 왕조교체의 비밀이 숨어있습니다.

소서노의 아들은 둘이었습니다. 형인 비류와 아우인 온조죠. 그런데 처음 한강에 내려왔을 때는 뜻이 같았다가 정착하는 과정에서 비류가 뜻을 바꾸어 지금의 인천인 미추홀로 떠납니다. 그러다가 바닷가에 정착하지 못하고 온조에게 되돌아오죠. 동생인 온조가 왕이 됩니다.

사람 이름 '온조'와 나라 이름 '백제'가 묘한 울림을 줍니다. 100을 우리말로는 '온'이라고 하기 때문이죠. '백제'의 '백'을 '온'으로 바꾸고 나면, '온제'가 됩니다. '온조'와 '온제', 비슷하죠. 그렇다면 이것은 무슨 뜻일까요?

온조와 비류는 주몽의 아들이었고, 주몽은 나라를 세우면서 성을 '고高' 씨로 삼았습니다. 그렇다면 고주몽의 아들 온조와 비류가 세운 나라는 '고高의 나라'가 될 것입니다. 북쪽에서 맹위를 떨치는 고구려의 후광을 이용하면 주변의 작은 나라들이 업신여기지 못할 테니, 이제 막 자리를 잡은 떠돌이의 신세로서는 자기방어 차원에서도 이 점을 부각시키는 것은 당연합니다. 고구려와 백제의 지배층은 몽골어를 썼습니다. 따라서 몽골어에서 '높다(高)'는 말을 찾아 견주어보면 실마리가 풀릴 듯합니다.

몽골어로 '높다(高)'는 'öndür(undur)'입니다. '온조'와 거의 같죠. 'öndür〉önder〉onjer〉onje〉onjo'의 음운변화 과정을 짚어볼 수 있습니다. 이 '온조'를 향찰표기로 바꾸면 '백제'가 됩니다. 'ön=백百', 'dür=다라, 돌(濟)'. 이렇게 보면 일본에서 백제를 왜 '구다라'라고 발음하는지 알 수 있습니다. '다라, 돌(濟)'에 고高가 붙은 것입니다. 부리야트의 세 종족 중에 구다라족이 있는데, 이들이 그 주인공입니다.

재미 삼아 한 걸음 더 나가볼까요? 'öndür(高)'을 발음 그대로 한글로 적으면 '온다라, 온두르'가 되지요. 이것을 한자음을 빌려서 적어보면 어떨까요? 아니, 우리가 적지 말고, 『삼국사기』에서 찾아보면 어떨까요? 생각나는 이름이 있을까요? 저는 있습니다. '온달溫達'입니다. '다라'는 '돌(濟)'로도 적힌다고 말했습니다. 그러니 '온달'은 '온다라, 온두르'가 되죠. '온달'은 몽골어로 '높으신 분'이라는 뜻입니다. 그러니 공주와 결혼했죠. 바보였다고요? '바보'가 아니라 '바보 같은' 사람이었을 겁니다. 지배층인 공주는 몽골어를 썼지만, 온달은 피지배층(거지)이었으니 토박이 언어를 썼을 것이고, 지배층으로 합류했을 때 지배층의 언어인 몽골어를 제대로 알아듣지 못했을 것입니다. 그러니 바보 취급을 당했을 것이고, 이것이 설화로 정착하면서 그 결과가 『삼국사기』에 실렸을 것입니다.

온달이 고구려에서 '높으신 분'을 나타내는 말인 것처럼, 고구려와 같은 언어를 쓴 백제의 지배층 언어에서 '온조'도 똑같은 뜻으로 쓰였을 겁니다. 그러니 왕이 되었던 것이겠죠.

'온'은 우리말에서 100을 가리키는데, 원래 몽골어에서 온 말(jagun〉yaun〉yön〉on)입니다. 똑같은 '온'이 터키어에서는 10을 뜻합니다. 터키어로 '온'이 10을 뜻한다는 것은 당나라 때의 서돌궐이 세운 나라 이름이 '온 오크(On Oq)'였다는 것에서도 볼 수 있습니다. 화살 10개라는 뜻입니다. 그렇다면 '백제'의 원래 처음 이름이 '십제'였다는 말은, '온'이 10을 뜻하는 거레에서 100을 뜻하는 거레로 바뀌었음을 보여주는 일입니다. 즉 백제가 막 섰을 때의 상황을 주도한 거레는 터키어를 쓰는 사람들이었다는 겁니

삼국사기 백제 본기

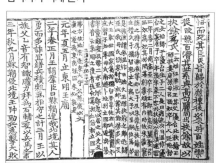

다. 그러다가 몽골어를 쓰는 사람들이 권력을 잡았다는 뜻이죠.(『활쏘기의 나침반』)

그렇게 보면 이렇게 정리됩니다. 처음 소서노가 아들 비류와 온조를 데리고 남쪽으로 내려올 때, 그들을 따랐던 사람들 또한 여러 부족의 연합체였다는 것입니다. 서로 다른 겨레붙이들이 소서노의 뒤를 따랐고, 이들이 출발할 때는 뜻이 같았지만, 한강에 이르러 머물러 살 곳을 두고는 서로 의견이 갈라진 것입니다. 그래서 비류를 지지하는 세력은 미추홀로 가고, 온조를 지지한 세력은 지금의 서울 바람들이(風納洞)에 남은 것입니다. 이곳이 위례慰禮죠. 처음에 형인 비류를 지지한 사람들(터키족)이 왕위 계승 서열 질서에 따라 왕권을 잡았고(이때가 십제), 뒤에 판단 착오를 한 뒤 다시 돌아와서 벌써 자리 잡은 온조 세력에게 붙은 것입니다.(이때가 백제)

결국 비류를 지지한 터키족에서 온조를 지지한 몽골족으로 권력이 넘어오면서 백제는 안정을 되찾은 것이고, 나라의 면모를 갖추면서 정식으로 개국을 한 것입니다. 이것이 『삼국사기』 백제 조에 나오는 할주의 내용입니다. 언뜻 보기에는 터키족이 몽골족의 휘하로 들어간 것 같지만, 비류를 지지했던 세력의 일부는 끝없이 남으로 내려가다가 결국 바다 건너까지 가서 일본의 천황 가로 합류하여 지배 세력이 됩니다. 히로히토 천황이 외가의 뿌리가 백제라고 발언하여 일본이 들썩거린 적이 있습니다.

그 뒤로 마한 진한 변한, 이 삼한의 세력은 어찌 되었을까요? 백제가 나라를 세운 뒤로 역사서에서 이 삼한의 존재가 점차 사라집니다. 결국은 충청과 전라 지역에 있던 마한과 변한은 백제의 세력 속으로 흡수되면서 명칭이 사라집니다.

코로나19라는 전염병으로 온 세상이 얼어붙어 해외로 여행 가는 일도 어려워진 지 벌써 3년입니다. 불과 두 해 전만 해도 손쉽게 갈 수 있는 곳을, 이제는 옛날에 다녀온 사람들이 보여주는 방송 프로그램을 통해서 재탕 삼탕 하며 즐기는 지경입니다.

동북아시아와 동남아시아로 떠돌던 여행객들이 보여주는 수많은 여행 영상을 보면서 같은 동양인이지만 민족 간에 어딘가 생긴 모양이 조금씩 달라서 구별된다는 것은 참 신기한 일입니다. 한반도의 북쪽으로 가보면 사람들 생김이 우리와 비슷한데 같은 황인종이면서도 묘하게 느낌이 다릅니다. 예컨대 몽골 사람들의 얼굴을 보면 두개골 모양이 갸름하고 광대뼈가 툭 튀어나와서 한눈에 봐도 몽골 사람이라는 판단이 딱 섭니다. 게다가 엉덩이와 허벅지가 두툼한 것을 보면, 추운 환경에 잘 적응한 몸이라는 생각이 들죠. 그 위로 예벤크족이나 솔롱고족같이 러시아의 추운 지역에 사는 소수민족들을 보면 얼굴 생김이 조금씩 다른 특징이 있습니다.

그런데 화면을 보다가 깜짝 놀란 적이 있습니다. 러시아의 소수민족인 부리야트 공화국에 간 사람들이 보내온 화면을 보여줄 때입니다. 부리야트족은 우리나라 사람과 똑같습니다. 바로 옆 동네 아저씨 아주머니 같습니다. 100% 우리의 얼굴이고 몸매입니다. 더욱더 놀라운 건 설화입니다. 우리에게 익히 알려진 심청의 설화가 바이칼호에 사는 부리야트 사람들의 설화와 똑같습니다. 도대체 이게 어찌 된 일일까요?

그곳의 자연환경도 놀랍기는 마찬가지입니다. 우리보다 위도가 한참을 더 올라가 빽빽한 밀림이 있는 곳인데도, 야트막한 언덕이나 부담 없이 동글동글한 산천 하며, 우리가 사는 충청도 지역의 지형과 정말 많이 닮았습니다. 우리와 똑같은 얼굴을 한 사람들이 우리와 비슷한 산천에서 웃고 떠드는 것을 보면, 저기가 부리야트 공화국인지 충청도의 한 고장인지 헷갈릴 정도입니다.

아직 놀라기에는 이릅니다. 만약에 이들이 유목 시대에 초원으로 퍼진 청동기와 철기 기술을 들고 남하했다면 어찌 되었을까요? 아마도 대단한 대접을 받았을 것 같습니다. 백제는 지배층과 피지배층의 언어가 달랐습니다. 백제가 압록강가에서 일부 세력의 남하로 한강에 정착한 사람들이라고 앞서 말했습니다. 그들은 터키어와 몽골어를 쓰는 사람들입니다. 그러니 그곳에 처음부터 살던 토박이들과는 말이 달랐죠. 백제 왕실의 성은 '부여' 씨였습니다. 그러면 이 부여가 무엇일까요? 도대체 무엇을 한자로 썼기에 '부여'라고 적었을까요? '부리야트' 아닐까요? 제 눈에는 그렇게 보입니다. 초원을 떠돌던 몽골족의 일파가 말을 탄 채로 남하하여 한강 가에 정착한 것이 백제의 기원이라고 보는 것입니다.

이 점은 신라도 마찬가지입니다. 신라에도 수많은 세력이 밀려들어서 왕조를 세우고, 서로 공평하게 왕을 나눠서 합니다. 그래서 박 석 김, 세 성씨가 돌아가며 왕을 했다고 합니다. 이것이 상대 신라의 특징입니다. 신라는 혈통에 의한 계급사회로 유명한데, 그게 그럴 수밖에 없는 일입니다. 신라에서 여왕이 나온 것은, 신라가 인권 신장이 잘 돼서 그런 것이 아닙니다. 그 혈통에서 왕을 할 남자가 더는 없어서 마지막으로 여자더러 왕을 하라고 시킨 것입니다. 그것이 선덕과 진덕 두 여왕이죠. 이들 뒤에 비로소 피가 섞인 제3의 인물이 왕이 됩니다. 성골의 시대가 끝나고 진골의 시대가 열리는 것이죠.

이와 비슷한 시기에 진한에도 사건이 일어납니다. 북쪽에서 갑자기 철기로 무장한 세력들이 밀려든 것입니다. 이들도 한 부족이 아니라 최소한 3겨레가 연합한 형태입니다. 신라의 초기에는 박 석 김 세 성씨가 돌아가며 왕을 했다는 『삼국사기』의 기록으로 알 수 있습니다. 북방에는 몽골족, 터키족, 퉁구스족이 초원에서 유목 생활을 했는데, 이들의 일파가 어떤 사정으로 말을 타고 단숨에 한반도를 가로질러 경주까지 내달은 것입니다. 그리고 그곳 원주민과 결합하면서 신라라는 왕조가 건국됩니다. 이들의 주 세력이 진한입니다. 진한의 '辰'은, '진'과 '신' 두 가지로 발음되는데, 이들이 세운 나라가 '신라'인 것은 이런 영향도 있을 것으로 짐작됩니다.

마한 밑에 있던 변한은, 경상남도와 전라남도 지역 일대를 차지했던 사람들인데, 이들도 뜻밖의 격동을 겪습니다. 갑자기 남쪽에서 인도말을 쓰는 사람들이 배를 타고 떼지어 몰려든 것입니다. 이들은 벼농사라는 당시의 최고급 기술과 제철 제련 기술을 갖고 옵니다. 그래서 그들을 지배층으로 맞아들여 한 왕조를 엽니다. 그것이 '가락국'임은 우리가 역사 시간에 배운 바죠.(『삼국유사』 가락국기)

구지봉龜旨峯에서 원주민들이 불렀다는 '영신군가迎神君歌'를 저는 고대 문학의 첫 장에서 배웠습니다. "거북아, 거북아, 머리를 내어라. 내밀지 않으면 구워 먹으리."라는 구절이 성 상징이라고 해석하는 문학비평 이론도 있어서 피식 웃은 적이 있습니다. 상상으로라면 무슨 짓인들 못 할까요만, 그런 무지막지한 상상력도 허용하는 것이 문학입니다. 사실만 다루는 역사학자들께서는 도저히 이해 못 할 일이지요. 저는 그런 환경에서 고대사를 혼자 바라보며 컸고, 늙었습니다. 이제 알량한 어원 지식으로 역사의 비밀을 파헤쳐 보겠습니다.

가야는 모두 여섯 부족입니다. 그래서 6가야라고 하죠. 금관가야, 아라가야, 소가야, 대가야, 고령가야, 성산가야. 가야는 우리 역사에서 가장 신비한 나라입니다. 신비한 나라라는 것은 아직 그 정체가 확실히 밝혀지지 않았다는 뜻입니다. 외국에서 들어온 부족이기 때문에 그들의 언어를 탐구하는 것이 이들의 정체를 밝히는 가장 중요한 방법입니다. 뒤에서 자세히 다루겠습니다만, 일단 여기서는 진도부터 나가겠습니다.

1993년에 처음 산 자가용이 현대자동차의 엘란트라였는데, 이 차를 타고 우리 집 온 가족이 전국을 들쑤시고 돌아다녔습니다. 이른바 '답사'죠. 이제 막 걸음마를 시작한 아이들을 데리고 김해의 수로왕 발자취를 따라갔다가 기절할 뻔했습니다. 구지봉은 거북이를 닮았는데, 거북이 목에 구멍을 뚫어서 땅굴을 냈더군요. 아마도 이 도로를 계획한 시청 직원들의 눈에는 그게 그냥 언덕배기로 보인 모양입니다. 제 눈에는 목이 뚫린 거북이가 피눈물을 흘리며 바다로 돌아가려고 그 짧은 발을 버둥거리며 신음소리를 내는 것으로 보였습니다.

30년이 더 지났는데도 거북이 울음소리가 아직도 귀청에 쟁쟁합니다. 지금도 그 거북이는 차들이 매연을 뿜으며 달리는 아스팔트 멍에를 목에 지르고 바다로 가려고 버둥거릴 것입니다. 역사를 보는 우리네 안목이 이 지경입니다. 이 빌어먹을 후손들을 위해 김수로와 허황옥은 수만 리 위험한 뱃길을 헤쳐 여기까지 오신 걸까요? 2,000년 전 그들이 막 도착한 김해 바닷가에 제가 있었다면, 저는 그들에게 이렇게 말했을 것입니다.

"폐하, 고향으로 돌아가십시오. 이곳은 당신들이 전하려는 그런 문화를 누릴 자격이 없는 땅입니다. 통촉하시옵소서."

2장

고조선

한반도 안의 왕조는 사정이 이러한데, 북방에서는 어땠을까요? 한 번 압록강과 두만강 이북으로 가보겠습니다.

1986년에 『한국고대사신론』이라는 책이 발간됩니다. 단국대학교 역사과 교수인 윤내현의 책입니다. 이 책이 나오면서 해방 후 별다른 논쟁 없이 고요하던 한국 역사학계는 발칵 뒤집힙니다. 당시까지 고조선은 일제강점기의 논의대로 우리 민족의 시원을 보여주는 전설상의 나라로 존재했고, 사마천의 『사기』에 나오는 고조선이 망하는 순간의 사건이 고조선 역사의 전부로 존재했습니다.

이렇게 된 데는 단군조선이 고려 때의 중 일연의 『삼국유사』에 신화로만 나온다는 사실이 깔려있습니다. 굳이 그 신화를 현실 속의 역사로 이끌어내기에는 자료가 너무나 부족했기 때문이죠.

그런데 윤내현은 『삼국유사』의 고조선 조 설명이 매우 그럴듯하다고 주장하고, 그때까지 발굴된 중국 동북부 지역의 고고학 유물을 연구하여 그에 대한 증거로 제시한 것입니다. 물론 그 전에는 재야의 사학자들이 이런 주장을 하곤 했습니다. 하지만 윤내현은 재야 사학자가 아니라 대학 강단에 둥지를 튼 제도권 내의 학자였습니다. 논의의 수준이 단순한 주장의 차원을 넘어섰습니다.

이후 윤내현의 주장을 반박하는 역사학계의 주장이 연달아 나왔고, 그에 대한 반론과 재반론을 거치면서 10년이 지난 시점에서는 다시 원래대로 돌아가 역사학의 논쟁은 쥐 죽은 듯이 잠잠해졌습니다. 논쟁이 없는 학문은 재미도 없고 발전도 없습니다. 오늘날 우리의 역사학이 그러합니다.

사실 윤내현 교수의 주장은 아주 간단했습니다. 중원문화권의 성장에 따라 그 주변에 포진했던 다른 정치 세력들이 이합집산하면서 왕조 사회로 들어섰고, 그 과정에서 중국의 외연 확장에 따라 밀려난 동이족의 일부 세력이 점차 동쪽으로 오면서 고조선이 몇 차례 도읍을 옮긴다는 주장이었습니다. 그러면서 그 과정을 고고학 유물을 통해서 주장한 것이죠.

이런 주장은 윤내현이 처음이 아니었습니다. 북한에서는 벌써 1960년대에 리지린이라는 학자가 중국 측의 기록을 박박 긁어모아서 그것으로 훌륭한 보석 목걸이를 만들어서 세상에 내놓았습니다. 『고조선 연구』가 바로 그것입니다. 저는 이 책을 읽으면서 저자의 조리정연한 논리와 그것을 분석하는 날카로운 추리력이 놀라웠습니다. 이 시대에 이토록 뛰어난 학자가 남한이 아닌 북한에 존재한다는 사실이 경이롭게 느껴지기까지 했습니다.

이 책에서 리지린도 고조선이 도읍을 옮겼다는 사실을 주장했습니다. 이런 유사한 주장이 색깔을 좀 달리하여 남한에서 윤내현의 입을 통해 역사학계의 논쟁으로 떠오른 것입니다. 그리고 뒤늦게 한국에 소개되었지만, 소련의 역사학자 유 엠 부찐도 『고조선 연구』라는 책을 내어 비슷한 주장을 했습니다. 『고조선 연구』라는 똑같은 제목의 굵직한 책이 3권 우리 앞에 놓인 셈입니다.

저는 국어를 전공한 까닭에 이들의 논쟁보다 신화에 나오는 지명과 인명 같은 이름들을 더 재미있게 바라보았습니다. 그리고 역사학자들이 놓치는 부분을 언어에서 보면서 속으로 쾌재를 불렀습니다.

'쌤통이다!'

1. '조선'의 어원

고조선은 기자조선 때문에 생긴 말입니다. 기자가 새로운 조선을 만들었기 때문에 그 앞의 조선은 고조선이 된 것입니다.(『삼국유사』) 단군과 기자에 이어 위만이 새로 왕이 됨으로써 위만조선으로 구분되죠. 흔히 이성계가 훗날 세운 조선 때문에 옛 조선을 고조선이라고 했다고 아는 사람들이 많은데, 이는 사실과 다릅니다. 고조선이라는 말을 쓴 일연은 고려시대 사람입니다. 그 뒤에 만들어진 왕조의 이름을 알 수 없었죠.

어떤 조선이든 우선 조선朝鮮이라는 말이 문제입니다. 소리와 뜻 중에서 어느 것을 적은 것이냐 하는 문제가 해결되어야 하는데 그게 쉽지 않습니다. 어느 쪽으로든 다 허용되기 때문입니다.

먼저 소리를 베낀 것으로 보자면 이와 유사한 말들이 많습니다.

조선, 주신朱申, 숙신肅愼, 식신息愼, 직신稷愼, 여진女眞, 여직女直 같은 말이 모두 비슷한 소리를 냅니다. 이 말들이 모두 같은 말이라고 해도 그를 부정할 근거가 없습니다. 이 말의 뜻은 정확히 알 수 없습니다. 옛말이기도 하고, 또 어느 겨레의 소리값인지도 정확하지 않기 때문입니다. 여러 겨레의 말로 나뉘기 전에 나타난 말이어서 그렇습니다. 알타이 조어에서 갈라진 뒤의 여러 언어가 자기들 나름대로 적다 보니 이렇게 다양하고 비슷한 표기가 나타난 것입니다.

중국 북방에는 흉노족이 있습니다. 흉노를 구성하는 민족이 어떤 언어를 쓰고 어떤 민족이었든지 중국 쪽에서는 다 똑같은 놈들로 보입니다. 흉노는 중국의 북방에 사는 모든 겨레의 간판 왕국입니다. 이와 마찬가지로, 고조선은 중국의 동쪽에 사는 모든 겨레의 간판 왕국이기에, 설령 소리를 그대로 베긴 말이라고 해도 동쪽이라는 뜻을 은연중 담았을 것입니다. 그에 적합한 소리값이 뜻까지 담으며 동쪽 겨레를 대표하는 말로 '조선'이 자리 잡은 것입니다. 아마도 한자 중에서 군이 아침 조朝를 골라 쓴 것은 이런 방향성을 의식한 것이 아닌가 짐작할 수 있습니다.

다음, 뜻을 베긴 말이라면 '朝鮮'은 '아침(朝)이 또렷한(鮮) 나라'가 됩니다. 이럴 경우, 거기에 정확히 대응하는 말이 존재한다는 것이 재미있습니다. '아사달'입니다. 아사달은 '아사+달'의 짜임입니다. '달(*tal, dal)'은 '양달, 음달'에서 보듯이 마을을 뜻하는 북방 언어입니다. '아사'는 우리말에서도 처음을 뜻하는 말입니다. '아시빨래'는 '애벌빨래'라고도 하는데, 너무 더러워서 제대로 빨기 전에 대충 씻어내는 것을 가리키는 말입니다. 청주에는 '아시고개'라는 지명도 있습니다. 아시고개 다음에 수름재인데, 아시고개는 첫 고개이고 수름재는 큰 재라는 뜻입니다. 증평에서 청주로 들어가기 전에 차례로 만나는 고개입니다. 그러니 아시고개는, 그다음에 마주칠 큰 고개인 수름재 때문에 생긴 말입니다. 이런 식이면 아사달은 맨 처음 도읍이라는 뜻이죠.

'아사'는 처음이라는 뜻도 있지만, 그렇기에 작다는 뜻도 있습니다. 이런 뜻의 연장에서 '조선'의 선鮮이 작다는 뜻의 '앗'을 적은 기록이라는 주장도 최근에 나왔습니다. 『시경』〈대아〉에 나오는 구절 '度其鮮原 居岐之陽(작은 산과 언덕을 헤아려, 기산의 남쪽에 터를 잡으셨네)'에 '鮮'이 나오는데, 이 말은 '작은 산'의 뜻이라는 겁니다. 그래서 '조선'이 '앗달'을 적은 말이라는 거죠. 이 주장은 아사달과 조선이 같은 말이라는 전제가 있습니다. 이 전제가 아주 강하게 작용하여 유추된 결론이죠.

다른 뜻도 있습니다. 만주어로 궁궐이나 누각을 'asari'라고 하는데, 이에 따르면 아사달(asari-dal)은 왕궁이 있는 도시라는 뜻으로도 해석할 수 있습니다. 또 만주어로 황금은 아신(asin)인데, 애신愛新이라고 적었습니다. 청나라 마지막 황제 푸이의 성이 '애신각라愛新覺羅(아이신교로)'인데, 이 '애신'이 바로 황금을 뜻하는 만주어 표기입니다. 이에 따르면 아사달(asin-dal)은 황금(왕족) 부락을 뜻합니다. 왕의 혈통을 보통 황금으로 표시하죠.

몽골어로 '물'은 'usu'인데, 이것이 '달(dal)'과 결합하면 아사달(usudal)이 됩니다. 물가에 있는 도읍의 뜻이죠. 대개 옛날에는 큰 도읍이 들어설 때 강을 낍니다. 성을 강가에 세우는 것은, 강이 자연스럽게 성을 지켜주는 해자 노릇을 하기 때문입니다. 교통상의 편이함도 있죠. 이런저런 이유로 성은 강가에 짓는 경우가 많습니다.

이 밖에도 '아사(엇)'는 우리말에서 어버이를 뜻하기도 합니다. 고려가요 '사모곡'에서 〈아바님도 어이어신마라난 어마님가티 괴시리 업세라〉는 구절이 나오는데, 이곳의 '어이'가 바로 '엇(엇)+ㅣ'입니다. 이렇게 보면 아사달은 어버이(왕)의 도시를 뜻하기도 합니다. 다른 도읍에 비해 더 높은 지위를 나타낸 말입니다. 앞서 1만 년 전에 요동에서 살던 농경민들의 언어가 사방으로 퍼지면서 동북아시아의 알타이 제어를 형성했다고 했는데, 그중에서도 우리 말은 아주 일찍 갈라져 나왔다고 했습니다. 이런 말들을 보면 오히려 우리 말이 알타이 제어보다 1만 년 전의 그 언어에 더 가까운 형태라는 생각이 듭니다.

이처럼 2,000년 전에 적힌 한 소리를 어느 겨레의 말로 푸느냐에 따라 뜻이 달라져서 이에 관한 학자들의 의견도 분분합니다. 어느 하나가 답이라고 딱 잘라 말할 수 없습니다. 대상을 바라보는 사람들이 각기 다른 언어를 썼기 때문입니다. 게다가 2,000년 뒤의 말로 2,000년 전의 말을 바라보자니 뜻이 이렇게 다양하게 나타날 수밖에 없습니다. 하지만 모든 겨레의 말에서 아사달이 '수도首都'를 뜻한다는 점은 똑같습니다. '경주=계림=서라벌=서울=수도'인 것과 같습니다.

이상은 '조선'이 '아사달'과 같은 말이라는 전제로 풀어본 것입니다. 하지만 아사달은 수도 이름입니다. 이 두 낱말이 같을 수도 있지만, 다를 수도 있습니다. 지금 상태에서는 답을 확정할 수 없습니다. '조선'의 뜻은 소리나 뜻 어느 쪽으로 풀어도 명확한 결론을 내기 힘듭니다.

조선의 수도로는 아사달 이외에도 고조선 신화에 지명이 더 나옵니다. 즉 금미달로 갔다가 단군은 마지막에 장당경을 거쳐 아사달로 돌아가 신선이 되죠. 따라서 고조선의 도읍은 적어도 세 군데였다는 결론이 자연스럽게 나옵니다. '금미달'은 뭘까요? 여기서도 '달'은 도읍을 뜻하는 말입니다. '금미'는 '검'이죠. '임금, 상감, 대감' 같은 곳에서 자취가 남아있듯이 신을 뜻하는 우리말입니다. 따라서 임금이 사는 곳을 뜻하는 말이죠.

비교언어학으로 보자면 만주어로 왕성을 'gemun'이라고 하는데, 이것을 '금미'로 적었을 것입니다. 옛날에는 왕이 곧 신의 대리인이었기 때문입니다. 임금=무당. 이래저래 금미달은 신의 도읍이라는 뜻이니, 왕경을 가리키는 말에 적합합니다. 이것을 한자로 옮기면 뭐가 될까요? 신시神市(곰ㅇ돌)가 됩니다. 단군신화에 나오는 방홀方忽, 궁홀弓忽, 월당月唐, 무엽산無葉山, 삼위三危, 구월九月, 장당藏唐이 모두 같은 표기입니다.

'조선, 아사달, 금미달'과 뗄 수 없는 것이 '평양'입니다. '조선'은 나라 이름이고, '평양'은 도읍 이름이기 때문입니다. '조선=아사달'의 등식으로 풀이하는 것보다는 차라리 '아사달=평양'으로 풀이하는 것이 더 빠르고 옳을 수도 있습니다. 왜냐하면 아사달은 조선의 수도이기 때문입니다. 고조선의 수도이기는 '평양'도 마찬가지입니다. 그러니 아사달과 평양이 같다고 보고 푸는 것도 좋은 방법이죠. 나중에 시간이 나면 이것도 따로 다뤄보겠습니다.

북한에서는 1960년대에, 남한에서는 1980년대에 고조선에 관한 논의가 일어나 일정한 성과를 거둡니다. 한국 전쟁이 끝나고 전후 복구가 추진되던 가운데 중국에 유학한 북한의 젊은 학자 리지린이 중국 역사학의 거두 고힐강을 지도교수로 하여 고조선 연구로 박사학위를 받습니다. 고조선의 수도는 한반도가 아니라 요동의 대릉하 어디쯤 있었다는 주장이었습니다.

일제강점기의 식민사학이 고조선의 수도 평양을 지금의 평양으로 못 박아 놓은 상태에서 젊은 조선 학생 하나가 혈혈단신 중국의 대학자를 설득해야 하는 상황에 놓인 것입니다. 당연히 지도교수 고힐강은 리지린의 의견에 선뜻 동의할 수 없었죠. 그래서 그 자신이 중국 고대사에서 가장 중요한 네 가지 사서(사기, 한서, 후한서, 삼국지)를 다시 공부하며 리지린의 학위논문을 검토합니다. 그 논문의 철저한 자료 인용과 명석한 분석을 반박하지 못하고 박사학위논문을 통과시킵니다. 곧바로 북조선으로 돌아온 리지린은 자신의 논문 내용을 발표하는데 그 내용이 그대로 북조선의 역사 교과서에 실립니다.

리지린의 주장이 1970년대까지 북한 학계의 공식 견해였습니다. 이들 주장은 지금은 어떨까요? 달라졌습니다. 고조선은 처음부터 평양에 있었다는 논리입니다. 한술 더 떠, 평양 인근에서 단군의 뼈가 출토되었다며 단군릉을 조성했는데, 이집트 피라미드의 뺨을 칠 정도입니다. 조선의 수도 평양은 처음부터 망할 때까지 지금의 평양에 있었다는 것입니다. 평양에 수도를 둔 북한 정권의 정당성을 역사학이 뒷받침하려는 의도라고 해석합니다.

남한에서는 1980년대 윤내현의 새로운 주장이 나온 뒤로 한 10여 년 시끄럽게 논쟁하더니, 지금은 조용해졌습니다. 남한의 국사학계가 일제강점기 식민지 시절의 논리로부터 한 발짝도 벗어나지 않은 옛 주장으로 되돌아갔습니다. 한때 창궐했던 재야 사학을 모르쇠로 제압하고, 식민사학의 첫 발자국인 일본 스승들의 학설을 보충하느라 바쁩니다.

제 입맛에 맞춰 고조선을 바라보는 것은 남과 북이 똑같습니다.

2. '조선'고

'조선'의 말뜻에 대해서는 지금까지 여러 의견이 나왔습니다. 하지만 이상 설명한 주장 중에서 어느 것이 답이라고 합의 보지 못한 상태입니다. 아마 앞으로도 합의에 이르기는 쉽지 않을 것입니다. '조선'은 말인데, 어원을 연구하는 사람에게 묻지 않고, 모두 주먹구구로 해석합니다. 역사학자들의 어원론은 믿을 게 못 됩니다. 앞서 본 '조선'에 관한 주장이 모두 탐탁지 않아서 저도 한마디 보태고 갑니다.

앞서 살펴본 주장들은 모두 '조선'이라는 말에만 집착하느라 한 가지 중요한 사실을 놓쳤습니다. '조선'과 '삼한'은 동의어라는 점입니다. 조선의 준왕이 기자에게 밀려 남쪽으로 와서 다시 세운 나라 이름이 삼한이고, 또 고종이 '조선'을 '대한제국'으로 바꿀 때 아무도 반대하지 않은 것이 그 증거입니다. 그렇다면 이런 관점에서 문제에 접근하여 풀어보는 방법도 필요하지 않을까요? 그러면 뜻밖의 답을 얻을 수 있습니다.

조朝는 아침을 뜻합니다. 아침의 옛말은 '아촌'이고, 아촌은 시간상으로는 아침을, 공간상으로는 동쪽(시)을 뜻합니다. 그래서 동쪽에서 흘러오는 내를 금천金川이라고 옮기고, 동쪽에 있는 산을 우암산牛岩山으로 옮깁니다. 金이나 牛나 '쇠

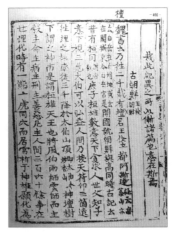

삼국유사 고조선조

(시)'를 적은 향찰 표기입니다. 朝가 아침을 뜻하는 말(시)임은, '날새다'의 '새'에도 있습니다. 조선은 방위상 중국의 동쪽에 있던 나라이므로, 朝는 그것을 반영한 말이고, '시'에 해당합니다.

선鮮은 '곱다, 빛나다, 환하다, 밝다, 선하다'는 뜻입니다. '선하다'는 낯설 텐데, '눈에 선하다'는 말에 그대로 살아있습니다. 히읗이 시옷과는 아주 잘 넘나듭니다. '형님=성님, 혓바닥=셋바닥'처럼, '환하다'가 '선하다'로 바뀐 것입니다. 鮮은 흐리멍덩한 것과 대비되는 말이고, 어둠의 반대 상황을 나타내는 말입니다. 따라서 '환함'을 드러내려는 말입니다. 어근은 '한'이죠.

朝와 鮮을 우리말로 옮겨서 합치면 어떨까요? '시한'이 됩니다. 새한이라! 어디서 많이 들어본 말이 아닌가요? '세한'이라고 하면 좀 더 느낌이 와닿겠죠. 세한, 이것을 한자로 옮겨볼까요? 삼한三韓! 조선이 삼한과 동의어였다는 앞의 전제가 이것을 말하는 겁니다. 놀랍죠? 글을 쓰는 저도 놀라운데, 여러분은 오죽하실까요!

조선이 삼한과 같은 말이라면, 이제야 한 가지 의문이 풀립니다. 우리 역사에는 세 나라만 있던 게 아닙니다. 가야라는 나라가 엄연히 있습니다. 우리의 고대사는 3국이 아니라 4국이고, 고대사를 정리한 책에 제목을 붙이자면 『4국사기』이어야 합니다. 그런데도 굳이 가야를 빼고 『삼국사기』라고 고집한 데는, 그 책에 의미를 부여하려는 사람들이 '삼국'이라는 말에 엄청난 집착을 보인 것이라고 봐야 합니다. 가야를 빼려고 작심한 게 눈에 보입니다. 이 고집과 집착이 왜 그런 것인가 하고 봤더니, 바로 이런 사정이 무의식 깊이 있었던 겁니다. 세 나라가 확정 포진되었기에, 나중에 인도에서 가락국의 세력이 도착한 뒤에도 여전히 삼국으로 부르려는 관행이 마음속에서 압박

해왔던 것입니다.

물론 한국의 고대사를 3국으로 규정지으려는 무의식에는 가야가 제대로 된 나라를 이루지 못하고 사라졌다는 사실도 있습니다. 그러나 가야는 초기부터 한반도에서 어른 노릇을 했고, 초기 신라나 백제도 꼼짝 못 할 만큼 큰 세력을 지닌 나라였습니다. 그런 나라를 아예 없는 존재로 치부하는 데는 그럴 만한 이유가 있는 것입니다. 그것은 '세한'으로 불러야 한다는 압박감입니다. 조선=세한.

삼한은 마한 진한 변한이지만, 이것은 한반도로 들어온 뒤에 나타난 이름이고, 그전에는 이들의 주체 세력이 중국 동북방의 초원지대에 있었습니다. 나중에 고구려 백제 신라라는 이름을 얻는 이들인데, 이 셋을 합하여 그 이전부터 '세 한'이라고 불렀고, 그것이 중국 쪽에는 '조선'으로 알려졌는데, 정작 당사자들은 '삼한'으로 불렀다는 것입니다. 어느 쪽에서 부르든 '세한'은 같습니다.

고구려 백제 신라가 각기 나라를 세워 자기 이름을 쓴 뒤에는, 그 세 나라에 합류하지 않은 나머지 사람들이 스스로를 삼한(=조선)이라고 불렀습니다. 박혁거세가 경주에 왔을 때 그곳에 '조선의 유민'들이 먼저 와서 살았다는 『삼국사기』 신라본기의 기록은 이것을 말합니다. 이 조선이 바로 삼한입니다. '조선=삼한〈세한〈시한'이고, '단군'은 이렇게 불린 집단의 임금 이름이라는 결론을 얻을 수 있습니다.

또 한 가지 생각해볼 것은, 2,000년 전 무렵의 동북아에서 활동하던 여러 민족 중에서 강력한 집단을 이루어 지배층을 형성한 거레를 언어의 측면에서 살펴보면, 크게 3갈래라는 것입니다. 즉 터키어, 몽골어, 퉁구스어죠. 물론 그 밑에 여러 언어가 있지만, 유사 이래 강력한 권력을 지니면서 고대국가로 발돋움한 민족은 모두 이 세 언어를 쓴 부족들입니다. 따라서 이 세 언어를 쓴 사람들을 한꺼번에 일컫는 말이 필요할 것 같습니다. 그에 대한 답이 바로 '조선=세한'입니다. 실제로 고조선은 이들 세 언어를 쓴 집단이 지배층을 이루면서 서로 섞여 조화를 이룬 나라입니다.

단군조선은 퉁구스어를, 기자조선은 몽골어를, 위만조선은 터키어를 썼습니다. 물론 지배층의 얘기입니다. 위만이 집권했을 때 '조선'을 버리지 않고 그대로 유지한 것도, 이런 세 갈래 의식이 있었기 때문이라고 짐작해볼 수 있습니다. 위만조선의 통치 밑에서도 지배층이 흩어지지 않고 통치의 뼈대를 그대로 유지하려고 했다는 것이 그런 방증이기도 합니다. 그렇지 않다면 '조선'을 버리고 완전히 다른 이름으로 바꾸었을 것입니다. 위만조선이 멸망한 뒤 세 세력을 거느릴 대표를 잃고, 이들이 각기 이합집산하면서 고대 국가가 난립합니다. 이렇게 되기 이전, 세 어족이 주름잡던 시대를 가리키는 말이 바로 '조선'이고, '삼한'이었던 셈입니다.

'조선=삼한=세한'은 나라를 세 구역으로 나누어 다스리던 북방 유목민족의 습속에서 나온 이름입니다. 앞서 보았듯이 흉노족도 선우와 좌현왕 우현왕으로 나누어 초원을 다스렸고, 고조선이 망한 뒤에 그 지역에 나타난 선비족 영웅 '단석괴'도 나라를 동부와 서부 중앙 셋으로 나누어 다스렸습니다. 이런 관행은 역사시대로 접어들어 계속 나타납니다. 중국도 수도가 셋이죠. 중앙인 장안이 있고, 남경과 북경이 있습니다.

이렇게 편의상 셋으로 나누었지만, 어떤 통일된 지휘 체계하에서 단일한 움직임을 보이는 국가 조직을 가리키는 말이 '세한'이고, 이것을 한자를 이용하여 향찰로 표기한 것이 삼한三韓과 조선朝鮮입니다. 마치 삼지창처럼 '세한'은 한 몸이 되었다가 셋으로 나뉘었다가 분리와 결합을 마음대로 하는 구조입니다.

조선의 기원에 관해서 처음 단서를 남긴 장안의 기록도 이 연장선에서 이해할 수 있습니다. 열수에 대한 『사기집해』의 기록은 다음과 같습니다.

장안이 말하기를 "조선에는 습수·열수·산수가 있는데 세 물이 합쳐서 열수가 되었다. 낙랑과 조선이라는 이름은 여기서 따온 이름인 듯하다."고 하였다. 集解張晏曰 ： 朝鮮有濕水, 洌水, 汕水, 三水合爲洌水, 疑樂浪朝鮮, 取名於此也. 『史記』卷一百一十五, 朝鮮列傳第五十五

여기에는 洌이라고 나오는데, 다른 책에서는 모두 列로 나오고 '열구, 열양' 같은 관련어들도 모두 列로 나와서 洌은 列의 오타이거나, 강물임을 강조하기 위해서 삼수변을 붙인 것으로 보입니다. 『해동역사』에는 '三水合爲列水'로 나와서 앞의 洌水와 구분했습니다. 물론 『해동역사』는 『사기집해』의 글을 인용한 것입니다. 이를 근거로 북조선의 학자 리지린은 조선이라는 이름이 열수와 산수에서 나왔다고 결론을 맺습니다.(『고조선 연구』)

장안은 이것을 물길의 세 갈래로 이해했는데, 꼭 그렇게만 이해할 필요가 없습니다. 핏줄의 세 갈래를 강물의 세 갈래로 오해한 것으로 봐도 됩니다. 즉 고조선을 구성하는 가장 굵직한 겨레(혈통)가 셋이라는 뜻입니다. 세 겨레가 지배층을 이룬 나라가 '조선'이고 '삼한'이죠. 이것을 장안은 강물로 오해하여 세 물줄기가 만나는 강물을 군이 찾아서 설명한 것입니다.

우리말에서 '한'은 크다는 뜻이 있습니다. 그런데 히읗이 기역으로 바뀌어 나타나는 수가 있습니다. 기역은 입안의 가장 깊은 곳인 말랑입천장소리이고, 히읗은 그보다 더 깊은 목청소리입니다. 그런데 둘이 연이어 있어서 소리가 가끔 뒤섞입니다. '한'을 알타이 제어에서 '간khan, 칸kan'이라고 하는 것이 그것입니다. 단기單騎를 뜻하는 만주어는 'kaidu'이고, 몽골어로는 'haidak'인데, 이 둘(k, h) 사이도 이런 음운변화 현상입니다. 우리말에서도 이런 일은 일어나 '대가리, 대갈박, 골, 구리대'의 어근 '글'이 바로 '한, 할'의 변형입니다.

이 '갈'은 '갈래, 가지, 겨레, 결지, 갈래기, 골' 같은 말로 분화하는데, 몸통으로부터 갈라진 것을 나타내는 말입니다. '갈'은 크다는 뜻과 동시에 갈라진다는 뜻도 있습니다. 그래서 '세 갈래'가 '세 한'이 되는 것입니다. '글〉근〉큰〉흔'의 과정을 거친 결과입니다. 이것을 향찰로 적으면 '삼한'이고, '조선'입니다. 장안이 물길이 셋으로 갈라지는 것에서 연상한 것도 충분히 이해할 수 있죠.

고개 갸우뚱거리는 불량 독자들을 위해서, 맨 앞에서 1만 년 전의 홍산 문화 주인공들의 언어가 알타이 제어보다 더 오래된 언어이고, 그 언어는 우리말과 직접 연결된다고 밑밥을 깔아놓은 것입니다. 바로 이런 말들이 그런 뿌리 깊은 말들입니다. 어차피 확인되기 어려운 사실이니, 이럴 땐 그냥 모른 척 속아주시는 게 상책입니다. 이러니저러니 시비 걸어 봤자, 여러분이 저를 이길 수는 없습니다. 하하하.

이렇게 혈통이나 겨레에 따라서 나라 이름을 붙이는 것은 고대 사회의 특징이기도 합니다. 서돌궐의 경우 여러 민족이 연합하여 이룬 나라인데, 9개 부족이 되었을 때는 이름이 '토구스(9) 오크'였고, 마지막으로 위구르족이 참여하여 10개 부족이 되자 '온(10) 오크

(Oq)'가 됩니다. 오크는 화살을 뜻합니다. 옛날에 부족의 우두머리에게 주는 상징물이었죠. 요즘도 참모총장 같은 군의 수뇌부를 임명할 때 칼을 주는데, 지휘권을 상징하는 것이죠. 이곳의 화살은 그런 상징물입니다. 조선 시대에도 임금의 명령이 군대에 내려질 때는 화살이 앞서가는데 이를 '영전令箭'이라고 했습니다.

'세한'을 한자로 적으면 삼일三一이 되는데, 숫자로 철학하기 좋아하는 사람들에게는 꽤 매력을 풍길 일입니다. 예수교에도 삼위 일체론이 있고, 우리 겨레에게도 삼신신앙을 비롯하여 『삼일신고』 같은 책도 나왔으니, 성부 성자 성신처럼 환인 환웅 단군도 삼위일체 신앙으로 올라서는 일은 아주 낯익은 일이 되었습니다. 이 모든 사유의 출발이 '조선=삼한'의 말속에 있음은 의심의 여지가 없습니다.

정리합니다. 조선과 삼한은 동의어로, 세 겨레가 합쳐 만들어진 나라이기에 그런 이름이 붙은 것입니다. 마한 진한 변한, 또는 고구려 백제 신라. 덕분에 가야가 우리 역사에서 밀려났습니다. 역사 기록자들이 3에 집착하느라 가야를 버린 것입니다.

3. '숙신' 고

'조선'과 뗄 수 없는 말이 '숙신'입니다. 그러니 숙신에 대해서도 그냥 지나갈 수 없어 한마디 합니다.

중국의 옛 기록에 처음 등장하는 '동쪽 오랑캐(夷)' 이름은 '숙신肅愼([sùshèn])'입니다. '조선'보다 더 일찍 등장한 말인데 그 뒤 '조선'

으로 대체되었고, 숙신은 '주신珠申 직신稷愼, 식신息愼' 같은 비슷한 소리가 나는 말로도 적었습니다. 아마도 동이(夷)를 대표하는 지배 세력에 변화가 일어났기 때문에 그랬을 것으로 보입니다. 조선과 숙신은 같은 말이 분명합니다. 하지만 이 말의 원래 뜻을 모르게 되면서 소리만으로 표기되어 전하다 보니, 한자도 여러 가지로 적힌 것으로 보입니다. '숙신'은 후대로 오면서 말갈鞨靺 물길勿吉 여진女眞 같은 말로 대체되어 만주 지역에 사는 어느 한 민족을 가리키는 말로 독립하고, '조선'의 본뜻으로부터 멀어집니다.

중국에서 동이를 가리키는 이 모든 말이 어떤 무리를 가리키는 동의어라고 학자들은 말합니다. 즉 어떤 종족의 이름을 소리 나는 대로 베낀 말이라는 거죠. 맞습니다. 하지만 이 말들의 연관을 명쾌하게 입증하는 것은 결코 쉬운 일이 아닙니다.

1,777년에 청 건륭 황제의 지시로 중국의 이름난 학자들이 모인 한림원에서 펴낸 책이 있습니다. 『흠정 만주원류고』입니다. '흠정'은 왕실에서 직접 관여했다는 뜻입니다. 중국의 사서에 등장하는 만주 관련 자료를 모두 모아서 청나라의 정체성을 정리하고 확립한 책입니다. 이 책을 충북대학교 중앙도서관에서 빌려 읽다가 문득 생각 하나가 떠올라서 이 글을 씁니다. 물론 저는 한문을 제대로 읽을 실력이 없어서 번역본을 읽었습니다. 읽다 보니 쉬운 말로 어려운 학문의 아성을 허물어 준 훌륭한 번역이어서 이참에 꼭 인사를 해야겠다는 생각이 들었습니다. 남주성 씨, 고맙습니다. 참고로, '고맙다'는 '고마+옵다'의 짜임인데, '고마'는 우리말에서 신을 뜻합니다. '고맙다'는 '나는 당신을 신으로 여긴다.'는 뜻입니다.

이 책 속에 '숙신'의 어원을 파헤쳐 볼 수 있는 실마리가 있습니다. 다음 문장을 한 번 살펴보십시오.

『대금국지』 금나라의 본명은 주리진珠里眞이다. 〈 살펴보건대 우리나라의 옛 이름인 만주滿珠에 소속된 것을 주신珠申이라 불렀는데, 주리진珠里眞과 발음이 비슷하다. 다만 약간의 완급의 차이는 있으나 이것은 모두 숙신의 발음이 변한 것이다. 〉 그 뒤에 잘못 전해져서 여진女眞 또는 여진慮眞으로 불렸으며, 숙신 씨의 후예로서 발해의 별족이다.(269쪽)

『금사 본기』 수국 원년(1115) 정월 임신일 초하루에 여러 신하들이 존호를 올리고 이날 황제에 즉위하였다. 황상은 "요나라는 강철로서 나라 이름을 지었으니, 그 단단함을 딴 것이다. 강철이 비록 단단하나 끝내는 변하여 녹슬고 만다. 오직 금金이 변하지도 녹슬지도 않는다. 금은 흰색이고 완안부는 흰색을 숭상한다. 이에 나라 이름을 대금大金으로 한다."라고 하였다.(277쪽)

꺾쇠괄호(〈 〉) 안의 주석은 이 책을 쓴 청나라의 한림원 대학자들이 붙인 것입니다. 지금까지 우리가 보아온 '조선, 주신, 숙신, 식신, 직신, 여진' 같은 말들이 모두 '주리진'의 음차 기록임을 알 수 있습니다. 여진족이 서양 쪽에 '주르친'으로 소개된다는 점에서 이 기록은 매우 중요합니다. 동양과 서양 간에 서로 일치하는 용어이기 때문입니다. 그런데 문제는 '주리진'의 뜻이 무언지 아무도 모른다는 것입니다. 그래서 세계 최초로 제가 이 말뜻을 파헤쳐 보려고 합니다.

'주리진'이 한자 기록이니, 우선 원래의 음이 어떤 것인가 알아보겠습니다. 리뤄는 향찰 표기의 특성상 리을(ㄹ)을 적은 것일 것입니다. 그러니 음성기호로 '주리진'을 적어 보자면 'jurjin'이나 'churchin'으로 적을 수 있을 것입니다.

'진眞'의 뜻은 금방 알 수 있습니다. 우리에게 낯익은 말들이 있죠. '진번眞蕃, 진국辰國, 진한辰韓, 진한秦韓' 같은 말들에서 '진'의 정체를 알 수 있습니다. 이것은 황금을 뜻하는 말 '금金'의 만주어 발음입니다. 실제로 청나라를 배경으로 한 역사 드라마(『대풍청운』,『황제의 여인』)를 보면 김 씨가 많이 등장하는데 모두 '친'이라고 부릅니다. 국제음성 기호로는 'čin'이라고 적습니다. 가야의 지배층이 쓴 드라비다어에서도 황금을 'čin'이라고 합니다. 따라서 '주리진'의 '진'은 황금을 뜻하는 말입니다. 부족 명에 황금을 붙이는 이유는 간단합니다. 자기 부족의 우월성을 드러내어 그 말을 쓰는 사람들 스스로 자부심이 들게 하려는 것입니다. '진'의 뜻은 '하늘의 뜻을 받은 황금 겨레'입니다. '알타이'는 황금산金山을 뜻한다고 했습니다. 동북아시아의 고대 부족들은 누구나 이런 의식과 관념을 갖고 살았습니다.

문제는 '주리진'의 '주리'입니다. '진'을 제한하는 꾸밈말일 텐데, 뜻을 알 수 없습니다. 몽골어, 터키어, 퉁구스어를 뒤져봐도 여기에 딱 알맞은 말이 없습니다. 그런데 뜻밖에도 우리 역사서에 나오는 말들이 이에 걸맞습니다. '졸본, 살수, 홀승골' 같은 말이 그것입니다. 우리가 쓰는 말에도 이런 자취가 있습니다. '독수리, 솔개, 소리개, 수라상' 같은 낱말이 그것입니다. 게다가 우리나라 지명에는 '솔티'라는 말이 많습니다. 민간어원설에서는 소나무가 많아서 솔티라고 한다는데, 말도 안 되는 소리죠. '솔티'의 '솔'은 높다는 뜻입니다. 솔티는 높은 재를 뜻하죠. '수리티, 수리산, 수리봉, 수릿재, 소릿재' 같은 지명은 수도 없이 많습니다. 이런 말에서 우리는 '높다, 위대하다'는 뜻을 지닌 말의 어근을 뽑아낼 수 있습니다. '솔, 졸, 홀'이 그것입니다. '홀'요? '할아버지, 할머니'에 있습니다. '할티'라는 지명도 많죠. 솔티＝할티.

고구려는 졸본부여에서 나와서 나라를 세웠습니다. '졸'은 높다는 뜻이 분명하죠. 그러니 주몽이 '고高'를 성으로 삼았겠죠. 몽골어로 고구려를 'solho'라고 부른 것을 보면 더욱 심증이 갑니다. 따라서 '주르친'의 '주르'는 '졸'과 같은 게 분명합니다. '높다, 위대하다, 빛나다' 같은 뜻을 지닌 말입니다. 따라서 '주르친'은 위대한 황금겨레를 뜻하는 말입니다.

'čin'은 황금이라고 했습니다. 나라 이름을 '금'이라고 한 것은 왕실의 성인 김 씨에서 따온 것입니다. 금 황제는 완안부의 추장 아골타阿骨打인데, 조상이 고려에서 왔다고 『금사』에 적었습니다. 그 조상의 이름은 함보函普이고, 고려사에는 금행今幸, 金幸이라는 이름까지 나옵니다.

그런데 재미있는 게 있습니다. 앞서 인용한 문장의 끝부분을 보시기 바랍니다. 나라 이름을 대금大金(따친)으로 한 까닭이 〈금은 흰색이고 완안부는 흰색을 숭상한다.〉는 것입니다. 말이 안 됩니다. 금의 빛깔은 하양이 아니라 노랑입니다. 오히려 자신이 거꾸러뜨린 요나라의 상징 쇠(철)가 흰색이죠. 이런 논리라면 나라 이름을 '대금大金'이 아니라 '백금白金'이라고 해야 합니다. 아골타는 '흰'과 '한'을 혼동하고 있는 겁니다. 왜 그랬을까요? 신라를 떠나온 지 오래돼서 신라 말을 혼동한 것입니다. 자신의 성이 김 씨이니 나라 이름을 '금'이라고 했고, 거기다가 크다는 뜻의 '한'을 꾸밈말로 했는데, 이것을 흰색과 혼동한 겁니다.

이 혼동은 만주어와 우리 말이 뒤섞이면서 일어난 것입니다. 완안 씨가 쓴 퉁구스어로 하양(白)은 'saru'입니다. '한 금(大金)'을 '흰금'으로 알아듣고, '흰(saru) 금(čin)'이라고 한 것이죠. 결국 'saru-čin'이 '주르친'으로 바뀌는 음운변화를 겪은 것입니다. 그 반대라고 해도 되겠죠. 이런 말들이 나타내고자 하는 뜻은 '빛나는 하늘의 뜻을 받아 지상에 위대한 왕조를 세운 황금 거레'입니다. 이 주르친이 한자로 '주신, 직신, 식신, 숙신'으로 기록된 것이고, '조선'도 그런 소리 베낌 중의 하나라고 보는 것입니다.

그런데 이상한 게 있습니다. 알타이 제어에서는 황금과 쇠를 구분합니다. '쇠'를 만주어로는 'sele', 몽골어로는 'temur', 터키어로는 'Demir'라고 합니다. 황금을 만주어로는 'asin', 몽골어로는 'alta', 터키어로는 'altïn'이라고 하는 것과는 다르죠. 그런데 우리는 '쇠(철)'라고 하고 '황금'이라고 하여 색깔로 구분합니다. 황금의 '금'은 '쇠 금'자입니다. 우리에게 '쇠=황금'이라는 뜻입니다. 이렇게 우리가 황금과 쇠를 구분하지 못하는 것은, 그 둘이 등가를 이루는 값어치를 지녔기 때문이기도 하지만, 황금을 따로 나타내는 말이 있어서 그렇게 된 것으로 보입니다. 즉, '친(čin)'이라는 말이 그것인데, 이것이 우리말에서는 '김'으로 자리 잡습니다. 꾸밈 꼴 니은(n)이 이름씨 꼴 미음(m)으로 변한 것이죠.

참고로 몽골어로 '쇠'는 'temur'인데, 그러면 몽골 사람들의 이름 중에 '티무르(帖木兒)'가 왜 많은지 알겠죠? 우리말로 치면 '철수'나 '강쇠, 쇠돌이, 쇠똥이' 같은 이름입니다. 동네마다 한두 명씩 있죠. 공민왕의 몽골식 이름도 바얀테무르(伯顔帖木兒)였습니다. 몽골어로

'바얀'은 풍부하다는 뜻이니, 공민왕은 젊어서 몸집이 뚱뚱하지 않았을까요? 뚱보 철수, 또는 뚱보 쇠돌!

칭기즈칸의 원래 이름 '테무친(temur-čin)'도 마찬가지겠죠? 쇠(temur)처럼 단단하고 황금(čin)처럼 귀하다는 뜻이 들었죠. 한자로 '철목진鐵木眞'이라고 표기하는 것을 보면 분명합니다. 뜻을 감안하여 소리를 베끼는 한자의 특징이 그대로 나타납니다. 테무친이 칭기즈칸에 오를 때 가장 강력한 지지 세력이 '주르킨' 씨족이었다는데, 여진족이었을 것입니다. 주르킨=주르친.

백과사전에 소개된 칭기즈칸의 어원도 몇 가지 설이 있는데, 다들 신통치 않습니다. 몽골 사람들조차도 '칭기즈'를 '위대하다'는 그림씨(형용사)로 여기는 모양입니다. 제가 보기에는 '칭(황금)+기즈(지방 국가)+칸(임금)'의 짜임일 겁니다. '기즈'는 북부 초원지대 여러 겨레의 말에서 제국을 구성하는 지역별 나라를 뜻합니다. '구스(헝가리어), 주스(카자흐스탄어), 우즈(우즈베키스탄어), 울루스(몽골어)'가 모두 같은 뿌리에서 갈라진 말들입니다. 몽골은 자신에게 협조한 부족들을 몽골족으로 받아들여 구성원을 확대하며 세계로 뻗어가죠. 그렇게 받아들인 새 나라(지역)가 '기스'이고 '울루스'입니다. 칭기즈칸은 '하늘의 뜻을 받은 황금 겨레 연합 국가의 우두머리'를 뜻합니다.

몽골의 시조로 거론되는 분이 '부르테 치노'인데, 뜻이 '잿빛 푸른 늑대(蒼狼)'랍니다. 세상에! 짐승의 자식이 어디 있을까요? 동물 토템으로 보기에도 유치한 수준의 발상입니다. 몽골어로 늑대는 '치노'겠지만, 실제로는 늑대나 이리가 아니라, 같은 소리에 다른 뜻을 지닌 말의 와전일 겁니다. 제 글을 읽으신 분은 한눈에 답이 보이시죠? 치노(chino, china)는 '친(金, čin)'의 2음절 표기일 뿐입니다. 황금 겨레를

뜻하는 말입니다. 칭기즈칸의 조상이니, 황금 겨레가 맞죠. '부르테'
의 뜻은 분명하지 않지만, 제가 아는 몽골어의 낱말 중에서 찾아보면
짐작 가는 바가 없지 않습니다.

몽골어로 '첫째'를 'burdege'라고 하는데, 이에 따르면 부르
테 치노burdege-chino는 우리말로 '첫째 친(金)'이 되겠죠. '황금 겨레
의 시조'라는 뜻입니다. 이게 아니라면 몽골어 중에서 부르테에 좀
더 가까운 말을 여러분도 찾아보시기 바랍니다. 연구 방향은 정해졌
으니, 답을 찾는 것은 시간문제입니다. 테무친의 '친'은 자기 조상 부
르테 치노의 '치노'를 따서 붙인 이름이 분명합니다. 부르테 치노는
'첫 번째 친(金)'이고, 테무친은 '쇠돌이 친'의 뜻이죠. 이런 이름 붙
이기는 낯선 게 아닙니다. 교황 요한 23세, 바오로 3세도 이런 발상
으로 붙인 이름입니다. 아마도 위대한 자손 칭기즈칸이 나왔으니, 그
의 첫 번째 조상(burdege-chino)이라는 뜻으로 후대에 붙인 이름의
소리값이 와전되어 '잿빛 푸른 늑대'라는 동물 토템으로 이야기가
발전한 것으로 보입니다.

이야기가 삼천포로 빠졌네요. 왜 이 복잡한 얘기를 하느냐면, 기
록할 때의 혼란상을 말하려는 것입니다. 퉁구스어로 쇠는 'sele'입
니다. 이것을 우리말로 옮길 때 '쇠'라고 할 수 있다는 것입니다. '쇠'
는 '시'와 같고 똑같은 소리가 우리말에서는 동쪽을 뜻합니다. '높
새'바람의 '새'가 바로 동쪽을 뜻하는 말입니다. 그러니 이것을 한자
에서 찾아 쓸 때 '조朝'로 쓸 수 있다는 것입니다. '주르친'을 옮겨적
을 때 '주르'의 발음에 뜻을 덧보태어 '朝'로 쓸 수 있음을 말하는
것입니다. 朝에는 소리와 뜻이 동시에 작동했다는 말을 하려는 것입
니다.

지금은 朝를 '조'라고 읽지만, 옛날에는 '됴'라고 읽었습니다. 『훈몽자회』나 『천자문』에 그렇게 나옵니다. '됴〉조'의 변화는 구개음화라고 설명합니다. 알타이 제어의 공통점입니다. 발음을 편하게 하려다가 나타나는 현상이죠. 동학혁명 기념탑이 있는 고개를 '우금'이라고 하는데 뒤에 '치'도 붙고 '티'도 붙습니다. '우금티, 우금치'. 굳이 따지자면 '우금티'가 '우금치'보다 더 오래된 발음임을 알 수 있습니다. 우금티〉우금치. 이런 현상으로 보면 우리는 훨씬 더 쉽게 朝와 '주르'의 관계를 설명할 수 있습니다.

만주어로 '높다(高)'는 'den'이고, '동쪽'은 'delgi'입니다. 북방의 유목민들은 동쪽을 높은 자리로 쳤습니다. 해가 뜨기 때문이죠. 미래의 왕이 될 세자가 동궁東宮에 사는 것은 그런 뜻입니다. 만주어에서 '높다'와 '동쪽'의 어원이 서로 비슷한 것은 그 때문입니다. 그러면 '주르친'의 더 오랜 꼴은 '두르친'임을 알 수 있죠. '두르'는 'delgi'이나 'den'의 어근 'del'과 닮았습니다. 제가 앞서 '조선'의 朝에 소리와 뜻이 동시에 들었다는 말을 한 것이 이 뜻입니다.

대금大金([dàijīn])은 '따친'으로 들리게 소리 납니다. 여진족이 처음 나라를 '대금'이라고 했다가 나중에 '대청'으로 바꾸는데, 金(jīn)과 淸(qīng)의 발음이 같기 때문입니다. 한자만 바뀌었을 뿐, 똑같은 소리가 납니다. 大는 발음기호 상으로는 [dà]나 [dài]인데, '다'가 아니라 '따'로 들립니다. 큰형님을 뜻하는 말 따꺼(大哥)를 보면 알 수 있죠. 조朝의 발음이 얼마 전까지만 해도 '됴'였다는 것을 알면 '주르친'도 알타이어 문법의 큰 특징인 구개음화를 겪은 말이고, 구개음화를 입기 전의 발음이 '두르친, 듀르친'이었음을 예상할 수 있습니다. '두르'가 '대'나 '됴'로도 적힐 수 있다는 뜻입니다. 대금大金이 곧

대청大淸이고, 또한 주신珠申이자 숙신肅愼이며, 이들은 모두 '주르친(珠里眞)'의 음차 표기입니다.

'주르킨'과 '주르친'에서 보듯이 키읔과 치읓은 서로 넘나듭니다. 여기서 '킨'이 '신'으로 넘어가는 것은 '친'과 거의 동시에 일어납니다. 'chin〉khin〉sin〉xin'으로 가면 이것을 鮮으로 적을 수 있습니다. '주르친'이 '조선朝鮮'으로 충분히 적힐 수 있습니다.

그런데 이런 작업을 미친 듯이 하다 보면 회의감이 밀려듭니다. 이렇게까지 해서 조선과 숙신이 동의어임을 밝혀야 하나? 이런 회의감은 언어가 처음 생길 당시와 달리 시간의 흐름에 따라서 그것을 쓰는 사람들이 새로 부여하는 의미가 점차 확대되기 때문입니다. 숙신이 주르친임은 분명하지만, 조선이 주르친과 같은 말이라고 한다면 잠시 망설이게 되는 심리는, 우리에게 '조선'의 의미가 단순히 그것에만 그칠 것 같지 않기 때문입니다. 앞서 살펴본 '조선' 어원의 여러 가지 다양한 의견이 그런 심증입니다. 겨레가 분화됨에 따라서 말에 부여되는 의미도 점차 달라지는 것이죠. 그러나 여러 책에서 그렇다고 얘기하니 이렇게 눈에 보이는 어원의 양상을 일단 정리해 봅니다.

조선과 숙신이 같고, 금나라는 고려에서 온 사람이 건국했습니다. 그렇다면 금나라는 우리나라의 역사일까요? 중국의 역사일까요? 만주 지역에서 벌어진 이런 사건은 우리와 관련이 있을까요? 없을까요? 없다고 말한다면 발해사를 우리 역사에서 지워야 하고, 있다고 말한다면 역사를 새로 써야 합니다. 발해는 요나라에게 망했고, 금나라는 발해를 무너뜨린 요나라를 원수로 삼아서 정벌하고 그곳에 새로이 선 나라입니다. 게다가 우리나라 사람이 세운 나라였습니다. 우리 역사가 아니라고 답하기에는 너무나 아쉽고 찜찜합니다. 한국 역사학은 우리의 생각과 다른 답을 해왔기 때문에 우리가 이런 맘고생을 하는 것입니다.

『만주원류고』를 읽다가 이상한 걸 하나 발견했습니다. 『만주원류고』는 말 그대로 만주 지역의 역사 지리와 풍속을 다룬 책입니다. 하나 질문드리죠. 한반도는 만주인가요? 만주가 아닌가요? 아닙니다. 그런데 이상한 건 『만주원류고』에 '삼한' 항목을 두고 고구려 백제 신라의 역사를 샅샅이 다루었다는 것입니다. 마치 고구려 백제 신라 3국이 한반도가 아니라 중국과 만주에 있었다는 듯이 서술했습니다. 실제로 삼국의 사건을 다룬 기사에 중국 내륙의 지명(산동, 산서, 하북)도 수두룩하게 나옵니다. 『만주원류고』를 지은 사람들의 머릿속에는 삼한이 중국과 요동 만주 지역에 있었습니다. 헐!

남들은 삼한이 중국 땅에 있었다는데, 우리는 주구장창 한반도 안에 구겨 넣으려고 낑낑거렸습니다. 한반도라는 여행 가방 하나에 꽁꽁 우겨 넣은 역사를 이참에 한 번 꺼내어 만인이 보는 옷장에 진열해 놓아야 하지 않을까요? 그렇게 진열된 옷을 하나씩 골라 입고 도포 자락 휘날리며 만주 요동 황하 유역으로 고대사 여행을 떠나야 하지 않을까요? 우리 역사의 여행 가방을 여는 첫 일정은 『만주원류고』를 읽는 일이 되어야 할 것 같습니다. 설렙니다.

4. 단군의 나이

『삼국유사』 고조선 조를 보면 단군은 기묘년에 기자를 피해 장당

경으로 옮겼다가, 뒤에 아사달에 돌아와 숨어서 산신이 되었는데, 그때 나이가 1,908세라고 기록되었습니다. 이런 것을 근거로 단군이 설화일 뿐이라고, 단칼에 잘라 말할 사람들은 뻔합니다. 일본 학자들과 그들에게 배운 실증주의 사학자들이죠. 이들에게 문학은 역사가 될 수 없습니다. 그래서 우선 역사와 신화를 분리하려고 들죠. "단군이 신화냐, 역사냐?"라고 물으며 따지는 겁니다. "단군은 신화이므로, 역사가 아니다!"라고 하기 위해서 만들어 낸 이분법 함정이죠.

하지만 문학은 문학만의 표현법이 있어서 문학을 잘 아는 사람은 그런 소리를 하지 않습니다. 예를 들어, 『홍길동전』이나 『심청전』 같은 소설을 놓고 이게 역사나 문학이냐 따지면서 문학이라는 결론이 나면 그것은 역사가 아니니 역사 자료로 쓸 수 없다고 결론을 내린다면 어떨까요? 코흘리개도 웃을 겁니다. 『홍길동전』에는 조선 시대의 핵심 쟁점인 서얼 문제가 아주 잘 드러나고, 『심청전』에서는 심청의 신분 이동을 둘러싼 당시 사람들의 감정이 아주 잘 담겼습니다. 역사보다 더 역사 같은 게 문학입니다. 『단군신화』라고 해서 다르지 않습니다. 고조선의 '정사正史'가 없다면 정사보다 더 값진 것이 '신화문학'입니다. 신화는 역사의 압축파일이죠. 사마천의 『사기』에 위만이 찬탈한 조선이 나오는데, 위만 이전의 '조선'이 없을 수 없습니다.

단군이 신화냐 역사냐는 무식한 질문을 멈추시기 바랍니다. 그런 물음은 자신의 얕은 밑천만 드러낼 뿐입니다. 역사 연구가 있기 전에는 신화가 곧 역사였습니다. 전 세계에 전해오는 수많은 구비문학이 모두 신화이고 그 겨레의 역사입니다. 『오디세이』나 『일리아드』, 또는 『마하바라타』가 신화이니 역사 연구자들이 인용하면 안 된다고 주장하면 어떤 반응이 올까요? 이런 교활한 질문에 숨겨진 의도는 이런 겁니다.

"『삼국사기』의 초기 기록과 『삼국유사』는 설화일 뿐이니, 역사 연구에서는 모두 무시해야 한다!"

어디서 많이 듣던 말 아닌가요? 일제강점기 실증사학자들의 주장입니다. 제국주의의 앞잡이인 일본 학자들은 실제로 그렇게 한국사를 요리했습니다. 거기다가 그들의 한국 제자들이 조미료까지 솔솔 뿌린 요리를 100년 가까이 교과서로 퍼먹다 보니, 이분법의 함정도 분간 못할 만큼 다들 미친 겁니다. 끌끌끌! 혀를 차면서 본론으로 돌아갑니다.

한 사람이 1,908년을 산다는 것은 누가 봐도 말이 안 되는 소리입니다. 하지만 신선이라면 다르죠. 신선은 생명이 무한대입니다. 죽지 않습니다. 사람이 어떻게 안 죽을까요? 역사학자들은 그럴 수 없다고 잘라 말합니다. 그러나 문학도인 저는 사람이 죽지 않는 법이 있다고 자신 있게 말할 수 있습니다. 사람은 자식을 통해 자신을 복제합니다. 자신의 복제물이 자식이고, 자식은 나의 모든 것을 다음 대로 이어갑니다. 그게 바로 영생의 비밀이고 인간이 자식에게 집착하는 이유입니다. 신선에게는 이름이 없습니다. 그냥 신선이고 영생합니다. 그 이유가 바로 이런 복제 능력입니다.

그러니 문학도의 눈으로 보면 단군 나이 1,908살은 한 사람의 나이가 아니라 한 사람의 자식들이 왕위를 대대로 이어간 기간입니다. 간단명료하죠. 고구려 왕 '칸'의 나이는 705살, 백제 왕 '건길지'의 나이는 678살, 신라 왕 '마립간'의 나이는 992살. 조선 왕 '단군'의 나이는 1,908살! 이게 왜 말이 안 된다고 생각하죠? 그건 앞만 보고 달리느라 옆을 못 보는 역사학자들이나 그렇게 생각하는 겁니다. 문학은 옆을 보는 표현법입니다. 일본의 도공 심수관은 정유재란 때

(1598) 끌려갔는데, 지금도 살아있습니다. 421살입니다. 지금까지 살아있는 일본의 임금 '천황'은 몇 살일까요? 한 2,000살쯤 되나요? 만세일계가 되려면 그 정도 나이는 먹어줘야 하지 않을까요? 정작 자기네 나라에서는 버젓이 벌어지는 일을, 유독 한국의 역사에서만 안 된다고 강짜 부리는 게 일본 학자와 그의 한국 제자들입니다.

'단군'이 임금을 뜻하는 동이족의 보통명사라면 단군은 몇 대인지 모르지만 1,908년에 걸쳐 왕 노릇을 이어간 것입니다. '단군'이 보통명사임이 분명한 것은 『삼국유사』의 기록을 보면 알 수 있습니다. 맨 뒤에는 '왕력王曆'이 있는데, 한 마디로 이것은 왕의 연대 표입니다. 거기에 동명성왕 이름 밑에 '壇君之子'라고 적어놓았습니다. '단군의 아들'이라는 말입니다. 주몽이 단군의 아들인가요? 그럴 리가요!

주몽은 단군의 아들이 아닙니다. 나중에 왕이 된 사람이고, 그 아비는 누군지 모릅니다. 단군의 아들이란, 평지돌출로 왕이 된 사람에게 붙인 최고의 찬사죠. 이로 보면 분명해집니다. 당시에는 왕을 옛 조선의 단군을 이어받은 것으로 해야 권위가 섰다는 것이죠. 실제로 일연이 살던 고려 때까지도 동방의 우리 민족은 임금을 단군이라고 불렀을 수 있습니다.

여기에 착안하여 『환단고기』에서는 1908년을 여러 임금의 대수로 환산하여 수많은 임금을 만들어 냈습니다. 역사책을 아예 새로 썼죠. 위서다 진서다 말이 많아서, 그 자체로 저로서는 역사 얘기를 할 때 오히려 거론하기 거북한 책입니다. 그 책을 인용하는 순간, 진짜다 가짜다 하는 말싸움에 휘말릴 것이기 때문입니다. 어원학만으로도 역사 얘기를 하기에 부족함이 없는 저로서는 굳이 그럴 필요가 없습니다.

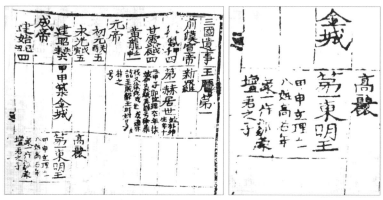

삼국유사 왕력

　『환단고기』는 언제 발견되었는지 분명치 않은 책인데, 제가 고대
사에 관심이 있던 1980년 무렵에 옛날식으로 제본이 된 한정판 원본
이 서울 안국동의 고서점에 나와서 그걸 사둔 게 아직도 책꽂이에서
먼지 뒤집어쓴 채 꽂혀있습니다. 하도 안 봐서 미안한 마음에 이번에
먼지를 털어내고 뒤에 서지사항을 보니, 단단학회檀檀學會에서 신시개
천 5876년에 낸 책인데, 괄호 안에 적어 넣은 서기를 보니 1979년이
네요. 제가 고등학교를 막 졸업하고 강퍅한 서울 생활을 시작하던 시
절입니다.

　차례를 보니, '삼성기, 단군세기, 북부여기, 태백일사'로 짜였는
데, 제가 알기로는 모두 민족종교 쪽에서 흘러나온 책입니다. 단단학
회도 학술단체인 줄 알고 검색해보니, 웬걸, 민족종교 단체입니다. 몇
해 안 가 이 책을 몇 분이 번역하여 책으로 냈더군요. 저도 그 책을
사 보았는데, 그때까지 교과서에서 배운 역사 내용과 너무나 다른 용
어와 이야기에 골머리가 딱딱 아파서 반도 못 읽고 덮어버린 것으로
기억합니다. 이후 국수주의 사학의 정통 역사서로 자리 잡았습니다.

이 밖에도 『신단실기』, 『신단민사』, 『삼일신고』 같은 경우는 대종교 쪽에서 민족 신앙 앙양 차원에서 만든 책이어서, 역사론에 적용하기에는 너무 소박하고 위험하다는 생각이 듭니다. 계연수가 묘향산 바위에 새겨진 것을 대종교에 전했다는 '천부경'도 해월 최시형 이전의 사유에서는 보기 힘든 구절이 나옵니다. '人中天地一'이 그런 경우죠.(『한국의 활쏘기』, 1999) 이걸 또 음양오행이니 『주역』이니 『노자』니 하는 것들과 한 두름으로 꿰어 민족 사상을 만들어내려는 여러 시도를 보면, '나가도 너무 많이 나갔구나!' 하는 생각에 탄식이 절로 듭니다. 역사와 신앙은 섞이면 안 됩니다. 그런 자료들이 아니라도, 우리가 날마다 쓰는 말의 뿌리 속에는 얼마든지 우리 역사의 옆구리를 엿볼 수 있는 단면들이 많습니다.

2000년 무렵에 군인들의 역사 인식에 큰 문제가 있다는 신문 보도가 나간 적이 있습니다. 뭐냐면 군대에는 정훈장교가 있는데, 이분들이 1990년대에 유행한 민족주의 국수주의 역사학을 민족 자부심 앙양 차원에서 군인들에게 정신교육을 한 것입니다. 그 내용이 앞서 말한 고대사이고, 주로 당시 국수주의 재야 사학자들이 주장한 내용을 그대로 정훈 교육 시간에 전달한 것입니다. 우리나라 청년들이 대부분 군대를 다녀오는데, 그때 민족 자부심 앙양 차원에서 배운 역사 내용이, 중고등학교 국사 시간에 배운 내용과 너무 다르다 보니, 혼란을 겪는다는 그런 얘기였습니다.

식민사관에 뒤덮인 학교 교육의 답답한 역사 이야기만 듣다가 광개토왕이 말을 타고 시라무렌Sira Mören까지 내달리는 이야기를 들으면 가슴이 뻥 뚫리는 경험을 합니다. 열등감으로 가득 찬 우리 역사가 사람에게 희망을 줄 수 있는 갈래구나 하는 생각이 절로 들죠.

도대체 역사학자들이 우리의 어린 청춘에 저질러 놓은 열패감은 무엇이고, 그 반대급부로 만주는 우리 땅이라고 소리쳐, 결국 동북공정이라는 부메랑을 맞은 현실은 또 뭐란 말입니까? 우리는 어느 장단에 춤을 추어야 할까요?

역사란 일종의 퍼즐 맞추기 게임입니다. 어딘가 안 맞는 구석이 생기면 그것을 제대로 맞추려고 이 자료 저 자료 찾아서 아귀가 완벽하게 틈 없이 맞을 때까지 재구성하고 재배열하는 일입니다. 그런데 지금까지 맞춰온 모든 질서를 깡그리 무시하고 여기저기 바탕을 칼로 잘라서 꿰어맞추면 게임은커녕 모든 게 망가집니다. 속은 시원하겠지만, 실상은 더욱 헝클어집니다. 우리 조상들이 세계를 몽땅 지배했었으면 좋겠지만, 그럴 수도 없고, 그럴 필요도 없습니다. 우리를 위해서도 남을 위해서도 '사실 그대로' 아는 게 좋습니다.

5. 단군과 기자

조선은 단군조선 기자조선 위만조선으로 나뉩니다. 언뜻 보면 단군, 기자, 위만은 사람 이름 같습니다. 실제로 사마천의 『사기』를 보면, '위만'은 중국과 조선의 양쪽 틈바구니에 끼었다가 속임수로 조선을 차지한 인물입니다. 그 탓에 기자조선의 마지막 왕은 남쪽으로 내려가 삼한을 세우죠.

그렇다면 단군과 기자도 위만처럼 사람의 이름일까요? 단군이 1,908년을 살았다는 것으로 보면 이것은 사람의 이름일 수 없겠다는 생각이 듭니다. 아마도 '단군'은 왕을 뜻하는 고유언어였을 것으로 봅니다. 요건 잠시 후에 살펴보기로 하고, 그렇다면 '기자'는 어떨까요? 우리는 은나라의 현자였던 '기자箕子'가 은나라가 망하자 동쪽으로 와서 왕이 되었다고 합니다. 하지만 언뜻 보기에도 이것은 이상합니다. 그 넓은 동쪽 땅의 주인이 순순히 왕의 자리를 내주었다는 것이 말이죠. 우리는 '기자'라는 말에 대해서 다시 생각해보아야 합니다.

조선 앞에 꾸밈말로 붙은 말들은 모두 어떤 인격체에 대한 이름입니다. '단군, 기자, 위만'이 그렇습니다. 위만은 사람이 분명하지만, 앞의 단군과 기자는 사람이기보다는 어떤 인격을 대표하는 보통명사일 것 같습니다. 단군은 분명히 임금을 뜻하는 말로 보입니다. 그렇다면 기자는 어떨까요? 기자도 앞선 '칸, 건길지' 같은 말로 보면 안 될까요?

이런 의문을 풀 단서가 조선 시대 1575년에 간행된 『천자문』에 있습니다. '王' 밑에 '긔즈 왕'이라고 언문 풀이가 달렸습니다. 옛날에는 왕을 '기자'라고 했다는 것이죠. 그러면 이런 의문은 싹 풀리죠. 아하, '기자'도 '단군'처럼 통치자를 나타내는 말이었구나! 중국사에 등장하는 은나라 사람의 이름이 아니었다는 것이죠. 왕을 가리키는 보통명사를, 중국 은나라의 현자를 가리키는 고유명사로 여겼다는 뜻입니다.

그러면 '기자'의 뿌리를 조금 더 파헤쳐보겠습니다. 바이칼호가 지금은 러시아에 소속되었지만, 그것은 극히 최근의 일입니다. 몽골이 나라를 세우면서 양쪽의 거대국가인 중국과 러시아에 땅을 떼어주는

천자문

조건으로 독립 협상을 한 결과입니다. 중국에는 내몽골을, 러시아에는 바이칼 주변을 떼어주고 독립 국가로 인정을 받죠. 몽골에 가족 여행 갔을 때 현지 안내인에게 들은 설명입니다.

바이칼호 둘레에는 몽골족의 일파인 부리야트족이 삽니다. 일본 학자(野村正良)의 연구에 의하면, 부리야트 어에도 방언이 몇 개 있는데, 동 부리야트 방언 중에도 크게 3가지가 있다고 합니다. qori(xori), qudara(xudara), Bargu3in이 그것입니다. qori 방언 안에도 다시 작은 방언이 있는데, 그 중에 놀랍게도 'ki3iŋa'가 있습니다. 'ka'는 고대 터키어로 '동족同族'을 뜻하니, 'ki3i'는 정확히 '기자'와 일치합니다. 'ki3iŋa'는 '기지 사투리를 쓰는 겨레'의 뜻입니다.

주몽의 어머니 유화가 해모수와 사통하여 옆구리로 알을 낳았다가 곤경을 당하는 설화는 원래 고리국稾離國의 신화였습니다. 이 '고리'가 고구려 5부족 중의 하나인 '계루桂婁'라는 것이 우연이 아님은 쉽게 알 수 있습니다. 그 말이 그 말입니다. 그리고 이 말은 위의 부리야트 방언 'qori'와 정확히 일치함을 볼 수 있습니다.

게다가 백제를 일본에서는 'kudara'라고 불렀는데, 부리야트 'qudara'와 똑같은 것을 보면 정말 놀랍죠. 백제는 고구려의 일파가 한강에 내려와서 세운 나라입니다. 현재의 러시아 부리야트 공화국에 살던 몽골족 일파인 고리족이 남쪽으로 내려와 (고)구려를 세우고, 그들과 분리된 구다라족이 더 남쪽으로 내려와 백제를 세운 것임을 또렷이 볼 수 있습니다. 백제 왕족의 성이 '부여'씨이고, 이 말이 '부리야트'를 한자음으로 적은 것이라는 점은 이제 놀랍지도 않습니다.

물론 이 방향을 뒤집어볼 수도 있습니다. 즉 2,000년 전 고대 동북아 지역에 넓게 퍼져 활동하던 부리야트족이 그 뒤 세력을 잃고 바이칼 호수 근처까지 밀려갔다고 봐도 된다는 말입니다. 하지만 이 것을 확인할 길은 없습니다. 그래서 일단 지금 부리야트에 사는 그 사람들이 고대 동북아에서 활동하던 그 겨레라고 가정하고서 논의를 진행하는 겁니다. 말하자면 2,000년 전 바이칼호에 살던 사람들이 초원지대에서 활동하다가 다시 제자리로 돌아갔다는 전제죠. 저로서는 어느 방향이 옳은 것인지 확인할 길이 없습니다.

광주 『천자문』에 따르면 '기자'는 조선 시대까지 쓰이던 왕을 뜻하는 말이었습니다. 그리고 백제의 왕명에서도 이런 이름을 볼 수 있습니다. 백제의 피지배층인 토착민들은 왕을 '건길지鞬吉支'라고 했고, 지배층은 '어라하於羅瑕'라고 했다고 『주서周書』에서는 말합니다.

王姓夫餘氏, 號於羅瑕, 民呼爲鞬吉支, 夏言并王也.

'어라하'는 '남자'를 뜻하는 몽골어 'ere'와 '존자'를 뜻하는 접미사 'ge'가 만나서 이루어진 말입니다. 또 '하'는 왕을 뜻하는 '한, 칸, 간'으로 봐도 되니, 우두머리를 뜻하는 말임을 선뜻 알아볼 수 있습니다. '건'은 몽골어로 '크다'는 뜻의 'kən'이고, '길지'는 'kiʒi'의 음차 기록입니다. '기자'는 은나라의 현인을 가리키는 사람 이름이 아니라, 왕을 뜻하는 우리말이었음이 또렷이 드러났습니다. 아마도 지배층은 자신들의 왕을 자신들의 언어로 말했을 것이고, 피지배층은 지배층의 출신 부족을 뜻하는 말로 썼을 것입니다.

아울러 같은 책(『주서周書』) 같은 곳(백제)에 "왕의 아내는 '어륙於陸'이라고 하는데 중국어로 비妃가 된다."고도 나옵니다. 몽골어에서 결혼으로 맺은 친족을 가리키는 말이 'urug'이어서 똑같습니다. 백제의 지배층이 몽골어를 썼음을 또렷이 보여주는 말입니다. 이 말이 지명에도 고스란히 남아있습니다.

얼마 전에 사진 찍는 아내를 따라서 아산 현충사에 갔습니다. 춘삼월이면 고택 앞에 홍매화가 피는데, 찍사들의 성지입니다. 거기에 500년 된 은행나무가 있고, 건너편 산비탈에 과녁이 있어서 해마다 이순신 장군 탄신 축제할 때 대통령기 활쏘기 대회를 합니다. 전통 활쏘기는 엄연히 대통령 의전에도 들어있습니다. 대통령이 직접 활을 쏘는 의전은 현충사 대회와 이순신을 기리는 한산섬의 행사 때 치르는 대회입니다. 역대 대통령 중에서 박정희는 꾸준히 활을 쏘았는데, 그 뒤로 전두환 노태우도 의전에서는 활을 쏘았습니다. 김영삼부터는 나이가 너무 많아서 활을 쏘지 못하더니, 그 이후의 대통령들은 아예 활을 잡지 않았습니다. 조선 왕실의 정체성 노릇을 하던 활쏘기가 시대의 흐름과 함께 점차 주변부로 밀려나는 모습을 이런 대접에서 볼 수 있습니다. 일본은 제 나라를 방문한 조지 부시에게 일본의 전통문화라며 보여준 것이 말타고 활 쏘는 '야부사메'였습니다. 이런 걸 보면 탄식과 감탄이 절로 나죠.

　　활터 설자리의 은행나무 뒤에 안내판이 서있는데, 이순신 장군을 기리는 현충사는 그곳 백암리(염치)에 있고, 장군의 무덤은 아산시 음봉면 삼거리 어라산於羅山에 있다고 쓰였습니다. 이 '어라'도 백제의 지배층이 쓰던 말일 것이고, 산의 격을 높이려는 뜻에서 붙인 것임을 알 수 있습니다. 이 '어라산'의 '어라'는 백제왕을 뜻하는 '어라하'의 '어라'와 같은 말입니다. 이 어라산은, 줄기가 바로 뒤의 '국사봉'에 닿습니다. 국사봉은 이름에서 알 수 있듯이 실제 높이는 그리 높지 않은데, 근방에서는 가장 높아서 거기 올라보면 서쪽으로 바다까지 내다보입니다. 국사國師의 자격이 충분합니다. 그래서 어쩌면 이 국사봉을 '어라산'이라고 한 게 아닌가 싶습니다만, 현재는 이순신

장군의 무덤이 있는 산을 가리킵니다.

음봉陰峰은 백제 지명 아술牙述을 바꾼 것인데, 이제 '陰:牙, 峰:述'의 대응이 한눈에 보이죠? 안 보이는 분은 반성해야 할 일입니다. '陰'은 '엄'을 소리 나는 대로 적은 것이고, '牙'는 '어금니'인데, 옛날에는 『훈몽자회』에 '牙엄 아'로 나옵니다. '엄'은 '엄지'에서 보듯이

훈몽자회

크다는 뜻의 만주어입니다. '述'은 '술, 수리'를 적은 것인데, 만주어로 높다는 뜻입니다. 충북의 음성陰城도 원래 이름은 설성雪城이었습니다. '음'과 '설'의 대비를 볼 수 있죠. 당연히 '설'은 눈을 뜻하는 게 아니라 '수라, 솔'과 같이 높고 큰 것을 나타내는 말입니다.

봉은 큰 산봉우리를 뜻하는 말입니다. '국사봉'은 음봉면에서 가장 큰 산이어서, '엄수리'의 자격이 충분합니다. 엄수리(牙述, 陰峰)는 만주어이고, 어라산은 몽골어입니다. 따라서 음봉은 높은 산을 뜻하는 데서 온 말이거나, 아니면 왕에 못지않은 큰 인물이 살았던 곳을 뜻하는 말입니다. 사정은 이런데 온양에서 영인면으로 넘어가는 고갯길 옆의 큰 바위 하나가 어금니를 닮아서 붙은 이름이라며 길가에 안내판까지 세워 설명해놨습니다.

당신 정체가 대체 뭔데 음봉을 그렇게 잘 아느냐고요? 제가 바로 이순신 장군의 무덤 옆 동네에서 태어났습니다. 충청남도 아산군 음봉면 산정리 97번지. 어릴 적에 동네 형들을 따라 나무로 만든 구르마를 타고 이순신 장군의 금잔디 무덤 상석 앞에서부터 그 아래

바닥까지 씽씽 내달렸습니다. 야호! 특이하게 이순신 장군이 탔다는 애마의 무덤은 연못 한가운데에 있었는데, 적군과 싸우느라 목이 말라서 죽은 말의 원혼을 달래기 위해서 무덤을 그렇게 썼다는 얘기를 들으며 어린 마음에도 숙연했던 기억이 또렷합니다. 하지만 겨울에 물이 꽁꽁 얼었을 때는 그런 거 다 잊고 '말 모이 포강'에서 썰매를 탔죠.

　'기자' 조선에 대해서 좀 더 알아보겠습니다. 기자동래설이 역사학계에서 일반화되었기 때문에 어차피 한 번은 다루어야 할 내용입니다. 이 말을 그대로 믿어도 기자는 은나라 사람이고, 은나라는 동이족이 세우고 다스린 나라입니다. 은나라가 주나라에게 망하자 주나라의 밑에 있기 싫다고 제 살던 곳을 떠난 사람이니, 출신으로 보아도 기자는 '한인漢人'으로 보기 어렵습니다. 이것은 옛날 중국인들도 그렇게 보았습니다. 『삼국지』위서와 『후한서』에서도 기자를 동이의 '예濊'전에 넣었습니다. 기자를 동이로 보았다는 증거입니다. 예濊는 부리야트의 여러 종족 중에서 '구다라' 족을 가리키는 말입니다. 『삼국지』에 '불내예不耐濊'라는 말도 나오는데, 이것은 '부리야트의 구다라'를 나타낸 말입니다. 뚫어도 의심 금지! 나중에 더 자세히 알아볼 것임.

　『삼국유사』고조선 조에 이런 말이 나옵니다.

　"당서 배구 전에 이르기를, 고려는 본디 고죽국이다. 주나라에서 기자를 봉하여 조선이 되었다.(唐裵矩傳云, 高麗本孤竹國, 周以封箕子爲朝鮮.)"

　중국 측의 기록 『독사방여기요讀史方輿紀要』직예直隸 영평부永平府 노룡현盧龍縣 조에도 의미심장한 문장이 나옵니다.

　"제나라 환공이 북쪽 오랑캐(산융)를 쳐서 고죽국에 다다랐는데,

고죽은 (영평) 성부 밖 서쪽 시오리에 있다.(齊桓公北伐山戎至於孤竹國…

孤竹城府西十五里.)"

　　베이징 근처인 영평부 내에는 조선현朝鮮縣도 있었습니다. 현 이름이 '조선'인 것은 반드시 조선과 무슨 연관이 있기 때문입니다. 시기나 정황으로 볼 때, 기자와 연관이 있죠. 이런 여러 자료로 볼 때, 이 지역이 동이족으로 분류된 여러 민족의 근거지였음을 알 수 있습니다.

　　기자를 연상시키는 이런 증거는 얼마든지 더 있습니다. 지금의 산동성 동남부인 기주沂州는 서한 시대의 낭야군瑯琊郡이었는데, 기후국箕候國이 있던 곳입니다. 두예杜預는 기자총箕子冢이 양국 몽현梁國蒙縣(지금의 산동성 남쪽)에 있다고 했습니다.* 총冢은 누구의 무덤인지 확인되지 않은 왕릉에 붙이는 말인 것으로 보아, 그 주인공이 기자인지는 분명치 않다는 것입니다. 주인이 확인된 임금의 무덤은 릉陵이라고 합니다. 어쨌거나 산동 지역이 기자와 관련이 많은 것은 분명합니다. 놀라운 것은, 중국이 동북공정을 추진한 이후 최근에는 이 산동성 임기시에 "동이문화박물관"을 세웠다는 것입니다. 이제 중국은 '동이'조차도 자신의 역사라고 주장하는 셈입니다. 동북공정이 어디까지 갈지 궁금해지는 일입니다.

　　동이족이 살던 산동성 중부에 익도益都가 있고, 그 동쪽에 기산箕山이 있는데, 이것을 향산香山이라고도 합니다. 그런데 이상한 게 있습니다. 기자조선의 준왕이 남쪽으로 내려와서 삼한을 세웠는데, 도읍이

---

*　역사학자 이덕일이 직접 양국 몽현에 가서 확인한 기자의 무덤이 인터넷에 동영상으로 소개되었으니, 그것을 확인하면 된다. 그곳의 비석에는 기자총이 아니라 기자묘(箕子墓)라고 쓰였다. 실제 인물 기자는 이곳 산동성에 묻혔으니, 동쪽으로 간 기자는 사람이 아니라 당시의 어떤 사실을 가리키는 말일 것이다. 부리야트의 한 부족 명이다.

익산崟山이었습니다. 마한 진한 변한의 구도를 떠올려 보시기 바랍니다. 중국과 한반도에 있는 이 두 가지 지명을 보면 익崟과 기箕가 일치합니다. 중국 산동의 도읍이 '익도'이고, 한반도의 도읍이 '익산'이니, 이 '익'은 '기산=향산=익산'이라는 말입니다.

몽골어로 '좀'을 'küji'라고 합니다. 터키어에서도 마찬가지입니다. 'küji'는 '긔즈'와 거의 같은 발음이죠. 부리야트 사투리 중에 기지(kiʒi) 사투리가 있습니다. küji=긔즈=kiʒi. 기箕는 만주어로 '*piyoo〉fiyoo'라고 하는데, 이건 부여扶餘와 똑같은 발음입니다. '익도, 기산'의 '익, 기(küji)'는 이들이 남긴 언어의 유산이라는 것이죠. 그래서 몽골어로는 '기지'라고 읽고, 퉁구스의 일파인 만주어에서는 이 기箕를 '부여'라고 읽은 것입니다. 기지(kiʒi)는 부여의 일파입니다. 따라서 같은 대상을 몽골족과 퉁구스족이 각기 다른 발음으로 읽은 것이죠. 그것이 '기箕, 향香, 부여扶餘'입니다.

부여扶餘를 만주어로는 '*piyoo'라고 발음하는데, 나중에 'fiyoo'로 변합니다. 비읍(p)의 음이 약화되면 히읗(f) 발음이 납니다. 중국 드라마『용봉점 전기』를 보니 '봉아鳳兒'를 '휑아'라고 발음하더군요. '鳳'이 우리말로는 '[bong]'인데, 중국어 발음은 '[fēng]'입니다. 당나라 때 들어와 자리 잡은 우리가 쓰는 한자음의 비읍([b])이 현대 중국어에서는 히읗([f])으로 변했음을 볼 수 있습니다. '부여'를 읽을 때 만주어와 우리 말의 발음이 이런 변화를 입은 것입니다. 방금 제가 f를 히읗이라고 했는데, 사실 틀린 말이죠. 우리말에는 f가 없습니다. 비읍 피읖은 입술소리인데, f는 입술소리지만 비읍이나 피읖과는 또 다르죠. 입술이 붙느냐 떨어지냐 하는 차이입니다. 우리는 'fashion'을 '패션'이라고 적죠. f를 적을 방법이 없습니다. 그래서

p(ㅍ)로 옮겨적는 것입니다. 이런 현상을 가장 이상하게 생각하는 사람이 포르투갈 축구선수 '피구(Luis Figo)'입니다. 'Figo'를 우리는 '피구'라고 적고 말하는데, 당사자인 피구는 황당해하죠. SBS-TV 오락물 『골 때리는 그녀들』(2022)에 잠시 나온 피구의 반응입니다.

'익도, 익산'의 '箃'이 '기箕'와 같다고 했습니다. 따라서 산동성의 익도箃都는 '기자의 도읍'을 뜻하는 말입니다. 산동성이 동이족의 근거지였다는 사실이 새삼 확인됩니다. 기箕는 발음이 '[kjəɡ〉kji)jī〈tɕi)]'인데, 箃과 沂는 현대에 와서 각기 [yì]와 [yí]로 발음되는 것으로 보아, 처음엔 같았던 음이 2,000년 동안 서로 다른 소리로 흘러간 모양입니다. '箃'은 상고음과 중고음이 책마다 다릅니다. 대체로 'jiek'인데, 여기에 'j'가 있느냐 없느냐 하는 두 주장으로 갈라져, 저로서는 중국 음운학계의 혼란을 정리할 수 없습니다. 지역에 따라서 달리 발음된 모양 같기도 합니다.

그렇다면 다른 방법을 찾아보아야지요. 어떻게 할까요? 소리를 적은 게 아니라 뜻을 적은 거라고 보는 것입니다. 『삼국사기』 지리지는 우리 고대 언어의 보물창고인데, 거기를 보면 옛 지명과 새 지명이 같이 있습니다. 기자가 조선의 왕이라면, 조선의 왕이 사는 곳을 뭐라고 불렀지요? 단군 때는 '아사달'이라고 불렀습니다. 그렇다면 기자 때에도 여전히 그렇게 부르지 않았을까요? 기자의 도시라고도 불렀겠지만, 옛날부터 내려온 이름 그대로 아사달이라고 불렀을 수 있습니다. 익산箃山을 그런 뜻으로 쓴 게 아닐까 의심해보는 겁니다. 그리고 이 의심은 아주 정당하다는 결론을 『삼국사기』 지리지는 내려줍니다. 백제 지명을 살펴보면 '구지仇知'를 '금지金池'로 번역했습니다. 경주 계림鷄林은 '금촌金村'이라고도 했습니다. 그런 여러 대응을 정리하면 다음과 같습니다.

益山＝金馬
母城＝益城＝金城
仇知＝金池
鷄林＝金村

'金'은 만주어로 'asin'이고, 터키어로는 'altïn', 몽골어로는 'alti'입니다. 터키어로 '원수(仇)'는 'āsï'이고, 몽골어로는 'usiye' 여서 비슷하죠. '益'은 만주어로 'aisi'이고, 터키어로 'aisiğ'이고, 몽골어로 'ašig'입니다. '益(아샤)＝金＝母(어△ㅣ)'의 등식이 성립합니다. 초저녁(初夕)이 우리말로는 '아시 나조'이고, 몽골어로 '어미'가 'eji'이고, 몽골어로 '말'은 'morin'이고, 아이누어로 '작은 산'은 'mori'입니다. 이렇게 늘어놓고 나니, '익산'은 '금마'이고, 이 말은 '아시마루, 아시달'을 적은 것입니다. 물론 고조선의 수도입니다. 산을 뜻하는 아이누어 'mori'는 '등성마루, 산마루' 같은 말에 남아 있죠. 이것이 '익산, 기산, 향산'이 같다는 말의 뜻입니다. 따라서 같은 발음을 겨레에 따라서 달리 한자로 적은 것에 불과합니다.

머리가 빙빙 돌지요? 여러분이 보기에 더 황당한 얘기를 하겠습니다. 우리 말의 어원을 잘 모르는 여러분이 웃거나 말거나 저는 제 생각을 말씀드릴 따름이니, 실컷 비웃다가 나중에 후회하시기 바랍니다.

북경 근처에 영평부永平府가 있습니다. 그 근처를 흐르는 내가 영정하永定河입니다. 신채호가 패수라고 지목했던 그 강입니다. 고을(府)과 냇물(河)에 같은 이름이 붙었으니, 원래 북경에 살던 겨레가 붙인 말입니다.

북경은 북평입니다. 명나라 때 남경과 짝을 맞추느라고 '평'을 떼고 서울을 뜻하는 '경京'으로 바꾸었죠. 행정지명이 된 것입니다. 남양주군이 인구 증가로 남양주시로 바뀐 것과 같은 일입니다. 平은 우리말로 '들'입니다. 北은 뭘까요? 그냥 '밝'을 소리로 적은 겁니다. 북평北平은 우리말 '박달'을 적은 것입니다. 지금의 북경은 동이족의 근거지이고, 거기 살던 동이족은 주로 예맥족이었습니다. 이들이 연나라에 밀려서 만리장성 밖으로 쫓겨납니다. 그게 사마천의 『사기』에 나오는 진번(예맥) 조선입니다. 그러니 그곳의 지명은 그곳에 살던 사람들의 자취로 보고 풀어야 합니다. 저는 지금 그렇게 하는 중입니다.

'기자'의 기箕는 우리말로 곡식을 까부를 때 쓰는 '키'입니다. 箕는 뜻으로 적으나 소리로 적으나 거의 비슷합니다. 어느 것으로 적든 우리말 '키, 기'를 나타내려고 한 것임은 의문의 여지가 없습니다. 그런데 이 '기, 키'는 도대체 뭘 나타내려고 한 것일까요? '크다'는 뜻입니다. 존재나 위엄으로는 크다, 공간 개념으로는 길다, 뭐 그런 것 말입니다. '크다'나 '길다'나 어원을 더듬어가면 같은 뿌리라는 말입니다. '클, 긴, 깆, 깃'. 여기에 접미사 'ᄋᆞ'가 붙은 말이 '기자'입니다. 1575년 천자문 표기로는 '긔즈'죠. 아래아(ㆍ)는 음가가 정확하지 않고 불안정해서 1933년 조선어맞춤법 제정할 때 모음에서 빼버렸습니다. 그래서 대부분 'ㅏ/ㅓ/ㅗ'로 바뀌었죠. 그래서 '긔즈'를 '기자'로 바꾼 것입니다.

기자의 뜻이 이렇기에, 그들의 행적은 지명에 반영됩니다. 옛날에 우두머리가 살던 곳이나 실제 지형이 길쭉한 곳은 모두 이런 이름이 붙었습니다. '버들고지, 장산곶, 기장' 같은 말들에서 공통으로 보이는 어근(깃, 곳)이 그것입니다. '곳'은 육지에서 바다로 길게 뻗어 간 땅줄기를 말하죠. 긴 산등성이는 긴등永同, 긴 물줄기는 진내沃川라고 붙여 한 짝을 이루었죠. '길다'를 충청도에서는 '질다'로 발음합니다. 충청도의 영동永同(긴등)과 옥천沃川(긴내)은 이렇게 붙은 한 쌍의 관련어입니다. 누가 그런 말을 했느냐고요? 제가 그랬습니다. 제가 바로 예맥족의 후손이거든요.

영정하도 마찬가지입니다. 영정하는 영평부를 흐르니, 영평과 같은 뜻을 지닌 물줄기일 것입니다. 영평의 '평坪'은 '평양'과 마찬가지로 땅을 뜻하는 부여어 달達입니다. '영永'은 '길 영'자입니다. 우리나라 지명에는 '영'자가 들어가는 이름이 많습니다. 영동, 영평, 영천. '영정'의 '영'은 '永 길 영'자입니다. 정定은 길이를 뜻하는 우리말 '기장(긴+앙)'에서 보이는 명사화 접미사입니다. '길이, 기장'의 어근 '긴'이 무엇일까요? 제 글을 성심껏 읽었다면 이제 '기자(깃+ᄋ)'가 연상되어야 지극히 정상입니다. 'ᄋ'는 받침이 있는 단음절을 2음절로 안정화하려는 접미사죠.

'길'은 길이를 말하는 것이 아닙니다. 지역 이름에 쓰이면 그 지역의 위치나 무게가 지닌 것을 가리키는 말입니다. '길'을 늘여서 적으면 'kira, kara'가 됩니다. 이제 낯익은 말로 다가오죠. '가라'는 북방어에서 크다는 뜻이고 주로 임금을 뜻합니다. 이 지역은 기자조선의 통치 구역이었으니, '기자'를 가리키는 말입니다. 즉 왕의 뜻이죠. '영평'은 왕(긔즈)이 사는 도읍을 뜻하고, '영정하'는 그곳을 흐르는 물줄기를 뜻합니다. 영정하가 흐르는 영평부는, 조선 겨레의 본거지나 활동 중심지였다는 뜻입니다. 그래서 영평부 안에 '조선현'이 버젓이 있는 것입니다. 따라서 '永定=기장=기자=kiʒi=küji'의 등식이 성립합니다. '영정'이란 말뜻은 한자의 뜻으로 풀 때보다 우리말로 풀 때 훨씬 더 뜻이 또렷해집니다. 지명은 그곳에 살던 사람의 무의식을 반영하기 때문입니다. 임자가 떠나도 말은 그 자리에 그대로 남습니다.

영정하는 만리장성 안쪽에 있습니다. 만리장성 바깥쪽의 큰 강물은 '난하'죠. 영정하와 난하 사이로 뻗은 긴 줄기를 따라서 만리장성이 세워졌다는 뜻입니다. 이런 상황을 보면 몽골어를 쓰던 예맥족이 처음엔 만리장성 안쪽의 영평부에 웅거하다가 나중에 상황이 바뀌어 만리장성 바깥으로 나간 것이죠. 지명의 어원을 파고들다 보면 이렇게 볼 수밖에 없습니다. 역사학에서 중국 사서의 지리지를 들이대며 이게 아니라고 아무리 우겨도 어원은 분명히 이런 사실을 가리킵니다. 중국의 고대 역사서에 나타나는 여러 기록과 지명의 어원은 아주 정확하게 맞물립니다. 고상한 한자식 표현으로 하면 부합(符合)하죠. 마치 신표처럼 딱 들어맞는다는 말입니다.

영정하가 흐르는 영평부에 노룡현이 있습니다. 만리장성의 시작점이죠. 만리장성은 마치 용처럼 구불구불 기어가는데, 바다에 잇닿은 그 끝이 노룡두老龍頭인 것은 당연하죠. 늙은 용의 대가리라! 참 멋진 표현입니다. 역사학자들은 이 '멋'을 모릅니다. 감수성이 모자라죠. 저는 이런 지명을 보면 머릿속에서 용이 구름 타고 번쩍 치솟고 바닷속 거대한 고래가 하늘로 떠오릅니다. 생각이 샛길로 빠져서 딱딱한 역사를 잊어버립니다. 자꾸 시 한 편을 읊조리고 싶죠. 하하하. 제목은 이렇게 하죠. "용머리 마을에서". 코로나19 끝나고 나중에 노룡두에 가거들랑 꼭 한 번 시를 써보렵니다. 이런 식으로요.

메마른 사막 건너느라 폭삭 늙은 용 한 마리
푸른 바닷물에 대가리 처박고 한숨 돌리네.
한 장 한 장 입 다문 벽돌 비늘마다
역사가 못다 적은 목청 물결로 철썩거리는데,
허물만 벗어놓고 용은 떠난 모래톱에서
글자 밖 고단한 발길 또 어디로 향할까나?
묵묵히 돌아보는 발해 바다 위엔 화룡점정,
2,000년 전 해가 솟아 아사달을 비추네.

옛 분위기를 살려 기승전결의 구도로 써봤습니다. 하하하. 시인
들의 눈에는 '화룡점정'이 딱 거슬릴 것입니다. 불필요한 4자성어로
이미지만 무겁게 만들었죠. 하지만 이곳은 시를 모르거나 문학의 상
상력을 싫어하는 역사학자에게 보란 듯이 쓰는 곳이니, 일부러 설명
투도 마다하지 않았습니다. 시인들께는 양해를 구합니다. 나중에 저
의 시집에 실을 때는 '화룡점정' 구절을 빼겠습니다.

그나저나 만리장성 끝의 이름이 노룡두이니, 그 땅이 있는 행정
구역 이름도 노룡현老龍縣이어야 하는데, 묘하게도 '노룡盧龍'입니다.
이거 이상하지 않나요? 저만 이상한가요? 이런 게 이상하지 않은 게
오히려 이상한 겁니다. '盧: 밥그릇 로[lú]'는 다른 어떤 말을 표현한
한자인데, 몽골어로 용을 뜻하는 말이 'luo'여서 발음이 똑같습니
다. 이곳에 본래 살던 몽골족들이 영정하를 용(luo)이라고 표현하고,
그곳에 있는 성을 용으로 표현한 것입니다. 이에 따라 'luo현'이라고
해야 하는데, 이 말뜻을 중국인들이 못 알아들으니까 굳이 '용'이라
고 덧붙여 'luo龍현'이 된 것입니다. '모찌 떡'이나 '역전 앞'처럼 된

것이죠.

그러면 만주 북부에 흐르는 강이 왜 '흑룡'인지 답이 나오네요. 영정하가 흐르는 땅은 세상의 중심이니 황룡(sira-luo)이고, 황룡의 북쪽에 있는 강은 저절로 흑룡(hara-luo)이 됩니다. 5행상 노랑은 중앙이고, 검정은 북방에 해당하기 때문입니다. 요동 땅의 북쪽에 흐르는 큰 강을 뜻합니다. 지금 요하의 지류인 '시라무렌(Šira Mören)'도 황수黃水라고 쓰니, 흑룡의 짝말은 영정하가 아니라 시라무렌(요하 상류)으로 봐도 되겠습니다. 초원지대에 사는 그들에게는 그곳이 중앙일 수도 있으니 말이죠. 'Šira'는 몽골어로 '노랑'입니다.

몽골인들이 'hara-luo'라고 한 것을 훗날 그곳에 터 잡은 퉁구스족은 뭐라고 불렀을까요? 'sahaliyan(검다)-muduri(용)'라고 불렀겠죠? 'sahaliyan'과 'hara'는 발음을 해보면 어쩐지 비슷한 소리가 나지 않나요? 'sahaliyan=hara'가 줄어들어 '아'가 되고, 흑룡강은 '아무르'가 됩니다. 몽골과 퉁구스 모두 강물을 무렌mören이라고 하는데, 강물과 용은 같은 말(muduri=mören)이고, 심지어 이 말은 우리말에도 있습니다. 우리말에서 용은 '미르'라고 하죠.(『훈몽자회』) 우리말에는 '미리내(은하수)'에만 그 자취가 남았지만, 북쪽 초원지대의 언어로 가보면 이렇게 관련 낱말이 많습니다. '무렌mören(몽골어)=무두리muduri(퉁구스어)=미르miri(한국어)'의 등식(mVrV)을 확인할 수 있습니다. 이런 말에 공통으로 들어있는 어근은 '물(水)'입니다. 우리말이 알타이어의 바탕 말임을 보여주는 낱말입니다. 아무르는 북녘에 흐르는 물줄기를 뜻합니다.

기자가 다스리던 영역이 부리야트인들이 살던 지역이고, 그 지역의

지명에서 몽골어의 자취가 두루 확인됨에 따라 기자조선의 지배층
은 몽골어를 썼음이 또렷해졌습니다. 이제 이런 눈으로 앞서 열거된
지명들을 살펴보면 놀랍도록 일사불란한 배열이 나타날 것입니다.

기주沂州

낭야군琅琊郡

기후국箕候國

익도益都

익산益山

기산箕山

향산香山

영정하永定河

영평부永平府.

이래도 안 보이세요? 모조리 '기, 키'를 드러내는 말들입니다. 영
평은 '긴 들, 큰 박달'을 적은 말이고, 영정하는 '큰 박달' 때문에 그
옆을 흐르는 냇물에 들러붙은 말이고, '익-기-향-영'은 모두 '기,
키'를 적은 말이니 여기에 산(達 dal)이 붙으면 '큰 박달(大邑, 王城, 長
白)'입니다. 몽골어로 적느냐 퉁구스어로 적느냐에 따라서 발음도 다
르고 표기도 다르지만, 뜻은 같습니다. 고대 조선의 어떤 우두머리나
임금(긔즈)을 가리키는 말입니다.

낭야琅琊도 마찬가지입니다. 琅은 긴 쇠사슬이나 그렇게 생긴 옥
돌을 뜻하는 말입니다. 이런 옥돌을 끈으로 이어서 목걸이 같은 장
식품을 만들죠. 줄은 삭아서 사라지고, 옥돌만 남은 유물이 임자가

누군지 모르는 고대의 큰 무덤에서 많이 발견됩니다. 이런 (쇠)사슬을 몽골어로는 'ginji'라고 합니다. 㺄는 접미사인데, 우리의 현대어 발음으로는 '야'이지만, 邪가 '사'로 발음되는 것으로 보아, 향찰표기로 시옷(ㅅ)을 나타낼 것입니다. 그러면 '낭야'도 '깃'이나 'ginji'를 적은 말이 되죠. 게다가 옛날의 낭야군이 지금의 '기주'이니, '낭야=기'입니다.

'沂'의 중국어 발음 표기는 상고음(先秦)〉중고음(隋唐)〉현대음 순으로 적으면 [ŋjər〉ŋjəi〉yí]입니다. 우리는 '기'라고 읽죠. 'ŋ'은 받침으로 쓰일 때는 이응(ㅇ)을 나타내는데, 이렇게 앞으로 올 때는 기역(ㄱ)으로 읽힙니다. 당나라 때의 기역 발음이 현대로 오면서 떨어져 나갔음을 알 수 있죠. [y]를 현대 문법에서는 이중모음이라고 하는데, 어떤 자음에 그다음에 오는 모음에 영향을 주면서 사라진 경우가 많습니다. 우리말에서 '춥다'가 비읍 순경음화(ㅂ〉ㅸ〉ㅗ/ㅜ)를 거쳐서 '추워'가 되는데, 비읍이 사라지고 'ㅜ'가 남았죠. 뭐, 이런 식입니다. '기'의 기역은 비읍처럼 현대어로 오면서 [y]로 남고 사라진 것다.

沂는 '물이름 기'자입니다. 斤에 삼수변만 붙어서 물임을 나타내는 말입니다. 이 말에 왜 '기'라는 소리가 붙었겠어요? 앞서 살펴본 '기, 키'가 살았던 곳이기 때문입니다. 게다가 '斤[kjən〉kjən〉jīn(tɕin)]'의 우리말 발음은 '근'입니다. '큰'과 똑같습니다. 2천 년 전에는 기역과 키읔이 정확히 나뉘지 않았습니다. 지금도 같은 조음위치(말랑입천장)에서 나는 소리죠.

그러니 누군가 아주 지체 높으신 분이 살았던 지역이기에 이런 이름이 붙은 것입니다. 그리고 그 지체 높은 분이란, 조선 왕 '기자(kiʒi)'일 것입니다. 앞에서 본 'ginji'도 여기에 근접합니다.

斤의 몽골어 발음은 'jing'입니다. 기역(ㄱ: 말랑입천장소리)이 지읒
(ㅈ: 단단입천장소리)으로 갔음을 볼 수 있습니다. 瑯=沂=斤=笄=箕
=ginji=kiʒi=jing. 어학을 전공한 저의 눈에는 이것들이 마치 인감증
명처럼 또렷하지만, 여러분은 여전히 못 믿으시죠? 그러실 겁니다. 우
리말의 뿌리에 관심 없이 살아온 여러분을 탓하고 싶지 않습니다. 계
속 그렇게 사시기 바랍니다.

기왕 미친 소리를 하는 마당에, 머릿속에서 번쩍하는 생각을 한
마디 더 지껄여 보겠습니다. 우리말의 '형님'을 중국어로는 '따커(大
哥)'라고 합니다. 중국 드라마를 보면 대체로 형을 '커, 크'쯤으로
발음합니다. 제 귀에는 이 말이 우리말의 '크다'와 매우 친연성이 있
어 보입니다. 앞서 본 '기, 키'가 이런 식으로 중국과 동북아시아의
언어에 남아있다고 보는 것입니다. 뭐, 똥개 눈에는 똥만 보인다고 비
아냥거려도 상관없습니다. 부처의 눈에는 또 부처만 보이는 법이니
말입니다. 하하하. 부처의 눈에 보인 풍경을 더 얘기해보겠습니다.

동이족의 근거지 산동성을 차지한 전국칠웅의 이름이 제齊 나라
입니다. 그런데 정말 재미있는 게 있습니다. 齊의 발음이 [dziei(상고
음)》qí, jì, zhāi(현대)]입니다. 더 재미있는 것은, 제나라의 수도가 임치
臨淄라는 겁니다. 이게 안 이상하다고요? 임치는 '淄에 다다른다'는
뜻이니, 꾸밈말 臨을 빼면 치淄만 남습니다. 임치는 '물(淄)에 가까이
있는(臨) 도시'의 뜻이고, '淄'의 발음은 [tʃʲiə〉tʃi〉zī]입니다.

제齊의 중국어 발음이 '치, 지, 자이'인데, 그 수도의 중국어 발음
이 '지'라면, 같은 소리 아닌가요? 제 눈에만 그렇게 보이나요? 나라
이름과 그 나라를 흐르는 강물, 그리고 도읍이 같은 소리로 발음된
다는 게 이상하지 않다면, 제가 미친 게 아니라 여러분이 생각 없이

사시는 겁니다. 게다가 그곳은 동이족의 근거지이고, 기후국이 있던 곳입니다. 최근 중국이 린이시臨沂市에 동이문화박물관까지 세웠죠. 箕의 현대 중국어 발음이 [jī(tɕi)]이니, [jì](齊)와 똑같습니다. 린이(臨沂)와 임치臨淄도 뒷글자만 바뀌었지 둘이 똑같습니다. 沂와 淄는 호환성이 있는 말이라는 뜻입니다. 이래도 상관성을 모르겠다면 여러분이 미친 겁니다.

참고로, 입천장소리는 둘로 나뉩니다. 입천장 더 깊은 곳은 말랑말랑하고, 바깥쪽은 딱딱합니다. 이걸 제도권에서는 연구개軟口蓋와 경구개硬口蓋라고 하는데, 다른 건 다 우리말로 하면서 이걸 한자말로 쓰는 건 참 이해하기 힘든 일입니다. 그래서 저는 혼날 각오를 하고 '단단입천장, 말랑입천장'이라고 합니다. 단단입천장소리는 'ㅈ, ㅉ, ㅊ'이고 말랑입천장소리는 'ㄱ, ㄲ, ㅋ'입니다. 이 둘이 거리가 가까워서 서로 넘나듭니다.

앞서 제가 긴등永同과 진내沃川을 설명할 때 '진'이 '긴'이라고 말씀드렸습니다. 충청도에서는 '길다'를 '질다'라고 합니다. 기역과 지읒이 넘나들죠. 그래서 긴 산등성이는 永同으로 옮기고 긴 내는 그곳 발음 따라서 옥천沃川으로 옮긴 것입니다. 沃은 기름질 옥 자인데, 충청도 말로는 '지름지다'고 하죠. 충청도에서는 '기름'을 '지름'이라고 합니다. 그래서 '엿기름'을 '엿지름, 엿질금'이라고 하죠. 조음위치 입천장 안에서 왔다 갔다 하는 겁니다.

이렇게 정리됩니다. 箕=益=香=沂=斤=齊=淄=키=기=치. 기자조선의 '기'와 제나라의 '제'는 같은 소리를 적은 것입니다. 그러니 '箕子=齊子'입니다. '기자'가 살던 곳에 '기장永定' 하가 흘렀는데, 산동성의 기자齊子가 살던 도읍지에 흐르는 강이 '치'이고, 도읍 이름이

'지[zī]'인 것입니다. '기'와 '지'는 (말랑, 단단)입천장소리의 차이죠. 웃긴다고요? 더 웃겨드릴까요? 齊의 뜻이 '가지런'입니다. 왜 하필 '가지런'일까요? '가지런히'의 '가지'가 이제는 '긔즈'로 보이지 않나요? 곳=굿, ㄱㅈ=긔즈. '齊'는 뜻도 소리도 몽골어를 쓰는 동이족이 제 임금을 가리킬 때 쓰는 '기, 키, 치[qí, jì, zhāi]'를 나타내는 말입니다.

한 번 생각의 재갈이 풀리니 상상이 꼬리에 꼬리를 물고 일어나네요. 우리는 삼한의 진한을 '辰韓'이라고 적습니다. 그런데 가끔 '秦韓'이라고도 적습니다. '秦'의 발음표기는 [qín]입니다. 청淸 ([qīng])이나 금金(čin) 또는 주리진珠里眞=女眞의 '친(chin)'과 같죠. 이게 무슨 뜻일까요? 'čin'은 황금 혈통(왕족)을 뜻하는 북방어입니다. 〈'숙신'고〉라는 글에서 보았듯이 주르친은 여진이고, 진시황의 조상은 여진족 출신임을 암시하는 것입니다.

원래 진나라는 서쪽에 있던 오랑캐(西戎)였는데, 주나라가 호경鎬京에서 낙양洛陽으로 천도하는 과정에서 끝까지 평왕을 호위하는 충성심을 발휘하여 중원의 왕국으로 인정을 받으면서 전국 7웅으로 합류한 것입니다. 포사褒姒의 미모에 빠져 왕비(와 태자)를 갈아치우려는 유왕의 무모한 폭정 때문에 귀족들이 오랑캐인 산융과 결탁하여 반란을 일으킨 사건으로 엉망진창이 된 주나라 왕실을 구한 게 진나라였죠. 그렇게 합류한 뒤에도 진나라는 당연히 다른 나라로부터 문화 후진국이라는 괄시를 받았죠. 그렇게 괄시받던 진나라가 진시황에 이르러 중국을 통일합니다.

춘추전국시대의 서쪽 오랑캐(西戎)는 월지月支(Yueh-chih)인데, 'chih(칠)'가 낯익죠? 앞서 본 'čin'입니다. '月'의 현대 발음은

'Yueh'지만, 선진시대 상고음으로는 ŋ이 살아있다가 후대로 오면서 사라졌습니다. '월지'는 '주르친珠里眞', 즉 여진족이라는 말입니다. 월지는 흉노의 묵특선우에게 대패하여 서쪽으로 도망치는데, 그렇게 하기 전에 일부 월지 세력이 일찌감치 중원으로 들어가 진秦나라의 지배층으로 자리 잡은 듯합니다. 지支와 진眞이 황금(金, čin)을 뜻하는 말이라면, 월月은 '주르'와 짝을 이룹니다. 지웇이 탈락하여 '우르'가 되고, 이것이 월(ŋïwat〉yueh)이 된 것인데, 차라리 우리말 '달, 다라'로 읽으면 구개음화 유무의 차이로 오히려 '주르'에 더 가깝죠.

이렇게 되면 춘추시대 전국 7웅 중에서 벌써 제와 진 두 나라가 오랑캐 출신입니다. 연나라는 어떨까요? 연나라의 수도는 계薊였는데, 발음은 [kiat〉kiei〉jī, jiē, jièl이고, 오늘날의 북경에 해당합니다. 발음이 '기箕([kïə〉jī(tçi)])'와 아주 비슷합니다. 연燕이라고 하기 전에는 당연히 '계'라고 했고, 또 여기서 일어선 나라를 언(匽, 郾)이라고 하다가 소리가 비슷한 한자인 연燕(ian〉ien〉yàn)으로 바꾼 것입니다. '匽, 郾'은 [yăn]인데, 어디서 많이 본 말이죠? 36개 나라로부터 조공을 받았다는 동이족의 위대한 통치자 '서언왕徐偃王'에서 보았습니다. '偃'도 [yăn]입니다. 연나라의 뿌리는 서언왕의 그 언나라임을 알 수 있습니다. 燕=偃=yăn.

서언徐偃의 상고음은 'ʑiaian'이고, 조선朝鮮의 상고음은 'tïausïan'입니다. 아주 비슷하죠. 제 눈에는 동의어로 보입니다. 연燕(ian)은 선鮮(sïan)의 's'가 떨어진 모양입니다. 이 's'를 채우기 위하여 언偃 앞에다가 서徐(시, ʑia)를 집어넣은 것이 서언徐偃(ʑiaian)임을 알 수 있죠. '서언'은 '조선'의 '선'을 2음절로 적은 것인데, 이것이 단음절로 줄면서 '연'이라고 표기된 것입니다.

원래 중국의 왕조는 모든 나라 이름이 홑소리(단음절)입니다. 그래서 '조선'이라는 2음절 이름을 중국의 국명으로 편입시킬 수 없으니, '조'를 떼고 '선'이라고 부른 것인데, 이것을 동이족 당사자들은 '서언'이라고 적었고, 여기서 다시 단음절 화하려고 '서'를 떼어 '언'이라고 한 것이며, 이것을 중국인들이 같은 소리가 나는 다른 한자(燕, ian)로 바꾼 것입니다. 이것이 연나라라는 이름의 유래입니다. 燕=偃=ian〉yǎn. 연나라라는 이름이 고대 조선의 위치를 말해줍니다. 지금까지 제가 거론한 지명들은 모두 똑같은 한 곳을 지목하는데, 앞으로도 그럴 것입니다.

진나라를 얘기할 때 잠시 살펴본 게 있습니다. 친(金, čin)이죠. 연나라의 기원이 된 '조선'은 '주신, 숙신'과 같은 말이고, 이 말들은 '주리진珠里(churchin)'을 적은 말이라고 했습니다. '선鮮=진眞=연燕'이면, '연'이 곧 'čin'이라는 뜻입니다. čin은 황금을 뜻하므로 황금 부족을 말하는 것이고, 결국 '燕(ian〉yǎn)'은 황금 겨레가 세운 왕조를 뜻하는 말입니다. 흔히 말하듯이 제비(燕)가 길조라고 그것을 왕국의 이름으로 쓴 게 아니라는 뜻이죠. 연나라는 조선이 있던 자리에서 조선의 이름을 그대로 채용하여, 황금 왕족이 하늘의 뜻을 받아 세운 나라임을 강조하려고 골라 쓴 이름입니다. 한자는 뜻글자이기 때문에 이런 어원 연구에는 정말 장애물입니다. 소리를 써놓고 뜻으로 읽으려는 관성이 있기 때문입니다.

백과사전을 뒤져보니, 춘추전국시대 초기 연나라의 기원에 대해서는 아는 게 별로 없다고 나오네요. 미궁에 빠진 연나라의 정보를 이렇게 어원에서 찾아내서 보여드렸습니다. 얼마 안 지나 이런 힘든 과정은 모두 생략되고, 개나 소나 다 아는 체 나서며 마치 자신이 연구한 양 인터넷에다가 도배하겠지요. 그럴 놈들에게 미리 부탁드립니다. 이렇게 정중하게 부탁해도 그리 안 하시겠지만, 제발 글을 쓸 때 출처를 밝혀주십시오. 제 것인 양 사기 치지 말고! 쎄빠지게 연구하는 사람들 김샙니다. '쎄'는 '혀'의 뜻으로, 시옷과 히웋이 서로 넘나드는 음운현상(형님〉성님〉썽님)의 결과입니다. 혀가 빠질 만큼 힘들다는 뜻이죠. 이 말이 고상한 분들에게 천박하게 느껴지는 것은, 개가 긴 혀를 내밀고 헐떡이는 모습이 연상되기 때문입니다. 하지만 저는 정말 헐떡이는 개처럼 힘듭니다.

나라 이름이 '언'이고 수도 이름이 '계'입니다. 그런데 '계薊(jī, jiē, jiè)'의 발음을 보십시오. 제齊(qí, jì, zhāi)와 겹치지요? '계'와 '제'가 겹치면 당연히 몽골어로 우두머리를 뜻하는 '기자'가 연상되어야 합니다. 연나라의 본래 이름은 '조선'이고, 수도 '계薊'는 '기자의 도읍'을 뜻하는 말입니다. 그래서 그 근처에 '조선현'이 후대까지 있었던 것입니다. '제齊'는 기자의 나라, '치淄'는 기자의 도읍을 뜻합니다. 전국 7웅 중에서 이제 3개국이 오랑캐의 나라임이 입증되었습니다.

한韓은 말할 것도 없죠. 춘추시대 이후 연나라의 사대부 중에는 성을 한 씨와 기 씨로 삼은 사람들이 많았습니다. '한'은 나라 이름이고, '기'는 임금이나 종족 이름이죠. 그래서 심지어 이병도는 이것을 '한씨 조선'이라고 부르기까지 했습니다. '이씨 조선' 같은 발상이죠. 단씨조선, 기씨조선, 위씨조선……. 왕국에다가 백성들 무시하고 왕족의 '씨'를 붙여 이름 짓는 것이며, 한 왕국을 제멋대로 짓고 허무는 것을 보니, 이병도도 저만큼이나 상상력이 좋았던 모양입니다. 성씨만 가지고 전국 7웅의 한 나라를 '조선'으로 만들었으니 말입니다.

그에 비하면 저는 한결 더 나은 셈이죠. 수많은 말들의 뿌리를 찾아서 왕국을 복원하는 중이니 말입니다. 한문과 일본어 지식만으로 혀짧은 소리를 무수히 해댄 이병도보다, 그래도 몽골어, 만주어, 터키어, 중국어, 드라비다어, 아이누어, 길략어까지 찾아가며 아는 체하는 저의 정성이 조금은 더 갸륵하지 않나요? 한씨 조선 어쩌고는 제가 이병도의 뒤를 캔 게 아니고, 위키백과에서 '연'을 치니 나오는 내용입니다. 저는 냄새나는 남의 뒤는 안 캡니다. 하하하. 전국 7웅 중에서 4개 나라가 오랑캐 족속입니다.

이제 중화민국은 큰일 났습니다. 믿고 보던 네 나라의 뿌리가 오랑캐임이 드러났으니. 일곱 중에서 넷이 오랑캐라면 그게 오랑캐 나라가 아닌가요? 중원과 오랑캐의 구별이 무색합니다. 사실 무색할 일도 없는 게, 중국의 순수 혈통이 나라를 세워 지배한 것은, 송나라와 명나라 때뿐입니다. 나머지 왕조는 모두 오랑캐 천국이었습니다. 당연히 드는 의문은 이것이죠.

'그런데도 왜 나는 자꾸 중국을 동양의 중심 국가로 바라보려는 버릇이 생겼을까?'

이번에 어원으로 역사를 더듬으며 살펴보니, 다름 아닌 철학사상 때문이었습니다. 즉, 우리가 학창 시절 내내 배운 유학과 성리학의 지식이 중국을 사상의 중심국으로 설정하여 논리를 펼치는 바람에, 중심 문제를 착각해온 것입니다. 생각해보십시오. 역사 밖에서 공부할 때 우리는 동양철학사라면 춘추전국시대의 제자백가부터 배우고, 한나라의 원시 유학+오행 사상, 송나라의 성리학과 주자학, 그로 인한 피 튀기는 예송 논쟁을 배웠습니다. 우리가 도덕 윤리를 말할 때는 거의가 중국의 사상가들 말에만 귀를 기울여왔습니다. 철학이라는 관념으로 역사라는 생물을 바라본 것입니다. 이젠 그 방향을 바꿀 때가 되었죠.

감사 인사를 해야겠습니다. 저는 가방끈이 짧아서 중국어 상고음까지 공부하지 못했고, 그걸 어떻게 해결할까 고민하다가, 중어중문학에 조예가 깊은 장동열 접장님에게 물으니, 선뜻 대만의 '소학당小學堂'이라는 사이트를 알려주네요. 들어가 보니 정말 좋습니다. 시대별 한자음을 모두 볼 수 있으니, 여러분도 한번 이용해보십시오.

'접장接長'은 활터에서 남을 대접해줄 때 쓰는 호칭입니다. 자신에 대한 낮춤말은 '사말, 하말'이죠. 장 접장님은 서울의 유서 깊은 활터 황학정의 사원射員으로, 전통 활과 무예에 관한 관심이 사말과 서로 일치하는 게 많아서 알고 지낸 지 꽤 됩니다. 사말射末 또한 청주 장수바위터의 활량射員이어서 맺어진 인연인데, 이번에는 뜻밖의 곳에서 도움을 받았네요. 황학정이 얼마나 아름다운 활터인지는 1997년 사진을 보면 알 수 있습니다. 몇 차례 관급 공사로 지금은 많이 달라졌습니다. 이런 변화를 아쉬워하는 것도 제가 '꼰대'라는 증거겠지요?

중국의 옛 나라 이름이 기자조선으로부터 왔다는 말을 들으면 적지 않은 역사학자들께서 발끈하여 역사 기록과 유물을 들어서 저를 반박하려고 할 것 같습니다. 하지만 조금 더 기다리십시오. 여러분이 준비한 그 유물의 숫자 못지않게, 저에게도 수레에 한가득 실을 만큼 많은 어원이 있으니 말입니다. 갑자기 누구의 말이 떠오르네요.

"신에게는 배가 아직 12척 남아있사옵니다!"

"사말射末에게는 말의 뿌리가 한 트럭이나 있습니다요! "

북경 근처의 모든 지명이 저에게는 그런 증거물입니다. 얼마든지 파고들 수 있습니다. 그러면 이제 하나씩 풀어봐야죠? 만리장성 바깥 요동의 북쪽에 있는 군 이름 중에 우북평右北平이 있습니다. 우리가 고대사 기록을 접할 때 아주 자주 만나는 지명입니다. 그런데 아무리 뜯어보아도 이 '우右'는 뜬금없습니다. 우북평이 있으려면 그 왼쪽에 북평이 있거나, 그도 아니라면 좌북평이라도 있어야 합니다. 북평도 없고 좌북평도 없는데, 우북평이 있습니다. 만약에 북경의 원래 이름인 북평과 관련이 있는 이라면 우북평이 아니라 위치상 북북평이나 좌북평, 또는 상북평 동북평이 되어야 합니다. 그런데 이런 합당한 이름을 다 놔두고 '우'가 붙었습니다. 그렇다면 고민해야 합니다. 이 右는 오른쪽을 나타내려는 말이 아니로구나! 다른 그 어떤 말을 오른쪽이라고 착각하여 잘못 번역한 말이구나!

우리말에 '올'이 있습니다. '올벼, 올해' 같은 낱말에 보입니다. 이때의 '올'은 이제 막 나타난, 그래서 아직 덜 성숙한 것, 또는 새로운 것을 나타내는 접두어입니다. 이 말이 지명에 붙는다면 원래의 지명이 아니라 옮겨온 지명을 나타내는 말입니다. 미국의 '뉴욕'이 영국의 요크York 앞에 새롭다는 뜻의 뉴New를 붙여서 만든 이름인 것과 같은 이치입니다. 따라서 우북평은, '북평' 앞에 '우'가 붙은 것이고, 이것은 우리말 '올벼'의 '올'이 붙은 것입니다. '올은 북평'의 뜻이죠.

왜 이런 이름이 붙었을까요? 원래 우북평이라는 이름을 붙인 사람들은 북평, 즉 지금의 북경에 살았던 겁니다. 그들이 중국(周, 燕)에게 쫓겨 만리장성 밖의 그 황량한 지역으로 근거지를 옮기게 된 것입니다. 그들은 자신의 중심지를 '박달, 배달'이라고 불렀기 때문에 북평이라고 불러야 했고, 원래 살다가 이민족에게 빼앗긴 그 박달과 구별하려고 앞에다가 접두어를 붙인 것입니다. 그래서 이제 막 새로 이사 와서 자리를 겨우 잡은 도읍, 즉 '올은(新, 早) 박달(北平)'이라고 이름을 붙인 것입니다. 이 뜻을 잘 모르는 사람들이 '올'을 오른쪽의 '오른'으로 잘못 알고 右로 번역한 것이 우북평右北平입니다.

저는 이 우북평이란 지명을 볼 때마다 피가 거꾸로 솟구치는 분노를 느낍니다. 그 넓고 비옥한 북경 땅에 평화롭게 살던 우리 할아버지 할머니들이 야심만만한 중국 놈들의 공격으로 쫓겨나서 저 황량한 북부의 산악지대로 도망쳐 겨우 목숨 부지할 터를 잡았을 것이니, 죽은 가족을 장사 지낼 틈도 없이 허겁지겁 3,000리 피난길을 남부여대로 가야 했을 것입니다. 한국 전쟁 중의 1·4후퇴가 연상되는 장면입니다. 그 사이에 벌어진 고통스러운 민족의 대이동을 떠올리면 후손으로서 정말 피가 거꾸로 돌지 않을 수 없습니다.

흥분을 가라앉히고 원래 자리로 돌아갑니다. 역사를 말하는 곳이니 냉정을 되찾아야죠. 쩝!『당서』「배구전」에서 '고려'를 '고죽孤竹'이라고도 했다는데, 그렇게 말한 까닭을 알고 가야 할 듯합니다. 대나무나 갈대를 몽골어로는 'qusulu'라고 하는데, 우리말에서도 '갈대'를 보면 '갈'이라고 한 것을 볼 수 있죠. '겨릅대(麻)'의 '결'도 마찬가지입니다. 그러니 孤竹은 'kokulu'라고 읽으면 되죠. '고구려'를 적은 한자 말입니다. '孤'는 소리를 적고 '竹'은 뜻을 적은, 향찰식 표기의 본보기죠.

그런데 재미있는 게 있습니다. 우리나라 국사편찬위원회와 중국의 역사서들은 고죽국의 위치를 한결같이 발해만 북안, 그러니까 만리장성 밖의 난하 근처로 설명합니다. 그런데『독사방여기요』에 보면 영평부 노룡현 조에서 고죽국의 위치를 성부城府 밖 15리(6km)에 있다고 설명합니다. 난하와 영평부는 서로 거리가 굉장히 멀리 떨어진 곳입니다.

더 재미있는 것은, 은나라의 충신 백이 숙제가 고죽국의 왕자였다는 것입니다. 그렇다면 백이 숙제의 무덤이 있는 곳이 원래의 고죽국일 것입니다. 2구나 되는 시체를 딴 곳에서 떠메고 와서 연고도 없는 땅에 묻고 갈 리 없을 테니 말입니다. 백이 숙제의 무덤은 산서성 영제시에 있습니다. 중국과 한국의 역사학자들이 고죽국의 위치를 만리장성 밖 난하 유역으로 퍼 옮기면서도 정작 백이 숙제의 무덤은 미처 이장하지 못한 모양입니다. 완전범죄가 될 뻔한 사건이 백이 숙제의 무덤으로 뽀록(!) 났습니다. 하하하.

따라서 고죽국은 처음 산서성 영제시에 있다가, 북경 근처의 영평부로 옮겼고, 또다시 만리장성 밖의 난하 언저리로 옮겨간 것입니다. 고죽국이 '고구려'의 한문 표기라면 얼마든지 이해가 가는 상황입니다. 한국의 국사편찬위원회와 중국의 역사서들이 지목하는 고죽국은 난하 시절의 고구려를 말하는 것입니다. 그 뒤로 고구려는 다시 만주(안춘호수, 엄체수)로 옮겨갔다가 압록강으로 갔다가 대동강으로 옮겨가죠.

기자조선의 지배층은 몽골어를 썼으므로, 난하 근처까지는 기자족 이동의 자취를 볼 수 있고, 그 뒤로는 고구려 이동의 자취를 볼 수 있습니다. 같은 겨레가 이름을 바꾸어 이동한 경로를 이렇게 찾아볼 수 있습니다. 북경과 우북평에서 보이는 지명 이동은 이런 과정의 한 사건으로 이해할 수 있습니다. 이렇게 보면 다음과 같은 기록들이 일목요연하게 읽힙니다.

北伐山戎, 制泠支, 斬孤竹, 而九夷始聽, 海濱諸侯莫不來服. -『관자管子』

(제환공이) 북쪽으로 산융을 쳐서 영지泠支를 제압하고 고죽(의 우두머리)를 베자 구이가 비로소 (말을) 들었다. 바닷가 여러 제후국이 와서 굴복하지 않는 자가 없었다.

孔鼂云: 不令支, 皆東北夷. -『일주서逸周書』

공조가 말하였다. 불령지不令支는 모두 동북쪽의 이夷이다.

朝鮮建國孤竹爲君. -『두로공신도비豆盧公神道碑』(모용은 비문)

조선이 나라를 세우고 고죽孤竹을 임금(君)으로 삼았다.

고죽이 고구려라는 사실을 알면 문장의 뜻이 또렷해집니다. 영지泠支와 불령지不令支는 같은 말일 겁니다. 이것은 '부리야트'를 적은 말입니다. 즉 불령지不令支의 발음은, [pĭwəlienȶie(상고음)〉bùlíngzhī(현대음)]이고, '영지'는 이를 짧게 줄인 말입니다. 이것을 보면 '부리야트'의 앞 글자 '부'는 발음이 약했던 모양입니다. 악센트가 뒤에 있어서 가끔 묵음으로 처리되는 낱말이죠. 그래서 '부'가 생략된 채 '리야트'라고 발음된 모양입니다. '리야트'가 '영지', '부리야트'가 '불령지'입니다. 이 불령지가 『삼국지』 위지 예전에서는 불내예不耐濊로 나옵니다. '不耐'가 바로 부리야트입니다. 여기서는 '야트'가 생략되었죠. 아니면 '야트'를 濊로 적었을 수도 있습니다. 그게 아니라면 濊는 구다라입니다. 그럴 경우 '불내예'는 '부리야트의 구다라'를 뜻하죠.

우리에게 가장 많이 알려진 말을 살펴보면 더 또렷해집니다. 부여의 한자 표기는 '夫餘, 扶餘'입니다. 夫의 상고음은 [pĭwa]이고, 扶의 상고음은 [bĭwa]입니다. 서양사람들은 p와 b를 구분할 수 없을 정도로 거의 같다고 보면 됩니다. 餘는 음운학 책마다 조금 다른데, [ʎiaɣ], [riaɣ], [dįo], [djag], [rag]로 다양합니다. 특히 [riaɣ]을 보면 '부여'는 부리야트를 적은 것이 또렷합니다.

백이숙제의 무덤은 청나라 때 만든 「대청광여도」에도 나오는데, 위치가 수양산 옆입니다. 그곳의 지명이 영지冷支입니다. 오늘날에는 산서성 영제시永濟市로 바뀌었습니다. 이름을 보십시오. 제 글을 제대로 읽어온 분이라면 한 눈에도 '永濟'가 기자를 가리키는 말로 보일 것입니다. 永濟(융지)는 冷支와 똑같은 소리가 나는 말로 바꾼 것입니다. 소리를 보면 '부리야트'를 적은 것이기도 하거니와, 뜻을 보면 永이나 濟나 모두 '기, 키, 치(箕)'를 적은 것이고, 나아가 '箕子[kʼiətʃĭə]'와 '永濟[kitsiei]'는 발음이 똑같습니다. 永은 '길 영' 자이니, 어근은 '긴, 깃, 깃(kit)'입니다. 훗날 무슨 생각으로 지명을 이렇게 바꾸었는지는 모르겠으나, 결과는 원래의 땅이 지닌 뜻을 더욱 또렷하게 만들었습니다.

그나저나 이름 짓는 심뽀가 참 고약합니다. '불내예不耐滅'를 뜻으로 옮기면 '참을성이 없는 더러운 놈들'을 뜻하니 말입니다. 중국인들에게 참을성이 없다는 것은, 불같이 일어나서 자신들을 괴롭힌 놈들이라는 뜻이 들어있으니, 이들은 정말 성질이 불같은 사람들이었을 것으로 보입니다. 그러기에 만주까지 쫓겨가서도 끝내 오뚝이처럼 일어나 고구려라는 대제국을 세운 것이겠죠. 고구려는 정말 '엄지 척!'입니다.

조선이 건국되고 고죽을 임금으로 삼았다는 말은, 고리족이 나라를 이끌었다는 말입니다. 제나라 환공이 발해만 북안에 있던 부리야트를 제압하고 그 무리에서 우두머리 노릇을 하는 고리족의 임금을 베자 9이가 말을 들었다는 뜻입니다. 이때만 해도 구이九夷가 고리족의 세력 아래 있었다는 뜻입니다. 이렇게 읽으면 앞의 기록들이 매끈하게 연결되고 전혀 무리 없이 이해됩니다.

> 北伐山戎, 制泠支, 斬孤竹, 而九夷始聽, 海濱諸侯莫不來服. -『관자管子』
> (제환공이) 북쪽으로 (조)선(山戎)을 쳐서 부리야트(泠支)를 제압하고 (우두머리인) 고구리(孤竹)를 베자 구이가 비로소 (말을) 들었다. 바닷가 여러 제후국이 와서 굴복하지 않는 자가 없었다.

산융을 놓고 선비라느니 흉노라느니 말이 많은데, 위의 기록을 보면 '산융＝조선＝부리야트'입니다. 고구려를 우두머리로 한 동이족으로 보면 틀림없습니다. 이들은 몽골어를 썼고, 그들 밑에 다양한 언어를 쓴 사람들이 깃들어 산 것입니다. 이들을 통틀어서 '조선〉서언〉언'이라고 한 것인데, 나중에 이들의 일부가 중국으로 편입되면서 춘추전국시대 연나라와 제나라로 자리 잡는 것이죠. 산융의 상고음 '山[ʃean〉shān]'을 보면 이는 분명합니다. 36개국으로부터 조공을 받았다는 동이족의 위대한 통치자 '서언왕'은 이들 무리의 지도자이고, 그것이 전설로 남아 우리에게 전하는 것입니다. 단재 신채호의 탁월한 안목을 새삼 또 느끼는 부분이기도 합니다.

모용은의 비문이 재미있습니다. 조선이 나라를 세웠는데, 고죽을 임금으로 삼았다네요? 그러니까 조선은 여러 종족이 합쳐서 세운 나라라는 뜻이고, 그중에서 고죽이라는 부족을 왕족으로 추대했다는 말입니다. 흉노에서도 부여 고구려에서도 왕을 배출하는 부족과 왕비를 배출하는 부족이 따로 있다는 것이 이것을 뜻합니다. 여러 부족 중에서 고리족이 임금이 되었다는 뜻이고, 아마도 이것은 부리야트 '기징가' 부족이거나, 고구려 주몽의 계루부를 말하는 것일 것입니다. 기징가 부족의 왕은 '기자'이니, 이로 본다면 기원전 1,122년의 기자조선 출범을 말하는 것입니다. 주몽의 계루부를 말하는 것이라면 기원전 37년의 고구려 건국을 말하는 것이겠지요. 모용 씨는 5호 16국 시대의 인물이니, 어느 쪽을 말하는지는 정확히 알 수 없습니다만, 아무래도 가까운 고구려 주몽의 경우를 말한 것으로 보입니다.

지금까지 연재를 통해서 제가 모든 말들의 뜻을 또렷하게 밝혀드렸습니다. 고죽孤竹=고구리, 산융山戎=고죽=고구리, 영지令支=불령지=부리야트, 예맥濊貊=구다라 발구진, 조선朝鮮=주르친=삼한. 이렇게 놓고 읽으면 난마처럼 얽힌 동이 관련 나라 이름과 종족 이름이 깔끔히 이해됩니다. 여기서도 단연 돋보이는 것이 고리족, 곧 고구려죠.

고려에 왔던 송나라 사신 서긍이 쓴 책 『고려도경』(1,124년)에 고구려의 역사를 800년으로 적었는데, 고구려가 주몽부터 700년 가까이 존속했으니, 건국 전의 100여 년 역사를 고죽국의 이동에서 찾아볼 수 있습니다. 고구려가 서기 전의 기원전 100년 무렵은 한나라 무제의 흉노 정벌과 조선 원정으로 동북아시아 일대가 요동을 치던 때였습니다. 그때의 변화와 자취가 이렇게 언어에 남아있는 것이고, 지명에 고구려의 이동 자취가 또렷이 드러납니다.

1973년에 중국 천진시 무청현武淸縣에서 기원전(B.C.) 165년의 비석이 하나 발견됩니다. 이름이 중산국선우황비中山國鮮虞璜碑입니다. 중산국은 도대체 어떤 나라일까요? 몽골어로 가운데를 'kogoro'라고 하고, 산을 'agula'라고 합니다. 이 둘을 합치면 'kogura'가 되고 이것을 중산中山이라고 적은 것입니다. 물론 '고구려'의 뜻입니다.

그 비문에 '기자의 조상은 은나라에서 나왔다.(箕先祖出于殷)'라고 나옵니다. 이 비문에 의하면 기자의 후손이 중산국, 즉 고구려를 세웠다는 것이 됩니다. 이것을 보면 고죽국이 산서성 영제시를 떠나 북경 근처에 다다랐음을 볼 수 있습니다. 선우황비는 이 무렵의 유적일 것입니다. 이 이동과정에서 중국 측 옛 자료에 '고죽국, 중산국, 구려국, 고리국'으로 기록된 고구려의 모습을 볼 수 있습니다.

신우는 무엇일까요? 이미 흉노를 논할 때 많이 보았습니다. 왕을 뜻하는 흉노족의 말이죠. 單于=鮮虞=淳維. 이 말은 고대 터키어로 폐하를 뜻하는 말 'jenap'을 적은 것이라고 말했습니다. 황璜은 사람 이름일 겁니다. 몽골족이 세운 고구려에서 왕 노릇을 한 '황'이라는 사람의 비석입니다. '선우'라고 한 것을 보니 아직도 흉노 세력이 망하지 않고 득세하던 시절의 이야기입니다. 기원전(B.C.) 165년의 일이니, 어쩌면 이 시기의 고구려는 흉노의 영향 아래 있었을 것입니다. 그렇기에 흉노 정벌과 함께 고죽국이 천진 근처를 벗어나 만리장성 바깥의 난하유역까지 짧은 기간 내에 쫓겨갔을 것 같습니다. 영평부 밖 15리에 있었다는 고죽국은 천진의 고구려(중산국)가 난하유역으로 옮겨가기 전에 잠시 머물렀던 임시 근거지였을 것입니다. 그게 아니라면, 흉노의 편제를 이용하여 표현한 이름이겠죠. 백제 개로왕의 아들이 송나라로부터 받은 작위 이름 '정로장군 좌현왕'처럼 말이죠.

그러면 고구려 이동의 시기까지 어느 정도 가늠할 수 있죠. 백이숙제가 고사리를 먹고 죽었을 때만 해도 고구려는 산서성 영제시의 수양산에 있었고(B.C.1,100년 무렵), 선우황비가 쓰였던 시절에는 천진시 근처에 있었습니다.(B.C.165년 무렵) 이보다 더 늦은 시기 어느 때에 오늘날 한국의 국사편찬위원회와 중국의 역사학자들이 주장하는 난하 유역으로 옮겨왔던 것이죠. B.C.109년에 한 무제가 조선 정벌을 단행하니, 이 무렵이면 고구려(예맥)가 난하 쯤에 있지 않았을까 짐작합니다. 지금까지 역사학계에서 논의된 자료만 갖고도 이 시기는 어느 정도 추정할 수 있을 것이니, 관심 있는 분들께서 한 번 해보십시오. 저는 역사에 문외한이라서 그런 걸 추적할 능력이 없습니다.

이상을 정리하면 기자의 존재가 또렷해집니다. 즉, 기후箕侯의 후손이 지금의 천진시에 '중산국'을 세웠고, 서한 시대에 지금의 산동성에 '기후국'이 있었으며, 요녕성 대릉하 유역에서 '기후국'이라는 글씨가 새겨진 청동기가 발굴됩니다. 이런 자취를 보면 기자조선은 동이족의 범위와 엇비슷하게 겹치고, 한족의 세력에 밀려 그들에게 동화되거나, 그도 아니면 끝없이 이동했음을 알 수 있습니다. 마치 고조선의 수도 아사달이 계속 이동한 것과도 같습니다. '기자'는 동이족의 우두머리를 나타내는 말이고, 그들이 살던 도읍이나 강에는 '기, 키, 치'라는 이름이 붙었습니다. 전국 7웅 중에서 제나라, 연나라, 한나라의 영역이 이에 포함됩니다.

그런데 유물로 역사를 입증하려고 하면 꼭 반대 이론이 나옵니다. 보는 관점이 다르기 때문이죠. 기자의 유물도 마찬가지입니다. 이것이 옳다 저것이 옳다며 갑론을박하다가 한세월이 갑니다. 이런 논쟁이 바람직하기는 하지만, 언어를 빼놓고서 하는 논쟁이기에, 언어를 전공한 저로서는 아쉽기 짝이 없는 구경거리죠. 언어만으로 역사 유물의 성격을 확정할 수는 없지만, 유물 하나 놓고 갑론을박하는 '오늘날의 언어'보다는, 오래된 '옛 언어'가 훨씬 더 강력한 증거자료가될 수 있습니다.

상인商人이라는 말이 있습니다. 여기저기 떠돌며 물건을 사고파는 장사꾼을 가리키는 말이죠. 왜 '상'일까요? 상나라가 주나라에게 망하자 그 유민들이 여기저기 떠돌며 장사를 시작했고, 그렇게 떠돌이 장사꾼을 가리키는 말로 자리 잡았다고 합니다. 제 얘기가 아니고 백과사전에 나오는 설명입니다.

앞서 우리는 기자에 대해 알아보았습니다. 그런데 주 무왕이 기자를 조선의 옛 땅에 봉했다는 사실과는 다르게, 춘추전국시대 제나라와 연나라의 땅에 기자의 자취가 두루 퍼져있음을 확인했습니다. 산동성의 익도益都는 '아사달'의 향찰 표기이고, 연나라의 북경이 기자의 도읍(계)이고, 제나라의 임치도 기자의 도읍을 뜻하고, 산동성에서 기후명 청동기가 발견되는가 하면, 요동에서도 기후명 청동기가 발견되었습니다.

만약에 기자피봉설이 사실이라면, 기자를 이 많은 지역에다가 각기 나누어 두루 봉지를 주었다는 얘기인데, 말이 안 됩니다. 기자가 봉지로 받은 곳은, 분명히, 조선의 옛 땅이라고 했습니다. 그리고 역사학자들도 이구동성으로 만리장성 밖의 어떤 한 지역을 얘기하죠. 그곳이 난하든 대동강이든 상관없이 기자의 봉지를 한 곳에 정하려고 애씁니다.

그러나 어원으로 알아본 기자의 봉지는 한두 군데가 아닙니다. 이 말은 '기자'가 그 기자가 아니라는 뜻입니다. 기자는 은나라의 현인 그 기자를 가리키는 게 아니라, '기자' 소리가 나는 그 어떤 다른 존재를 가리키는 것이라는 결론입니다. 그 기자와 이 기자가 우연히 소리가 같았을 뿐이죠. 서로 다른 둘이 한 낱말에 겹친 겁니다. 그 '기자'는 바로 동이족의 한 일파를 말하는 것이고, 몽골어의 부리야트 언어 중에서 코리족의 일파인 기징가(kiʒiŋa)라고 제가 족집게로 꼭 찝어 드렸습니다.

이렇게 두루 발견되는 어원과 유적들이 옛날 동이족이 퍼져 살던 영역과 거의 비슷하게 맞아떨어진다는 것은 아주 중요한 사실 하나를 암시합니다. 즉, 그 영역은 원래 은나라의 영역이었고, 은나라는 동이족이 세운 나라였으니, 거기 어딘가에 은나라의 자취가 남았을 것이라는 점입니다. 우리는 기자가 주나라를 받아들이지 않고 동쪽으로 떠났다는 사실만 기억하지, 주나라에게 망한 은나라의 유민들이 어떤 변화를 겪었고 지금에 이르렀는지는 들어본 바가 없습니다.

그렇지만 어원을 추적하여 보니 주나라의 핵심 통치 영역 밖 동이족의 근거지 곳곳에서는 여전히 은나라 유민 '기자'의 자취가 발견됩니다. 이런 정황들은 주나라가 은나라를 넘어뜨리자, 은나라의 유민 중 주나라의 통치를 거부하고 근거지를 이동한 세력이, 기자 하나만이 아니었음을 확실하게 보여주는 사실들입니다. 게다가 '상인'이라는 말에서 그런 정권교체의 자취를 우리는 또한 엿볼 수 있습니다.

그렇다면 이런 정황을 좀 더 자세히 보여줄 증거가 또 없을까요? 바로 이 때문에 이 글을 쓰는 겁니다. 어원을 살펴보면 이런 정황을 더 또렷하게 확인할 수 있습니다. 앞서 우리는 연나라가 기자의 나라라는 사실을, 어원을 통해 입증했습니다. '연'은 '언'과 같고, '언'은 36개국으로부터 조공을 받은 동이족의 위대한 통치자 서언왕의 그 '언'이라고 했습니다. '燕, 偃, 匽'은 현대 중국어 발음이 [yǎn]이고, 이것의 선진시대 상고음은 [iən]이라고 했습니다. iən이 yǎn으로 변한 것으로 모두 똑같은 대상을 가리키는 말입니다.

그런데 이 발음과 똑같은 소리가 나는 나라가 또 있습니다. 바로 은殷입니다. '殷'의 선진시대 상고음이 [iən, jen]이고, 이것이 현대에는 [yīn, yān, yǐn]으로 바뀌었습니다. 발음이 하나가 아니고 여럿인 것은, 지역에 따라 달리 발음되었기 때문입니다. 은나라의 통치 영역이 그만큼 넓었음을 뜻하는 것이죠. 그렇다면 앞서 살펴본 연나라와 서언왕의 '언'은 결국 은나라를 표현한 말임을 알 수 있습니다. 은나라의 일부 세력이 북경 지역에 웅거하면서 독립했고, 그 독립된 세력이 춘추시대에 연나라로 자리 잡은 것임을 알 수 있습니다. 서언왕은 은나라의 후예이기 때문에 은나라라는 이름 앞에다가 옛 은나라보다 더 동쪽으로 옮겨왔다는 뜻으로 서徐([zial, 시])를 덧붙인 것입니다. 그것이 숙신의 신愼이고, 조선의 선鮮입니다. 여기서 시옷이 떨어지면서 연나라로 자리 잡은 것임은 앞서 말씀드렸습니다.

은나라는 주나라에게 망한 게 아닙니다. 은나라 왕실이 주나라에게 망하자 그 일부가 동쪽으로 옮겨와서 서언이라는 나라를 세웠고, 이 나라의 왕은 한 때 주나라를 압도하여 36개국으로부터 조공을 받기까지 했습니다. 그렇지만 주나라의 사주를 받은 제후국의 공격으로 서언왕은 실패했고, 그 자리에서 중국화된 연나라가 기자의 도시 '계'에서 나라를 세운 것입니다. 아마도 주민들 대다수는 동이족이었을 것으로 보입니다. 연나라는 명실상부 은나라를 이은 나라죠. 이름마저 같습니다.

우리는 중국 측의 기록에 처음으로 등장하는 동쪽 오랑캐의 이름이 '숙신'이라는 것을 압니다. 그 뒤에 '조선'이 나오면서 조선이 동쪽 왕국의 간판 이름으로 자리 잡죠. 그런데 조선도 숙신도 모두 '주르친'을 적은 것임을 앞서 알아보았습니다. 은나라가 연나라의 전신이라면 이 '친'도 은나라의 어디에 그 자취를 남기지 않았을까요? 그에 대한 답이 바로 상商입니다.

우리는 보통 은나라라고 하지만, '은'은 나라 이름이 아니라 도읍의 이름입니다. 즉 하남성에서 은나라의 수도 은허가 발굴됩니다. 은허殷墟라는 말 그대로 '은나라의 터'라는 뜻입니다. 거기서 은나라 시대의 청동기와 갑골문이 발굴되어 전설로만 존재하던 중국의 역사는 3,000년 전까지 단숨에 올라갔습니다. 그 도읍의 이름이 '은'이기에 우리는 통상 그 나라를 은나라라고 부르는 것입니다.(상나라 이전인 하나라의 유적은 아직 나타나지 않는데, 엉뚱하게도 만리장성 밖에서 그보다 훨씬 더 오래된 유적이 마구 쏟아져나옵니다. '홍산문화'죠.)

하지만 은을 도읍으로 삼은 그 나라의 이름은 '상商'이었습니다. 그렇다면 이 '상'은 무슨 뜻일까요? 商 그 자체로는 뜻이 없습니다. 장사나 몫을 뜻하는 훈은 나중에 붙은 것이어서 이 한자말이 원래 무엇을 뜻하려는 것인지는 아무도 모릅니다. 저만 아는 그것을 지금 알려드리는 겁니다. 이거 혹시 세계 최초 아닐까요? 제가 들어본 바가 없으니 그럴 것 같습니다. 중국은 이제 큰일 났습니다. 제나라와 연나라만이 아니라, 안방마저 빼앗길 상황이 되었으니 말입니다. 하하하.

지난번 글이 나간 뒤에 보니 심지어 조나라도 오랑캐였습니다. '조씨趙氏의 선조는 진秦나라의 선조와 같다.'고, 사마천의 『사기』「조세가趙世家」에 나옵니다. 진나라의 조상이 주르친珠里眞이니, 조나라의 조상도 '주르친'이라는 얘기죠. 전국 7웅 중, 중국의 순수혈통은 초나라와 위나라뿐입니다. 이 둘도 의심스럽습니다. 공을 세울 기회를 드리니, 여러분이 한 번 찾아보십시오. 특히 자신이

사기 조세가

역사의 신이라도 된다는 듯이 되도 않는 헛소리를 지껄여 인터넷 바다를 온통 쓰레기로 뒤덮어 놓으시는 분들은, 이번 기회를 한 번 잡아 보시기 바랍니다.

商의 선진시대 상고음은 [ȶiaŋ]입니다. 이것이 [sthjaŋ](수당시대 중고음)을 거쳐 [shāng](현대음)으로 자리 잡습니다. 현대음은 '샹'쯤으로 발음되지만, 상고음에서는 '치앙'쯤으로 발음되었습니다. 그러면 대번에 답이 나오지 않나요? 어디서 많이 본 말 아닌가요? 앞선 저의 글에서 수도 없이 봐왔습니다. 'čin'이 그것입니다. 황금을 뜻하는 말이죠. 그러니까 '상'이란, 하늘의 뜻을 받아 지상에 나라를 세운 황금 왕족을 뜻하는 말입니다. 후대로 오면서 이와 똑같은 발음으로 나라를 세운 민족이 많죠. 진秦([qín]), 금金([jīn(tɕin)]), 청淸([qīng])이 모두 그렇습니다.

이런 이름으로 나라를 세운 사람들은 퉁구스족이라고 말했습니다. 따라서 상나라는 퉁구스족이 세운 나라임을 알 수 있습니다. 퉁구스족이라면 또 머릿속에서 번개가 번쩍 불꽃을 튀겨야죠. 그렇다면 상나라의 원래 뿌리는 어디일까요? 단군조선이라는 말입니다. 홍산문화의 주인공인 단군조선의 지배층이 퉁구스어를 썼습니다. '박달'이라는 말은 그들의 말입니다. 그래서 북경이 바로 박달이었던 것입니다.

이 구도를 두고 우리의 머릿속에서 백과사전식 지식을 총동원하면 정말 중요한 사실을 하나 건져낼 수 있습니다. 마치 종적을 알 수 없는 범인이 흘리고 간 한 가닥 디엔에이에서 그의 신원을 모조리 확인할 수 있는 것과 같습니다. 성별과 나이, 그리고 심지어 성씨까지도 알아낼 수 있습니다. 범인도 꼼짝달싹 못 할 증거가 바로 디엔에

이죠. 그런 증거가 고대 역사학에서는 바로 언어이고, 저는 그 언어의 디엔에이를 추적하는 중입니다.

우리는 고대 알타이어의 기원이 중국 동북부 적봉과 홍산 지역에서 살던 농사꾼의 언어라는 사실을 2022년에 알았습니다. 그 지역에서는 15,000년 전의 놀라운 유적이 발굴되는데 신석기 옥돌 문화입니다. 산처럼 거대한 피라미드에서 나오는 놀랍도록 정교한 옥돌을 두고 그 주인공들이 갑자기 사라진 이유가 궁금해집니다. 하지만 앞서 본 언어의 연결고리를 추적하면 그들의 행적을 아주 쉽게 찾아낼 수 있습니다.

15,000~5,000년 전까지 적봉 홍산 지역에서 농사를 토대로 신석기 문명을 일으켰던 단군의 부족들은 갑자기 찾아온 소빙하기의 추위 때문에 거기서 더 이상 왕조를 유지할 수 없게 됩니다. 지금 보듯이 그곳은 거의 황무지나 다름없습니다. 따라서 농사짓기에 적합한 곳으로 근거지를 옮길 수밖에 없습니다. 갈 곳은 한 군데입니다. 발해만 근처의 황하 유역이죠. 결국 이들은 황하가 굽이치며 흐르는 남동쪽으로 이동하여 왕조를 세웁니다. 그것이 바로 '치앙'입니다. 박달에 살던 황금 왕족 '친(鮮)'이 황하 유역으로 이사하여 '치앙(商)' 나라를 세운 것입니다.

이사 후 1,000여 년을 그렇게 잘 지낸 황금 부족은 기원전 1,123년에 주나라에게 망합니다. 은나라의 유민들은 각지로 흩어집니다. 이렇게 흩어진 유민들을 끌어모아서 새로운 나라를 세우는 사람들은 당연히 은 왕실의 권위를 이어받은 곁가지 세력들이지요. 그들이 바로 '기자'입니다. 이들이 왕조를 접수하는데, 이들은 몽골어를 썼습니다. 퉁구스어를 쓴 단군족과는 조금 다르다는 얘기를 하는 것입니다. 그래서 '곁가지 세력'이라고 말한 것입니다. 은나라의 통치 밑에서 그들의 일부로 살아온 세력들이 다시 일어나 왕조를 만들고, 중국의 주나라와는 또 다른 정치체를 이룩하는 것이죠. 그것이 '숙신'과 '조선'입니다. 반면에 퉁구스어를 쓴 단군조선의 지배층은 중국화되어 춘추시대의 제후국으로 편입됩니다. 앞서 본 전국 칠웅 중에서 진秦 제濟 연燕 한韓 조趙 5나라가 모두 '주르친'이나 '기자'와 관련이 있어서, 이들의 후예라고 볼 수밖에 없습니다.

그렇다면 우리 건국 신화에서 왜 그토록 자꾸 서자 이야기가 되풀이되는지 이해할 수 있습니다. 정통 적자는 후대의 왕조에서 철저하게 관리하여 옴짝달싹 못 하지만(앞의 5개 제후국처럼), 방계의 서자들은 관심 밖으로 밀려나서 그들이 결국은 다른 곳으로 가서 새로운 나라를 세우기 때문에 서자 이야기가 꾸준히 재생산되는 것입니다. 환웅도 서자고, 해모수도 뿌리를 알 수 없는 떠돌이입니다. 주몽도 마찬가지죠. 이런 식으로 정통 적자가 아니라 방계 서자가 새로운 왕조를 엽니다. 심지어 아주 가까운 발해나 고려도 마찬가지입니다. 나중에 한 번 자세히 다루겠지만, 대조영도 왕건도 조상 내력이 또렷하지 않습니다. 이런 점이 중국사와는 다른 한국 상고사의 큰 특징입니다.

'숙신'과 '조선', 두 낱말은 뜻이 같다고 했습니다. 여기서 은나라와 비교해보면 은나라의 새로운 후기국가이므로 앞에 꾸밈말을 넣은 것이 '숙肅, 조朝'입니다. 이 말은 동쪽(식)과 높음(高)을 뜻한다고 했습니다. 터키어 몽골어 퉁구스어를 쓰는 모든 민족이 동쪽을 높다고 인식하는 것은 이런 습관과 관련이 있습니다. 결국, 숙신과 조선이란 '해뜨는 높은 쪽으로 옮겨간 황금(商) 나라'를 뜻하는 말입니다. 이렇게 정리됩니다.

殷＝偃＝匽＝燕＝iən〉yǎn

商[çiaŋ]＝徐偃[zˇiaiən〉çyian]＝秦[qín]＝金[jīn(tçin)]＝淸
[qīng]＝愼＝鮮＝čin

 '商'의 상고음이 '치앙'에 가깝게 발음된다는 사실을 알고, 저는
오래전에 읽은 책이 하나 생각났습니다. 김병호의 『치앙마이』(Chiang
Mai)라는 책입니다. 여행기 같기도 하고 소설 같기도 한 글인데, 저
자가 태국의 치앙마이에 갔다가 그곳 사람들 사는 모습이나 풍속이
우리와 아주 비슷하여(색동옷, 맷돌, 대명사), 상상력을 조금 더 보태서
소설로 쓴 글입니다. 말하자면 고구려가 망하고 당나라로 끌려간 유
민들이 나중에 태국까지 흘러가서 그곳에 정착했다는 것입니다. 문
화의 공통성을 보고 상상력으로 채운 글인데, 이번에 이 글을 쓰면
서 정말 그럴 수도 있겠다는 생각이 들었습니다. 치앙마이의 '치앙'
과 상나라의 '치앙'이 똑같습니다. 고구려의 유민일 가능성도 있지
만, 은나라의 유민일 가능성도 있습니다. 마치 동쪽으로 간 기자처럼
상나라 유민의 일부가 남쪽으로 갔을 수 있습니다.
 어쨌거나 역사에서는 은나라의 기자가 동쪽으로 옮겨가서 기자
조선을 세웠다는 아주 간단한 한 문장으로 요약되었지만, 어원을 살펴
보면 그 뒤에는 이런 어마어마한 변화가 몰아쳤음을 볼 수 있습니다.
한 나라가 망했는데, 그 나라가 그 뒤를 이은 나라로 조용히 이어질
리가 없지요. 그 뿌리들이 이렇게 어원을 통해 낱낱이 드러납니다.
 단군조선은 퉁구스어를 썼는데, 이들이 자연 변화로 적봉과 홍
산을 떠나 황하 유역으로 옮기면서 상나라로 바꾸었고, 이들이 망하
면서 기자가 역사의 전면으로 떠오릅니다. 기자는 몽골어를 썼습니

다. 이 말은 조선 왕조의 주체 세력이 바뀌었다는 뜻입니다. 기존의 은나라 왕족들은 중국의 땅에 남아서 그대로 새로운 왕조인 '진, 연, 제, 조' 나라를 열어 중국으로 합류하였지만, 그렇게 하지 않고 그 땅을 떠난 사람들이 있었는데, 그들이 바로 몽골어를 쓰는 기자의 세력이었다는 것입니다. 그래서 기원전 1,122년에 '단군조선'에서 '기자조선'으로 이름이 바뀌는 것입니다. 이들은 고죽국 시절부터 시작하여 고구려를 세울 때까지 끝없이 동쪽으로 이동하며 중국과는 다른 세계를 만들어갑니다.

결국 적봉과 홍산의 단군조선 세력이 중국에 은나라로 남음으로써 중국으로 흡수된 것과 달리, 고죽국을 비롯하여 몽골어를 쓰는 세력들은 중국으로부터 벗어나 새로운 왕조를 열어갔음을 알 수 있습니다. 물론 이렇게 단순하지는 않을 것입니다. 실제로 퉁구스어를 쓰는 세력들은 훗날 동쪽으로 더 이동하여 진국辰國을 세웁니다. 여전히 중국으로 흡수되지 않은 단군이 기자조선의 보호를 받으며 만리장성의 동쪽에서 계속 자기 자리를 유지하다가 나중에 경주까지 가서 신라를 세우죠. 만리장성 안에서 주류를 이룬 퉁구스어족(단군조선)이 만리장성 밖으로 나가면서 몽골어족(기자조선)에게 주도권을 내주며, 거침없이 팽창하는 중국과 맞서 싸우는 과정이 2,000년 전의 한국 고대사입니다. 그들이 쓴 언어로 지나치게 단순화할 수는 없지만, 지배층의 언어를 보면 대체로 이런 큰 흐름을 그려볼 수 있습니다.

이상이 어원을 통해 엿볼 수 있는 중국과 한국의 상고사인 설화시대의 실상입니다. 오직 언어만이 알려준 길을 따라온 결과입니다. 역사학에서 뭐라 하든 언어학에서는 그렇게 보입니다. 이제 역사학에서 답을 해야 하지 않을까요?

우리는 지금 은주 교체기를 들여다보는 중입니다. 그러면 중국인 최초의 왕조가 성립한 당시에 그 주변에는 어떤 이민족들이 있었나 알아볼 필요가 있습니다. 은나라를 거꾸러뜨린 무왕이 주나라를 세워 왕이 된 지 2년 만에 죽고 어린 아들이 왕위에 오르니 그가 성왕입니다. 기원전 1,042년쯤의 일이었죠. '쯤'이라고 한 것은 연도가 정확하지 않기 때문입니다. 그리고 성왕 7년에 수도 낙읍洛邑에서 성대한 잔치를 엽니다. 〈成王七年, 大會諸侯于成周, 四夷入貢作王會〉라고 한 것으로 보아, 천하의 모든 오랑캐(四夷)까지 와서 조회에 참석했습니다. 아마도 은나라의 반군들을 모두 제압하고 이제 왕국이 영원하리라는 자신감을 얻은 뒤 온 누리에 그 자신감을 선포하기 위해서 이런 행사를 했을 것입니다. 그 상황이 「일주서」에 나옵니다.

『逸周書』卷第七 王會解 第五十九

◆ 周公 旦主東方, 所之靑馬黑鬣, 謂之母兒. [周公主東方, 則太公主西方, 東靑馬則, 西白馬矣. 馬名未聞.] 其守營牆者, 衣靑操弓執矛. [戟也. 方各異.] 西面者正北方, 稷愼大塵. [稷愼, 肅愼也. 貢塵似鹿. 正北, 內臺北也.] 穢人前兒, 前兒若彌猴, 立行, 聲似小兒. [穢, 韓穢, 東夷別種.] 良夷在子, 在子口身人首, 脂其腹炙之, 霍則鳴曰在子, [良夷, 樂浪之夷也. 貢奇獸.] 揚州禺禺魚, 名解隃冠, [亦奇魚也.] 發人麃麃者, 若鹿迅走. [發, 亦東夷, 迅疾.] 兪人雖馬. [兪, 東北夷. 雖馬, 舊如馬, 一角. 不角者曰駭.] 靑丘狐九尾. [靑丘, 海東地名.] 周頭煇羝, 煇羝者羊也. [周頭, 亦海東夷.] 黑齒白鹿·白馬. [黑齒, 西遠之夷也. 貢白鹿·白馬.] 白民乘黃. 乘黃者, 似騏, 背有兩角. [白民, 亦東南夷.]

◆ 夷用○木, [夷, 東北夷也. 木生水中, 色黑而光, 其堅若鐵]. 康民以桴苡. 桴苡者, 其實如李, 食之宜子. [康, 亦西戎別名也. 食桴苡, 卽有身.] 州靡費費. 其形人身, 反踵自笑, 笑則上脣翕其目, 食人, 北方謂之吐嘍. [州靡, 北狄也. 費費曰梟羊, 好立行, 如人, 被髮前足指長.] 都郭生生·欺羽. 生生, 若黃狗, 人面能言. [都郭, 北狄. 生生, 獸名.] 奇幹善芳. 善芳者, 頭若雄雞, 佩之, 令人不昧, 皆東嚮. [奇幹, 亦北狄. 善芳, 鳥名. 不昧, 不忘也. 此東向列次也.] 北方臺正東, 高夷嗛羊. 嗛羊者, 羊而四角. [高夷, 東北夷高句驪] 獨鹿邛邛, 距虛善走也. [獨鹿, 西方之戎也. 邛邛, 獸似. 距虛, 負蟨而走也.] 孤竹距虛. [孤竹, 東北夷. 距虛, 野獸, 驢騾之屬.] 不令支玄獏. [不令支, 皆東北夷. 獏, 白狐, 玄獏則黑狐.] 不屠何靑熊. [不屠何, 亦東北夷也.] 東胡黃羆. [東胡, 東北夷.] 山戎戎菽. [山戎, 亦東北夷. 戎菽, 巨豆也.]

◆ 伊尹朝獻商書, …… 伊尹受命. 於是, 爲四方令, 曰 : 「臣請正東符婁·仇州·伊慮·漚深·九夷·十蠻·越·漚·鬋髮·文身. [九十者, 東夷·蠻越之別. 稱鬋髮·文身, 因其事以名也.] 請令以魚皮之鞞·□鯛之醬·鮫瞂·利劍爲獻. [鞞刀·削鯛, 魚名. 瞂, 盾也, 以鮫皮作之. 鮫, 文魚也.] …… 正北空同·大夏·莎車·姑他·旦略·豹胡·代翟·匈奴·樓煩·月氏·孅犁·其龍·東胡. [十三者, 北狄之別名也. 代翟在西北界, 戎狄之間, 國名也.] 請令以橐駝·白玉·野馬·騊駼·駃騠·良弓爲獻.」. 湯曰 :「善」.

　　이것을 보면 당시 중국을 에워싼 모든 오랑캐의 이름이 등장합니다. 이 오랑캐들의 상호관계는 알 수 없습니다. 지위와 서열이 각기 있겠지만, 그것과는 상관없이 중국 측에서 접촉한 오랑캐들의 명단입니다. 일단 여기에 거론된 이상, 이들은 각기 독립된 존재로 보는 것이 합당할 것입니다. 한 종족이 각기 다른 이름으로 조공을 바쳤을 리는 없을 테니 말입니다.

그런데 언뜻 봐도 이상한 게 있습니다. 우리에게 익숙한 동이족 중에서 안 보이는 이름이 있습니다. '옥저([akwtshjag]), 동예([tûŋxuɑd]), 신라([sïenlai])' 같이, 중국 사서의 동이전에 꼭 등장하는 이름들이 안 보입니다. 여기 보이는 낯선 오랑캐 이름 중에서 이들과 대조하여 찾아보는 수밖에 없습니다.

稷愼, 肅愼也. 직신은 숙신이고, 숙신은 '주르친珠里眞'의 표기로 퉁구스족을 말합니다. 훗날의 여진족으로 요동과 만주 지역의 터줏대감이죠.

穢, 韓穢, 東夷別種. 한예라고 했는데, 이 당시에는 한반도가 있는지조차 몰랐던 시절이니, 이때의 '한'은 한반도가 아니라 낙읍 근처에 있던 사람들을 말한 것입니다. 한반도의 한은 이들이 옮겨와서 나중에 붙은 이름이죠. '예'는 부리야트의 구다라 족을 일컫는 말입니다. 동예 때문에 그냥 '예'를 한예라고 이름 붙인 것입니다. 예와 동예는 분명히 구별되는 종족이었음을 알 수 있습니다. 종족이 아예 달랐다기보다는 부리야트에 소속된 예냐 그렇지 않은 예냐로 구분하였을 것입니다.

良夷, 樂浪之夷也. 오랑캐의 한 부족을 가리키는 낙랑도 이때부터 있던 이름입니다. 퉁구스계인 박달족을 말합니다. 낙랑은 1,000년 뒤에 설치된 한사군의 하나로 유명해진 이름인데, 꽤 오래전부터 쓰인 말임을 알 수 있습니다. 한사군이 대동강에 있었다는 발상이 얼마나 어리석은 일인지 이런 용어가 입증합니다.

發, 亦東夷. '발'은 줄임말일 텐데, '부리야트'이거나 부리야트의 일파 '발구진'을 말합니다. 뒤에 불령지(부리야트)가 나오는 것으로 봐서 여기서는 발구진을 뜻하는 말로 보입니다.

　兪, 東北夷. 이것은 짐작 가는 바가 없습니다. 다만 굳이 비슷한 것을 찾아보자면 서언徐偃이 있습니다. '서'는 꾸밈말이므로 그걸 빼면 언([ˇian])이 그나마 유兪([yúl])에 가까운 소리가 납니다만, 확신할 수는 없습니다. 여러분이 찾아보십시오.

　青丘, 海東地名. 설마 이 청구가 한반도를 가리킨다고 주장할 역사학자는 없겠지요? 지금 이 모임이 벌어진 주나라는 중국 한복판의 아주 작은 나라입니다. 한 줌밖에 안 되는 자신들을 중심에 놓고 사방을 오랑캐라고 말하는 겁니다. 그러니 낙읍을 기준으로 볼 때 청구는 바다의 동쪽이라 했으니, 바다는 발해를 말하고, 그 동쪽은 산동반도에 해당합니다. 춘추전국시대 제나라의 영역이죠. '지명'이라고 한 것으로 보아 부족 명이 아님을 알 수 있습니다. 청색은 오행 상 동쪽에 해당합니다. 발해를 파란 바다라는 뜻으로 청해青海, 창해蒼海라고 표기합니다. 바다 색이 파랗다는 뜻이 아니고, 동쪽에 있음을 오방색으로 표현한 것입니다. 청해의 '해'를 구(丘, dal, 땅)로 바꾸어 동쪽 땅이라고 표기한 것이죠. 즉 청구란, 낙읍을 기준으로 할 때 동쪽에 있는 바닷가의 땅을 말합니다. 이곳이 중국화된 이후에 청구는 다시 이동하여 요동을 거쳐 한반도에 이릅니다. 그래서 후대에는 청구라고 하면 한반도의 조선을 뜻하죠. 이곳의 청구는 산동반도를 뜻합니다.

　周頭, 亦海東夷. 주두([ʦbuil])는 동예東濊([tûŋxuɑdl])와 비슷합니다. 우리에게 익숙한 이름 중에서 찾자면 이럴 수밖에 없습니다. 혹시 다른 부족 명이 기억나는 분은 알려주십시오.

　高夷, 東北夷 高句驪. 고구려

孤竹, 東北夷. 이것도 고구려를 뜻하는데, 앞에 고구려가 나오니, 이 고죽은 그 일파일 것입니다. 제환공이 고죽을 베었다(斬)고 한 것으로 보아 소수 지배층(왕족)을 말하는 걸 겁니다. 고구려가 5부족으로 이루어졌지만, 그 중의 계루나 기징가처럼 소부족도 따로 이 모임에 참석했다는 뜻입니다. 앞서 고죽이 'ka(孤)+qusulu(글)=kokulu'이라고 봤는데, 소리만을 표기한 것으로 보면 'katǐuk'이어서 기징가(kiʒiŋa)의 'kiʒiŋ'와 비슷합니다. 끝소리 'ŋ'이 첫소리에서는 'k'로 발음되기도 합니다. '기자箕子([kǐətsǐə])'로 표기된 우두머리 집단입니다. katǐuk ≒ kiʒiŋ ≒ kǐətsǐə.

不令支, 皆東北夷. 부리야트. 다른 곳과 달리 '皆'가 붙어있습니다. 이것은 부리야트가 발구진 코리 구다라 세 부족의 연합체이기 때문입니다. 이 세 부족의 공동대표와 각 부족의 개별 대표가 함께 참석했다는 뜻입니다.

不屠何, 亦東北夷也. 부도하([pǐwədiaɣga], [pǐwəɣadʰjagɣa])는 발해渤海([buətxɔ̂g], [buət xuɔ̂g])와 소리가 거의 같습니다. 발해 바닷가에 사는 부족인데 아직 독립된 정치체의 단계에는 이르지 못한 부족 같습니다. '청구'처럼 그들이 사는 지역 이름을 말한 것이죠. '불령지'를 줄여서 '영지'라고 하듯이, '부도하'도 '부도'로 줄일 수 있습니다. 방향이 동북이니, 동쪽의 청구 위쪽 즉, 발해만 북안이 시작되는 산해관 언저리일 것입니다.

山戎, 亦東北夷. 산山([ʃean])은 진辰([zǐən])과 비슷합니다. 나중에 신라新羅([sǐenlai])로 자리 잡는 '진국' 세력이 이때쯤에는 이렇게 불리지 않았을까 짐작해 봅니다.

東胡 동호는 동북이에도 있고 북적에도 있습니다. 아마도 가장

먼 곳에서 북쪽과 동쪽의 경계에 걸쳐서 있기에 여기에도 기록한 것이 아닌가 합니다. 나중에 선비 오환으로 불리는데, 한나라 때에 이르면 숙신과 흉노 사이에 살죠.

이상을 살펴보면 부족 명이 있고, 땅 이름이 있습니다. '고구려'는 부족 명이지만, '청구'나 '부도하(발해)'는 땅 이름입니다. 독립 국가 수준으로 올라서 자신의 이름을 지닌 부족이 있는가 하면, 아직 그 정도는 아니지만 다른 부족과 차별성을 보인 집단도 있는 상황입니다.

우리 역사와 연관된 여러 오랑캐를 일단 두 부류로 나누어 보겠습니다. 단순히 동쪽으로 적은 오랑캐(東夷)가 있고, 동북쪽이라고 적은 오랑캐(東北夷)가 있습니다. 이것을 보면 이들이 이렇게 적힐 당시의 위치를 가늠해볼 수 있습니다.

동북이
稷愼(숙신), 兪人, 高夷(고구려), 孤竹(고구려 일파), 不令支(부리야트), 不屠何(발해), 東胡(선비 오환), 山戎(진국).
동이
穢人(구다라), 良夷(낙랑), 發人(발구진), 青丘(발해), 周頭(동예).

동쪽이니 동북이니 하는 것은 어떤 것을 기준으로 한 것입니다. 그 기준은 응당 주나라의 도읍일 것입니다. 따라서 낙읍을 기준으로 할 때 고구려는 동북쪽에 있었고, 구다라와 발구진은 동쪽에 있었다는 얘기입니다.

이 구도를 머릿속에 그리고서 오랑캐들의 배치도를 정리해보면 낙양의 동쪽 황하 하구에 낙랑 구다라 발구진이 있었습니다. 이들은 당연히 발해의 왼쪽 귀퉁이에 걸쳐 있었을 것입니다. 거기서 북쪽과 서쪽에 걸쳐서 고구려 고죽 부리야트가 있습니다. 고죽국의 왕자 백이숙제의 무덤이 영제시 수양산에 있는 것을 보면 이 당시 이들의 위치를 중국 지도에 정확히 찍을 수 있습니다. 특히 부리야트가 큰 단위이고, 그 속에 코리 구다라 발구진이 있습니다. 이 중에서 고구려와 고죽은 동북쪽이니, 고구려의 동남쪽(낙읍의 동쪽)으로 구다라와 발구진이 있어서, 주나라의 동쪽과 북쪽에 부리야트가 널리 퍼져있는 짜임입니다. 따라서 이 당시 부여(부리야트)의 위치를 알 수 있습니다. 낙읍의 북쪽에서 동남쪽 발해 근처인 북경을 포함한 황하 하구까지 널리 퍼져있었습니다. 이것은 앞서 알아본 '기자'의 자취가 두루 나타나는, 지금의 산서성과 하남성 산동성 일대, 연나라와 제나라의 영역입니다.

또 한 가지 눈여겨볼 것이 숙신입니다. 숙신과 조선은 같은 말(주르친)이라고 했는데, 여기에서 보면 조선을 구성하는 많은 종족 중의 하나로 표기되었습니다. 이때쯤이면 '숙신'과 '조선'의 뜻이 달라지기 시작했다는 것을 알 수 있습니다. 게다가 숙신이 동호와 산융과 함께 나타납니다. 이것은 숙신이 '조선'이라는 큰 틀에서 벗어나 작은 민족을 가리키는 말로 의미가 좁아졌음을 의미합니다. 동호는 조선에 속하기 때문입니다. 중국 사서에 '조선'이 '숙신'보다 더 늦게 나타나는데, 이것도 이상할 것이 없습니다. '조'는 꾸밈말이기 때문입니다. 핵심은 '선'인데, 앞서 살펴본 대로 '친(眞), 치앙(商), 언偃, 서언徐偃, 산山, 진辰'이 모두 이 '선'과 같은 뜻을 지닌 말입니다.

당시에는 만리장성이 없었습니다. 만리장성은 황하와 음산산맥이 저절로 만들어놓은 자연 경계선을 따라서 사람이 쌓은 성을 연결한 것입니다. 그렇다면 성왕의 모임 때 이들 여러 동이는 만리장성 선의 안에 있었을까요? 밖에 있었을까요? 당연히 만리장성 선 안의 상황입니다. 고구려 구다라 발구진은 부리야트 족이므로, 이들을 따로 따로 떼어놓을 수 없습니다. 구다라와 발구진이 낙읍의 동쪽에 있기에 고구려는 바로 그 위쪽에 있습니다. 그래서 동북이라고 했죠. 이것이 고구려를 비롯한 부리야트 족이 만리장성 선 안쪽인 산해관 이남에 있었다고 보는 근거입니다. 주나라가 점차 성장하고 지배 영역이 커지면서, 원래 그곳에 살던 사람들이 점차 바깥으로 벗어난 것입니다. 다만 직신이나 동호로 표기된 부족들은 만리장성 선 바깥에 있었을 것입니다. 이들의 서쪽에는 북적이 있기 때문입니다. 물론 북적도 음산 산맥의 이남 지역까지 내려왔을 것입니다.

만리장성을 완성한 사람은 진시황입니다. 따라서 춘추전국시대가 끝날 때쯤이면 이들 오랑캐는 만리장성의 경계나 그 바깥에 자리잡게 됩니다. 하지만 오늘날 한국의 역사학이 설명하는 것을 보면 황당할 따름입니다. 예컨대 고조선을 논할 때 가장 중요한 낙랑을 보면, 이때의 낙랑은 주나라의 낙읍에서 아주 가까운 곳에 있었습니다. 동쪽의 오랑캐(東夷)였죠. 동쪽 바다는 발해이니, 그 발해 언저리 즉 황하 하구에 있었다는 말입니다. 그러나 우리가 배운 역사에서 낙랑은 처음부터 끝까지 평양에 있습니다. 그러면 성왕 7년의 이 모임에 대동강 사람들이 낙읍까지 왔다는 말입니다. 『사기』를 쓴 한나라 사마천조차도 한반도를 몰랐고, 왜는 나타나지도 않던 시절입니다. 그런데 사마천 시대보다 천 년 전에 벌어진 이 사건에 나타난 낙랑良夷은 뭐란 말입니까?

매직으로 찍어놓은 풍선의 점은, 바람에 부풀수록 점차 바깥으로 밀려납니다. 동북아시아의 고대사는 이렇습니다. 중국의 세력이 커질수록 그 주변의 오랑캐들이 점차 더 먼 바깥으로 밀려납니다. 이걸 무시하고 낙랑을 처음부터 끝까지 대동강가에다가 못 박아놓고 설명을 하자니, 설명을 하면 할수록 앞뒤가 안 맞는 사건들이 끝없이 더 일어나는 겁니다.

고죽도 고구려도 이처럼 낙양 가까운 곳에 있다가 점차 밀려서 영정하와 난하를 거쳐서 송화강까지 밀려가는 겁니다. 구다라(백제)와 발구진도 마찬가지죠. 이들은 주나라 성왕 때 북경 근처에 있다가 고구려를 따라서 송화강으로 갔다가 한반도로 흘러드는 겁니다. 백제가 요서 진평을 차지하자, 고구려가 산서성의 태원을 공격하여 차지했다는 『삼국사기』의 기록은 이런 것을 보여주는 명백한 자료입니다. 이런 자연스러운 추론을 거부하고 모든 부족을 한 자리에 못 박아놓고 설명하려 드는 태도는, 바람을 무시하고 연의 운동을 분석하려는 짓과 똑같습니다. 바람을 모르니 연이 하늘에서 왜 그렇게 움직이는지 영원히 알 수 없습니다.

동이와 동북이가 모두 낙읍 근처에 있었다면, 만리장성 선 안쪽의 판도 말고, 요동과 만주, 그리고 한반도는 어떠했을까요? 역사학에서는 유물이 나오지 않으면 아무것도 주장할 수도 입증할 수도 없을 것입니다. 그러나 언어학에서는 얼마든지 주장할 수 있고 입증할 수 있습니다. 그 지역에 역사상의 왕조를 세우지 못한 채 스러져간 소수민족의 언어가 아직도 숨 쉬고 있기 때문입니다. 그 언어들을 비교해보면 이들도 계통을 따라서 옮겨갔습니다.

요동과 만주 지역에는 주르친(숙신)이 유목 세력으로 존재했을 것입니다. 주르친은 초원지대의 터주대감 같은 존재입니다. 서쪽의 월지부터 시작해서 중앙의 흉노, 그리고 동쪽의 숙신까지 '주르친'이 골고루 퍼져있는 상황이죠. 그런 세력 밑에 왕조를 이루지 못한 수많은 언어군이 살았겠죠. 한반도도 마찬가지입니다. 『삼국지』 위지 동이전에 나오는 70여 개나 되는 작은 나라들의 이름을 보면 그런 상황을 엿볼 수 있습니다. 지금의 행정 단위 '군'마다 나라가 하나씩 있었을 것입니다. 이 넓은 동북아시아 지역에 퍼진 언어들을 보면 길약, 예벤키, 야쿠트, 나나이, 우데게, 오로치, 코리약, 축치, 아이누 등 얼마든지 있습니다. 심지어 베링해협을 건너 아메리카까지 이들 언어군이 진출하여, 마야나 잉카 같은 거대한 석기 유적과 문명을 일굽니다. 아메리카에는 원래 말이 없었으니, 이들은 말 사육 이전에 베링해협을 건넌 것입니다.

이런 상황 속에서 5,000년 전에 말이 사육되고, 대규모 이동이 가능해지면서 이들 지역의 교류가 활발해집니다. 여기에다 뒤이은 청동기와 철기를 바탕으로 고대 국가가 형성되면서 이 지역이 소용돌이에 휘말립니다. 앞서 말한 언어군 위로 유목 세력의 언어인 터키어 몽골어 퉁구스어가 지배층의 언어로 쏟아져 들어온 것입니다. 그리고 그 거대한 해일의 진앙은 여기서 보는 은주 교체기입니다. 이 시기를 빅뱅으로 하여 춘추전국시대와 진한대를 거치면서 강력한 철기를 바탕으로 일어선 나라들이 서로 대규모 전쟁을 일으키고, 그 영향이 일파만파로 만리장성 선 바깥까지 번지면서 동양의 고대사가 전개되는 것입니다. 이렇게 요동치기 전까지 요동과 만주 한반도는 초기 농경사회의 고요한 모습을 유지했다고 보는 것입니다. 그런 평화로운 사회를 상징하는 나라가 적봉과 홍산 문화의 주인공 '조선'이자 '단군'이었던 것이죠.

이렇게 얘기하면 꼭 트집 잡는 놈들이 나타납니다. 이들 어족은 원래부터 그 자리에 살던 사람들이라는 논리죠. 베링해협 얘기까지 했는데도 어족의 이동을 밝혀낸 언어학의 성과를 애써 무시합니다. 쯧쯧. 앞서 제시한 동북아 어족들은 대부분 사람에게 열악한 환경에서 삽니다. 북쪽 지대의 추운 지역이나 바닷가 같은 곳이죠. 하지만 이들이 처음부터 북극 가까운 곳에 살았을까요? 원래는 살기 좋은 땅에 살다가 떠밀려서 그곳으로 간 것입니다.

필리핀과 인도네시아 바다에 바자우족이 삽니다. 이들은 육지를 떠나서 바다에 떠돌며 삽니다. 이들이 처음부터 바다를 떠돌았을까요? 그럴 리가요! 떠밀린 것입니다. 왜 떠밀렸을까요? 바자우족 전설에는 자신들이 그렇게 살게 된 이야기가 전해오지만, 실제로는 육지에서 무슨 큰 변동이 있었던 것이죠. 저는 그 원인을 나관중이 쓴 소설 『삼국지연의』에서 봅니다. 한중, 즉 촉을 얻은 유비는 북벌을 꾀하는데, 거슬리는 게 하나 있습니다. 촉의 남쪽에 있는 오랑캐입니다. 만약에 유비가 북벌을 단행하여 한중을 비운 사이, 조조가 남쪽 오랑캐에게 밀서를 보내어 촉을 치라고 한다면 뒤통수를 맞는 것이죠. 그래서 제갈량은 운남이라는 험악한 산악지대를 병풍 삼아 사는 이들을 칩니다. 그것이 저 유명한 「맹획을 사로잡다(七擒孟獲)」라는 꼭지지요. 남만南蠻의 우두머리 맹획이 스스로 항복할 때까지 잡고 놔주고를 되풀이합니다. 결국 일곱 번이나 사로잡힌 맹획은 촉을 넘보지 않겠다고 약속하고 남쪽으로 물러납니다.

그러면 맹획이 물러나서 자리 잡은 그 남쪽에는 아무도 없었을까요? 누군가 있었을 것입니다. 그들은 어떻게 되었을까요? 더 남쪽으로 밀려났을 겁니다. 라오스나 베트남 태국 같은 곳이죠. 이렇게 파도처럼 밀리면 더 남쪽 인도네시아의 땅끝 바닷가에 살던 사람들은 어찌 되었을까요? 배 타고 바다로 나가는 수밖에 없죠. 제가 보기에 바자우족은, 제갈량의 맹획 정벌이 촉발한 민족 대이동의 마지막 희생양일 겁니다. 이런 일이 삼국지 시대에만 일어났다고 볼 수 없습니다. 북쪽도 마찬가지입니다. 그들이 앞서 살펴본 소수 알타이어족입니다.

세계지도에서 중국 북부로 눈을 돌리면 유라시아에 띠처럼 펼쳐지는 거대한 초원지대가 나타납니다. 이곳은 유목민족의 천국입니다. 세계사를 여러 차례 바꾸고 중세 이전 세계의 질서를 재편하는 동력이 된 곳입니다. 이 초원지대에는 어떤 겨레가 살았을까요? 크게 셋입니다. 동쪽의 만주 지역에는 퉁구스족이 살았고, 서쪽에는 터키족이 가장 넓은 자리를 차지하고 살았습니다. 그 사이 어디에 몽골족이 끼어 살았죠. 세월에 따라 이들은 각기 각축을 벌이다가 힘센 부족이 일어나 초원을 지배하는 왕이 되곤 했습니다.

역사에서 가장 먼저 일어난 것이 터키어를 쓴 흉노족입니다. 이들 세력이 얼마나 강력했는지 한 고조 유방 때부터 골머리를 앓다가 노략질을 당하느니 차라리 조공을 바치는 것으로 화해를 하여 해마다 엄청난 재물과 여자를 바칩니다. 중국인들의 가슴을 울린 '왕소군王昭君'의 이야기도 이 때문에 나온 것입니다. 흉노족들은 초원지대의 황량한 삶을 이런 조공으로 메우며 근근이 살아가죠. 그런 이들을 무제는 공격하여 무너뜨립니다. 이들은 한나라 무제의 공격을 받고 쇠퇴하다가 서쪽으로 몰려가서 게르만 민족의 대이동을 촉발하여 로마제국의 멸망까지 불러오죠.

흉노가 어떤 언어를 썼느냐를 두고 말들이 많습니다. 세 언어 중 하나겠지요. 퉁구스어, 몽골어, 터키어. 이 중에서 몽골어와 터키어로 압축됩니다. 『한서』에 이렇게 나옵니다.

"흉노는 하늘을 일러 탱리라 하고, 자식을 일러 고도라고 한다. 선우 란 넓고 큰 모습이다. 하늘이 홀로 우뚝함을 본떴음을 말한다.(匈奴謂 天爲撐犁, 謂子爲孤塗, 單于者, 廣大之貌也, 言其象天單于然也)"

탱리고도는 천자天子(하늘의 아들)를 뜻하는 말입니다. 하늘은 몽 골어로 'Tengri'이고, 고대 터키어로 'tänri'인데, 몽골어의 'g' 발 음이 군더더기처럼 거슬리죠. 몽골어(Tengri)보다 터키어(tänri)가 '撐犁'에 더 가깝다는 뜻입니다. 현대 터키어에서 '하느님'은 'Tanrı'이고, '천지신명'은 'Tanrılık.'입니다. 하늘과 하느님을 가 리키는 말은 서로 다릅니다. 탱리는 단순한 하늘이 아니라 신격화 된 하늘입니다. 여기서 'tånri〉tanrı'의 변화를 볼 수 있죠. 터키어 로 '양자'는 'küdëgu'이고, 몽골어의 발구진 사투리로 '아들'은 'guto'입니다. 이 'guto' 때문에 흉노족이 몽골어를 썼다고 주장하 는데, 좀 더 살펴보면 그렇지 않습니다.

선우의 부인을 알씨閼氏(atjjeg)라고 하는데, 터키어로 'alga-n'이 어서 閼과 정확히 대응합니다. 중국 상고음보다는 오히려 우리말이 원어에 더 가깝죠. 흉노족들이 쓰는 칼을 경로徑路(kieŋlɑgl)라고 하 는데, '검[kïlïc〉Kılıç]'과 대응합니다. 흉노족이 웅거한 산 이름이 기 련祁連([gïeilïan])산인데, 뜻이 하늘뫼(天山)라고 합니다. 터키어로 하늘 은 'Gök yüzü, Göğün görünen yüzeyi, sema'입니다. 기련은 중간 소리를 그대로 적은 것이죠. 祁連=g̃eil̃ian=görünen.

언지산焉支山도 마찬가지입니다. 언지산은 기련산과 함께 흉노의 본거지입니다. 한나라 명장 곽거병에게 이곳을 빼앗긴 흉노족이 이런 노래를 부르며 슬퍼했다고 합니다. 『세계테마기행』의 화면을 보니 그 시 구절이 기련산 바위벽에 새겨졌습니다. "우리는 기련산을 잃었네. 이제 가축을 먹일 수 없네. 우리는 언지산을 잃었네. 여인들이 고운 낯빛을 잃었네.(失我祁連山 使我六畜不蕃息 失我焉支山 使我嫁婦無顏色)" 연지臙脂는 여인들이 얼굴에 바르는 빨간 물감을 가리킨다고 하여 요즘까지도 그렇게 불리는데, 이건 '언지'와 소리가 비슷하여 붙은 통속어원설일 듯싶습니다. 심지어 언지산을 자꾸 연지산이라고 적으면서 그럴 듯하게 설명하려 드는데, 이런 작태는 어원 연구에서 심각한 방해물입니다.

'기련'이 'görünen'의 소리를 적은 것이듯이, 언지焉支([ʔjănɕiei])는 'yüzeyi'의 소리를 적은 것입니다. 기련과 언지는 짝을 맞추어 초원의 왕 선우가 다스리는 '하늘나라(天子國, Gögün görünen yüzeyi)'의 영역을 가리키기 위해 쓴 말입니다. 즉 흉노의 근거지 중 핵심 영역을 가리키는 말입니다. 그곳이 기련산과 언지산 사이의 드넓은 풀밭입니다. 풀밭이 마치 고운 천처럼 펼쳐졌기에 'yüzeyi'라고 한 것입니다. 흉노를 물리친 한나라도 이곳을 방목장으로 활용했습니다. 말 키우기에는 가장 좋은 곳이라는 뜻이죠. 흉노가 그렇게 슬피 노래할 만한 풀밭입니다.

나중에 더 얘기하겠지만, 이런저런 언어 자료를 더듬어보면 흉노족의 지배층은 터키어를 썼습니다. 문무왕이 비석에다 자신이 투후 김일제의 후손이라는 기록을 남겼는데, 김일제는 흉노 우현왕의 장남입니다. 신라 지배층이 남긴 말에도 터키어의 자취가 가장 많습니다. 『삼국사기』 지리지에 나오는 신라 지명은 터키어와 정확히 대응합니다. 신라 지명과 터키어의 정합성은 나중에 자세히 알아볼 기회가 있을 것입니다. 본보기 삼아서 하나만 검토해보겠습니다.

파주 적성면에 '칠중성七重城'이 있습니다. 사적 제437호이고, 토탄성吐呑城이라고도 하죠. 근처 감악산에서 진흥왕순수비로 추정되는 빗돌도 발견되어, 삼국의 분쟁 지역이었음을 여실히 보여주는 증거입니다. 역사학계에서는 일곱겹(七重)이라는 말에 이 성이 겹성이라고 추정하고 발굴했지만, 보통 성이었음이 드러났습니다. 그러니 '七重'이란 성의 특성에서 붙은 말이 아님을 알 수 있습니다. 이 지역의 마지막 지배자 신라의 지배층은 터키어를 썼습니다. 터키어와 대조해보면 아주 간단하게 답이 나옵니다.

터키어로 '일곱'은 'Altıdan' 또는 'Yedi'입니다. 답이 보이지 않나요? 'Altıdan'의 'Al'을 빼면 'tıdan'입니다. '칠중'을 '토탄(tıdan, 뜨단)'이라고도 한 까닭이 이것입니다. 重은 뭐냐고요? '무게'는 'Ağırlık, dara'입니다. 따라서 '七重'은 'tıdandara'를 적은 것이죠. 재미있는 것은, 임진강의 옛말이 칠중하七重河였다는 겁니다. 그런데 '임진'이 'Yedi(7)'이나 'Ağırlık(무게)'의 음차 표기로 보이지 않나요? 臨津(Ağırlık)=七重(tıdandara).

그런데 이게 무슨 뜻일까요? 거기에 먼저 살던 고구려와 백제의 지배층이 쓰던 말을 살피면 답이 보이겠지요. 고구려 백제의 지배층은 몽골어를 썼습니다. 신라의 지배층은 점령지에서 될수록 원래 이름의 소리와 최대한 비슷하게 지명을 지어 썼습니다. 그곳에 사는 토박이들의 불편을 덜어주려고 그런 것 같습니다. 그러니 정답은 여러

분이 맞혀보시기 바랍니다. 참고로 몽골어로 '일곱'은 'dologan, tawar'입니다. 따라서 칠중성의 몽골어 표기는 'dologandara', 또는 'tawardara'겠죠. 'dara'가 터키어로는 저울접시의 무게를 뜻하지만, 몽골어로는 '땅, 산(達)'을 뜻한다는 것을 알면 이제 답이 보일 겁니다.

그런데 『한서』의 흉노 내용 말입니다. 좀 이상하지 않나요? '탱리'와 '고도'는 하늘天과 아들子에 정확히 대응하여 설명이 깔끔한데, 선우에 대한 설명은 좀 이상합니다. 선우에 대응하는 낱말을 정확히 알려주면 되는데, 뜬금없이 땅이 어떻고 하늘이 어떻고 하는 묘사가 두루뭉술하고 애매모호합니다. 이거 이상하지 않나요? 저만 이상한 가요? 여러분은 어쩜 그리 이상한 게 없을까요? 이렇게 아무 생각 없이 살아도 되는 겁니까? 언어는 뇌의 역사박물관입니다. "선우란 넓고 큰 모습이다. 하늘에 홀로 우뚝한 것을 본떴음을 말한다." 하늘의 뜻을 받는 제왕의 고독한 처지를 나타낸 것인데, 앞의 탱리 고도 설명에 견주면 이 장황함은 우스꽝스러운 일입니다. 받아적은 사람(반고겠죠?) 자신이 선우의 뜻을 잘 몰랐다는 증거입니다. 그러기에 이런 엉망진창 개똥철학으로 덧칠한 것이죠.

상상력으로 먹고사는 문학도인 제가 나서보겠습니다. 역사학자들께서는 정 뜯으시면 저의 개똥철학이라고 여기고 그냥 지나가 주세요. 군이 믿어달라고 애원하지 않습니다. 하하하. 『한서』의 설명을 들어보면 '선우'라는 말에는 '광대하다'와 '하늘에 홀로 우뚝하다'는 두 가지 뜻이 들었습니다. 이 두 가지 조건에 걸맞은 대상은 무엇일까요? 여러분이 상상해보시기 바랍니다. 이건 뭐 대단한 상상력을 요구하는 문제도 아닙니다. 수수께끼 수준이죠. 어린아이들도 답을 쉽게 떠올릴 수 있는 문제인데, 뭘까요? 답은……

'해(güneş)'입니다. 하늘에 태양은 하나이듯이, 세상에 왕은 하나뿐입니다. 따라서 왕과 태양은 동의어죠. 선우는 여러 가지 표기가 있습니다. 선우鮮虞([sĭanŋĭwa(상고음)〉yɕian(현대음)])라고도 적고 순유淳維([zĭwʌŋĭwəi〉tsʰuənuei])라고도 적습니다. 터키어 '폐하(jenap〉jenu)'와 비교해보면 서로 비슷합니다. 터키어 'güneş'가 바로 '해'를 뜻하는 말입니다. 고대 터키어 폐하(jenap)와 현대 터키어 해(güneş)는 음운변동을 고려하면 거의 비슷한 소리입니다. j와 g는 똑같은 입천장소리입니다. 얼마든지 넘나듭니다. 나중에 묵음으로 바뀌는 끝소리 받침 p와 ş의 모습도 닮았습니다. 터키어를 모르는 중국 측 사신이 들으면 거의 같은 소리로 들릴 것입니다. 하늘에 뜬 해야말로 '넓고 큰 모양(廣大之貌也)'과 하늘에 홀로 우뚝한 모습 본뜬(象天單于然也) 것에 걸맞은 존재죠. 고대 터키인들에게 해와 폐하는 같은 존재이고, 그래서 같은 소리로 부른 것입니다.

선우單于의 單은 발음이 둘입니다. 오랑캐 임금을 뜻할 때는 '선', 홑(一)을 뜻할 때는 '단'이라고 읽습니다. 'jenap〉jenu'의 소리를 '單于'로 옮겨적고, '單'을 '홀로'를 뜻하는 말로 설명한 것이 『한서』의 내용입니다. '單于者, 廣大之貌也, 言其象天單于然也'의 앞에 나오는 '單'은 '선'입니다. 하지만 뒤에 나오는 '單'은 선우에 대한 뜻풀이로 '홀로'를 뜻하므로 '단'이라고 읽어야 합니다. 아마 반고는 선우를 '단우'라고 읽었을 것입니다. 그러니 이런 엉터리 풀이를 했겠죠.

그런데 재미있는 게 있습니다. 터키어로 해(Güneş)와 거의 똑같은 발음이 나는 말이 있습니다. 'Geniş(넓다)'가 그것입니다. 그래서 군이 드넓은 모양(廣大之貌也)이라는 풀이를 덧붙인 모양입니다. 반면,

남은 구절 '象天單于然'은 'Güneş(해)'를 설명한 것이죠. 'jenap
=Geniş+Güneş'로 설명한 게 『한서』입니다. 따라서 탱리고도를 천
자라고 간단명료하게 설명한 것처럼 '선우란 해이다.(單于者太陽也)'라
고 해야 했습니다. 그런데 한자표기 '單于'의 뜻에 헷갈려서, 태양이
란 말을 버리고 해의 모습을 장황하게 설명한 것이죠.

　흉노가 한나라에 보내는 국서의 서문은 반드시 이렇게 시작합니다.
　"천지가 낳으시고 일월이 세우신 흉노의 대선우는 삼가 한나라
황제에게 문안하노니 무양하신지?"-『사기』 흉노 열전

　천지가 낳았다는 것은 해를 뜻합니다. 해와 달을 밤낮 번갈아서
낳죠. 일월이 세웠다는 것은 해와 달과 선우는 한 몸이라는 뜻입니
다. 흉노의 중심지를 하늘뫼(天山=祁連)라고 합니다. 해인 선우는 하
늘에 살아야 마땅하죠. 그 영역이 기련(görünen)과 언지(yüzeyi)입
니다. 선우는 해가 뜨면 나아가 절을 하고, 달이 뜨면 또 절을 합니
다. 날마다 그렇게 합니다. 마치 해와 달의 분신입니다. 그렇기에 전
쟁도 달이 차오르면 공격하고, 그믐이면 철수합니다. 흉노는 제정일
치의 사회라는 것을 보여줍니다. 아직도 신화 세계에 사는 겨레와 제
정이 분리된 세계에 사는 겨레가 싸우는 것이 바로 흉노와 한의 대결
입니다. 신화와 논리의 대결인데, 역사는 논리가 신화를 이기는 것으
로 끝나죠.

　흉노의 멸망 뒤에도 이들의 후예는 돌궐이라는 이름으로 끊임없
이 초원을 지배하고 중국으로 들어가 왕조를 세웁니다. 당나라를 세
운 이연 이세민 부자가 바로 그런 이들입니다. 이세민은 자기 형제들을
죽이고서 당 제국을 실제로 세운 황제인데, 문물과 제도를 아주 잘
정비하여 '정관의 치'라는 칭송을 받습니다. 그가 쓴 『정관정요』는

역대 황제들이 읽는 필독서가 되었죠. 그런데 이 당 태종 이세민이 돌궐의 17대 가한입니다. 수나라 통치하에서 귀족 가문으로 있다가 수나라가 힘을 잃자 정권을 잡고 나라를 세우죠.

초원에서 그다음으로 일어난 종족이 몽골어를 쓰는 부족입니다. 선비 오환 시절에 이들은 북연北燕을 세웠다가 요遼나라까지 세워서 서양에는 '키타이'라는 이름으로 알려졌죠. 이들의 후예는 좀 더 나중에 칭기즈칸의 등장과 함께 전 세계를 지배합니다. 그리고 그사이 사이에 퉁구스어를 쓰는 종족이 일어납니다. 주로 금나라(1115~1234)라는 이름으로 활동하다가 동양사의 맨 마지막을 장식하는 '청'을 일으키죠. 이들도 자신의 뿌리를 알았기에 '청'으로 바꾸기 전의 이름이 '후금'이었습니다.

금나라는 시조가 아골타阿骨打이고 성이 완안完顔인데, 스스로 고려인의 후손이라고 밝혔고, 『고려사』에는 금행(金幸, 수幸)이라는 조상의 이름까지 나옵니다. 『금사』에는 함보函普로 나오죠. 발해가 요나라에게 망하자 그 혼란을 틈타 나라를 세우는데, 요나라를 원수로 여겼습니다. 요나라의 상징인 빈철賓鐵과 달리 금만이 녹슬지 않고 영원하다며, 이름을 금金으로 선언합니다. 물론 나라 이름을 이렇게 한 것에는 그들이 고려의 김 씨 출신임을 드러내려고 한 것도 있습니다. 이들은 북송을 멸망시키고 중국의 절반을 차지했지만, 초원에서 새로 일어서는 몽골에게 밀려 결국은 망합니다. 이 시대를 의학사에서는 금원사대가라고 하여 한의학 발전의 한 전기를 이룩한 시대로 정의합니다.

일부 국수주의자들은 금나라 조상이 신라에서 왔다는 말에 혹하여, 마치 이들이 우리의 왕조인 양 겨레의 자부심을 북돋우려는 소재로 다루기도 합니다만, 어림없는 일입니다. 금나라는 엄연히 중국의 정사인 『25사』에 포함된 나라입니다. 이런 식이면 원나라도 청나라도 한국사여야 하는데, 역사를 혈통사로 엮을 수는 없는 일입니다. 게다가 금나라에서 저지른 만행을 보면 한심합니다. 북송을 멸망시키고 사로잡은 왕족의 여자들을 따로 모아 기생으로 만들어 모조리 저잣거리의 성 노리개로 만들었습니다(이른바 정강의 변). 무자비함을 넘어서 야비하기 짝이 없는 짓이죠. 아무리 적이라고 해도 포로로 잡힌 왕족의 여인들을 이런 식으로 다룬 왕조는 없었습니다. 이런 짓은 백성들에게 두려움보다는 반감으로 작용합니다. 그 뒤를 이은 초원의 신흥강자 몽골에게 밀리다 망한 것은, 이런 무모하고 야비한 금나라의 정책으로 민심이 등을 돌린 것이 더 큰 원인이라고 봅니다.

그나저나 참 중국놈들 맘뽀가 고약한 게, 같은 소리라도 남의 부족 이름을 적는데 구걸한다는 뜻의 걸乞로 적는 것은 정말 얄밉습니다. 지들이 제일 잘 났고 남들은 모두 짐승 같은 놈들이거나 거지 같은 놈들입니다. 흉노匈奴를 보십시오. 흉악한 노비가 연상되는 말 아닙니까? 남만南蠻은 버러지(虫) 같은 놈들, 서융西戎은 개戎 같은 놈들이 떠오르는 말입니다. 오직 동이東夷만이 짐승에 비유되지 않았습니다. 夷는 '大+弓'으로 큰 활의 뜻이니, 그나마 활을 잘 쏘는 놈들을 뜻합니다.

몽골 터키 퉁구스, 이들 세 부족이 순서를 바꿔가며 흥성할 때마다 나머지 부족은 그 밑으로 들어가 그들의 일원이 되어 '국가'를 이룹니다. 이런 현상이 끝없이 되풀이되는 곳이 바로 우리의 고대사 강역인 만리장성 동북쪽 지역입니다. 그래서 그들 중에서 누가 일어서든 결국은 세 갈래 혈통이 우위 다툼을 하는 결과를 가져왔기에,

그쪽에서 활동하는 사람들을 '세한'이라고 한다고 했습니다. '세한'은 '삼한'이고 곧 '조선'이죠. 우리는 지금 그곳에서 청동기와 철기를 바탕으로 막 일어나는 여러 부족의 이합집산과 흥망성쇠를 들여다보는 중입니다.

이렇게 하여 우리는 고조선의 '기자'와 삼국시대의 서막을 여는 데 큰 몫을 맡았던 '부여'의 정체를 제대로 알았습니다. 다시 정리해보면 이렇습니다. 즉, 한나라 북쪽의 오랑캐 흉노는 터키족이고, 몽골족의 일파인 부리야트 족은 바이칼호 언저리 초원지대에 살았는데, 이들이 어떤 연유로 본거지를 벗어나 딴 곳으로 움직이면서 동북아시아의 세력에 큰 변화가 일어납니다.(반대로 처음엔 만리장성 접경에 있다가 중국에게 밀려서 나중에 바이칼호 근처로 왔을 수도 있습니다. 순서야 어떻든!) 이 변화의 한 끝이 『위략』이라는 글에 신화의 형태로 전해옵니다.

"옛날 북쪽에 '고리지국櫜離之國'이 있었다. 왕을 모시던 여자가 아이를 배어서 죽이려 하였는데, 여자가 말하기를, 달걀(鷄子) 같은 기운이 내려온 뒤에 태기가 있었다고 하였다. 그뒤 아들을 낳았는데, 아이를 뒷간에 버리니 돼지들이 입김을 불어주고, 마구간에 버리니 말이 입김을 불어주어 죽지 않았다. 왕이 하늘이 아들을 낸 것이 아닌가 하여 그 어미에게 돌려주었는데, 이름을 '동명'이라 하고 말을 기르는 일을 맡겼다. 동명이 활을 잘 쏘므로 왕이 나라를 빼앗길까 우려하여 죽이려 했다. 동명이 달아나다가 남쪽 '시엄수'에 이르러 활로 물을 치니 물고기 자라 등이 떠 올라 다리를 만들어 동명을 건너게 하고 흩어지니 뒤따르던 병사들은 건너지 못했다. 동명이 부여 땅에 도읍을 정하고 왕이 되었다."

고리국의 신화라고 했는데, 이것은 고구려 주몽 신화와 똑같습니다. 결국 '고리'는 '구리(句麗)'와 같은 표기임을 알 수 있고, 앞서 알아본 부리야트 부족 내의 방언 갈래와 정확히 일치합니다. 麗는 '종족이름 리, 아름다울 려'라서 고구려 같은 종족 이름을 가리킬 때는 '려'가 아니라 '리'로 읽어야 한다고 앞서 말한 적이 있습니다. '句麗'는 '구려''구리'로 읽어야 한다는 뜻입니다. 그래야 고주몽의 출신인 '계루'와 음이 비슷해집니다.

이 신화에는 '시엄수'라고 나오는데, 다른 기록에서는 '엄체수'라고 나옵니다. 그런데 앞서 금나라를 세운 완안부 아골타 때문에 백과사전을 찾아보니, 그에 대한 힌트가 나옵니다. '완안'은 '왕얀하라(王家, Wo-on (g)ia-an)'의 한자표기인데, 그들이 살던 완연하蜿蜓河에서 음을 따서 왕족임을 표현한 것이라고 합니다.(위키백과) 산 곳은 강 이름인데, 그게 또 왕가를 뜻한다니, 어딘가 어설픈 설명이지만, 일단 믿어봅니다.(이에 대해서도 나중에 어원 풀이를 한 번 해보겠습니다.)

아골타는 자신이 살던 이곳에서 나라 이름을 따서 금나라라고 했는데, 우리에게 중요한 말이 하나 나옵니다. 완안부의 본거지가 안출호수按出虎水(Anʃu-bira)인데, 이것이 주몽 신화에서 엄체수淹滯水로 표기된 것입니다. 금을 여진어로는 안춘(Antʃun), 만주어로는 아이신(Aisin)이라고 하는데, 이것을 한자로 적은 것이 '안출호'입니다. 주몽이 건넌 강물은 바로 안출호(ànchuhū, 엄체[yānzhì]), 즉 황금의 강(Anʃu-bira)이었던 것입니다.('시엄수'의 '施'는 반모음 'y'를 적은 것.) 강이 구불구불 기어가기 때문에 이름을 지렁이가 구불거리는 모양(蜿蜓)라고 붙였지만, 실제로는 용의 이미지이죠. 용은 왕을 뜻합니다. 왕을 배출한 강이기에 이런 이름이 붙은 것입니다. 아골타도 주몽도 용이었습니다. 이 용들이 살거나 건넌 강이 황금 강이죠.

부여(부리야트)는 원래 5부족으로 이루어진 다민족 연맹체 국가이고 5부족은 가뭄 같은 큰 재앙이 들면 왕을 갈아 치울 수 있는 느슨한 형태의 정치 구조였습니다.(『삼국지』 위서 동이전) 부여의 동쪽에 사는 한 갈래(고리족)가 남쪽으로 내려와서 고구려를 세우고, 부여와 똑같은 정치 체제로 나라를 운영합니다. 나중에 제3대 대무신왕에 이르러 부여를 정벌함으로써 부여왕 대소가 죽고 부여는 망하는데, 이렇게 해서 흩어진 부여 사람들은 어디로 갔을까요? 뻔하지요. 고구려의 품속으로 기어든 겁니다. 부리야트 안의 여러 부족 사이에서 벌어진 갈등에서 고리(계루)부가 왕을 차지하는 과정이었던 거죠.

고구려는 5부족(계루부, 소노부, 절노부, 관노부, 순노부)이었습니다. 이 중에서 절노부에서는 왕비가 나오고, 왕은 소노부에서 나왔는데, 주몽부터 계루부에서 나온 것입니다. 이런 변화가 바로 고구려 건국 과정의 세력 재편에서 그대로 드러난 것이고, 그것이 신화로 정리되어 전해 온 것입니다.

그렇다면 부리야트 방언에서 나타난 '기자'는 어찌 된 걸까요? 이들이 어찌하여 고조선의 왕이 된 걸까요?

우리는 국사 시간에 청동기시대에 관해서 배운 게 있습니다. 즉 우리나라의 청동기 문화는 북방 시베리아를 거쳐서 들어왔다는 것이죠. '스키토 시베리언'이라는 상세한 낱말까지 저의 기억에 또렷이 새겨졌습니다. 제 기억에 아로새겨진 이 말은 아마도 스키타이족 일파가 시베리아를 거쳐서 한반도로 들여왔다는 말일 겁니다. 그리고 청동검과 청동거울 같은 것이 마치 복사한 듯이 똑같은 모양으로 시베리아와 한반도에 걸쳐 발견된다는 사진 설명도 정확히 기억합니다.

청동기와 철기의 특징은 다른 문화와 달리 굉장히 빨리 전 세계로 퍼져갔다는 것입니다. 이것은 물건의 쓰임이 절실하다는 까닭도 있겠지만, 그보다 더 정확한 이유는 말 때문입니다. 말은 여러 가축 중에서 가장 늦게 길든 짐승으로 북방 초원지대에서 5,000년 전쯤에야 사육하는 데 성공합니다.(『알타이 신화』) 사람이 말을 길들임으로써 오늘날과 견줄 만한 이동 속도를 확보합니다. 발에 날개가 달린 것이죠. 그리스 신화의 헤르메스는 신발에 날개가 달렸는데, 말의 속도감을 형상화한 것입니다. 하반신이 말인 켄타우루스도 마찬가지입니다. 바로 이 무렵 메소포타미아 지역에서는 청동기가 출현했고, 이것이 동쪽으로 번지면서 말과 같은 속도로 전 세계로 퍼져간 것입니다. 수많은 신화와 전설을 뿌리면서 말이죠. 한반도에는 기원전 10세기, 만주 지역은 기원전 15세기, 만리장성과 요하 서쪽 지역은 기원전 20세기 경이면 청동기가 보급되었던 것으로 유물을 통해 확인됩니다.

이 청동기가 중동에서 동양으로 건너오는 길목은 단 하나 비단길입니다. 나중에 비단을 교역해서 붙여진 이름이지만, 그 이전에도 힌두쿠시산맥으로 가로막힌 두 문명권이 교류할 수 있는 통로라고는 천산북로와 천산남로뿐이었습니다. 이곳은 초원지대의 유목민들이 개척한 곳이고, 천산북로 북쪽의 초원지대를 거쳐서, 청동기는 동쪽으로 이동했다가 다시 남쪽으로 흘러 내려가는 방향성을 보여줍니다. 동쪽으로 이동했다가 남쪽으로 흘러가는 길목이 바로 요하와 만주 지역입니다.(우리는 이렇게 배웠는데, 요즘은 이 학설이 수정되었겠지요? 그 동안 고고학 유물이 많이 발굴되었을 테니.)

한반도 청동기 문명의 자취는 세 가지 특징이 있습니다. 고인돌, 비파형 동검, 돌무덤입니다. 이 세 가지 특징이 두루 나타나는 지역은 옛날의 동이족 강역으로, 진시황이 쌓은 만리장성 너머입니다. 만리장성 밖의 가장 큰 내가 요하遼河이기에 대충 '요하문명'이라고 부릅니다. 이 요하 문명의 뿌리는 홍산紅山 문화임이 최근 들어 점차 드러나는 중입니다. 중국이 자신들의 문명으로 자부한 황한 문명은 3,000년 전인데, 요하 지역의 홍산 문명은 10,000년 이전까지 거슬러 갑니다. 만리장성의 안팎이 서로 다른 문명인데, 시기의 앞뒤로 따지면 중국으로서는 고약해지죠.

이름을 잘 보시기 바랍니다. 요遼는 '멀다'는 뜻입니다. 요하는 '먼 곳에 있는 냇물'이라는 뜻이죠. 누가 붙였을까요? 당연히 중국인에서 붙인 이름입니다. 왜 멀다고 했을까요? 자신들이 사는 곳에서 멀리 떨어진 물줄기이기 때문입니다. 요하가 자기네 땅이라면 결코 멀다고 표현하지 않았을 것입니다. 자신과는 다른 족속들이 사는 먼 곳의 강물이기에 '멀고 먼 내(遼河)'라는 이름을 붙인 것이지요.

따라서 이런 상황을 감안하면 북방 초원지대를 건너온 청동기는 기원전 2,000년 무렵에 요하 서쪽 지역에 이르고, 1,500년 무렵에는 만주 지역으로 두루 퍼지며, 비슷한 시기에 한반도 전역에 이릅니다. 사실, 이런 시대 추정은 주먹구구식입니다. 발견되는 유물을 서로 비교하여 연대를 비정하는 방식인데, 정확도가 떨어질 수밖에 없죠. 기원전 1,500~1,000년 무렵에 거의 동시다발로 퍼졌다고 보는 게 이치에 맞을 것입니다.

그런데 묘한 게 있습니다. 『삼국유사』에 따르면, 고조선은 기원전 2,333년에 단군이 아사달에서 나라를 엽니다. 이것이 우리나라의 개천절 기원입니다. 그런데 이때는 석기시대였습니다. 이 지역의 청동기가 가장 빠른 시기라고 해도 기원전 2,000년 전이니, 그 전에 세워진 단군조선은 석기시대에 선 나라죠. 아마도 석기시대에 나라를 세웠다가 청동기를 받아들이면서 지배권에 어떤 변화가 있었을 것입니다.

지금 우리는 '기자'에 관해서 말하는 중입니다. 먼 길을 돌아서 제 자리에 왔습니다. 은나라의 3대 현인 중 한 사람인 기자가 망해버린 자기네 나라를 피하여 조선으로 왔다는 해는 B.C. 1,122년입니다. 이 시기를 청동기 전래 시기인 B.C. 1,500~1,000년과 견주어보면 무언가 뒤통수를 퉁(!) 하고 치지 않나요? 저는 쇠몽둥이로 한 대 맞은 느낌입니다. 아직도 모르겠다고요?

'기자동래설'은 실제로 일어났던 어떤 사실을, 훗날에 만들어진 왕조 사회의 관념인 책봉 관계로 덧씌운 왜곡이라는 말입니다. 1,500년 전 소용돌이치는 동북아시아 정세의 재편과정에서 기자라는 사람이 몇 명을 거느리고서 동쪽으로 왔다고 해서, 거기 살던 사람들이 "옛다, 네가 왕 해라!"면서 양보를 한다는 건 말도 안 되는 발상입니다. 실제로는 모세의 출애굽처럼 벌어진 은나라 세력의 대규모 이탈을 주무왕이 제후로 책봉하였다는 식의 봉건주의 관념으로 덮어씌운 것이 기자동래설이라는 말입니다. 게다가 후대로 오면서 우리 역사에서는 사대주의가 자리 잡은 뒤에 민족의 열등감을 정당화하려고 만들어 낸 수작일 뿐입니다.

그렇지 않다면, 북경 근처와 대릉하, 그리고 요동 기후국이 실제 은나라의 자취라 해도, 나중에 부리야트의 일파인 '기지'와 소리가 비슷하여 그들을 은나라의 후손과 같은 말로 계속 이어 불렀을 수 있습니다. 그리고 은나라는 동이족이었기 때문에 무왕의 정변을 피해 이동한 일군의 정치세력을 이런 식으로 표현했을 수 있습니다. 예컨대, 은나라가 주나라에게 망했을 때, 그곳에 살던 사람들은 선택해야 합니다. 주나라의 통치를 받아들이든지, 아니면 그곳을 떠나든지, 둘 중의 하나입니다. 많은 부족이 새 왕조의 통치를 받아들였겠지만, 그들이 싫어서 떠나는 부족도 있었을 것입니다.

그도 아닌 경우는 그 자리에서 굶어 죽는 것인데, 그게 바로 백이 숙제의 고사죠. 백이 숙제는 훗날의 '충성' 관념을 정당화하기 위하여 주인공이 굶어 죽은 신화로 자리 잡았지만, 실제로 고죽국은 계속해서 동쪽으로 옮겨갔습니다. 수양산→영평부(와 천진)→난하→대릉하→요하→송화강→압록강→대동강. 따라서 고죽국은 실제 백이 숙제의 설화와 달리 주나라의 통치를 거부하고 그곳 땅을 떠난 경우라고 하겠습니다.

그렇게 떠난 세력 중의 또 하나가 바로 '기자' 세력입니다. 이들의 행동이 후대로 내려오면서 기자동래설로 굳은 것입니다. 도망간 쪽이나 그들을 포용하지 못한 쪽이나 모두에게 그럴 듯한 명분을 준 것이 바로 기자동래설이죠. 후대의 유학자들은 그것을 순진하게 믿고 자랑삼아 말한 것이고요. 그것을 현실로 만들기 위하여 평양에다가 기자 묘까지 만들어서 제사를 지냈죠. 유학자들은 은나라 사람 '기자'에게 제사를 지냈겠지만, 실제로 그 제삿밥을 받아먹은 사람은 부리야트의 왕족인 기징가(고죽)였을 것입니다.

그러면 고죽국 세력과 기자 세력이 같으냐 다르냐 하는 것이 문제일 텐데, 정확히는 알 수 없습니다. 언어의 특징으로 보면 같은 세력인데, 고죽이 훨씬 더 작은 세력을 뜻하는 것으로 보입니다. 주나라가 싫어서 떠난 세력 중에서 서로 협력과 경쟁을 되풀이하는 관계였을 것으로 보입니다. "(제환공이) 북쪽으로 산융을 쳐서 영지冷支(부리야트)를 제압하고 고죽(고구려의 우두머리)을 베자 온 오랑캐(九夷)가 비로소 (말을) 들었다."라는 옛 기록을 보면 이런 정황을 알 수 있습니다. 이들의 움직임이 어느 쪽이라고 해도 역사 전체의 흐름은 큰 변화가 없습니다. 사정이 어떻든 그 기자동래설에 서린 뜻은 바로 왕조 교체의 비밀과 시기입니다.

조선은 원래 단군조선이었습니다. 그랬다가 기자조선으로 바뀌었죠. 이 교체기가 기자동래설로 정리된 시기인 B.C. 1,122년이라는 말입니다. 기자동래설이 후대에 만들어진 관념이지만 단군조선이 기자조선으로 바뀐 것은 맞는다는 말입니다. 그렇기에, 기자동래설에서 왕조가 바뀐 시대는 알 수 있지만, 왕조 교체의 원인은 알 수 없습니다. 이제부터는 우리말의 뿌리를 캐는 작업을 통해서 그것을 알아볼 차례입니다.

앞서 잠시 보았듯이 단군조선은 석기시대에 성립한 왕조입니다. 그런데 그 뒤에 청동기시대가 개막됩니다. 청동기는 외래품입니다. 그것을 가져온 세력들이 돌로 무기와 연장을 만들어 쓰던 허약한 세력 밑으로 들어갈 리는 없습니다. 바로 이것이 열쇠입니다. 청동기를 가져온 세력이 새로운 왕이 된 것이고, 그전의 왕은 자리를 내놓게 된 것입니다. 이것이 기자동래설이 알려주는 암시입니다. 이 기자는 은나라의 기자가 아니라, 부리야트의 한 일파인 '기지(kiʒi)족'이죠. 당연히 부리야트를 구성하는 몽골족들은 이들과 한 세력이 되어 조선의 단군 세력을 왕위에서 끌어내린 뒤 스스로 권좌에 올랐을 것입니다.

기자 세력이 몽골어를 썼다면, 한참 뒤에 한 무제의 공격을 받고 동쪽으로 달아난 흉노족들이 역사의 전면에서 갑자기 사라진 이유를 알 수 있을 것입니다. 간단합니다. 터키어를 쓰던 세력들이 몽골어를 쓰는 세력 밑으로 숨은 것입니다. 그리고 몽골어를 쓰는 세력이 바로 기자조선입니다. 초원지대의 터키어를 쓰는 겨레와 몽골어를 쓰는 겨레는 서로 같은 운명체로 생각했던 것이고, 그런 바탕에는 대중국 항전이라는 커다란 정당성이 있었기 때문입니다. 흉노와 조선의 공동 적은 한나라입니다. 그런 점에서 흉노와 조선은 한 몸이나 마찬가지죠. 『한서』의 "동쪽 조선을 정벌하여 현(도)와 낙랑을 일으키니 이로써 흉노의 왼팔을 잘랐다.(東伐朝鮮 起玄樂浪 以斷匈奴之左臂)"를 보면 분명합니다.

터키어를 쓰던 흉노족들이 중국의 연이은 파상공격으로 초원의 근거지를 잃게 되자, 같은 공동운명체 국가가 다스리는 조선의 세력 속으로 자연스럽게 스며든 것입니다. 초원지대의 겨레들에게는 어떤 언어를 쓰든 중국과는 문화도 삶의 방식도 뿌리도 다른 그들만의 공통성과 호환성이 있었던 것이죠. 이에 따라 흉노라는 큰 나라를 이루었던 터키어 쓰는 사람들은 한나라의 예봉을 피해 몽골어를 쓰는 '조선'의 지배층 밑으로 스며들어 살기를 꾀한 것입니다.

이런 사정을 감안하면 우리 역사에서 난제였던 백제의 문제, 즉 요동경략설이라는 어거지 해석도 쉽게 풀립니다. 사마광이 『자치통감』에서 "영명 6년(488) 12월, 북위가 병력을 보내 백제를 공격하였으나, 백제에게 졌다. 백제는 진나라 때부터 요서와 진평의 서쪽 두 현을 차지했다."라고 했는데, 역사학계에서는 이 백제를 요동 경략설로 설명해왔습니다. 즉 한반도 안의 백제가 국력을 키워서 요동 반도로 진출하여 빼앗은 영토라는 식이죠. 그리고 그 이상의 설명도 없이 요동 경략설은 흐지부지 끝납니다.

　그러나 단군조선의 왕좌를 빼앗은 세력이 부리야트의 일파인 기지족임을 받아들인다면 이 문제는 어렵지 않게 풀 수 있습니다. 바이칼호숫가의 초원지대에 살던 기지족이 어떤 연유로(청동기 전파과정으로 판단됨.) 기원전 1,200년경에 단군조선이 있던 만리장성과 요하 서쪽의 사이(난하 유역)로 이동했고, 중국의 공격을 받는 처지에 놓인 단군조선의 혼란을 틈타 왕위를 넘겨받음으로써 기자조선을 열었고, 이후 세력을 장성 밖으로 확장하는 중국에 다시 밀려 동쪽으로 이동하기 시작한 것입니다. 기자조선도 나중에는 난하灤河나 대릉하, 요하 언저리로 밀려났다가 점차 더 동쪽으로 옮기는데, 그 밑에 있던 고리족 일파가 고구려 세력을 따라 송화강과 압록강 근처로 와서 고구려를 세웠고, 이들 중 일부(구다라)가 다시 남쪽으로 더 내려와 한강에서 백제를 세웁니다.

　만약에 은나라 기자동래설을 이용하면 고조선의 도읍 이동 문제는 훨씬 더 쉽게 해결됩니다. 지금 천진시의 중산국, 산동성의 기후국, 요녕성의 기후명 청동기가 기자의 이동을 보여줄 만한 고고학 자료입니다. 이런 이동 과정은 아사달, 금미달(신시), 장당경으로 이어지는 고조선의 도읍과 비슷합니다. 중국 측이든 한국 측이든 기자동래설에 무게를 실으려는 모든 시도는 덩달아 고조선 전체의 상황을 입증하게 된다는 사실을 눈여겨보아야 합니다. 어쨌거나 기자동래설은 그것의 사실 여부와 상관없이 고조선의 실체를 더욱 드러내는 증거로 작용한다는 점에서 이 사건을 바라보는 사람에게 즐거움을 선사합니다.

　여기서 한 가지 양해를 구할 일이 있습니다. 저는 역사학자가 아닙니다. 제가 아는 역사 지식은 1970년대에 교과서에서 배운 것이 전부입니다. 그러니 이 청동기 전래과정은 그때의 기억이고, 그 후의 연구를 통해 바뀐 내용을 바탕으로 저를 질타하면 안 된다는 얘기를 하는 것입니다. 예컨대 바이칼에 있는 부리야트족이 서쪽으로 와서 중국의 경계선에 살았다고 제가 방금 설명했는데, 그 반대로 봐도 된다는 말입니다. 원래 그곳에 살던 사람들이 쫓겨서 나중에 바이칼 근처로 와서 정착했다고 봐도 된다는 거죠. 어느 쪽이 정답인지는 역사학도가 아닌 저로서는 알 수 없습니다. 다만 언어가 알려주는 방향을 따라서 설명할 뿐입니다.

이 무렵 중국의 공격도 심해져서 조선은 더욱더 동쪽으로 밀리다가 맨 나중에는 요하(패수) 동쪽까지 밀려와서 결국은 한 무제의 공격으로 망합니다. 이때에도 고구려의 서쪽, 그러니까 옛날의 기자조선 강역에는 그곳을 떠나지 않은 부리야트 세력이 있었고, 그들은 여전히 중국과는 갈등과 협력을 이어가며 백제가 한반도 안에서 번듯한 나라를 세운 뒤에도 요서와 진평의 서쪽 두 현을 차지한 채 강력한 독자 세력으로 존재했던 것입니다. 하지만 중국으로 귀속되기를 거부한 이들 세력은 고구려와 중국 사이에서 고단한 싸움을 해야 할 운명이었고, 결국 이 싸움을 더는 감당할 수 없을 상황에 이르렀을 때 한반도에 있던 같은 겨레에게 의탁하기 위하여 민족의 대이동을 감행합니다. 이것이 중국 땅에서 『자치통감』의 기록까지 건재했던 백제가 갑자기 사라진 이유입니다.

일찌감치 한반도로 이동하여 백제를 세운 부리야트 인들은 뒤늦게 전란을 피해서 밀려드는 자신의 혈족들을 굳이 거부할 이유가 없었습니다. 그러잖아도 피지배층보다 인구가 현저히 모자라서 위태했던 데다, 고구려나 신라와도 점차 틈이 벌어지던 차에, 강력한 전투력과 풍부한 전쟁 경험을 지닌 이들의 합류는 오히려 자신들의 지배력을 공고히 할 기회가 되었기 때문입니다. 이것이 백제가 갑자기 강성해져서 고구려와 신라를 압도하게 된 까닭입니다. 이들의 합류로 전투력이 극대화된 백제는 최고의 전성기를 맞습니다.

이런 상황은 신라나 고구려라고 해서 다르지 않았을 것입니다. 고조선의 옛 강역인 만리장성과 요하 사이 넓은 지역에는 고조선에 예속되었던 수많은 동이족과 흉노족이 있었고, 이들은 고조선의 이동에 따라 합류와 이탈을 되풀이하며 근거지를 옮깁니다. 그 근거지의 끝자락은 한반도 안쪽이지만, 그 중간 자락은 결코 한반도가 아니라 만리장성과 요하 사이의 너른 지역입니다. 이들은 중국에 밀려 서서히 요하의 서쪽에서 동쪽으로 이동했다가 결국은 한반도 안의 자기 혈족을 찾아서 스며듭니다. 한반도에 많은 왕조를 세우며 강력한 세력으로 등장한 몽골족들은 지금의 중국 영토인 요하 지역을 거쳐서 들어온 것입니다.

여기에 마침표를 찍은 것이 바로 한 무제의 흉노정벌로 일어난 연쇄 파동이었습니다. 북부 초원지대를 떠난 흉노족의 일부가 동쪽으로 밀려와서 중국의 대항마이던 고조선으로 합류하면서 정세는 더욱더 어지럽고 급격하게 진행된 것입니다. 무제의 흉노정벌이 일으킨 여파는 동북아 지역에 삼국시대를 열면서 어느 정도 정리됩니다. 물론 백제의 요동 경략설이 일어나는 시기까지도 이 여파는 계속됩니다만, 삼국의 정세가 솥발처럼 선 뒤에는 그런 세력 균형을 유지하는 쪽으로 모든 사태가 정리됩니다.

한때 국수주의 역사학자들이 별자리 관측을 근거로 삼국은 중국에 있었다고 주장한 적이 있는데, 굳이 그런 새 증거자료가 아니라도 우리 민족의 중국사 강역 내 활동은 어원학을 통해 얼마든지 입증할 수 있습니다. 그런 동떨어진 한두 가지 자료로 삼국을 중국 내류으로 몽땅 옮겨놓으면, 사료 해석은 또 다른 난관에 봉착합니다. 한반도에 남은 백제와 신라의 유적은 어떻게 설명할 겁니까? 압록강 집안과 평양의 고구려 고분벽화는요? 그러면 경주에 있는 수많은 왕릉은 가짜라는 말입니까? 제가 이렇게 물었더니 어떤 분은 가짜라고 단호하게 말하더군요. 기가 찰 노릇입니다. 국수주의 역사학이 망할수밖에 없는 이유를 저는 이런 데서 봅니다. 더는 논리가 필요 없는지경에 이릅니다. 신념만 남은 학문은 종교에 지나지 않습니다.

종교는 믿음이지 학문이 아닙니다. 역사는 믿음이 아니라 사실을추적하는 학문입니다. 이런 까닭으로 저는 근대에 쏟아져나온 대종교나 단군교 쪽의 역사자료를 믿지 않습니다. 종교사의 자료는 역사자료로 채택하기에는 너무나 위험합니다. 대야발이 썼다는 『단기고사』에 단재 신채호가 서문을 썼다는데, 저는 그것도 믿지 못하겠습니다. 굳이 그런 허접한 자료를 믿지 않아도 얼마든지 역사를 새로 서술할수 있습니다. 지금 이 글을 읽는 분들이라면 제 말이 헛소리가 아니라는 점을 실감하고 계실 겁니다. 저는 지금 역사학에서 거들떠보지도않는 언어학을 통해 고대사를 다시 쓰는 중입니다. 역겹더라도 손해볼 일은 없을 것이니, 조금만 더 참아 주시기 바랍니다. 하하하.

굳이 이런 위험한 '새 자료'를 참고하지 않아도 우리에게 벌써'주어진 자료'만 갖고도 얼마든지 이런 변화를 추적할 수 있습니다. 예맥족의 이동을 엄밀하게 추적한 재불 역사학자 이옥의 『고구려 민족형성과 사회』를 보면 이런 성과를 확인할 수 있습니다. 이 책에서는 예맥족의 이동을 기존의 역사서만으로 추적하여 잘 정리하였습니다.

게다가, 앞서 부리야트 족의 세 방언을 볼 때 '예'와 '맥'도 대조해볼 수 있습니다. 부리야트 방언은 모두 세 갈래입니다. 'qori(xori), qudara(xudara), Bargu3in'이죠. 예濊는 '더러울 예' 자입니다. '더러'는 '구다라(qudara=xudara)'의 '다라'와 비슷합니다. '구(qu)'는 나중에 'xu'로도 발음되어 흐지부지되다가 발음에서 생략되기 일쑤입니다. 그러면 더욱 '다라'와 가까워지죠. 맥貊은 '북방종족 이름 맥' 자여서 더욱더 의미심장합니다. '맥'과 'Bargu3in'은 아주 비슷합니다. 'Bargu3in'은 '발'과 '진' 2가지로 표기될 수 있습니다. '진'은 '眞, 辰, 震' 같은 한자로 나타납니다. 반면에'발'은 앞뒤 맥락을 잘 살펴서 판단해야 합니다. '부리야트'도 가끔 그렇게 쓰기 때문입니다. '不耐, 夫里, 扶餘'는 부리야트를 적은 게 분명합니다. 이 연장선에서 보면 '불'도 그럴 수 있습니다.

'발조선'의 '발發'은 부리야트인지 발구진인지 정확히 알 수 없습니다. 조선 전체를 대표한다는 점에서는 부리야트를 적은 것을 보입니다. 만약에 이렇게 적은 것이라면 그 전의 단군조선과 구분하려고 기자조선을 적은 것일 수 있습니다. 아니면 동호조선이나 예맥조선과 구분하려고 그렇게 표현했을 수도 있습니다. 아무튼 문맥을 봐서 잘 판단해야 합니다.

고구려를 이루는 주 민족이 예맥족이라는 것은 중국 기록에서도 아주 잘 알 수 있는 일인데, 이들의 이름이 부리야트 방언과 일치를 보인다는 것은 아주 중요한 사실입니다. 기자(ki3i), (구)다라(qudara, 濊), 발구진(밝, Bargu3in, 貊), 고리(qori, 稾離). 우리 역사에서 지금까지 숱하게 보아온 말들입니다. 우리가 이런 자명한 사실을 굳이 부인하면서 중국의 역사 기록과 말 못 하는 무덤 속만을 들여다봐야 할까요? 제가 언어를 연구하는 사람이라서 그런지 모르겠으나, 언어야말로 가장 확실한 고고학 자료입니다. 언어는 뇌의 역사 박물관이죠. 고고학자들이 왜 언어를 고고학에서 빼놓는지 그것을 저는 잘 모르겠습니다.

그렇다면 기자 족에게 왕위를 빼앗긴 단군은 어떤 말을 쓰는 부족이었을까요? 단군은 몽골어를 쓰지는 않았을 것입니다. 단군이 몽골어를 썼다면, 같은 말을 쓰는 부족에게 밀려났을 리는 없을 것입니다. 설령 밀려났다고 하더라도 같은 말을 썼으면 나라 이름까지 바꿀 필요는 없었을 것입니다. 굳이 '기자조선'으로 이름을 바꿀 필요 없이 '단군조선'이라고 불렀을 것이라는 말이죠. 이런 정황으로 보아 단군조선의 지배층은 몽골어가 아닌 다른 말을 썼을 것입니다. 어떤 말을 썼을까요? 단군신화와 관련된 말들을 분석해보면 단군은 퉁구스어를 썼습니다. 퉁구스어는 만주어 즉 여진족의 옛 언어를 말합니다.

단군신화를 보면 환웅은 하느님 환인의 서자였습니다. 신화가 아니고 현실이라고 본다면 '서자'란 본국을 떠나서 신천지를 떠도는 존재의 성격이었다는 말입니다. 떠돌이 부족 환웅이 웅녀와 혼인하는데, 웅녀를 곰으로 보는 것은 민간어원설, 또는 통속어원설에 불과합니다. 터키어로 '첩, 후실'은 'koma'이고, 몽골어로 'qomsa'는 '작다'이며, 만주어로 'kamso'는 '작다'입니다. 결혼할 때 정실에 견주면 이 수식어는 후실, 즉 첩을 말하는 것입니다. 따라서 '곰'은 '첩, 후실'이라는 뜻으로 볼 수 있습니다. 우리가 아이들을 말하는 '꼬마'는 바로 몽골어와 만주어에서 온 말임을 알 수 있죠. '곰'은 이런 표현을 말합니다.

　우리말에서 이 말의 자취를 찾아보면 '곰배님배, (배)고물'에 있습니다. '곰'은 우리말에서도 뒤를 뜻하는 말입니다. 이로 보아 곰으로 표현된 여인은 북방 출신이었을 것입니다. 결혼해서 자식까지 둔 고주몽이 낯선 곳에 와서 이미 아들이 둘이나 있던 소서노를 만나 결혼으로 새로운 왕조를 열었듯이, 끝없이 초원지대를 떠돌던 단군도 그런 식으로 외부의 토박이 부족 여인을 만나서 결혼했고, 그것을 토대로 하여 왕조를 열었을 것입니다. 이것이 곰 토템과 결합하며 동물이 사람으로 바뀌는 신화의 형태로 자리 잡은 것입니다.

　'단군'을 보면 퉁구스어의 자취가 더욱 확실해집니다. 만주어로 존장자는 'dangga'이고, 올차어로는 'danggi'이며, 길약어로 귀인이나 고관은 'dʒangki'입니다. 단군은 존장자를 뜻하는 말임을 알 수 있습니다. 이것은 단군을 음차로 보는 관점인데 만약에 뜻을 적은 훈차로 본다면 '단군'은 '박달-가간'이 될 것입니다. 박달은 겨레를 뜻하는 말이고, '가간, 간, 칸'은 동북아시아에서 공통으로 왕을 가리키던 말입니다. 한 가지 말에 이렇게 많은 뜻이 담긴 것은, 한 소리를 여러 겨레가 각기 다른 뜻으로 받아들이기 때문입니다. 그것도 오랜 세월에 걸쳐 쓰다 보면 여러 가지 뜻과 소리가 거기에 맞춰 익숙해집니다. 그래서 '단군'이라는 말을 어느 한 가지 뜻으로 확정하기 어려운 것입니다. 우리는 무려 2,000년 전에 쓰인 말의 뜻을 탐구하는 중입니다.

　단군이 살던 곳이 '신단수神壇樹, 단수檀樹, 백악白岳'인데, 이게 모두 같은 말을 달리 적은 것입니다. '백악'은 '박달'의 표기임이 한눈에 들어옵니다. '白山'이라고도 표기되는데, 동북아 여러 민족의 말에서 '달'은 모두 산을 뜻하는 말이고, 우리말에서도 '양달, 음달'에서 보듯이 자취가 또렷합니다.

단군과 연관된 뜻으로 우리나라를 가리키는 말에 '진단震檀'이 있습니다. 1934년에 결성된 역사학회 이름이 '진단학회'였는데 바로 이 '진단'입니다. 이것은 동방의 단군 나라라는 뜻입니다. 이것은 박달(檀)이 불교의식에 쓰이는 향목이어서 범어로 'caṇḍana'라고 하는데, 이것을 한자로 적은 것입니다. 진단震檀이라고도 적고 신단神檀이라고도 적습니다. 따라서 '神檀'이나 '檀'은 모두 '박달'을 적은 것입니다.

이 글을 쓰는 중에 저에게 활을 배운 사람 중에 산스크리트어 전문가가 있어서 이에 대해 물어보았습니다. 안필섭 접장의 설명을 들으니 번역상의 문제가 약간 나타나네요. 그에 대한 보충 설명을 덧붙입니다. 즉, caṇḍana와 박달나무는 조금 다른 것이랍니다. caṇḍana는 영어로 sandalwood인데 단향과 식물이고, 박달나무는 자작나무과 식물로 서로 성질이 다릅니다. 박달나무는 인도에 없는 나무이고, 샌달우드는 동북아시아에서 자라지 않습니다. 아마도 명칭의 발음이 비슷하여 같은 한자인 檀을 사용한 것으로 보입니다.

'신단수神壇樹'라고 할 때 뒤에 붙은 수樹는 나무의 뜻이 아니라 마을이나 성을 뜻하는 말입니다. 몽골어로 '마을'은 'küi'이고, 일본어로 '성城'은 'ki'이고, 터키어로 '마을(村)'은 'köv'이며, 백제어로 마을이나 성은 'kü'입니다. 따라서 '樹'는 나무가 아니라 마을을 뜻하는 표기임을 알 수 있습니다. '신단수'나 '단수'는 모두 '박달성' 또는 '박달촌'을 적은 말입니다.

다음으로 한국 고대사에서 가장 많이 만나는 말인 '평양'에 대해 알아보겠습니다. 옛날에는 '평양平壤'에 대한 한자 기록이 여럿이었습니다. 가장 먼저 평양을 '백악白岳'이라고 했습니다. '白岳'은 '밝달'의 번역어죠. 평양은 '박달'이었다는 말입니다.『삼국사기』지리지에서는 평양을 '양주楊州, 류경柳京'이라고도 했습니다. 楊과 柳는 모두 '버들'을 뜻하는 말입니다. '박달'과 발음이 거의 같죠. 그래서 우리를 '배달민족'이라고 합니다. '배달, 버들, 박달' 모두 같은 말입니다. 같은 지리지에 보면 이런 구절이 나옵니다.

"白烏縣元高句麗郁烏縣今平昌縣：北原京本高句麗平原郡"

여기서 보면 '白(pak)＝北(pək)＝平'이 짝을 이루었습니다. 만주어로 '平'은 'balha'여서 나머지와 거의 같은 소리를 내기에 이렇게 대조시킨 것입니다. '평양'의 '평'은 '박'이고, '양'은 '달'입니다. 알타이어(만주, 몽골, 터키)에서 '달'은 모두 너른 들판을 가리키는 말입니다. '평양'이 '박달'임은 의심의 여지가 없습니다.

그런데 이들 퉁구스의 말이 지배층에서 밀려남에 따라 나중에는 몽골어로 대체됩니다. 평양은 '박달'인데, 이것을 대체한 몽골어가 바로 낙랑樂浪입니다. 몽골어로 '즐거움, 기쁨'은 'baxadal'인데, 이것을 뜻으로 번역하여 '樂浪'이라고 한 것입니다. 樂은 '즐거울 락' 자죠. 浪은 끝소리(ㄹ) 첨가 현상입니다. 이런 현상은 신라에서도 한바탕 소란을 일으켰습니다.『고려사』지리지를 보면 원래 경주의 계림은 '樂浪'이었습니다. 박 씨 왕조가 석탈해와 김알지 연합 세력에게 밀리면서 '서라벌, 사로'로 바뀐 것입니다. 몽골족들은 '樂浪'이라고 쓰고, '박달'이라고 읽은 것입니다. 경주가 박혁거세의 본거지인데 거기서 몽골족의 자취를 확인할 수 있는 것은, 이 연재의 맨 앞에서 본 '금성金城'에서도 볼 수 있죠. 경주에 살던 사람들은 한 부족이 아니라 여러 혈통이었음을 보여주는 증거입니다.

'왕검王儉'은 통치자를 뜻하는 말인데, 만주어로 '임, 임자'는 'niŋgu'이고, '왕, 신'은 'kum'이어서, 임금이라는 뜻입니다. 반면에 '왕험성王險城'은 왕의 도시를 뜻하는 말입니다. 만주어로 서울(도읍)을 'gemun'이라고 하는데, 이것이 앞부분 'gem'이 '險'으로 적힌 것입니다. 물론 'un'은 생략되었죠. 향찰표기서는 자주 일어나는 현상입니다. 따라서 왕험성은 님(王)이 사는 도읍(gemun), 즉 수도를 뜻합니다. 『만주원류고』에서는 격문格們이라고 적었죠.

왕험성이 있는 도읍의 이름은 아사달阿斯達입니다. 만주어로 궁궐이나 누각을 'asari'라고 합니다. '아사달'은 왕궁이 있는 도시라는 뜻입니다. '금미달'도 아사달과 똑같죠. 금미달의 '금미'는 'gemun'의 표기로 봐도 되고, 신을 뜻하는 우리말 '곰'의 표기로 봐도 됩니다. 아사달은 왕궁이 있는 도시라는 뜻이고, 금미달은 왕이 사는 도시를 말합니다. 범어로 박달나무는 'caŋdana'인데, 여기에 도시를 뜻하는 'gemun'이 붙어서 장당경藏唐京이 됩니다. 진단震檀이라는 범어에서 보듯이 『삼국유사』의 지은이 일연이 중이니, 충분히 범어로 적을 수 있는 일입니다.

이상을 종합하면 퉁구스어를 쓰던 사람들은 '조선'이라는 나라를 세워서 단군(박달가간, 당긴)을 왕으로 모시고 '아사달, 금미달, 장당경'으로 표기되는 왕성에서 살면서 조상신으로 환인을 섬기는데, 그들의 수도인 박달(평양)은 이들의 이동에 따라 몇 차례 옮겨갑니다. 그것이 단군신화에 나타난 여러 이름씨의 상황입니다. 단군조선의 주인공들은 퉁구스어를 썼음이 드러납니다.

기자조선과 단군조선의 지배층은 서로 다른 말을 쓰는 겨레였고, 원래 다민족 연맹체의 초기 단계 국가였던 고조선은, 석기시대에 처음 세워진 나라였습니다. 오늘날 중국 동북부에서 발굴되는 정체를 알 수 없는, 중원의 문명보다 훨씬 더 시대를 앞서는 거대한 석기시대 왕릉은 단군조선이 남긴 자취입니다. 그러던 중에 청동기를 갖춘 북방의 몽골족인 부리야트 기자족이 밀려들면서 그들 청동기의 세력에게 석기시대에 머물던 단군족이 밀려난 것입니다. 이것이 바로 '기자동래설'이 암시해주는 고조선 사회의 대격동입니다.

오늘날에도 만주 쪽에서 중국으로 들어가는 길목은 그 유명한 산해관山海關입니다. 중국 지도는 전체를 보면 닭처럼 닮았는데, 이 산해관은 닭의 목구멍에 해당하는 곳입니다. 이곳은 안에서 열어주기 전에는 어떤 세력도 강제로 열 수 없습니다. 그만큼 험합니다. 수레 하나가 겨우 빠져나갈 수 있는 정도의 너비가 골짜기를 따라서 길게 이어집니다. 청나라가 중국으로 들어갈 때도 스스로 열지 못하고 부패한 정부 관료를 뇌물로 움직여서 산해관 수문장을 역적으로 만들어 스스로 문을 열도록 하는 방법을 써서 장성을 넘어갔습니다. 그만큼 성도 길목도 공고합니다.

이곳을 여는 민족이 중국 중원의 주인이 됩니다. 이 산해관의 바깥에 중원보다 더 큰 거대한 문명이 있었고, 그 문명의 자취는 1980년대 들어서 하나씩 발굴되는 중입니다. 물론 중국 측에서 발굴하면서도 일체 입을 닫고 있죠. 이들의 존재는 진시황이 만리장성을 쌓아서 막으려 했던 어떤 세력이고, 그들이 북방의 흉노족이 아니었다면 오직 고조선밖에 없습니다. 현재는 홍산紅山 문화유적이라고 하여 아직도 발굴 중입니다.

조금 빗나가는 얘기이기는 하지만, 이 산해관이 바로 위만조선의 위치를 입증해주는 증거이기도 합니다. 『사기』에 보면 "진번의 주위 여러 나라들이 글을 올려 황제를 뵙고자 하면 가로막고 통하지 못하게 하였다."고 나옵니다. 이것이 위만조선을 정벌하는 주요 명분이 되죠. 요동태수가 대신한 황제로부터 위만조선이 이런 지적을 받은 것 자체가 위만조선의 위치를 말해줍니다. 중국의 동북쪽에서 중국으로 들어가는 관문 중에서 가장 험한 곳은 산해관山海關입니다. 이곳은 일개 중대가 지키기만 해도 백만대군을 물리칠 수 있는 곳입니다. 지형이 험해서 대문만 닫아걸면 개미 새끼 한 마리 통과할 수 없습니다. 중국이 만리장성을 이곳에서 시작한 이유도 이것입니다. 우리가 입만 열면 말하는 그 유명한 갈석산은, 이곳 산해관에서 버스로 15분 거리에 있습니다.

만약에 위만조선이 대릉하나 요동에 있었다면, 다른 겨레들이 중국 황제에게 알현을 가는데 꼭 위만에게 허락받을 필요가 없습니다. 위만이 길을 막고 통행세를 요구하면 다른 먼 길로 돌아가면 됩니다. 목포 가는 길은 하나만 있는 게 아닙니다. 서해안 고속도로도 있고, 경부 호남 고속도로도 있으며, 남해안 고속도로도 있고, 국도도 있고, 뱃길도 있습니다. 이 많은 길을 위만이 무슨 수로 막는다는 말입니까? 중국으로 들어가는 길을 막을 수 있는 곳은 산해관뿐입니다. 위만이 바로 그곳과 맞닿은 조선 쪽 변경을 차지했다는 증거입니다. 그렇지만 한국 역사학계가 하도 강한 주장을 하시니 일단 그 말씀대로 계속 따라가 보겠습니다.

이 조선을 단군이 다스리던 것이었는데, 청동기시대의 개막으로 새로운 문물을 빨리 받아들인 북방 유목민족 중 바이칼호숫가의 몽골족 일파가 왕성 아사달로 쳐들어가 퉁구스어를 쓰던 단군 세력을 끌어내리면서 세대교체를 이루어 기자조선의 시대를 열었고(B.C.

1,122년), 이후 기자조선의 기치 아래 여러 세력이 모이고 흩어지기를 되풀이하다가, 한나라의 잦은 공격으로 망할 위기에 처한 기자조선을 위만이 다시 한번 찬탈하여 위만조선이 열립니다. 위만에게 밀린 기자조선 세력은 더 남쪽으로 내려가 삼한을 세우죠. 나중에는 위만도 무제의 공격으로 망하고, 그 자리에 한사군이 설치되면서 삼국시대가 개막됩니다. 이것이 어원을 통해서 훑어본 동북아시아의 고대사 상황입니다.

이처럼 한 왕조 안의 왕실 세력 교체 현상은 앞서도 몇 차례 알아본 적이 있어서 우리에게는 벌써 익숙합니다. 부여가 고구려로 재편되는 과정에서도 겪었고, 백제가 비류 백제에서 온조 백제로 바뀌는 과정에서도 한 번 구경했습니다. 왕실 내부의 갈등이기에 기록에는 아주 간단하게 등장하지만, 그 내면을 들여다보면 복잡한 정치 세력의 암투를 엿볼 수 있습니다.

이상은 석기시대의 왕조가 청동기시대의 왕조로 바뀌는 과정을 설명한 것인데, 왕위를 빼앗은 것처럼 묘사되었습니다. 한쪽에서 다른 쪽을 찍어눌러서 뺏는 것이라면 나라 이름 자체가 바뀌었어야 합니다. 그러나 '조선'은 그대로 두고 앞의 말만 바뀌었습니다. 이것은 시대의 변화에 따른 불가항력에 의한 결과이지만, 양측이 어떤 합의를 전제로 해서 이루어졌음을 암시합니다. 그 시대의 합의는 대개 혼인을 매개로 해서 이루어집니다. 그렇다면 혼인으로 왕권을 교체했다는 얘기가 됩니다. 이런 과정이 단군신화 속에도 나타납니다.

신화는 시간을 압축한 문학 표현 방법입니다. 환인의 아들 환웅은 땅에 내려와서 곰과 호랑이를 만나죠. 이들에게 쑥과 마늘을 주어서 시험합니다. 결과는 곰의 승리. 그래서 곰과 결혼합니다. 이것은 조선이 '하늘'을 숭배하는 겨레이지만, 그 밑에서는 부족마다 토테미즘을 믿었다는 얘기이고, 천신족인 환웅이 토테미즘 신앙을 지닌 두 부족 중에서 곰 토템을 믿는 부족을 선택했다는 얘기입니다.

앞서 보았듯이 단군은 퉁구스어를 쓰던 부족이었습니다. 기자는 몽골어를 썼죠. 기자조선의 지배층은 몽골어를 썼으므로, 곰과 호랑이 토템을 지닌 부족은 둘 다 몽골어를 썼을 것입니다. 몽골어를 썼지만 토템은 다른 겨레, 이 겨레를 찾으면 단군의 왕위를 차지한 겨레를 알 수 있을 것입니다. 중국의 사서에서 동이전을 살펴보면 이에 대한 묘사가 나옵니다. 먼저 호랑이를 신으로 모신 부족은 '무천'이라는 제천행사를 하는 예(濊)입니다. 곰을 신으로 떠받드는 부족은 고구려입니다. 동맹이라는 행사를 할 때 수신隧神을 모셔오죠. 이 수신이 조상신이자 곰신입니다.

이렇게 보면 퉁구스어를 쓰던 단군은, 자신의 휘하에 있는 청동기 부족 중에서 예족과 고리족을 두고 고민하다가 고리족을 택했다는 뜻입니다. 이들이 나중에 고구려가 됩니다. 고리족 안에도 '기자'족이 있는데, 이들이 실제 단군의 왕위를 차지한 것입니다. 이 기자를 중심으로 대중국 항전을 이어갈 내부 정비를 마친 것이죠. 그리고 이제부터 중국과 조선은 동북아시아의 패권을 놓고 한판 운명의 대결을 벌입니다. 이것이 단군신화의 혼인 이야기가 알려주는 고급 정보입니다. 역사학자들은 도저히 알 수 없는, 문학도만이 알 수 있는 비밀이죠. 그래서 저는 문학을 좋아합니다.

동양의 역사 서술에서 원래 지금의 임금에 대한 이름은 없습니다. 그냥 '천자'일 뿐입니다. 지금의 임금이 죽고 나면 비로소 그 임금의 한 삶을 평가하여 다음 대에서 이름을 붙이고 '존호'를 올립니다. 우리가 아는 역사의 모든 임금이, 그들 자신은 살아생전에 듣지도 못하던 이름입니다.

그런데 지금 우리가 하는 이야기의 한 복판에서 가장 자주 말밥에 오르는 인물이 바로 한나라 무제武帝입니다. 무武는 무기라는 뜻입니다. 그러니 '무제'란 무기를 든 황제라는 뜻이죠. 도대체 얼마나 많은 전쟁을 치렀기에 이런 이름이 다 붙었을까요? 그것은 지금까지 우리가 익히 보아온 바 그대로입니다. 무제는 북방의 흉노족을 쳐서 중국의 후환거리를 없앴습니다. 살아생전에 평생토록 전쟁만 하다 죽은 황제입니다. 그래서 무제라는 이름이 붙었고, 이후 동양의 역사에서는 왕조마다 이렇게 전쟁을 통해 나라의 기틀을 잡은 임금에게 예외 없이 '무'라는 존호를 올렸습니다. 중국의 각 왕조에 붙은 '무제'라는 이름의 황제를 잘 살펴보면 모두 그에 걸맞은 행적을 보입니다.

그런데 이상한 게 하나 있습니다. 무제가 북방의 흉노족을 친 것은, 십분 이해가 갑니다. 매년 어마어마한 양의 공물을 바쳐야 하고, 심지어 사람까지도 뽑아서 보내야 하니, 불구대천의 원수가 따로 없을 것입니다. 왕소군의 슬픈 이야기도 이런 상황에서 나온 것이고, 왕소군의 이야기를 들으면서 중국의 백성들은 이를 뿌득뿌득 갈았을 것입니다. 그런 상황에서 황제가 흉노족을 친다고 하니, 백성들이 모두 일어나 황제를 찬양할 일이었던 것이죠.

하지만 전쟁은 돈이 드는 일입니다. 흉노족과 한판 싸움에서 국고가 바닥나서 결국 얼마 가지 못하고 왕망에게 나라가 망합니다. 흉노를 친 명장 곽거병, 나라 이름까지 신新으로 바꾼 왕망에게 역적으로 몰려 온 가문이 몰살당하고 여자들은 노비가 되어 뿔뿔이 흩어지죠. 얼마 안 되어 왕망이 망하고 우리에게 익숙한 광무제의 후한 시대가 전개됩니다. 하지만 국고가 바닥난 상태에서 다시 한번 조선과 한판 전쟁을 추진하는 무제의 이 무리수는 언뜻 이해가 잘 안 되는 측면이 있습니다. 흉노를 치고 말면 끝날 텐데, 뒤이어 조선을 친 까닭은 무엇이었을까요?

한 무제에게는 반드시 그럴 만한 까닭이 있었습니다. 뭐냐면, 흉노의 황제인 선우와 좌현왕은 유럽 쪽으로 도망가서 게르만 민족의 대이동을 촉발했지만, 동쪽으로 간 우현왕과 이를 따르는 흉노족들은 자신과 목적이 같은 공동운명체 기자조선의 밑으로 흘러든 것입니다. 만약에 무제가 흉노 정벌을 여기서 멈추면 기자조선의 밑으로 흘러들었던 흉노족들은 금세 초원지대로 돌아와서 중국의 변방을 노략질하는 일을 되풀이할 것입니다.

무제가 보건대, 흉노의 근거지를 소탕하여 일단 중국의 안녕을 얻었지만, 불씨는 여전히 남은 것입니다. 잠시 후에 오히려 그 불씨는 그 전보다 훨씬 더 드센 기세로 초원 가득 타오를 것입니다. 그 불꽃이 마지막으로 겨눌 곳은 중국입니다. 한 번 칼을 뽑아든 무제로서는 이를 두고 볼 수가 없죠. 그래서 결국 삶의 막바지에 한 번 더 전쟁을 일으킵니다. 그것이 조선 정벌입니다. 조선 내부의 반란과 분열로 조선은 결국 망하고 맙니다.

망할 무렵의 위만조선에서 쓰던 벼슬 이름이 보입니다. 니계상尼谿相과 조선상朝鮮相입니다. 조선상은 쉽게 추측할 수 있습니다. '상'은 '재상'의 뜻이니, 조선을 다스리는 벼슬아치를 말합니다. 위만조선이 기자조선을 접수한 왕조이니, 새 왕조에 소속된 사람(터키어를 쓰는 사람들)을 총괄하는 벼슬을 둔 것이라고 봐야겠죠. 그렇다면 니계상은 조선이 아닌 다른 겨레들을 통솔하는 벼슬아치였을 것입니다. 이 니계라는 이름은 『사기』 공자세가에도 나옵니다. 공자가 35살 때 제나라에 갔는데, 경공이 '니계(尼谿)의 전田'에 봉하려고 했는데, 안영이 반대하여 이루어지지 못했다고 썼습니다. 니계(尼谿)는 고조선에서만 쓰는 말이 아니었던 것입니다.

尼는 중을 뜻하는데, 터키어로 'sör'입니다. '계'는 'ge'의 향찰식 기록입니다. 합하면 'sörge'. '고려'는 몽골이로 'solgo'이고, 만주어로는 'solho'입니다. 이로 볼 때 니계상은 몽골족(기자조선의 유민)과 퉁구스족(단군조선의 유민)을 총괄하던 벼슬입니다. 예상대로 위만의 손자 우거는 니계상의 반란으로 죽습니다. 그 전의 기자조선을 따르던 세력들이 위만조선의 통치에서 벗어난 것이죠. 이 때문에 이어진 내분으로 위만조선이 망합니다. 공자 세가에 나오는 니계도 마찬가지로 북방 민족이 중국으로 흘러든 자취입니다.

신라 문무왕비에 신라 왕실의 연원을 밝힌 구절이 있습니다. '秺侯祭天之胤'이 그것입니다. 투후 김일제金日磾의 후예라는 뜻인데, 김일제는 흉노 휴도왕休屠王의 아들이었습니다. 무제의 흉노 정벌 때 곽거병에게 붙잡혀온 14살짜리 어린 포로였는데, 무제가 아낀 인물로 나중에는 자신의 사후까지 부탁할 정도로 인품이 훌륭한 인물이었습니다. 이 비석의 내용은 신라 왕실의 김 씨가 터키족임을 확인할 수 있는 일입니다. 지금까지 제가 설명해온 사실과 일치합니다.

김일제에 대한 자료를 찾느라고 인터넷을 뒤져보니, 역시 인터넷에서도 이런 기록을 놓고 왈가왈부 말이 많았더군요. 보는 사람의 시각에 따라 혹은 한계에 따라 여러 가지로 비칠 수 있습니다만, 신라 김 씨와 김일제의 연관성은 매우 짙습니다. 게다가 이것은 금석문인 비석에 적힌 글이고, 문무왕이 제 혈통의 뿌리를 밝힌 글입니다. 편집 가능한 역사서와는 다른, 당사자의 말입니다. 당사자의 말이 틀릴 수도 있지만, 2,000년 전의 사료가 현저히 부족한 오늘날에 이런 금석문 자료는 종이에 쓰인 글씨보다 더 값지고 사실에 가깝습니다.

후기 신라로 접어들면 터키계 왕족들이 실제로 권력을 잡고 왕위에 오르는데, 신라 전기의 왕족은 퉁구스계였기 때문에 세대교체가 이루어진 것이고, 그때 권력을 잡은 왕들의 조상이 휴도왕의 아들 김일제와 연관이 있을 수 있습니다. 앞서 살펴본 것처럼 한 무제의 흉노 정벌로 흉노 중에서 적지 않은 피붙이들이 고조선의 날개 밑으로 흘러들었고 그런 여파로 선우 휴도왕을 따르던 사람들이 경주까지 흘러왔다고 볼 수 있기 때문입니다. 적어도 신라 김 씨의 휴도왕 연관설은 매우 사실에 가깝다고 보겠습니다. 그리고 신라 초기의 지명이나 인명의 변동을 살펴보면 터키어와 아주 깊은 연관이 있습니다. 이것은 나중에 따로 한번 다루어 보겠습니다.

무제는 애써 전대미문의 업적을 이루었지만, 그 후의 만리장성 밖에서 벌어진 일들을 보면 무제는 헛일을 한 셈이 되었습니다. 만주에서는 고구려가 일어나고, 백제는 고조선의 옛 땅 요서 지역에서 여전히 강력한 세력으로 건재하고, 만주와 한반도에는 고구려 백제 신라가 서는 바람에, 옛 조선의 땅에 세웠던 한사군도 얼마 못 가 흐지부지 무너지고 맙니다. 오히려 한사군은 고구려를 비롯하여 삼국시대를 여는 촉매제로 작용합니다. 무제의 바람과는 반대로 된 것이죠. 그리고 그 후에 초원지대와 만주 지역에서 일어난 흉노와 조선의 후예들에게 중국 중원은 끝없이 짓밟히고 맙니다. 고대 유럽과 동북아시아에 거대한 물결을 일으킨 한 세종 효무황제 유철(漢 世宗 孝武皇

帝 劉徹)의 시대는 이렇게 끝납니다.

아쉬운 이야기도 해야겠습니다. 우리는 백두산을 겨레의 영혼이 서린 산이라고 생각합니다. 그러나 백두산을 영산으로 섬긴 겨레는 우리뿐만이 아닙니다. 청나라를 세운 여진족들은 대대로 만주에 살았고, 그래서 그들도 백두산을 우리처럼 신령스러운 산이라고 여겼습니다. 그들의 시조 신화도 백두산 천지에서 비롯합니다. 청나라가 중국을 점령한 뒤로는 만주족들이 모두 중국으로 들어가는 바람에 만주는 텅 비었습니다. 그 틈을 타서 우리나라 사람들이 하나둘 압록강과 두만강을 넘어가서 농사짓는 바람에 청나라 조정에서는 출입금지령을 내려서 아무도 드나들지 못하게 하였습니다. 자신들의 정신을 상징하는 영산을 지키려고 한 것입니다. 이런 상황은 청나라가 망할 때까지 이어졌습니다.

우리가 백두산을 우리의 땅으로 생각하는 일이 확립된 것은 조선 세종 때의 일입니다. 고려 때 잃어버린 땅을 세종이 북쪽으로 확장하는 바람에 이루어진 일이었고, 경계가 또렷하지 않았던 백두산의 국경을 확정 지으려고 청나라와 협상을 하기에 이르렀습니다. 하지만 일본 제국주의의 침략으로 두 나라가 어지러워지는 바람에 그것도 무위로 끝났습니다. 그 경계선은 1960년대 주은래의 주도로 북한과 협상 끝에 그어졌고, 국경선이 백두산 천지를 가로지르는 것으로 마무리되었습니다. 김일성의 빨치산 활동을 정권의 출발점으로 삼은 북조선이 백두산에 집착을 보인 것은 이런 협상에서 확실한 점유 조건이 되어 국경 협상의 측면으로 보자면 우리 겨레로서는 어쩌면 다행이라고 할 수 있습니다.

이런 상황조차도 우리는 안타깝게 생각하고 분개하지만, 사실은 그 정도로 끝난 것도 그나마 다행이라는 생각이 듭니다. 왜냐하면 역사를 돌이켜볼 때 우리는 백두산을 버린 적이 한두 번이 아니었기 때문입니다. 고려 이후 백두산은 우리 강역 밖에 존재했습니다. 그러는 사이 여진족을 비롯한 북쪽의 겨레들이 그들의 영산으로 삼았죠. 그래서 백두산을 가리키는 '백산白山'이라는 이름도 만주족의 이름으로 바뀌었습니다. 즉 박달이란 뜻의 백산은 만주족에게 '못이 있는 산'이라는 뜻입니다. 즉 만주어로 '저수지'는 'fakū〉pakū'이고, 'tar(達)'은 만주어로 산을 뜻하는 말이기 때문입니다. 땅은 주인이 버리면 그 주인이 쓰던 이름도 버립니다. 백두산의 소유권을 주장하기에는 우리가 너무나도 오랜 세월 백두산에 소홀했습니다.

일제강점기 말기인 1941년에 조선 전역에서 모여든 활량들의 활쏘기 대회가 열렸습니다. 이 대회는 일제 패망 전에 마지막으로 열린 대회로, 어렵게 접한 70년 전의 자료(조선궁도회 잡서류철)를 꼼꼼히 살펴보는 도중에 저는 울컥(!) 하며 목이 메고 가슴이 뜨거워졌습니다. 대회 참가 신청서에는 선수들의 간단한 정보가 담겼는데, 거기서 뜻밖의 주소를 발견했기 때문입니다. 함경북도 선수로 참가한 웅호정雄豪亭 소속의 윤시섭尹時燮 접장 주소가 간도성間島省 도문가圖門街였습니다. 이때만 해도 간도에서 살던 사람들이 서울까지 활쏘기 대회 참가차 다녀가곤 했던 것입니다. 백두산 옆구리에 깃든 도시 도문이 우리에게 이토록 가까웠던 증거입니다. 하지만 불과 70년만에 이런 풍경은 아득한 선사시대의 얘기가 되어버렸습니다. 백두산도 중국령으로 올라 쓰레기나 버리고 온천물에 익은 달걀이나 깨 먹고 돌아오며, 일제강점기 우리 겨레가 강력한 항일투쟁을 벌였던 백두산의 절반이 중국의 영토라는 사실을 씁쓸히 확인하는 그런 곳이 되었습니다.

백두산은 언제나 우리의 것이었지만, 그것이 앞으로도 언제나 우리의 것이 되려면, 우리가 그에 값하는 어떤 대접을 해주어야 한다는 것을, 우리는 지난 고대사를 돌아보며 한 번 더 뼈아프게 느낍니다. 역사에 정신이 깃들지 않으면 백두산은 언제나 우리의 영산이 될 수 없음이 새삼 고대사에서 얻는 교훈입니다.

기자조선이 못내 찜찜하여 한마디 더 하고 갑니다. 앞서 기자조선이 가짜라는 전제로 논의를 펼쳤습니다. 그런데 윤내현 교수의 책 『고조선 연구』를 오랜만에 다시 읽어보니 새로운 느낌이었습니다. 윤내현은 원래 상주사商周史를 전공한 교수입니다. 즉 중국의 은나라와 주나라를 전공한 동양사 교수였죠. 이 분이 기자가 조선으로 왔다는 옛 기록을 상주사 연구자로서 논문 한 편을 발표한 것이 계기가 되어 고조선 문제를 모두 다루게 되면서 1980~1990년대 고대사 논쟁을 촉발하게 된 것입니다.

윤내현의 연구에 의하면 기자동래설은 사실이라고 합니다. 이들은 은주 교체기의 어지러운 시국에 만리장성 밖의 동이족 근거지로 옮겼습니다. 원래 은나라는 동이족이 세운 나라였고, 화하족이 세운 주나라로 바뀌자 은나라의 현자이자 재상으로 알려진 기자는 근거지를 옮긴 것입니다. 이들은 만리장성 바로 바깥에 살게 되는데, 그 자리는 단군조선의 통치영역이었고, 그래서 단군의 허락을 얻어서 조선과 중국의 사이 완충지대에 살게 됩니다. 이것은 마치 위만이 중국과 기자조선 사이에 살겠다고 하여 허락을 받은 것과 똑같습니다.*

---

* 기자총은 현재 중국의 산동성 있다. 인가도 없는 드넓은 허허벌판에 무덤이 하나 있고, 그 앞에 기자의 무덤임을 알려주는 비석이 서넛 서있다. 주 무왕 때문에 기자가

기자가 살게 된 곳은 지금의 난하 유역으로, 나중에 위만이 차지한 곳도 바로 이곳입니다. 이곳은 고조선 전체가 아니라, 고조선의 서쪽 변경입니다. 고조선의 일부일 뿐, 고조선의 몸통은 그보다 더 동쪽의 광활한 지역에 두루 걸쳐있었다는 것이 윤내현의 주장입니다. 주로 중국 측에서 기록했기 때문에 자신들이 접한 고조선만을 기록으로 남기다 보니, 고조선의 서쪽 변방에 관한 사항만 기록으로 남았고, 그것이 지금에 전해지는 것입니다.

왕조 이름을 기자조선으로 바꾼다는 것은 언뜻 이해하기 힘든 일입니다. 이것은 실제 사실이기보다는 은나라 사람 '기자'와 부리야트 종족 이름 '기지'가 서로 비슷한 소리를 지녀서, 그것이 혼종을 이루는 바람에 '기지조선'이 '기자조선'으로 불린 게 아닌가 추측합니다. 적어도 중국 측의 사서에서 확인되는 25개 종족이 용광로처럼 들끓으며 중국과 항쟁한 그 거대한 나라가 불과 몇천 명 몇만 명이 망명 온다고 해서 제 본래의 이름을 버리고 그들의 이름으로 바꾼다는 것은 아무리 봐도 설득력이 없는 일입니다. 이름도 비슷한 데다가 후대에 중국을 대국으로 섬기는 사대주의 경향이 일반화되면서 은나라 기자의 존재가 부각된 특이한 현상으로 이해됩니다.

이들, 은나라에서 동쪽으로 옮겨온 기자의 후예들은 어찌 되었

이주했다면 산동성으로 간 게 분명한 증거이다. 평양에도 기자묘가 있는데, 그것은 고려 시대의 유학자들이 중화주의 관념으로 세운 것이어서 일고의 가치도 없는 조작이다. 기자동래설은 근래의 연구 성과와 상관없이 다른 어떤 이유로 생긴 것이 분명하다. '기자'와 '기지'가 음이 같아서 혼동을 일으킨 결과인 것으로 보인다. 키(箕)는 고대 알타이 제어에서 우두머리(王)를 가리키는 말이다. 은나라 기자도 동이족이었으므로 은나라 한 부족의 왕(箕)이었을 것으로 보인다.

을까요? 알 수 없습니다. 중국의 강역이 확대되면서 중국으로 다시 흡수되었는지, 아니면 중국에 대항하여 동쪽으로 조금씩 밀려난 기자조선을 따라서 그들의 일부로 흡수되었는지는 알 수 없습니다. 하지만 그 뒤로도 조선에서 사는 사람들이 기자 애기를 계속하는 것으로 보아, 이들은 아마도 중국 귀속보다는 조선으로 흘러들어 조선과 함께한 것으로 판단됩니다. 수많은 조선의 종족과 뒤섞이며 조선의 일원이 되어간 것입니다.

만약에 이들이 조선을 배신하고 중국으로 돌아갔다면 어떤 식으로든 은나라 기자에 대한 불편한 기억이 남았을 텐데(예컨대 설화나 전설 같은 형식으로.) 그런 것이 없는 점으로 봐서는 조선의 한 부족으로 흡수된 듯합니다. 은나라는 애초에 동이족이었으니, 흡수라는 말은 어쩌면 부적절할지도 모르겠습니다. 어지러운 정국 속에서 본래의 자리로 돌아왔다고 말해야겠죠. 그래도 우리 역사에서 기자조선이라는 이름이 존재하게 하였으니, 그 공은 크게 기억해야 할 일이라고 봅니다. 기자가 아니었다면 부리야트의 기지도 상상하기 힘들었을 터이니.

한편, 기자는 은나라 사람이고, 은나라는 동이족과 같은 혈통이니, 기자가 처음부터 예맥족으로 분류된 겨레의 사람이었을 수도 있습니다. 은나라 백이숙제가 고죽국 사람이고, 고죽국은 '고구려'를 표기한 향찰임을 앞서 보았습니다. 그러니 은나라의 기자나 백이숙제나 모두 부리야트 혈통입니다. 백이숙제는 은나라가 주나라에게 멸망 당하자 그 땅을 떠나지 않고 고사리를 캐먹다가 굶어 죽었는데, 기자는 그와 달리 그 땅을 떠났습니다. 은나라 유민들이 주나라를 대하는 태도가 다름에 따라서 그 후의 행동이 서로 갈라진 것입니다. 따라서 기자동래설은 주나라의 통치를 받기 거부한 동이족의 이동 과정에서 나타난 이야기를 책봉 관계로 오해하여 만들어낸 말에 지나지 않습니다. 이런 과정이 정리되지 않은 것은 당시의 민족 구성이나 위치 이동에 관한 정확한 정보가 없어서 일어난 일입니다. 하지만 언어만을 따라가다 보면 이런 결론에 이릅니다.

마지막으로, 고조선의 직책에 대해서 간단히 정리하고 가겠습니다.

고조선은 제정일치 단계의 신정神政 사회였습니다. 무당이 곧 임금이던 시절의 사회였다는 말입니다. 그런데 삼한으로 오면 제정이 분리됩니다. 통치자는 따로 있고, 무당도 따로 있습니다. 『후한서』 한전에 따르면, 무당이 사는 읍이 따로 있고 이름은 소도이며, 그 읍의 우두머리를 천군이라 불렀다고 나옵니다. 삼한은 고조선의 모습이 잘 간직된 곳입니다. 이 '천군天君'은 중국어 발음으로 'tianjun'인데, 단군壇君도 'tanjun'이어서 사실상 똑같은 발음으로 들립니다. 중국 측의 기록이기에 한자만 달리 적은 게 아닌가 싶습니다.(『고조선 연구』)

이런 구조는 오늘날까지도 우리 사회에 남아있습니다. 시골 동네마다 있는 '서낭당, 성황당'이 그것입니다. 이 서낭당도 1년에 한 번씩 동제를 지내는데, 동네에서 인품과 덕이 있는 사람을 뽑아서 제사장을 삼습니다. 삼한의 소도 기록과 똑같습니다. 이런 풍속이 5,000년 넘게 지속되었다는 것이 신기한 일입니다. 제정일치 사회는 고대국가로 접어들면서 거의 다 사라집니다. 제사장의 지위가 한 단계 낮아지는 것이죠. 그런 특징의 초기 현상을 삼한이 보여줍니다. 그런데 이런 제정일치가 아직까지 이어지는 사회가 일본입니다. 일본의 신도神道 신사神社가 그것이죠. 아직도 일본 천황이 신사 연합회의 우두머리입니다. 일본이 자랑스러워하는 만세일계는 진화가 덜 된 사회의 특징을 보여주는 일입니다. 제정이 아직도 분리가 안 된 것이죠.

『위략』에는 삼한에 '우거수右渠帥'라는 직책이 나오는데 단군이 통치하던 시절의 작은 나라 통치자를 '거수'라고 부른 게 아닌가 싶습니다. 우거도 이 우거수의 뜻이었을 겁니다. 저절로 신라의 '거서' 간이 떠오릅니다. 만주어로 '하늘'은 '*kese'이고, '임금, 우두머리'는 'han, khan'입니다. '거서간'은 하늘이 내린 왕을 뜻하는 퉁구스어입니다. 그대로 '천군天君'을 뜻하는데 이로 보면 소도에서는 퉁구스어로 거서간이라고 부르고, 소도 밖 속세에서는 '거수'라고 부른 듯합니다. '거수'는 '기자'와도 비슷합니다. 단군 밑에 기자가 있는 것도 자연스러운 일입니다.

거수 밑에는 '박사博士'라는 직책도 있었습니다. 중국에도 이와 똑같은 박사가 있었지만, 경전을 읽는 사람이라는 뜻의 그와는 다른 말입니다. 이것은 한자로 적혔지만, 우리말입니다. '벅수, 박수'인데, '박수무당'이라고 아직도 무당 사회에서 쓰이는 말입니다. 박수는 남자 무당을 말합니다. 무당이 옛날에 제정일치 사회의 군주이자 무당이었다는 증거이기도 합니다. 이 '박수'를 한자로 적은 것이 博士입니다. 천군, 거수, 박수, 이 모두가 신정 사회의 특징을 잘 보여줍니다. 또 몽골어로 스승은 'baksi'여서 박수의 자취를 볼 수 있습니다.

또 선인仙人이라는 말도 보이는데, 이것은 고구려의 조의선인皂衣仙人으로 그대로 이어집니다. 선인은 '선비'를 한자로 적은 것입니다. '선비'의 옛 표기는 '션빗'입니다. '선, 산, 션'은 '사나이(산+나히)'에서 볼 수 있는 말로 사람을 뜻합니다. '비'는 '방, 뱅이, 보'처럼 사람을 뜻하는 말이죠. 중국에서도 선비를 뜻하는 士는 도끼를 형상화한 상형문자로, 전쟁의 주력군을 뜻하는 말이었고, 실제로 춘추전국시대는 이들이 성장하여 사회의 주 세력이 됩니다. 따라서 '선비'는 전쟁을 수행하는 주력군의 구성원을 말합니다. 仙은 소리를 적고, 人은 뜻을 적어서 '선비'라고 읽습니다.

또 한 가지는 '장군'입니다. 우리는 이것을 한자어 '將軍'으로 보는데, 꼭 한자말이라고 할 수 없는 경우도 있습니다. 서사무가나 무당들이 섬기는 신들은 대부분 '장군'이라는 이름이 붙습니다. 지읒(ㅈ)과 디귿(ㄷ)은 구개음화로 자주 넘나듭니다. 그러면 '댱군'이 되는데, '군'을 'han, khan'의 표기라고 본다면 '댱곤'이 되어 '단군'과 아주 많이 닮았습니다. '장군'은 한자말 '將軍' 때문에 소리가 동화되어 그렇지, 무당을 뜻하는 순우리말 같습니다.

6. 위만조선

조선 얘기를 하는 중이니, 마무리로 위만조선에 대해서도 한 말씀 드리고 가야겠네요. 기자조선을 이은 왕조가 위만조선인데, '위만'에 대한 역사학계의 이해도는 한심하기 짝이 없습니다. 심지어 선비족의 한 갈래인 '우문宇文' 씨와 비교하여 '우문'과 '위만'이 같은 말이 아닐까 추정해보는 정도입니다.

저는 역사학자들이 이러는 게 참 이상합니다. 자신의 연구실 문을 열고 한두 층만 오르거나 내려가면 거기에 국어학을 가르치는 교수의 연구실이 있을 텐데, 왜 그 몇 걸음을 걸어가서 묻지 않는지 그것을 잘 모르겠습니다. 역사학자가 국어학자에게 묻는 게 부끄러워서 그런 걸까요? 설마 그렇지는 않겠지요. 그런데 그렇게 안 합니다. 이러니 노망난 늙은이한테 이런 혀 차는 소리나 듣는 겁니다. 끌끌끌.

선비족의 우문 씨는 위만과 아무런 관계도 없습니다. 대체로 옛날 사람들이 자신이 속한 부족에 이름을 붙일 때는 특별한 뜻을 품고 붙입니다. 주로 자신의 자부심을 높일 수 있는 방식이죠. 자신의 혈통을 황금 부족이라고 여기거나 하늘의 아들로 여겨서 하늘이나 황금을 붙이는 경우가 많습니다. 금나라도 그렇고 흉노족도 그렇습니다. 청나라도 처음에 후금이라고 했다가 金(čin)과 비슷한 소리가 나는 청淸(lqīng)으로 바꾼 것입니다. 그렇지만 중국 고대 역사서에 나오는 대부분의 가문 이름이나 혈족 이름은 뜻이 정확하게 밝혀진 것이 없습니다. 자신들이 비롯한 지명이나 부족의 토템명 같은 것도 붙이지만, 그들 스스로 뜻을 밝히기 전에는 알 수 없습니다.

조선이 망한 자리에서 처음으로 존재를 드러낸 부족은 선비족입니다. 영웅 단석괴가 나타나 부족을 통일하고 초원을 호령하다가 자식 대에서 흐지부지되죠. 그 뒤로 선비족은 오호 십육국 시대에 들어서면 탁발, 우문, 모용 씨 같은 겨레가 두각을 드러내어 각기 나라를 세우고 명성을 떨치다가 수당을 거치면서 한화 정책으로 중국에 동화되고 맙니다. 부족 이름과 이들이 세운 나라는 이렇습니다.

탁발부拓跋部 － 代, 北魏

모용부慕容部 － 前燕, 後燕, 西燕, 南燕

단부段部

우문부宇文部 － 北周

흘복부乞伏部 – 西秦

독발부禿髮部 – 南涼

　맨 끝의 독발부는 이름에서 보듯이 탁발부의 일파입니다. 같은 부족이 시대를 달리하여 다른 나라를 세운 것이죠. 그런 가운데서도 현재까지 명맥을 이어오는 부족도 있습니다. 몽골족의 후예인 러시아 자치주 부리야트 공화국의 경우처럼, 투바 공화국은 탁발拓拔([tuobá]) 족의 후예입니다. 중국 칭하이(靑海)성의 'siber(錫伯)'는 선비족의 후예로, '시베리아'라는 말도 여기서 나왔습니다. 이들은 발음도 지금껏 그대로 쓰입니다. 우문宇文 씨의 경우 북주 시대에 스스로 한화 정책을 쓴 결과 지금은 사라졌는데, 현대 중국어 발음이 [yǔwén]이지만, 옛 표기로는 'uma(巫馬)'였습니다. 이들은 몽골어를 썼기 때문에 터키어를 쓴 위만과는 완전히 다른 족속입니다.

　이 글을 정리하는 중에 칭(ching)-TV를 보니 저녁 시간에 방영되는 사극 드라마가 『장군재상』입니다. 중국의 송나라와 북쪽의 거란(요)이 대립한 가운데, 서쪽의 서하西夏가 서서, 세 나라가 다투는 시기를 배경으로 한 드라마입니다. 주인공은 엽소 대장군인데, 엽소와 마주 싸우는 서하의 왕이 자신의 성을 '투바(탁발)'이라고 합니다. 신하 중에는 몰장沒藏 가문도 있고, 야리耶律 가문도 있습니다. 백과사전에서는 이들을 탕구트라고 설명하는데, 왕의 성이 '탁발'이니 몽골어를 쓴 세력입니다. 야율 씨는 거란(요)를 세운 황제의 성인데, 서하에도 야리 가문이 있으니, 당시 초원지대에 여러 언어를 쓴 세력들이 곳곳에서 흩어졌다가 때를 타고 일어서는 세력에 따라 이합집산하는 상황을 엿볼 수 있습니다.

위의 여러 나라에서 탁발과 동의어인 독발을 빼면 다섯 부족이라는 게 눈에 확 들어오죠? 동북아의 유목민들은 나라를 통상 다섯 지역으로 나누어 다스렸습니다. 중앙과 동서남북이죠. 주로 방향에 따라 이름을 붙였죠. 위의 다섯 부족 이름에서도 방향성이 또렷이 감지됩니다.

몽골어로 북은 'umara'입니다. 이것이 '우문(uma)'임은 쉽게 알 수 있습니다. 정면은 'tub'이고, 중군中軍은 'tubtu'입니다. 이것이 '탁발(tuba)'임도 한눈에 보이죠. 동쪽은 'dorona'이고, 왼쪽이 'sologai', 뒤쪽이 'honia'입니다. 각각 '단段(duan)'과 '흘복'에 대비시키면 될 듯한데, '흘복'이 거슬립니다. 왜냐하면 고대 터키어에 이와 비슷한 말이 있거든요. 즉 고대 터키어에서 남쪽을 가리키는 말이 'kïble'여서 '乞伏([kʰⁱətbĩwək⟩qifúl)'과 비슷합니다. 몽골족 중에 터키족이 섞여 산 것이거나, 아니면 터키계에서 부르던 호칭을 몽골족들이 받아들인 게 아닌가 싶은데, 이건 좀 더 연구해봐야 할 듯합니다.

몽골어로 왼쪽이 'sologai'라고 했습니다. 현재 몽골에서 고려를 말할 때 '솔롱고스'라고 하고, 이것이 무지개를 뜻하는 말이어서 마치 이상향을 나타내는 듯한 어감을 줍니다. 왜 이런 말이 붙었는지는 'sologai ulus'로 충분히 설명할 수 있을 것 같습니다. 왼쪽을 뜻하는 말이고, 초원지대의 유목민에게 왼쪽은 해가 뜨는 곳이어서 '높다'는 인식이 있습니다. 퉁구스족도 터키족도 마찬가지입니다. 우리나라도 마찬가지죠. 우의정보다 좌의정이 더 높습니다. 그래서 몽골보다 더 동쪽에 있는 나라라는 뜻으로 고려를 'sologai(東)+ulus(國)=solongus'라고 한 것인데, 이것이 무지개를 뜻하는 솔롱고와 맞아서 '무지개 같은 나라'로 자리 잡은 듯합니다.

『흠정 만주원류고』(남주성 옮김)을 보면, 백제의 여러 성을 설명하는 가운데 이런 말이 나옵니다.

왕도로서 동서에 두 개의 성이 있으며 고마성固麻城 또는 거발성居拔城이라고 한다. 만주어로 이를 고찰해보면 고마는 격문格們(gemen)의 음이 변한 것이고, 거발은 만주어로 탁파卓巴(zhuoba)로서 두 곳이란 뜻이다. 두 개 성은 모두 왕도임으로 고마라고 이름 붙인 것이다.(340쪽)

백제의 왕성 이름인 '고마, 거발'은 『삼국사기』 「백제 본기」에도 그대로 나옵니다. 'gemen'은 만주어로 왕경을 뜻하는 말입니다. 이것을 '고마, 격문'이라고 표기한 것입니다. 'zhuoba'는 한 눈에도 '중심, 정면'을 뜻하는 몽골어 'tuba'의 구개음화임을 알 수 있습니다. 아마도 몽골어가 만주어로 자리 잡은 게 아닌가 합니다. '탁발'과 '탁파'는 거의 같은 음입니다.

문제는 '모용'입니다. 모용은 'morong(mùróng)'인데, 방향을 나타내는 말 중에서 이와 비슷한 말이 없습니다. 아마도 터키어나 퉁구스어에서 온 말이 아닐까 짐작합니다. 선비족의 세계에 다른 혈통이 섞인 것이라고 볼 수 있습니다. 그도 아니라면 동물 토템으로 '말馬'을 뜻하는 'morin'일 수도 있습니다. 만약 그것도 아니라면 강 이름을 딴 것일 수도 있습니다. 몽골어로 강을 '무렌(mören)'이라고도 하기 때문입니다. 요하의 상류 이름이 '시라무렌'입니다. 발음이 비슷합니다. '무렌'은 우리말 '미르(龍), 물(水)'과 같은 어원에서 갈라진 말입니다.

소리를 한자로 적어놓으면, 한자는 뜻글자여서 그 뜻이 저절로 드러납니다. 그래서 탁발이나 우문은 어떤 소리를 뜻글자로 적었을 것이므로 그냥 소리 나는 대로 읽으면 된다는 생각을 하지만, 모용 씨의 경우는 뜻이 또렷해서 뜻 글씨로 읽어야 하지 않을까 하는 의문이 쉽게 뒤따릅니다. 이렇게 뜻글자인 한자가 주는 인식의 관행과 착오 때문에 옛 지명 국명 인명을 연구하기가 쉽지 않습니다.

위만조선은 그 앞의 단군조선이나 기자조선과는 완전히 다른 나라입니다. 단군이나 기자는 조선 안에서 스스로 왕이 된 사람들인데, 위만은 외부에서 들어와서 그 전의 왕을 쫓아내고 스스로 왕이 된 사람입니다. 말하자면 조선으로서는 외부의 세력이죠. 실제로 사마천도 『사기』에서 연나라 사람이라고 밝혔습니다.

위만조선의 지배층은 터키어를 썼습니다. 위만이 섬기던 연왕 노관은 흉노로 도망쳤지만, 위만은 그를 따라가지 않고 조선의 변방으로 흘러들어 두 나라 사이의 완충지대 노릇을 합니다. 지금까지 아무도 그 뜻을 밝히지 못했던 '위만'이라는 이름도 터키어로 보아야만 그 뜻이 제대로 드러날 것이라는 뜻입니다. 과연 어떤 터키어를 '위만'이라고 옮겨 적었을까요?

위만은 연왕의 수하였습니다. 이런 직위를 '참모'나 '부관' 또는 '고문관' 정도로 볼 수 있겠죠. 터키어로 '참모'를 뜻하는 말은 3가지가 있습니다. 'Danışman, Müşavir, Kurmay'. 이 중에서 위만에 가장 가까운 말은 무엇일까요? '衛滿'의 衛는 지킨다는 뜻이고, 滿은 'Danışman' 같은 낱말의 끝소리를 적은 것입니다. 터키어에서 '방위, 방어'를 뜻하는 말은 'korunma'입니다. 위의 세 낱말 중에서 'korunma'에 가장 가까운 소리가 나는 말은 'Kurmay'입니다. 따라서 터키어로 참모를 뜻하는 'Kurmay'를 기록자가 'korunma'

로 잘못 알아듣고 위만衛滿이라고 번역한 것입니다. 연왕 노관의 참모 노릇을 하던 사람이 조선으로 흘러들어 사람들을 모아 세력을 키우자, 터키어로 'Kurmay'라고 한 것인데, 그를 따르던 다른 부족 사람들이 'korunma'라고 부르며, 자신들을 지켜줄 수호자로 여긴 것이죠. 이를 한자로 '위만'이라고 적은 것입니다.

참모(Kurmay)급인 위만이 자신을 따르는 백성의 수호자(korunma)가 되어 기자조선의 준왕을 몰아내고 왕의 자리에 올랐습니다. korunma와 왕을 겸직한 것이죠. 하지만 백성들이 부르는 호칭은 쉽게 변하지 않습니다. 그래서 '수호자 조선' 즉 '위만조선'으로 불린 것입니다. 그런데 후대로 가면 당연히 왕을 가리키는 말로 자리 잡습니다. 아들을 지나 손자에 이르면 이름이 우거右渠가 되는데, 앞서 '거'는 '걸'로 보고 중심, 또는 우두머리 왕을 뜻하는 것으로 보아 흉노족의 우현왕으로 풀어보았습니다. 이번에는 터키어로 풀어보겠습니다. 어느 쪽이 더 타당한지는 독자 여러분이 판단해보시기 바랍니다. 어느 쪽이든 상관은 없겠습니다만.

역사학자들께서는 저더러 한 입으로 두 소리를 한다고 핀잔하시면 안 됩니다. 사실이 확인되지 않은 상황에서 글씨는 여러 가지 정보를 전달하기 때문입니다. 그 여러 가지 정보를 제가 다 알려드린다고 해서 저의 일관성이 부족하다고 판단하시면 안 됩니다. 한발 더 나아가 모순이니 이율배반이니 하는 고상한 말로 저를 공격하시면 아니 되시옵니다. 여러분에게는 그럴 자격이 없습니다.

터키어 'sağlamak'은 '굳게 지키다(衛)'입니다. 이제 여기서 '우거'라는 이름이 왜 그렇게 붙었는지 알 수 있게 됩니다. 터키어로 우右는 'sağ'이고, '도랑(渠)'은 'dere'입니다. 이름에 도랑이 들어갈 리가 없습니다. 그러니 이것은 다른 말의 오기라고 봐야 합니다. 터키어로 자손은 'torun'이고 손자는 'erkek torunu'입니다. 이 말을 기록자가 'dere'로 잘못 알아듣고 渠(도랑)로 적은 것이죠. 따라서 '우거'는 'sağ-dere 〈sağlamak-torun'를 적은 것으로, 터키어로 '수호자의 자손, 또는 손자'를 뜻합니다. 실제로 우거는 위만의 손자(erkek torunu)죠.

이름에 도랑(渠)을 쓴 것은, 앞서 살펴본 적이 있듯이, '도랑'이 '돌(石)+앙(접미사)'의 짜임이기 때문입니다. '돌'은 터키어로 자손을 뜻하는 말이고, 실제로 우리말에서도 '돌이, 돌쇠, 돌석이'라는 식으로 살아 쓰이는 말입니다. 알타이어를 쓰는 여러 민족의 이름에서 '돌'을 아주 많이 볼 수 있습니다. 유선방송 '칭ching-TV'에서 방영중인 『대청풍운』이라는 중국 드라마를 보니 '파달, 아리달' 같은 이름이 나오더군요. 이 '달'이 바로 자손을 뜻하는 터키어이고, 북방어에서는 공통으로 쓰이는 말입니다. 고구려의 '온달'도 이 계통의 말이죠.

TV 유선방송 이름이 '칭ching'인 게 신기하죠? '주르친'의 그 '친 (čin, qin)'입니다. 'chin'에 2음절 접미사 '으'가 붙으면 'china'가 되고, 이것을 한자로 표기하면 '지나支那'가 되며, 이것을 영어식으로 읽으면 '챠이나'가 됩니다. '중국'은 말 그대로 '복판 나라'를 뜻하는데, 이것을 인정하기 싫어했던 신채호는 '지나'라는 말을 많이 썼고, 이 유산은 1980년대 국수주의자들에게 넘어와서 마치 중국을 깎아내리는 듯한 인상을 주는 말로 썼습니다. 그러나 오히려 이 말은 그들에 대한 존칭임을 알아야 합니다. '친'은 황금부족을 뜻하고, 하늘의 뜻을 받아서 지상에 왕국을 세운 주인공들이 스스로에게 붙이는 이름입니다. 우리는 '지나'라며 그들을 깎아내리지만, 정작 내용으로는 그들을 존중하는 겁니다.

또 한 가지 '우거'는, 고대 터키의 관직 이름과도 닮았습니다. 'öge'는 고대 터키의 벼슬 이름인데, 슬기롭다는 뜻입니다. 현자, 현인이죠. '우거'는 이것을 그대로 적은 것이라고 볼 수도 있습니다. 'ge'는 몽골어에서도 존자를 뜻하는 말이죠. 하지만 우거가 왕이 되었는데 이 직책을 그대로 유지했다는 것이 좀 이상하므로, 앞의 풀이로 보는 것이 더 적절하지 않을까 싶습니다.

위만조선의 지배층은 터키어를 썼으므로, 같은 언어를 쓴 흉노족과 한통속입니다. 그래서 연왕 노관이 흉노로 들어간 뒤 위만조선과는 더욱 관계가 돈독해졌을 것입니다. 결국 한 무제가 흉노 정벌로 그치지 않고 국고가 바닥났는데도 조선까지 치는 원인이 됩니다. 이 무리수로 한나라는 망하죠.

앞서 단석檀石 씨 얘기를 했습니다. 터키어 'torun'을 향찰표기로 적으면 '돌(石, tor)'이 됩니다. 우리가 어린아이를 똘이라고 하는데, 옛날에 병에 걸리지 말고 돌처럼 단단하게 자라는 뜻으로 그렇게 붙였습니다. '檀石'의 뜻은 터키어로 '박달(檀)의 자손(石)'입니다. 단석괴는 단군이 통치하던 조선이 망한 자리에서 일어난 사람입니다. 당연히 단군의 자손이라고 스스로를 여겼음이, 이런 이름에서 드러납니다. '단군'은 한반도에 웅크린 우리 겨레의 독점물이 아닙니다.

정리해보면 이렇습니다. '위만'은 부관이나 참모(Kurmay)를 뜻하는 터키어였는데, 나중에 왕의 자리에 오르면서 수호자(korunma)를 뜻하는 말이 되었고, 그것을 번역한 말이 그대로 왕조를 뜻하는 말(衛滿)로 자리 잡았습니다. '위만'은 사람의 이름이 아닙니다. 그가 맡은 직책을 뜻하는 말이 그 사람을 가리키는 말로 굳은 것입니다.

위만의 성격을 더 또렷하게 해주는 것이 고대사의 분류입니다. 고조선을 우리는 흔히 '단군조선, 기자조선, 위만조선'으로 나눕니다. 그 분류법의 옳고 그름을 떠나서 이것이 '위만'을 이해하는 사람들의 인식을 보여줍니다. '단군'은 사람이 아니라 임금을 뜻하는 말(퉁구스어 계열)입니다. '기자'는 은나라 현자의 이름이 아니라, 우리가 지금까지 보아온 대로 큰 사람(王=기장)을 가리키는 말(몽골어 계열)입니다. 북방 민족들은 지도자를 '대인大人'이라고 했는데, 그런 말의 연장선에 있는 호칭입니다. '단군'과 '기자'는 특정인을 가리키는 게 아니라 그 사람의 직책이나 지위를 가리키는 말입니다. 그래서 그 뒤에 '조선'이라는 말을 붙여서 그 왕조의 성격을 드러낸 것입니다.

이렇게 보면 '위만'도 마찬가지입니다. '위만조선'이라는 말로 앞의 두 왕조와 같은 이름을 붙인 의식을 이면에는 '위만'이 사람의 이름이 아니라 그가 맡았던 어떤 직책이나 지위를 나타낸 말이라는 뜻이 담겼습니다. 그리고 우리가 방금 알아본 대로 '위만'은 사람의 이름이 아니라 연왕 노관 밑에서 그가 맡았던 직책의 이름(부관, 참모)이 그를 가리키는 명사(수호자)로 일반화한 것(터키어 계열)입니다.

7. 갑골문으로 본 조선

지금 우리가 들여다보는 시기는 위만조선이 망하고 그 밑에 있던 여러 부족이 나라를 세우려고 떨쳐 일어나던 때입니다. 그 이전 흉노부터 시작해서 연나라와 진나라가 장성을 쌓고, 그 너머로 한

무제가 군대를 보내어 동북아시아의 정세를 뒤흔들던 시기의 이야기를 풀어나가는 중입니다. 당연히 그 당시 쓰이던 언어의 뜻을 알아내느라, 그 시대의 알타이어를 중심으로 한자 기록과 대조해보는 방식입니다. 저절로 터키어, 몽골어, 퉁구스어, 한국어가 가장 중요한 언어로 떠올랐습니다. 그 언어들이 가리키는 뜻을 상호 비교하여 결론을 내는 방식으로 궁금증을 풀어가는 중입니다. 이에 따라 한나라의 문자인 한자漢字가 지닌 뜻을 중심으로 풀어가게 됩니다.

그런데 이런 작업을 하다 보면 한 가지 의문이 또 생깁니다. 우리가 만나는 문자는 한자이고, 그 한자와 관련된 알타이 말붙이의 언어로 대조하여 결론을 내는 방식인데, 만약에 그보다 더 빠른 때에 쓰인 문자가 있었다면 한나라 때의 문자로 쓰인 언어들과 어떤 관련이 있을까 하는 궁금증입니다. 이런 궁금증에 답할 언어가 있을까요? 있죠. 갑골문이 그것입니다.

한자는 갑골문과 금문을 거쳐서 만들어진 언어입니다. 이름부터가 한자漢字이니, 한나라 때 완성된 문자라는 뜻입니다. 물론 진시황이 중국을 통일하여 지역마다 다른 한자를 쓰기 쉬운 예서로 통일시켜서 일대 혁신을 이루었지만, 진시황의 통일 국가는 불과 50년밖에 유지되지 못하였으니, 진시황의 꿈은 한나라로 넘어갈 수밖에 없고 그 결과 정리된 문자를 우리는 배우는 것입니다. 그러니 한자 이전의 갑골문을 한자와 비교하여 보면 그 글자 뒤에 숨은 역사의 새로운 모습을 만날 수 있을 것으로 기대합니다. 하지만 저로서는 갑골문을 알 수 없습니다. 아쉬움을 남기고 후학을 기다릴 수밖에 없죠.

그런데 인터넷에서 검색하다 보니 근래(2022) 들어서 갑골문으로 이런 시도를 하는 분이 있습니다. 갑골문 박사인 최춘태입니다.

동북공정과 관련해서 유튜브 강의를 하기에 저도 들리지 않은 귀로 몇 꼭지 들어봤습니다. 그랬더니 정말 귀담아들을 만한 정보가 많았습니다. 인터넷을 쓰레기 바다라고 생각했지만, 가끔 이런 좋은 정보도 있구나 하는 생각을 하게 되었습니다.

갑골문이 워낙 옛글이어서 그런지, 모든 언어가 몇 가지 단어로 단순 귀납되는 점이 있어서 좀 아쉬운 생각도 들었지만, 음운변천의 과정을 들어 정확히 판별하고 추적하는 데는 두손 두발 다 들었습니다. 중세 국어 음운학을 공부한 것이 전부인 저로서는 중국의 갑골문 음운 체계를 구경할 수 있어서 정말 좋았습니다. 한나라의 문자로 옛글의 뜻을 추적하던 저로서는 많은 참고가 된 내용이었습니다.

예컨대 『삼국유사』에 고조선의 수도가 금미달今彌達(ㄱㅁ둘)과 아사달阿斯達(ㅇㅅ둘)이라고 나오는데, 갑골문에 따르면 이는 같은 말이라는 결론입니다. '달'은 땅을 뜻하는 말입니다. 그렇다면 'ㄱㅁ=ㅇㅅ'라는 얘긴데, 저로서는 이게 큰 의문이었습니다. 그런데 갑골문 분석에서 궁금증이 저절로 풀렸습니다.

갑골문을 쓴 은나라의 지배층은 주르친churchin이었습니다. 즉 퉁구스어를 썼다는 말이죠. 퉁구스어는 동북아시아 초원지대에서 가장 넓게 퍼진 언어입니다. 당연히 이들은 동이족과 같은 계열이고, 이들의 언어는 당연히 한반도에서도 두루 쓰이며, 일본어까지 흘러가서 동북아시아 전체의 기층 언어로 작용합니다. 패수浿水 분석에서 조개 貝는 '가마, 가라, 가마라'인데, 우리 말에 '가락조개, 가막조개, 가리비, 꼬막' 같은 말이 갑골문에 보이는 언어와 같고 일본어에서도 이와 비슷한 발음을 유지하였습니다. 은나라에서 한반도를 거쳐 일본까지 같은 언어가 바탕을 이루었다는 뜻입니다.

'가라'가 '갈〉간〉칸〉한'에서 보듯이 먼 뒷날 '한韓'으로 표기될 수 있고, 꾸밈말이 붙어 '삼한'이 되면, '貝'가 우리 고대사의 열쇳말로 눈앞에 성큼 다가섭니다. 조선朝鮮이라는 말은 바로 'ㄱㅅㄹ'를 적은 말인데, 朝의 앞 획은 해에서 빛이 쏘듯이 뻗쳐나오는 모양을 본뜬 글자입니다. 갑골문에서는 '조선'을 'ㄱㄹㅅㄹ'라고 하는데, 이것이 'ㄱㅅㄹ'로 줄어서 우리말에서는 '가술〉ㄱ슬〉가싀〉가시'의 변화를 거칩니다. 우리가 오늘날 '가시'라고 하는 말이 3,000년 전의 은나라에서는 'ㄱㅅㄹ'라고 했다는 것입니다. 해에서 나오는 날카로운 빛이 가시로 보이는 건 당연한 일입니다. 특히 해가 뜰 때나 해가 질 때 산 너머에서 수평에 가깝게 다가오는 빛의 줄기들은 '가시'라고 표현할 수밖에 없죠. 'ㄱ슬(棘)'과 '힛술(光)'은 '술'을 같이 씁니다. 그래서 조선을 중국의 옛 기록에서는 '형이荊夷, 극이棘夷'라고도 적었습니다. 뜻으로는 가시 같은 놈들이지만, 실제로는 빛을 형상화한 말입니다. 朝의 앞쪽 획이 韓에도 똑같이 붙은 것을 보면 같은 표현임을 알 수 있습니다. 삼한三韓과 조선朝鮮이 같은 말임이 이곳에서도 확인됩니다.

『만주원류고』에서는 숙신을 나라의 영역을 가리키는 '관경官境'을 뜻한다고 했는데, 숙신이 조선과 같은 말이라면, 이는 틀린 것으로 보입니다. 오히려 숙신이나 조선은 날카로운 아침 빛과 같은 나라, 빛나는 나라를 가리키는 말입니다. 알타이 말붙이들은 왕족을 황금에 빗대어 황금 부족이라고 자부했고, 자신을 하늘(빛)의 뜻을 지상에 실현하는 존재라고 생각했으니, 알타이의 '알'도 바로 황금을 뜻하는 말이고, 신화에서 자꾸 알을 낳는 것도 이러한 연상작용에서 생긴 것입니다. 조선은 관경이 아니라 황금빛, 즉 햇살을 가리키는 말이라고 보는 게 더 그럴듯하죠.

갑골문에서는 '朝鮮'을 'ㄱㄹ·스ㄹ〉ㄱ스ㄹ'라고 하는데, 이와 똑같은 소리가 나는 갑골문이 바로 예(濊)입니다. 이 예맥족이 나중에 고구리(高句麗)를 세우는데, '구리, 고리'는 'ㄱㄹ'의 변형이고, 'ㄱㄹ'는 또한 소리가 줄어 '글'로도 나타나며, 이것이 '한, 칸'과 같은 말임을 생각하면 결국 한韓도 같은 소리에서 나와서 1,000년 세월을 지나는 동안 다른 뜻과 소리로 갈라진 말임을 알 수 있습니다. 朝鮮＝韓＝濊＝高句麗. 이런 말이 세월이 흘러가면서 알타이 말붙이들이 각기 소리와 뜻을 덧붙여 가면서 우리가 지금까지 알아본 한 무제 때의 그 지명과 국명 인명으로 기록된 것입니다.

'가시'의 기역이 탈락하면 '아시'가 되는데, 이것은 빛이 내쏘이는 날카로움의 변형으로, 그대로 '아사'가 되어 우리에게 익숙한 아사달과 겹칩니다. 금미달(ㄱㅁ들)의 'ㄱㅁ'는 '가막조개, 꼬막' 같은 말에서 보듯이 같은 말이 방향을 달리하여 분화한 것입니다. 결국 'ㄱㅁ=ㄱㅅ=ㅇㅅ'임을 알 수 있습니다. 'ㄱㅁ들'이 먼저 쓰이던 말이고, 이것이 고조선의 통치 전기와 후기 1,000년 세월 동안 음운변화를 겪으면서 'ㅇㅅ들'로 바뀐 것임을 알 수 있습니다. 『삼국유사』에는 옛 발음과 나중 발음으로 기록된 수도 이름이 둘 다 있는 셈입니다. 신화가 시간을 압축하여 표현한 것임을 이보다 더 잘 보여주는 사례도 없을 것입니다.

조개(貝)가 'ㄱㄹ(gərə), ㄱㅁㄹ(gəmərə)'이므로 패수浿水 또한 'ㄱㄹㅁㄹ(gərəmərə)'라고 말할 수 있습니다. 그런데 이와 똑같은 소리를 달리 적은 한자 기록이 수두룩합니다. 우리 고대사에서 아주 익숙한 말들이 모두 이에 해당합니다. 갈석碣石, 노룡盧龍, 낙랑樂浪, 누방록方, 여랑呂樑, 비여肥如, 용문龍門, 호산壺山 같은 말들이 모두 같은 소리를 표기한 것입니다. 갈석은 강 옆에 비석처럼 서있는 산을 뜻합니다. 여기서 '갈'은 'gərə'를 적은 것입니다. 용문龍門의 龍도 'gərə'인데, 그 자취가 우리말에도 있습니다. '용가리'의 '가리'가 바로 'gərə'의 자취이죠. 고구려의 왕족을 배출한 '계루'도, 발해와 신라를 이은 '고려'도 이런 자취입니다. 한 발 더 나가보면 'gərə'가 '韓'으로도 이어지니, 韓은 용이고, 가리이고, 황금왕족이며, 갈래이고, 계루이고, 고려입니다.

'가리' 얘기 좀 더 하죠. 충북 청주시 한복판을 남북으로 무심천이 길게 흐릅니다. 무심천이 양쪽으로 갈라놓은 곳에 그럴 듯한 지명이 있는데, 동쪽에는 용암동이 있고, 서쪽에는 분평동이 있습니다. 용암동은 대머리 한 씨의 본거지입니다. 용암은 용바위이고, 지금도 버스 정류장 이름에 '작은 대머리'가 있습니다. 이 '용'이 무엇일까요? 과연 '미르'를 옮긴 걸까요? 이걸 알려면 그 짝을 보면 됩니다. 무심천 건너편 들이 분평粉坪입니다. '坪'은 들을 뜻하는 말이니, 앞의 '粉'이 묘하죠. '가루 분'자입니다. '밀가루, 콩가루' 같은 말에 보이는 그 가루를 뜻하는 말입니다. 너른 들판에 웬 가루? 하지만 대번에 이 가루가 용가리의 그 '가리'임을 알 수 있죠. 들판을 갈라놓은 무심천 물줄기를 용으로 본 것이고 그 양쪽에 널리 퍼진 땅에 용이라는 이름을 붙인 것입니다.

'가리'는 갈라진다는 뜻의 어근에 접미사 '이'가 붙은 것입니다. '가름, 갈래기(쌍둥이), 갈래, 가랑이' 같은 말을 보면 가리는 두쪽으로 갈라지는 중심을 뜻하는 말입니다. 이렇게 들판을 가르고 길게 흐르는 냇물을 보고 용가리라고 하지 않을 수가 없지요. 여기서 복판의 뜻으로 독립한 것이 고구려의 그 구리(句麗)이고 계루(桂婁)입니다. 주몽을 배출한 부족이죠. 즉 황금 부족입니다. '미르'는 물에서 비롯한 말이지만, '가리'는 갑골문을 쓰던 퉁구스어에서 비롯된 말임을 알 수 있습니다.

위의 다양한 한자 지명이 갑골문 이후의 옛글에서 모두 똑같은 소리가 나는 말이었다는 것은, 원래 한 낱말로 불리다가 점차 의미가 분화되면서 한사도 달리 기록되었음을 뜻합니다. 즉 원래 같은 소리인 말이 그것을 듣고 쓰는 사람들에 따라서 의미가 덧붙으면서 위와 같이 다양한 이름으로 갈라졌다는 것입니다. '숙신'과 '조선'도 처음에는 한뜻이었지만, 1,000년이 흐르면서 뜻이 달라진 것과 마찬가지입니다.

그런데 정말 재미있는 것은 이들 지명이 모두 중국의 한 지역에 몰려있다는 점입니다. 우리가 아는 갈석산은 만리장성이 끝나는 곳에 있습니다. 그래서 만리장성의 끝이라고 앞서 수없이 말했습니다. 그런데 여기서 말한 갈석산은 만리장성의 끝이 아니라 중국의 한복판인 황하의 물가에 있는 지명입니다. 중국의 옛 지도를 보면 갈석산이 중국의 한복판에 있고, 그 근처에 이 지명이 조로록 나열되었습니다. 하지만 우리가 아는 갈석산은 만리장성 옆의, 진시황과 조조가 올랐던 그 산입니다. 똑같은 이름을 지닌 산이 서로 다른 곳에 있다고 옛 지도가 말해줍니다. 결국 이러한 지명은 황하 한복판에 있다가 민족의 이동과 함께 서서히 만리장성 언저리로 옮겨갔다는 뜻입니다. 이것은 우리가 앞서 살펴본 대로, 『일주서逸周書』의 오랑캐들이 점차 만리장성 밖으로 밀려났다는 뜻입니다.

최춘태 박사의 갑골문과 고대사 관계 강의는 유튜브를 통해 계속 이루어지는 중입니다. 하지만 저는 벌써 많은 이야기를 풀어놨죠. 나중에 누군가 갑골문 연구까지 종합하여, 이 지루한 어원상고사를 다시 써야 할 것입니다. 그런 일을 늙은이인 제가 할 수는 없을 것입니다. 여기저기 구멍 숭숭 나서 너덜거리는 저의 주장과 좀 더 새로운 방법으로 나타난 결과를 합하여 누군가 젊은 연구가가 해야 할 일일 텐데, 그런 후학을 위해서라도 이 너덜걸음을 계속해야겠습니다.

이런 언어 연구의 결과를 따라가다 보면 저절로 한 가지 결론에 이릅니다. 중국과 한반도를 비롯하여 동북아시아의 원래 주인은 알타이어족이었는데, 갑자기 언어체계가 다른 중국어를 쓰는 주나라 족속이 서북쪽의 오랑캐 땅에서 중원으로 들어옵니다. 그들이 주나라를 세우고 고대 왕국의 통치 체제와 문화를 정형화하면서, 그 주변의 모든 민족국가가 그들을 본보기 삼아서 주나라 흉내를 내다가 중국으로 빨려든 것입니다. 그 와중에 제 겨레의 말을 잃은 민족들이 곳곳으로 흩어지면서 원래 살던 곳에 자신들의 언어를 흘려놓고 또 사라집니다. 그 언어의 변화와 민족의 이동 과정을 우리는 지금 어원을 통해서 들여다보는 중입니다. 퉁구스어, 터키어, 몽골어, 중국어, 한국어를 거쳐서 이제 갑골문까지 들여다보는 지경에 이르렀습니다. 이 무모한 지식의 확장을 어디까지 해야 할까요? 역사학자여! 늬들은 도대체 어디까지 언제까지 모르쇠로 버틸 수 있을까요?

한나라 무제가 북방의 흉노를 공격한 사건에서 시작된 이야기가 걷잡을 수 없이 번져가서 어원은 뒷전이고 이제는 우리나라의 고대사를 다 훑어보는 지경에 이르렀습니다. 이 난감한 사태를 어디서 수습해야 할지 저도 잘 모르겠습니다. 흑흑흑.

그런데 지금까지 제 머릿속의 이야기를 가리산지리산 풀어내다 보니, 한 가지 의문이 또 떠오릅니다. 이상한 게 하나 있습니다. 뭐냐면, 무제의 흉노족 정벌은 그렇다 쳐도, 그 후에 벌어진 수많은 정세 변화 속에서 각궁의 골격처럼 또렷하게 드러나는 현상이 하나 있습니다. 중국의 세력 확장이 만리장성을 넘어서 동쪽으로 계속 이어지는데, 그 과정에서 다른 여러 민족은 중국으로 흡수되지만, 유달리 중국에 흡수되지 않고 버티는 부족이 하나 눈에 띕니다. 여러분도 눈치채셨나요? 잘 모르겠다고요. 그럴 수도 있겠습니다. 단순한 독자로 룰룰랄라 따라오는 분들에게는 이게 잘 안 보일 수 있습니다.

하지만, 우리 겨레를 관통하는 한 줄기가 마치 다 분해된 해장국 속의 **뼈다귀**처럼 버티는 존재가 하나 있습니다. 바로 예맥족입니다. 이들은 원래 바이칼호숫가에 살다가 청동기를 따라 중국 접경까지 가서 기자조선까지 지배하던 사람들인데, 중국의 동쪽 정벌이 시작되자 악착같이 저항하며 끝없이 동쪽으로 이동합니다.(그 반대 방향 즉 원래 중국에 있던 민족이었으나, 나중에 바이칼로 이동한 것으로 설명할 수도 있는데, 나로서는 확인할 길이 없음.) 이들의 중국 내 마지막 자취가 북위(386-535)의 공격으로 488년에 촉발된 요서와 진평 사이의 백제이고, 중국과 결사 항전하던 이들은 같은 혈족인 한반도의 백제로 합류하여 끝내 중국화를 거부합니다. 게다가 같은 민족인 고구려도 중국에 계속하여 대항하는 정책을 버리지 않습니다. 제 눈에 띈 것이 바로 이 치열함입니다. 도대체 이들은 왜 이런 걸까요? 예맥이 중국에 대해 이토록 강력하게 저항한 까닭은 무엇일까요?

저의 글을 쭉 읽어오신 분이라면, 이 정도의 질문에 답이 쉽게 나올 듯합니다. 기자조선을 비롯하여 고구려 백제의 지배층은 몽골어를 썼습니다. 이렇게까지 힌트를 주는데도 멀뚱한 표정을 짓는 사람은 저의 글을 완전히 건성으로 읽어오신 분입니다. 반성해야 합니다. 하하하. 한 무제의 흉노정벌로 인해 터키어를 쓰는 흉노는 서쪽과 동쪽으로 대부분 흩어졌지만, 흉노의 통솔하에 중국의 만리장성 북동쪽에 살던 예맥족은 완전히 고립되어 흉노가 떠난 자리에서 중국과 홀로 대항해야 하는 처지가 된 것입니다.

게다가 흉노의 일부 세력은 여전히 위만조선의 지휘 아래 중국과 대립하는 상황이지만, 무제의 침략으로 이들도 한풀 꺾이자 예맥족은 스스로 나라를 연 것입니다. 그것이 소노부에서 권력을 이어받아

이루어진 고구려입니다. 이렇게 보면 예맥족으로서는 중국과 싸우는 과정에서 터키계인 위만조선을 믿을 수 없게 된 셈이고, 결국은 홀로 서는 길을 택하게 된 것으로 보입니다. 나중에 고구려가 한사군을 밀어내며 자리 잡아가는 것도 그런 선택의 방향과 일치합니다.

중국 화하족은 원래 황하 북쪽의 사막지대에서 목축 생활을 하다가 양자강과 황하 사이의 너른 들녘으로 슬금슬금 내려와서 자리 잡은 거레입니다. 주나라 무렵이 되면 그들만의 고유한 문화가 형성되고, 그러한 삶의 배경이 된 곳이 바로 '중원'입니다. 무협지에서도 자주 등장하는 중원中原이란 양자강과 황하 사이의 비옥한 땅을 말하는 것이고, 이곳에 자리 잡은 역대 왕조의 핵심 근거지는 주나라의 수도인 호경과 낙양입니다. 이곳을 중심 무대로 역대 중국의 문명은 남북으로 점차 넓히고 펼쳐져 왔습니다. 중국 대도시의 이름이 그것을 잘 보여줍니다. 양자강 하구에 있는 대도시 이름은 '난징(南京)'이고, 황하 하구에 있는 대도시는 '베이징(北京)'입니다. 낙양이나 장안을 중심에 놓고 볼 때 북한계선의 중심도시가 북경이고 남한계선의 중심도시가 남경입니다.

진나라 때쯤에 이르면 북경에서 조금 더 올라간 곳인 동쪽 끝 갈석산에서 서쪽 고비사막까지 만리장성을 쌓기 시작하면서 중국의 영토 개념이 비로소 자리 잡습니다. 한나라 대에 이르면 영역을 장성 바깥까지 넓히려고 애쓰는데, 그 바깥에 있던 동이족과는 갈등을 빚을 수밖에 없습니다. 중원 동남쪽의 넓은 평야 지대에는 옛날부터 동이족이 살았지만, 중국의 화하족이 남쪽과 동쪽으로 영역을 확장하면서 동이족들은 대부분 중국으로 귀속되고 동화됩니다.

이런 현상은 중국이 동이족을 흡수하는 방향으로도 이어지지만,

그 반대로 동이족들이 강력한 왕조를 세워서 중국으로 들어가 주인 노릇한 방향에서도 이루어집니다. 수많은 왕조가 동북아의 초원지대에서 일어나서 중국으로 들어갔다가 그대로 눌러앉아 중국으로 흡수되고 말죠. 원나라도 세계를 지배할 만큼 강대했지만, 중국에 안주함으로써 혈통까지 동화되어 극소수만이 초원지대로 돌아갑니다. 그 뒤로 다시는 못 일어나고 말죠. 청나라도 처음엔 민족 분리 정책을 쓰다가 결국에는 완전히 중국화 되어 지금은 여진어를 쓰는 여진족을 찾아보기도 어렵습니다. 중국은 만리장성 너머의 수많은 백성과 왕조로 수혈을 받으며 거꾸로 그들을 삼켜버린 것입니다. 중국에서는 이렇게 중원에 왕조를 세웠던 모든 겨레의 내력을 정리하여 역사를 만들고 이름을 '25사'라고 붙였습니다. 이 '25'사가 중국 역사의 줄기입니다. 요즘 발 빠르게 진행되는 동북공정은 자신들의 역사관을 스스로 허무는 행위임을 이 '25사'에서 볼 수 있습니다.

청나라를 배경으로 한 중국 드라마 『황제의 여인』을 보면 순치제가 미복 잠행에 나섰다가 강남에서 한족 미인을 만납니다. 이 여인을 궁으로 데려와서 벌어지는 소란이 이 드라마의 주제인데, 한족 여인과 혼인할 수 없다는 청 황실의 내부 원칙과 현실에서 벌어진 애틋한 사랑 사이의 갈등이 잘 드러납니다. 순치제의 강한 반발로 결국 이 여인을 받아들이기로 하는데, 이 문제는 만주족 백성들에게도 마찬가지여서 나중에는 만한 혼인을 허용함으로써 만주족이 한족에 흡수되는 결과를 초래합니다.

바로 이런 동화 현상 때문에 앞서 알아본 예맥족의 치열한 저항은 아주 독특한 현상으로 저의 눈에 띈 것입니다. 물과 기름처럼 중국에 섞이지 않으려고 몸부림치는 이들의 처절한 행동과 저항은,

오랜 뿌리가 있던 것임을 말씀드리려고 하는 것입니다. 앞서 알아본 대로 춘추전국시대 진나라와 조나라는 조상이 같고, 이들은 주르친(珠里眞)이었습니다. 즉 퉁구스계열이었다는 말입니다. 단군조선도 퉁구스어를 썼죠. 그렇다면 사건의 내막은 이렇게 정리됩니다. 10,000년 전의 적봉과 홍산 지역에서 석기시대 왕조인 단군조선이 서는데, 소빙하기로 그곳의 환경이 황폐해지면서 이들 세력의 일부가 기원전 1,600년 무렵 황하 유역으로 옮겨서 치앙(商) 나라를 세웠고, 따라서 은나라의 지배층은 단군과 같은 주르친 계열이었다는 말입니다.

그러나 우리가 눈여겨보며 따라가는 고구려는 몽골어를 쓴 사람들이었습니다. 주르친 계열이 은나라 때 지배층 노릇을 하다가 주나라에게 망하고 춘추전국시대로 접어들면 그 후예들이 진나라와 조나라를 세웁니다. 반면에 그들보다 더 동쪽에 있는 연나라와 제나라에서는 기자의 자취가 곳곳에서 발견됩니다. 따라서 춘추전국시대에 중국의 북서쪽은 주르친 계열의 제후국이 들어서고, 중국의 북동쪽과 동쪽에는 몽골어 계열의 제후국이 들어서는 것입니다. 처음부터 지배층이었던 주르친 계열의 밑에서 살던 몽골어 계열이 독립의 움직임을 보인 것이 은주 교체기 이후의 변화양상이라는 것입니다.

게다가 발해만 지역에 살던 사람들은 중국화를 받아들이느냐 아니면 저항하느냐를 선택해야 하는데, 통치를 받아들인 사람들은 연나라와 제나라로 자리 잡고, 저항하는 사람들은 '오랑캐' 소리를 들으며 자신의 본모습을 지키려고 합니다. 중국의 제후국이 힘을 얻으며 자리 잡을수록 이들은 근거지를 빼앗기고 자리를 옮기게 되죠. 이런 상황이 부리야트를 비롯하여 고구려 같은 몽골어 쓰는 사람들이 끝없이 저항하며 이동하게 된 원인으로 보입니다.

물론 이렇게 언어의 계열만으로 단순화하는 것은 좀 위험합니다. 왜냐하면 퉁구스어를 쓴 사람들도 상황이나 여건에 따라 동쪽으로 끝없이 함께 옮겨가기 때문입니다. 진국辰國을 거쳐 신라新羅에 이르는 박혁거세 세력이 이런 이들을 대표합니다. 또 흉노에서 쏟아져 들어오는 터키어 계열의 부족도 있죠. 이런 역사 변화에는 수많은 변수가 있지만, 그것을 주도한 세력 분포가 몽골어를 쓴 사람들이 역사의 주요 사건에서 도드라지기에 이런 결론을 내리는 것입니다.

이런 변화 중에서 우리가 역사 기록에서 접할 수 있는 사건의 중대한 변곡점은 한나라 무제의 흉노정벌이 아닐까 하는 저의 생각을 말씀드리려고 이렇게 주절주절 떠드는 셈입니다. 뭐 역사학자들께서 아니라고 하시면 하는 수 없지만, 문학을 전공한 저로서는 이런 상상이 즐거울 따름입니다. 이렇게 말하면 지금까지 그렇게 많은 얘기를 했는데도 예맥족이 몽골족이라는 증거가 어디 있느냐고 호통치실 분들이 또 있을 듯하여, 고구려 얘기를 안 할 수가 없습니다.

고구려의 통치구조는 흉노와 똑 닮았습니다. 고구려 얘기를 하기 전에 고구려의 일파가 한강가로 와서 세운 백제 얘기를 하는 게 더 낫겠습니다. 백제의 정치체제는 5부제라는 것을 우리가 배웠습니다. 중앙은 왕이 직접 통치하고, 나머지 동서남북에는 각기 해당하는 부部를 두어서 독립된 형태로 운영되었고, 이것은 예하 조직도 마찬가지였습니다. 그런데 이런 조직은 흉노의 것이었습니다. 흉노는 선우의 지휘로 전투에 임할 때 각기 소속에 따라 오방기(청황적백흑)를 휘날리면 등장했습니다.(『알타이 인문 연구』) 색깔만 보면 어디 소속인지 금방 알게 되는 체제입니다. 바로 이것이 그대로 백제에 적용된 것입니다. 백제의 지배층이 터키어(비류계)와 몽골어(온조계)를 쓴 연합

정권이었기에 당연한 현상입니다.

지금은 우리가 동서남북과 중앙이라고 말을 하지만, 과연 당시 백제 사람들도 이렇게 말을 했을까요? 예컨대, "너는 어디 사는 사람이냐?"고 묻는다면, "나는 동부에 사는 누구다."라고 대답을 했겠느냐는 것입니다. 그럴 리가 없지요. 동부니, 서부니, 남부니, 북부니 하는 말들은 『삼국사기』를 기록한 사람들의 용어일 것입니다. 말하자면 고려 시대의 유학자들이죠. 그 대표자가 김부식이라는 건 우리가 학교에서 잘 배워서 압니다. 하지만 몽골어를 쓰는 백제 지배층이 이런 말을 했을 리가 없습니다. 백제 지배층은 몽골어로 자신이 속한 각 부의 명칭을 불렀겠지요. 뭐라고 불렀을까요? 모르겠다고요? 아무도 그런 얘기를 하거나 그런 상상을 해본 적이 없을 것입니다. 저도 학교 교육에서는 그런 말을 들어본 적이 없습니다. 제가 찾아내고 상상한 것을 지금 이 자리에서 말씀드리는 겁니다.

그런데 생각을 조금만 돌려보면 어려울 것이 하나도 없는 문제입니다. 백제는 고구려에서 나왔으니, 고구려를 들여다보면 백제 지배층이 쓰던 말을 알 수 있습니다. 고구려도 백제와 똑같이 5부제로 나라를 운영했습니다. 고구려의 전신인 부여도 마찬가지입니다. 부여는 4출도라고 분명히 말했습니다. 중앙을 뺀 나머지를 말합니다. 그것도 옻말에 있는 용어를 그대로 썼습니다. 마가, 우가, 저가, 구가. 이걸 우리말로 바꿔볼까요? 말한, 쇠한, 돝한, 개한. 이 말도 처음 보죠? 이런 상상을 한 번도 안 해보셨죠? 저는 문학도라서 혼자 이런 생각 많이 해봤습니다. 그리고 그런 생각을 하기 시작한 지 40여 년만에 이 자리에 슬그머니 털어놓는 겁니다. 중앙의 왕은 무슨 한일까요? '걸한'이죠.

고구려의 통치구조는 5부제였습니다. 이 말이 『후한서』 동이전 '고구려' 조에 이렇게 나옵니다.

一曰 內部 一名 黃部 卽 桂婁部也.
二曰 北部 一名 後部 卽 灌奴部也.
三曰 東部 一名 左部 卽 順奴部也.
四曰 南部 一名 前部 卽 絶奴部也.
五曰 西部 一名 右部 卽 涓奴部也.

물론 『삼국사기』 같은 국내의 기록과 대조해보면 한자를 조금 다른 것으로 쓴 경우도 있습니다만, 대체로 그 소리는 비슷합니다. 둘의 한자 기록이 다르다는 것부터가 심상치 않습니다. 꼭 그 한자로 쓰지 않아도 된다는 것은, 어떤 소리를 한자의 음을 빌어서 적었다는 증거입니다. 훈차가 아니라 음차라는 것이죠. 하나씩 살펴보겠습니다.

계루桂婁(kyölu)는 윷말 '걸'에서도 보셨지만, 중앙을 뜻하는 말로 몽골어에 'gool'이 있습니다. 똑같습니다.
순노順奴(jiuəno)는 몽골어에 'jegün'이 있는데, 이게 '왼쪽, 동쪽'을 뜻하는 'jün'이고, 만주어로는 '왼쪽'을 뜻하는 'jun'이 됩니다.
연노涓奴(ueno)는 '서쪽, 오른쪽'을 뜻하는 몽골어 'örne'와 같습니다.
절노絶奴(jueno)는 '위'를 뜻하는 몽골어는 'degere'이고, '남쪽'은 'jule-rgi'입니다.
관노灌奴(kuanno)는 '뒤'를 뜻하는 몽골어는 'qoyina'이고, '북쪽'은 'qoyitu'입니다.

따라서 이런 음운체계를 보면 백제의 지배층은 '동부'라고 한 게 아니고, '순나부'라고 했고, '북부'라고 한 게 아니고, '관나부'라고 했을 것입니다. 왜 또 '노'가 아니고, '나'냐고요? 『삼국사기』에는 나(那)라고 나와서 그렇게 했습니다. 그것도 못마땅하시다고요? 참, 나!

　이들은 지배층입니다. 만주와 한반도의 토착 부족은 길약과 아이누입니다. 현재 길략 족은 러시아 아무르강 하구 주변에 극소수만이 있고, 아이누는 일본 홋카이도에 몇천 명이 사는데, 아이누어를 구사하는 노인은 100명이 채 안 된다고 합니다. 이 두 민족이 원래의 토착 부족이었는데, 한반도의 서북쪽 초원지대에서 청동기와 철기로 무장한 세력이 밀려들면서 그들과 연합 국가를 만듭니다.

　나중에 더 얘기할지 어떨지 모르겠는데, 만주와 한반도의 피지배층은 점차 대륙의 가장자리로 밀려납니다. 말을 타는 초원지대에서도 쫓겨난 사람들은 더 북쪽으로 올라가 결국은 순록을 따라다니며 사는 힘겨운 삶의 방식을 택하거나 아예 얼음 나라 속으로 스며들죠. 예벤키 이누이트 같은 부족들이 그렇습니다. 한 발 더 나가, 베링해협을 건너 아메리카 대륙으로 간 부족도 있습니다.

　백제의 경우는 고구려에서 갈라져나온 구다라족이 지배층을 형성하면서 한성 백제 시대를 여는데, 웅진으로 천도한 뒤에는 남쪽에서 올라온 드라비다 출신의 가야 세력과 연합하여 정권을 유지합니다. 이 무렵에 이르면 구다라족은 세력을 거의 잃고, 가야계의 정권이라고 할 만큼 남쪽에서 올라온 세력이 권력의 핵심층을 장악합니다. 이들은 바다 건너 왜까지 이어지죠. 백제가 망한 뒤에 유민이 한바탕 일본으로 건너가 일본 천황가까지 진출합니다. 아키히토 천황이 자신에게 백제의 피가 흐른다고 말한 것은 바로 이것을 말합니다.

말이 나온 김에, 고구려어 몇 가지를 더 살펴보겠습니다. 먼저 시조 '동명성왕'의 이름이 '주몽'입니다. '성왕'은 거룩한 임금님이라는 뜻이니 존칭입니다. '동명'이 무슨 말인지가 문제죠. 저 유명한 『삼국지』 위서 동이전에 '其俗言朱蒙者善射也'라고 나옵니다. '주몽'의 말뜻이 '활을 잘 쏜다'라는 거죠. 주몽은 어릴 때부터 활을 잘 쏴서 임금의 자리에 오른 사람입니다. 조선 태조 이성계도 그렇죠. 사실 저도 활을 잘 쏜답니다. 책도 냈어요. 『한국의 활쏘기』.

몽골어로 '화살'은 'sumun'입니다. 오늘날 발음으로 '쑤문'쯤이 될 텐데, 이 정도면 '주몽'과 비슷하지 않나요? 쑤문〉쑤멍〉쑤몽〉주몽. 고구려 호태왕비에 시조 이름이 '추모鄒牟'로 적힌 것을 보면 발음이 'sumun'에 훨씬 더 가까워지죠. 활을 잘 쏘니까 어릴 적부터 '화살'이라고 부른 건데, 그럴듯합니다.

이게 만주어로 건너오면 'maŋga(善射)'가 됩니다. '동명東明'은 동쪽을 뜻하는 몽골어 'jegun〉jun(東)'과 만주어 'maŋga(善射)'이 만나서 이루어진 말입니다. 몽골족의 지도자 이야기를 퉁구스족이 말하게 되면서 두 말이 섞인 것이죠. 행사 때 핸드폰을 오늘날 '예절모드'로 해달라는 것과 같은 식입니다. 'sumun'과 'maŋga'가 만나면 더더욱 '주몽'에 가까운 발음이 납니다. '쑤문망가'가 줄어들면 충분히 '주몽'으로 발음될 수 있습니다.

주몽이 활을 잘 쏘아서 붙은 이름이라는 것이 『삼국사기』를 비롯한 정사의 견해입니다. 이제 저의 특징인 문학도의 삐딱한 곁눈질을 따라서 한 번 더 딴 곳으로 달려보겠습니다. 고대의 왕족들은 모두 황금 겨레로 자처했다고 했습니다. 주몽이 혹시 이런 말이 아닐까 하고 짐작해보는 것입니다. 황금은 'čin'이라고 했죠. 칭기즈칸의 '칭'

도 청나라의 '淸[qīng]'도, 금나라의 '金[jin]'도 모두 이것을 표현한 말이라고 했습니다.

주몽의 다른 기록은 많습니다. 추모鄒牟, 중모衆牟, 추몽鄒蒙, 중모中牟, 도모都慕. 첫소리가 단단입천장소리(ㅅ-ㅈ-ㅊ)입니다. 만약에 2음절로 표기된 이 말을 단 하나로 줄인다면 어떻게 될까요? '춤, 줌'이 되겠죠. 이거 어떤 낱말과 아주 비슷하지 않나요? 우리가 많이 보아 온 진眞, 辰, 震과 비슷합니다. 이런 한자는 모두 '금'을 적은 말이라고 했죠. 왜 미음이냐고요? 벌써 답이 나왔죠. 'čin'을 우리는 '금, 김'이라고 읽습니다. '주몽'은 '김金(čin)'일 수 있습니다. 황금 겨레의 시조죠. 그러면 이제 왜 동명이라고도 적을 수 있는지 답이 보입니다.

동명東明은 우리말로 '식빗'입니다. '쇠(金)'를 '식(東)'으로 번역한 것이죠. 시조는 창시자이고, 첫 하늘을 여는 사람이니, 이름을 '새벽'이라고 한 것입니다. 그 안에는 황금 겨레의 뜻도 들었습니다. 새로운 문파를 연 사람에게 '새벽'이라는 이름을 붙이는 경우가 종종 있습니다. 신라 고승 '원효元曉(식빗)'도 이 뜻입니다. 훗날 스님 중에서 효曉 자가 들어가는 분이 있는데, 원효의 자취를 따라보려고 그렇게 지은 것이겠지요. 효봉曉峰 스님도 그런 경우라고 봐야겠죠?

'čin'이 우리 말로는 '김, 금'이지만, '주르친'에서 보았듯이 '친'으로 발음됩니다. 그런데 [zhèn]으로도 발음될 수 있음을 안다면 우리는 재미있는 현상을 하나 발견할 수 있습니다. 황제가 자신을 가리킬 때 '짐朕'이라고 하죠. 이 발음이 바로 [zhèn]입니다. 'čin'과 같죠. '짐'은 '황금 겨레의 아들天子'라는 뜻입니다. 주몽은 결국 '짐'이고 황금 겨레를 뜻하는 말입니다. 동이족의 이 말이 진나라로 들어가서 최초의 황제인 진시황이 자신을 가리키는 말로 쓰게 된 것입니다. '시황始皇'은 첫 번째 황제의 뜻입니다. 그러니 '짐'이라고 할 수밖에 없죠. 왕은 자신을 '과인'이라고 합니다. '짐'은 황제가 자신을 가리키는 말입니다.

『위지』에 보면 고구려에서는 왕의 종족을 고추가古鄒加라고 했다는데, 만주어로 '시중侍中'을 'gočika'라고 합니다. 똑같은 발음이죠. 고구려의 귀족을 같은 지배층이던 퉁구스족이 부른 이름임을 알 수 있습니다. 백과사전에서는 왕을 배출하는 계루부와 그 전의 왕을 내던 소노부, 그리고 왕비를 배출하는 절노부의 대인들에게 주어졌던 이름이라고 설명합니다. 신라의 갈문왕葛文王와 같은 것이라고 덧붙이네요. 고추가나 갈문왕과 비슷한 벼슬이 흉노에도 있습니다. 곡려왕谷蠡王이 그것입니다. '古鄒加=葛文王=谷蠡王'라는 얘긴데, 나중에 이 셋의 관계를 어원으로 풀어보겠습니다. 지금은 그냥 지나갑니다. 힌트를 드리자면 〈古, 葛, 谷〉이 모두 기역(ㄱ)으로 시작하는 말이라는 겁니다. 뭔가 음성 유사가 느껴지시죠? 이러면 절반은 풀린 겁니다.

고구려에서는 지방 장관을 욕살褥薩이라고 불렀습니다. 몽골어로 '날개, 옆'은 'jigür'이고, 만주어로 '대신, 귀인'은 'said'입니다. 고대 터키어에서도 비슷하여 서돌궐에서는 〈욕곡설欲谷設을 세워 대가한으로 삼았다.〉라는 말이 나오는데, '욕곡설'은 고대 터키어로 '위게 샤드(Üge shad)'를 적은 말입니다. 한 눈에도 욕곡설이 욕살과 같은 말임을 볼 수 있습니다. '곡'은 받침 기역(ㄱ)을 적은 것입니다. 각기 서로 다른 민족이 지배층으로 섞여 살면서 생긴 말입니다.

고구려 멸망의 씨앗이 된 연개소문의 벼슬 이름은 대막리지大莫離支였습니다. 터키어로 '대왕'은 'maqarač'입니다.(『비교언어학적 어원사전』) '치'는 '벼슬아치, 다루가치, 누루하치'에서 보이는 사람을 뜻하는 말입니다. 여기에 '대'가 붙었으니, 왕 이상의 권력을 행사했다는 뜻이겠지요. 실제로 연개소문은 왕을 허수아비로 만들고 자신이 전권을 행사했습니다. 그 권력을 잡으려고 아들 형제가 싸움박질하는 바람에 고구려가 망하는 계기를 만들죠. 권력을 한 군데로 몰빵한 것이 오히려 고구려의 아킬레스건이 되었습니다. 독재는 예나 이제나 위험한 것임을 이런 데서 봅니다.

예맥족은 앞서 살펴본 대로 중국의 북동부에서 움직이기 시작해서 여러 자취를 남깁니다. 『삼국유사』 고조선 조에는 '고려'를 '고죽孤竹'이라고도 했는데, 이것도 고구려의 뜻입니다. 대나무나 갈대를 몽골어로는 'qusulu'라고 하는데, 우리말에서도 '갈대'를 보면 '갈'이라고 한 것을 볼 수 있죠. 그러니 孤竹은 'kokulu'라고 읽으면 되죠. 고구려를 적은 말입니다. 중산국中山國도 마찬가지입니다. 몽골어로 가운데를 'kogoro'라고 하고, 산을 'agula'라고 합니다. 이 둘을 합치면 'kogura'가 되죠. 이처럼 고구려의 자취가 중국 땅 여기저기에 남았습니다.

근래에 중국 오지 여행을 하고 온 분들의 얘기를 보면 묘족, 장족이 사는 서남쪽도 그렇고 중국의 오지에 '꺼우리'라는 말을 하는 사람들이 많다고 합니다. 그들의 사는 모습을 보면 맷돌을 쓴다든지 절구를 쓴다든지 하여 우리나라와 비슷한 습관이 많다고 하니, 예맥족은 동북쪽으로만 간 것이 아니라 사방으로 흩어진 것으로 보입니다. 중국으로 좀처럼 동화되지 않고 자신의 정체성을 끝까지 지키려는 고집이 보입니다. 2,000년이 넘도록 그 자취가 남아있다는 것이 정말 대단한 일입니다. 위에서 보이는 '고죽'이니 '중산'이니 하는 말들도 그런 자취들이라고 봅니다. 심지어 미얀마의 치앙마이에 다녀온 사람들은 거기서도 맷돌을 비롯하여 지게처럼 우리와 비슷한 풍속을 보았다고 합니다. '치앙'은 상商과 같은 말이라고 했죠? 은나라의 나라 이름이 '상'인데, 이것을 2,000년 전에는 '치앙'이라고 읽었습니다.

마지막으로 고구려의 기원에 대해서 정리하고 가겠습니다. 주몽이 왕위에 오른 것을 고구려의 건국으로 보는 게 역사학계의 정설입니다. 그렇다면 문제가 당장 생깁니다. 즉 역대로 왕을 배출한 부족은 고구려의 5부족 중에서 소노부였다는 것입니다. 이게 뭔 소립니까? 그러면 이 기록은 고구려의 역사와 완전히 모순입니다. 이 모순을 해결하는 것은 고구려가 주몽부터 시작되지 않았다는 것입니다. 고구려가 아닌 다른 이름으로 이어져 오다가 주몽부터 이름을 고구려라고 했다는 것이죠. 그렇다면 그 전에는 무엇이었을까요?

앞서 간단히 말하고 지나온 적이 있습니다. 원래 주몽 이전의 고구려는 다민족 연합국가였고, 그것을 주도한 세력은 소노부였습니다. 이 때의 이름은 무엇이었을까요? 소노부가 세운 부족국가 이름은 기자조선이었을 것으로 짐작됩니다. 기자조선의 마지막 왕 준은 위만에게 속아서 밀려났고, 남쪽으로 도망가서 삼한의 우두머리가 됩니다.

그런데 한참 뒤 백제의 세력이 고구려에서 벗어나 한강가에 왔을 때 그곳 세력에게 큰 저항을 받지 않고 나라를 세웁니다. 이게 정말 이상하죠. 먼저 가서 살던 준 왕의 세력이 호응하지 않으면 안 될 일입니다. 준왕의 세력과 소서노 세력은 같은 혈족이었다는 증거입니다. 몽골어를 쓰는 준왕이 터키어를 쓰는 위만 세력에게 밀려 바다 가운데(한반도)로 도망간 뒤 100여 년만에 다시 같은 피붙이 겨레가 남쪽으로 우르르 내려온 것입니다. 그러니 원래 있던 사람들은 이들을 환영할 수밖에 없죠.

우리 고대사를 훑어보면 중국의 침략에 가장 강하게 맞서 싸운 부족이 예맥족이고, 이들의 언어는 몽골어임을 보여줍니다. 터키계 흉노족들이 밀려난 틈에 이들의 강한 전투력 밑으로 다른 동이족들이 합류한 것이고, 그것이 기자조선의 뼈대입니다. '기자조선'이라는 기치 아래서 중국과 맞서 싸우며 끝없는 세력의 재편이 이루어진 것이고, 기자조선이라는 이름을 더는 유지하기 어렵게 되자 그 밑에서 각기 독립한 것이 기원전 무렵의 동북아시아 상황입니다. 그 선두주자가 고구려이고, 이들은 북으로 부여를. 서남쪽으로 한사군을 물리치면서 당당히 새로운 시대의 주인공으로 등장합니다. 기자조선의 이름을 새 이름으로 바꾼 사람이 주몽이고, 그것이 고구려입니다.『삼국유사』왕력에 주몽을 '壇君之子'라고 적은 것은 그것을 뜻합니다. 주몽은 단군을 잇는 사람이었던 것입니다. 단군은 대대로 조선의 임금을 가리키는 말이었습니다. 주몽이 그 노릇을 새로 맡게 되었다는 뜻입니다.

여기서 잠깐 생각해볼 것이 고구려와 백제를 세운 여인 '소서노召西奴'입니다. 아무리 봐도 사람 이름 같지가 않습니다. 특히 여인의 이름이라는 게 믿기지 않습니다. 고구려 이전에 왕족을 배출하던 '소노부'를 너무 닮았습니다. 상고음 '消[siau]-召[dʰiau]-眞[ʈien]'을 눈여겨볼 필요가 있습니다. 여기에다가 방향을 나타내는 서西가 붙었습니다. '노奴'는 고구려의 부족을 나타내는 '나那'와 같은 말이죠. 이것을 사람 이름이 아닌 부족의 이름으로 본다면, 왕위 계승을 계루부에게 빼앗긴 소노부가 남쪽으로 내려와서 따로 세운 왕국이 백제가 됩니다. 소서노가 주몽을 왕으로 만들었으니, 원래는 소서노가 왕족이었다는 말도 됩니다. 소노부 일파인 소서노가 남쪽으로 내려와서 백제를 만들었다는 것이죠. 이렇게 봐도 매끄럽습니다. 희한합니다.

　이렇게 설명하고 나도 뭔가 찜찜합니다. 사실과 사실 사이, 기록과 기록 사이의 채워지지 않는 빈 곳을 역사학자들이 싫어하는 문학도의 상상력으로 메꾸어 보겠습니다. 저야 어차피 역사학자도 아니고, 역사물 따위는 옆눈으로 흘겨보면서 역사의 낯짝이 아니라 옆구리를 상상해 보는 즐거움으로 사는 놈팡이이니, 이참에 제 상상 속의 나라를 펼쳐 보이는 것이 저의 흠을 더 보태는 일이 될 것 같지도 않습니다.

　제가 역사의 낯짝이 아니라 옆구리라고 했는데, 이게 농담 같아도 농담이 아닙니다. 북부여에서 유화가 햇빛에 닿아 임신했는데, 나중에 커다란 알을 낳았습니다. 어디로 낳았는지 아십니까? 옆구리로 낳았습니다. 왜 옆구리일까요? 정상이 아니라는 뜻입니다. 아비가 누구인지 정확히 모른다는 것이죠. 그래서 제대로 낳은 게 아니라 옆구리로 낳았다고 표현한 것입니다. '옆'은 이런 뜻입니다. 단군신화에서 환웅이 환인의 서자庶子라고 한 것도 이런 뜻입니다. 혼란의 시대에는 정상 궤도에서 벗어난 자가 새로운 세상을 여는 법입니다. 그래서 곁눈질이 필요합니다. 앞만 보고 내달리는 말들은 옆을 볼 수 없습니다. 역사학자는 경주마입니다. 옆을 볼 줄 모르죠. 저는 앞보다는 옆만 훑어봅니다. 짐을 싣고 딸랑딸랑 따라가는 조랑말쯤 될까요? 지금도 역사의 옆구리를 열심히 훑고 있죠. 역사가들이 놓친 뒷목을 열심히 줍는 중입니다. 우리 한국사 서술에 무슨 보탬이라도 되지 않을까 하고…….

중국과 한국의 고대사를 가만히 들여다보면 공통으로 드러나는 현상이 하나 있습니다. 3수입니다. 제가 동아시아사라고 하지 않고 중국과 한국의 역사라고 말하는 것은, 일본을 빼놓고 싶은 까닭입니다. 일본은 섬나라이기 때문에 고대사에서 외부에 영향을 미칠 일이 없습니다. 외부로부터 받아들이기 바쁜 처지죠. 마치 쓰레기통처럼 동양 문화의 모든 찌꺼기가 켜켜이 쌓여서, 나중에 쓰레기통의 주인공들이 잃어버린 물건을 찾으려고 뒤적거리듯이 들여다보면 되는 곳이 일본사입니다. 일본이 제 나라 역사를 동양사의 우두머리에 놓고 싶어 안달하며 쓸데없는 오기를 부리는 것은, 근대 일본제국주의의 망령 때문입니다. 이런 망령에 시달리다 보니 자기네 고대 역사를 조금이라도 더 끌어올리려고, 학자라는 사람들이 구석기 시대의 지표인 돌도끼를 자신의 발굴 현장에다가 몰래 '심는' 짓을 서슴지 않는 것입니다.

　　일본학자들이 아무리 이런 안타까운 몸부림을 쳐도 섬에 갇힌 그들의 운명은 고대사에서 외부로 영향을 미칠 수 없는 일입니다. 기껏해야 노략질을 일삼는 왜구의 존재로나 비칠 따름입니다. 일본학자들이 임나일본부 어쩌고 떠들어봤자, 동양의 고대사에 관해 언급할 때 일본의 존재는 전혀 의미가 없습니다. 거론할 가치가 없고 반박할 필요도 없습니다. 우리에게 의미도 없는 임나일본부를 우리가 입증한들 무슨 소득이 있습니까? 그냥 일본학자들끼리 떠들다가 말게 두면 됩니다. 조선을 식민지로 삼을 밑밥으로나 쓸 길밖에 없는 그따위 이론에 맞장구쳐주는 일이 오히려 그들의 궤변을 정당화시켜주는 일입니다. 남의 쓰레기통을 뒤져서 궤변을 펼칠수록 안타까운 그들의 열등감과 섬나라에 갇힌 사람들의 옹졸한 모습만 더욱 드러날 뿐입니다.

일본학자들의 연구는 조심스럽고 의심스럽게 바라봐야 하는 것은, 근대 학문의 성립 초기부터 설정이 잘못되었기 때문입니다. 특히 우리나라와 관계를 맺는 부분에 대해서는 더더욱 그렇습니다. 조선을 식민지로 삼아야겠다는 컴컴한 생각을 뒤통수 안쪽에 깔아놓고서 모든 동양사 자료를 그딴 식으로 접근하여 해석하니, 똥개 눈에는 똥만 보인다고, 제가 보고 싶은 것만 계속 되풀이하여 보게 되고, 그러다 보니 자기들끼리 주거니 받거니 떠들다가 있지도 않은 종이호랑이까지 만들어내는 것입니다. 그게 조선 고대사를 바라보는 일본 학자들의 의식 밑에 깔린, 벗을 길 없는 업보입니다. 그렇게 저질러놓은 글들이 워낙 많아서 우리나라 역사학자들의 공부도 그 언저리를 맴돌다 다람쥐 신세를 면치 못하고 맙니다. 끝없이 쳇바퀴 돌죠. 그게 우리가 국사 시간에 배운 '한심한 국사'입니다.

왜 '한심한 국사'라는 토를 달았냐면, 제가 10대 새파란 나이에 국사를 배우면서 우리나라 역사에 관해 아무런 자부심을 느끼지 못했기 때문입니다. 오히려 열등감만 잔뜩 부풀리며 우리나라는 왕조마다 왜 이 모양인가 하는 회의감만 느꼈습니다. 이것이 틀린 역사 지식으로부터 발생한 열등감과 좌절감임을 안 계기는 20살 때 읽은 문공사 판 700원짜리 『조선상고사』였습니다. 이 책을 읽으면서 바람 빠진 풍선처럼 오그라들었던 국사 열등감은 팽팽히 부풀어 올라 열기구처럼 저를 싣고 둥둥 떠다니다가 지금 여기에 다다랐습니다. 그리고 역사학자와 역사학계를 향해 어원학을 공부한 사람으로서 40여 년 만에 젊은 학자들에게 쓴소리하는 것입니다. 늙은 학자들은 제 말을 듣지 않을 것이기에 그렇습니다.

말을 하다 보니 자꾸 딴 길로 새곤 합니다. 저에게 억눌린 감정이 많아서 그렇습니다. 지방 신문사에서 멍석 한 번 깔아주니 거기서 살판 내느라고 이렇게 나불거립니다. '주둥이'는 드라비다어 'cuṇṭu(부리, 아랫입술)'에서 온 말입니다. '살판'은 남사당 소고잡이가 공중에서 빙글빙글 도는 것을 말합니다. 둥글게 돌아서 '살'('사리다'의 어근)이고, '판'은 사람을 뜻하는 우리말입니다. 앉은뱅이, 떡보, 먹보. 본론으로 돌아와서.

앞서 3수를 말하다가 삼천포로 빠졌는데요, 중국과 한국의 역사에서 이런 현상이 아주 또렷하게 나타납니다. 가야를 굳이 빼고 고구려 백제 신라로 '삼국'을 정의하는 것이나, 기자조선의 준왕이 남쪽으로 도망가서 삼한이라고 한 것이나 다 이런 것입니다. 중국의 경우 중원中原에서 화하족이 웅크리다가 양쪽으로 세력을 확장하면서 북경과 남경을 둡니다. 역대 왕조가 번갈아 가며 삼는 수도가 셋(長安, 南京, 北京)입니다. 이것은 땅덩어리가 크다 보니 나타난 현상입니다.

북방의 초원지대에서 주인 노릇하던 흉노도 그렇습니다. 가운데 선우가 있고, 서쪽으로 우현왕, 동쪽으로 좌현왕이 있습니다. 이렇게 세 구역으로 나누어 통치하는데, 선우는 운중에 있고, 좌현왕은 상곡에 우현왕은 상군에 있다고, 『사기』 흉노 열전에 나옵니다. 상곡上谷은 '수리골:오리골'을 한자로 적은 것이고, 상군上郡은 '수리고을:오리고을'을 한자로 적은 것입니다. 둘 다 '왕이 사는 곳'을 가리키는 말입니다.

반면에 선우가 사는 곳은 운중雲中입니다. 선우가 있는 도읍은 용성龍城, 龍庭이라고 하는데, 옛날에 왕을 용으로 여겼으니 그렇게 부른 것입니다. 그 용성이 있는 현(고을) 이름이 운중입니다. 운중은 '비구름의 속'을 뜻하는 말인데, 선우가 있는 현의 이름이 왜 운중일까요?

용은 비구름이 있어야 날 수 있습니다. 그래서 선우가 있는 곳을 '雲中'이라고 한 것입니다.

이 글을 읽으면서 또 이맛살을 찌푸리는 역사학자들 표정이 환히 보이네요. 문학에서는 그렇게 표현한다는데 그게 그렇게 떫을 일인가요? 주변의 시인들에게 물어보세요. 제 말이 거짓말인가? 저의 풀이를 들으면 아마도 다들 감탄할 겁니다. 문학은 역사의 짝입니다. 과거의 어떤 행위가 기록을 만나면 역사가 되고, 상상력을 만나면 문학이 되는 겁니다. 문학과 역사는 동전의 앞뒷면입니다.

고구려를 세운 동명성왕이 죽었을 때 하늘에서 황룡이 내려와서 모셔갔습니다. 요즘 표현으로 치면 '꼰대 유학자'쯤 되는 김부식이 『삼국사기』 고구려 본기 동명왕 조에 그렇게 적어 놓았습니다. 이 황당한 이야기를 '본기'에 넣을까 말까 고민하다가 넣었을 김부식의 떫은 얼굴빛이 환히 보입니다. 옛날에는 임금을 하늘의 아들天子이라고 여겼으니, 이런 이들이 보통 사람처럼 곱게 죽는 것은 더 이상한 일입니다. 하하하. 왜 청룡이 아니고 황룡이었을까요? 노랑(黃)은 중앙을 뜻하는 색입니다. 고구려인들은 스스로 이 세상의 중앙이라고 여겼다는 뜻입니다. 오직 황제만이 이렇게 생각하고 말합니다. 고구려 왕은 스스로를 천자라고 여긴 증거입니다.

흉노는 방위 개념이 뚜렷해서 이들 세 왕 밑에는 각기 오방기를 펄럭이며 나타나는 부족들이 있습니다. 전후좌우, 동서남북이 따로 영역을 갖추어 다스리다가 중앙의 왕이 명령을

삼국사기 고구려 본기

내리면 출동하는 방식이죠. 사마천의 『사기』 열전 흉노전에, 흉노의
통치 조직은 만기萬騎를 한 단위로 하는데, 모두 24장長이 있다는 것
은 이것을 말합니다.(이 24가 24절기와 일치한다는 것과 그 이유는 나중
에 따로 할 기회가 있을 것입니다. 그러기를 바랍니다.) 선우를 뺀 수가
24이니, 1을 더하면 25가 됩니다. 5×5=25. 여기서 흉노족의 인구도
간단히 추산할 수 있죠. 남자가 25만 명이니, 한 가장이 처와 자식
을 3명 거느렸다고 한다면 본인 포함 4명이니, 25×4=100만 명입니다.
처자식이 4명이면 총인구는 125만 명입니다. 5명이면 150만, 6명이면
175만……

고조선은 어떨까요? 똑같을 겁니다. 통치 영역이 중원보다 훨씬
더 넓기 때문입니다. 중국이 진나라 때 쌓은 만리장성을 기준으로 지
도를 펼쳐보면 장성 안쪽의 영역보다 그 바깥의 초원지대가 훨씬 더
넓습니다. 그 넓은 지역에는 서로 다른 말을 쓰는 수많은 종족이 흩
어져 삽니다. 이들 중에서 이동이 가장 잦은 겨레는 '몽골, 터키, 퉁
구스' 말을 쓰는 사람들입니다. 나머지 부족은 이들의 방계 부족이
거나, 아니면 이들과 필적할 수 없는 피지배 민족이죠. 만주와 한반도
에 퍼져 살던 길약이나 아이누가 그런 경우에 해당합니다.

사기 흉노 열전

그러면 이 드넓은 지역을
통솔하는 우두머리 세력이 있
다면, 그 우두머리를 멀리서 돕
고 호응하는 세력이 있기 마련
인데, 그런 증상을 또렷이 보여
주는 것이 흉노족의 좌현왕 우
현왕 제도입니다. 이들은 말이

살찌는 가을 무렵, 대림蹄林에 모두 모여서 가축 수와 인구수를 조사합니다. 이렇게 조사를 마친 뒤에는 무엇을 할까요? 영하 40도의 맹추위가 다가오는 겨울을 위해 조용히 흩어질까요? 그럴 리 없습니다. 그렇다면 흉노가 아니지요. 말이 살찌고 각궁이 짱짱해지니, 중국의 변방을 노략질하여 겨울 양식을 두둑이 쟁여둡니다. 우리가 가을날의 좋은 날씨를 '천고마비天高馬肥'라고 하는데, 이것은 흉노족의 노략질이 시작될 징조를 나타낸 말입니다.(『한국의 활쏘기』)

사회구조는 고조선도 흉노와 마찬가지였을 것으로 보입니다. 예컨대 중국과 마찰이 격화되는 기자조선의 경우는 지배층이 몽골어를 썼습니다. 흉노의 전성기 아래에서는 그들의 일부가 되어 움직였기 때문에 흉노와 거의 비슷한 제도를 갖추었을 것이라고 봅니다.

이렇게 되면 기자조선도 『천자문』에서 왕으로 표기한 '기자(王)' 밑에 또 다른 두 기자를 설정할 수 있죠. 즉 좌左 기자와 우右 기자입니다. 이들을 '기자'라고 불렀을지는 잘 모르겠지만, 복판을 다스리는 기자 곁에는 거의 독립된 방식으로 넓은 지역을 갈라 다스리는 버금 통치자(아친임금)가 있었을 것입니다. 만약에 '조선'이라는 이름을 그대로 유지한 것을 보면 중앙의 우두머리를 '단군'이라고 하고, 좌우의 아찬임금을 '기자'라고 했을 수도 있습니다. 그렇기에 『삼국유사』 '왕력王曆'에서 주몽을 '단군의 아들壇君之子'이라고 표현했겠지요. 새로운 고구려의 왕을 '단군'이라고 부른 것입니다.

이런 '좌-복판-우' 3구도의 확실한 증거를 보여주는 것이 삼한입니다. 기자조선의 준 왕이 남쪽으로 내려가서 삼한을 세웠죠. 서쪽의 마한, 동쪽의 진한, 서남쪽의 변한. 북방 유목민의 일반화된 통치 방식이 그대로 옮겨간 것입니다. 고조선이 망한 자리에서 일어난 최초의 지도자인 단석괴檀石槐도 동부와 서부를 따로 두어 자신이 직접 다스리는 구역과 더불어 나라를 세 조각으로 나누어 다스렸습니다. 심지어 단석괴라는 이름의 뜻은 '단군의 후손'입니다. 고조선이 망한 자리에서 일어난 왕조의 통치 방식이 이러하니, 그 전의 왕조인 고조선이 이러했을 것임은 어렵지 않게 유추할 수 있습니다. 이러니 기자조선도 마찬가지 구조였다는 추정은 절대로 무리가 아니라 오히려 당연한 결과입니다. 실제로『위략』에 보면 삼한에 우거수右渠帥라는 말이 나오니, 이것이 기자의 또 다른 말일지도 모르겠습니다. 위만조선의 손자 우거右渠도, 기자조선 시절의 '우거수'를 지내서 붙은 이름일 것입니다.

그렇다면 중국의 '장안, 북경, 남경'처럼, 고조선에도 이런 도읍이 있었을 것으로 짐작되고, 우리가 앞서 알아본 고조선의 수도 '신시, 아사달, 금미달, 장당경'은 이런 식의 도읍이었을 것으로 봅니다. 단군이 나이 1,908세가 되어 장당경에서 아사달로 돌아가(!) 산신이 되었다는 표현은 이런 이동을 아주 잘 보여줍니다. 따라서 고조선에서 말하는 도읍은 적어도 세 군데는 있었을 것이며, 이곳을 옮겨다니며 중국과 항쟁을 이어갔을 것입니다.

고조선의 도읍지는 중국 사서에 '험독險瀆'이라고 나옵니다. '험독, 검독'으로 기록된 중국 사서의 모든 기록을 찾아내면 모두 4군데입니다.『삼국유사』에 나오는 도읍 이름과 짝을 맞추면 다음과 같습니다.(『고조선 연구』)

요녕성 심양 동남쪽 본계本溪 시: 평양성
대릉하 서부 연안의 북진北鎭 동남: 장당경

난하 하류 동부 유역: 백악산 아사달

평안도 평양: 아사달

참고로 독瀆은 언덕을 뜻하는 '달, 닭'을 소리 나는 대로 적은 것입니다. 향찰 표기죠. '둑堤, 두둑, 언덕' 같은 말에 자취가 있습니다. 기역(ㄱ)은 어떤 때는 붙기도 하고 떨어지기도 하는데, 기역이 받침으로 남은 말이 '독도獨島'입니다. 이것은 '돍섬'을 리을(ㄹ)이 떨어진 형태로 적은 향찰 표기입니다. 돌섬이라는 뜻이죠. 리을(ㄹ)이 떨어지고 기역(ㄱ)이 남은 사례입니다. 그래서 일본인들도 이 섬을 '다케시마(竹島)'라고 읽습니다. 그들이 말하는 '다케시마'에는 대나무가 없습니다. '다케'는 대나무가 아니라 '독'으로 돌을 뜻하는 말입니다. '돍섬'을 일본식으로 읽다 보니 뜻밖에도 독도가 한국 땅임을 저절로 알려주는 것입니다. 바둑도 그런 경우입니다. 바둑은 '밭(田)+독(石)'의 짜임이죠. 독瀆도 마찬가지여서 '험독, 검독'은 신이 사는 언덕을 뜻합니다. 결국 '박달'의 다른 표현이죠.

기자(왕)는 맨 처음에 중국 쪽에 바짝 붙은 만리장성 근처(천진 시의 영평부 기자유적 또는 난하)의 도읍에 있었을 것이나, 한나라 무렵의 공세로 동쪽으로 더 옮겨갔을 것인데, 이것은 좀 더 고증이 필요한 부분이지만, 위에서 살펴본 대로 대릉하 언저리일 것입니다. 『자치통감』에 백제가 나오는 진평과 요서 지역이라고 봐도 됩니다. 백제가 예맥족이어서 예맥족에게 초점을 맞추고 좇다 보니 이런 결론을 내리게 되는 것입니다. 이렇게 되면 서기자는 전투가 활발하게 벌어지는 만리장성 밖 갈석산 쪽에 있게 되고, 우두머리가 있는 복판 기자는 대릉하에 있게 되며, 동기자는 요녕의 심양(本溪시, 또는 蓋州나 海城:

학자마다 조금씩 다름.), 조금 더 멀리는 만주 지역이나 한반도(평양)에 자리 잡게 됩니다. 이렇게 구도를 설정해놓으면 고대사에서 온갖 모순을 일으키는 사실들은 깔끔하게 정리됩니다.

한나라 무제의 공격으로 점차 밀리던 기자(예맥)조선이 동으로 끝없이 쫓기다가 마침내는 만주와 한반도에서 끝을 맞는 것이죠. 그것이 위만조선의 마지막 왕 우거가 한나라 무제에게 공격당하는 『사기』의 기록입니다. 그렇게 해서 위만조선 지역에 한사군이 설치되는데, 그 통치 영역 밑에 있던 부족들은 오뚜기처럼 다시 살아나서 그 뒤로도 중국과 끝없는 전투를 또 벌입니다. 그 마지막 자취가 488년 북위가 공격한 요서와 진평의 백제입니다.(『자치통감』) 이후에는 선비나 오환처럼 왕국을 세웠다가는 중국으로 흡수되는 일을 되풀이하죠. 중국사에 자주 등장하는 탁발拓拔이나 완안完顏, 모용慕容, 단석檀石, 우문宇文 씨가 이런 이들입니다. 완안 씨는 금사金史에서 자기 조상이 고려에서 왔다고 했습니다.

이들 세 기자 밑에는 다시 5부제가 적용됩니다. 흉노의 통치 구조가 그렇게 되었습니다.(『사기』 흉노열전) 왕은 중앙을 다스리고, 나머지는 각기 4방을 다스리는 부족장들을 둡니다. 고구려와 백제의 통치 체제에서 본 것도 그것입니다. 부여의 4출도 같은 것이죠. '돝한, 개한, 소한, 말한' 같은 우두머리들 말입니다. 이들은 중국과 전쟁을 하며 서로 우위 다툼을 끊임없이 벌이게 되고, 중국에 대항하여 공을 세우거나 민심을 얻은 세력들이 맨 위의 왕인 기자를 차지하게 되는 방식입니다.

이 긴 이야기의 시작은 주몽이었습니다. 즉 주몽이 왕위에 올랐는데, 그 전에는 소노부에서 왕을 배출했다는 이상한 중국 측의 사서 기록을 따르다 보니 여기에 이른 것입니다. 계루부가 주몽부터 왕을 배출했다면 소노부는 어떤 존재였을까 하는 것입니다. 예맥족은 어떤 이유에서 중국 만리장성의 동북쪽에 살게 됩니다. 북쪽 흉노의 턱밑이죠. 거기서부터 항쟁을 시작하여 난하와 요하를 건너 송화강과 압록강까지 옵니다. 계루부는 패수에서 왕을 낸 부족입니다. 그렇다면 소노부는 그들이 거기에 이르기 전의 어느 단계에서 왕을 배출했다는 얘기이고, 이것은 앞서 말한 세 기자의 통치구조를 전제하지 않으면 안 풀리는 것입니다.

소노부는 중국과 가장 치열한 전쟁을 감행한 몽골족을 이끌던 우두머리 부족이고, 이들은 중국의 동북 변방에서 살았으며, 그 지역은 고조선의 서쪽 우두머리인 '서기자'의 통치 영역이었습니다. 서기자가 이끄는 대중국 항전 세력의 주력군이었죠. 고조선의 서쪽을 담당하던 서기자도 5부제에 따라 다섯 부족이 협력하여 운영하던 나라였으니, 소노부 시절의 구려句麗는 이때에도 서기자의 통솔을 받는 부족이었을 것입니다.('구려' 앞에 '高'가 붙는 것은, 주몽이 왕이 된 뒤의 일임.) 혹은 소노부 자체가 서기자였을 수도 있습니다.

앞서 좌현왕와 우현왕이 방위 개념으로 볼 때 좌우가 달라졌다고 얘기했습니다. 이 혼란도 기자조선의 이동 과정에서 나타난 현상이라고 봅니다. 원래 우두머리 서기자의 왼쪽과 오른쪽에 있던 부족이 동쪽으로 이동하면서 전쟁이 야기한 위치 변동으로 뒤바뀐 것이고, 그러다 보니 '연노'와 '순노'도 자리가 바뀐 것입니다. 이렇게 바뀐 이름에 따라 위만조선의 마지막 왕의 이름도 '좌거'가 아니라 '우거'라고 불렸을 것입니다. 우거는 '우기자'의 뜻이 분명합니다. 위만이 처음에 기준箕準 왕에게 접근할 때 중국과 접경 지역에서 살겠다고 말을 한 것도 이것과 연관이 있습니다. 서(우)기자였던 위만이 복판(中) 기자에게 접근하여 제안한 것이고, 나중에 동(좌)기자의 자리에 앉게 된 자취입니다. 그래서 '우거'라고 한 것이죠.

다시 소노부로 돌아가겠습니다. 고구려는 소노부에서 왕을 배출하고 연노부에서 왕비를 배출했습니다. 그러다가 느닷없이 압록강가에 와서 계루부에게 왕위 계승권을 빼앗긴 것입니다. 이것은 소노부와 계루부가 전혀 다른 종족임을 뜻합니다. 같은 몽골족이라도 계통이 다르다는 것입니다. 백제의 건국 과정을 보면 어쩌면 부족이 달랐을 수도 있습니다. 계루부가 몽골어를 썼기 때문에 소노부에서는 터키어를 썼을 수도 있습니다. 터키어를 쓴 부족이 대 중국 항전을 이끌었다면 오히려 더 말이 됩니다. 왜냐하면 흉노족의 일파였을 테니까 말이죠. 이들 전체 세력을 통솔하던 복판의 단군이 무너지면서 그 밑에 있던 세력들이 각자 일어나는 복잡한 과정을 우리는 보는 중입니다. 그래서 일목요연하게 정리되지 않고 좀 어수선한 것입니다.

고구려는 북부여에서 출발하여 압록강가로 와서 세운 나라입니다. 그 과정에서 많은 부족이 합류합니다. 3대 대무신왕 때에는 부여를 정벌하여 멸망시키죠. 『삼국사기』의 기록을 읽다보면 마치 나관중의 『삼국지연의』를 읽을 때만큼 흥미진진하고 재미있습니다. 실제로 대무신왕의 밑으로 몰려든 영웅 중에는 동양인이 아니라 서양인의 풍모를 풍기는 사람도 있습니다. 괴유怪由가 그렇죠. 이름까지 괴상하다는 뜻이 들었습니다. 이 밖에도 마로, 부정씨 같은 사람이 있고, 심지어 삼국지의 적토마 같은 '거루'라는 명마까지 나타납니다.

멸망 당한 부여 사람들이 갈 곳이라고는 고구려뿐입니다. 고구려의 한 부족으로 편성되어 들어가는 것이죠. 이들이 소노부로 자리 잡은 것이 아니었을까 짐작합니다. 그래야만 소노부에서 왕이 나왔다는 말이 제대로 설명됩니다. 물론 그 전에 이들은 만리장성 동북방에 위치했다가 중국과 싸우면서 끝없는 이동 끝에 송화강 북쪽까지 올라갔고, 다시 주몽을 따라 남쪽으로 내려온 것입니다. 그 과정에서 소노부의 세력이 점차 수그러들고 새로운 시대를 주몽이라는 뛰어난 인물이 열면서 드디어 '고구려'가 선 것으로 보입니다. 소노부의 존재는 서西 기자 세력이 대중국 전쟁에서 패배한 끝에 동東 기자의 세력권 안으로 들면서 위축된 어떤 지배층의 모습을 또렷이 보여줍니다.

서 기자, 복판 기자(단군), 동기자. 이렇게 세 갈래 조선을 각기 5부족이 구성했다면, 기자조선 밑에는 15개 세력이 군웅 할거한 셈입니다. 이들이 각기 상황에 따라 부침을 거듭하면서 단군에서 기자를 거쳐 위만에 이르는 기나긴 '조선'의 시대가 끝나고 삼국시대가 열립니다. 중국의 역사서에서 동이족으로 규정한 겨레들을 적어보면 이렇습니다. 겹치는 이름도 있지만 대체로 15 부족과 비슷한 숫자입니다.

조선朝鮮, 숙신肅愼, 오환烏丸, 식신息愼, 말갈靺鞨, 선비鮮卑, 실위室韋, 읍루挹婁, 부여夫餘, 고구려高句麗, 백제百濟, 신라新羅, 옥저沃沮, 예濊, 맥貊, 3한韓, 왜倭.

참고로, 여기서 말하는 왜는 일본의 그 왜가 아닙니다. 중국에 일본의 왜가 알려지기 전부터 왜는 만리장성 바깥의 요동 땅에 있었습니다. 여러 기록이 그것을 증명합니다만, 여기서는 그게 중요한 것이 아니니 그냥 넘어가겠습니다. 궁금하신 분은 따로 찾아보시기 바랍니다.

이들은 중국이 외연을 확장함에 따라서 이합집산하고 여건에 따라 부침하며 끝없이 동쪽으로 이동하게 됩니다. 그렇다면 항전 근거지인 수도가 옮기는 것은 당연한 일입니다. 앞서 말한 '북경'과 '우북평'의 관계에서 이런 상황을 봤습니다. 남북의 사학계에서 모두 평양을 한반도 안에 두려고 하는 집착은, 이래서 이해할 수 없는 똥고집으로 비치는 것입니다. 이에 따라 3수를 바탕으로 이루어진 구도에 맞춰 대충이라도 수도 이동 상황을 정리해보면 이렇습니다.

	황하	난하	대릉하	요하	송화강	대동강	
1조선	서(우)	복판	동(좌)				단군
2조선		서(우)	복판	동(좌)			기자
3조선			서(우)	복판	동(좌)		위만
4조선						서	삼한

대충 강을 중심으로 정리했는데, 대부분 큰 도시들이 강을 끼고 있어서 그렇게 한 것입니다. 황하에는 천진이 있는데 여기서 기자의 유적이 발견되었습니다. 요녕의 경우 요하의 동쪽에 있고, 송화강의 경우 북부여의 근거지여서 이렇게 잡아본 것입니다. 대충 이런 식입니다.

이게 딱 부러지게 맞지는 않겠지만, 문학도의 상상력으로 3수와 수도 이동을 연결 짓는다면 이렇게 될 거라는 즐거운 제안을 해보는 겁니다. 가만히 앉아서 고조선의 수도 평양이 2,000년 넘게 처음부터 한 곳에 붙박였다는 사실을 받아들일 수 없어서 궁여지책으로 한 것이니, 능력 있는 분들께서는 한 번 이 '개똥철학'이자 '엉뚱학설'을 보완해 보시기 바랍니다. 지금까지 발견된 고고학 자료만으로도 이런 설정을 설명하는 데는 아무런 문제가 없을 것입니다. 평양을 대동강에 말뚝처럼 박아놓고 거기에 매인 염소처럼 맴돌며 일부러 안 하려고 고집을 피워서 안 되는 거지.

『사기』 조선전에는 위만조선이 망할 무렵의 얘기만 나옵니다. 앞서 고구려에서 살펴본 대로 주몽이 송화강 북부여에서 남쪽으로 내려와서 압록강에 수도를 세우는데, 그 밑에 고조선의 수도가 있을 수는 없습니다. 따라서 『사기』 조선전에 나오는 위만조선의 마지막 수도는 지금의 평양일 수가 없습니다. 위만조선의 마지막 수도는 패수가 흘러드는 발해 연안 어디엔가 있었을 것입니다.

위의 도표는 만리장성 밖의 강역에서 중국 쪽으로부터 동쪽으로 갈 때 만날 수 있는 주요 근거지들입니다. 중국의 세력이 동쪽으로 확장되면서 조선의 근거지도 점차 동쪽으로 옮겨간다는 것을 전제로 하여 뽑아본 것들입니다. 실제로 이와 똑같은 질서로 옮겨갔을지는 확신할 수 없지만, 동아시아 역사의 특징에서 드러나는 3수를 전제로 하여 보면 이렇게 배치할 수 있습니다.

4 조선은 좀 설명이 필요하겠네요. 1 조선과 2 조선은 '양위'의 형식이었습니다. 능력 없는 왕이 능력 있는 새 왕에게 왕위를 양보하는 것을 양위라고 하는데, 찬탈과는 다른 방식입니다. 하지만 위만은 준을 쫓아냈습니다. 그러다 보니 3수의 질서가 허물어진 것입니다. 쫓겨난 조선왕 기준은 남쪽으로 내려가 삼한을 세우죠. 그 삼한은 위만조선의 동기자가 될 수 없다는 말입니다. 위만이 왕을 양위 받았다면 삼한이 저절로 동기자가 되었을 텐데, 그게 안 되었다는 것이죠.

삼한은 현재 한강 언저리로 비정하는데, 위의 논리라면 그럴 수 없을 것 같습니다. 기준이 삼한의 왕이 되었다면 복판기자 노릇을 했을 텐데, 그곳이 한강이었을 겁니다. 황해도와 충청도 정도의 영역이었겠죠. 서한은 저절로 평양 일대가 됩니다. 좌한은 경상도와 전라도 쯤이었겠죠. 이 지역에 나중에 드라비다족이 들어와 가야를 세우며 영역을 확장합니다. 그러다가 나중에는 이 가야 세력을 진한이라고 부르게 됩니다. 낙동강과 섬진강 언저리를 말합니다.

만약에 지금의 역사학이 주장하는 대로 마한을 한강, 변한을 전라도, 진한을 경상도로 둔다면 세 한이 똘똘 뭉쳐서 서쪽이니 동쪽이니 하는 방위 개념이 무색해집니다. 대동강, 한강, 낙동강쯤으로 해야만 방향에 따른 이름이 제대로 이해됩니다. 결국, 3수의 이동은 위만이 왕위를 찬탈하면서 깨진 것입니다. 조선의 좌기자 송화강은 그냥 형식으로만 존재한 것입니다. 그것이 자리 잡기 전에 위만은 한 무제의 공격으로 망하고 말죠.

특히 기억해야 할 것은 삼한입니다. 고종이 나라 이름을 조선에서 '대한제국'으로 바꾼다고 할 때 아무런 저항 없이 온 백성이 받아들였다는 사실 밑에 깔린 '무의식'을 잘 보아야 합니다. 만약에 삼한이 한강 이남에만 있는 존재였다면, 지금의 북한 쪽에서는 대한제국이라는 이름에 반발했을 것입니다. 그와 달리 온 백성이 이것을 아무런 저항 없이 받아들였습니다. 이것은 삼한이 조선과 똑같은 말이었다는 것입니다. 삼한이 한반도 전체에 걸친 것이 아니었다면 어디서든 반발이 있었을 것입니다. '조선'은 한반도 밖까지 아우르는 말이지만, 삼한은 한반도를 말하는 말이었고, 그것은 한반도 밖의 기자조선에서 도망친 준 왕이 터를 잡은 곳을 뜻하는 말입니다. 준 왕은 3수에 또렷한 개념을 지닌 사람이었고, 그는 삼한의 한복판인 한강에 머물렀으며, 그 양쪽으로 좌한과 우한을 두어 3한이라고 이름을 붙인 것입니다.

나중에 다시 얘기하겠지만, 삼한의 중심지를 평양으로 끌어올려도 문제가 될 것은 없습니다. 그렇다면 서한(마한)은 요동반도 아래쯤에 위치할 것입니다. 그러면 진한은 한강까지 올라오게 되는데, 한반도 남해안을 가락국(진국)의 세력이 차지했다면 오히려 이런 배치가 더 그럴듯합니다.

지금 우리는 예맥족의 움직임을 따라가는 중입니다. 중국의 침략에 가장 강력하게 저항한 주요 세력이기 때문입니다. 그 과정에서 왕권이 소노부에서 계루부로 넘어가고, 계루부가 소노부 통치하의 예맥을 완전히 새로운 왕조인 고구려로 환골탈태시킴으로써, 명실공히 삼국시대라는 그 전과는 전혀 다른 새로운 시대를 열었습니다. 고구려의 창건 과정을 잘 살펴보면, 고조선의 강역을 연구하는 데에도 새로운 기준을 정할 수 있고, 새로운 시각으로 논란 많은 고조선의 수도 변천이 남긴 어지러움을 풀어낼 수 있습니다.

고구려는 북부여에서 나와서 송화강을 지나 압록강에 와서 수도를 정하고 새로운 나라를 엽니다. 요하 동쪽부터 북으로 아무르(黑龍)강, 남쪽으로는 대동강 유역까지 단숨에 고구려의 강역이 됩니다. 이 짧은 설명 안에 고조선의 수도였던 평양의 존재가 문제가 됩니다.

만약에 지금의 평양이 고조선의 수도였다면, 고구려가 그 위인 압록강에 수도를 정한다는 설정이 말이 안 됩니다. 자신이 소속되었던 연맹 왕조가 중국 왕조의 공격으로 망하여 동쪽으로 밀려왔는데, 거기서 다시 남쪽으로 내려와서 세운 수도가, 자신의 연맹 왕조의 수도 위쪽이라는 게 앞뒤로 맞지 않는다는 얘기입니다. 이 모순을 해결하는 것은, 현재의 평양이 고조선 시대의 평양이 아니라고 보는 것입니다. 현재의 평양은, 위만에게 쫓긴 기자조선의 마지막 왕 '기준箕準' 이 살던 삼한이었을 것으로 봅니다. 박달의 주인이 사는 곳이 곧 박달 이 되니, 기준이 마지막으로 도망쳐 와서 살던 곳에 마지막 박달의 이 름이 붙는 것은 어찌 보면 당연한 일입니다. 평양과 가까운 구월산에 단군의 유적이 많이 남은 것도 이런 상황과 연관이 있을 것입니다.

송양을 비롯하여 소서노가 혈혈단신으로 내려온 주몽에 대해 큰 적의를 품지 않았던 것도, 같은 몽골족이었기 때문입니다. 그의 인물 됨됨이를 보고서 송양은 땅을 양보하고, 소서노는 결혼까지 했 을 것입니다. 이들이 서로 싸워야 할 어떤 상황이었다면 이렇게 소박 한 신화로 끝나지 않았을 것입니다. 준왕이 위만에게 패하여 쫓겨난 것은 기원전 194년이고, 고구려가 세워진 해는 기원전 37년입니다. 157년만에 일어난 두 가지 사건의 상황을 보면 이런 개연성이 충분 합니다.

현재의 국사학계에서는 3한을 한강 이남으로 보는데, 이 3한을 대동강까지 끌어올린다고 해서 역사해석에 무슨 큰 문제가 생기지 는 않습니다. 설령 지금의 3한 강역을 그대로 인정한다고 해도, 고구 려가 내려오면서 3한이 조금 더 남쪽으로 이동한 결과가 현재의 3한 강역이라고 해도 문제 될 게 없습니다. 앞서 본 두 사건의 시간 차가 157년입니다. 이 동안에 3한이 한 곳에 돌덩이처럼 놓였다고 보는 것 이 오히려 이상한 일입니다. 당시는 중국의 침략에 따라 동이족의 세 력이 이합집산하고 재편되느라 소용돌이치던 혼란의 시기였습니다. 그러니 삼한을 굳이 한강 이남에 가둬놓고서 그것을 이론으로 지키 려고 강짜를 부릴 필요가 없다는 얘기입니다. 특히 자료가 현저히 모자라는 고대사에서는 더 그렇습니다. 여러 방향에서 다양한 방법으로 바라보고 접근해야 합니다.

학자들의 이런 옹고집에 따라서 남한과 북조선 모두 지금의 평양을 고조선의 수도라고 교과서에서 설명합니다. 북조선의 경우는 성역화를 마쳐서 마치 이집트 피라미드처럼 크고 웅장하게 단군의 무덤을 꾸렸습니다. 남한이나 북조선이나 자신들의 정치 이념에 따라 고조선을 한반도에 가두어 버린 것으로 모두 어리석은 일입니다. 역사의 범위를 엄청나게 축소 시키는 일입니다.

예맥족의 이동 과정을 보면 남한과 북조선 양쪽에서 주장하는 고조선 수도가 현재의 평양이라는 점은 오류가 분명합니다. 그렇다면 대륙에 있던 고조선의 수도 박달성 평양平壤은 도대체 어디일까요? 동북아 지도를 펴놓고 보면 상상력이 꽂히는 곳이 있습니다. 요하의 동쪽 요녕성遼寧省입니다. 한 무제가 고조선을 칠 때 육로만이 아니라 해로로 거대한 군단을 나르는데, 뱃길로도 갈 수 있는 것이라면 바다 건너편이어야 합니다. 이 때문에 랴오뚱(요동) 반도 앞을 지나서 지금의 평양으로 향했다고 하는데, 만약에 평양이 요하 동쪽에 있었다면 랴오뚱 반도가 둥글게 끌어안은 안쪽에 배를 댔을 것입니다. 여러 가지 전투 상황을 감안해 보아도 평양 아사달은 요녕에 있었을 것입니다. 그리고 수나라와 당나라가 공격하던 고구려 시절에도 이곳은 중국의 세력이 침략해 올 때 고구려를 지키는 입구 노릇을 하던 곳이었습니다. 하물며 고조선 시절이야 말해 무엇하겠습니까?

앞서 살펴본 대로 기자조선은 3한과 똑같은 통치 체제로 구역이 크게 셋으로 나뉘었고, 각기 '서西기자, 복판(中)기자, 동東기자'로 설명했습니다. 고조선의 도읍은 몇 차례 옮기는데, 마지막으로 공격당한 평양은 세 기자의 도읍지 중에서 맨 동쪽이었을 것입니다. 이렇게 본다면 서기자의 평양은 난하 유역이고, 복판 기자의 평양은 대릉하 유역이고, 동기자의 평양은 요하 유역입니다. 북경의 전 이름이 북평이고, 북평은 박달의 향찰 표기임을 감안한다면 이 세 수도의 위치를 조금 더 서쪽으로 옮겨갈 수 있습니다.

만약에 이게 아니고 지금의 평양을 동기자의 서울로 본다면 요하의 평양은 복판기자의 서울이고, 난하의 평양은 서기자의 서울일 것입니다. 이렇게 본다면 중국의 공격으로 기자조선은 이들 근거지를 옮기면서 요동의 마지막 근거지에 이르렀을 것입니다. 이래저래 지금의 평양은 기자조선의 동쪽 근거지였을 것이고, 그 자리로 나중에 고구려가 들어서는 것으로 볼 수 있습니다. 그래야 고구려의 건국 과정이 말이 됩니다.

그런데 한 무제가 바다 건너 평양을 공격한 사건을 이해할 때, 그 이해를 아주 방해하는 이미지가 하나 있습니다. 지도가 바로 그것입니다. 우리가 흔히 접하는 지도는 네모난 지도입니다. 거기에 그려진 땅의 모양은 정상이 아닙니다. 3차원 둥근 지구를 2차원 평면으로 옮긴 것이기 때문입니다. 적도를 0도로 하고 북극과 남극을 각기 90도로 하여 평등 분할을 한 것이 위도입니다. 이에 따라 북극점은 너비가 0일 텐데, 이것이 평면 종이 지도에서는 적도와 똑같은 너비로 나타납니다.

따라서 우리가 동북아시아의 지도를 볼 때 이 점을 감안하여 지도를 공처럼 둥글게 사렸다고 생각하고 바라보면 정말 다른 풍경을 마주칩니다. 즉 중국의 베이징쯤에서 둥근 지도의 배치로 바라볼 때 한반도는 지금처럼 남쪽을 향한 것이 아니라 꼬리가 동쪽으로 한참 더 가서 뻗는다는 점입니다. 평양이 북위 38.912도에 있어서 이것을 대략 40도쯤으로 친다면 평면 지도보다 거의 절반에 가까운 너비로 한반도의 꼬리가 동쪽으로 더 밀립니다. 우리가 말하는 동쪽은 평면 지도의 동쪽과 감각이 아주 많이 달라집니다.

이런 시각으로 랴오뚱 반도를 바라보면, 중국 쪽에서 볼 때 랴오뚱 반도의 그 길쭘한 곳은 지금보다 30% 이상 동쪽으로 밀려나게 됩니다. 평면 지도의 랴오뚱 반도는 남쪽과 서쪽을 반쯤 가르는 대각선 45도 정도로 바다로 튀어 나갔는데, 여기서 30%를 감안하여 바라보면 랴오뚱 반도의 끝은 남쪽으로 훨씬 더 많이 벌어지게 됩니다. 이 지역의 바다를 발해라고 하는데, 평면을 지구처럼 둥근 구로 옮기면 바다의 중심이 불룩 솟아서 양쪽의 육지를 더 바깥으로 밀어내게 됩니다. 이런 착시효과를 잘 감안하여 지도를 봐야 합니다. 바로 이런 착시 때문에 평면 지도를 보면 중국이 배를 타고 바다를 건너 요녕에 간다는 말이 실감 나지 않는 것고, 이 때문에 자꾸 평양을 현재의 한반도 평양으로 생각하려는 관성이 생기는 것입니다.

이상 여러 조건을 감안할 때 현재의 평양은 고조선의 수도라고 볼 수 없으며, 만약에 고조선과 관련이 있는 도시라면 동기자의 통치 영역 안에 있는 중심도시 정도로 볼 수 있을 것입니다. 중국에 떠밀려 동쪽으로 간 고구려가 자신이 섬기던 옛 왕조의 수도로 내려와서 다시 수도로 삼는다는 것은, 어떤 상황을 보아도 모순입니다. 이것이 고조선의 수도인 평양이 한반도가 아니라, 현재의 중국 땅에 있었다는 가장 확실한 근거이고 논리입니다.

고구려의 나라 이름에 대해서 한마디하고 갑니다. 이 글을 쓸 때 저는 다음과 같이 알았습니다. 한자 '麗'는 두 가지 뜻(訓)과 소리(音)가 있는데, '곱다'는 뜻으로 쓸 때는 '려'라고 읽고, '고을 이름'으로 쓸 때는 '리'라고 읽는다고 말이죠. 그러면 '高句麗'는 '고구리'라고 읽어야 합니다. 실제로 '麗'의 중국 상고음은 [lie(ɣ)]여서 옛날부터 '꺼우리'라고 읽었고 지금도 부리야트에는 꺼우리(Qori) 족이 있습니다.

그런데 이 글을 쓰면서 이것을 다시 확인하려고 옥편을 찾아보았더니, 웬걸! 꾀꼬리의 뜻으로 쓸 때 '리'라고 나오는 것입니다. 동아출판사에서 나온 한한대사전이 그런데, 한술 더 떠 민중서림에서 나온 한한대자전에는 '꾀꼬리 리'가 아예 나오지도 않습니다. 귀신이 곡할 노릇입니다. 저는 왜 이렇게 기억하고 있을까요? 젊은 날에 배운 저의 기억이 틀린 것이었을까요? 황당할 노릇입니다. 제 기억을 제가 믿지 못하는 것, 그것이 노망의 전조 아니겠습니까? 되도 않을 지식 자랑으로 저는 지금 제 머리가 빚는 망상과 싸우는 중입니다. 허걱! 이 글을 계속 써야 할지 말지 그것도 잘 판단이 서지 않습니다.

어수선한 마음으로 인터넷에서 자료를 찾아보니, 이에 관해서 연구한 분이 있더군요. 서길수 전 서경대 교수. 세종이 훈민정음을 만들고 조선 성립의 정당성을 노래로 지은 『용비어천가』에 '고려의 음은 리이니, 고리이다.(麗音离高麗也).'라고 하여 '麗'는 '리'로 읽어야 한다는 기록이 나옵니다. 이제야 제 머릿속이 환해졌습니다. 제가 대학 때 전공과목으로 배운 『용비어천가』의 이 구절이 저의 기억을 강하게 붙잡았던 것이고, 오늘 옥편을 통해 새로 확인하려다가 옥편의 엉뚱한 풀이로 어쩔 줄 몰라 했던 것이었습니다. 서길수 교수의 글로 인하여 제 기억의 혼란이 노망 때문이 아니었음을 알게 되었습니다. 이직은 더 지껄여도 된다는 뜻이니, 좋은 연구를 해주신 서길수 교수님께 고맙다는 인사를 지면으로 드리고, 진도를 한 번 더 나가보겠습니다.

그런데 생각할수록 옥편 만든 놈들이 괘씸합니다. 아마도 일본이나 중국의 옥편을 번역하여 짜깁기한 옥편이기에 그럴 법도 합니다만, 연구가 덜 되었던 해방 후의 상황이야 감안을 한다고 하더라도, 서기 2023년에도 이 지경인 옥편을 보면 참 한심합니다. 우리 학문은 언제쯤 되어야 부실 공사를 면하게 될까요? 기초가 부실한 나라에서 산다는 게 이렇게 비참합니다.

자, 이제 결론이 났습니다. '고구려'는 틀리고 '고구리'가 맞다! 그러니 역사학자 여러분, 이제부터 고구려를 버리고 고구리로 돌아가십시오. '고구려'냐, '고구리'냐를 결정할 권한은 역사학자 여러분에게 있지 않다는 걸 아셔야 합니다. 그 권한은 국어학자인 우리에게 있습니다. 국어학에서 내린 결정이니, 이제라도 올바른 말로 돌아오십시오. 하지만 역사학자들이 국어학자의 말을 고이 듣고, 교과서를 고칠 리가 없다는 생각이 드는 것은, 지금까지 겪어온 제 경험의 슬픈 관성일까요?

고구려와 백제의 지배층은 몽골어를 썼습니다. 같은 민족이기에 따로 다룰 생각을 하지 않고 고구려 항목에서 설명을 마치려고 했는데, 2022년 10월 JTBC-TV 교양프로 '차이나는 클라스'에서 삼국(고구려 백제 신라)의 어원을 설명하는 강좌가 방영되었습니다. 이것을 보면서 헛웃음이 절로 나서 이 글을 방귀 뀌듯이 씁니다. 역시 역사학계는 그들의 시조 이병도의 혀짧은 소견을 벗어날 수 없다는 생각이 절로 듭니다.

강의를 맡은 분은 대학교수이신 듯한데, 교수가 이런 소리를 하는 것으로 보아 역사학계에서는 이 학설이 정설로 자리 잡은 듯합니다. 백제 항목의 강의 내용을 요약하면 이렇습니다. 처음에 백제는 중국 역사서에 '伯濟'로 기록됩니다. 그러다가 십제로 바뀌는데, 사연은 이렇습니다. 온조와 비류가 한강 가에 와서 나라를 세우면서 갈라져 비류는 미추홀로 가고 온조는 서울 강남에 남는데, 이때

열 신하가 도왔다고 해서 '十濟'라고 했다가, 비류가 돌아와서 백성
이 즐거워하여 '百濟'라고 했다는 것입니다.

그런데 이 세 낱말에서 변하지 않는 말은 '濟(건널 제)'여서 앞의
꾸밈말이 무엇으로 변하든 나루터를 뜻하고, 따라서 이 세 이름의
뜻은 '나루터 국가'라고 결론 맺습니다. 백제는 나루터 연합세력이
만든 해양 국가의 성격을 띤 나라라는 결론이죠.

伯濟＝으뜸 나루터
十濟＝열 개 나루터
百濟＝백 개 나루터

언어학, 특히 어원학을 공부하는 저는 이 연재의 맨 앞에서 백
제의 어원과 뜻에 대한 정답을 정리해 드렸습니다. 생각이 안 난다고
요? 하하하. 한 번 더 정리해드리죠.

백제는 남쪽으로 내려올 때 출신이 고주몽의 아들이었고, 그래
서 나라를 세울 때 '고高의 나라'라고 했습니다. 백제의 지배층은 고
구려와 마찬가지로 몽골어를 썼으니, 몽골어에서 '높다'는 말을 찾으
면 'öndür(undur)'입니다. 이것이 '온조'로 기록된 것입니다. 이것
을 달리 향찰로 기록하면 '백제'가 되는 겁니다. 온조와 백제는 같
은 말이죠. 몽골어에서 100은 '온'이고, 이 '온'이 터키어에서는 10
입니다. 나라 이름이 10제에서 100제로 바뀐 것은, 그런 말을 쓴 세력
이 정권을 잡았다는 뜻입니다. 따라서 십제는 터키계 정권이고, 백제는
몽골계 정권입니다. 한강에서 갈라설 때 비류는 터키계의 지지를 받았
고, 온조는 몽골계의 지지를 받았다는 뜻입니다. 비류가 미추홀에서

자리 잡는 데 실패하고 온조에게 돌아옴으로써 백제는 다시 출발합니다. 그래서 나라 이름이 '백제'가 된 것입니다.

'伯濟, 十濟, 百濟'는 각기 다른 이름이 아니고 모두 같은 뜻을 지닌 말입니다. 伯은 '맏 백'자입니다. '맏이'는 맨 먼저 태어난 사람을 가리키는 말이죠. 형제 중에서 가장 높은 자리에 있는 사람입니다. 그래서 'öndür(높다, undur)'입니다. 十은 터키어로 '온'이고, 百은 몽골어로 '온'입니다. 결국 '伯濟, 十濟, 百濟'는 모두 'öndür(높다, undur)'를 적은, 똑같은 말입니다.

濟가 '나루터'를 뜻한다는 것은, 세상 어디에도 없는 황당한 언어 풀이입니다. 이건 건넌다는 뜻이지 나루터를 뜻하는 게 아닙니다. 게다가 고등학교 때 신라 향가를 배운 사람들이 이런 황당한 소리를 한다는 게 더욱 이해가 안 가는 일입니다. 고등학생에게 물어도 濟를 '나루터'라고 풀이하지는 않을 것입니다. 濟에는 '나루터'의 뜻이 없습니다. '건너다'는 움직씨입니다. 역사학자라고 해서 낱말 뜻을 제멋대로 바꿀 능력과 권한이 부여되는 것이 아닙니다. 그런 권한은 국어학자에게 있습니다. 역사학에서는 국어학에 묻지도 않고 월권행위를 하는 중입니다.

濟는 향찰 표기에서 '다라, 돌'로 읽습니다. 명량鳴梁은 울돌이고, 노량露梁은 노돌이고, 손돌孫乭은 손돌입니다. 모두 물이 울 듯이 회오리치면서 급히 흘러가는 여울목을 말합니다. 濟는 이런 건널목을 말하는 것으로 '돌'이라고 읽습니다. 향찰 표기로 '濟, 梁'으로 적습니다. 여기에 접미사가 붙으면 '도랑'이 됩니다. '돌+앙'의 짜임이죠. '돌'을 두 음절로 늘리면 아래아(·)가 붙어서 'ᄃ·ᄅ'가 되죠. 우리가 개울을 건너다니려고 만든 구조물을 왜 '다리'라고 할까요? 물보다 더 '높기(öndür)' 때문입니다. 그래야 물을 건널 수 있습니다. 그래서 이렇게 건너야 하는 곳이나 그 수단을 '濟'라고 하는 것입니다. 거제도에도 濟가 들어가고 제주도에도 '濟'가 들어갑니다. 큰 여울을 건너가야 닿을 수 있다는 뜻입니다. 그래서 향찰에서는 '다라'를 濟로 표기하는 것입니다. 제주濟州는 '다라고을'이고, 거제巨濟는 '큰다라, 한다라'입니다.

우리말에서는 濟를 '다라'라고 읽은 경우가 이제 거의 다 사라졌습니다. '다리(橋)' 같은 말에나 그 자취가 희미하게 남아있죠. 하지만 일본어에는 아직도 또렷이 남아있습니다. 일본에서는 아직도 濟를 '다라'라고 읽습니다. 그래서 백제를 '쿠다라'라고 읽는 것입니다. 일본사람들만 이렇게 읽는 게 아닙니다. 백제에서도 그렇게 읽었습니다. 백제의 수도 부여로 들어가는 나루터 이름이 뭐게요? '구드래 나루'입니다. 보이시죠? '구드래'가 바로 '구다라'입니다. 곧 백제죠. 구드래 나루는 백제진百濟津의 뜻입니다.

'구다라'는 나라 이름이면서 동시에 종족 명입니다. 바이칼호 주변에 사는 부리야트 족은 사투리의 가짓수가 크게 나누면 모두 셋입니다. 구다라; qudara(xudara), 발구진; Barguʒin, 코리; qori(xori). 이 종족 명을 각기 한자로 적으면 예(濊), 맥貊 또는 진眞, 고리(藁離, 句麗)가 됩니다. 발구진의 경우, '발'과 '진' 중에서 어디에 액센트를 두느냐에 따라서 달리 들려서 이렇게 2가지로 적히는 것입니다.

돌궐제국의 중심지였던 오르혼에 돌궐 카간(王)의 동생 퀼 테킨의 비석이 있는데, 거기에 고구려를 '맥클리'라고 적었습니다. 한자 표기로는 '묘구리貃俱里'라고 합니다. 중국어 상고음으로 재구하면 이런 발음이 납니다. 'muĝg, məɣ, məgx'. 중국어 현대음(mu)에서는 사라진 기역(ㄱ; g, ɣ)이 또렷이 살아있죠. '맥'이나 '묘'는 종족 명입니다.(이로 보면 중국의 소수민족 중에 묘족이 있는데, 이들이 고구려의 혈통일 가능성도 있습니다.) 중국의 다른 기록에도 고구려를 예맥족이라고 썼죠. 맥클리와 묘구리는 같은 말입니다. 아마도 당시 고구려는 맥(밝구진)족와 코리족의 연합정권이었기에 이렇게 적었을 것입니다. 종족 명으로 '맥구리'죠. 그래서 부리야트 세 종족 중에서 맥(밝)과 코리 두 종족 연합으로부터 분리된 구다라 족이 따로 나라를 세웠을 것이고, 그것이 백제입니다. 말 그대로 구다라죠. '온다라'가 '구다라'로 바뀐 것은, 고주몽이 세운 나라 이름과 자신들의 성씨인 '고高' 때문이었을 것입니다. 그 자취가 일본의 구다라와 부여의 구드래입니다.

고구려를 세운 부족은 고조선 시대에 예맥족으로 불린 사람들임은 이미 중국의 역사서에 나오는 얘기입니다. 역사학계에서는 예맥이 예족과 맥족을 아울러 가리킨 말이라고 봅니다. 한자로는 '濊貊'이라고 적습니다. 貊은 앞서 본대로 부리야트의 세 종족 중에서 발구진을 가리킵니다. 그렇다면 濊(더러울 예)는 어떤 종족을 가리키는 말일까요? 앞서 '다라(濟)'는 그대로 있고, 앞의 꾸밈말이 '온'에서 '구'로 바뀌었음을 볼 수 있습니다. 이 꾸밈말을 떼어내면 남는 것이 '다라'인데, 濊 자가 하필 '더러울 예'자인 것은 우연일까요? '더럽다'의 옛 표기는 '드럽다'입니다. '드롭은〉드룹븐〉다룹운〉더러운'의 변화를 거치죠. 濊 자는 부리야트의 '(구)다라' 족을 나타내려고 동원한 글자이고 향찰 표기입니다.

부리야트의 세 종족 중에서 왜 발구진과 구다라 두 종족만 적었을까요? 코리족은 왜 빼놓았을까요? 코리족은 고조선이 망한 뒤에

나중에 일어선 고구려입니다. 중국과 항전을 벌일 때 고구려 이전에
는 구다라와 발구진 두 종족이 대중국 항전의 통솔자였다는 뜻입니
다.(기자조선의 지배층으로 추정됨.) 코리족은 이 두 종족 밑에서 숨죽
이며 지내던 힘없는 부족이었을 겁니다. 구다라는 백제로 일어서고
발구진은 대중국 항전의 패배를 계기로 코리족에게 권력을 내주었을
것으로 보입니다. 이것이 고구려는 원래 소노부에서 왕이 나왔는데,
주몽에 이르러 계루부에서 왕이 나오게 되었다는 기록의 뜻일 겁니
다. '계루'는 '코리'의 향찰 표기입니다. 고구려도 수식어 '고'를 떼면
'구려'가 되는데, '麗' 자는 상고음이 'ᴵlie(ɣ)]여서 '고구리'로 소리
납니다.

　또 한 가지 가능성은 '구다라'를 '고리+다라'의 합성어로 보는
것입니다. 고리는 고구려를 세우고 다라는 백제를 세우죠. 이들이 한
덩어리로 인식되었기에, 아예 합쳐서 '구다라'라고 했을 수도 있습니
다. 부리야트의 세 부족은 이런 식으로 결합되어 외부에 인식된 듯합
니다. 앞서 본 맥클리도 이런 식으로 보면 '맥(발구진)+코리(계루)'로
볼 수 있습니다.

　한 걸음 더 나가보겠습니다. 고조선 시절에 중국 측의 기록에 나
타나는 이름이 있습니다. 예맥과 진번입니다. 예맥은 구다라(濊)와 발
구진(貊)을 적은 것입니다. 부리야트는 크게 세 종족인데, 이 중에서
코리족은 워낙 힘이 약해서 중국 측에서 보기에는 맥족의 일부로 보
였던 것입니다. 하지만 나중에 이 코리족은 주몽이 고구려를 세움으
로써 그 위엄을 드러내죠.

　그렇다면 진번은 무엇일까요? 진번과 예맥은 같은 말로 쓰입니
다. 진번조선이나 예맥조선이라고 쓰이죠. 진眞은 '발구진'의 '진'에

액센트를 주어서 읽은 것입니다. 번番은 '번들다, 번갈아들다'는 뜻입니다. 정확히는 편을 짜서 성을 지킬 때 교대하는 것을 말합니다. 향찰에서 '번'은 '돌다'의 '돌, 다라'를 나타내는 말입니다. '濟, 梁, 乭'과 같은 말이죠. 그렇다면 예맥의 '예'와 같은 말임을 볼 수 있습니다. 진번과 맥예는 같은 말입니다. 眞=貊=발구진, 番=濊=(구)다라.

부리야트의 세 종족 중에서 나머지 한 갈래인 코리를 살펴봅니다. 계루나 고리는 몽골어에서 가운데를 뜻하는 말입니다. 우리말에서도 그렇죠. '갈래, 가람(江), 가랑이, 골짜기' 같은 말들을 보면 둘로 갈라지는 지점의 복판을 나타내는 말입니다. 못 믿겠다고요? 여러분이 여행을 많이 다녀온 몽골 초원에 호수가 있습니다. 바이칼도 있고 홉스굴도 있죠. 바이칼은 몽골이 아니라 러시아 땅이라고요? 맞습니다. 똑똑하십니다. 몽골이 소련과 독립협상을 벌일 때 독립 승인의 대가로 자신의 땅을 떼어준 겁니다. 내몽골도 그렇고요. 제 생각이 아니라 몽골 여행 갔을 때 현지 가이드한테 들은 설명입니다. 한국에서 유학했다는 젊은 여성이었는데, 이름은 기억이 잘 안 납니다. 이럴 줄 알았으면 기억해 둘 걸!

몽골어로 냇물을 'gool'이라고 합니다. 홉스굴의 '굴'이 바로 그것입니다. 홉스굴이라는 호수는 호수이기는 하지만 아마도 개울처럼 길게 생겼을 겁니다. 그래서 '굴'이라는 이름이 붙은 것이죠. 바이칼의 '칼'도 마찬가지입니다. 동유럽 쪽에 있는 호수 이름들은 거의 한 뿌리에서 갈라져 나간 이름입니다. '홉스굴(몽골), 바이칼(러시아), 이식쿨(키르기스스탄), 투다쿨(우즈베키스탄), 카라쿨(타지키스탄), 알라콜(카자흐스탄)'에 보이는 '굴, 칼, 쿨, 콜'이 모두 몽골어 '굴(gool),

갈'이고, 바로 우리말의 '골'짜기이며, '개울'입니다.

'kal'이나 'gool'은 같은 말입니다. 시대나 사투리에 따라서 k와 g는 서로 넘나듭니다. 입안에서 소리 나는 위치가 모두 말랑입천장 소리입니다. 우리는 k와 g를 정확히 구분하여 발음하는데, 이 두 소리를 구분하지 못하는 어족도 많습니다. 영어권 사람들은 b와 p를 잘 구별하지 못하죠. 그래서 우리가 별별 고민을 다 했습니다. '부산'을 'Pusan'이라고 적어야 하느냐 'Busan'이라고 적어야 하느냐 하면서 말이죠. 제가 중고등학교 다닐 때는 'Pusan'이라고 적었는데, 대학에 가니 'Busan'으로 적자고 바뀌었습니다. 1988년 수정된 한글 맞춤법. k와 g도 사정은 비슷합니다.

한 걸음 더 나가볼까요? '조선'과 '삼한'은 같은 말이고, 나라를 세 영역으로 나누어 다스리던 북방 민족의 특성에서 온 말이라고 했습니다. 부리야트의 세 종족도 이런 것입니다. 기자조선의 '기자'는 부리야트 코리족 소속의 '기징가'부족이고, 결국 고리족은 기자조선 시대의 단군(중앙)을 맡았다면, 나머지 발구진과 구다라는 양 날개처럼 나머지를 맡았다는 뜻입니다. 흉노식이라면 좌현왕과 우현왕이 되겠죠. 중국 측에서 마주치는 상대는 왕이 아니라 실제로 전쟁을 수행하는 집단입니다. 결국은 코리족 기징가는 중앙에 있고, 나머지 두 부족이 중국과 싸움을 했다는 말입니다. 중국 측에서는 코리가 아니라 발구진과 구다라를 상대하게 되죠. 그래서 이들이 예맥과 진변으로 기록된 것입니다.

칭기즈칸 시대에 몽골족을 구성하는 주요 5부족 중에 '케레이트'가 있습니다. '이트'는 '이누이트, 부리야트'에서 보듯이 복수 접미사입니다. 그러면 '케레'가 남는데, 이 말이 '고려, 구루, 계루, 고리'의 몽골식 발음입니다. 그래서 케레이트는 발해를 구성하던 고구려 부족이 몽골제국으로 합류한 것이라고 추정합니다. 기자조선이나 삼국시대와는 많이 떨어졌지만, 뒷날의 역사에서 '고구려'의 자취를 확인할 수 있는 경우입니다. 이 '케레'가 앞서 말한 중앙을 담당했던 옛 부족이 아닌가 짐작해볼 수 있습니다.

참고로 몽골의 핵심 부족은 다섯인데, '카마즈 몽골(키야트, 타이치우드, 잘라이르, 주르킨), 나이만, 타타르, 케레이트, 메르키트'입니다. 앞서 말한 것처럼 주르킨은 여진족 이름과 똑같고, 메르키트는 말갈의 몽골식 이름으로 역시 발해를 구성하던 주요 종족입니다. 발해가 거란에 무너지면서, 발해의 나머지 세력이 몽골로 합류한 것으로 보입니다. 케레이트나 메르키트가 그런 종족들입니다.

'차이나는 클라스' 방송을 듣다 보니 '쿠다라나이'라는 말도 나오더군요. 저는 처음 들었습니다. '쿠다라 제품이 아니야!'라고 하는 일본어랍니다. 좋은 물건, 즉 외래품을 가리키는 말이랍니다. '나이'를 일본어로는 '아니야'라고 하는 모양인데, 실제 이 말은 그런 뜻이 아닙니다. 우리가 좋은 물건을 말할 때 그것을 만든 선진국의 이름을 물건 앞에 붙입니다. 예컨대 근대화 초기에 성냥을 보고서 우리는 '당성냥'이라고 불렀습니다. 이때만 해도 좋은 제품은 중국에서 들어왔기 때문입니다. 꾸밈말 '당'은 중국을 뜻하는데, '당나라'입니다. 그래서 당진唐津도 중국에 가는 나루를 뜻하는 말(당나루)이고, 그것이 지명으로 굳은 것(당진)입니다.

한국전쟁이 끝나고 미국이 왕 노릇 하는 시대가 되었습니다. 우리가 접할 수 있는 물건은 용산 미군 기지에서 흘러나오는 물건들이었죠. 우리가 쓰는 조잡한 물건보다 월등하게 더 나은 품질입니다.

그래서 좋은 물건에는 '미제'라는 말이 붙었습니다. 미국에서 만들 었다는 사실이 물건의 보증수표 노릇을 한 것이죠. '쿠다라나이'도 이런 종류의 말입니다.

'쿠다라나이'는 '백제산 물건'을 뜻하는 말입니다. '나이'는 만 드는다는 우리말입니다. '돌실나이'라는 말이 있는데, 전라도 곡성의 돌실石谷이라는 동네에서 만드는 모시를 말합니다. 모시에서는 모시 만드는 것을 '나이'라고 하죠. '사나이'의 옛 표기는 '손나히'인데, '산(丁)+나히(生)'의 짜임입니다. '나히'가 바로 '나이'이고, 그렇게 만 들어졌다는 뜻입니다. 사나이는 사내 구실을 하도록 태어난 사람을 뜻하는 말입니다. 평안도 사투리 '에미나이'도 '에미(母)+나히(生)'의 짜임으로, 어미 구실을 하도록 태어난 사람을 뜻합니다. '쿠다라나 이'의 '나이'도 이것을 말합니다. 일본어가 아니고 백제어입니다. 백제 의 본거지인 한국의 서해안 지역에 이런 말이 아직도 쓰이는 겁니다.

'온조'는 사람(시조) 이름이 아니고, 백제 왕가의 성이라고 했습 니다. 즉 고주몽을 따라서 몽골계임을 밝힌 것이고, '고 씨의 나라' 라는 뜻으로 '온조=백제'라고 한 것입니다. 그렇다면 온조의 형 비류 沸流는 어떨까요? 비류도 사람의 이름이 아니라면 우리가 생각해볼 수 있는 것은 '성'이나 '씨'입니다. '비류'에서 연상되는 왕가의 성씨가 있을까요? 있습니다. '부여' 씨죠. 백제 왕실의 성은 부여 씨였습니다.

그렇다면 온조와 비류가 한강가에 와서 나라 이름을 정할 때 '고 씨의 나라'로 할 것이냐 '부여 씨의 나라'로 할 것이냐를 두고 의견이 갈라졌음은 쉽게 추측할 수 있습니다. 이렇게 보면 '비류'는 '부여'와 같은 말로 보입니다. '부여'는 '부리야트'의 향찰 표기라고 했습니다. '부리야트'의 앞부분('부리')을 '비류'라고 적은 게 아닐까요?

이런 상황으로 보면 백제 건국 초기 단계에서 지배층이 두 패로 갈라진 것은, 자신들의 정체성을 두고 벌인 갈등이었음을 알 수 있습니다. 온조계는 고구려와 맺은 관계를 강조한 것이고, 비류계는 고구려의 자취를 남기지 않으려고 한 것입니다. 그래서 '고 씨의 나라'가 아니라 '부여의 나라'라고 했던 것입니다. 아마도 미추홀에서 나라 세우기에 실패하고 비류는 동생의 나라에 남았겠지만, 그를 따르던 다른 세력들은 백제로부터 이탈하여 다른 곳으로 갔을 것입니다. 그런 세력 중에 유난히 드러난 사람이 바로 석탈해입니다. 석탈해는 전라도를 거쳐서 남해안으로 갔다가 나중에 경주로 들어가서 자리 잡습니다. 이에 대해서는 신라를 다룰 때 다시 검토해보겠습니다.

　　이들 갈등의 원인이 된 '부여'를 잠시 살펴봅니다. 부여는 모두 셋입니다. 북부여 동부여 졸본부여. 원래는 부여였는데, 부여 왕 아란불의 꿈에 신이 나타나 "이곳에 하늘의 아들이 나타날 것이니, 너는 동쪽 가섭원으로 옮겨라."라고 하여 옮겨갔더니, 원래의 부여 땅에는 해모수가 나타나 새로운 왕이 됩니다. 그리고 졸본부여에서 해모수의 서자 주몽이 일어나 고려를 세웁니다. 이 세 부여의 관계입니다.

　　원래 부여(부리야트)는 만리장성 안쪽에 살았습니다. 이 연재의 앞쪽에서 『일주서』의 오랑캐 이름을 분석할 때 알아봤죠. 이들이 만리장성 밖으로 쫓겨나 살던 시기가 진시황과 한 무제 때의 일입니다. 위만조선의 날개 밑에 있었죠. 그런데 위만조선이 한 무제에게 망하면서 지각변동이 일어납니다. 한나라 세력이 팽창하면서 그곳에 살던 사람들은 선택해야 합니다. 눌러살 것이냐 멀리 안전한 곳으로 옮길 것이냐? 한 민족 앞에 이런 과제가 던져지면 둘로 갈라집니다. 남는 자가 있고, 떠나는 자가 있죠. 이런 상황을 정확히 반영한 신화가 바로 북부여 동부여 이야기입니다. 결국 위만조선의 날개 밑에 있던 부여는 지도자를 따라 안전한 땅으로 떠납니다. 이렇게 해서 생긴 것이 새로운 부여죠. 새로운 부여는 동쪽으로 갔기에 '동부여'라는 이름이 붙습니다. 남은 부여는 바로 뒤에 일어서는 졸본부여 때문에 '북부여'가 되죠. 세 부여가 거의 동시에 나타납니다.

그렇다면 남은 자들은 어떨까요? 둘 중의 하나입니다. 중국의 통치를 받아들이든가 더욱 강력한 투쟁을 하여 자신들의 존립을 확립하든가? 떠나고 남은 땅에 새로운 지도자가 혜성처럼 등장합니다. 그가 바로 해모수입니다. 주몽의 아버지죠. 주몽은 홀어머니 밑에서 자라서 왕이 됩니다. 결국 '고구리'라는 나라를 세우죠.

그런데 주몽은 졸본부여에서 왕이 됩니다. '졸본'은 '크다, 높다'는 뜻입니다. 그곳에서 왕이 났으니 왕을 배출한 큰 부여라는 뜻이죠. 그래서 원래 나라 이름을 '큰 부여'라고 해야 하는데, 주몽은 자신의 출신 부족으로 나라 이름을 삼았습니다. '계루〉고리'가 그것입니다. 여기에다가 '졸본'의 뜻을 한자로 옮겨서 고高를 꾸밈말처럼 얹은 것입니다. 그것이 '고구리高句麗'입니다.

따라서 고구리高句麗는 졸본부여와 똑같은 말입니다. 예맥족 전체를 대변하는 것이 '졸본부여'라면, 주몽의 출신 부족을 강조하는 것이 '고구리'입니다.

백제가 고구려에서 독립하려고 할 때, 온조는 주몽의 출신 부족을 강조하는 이름을 이어받겠다고 한 것이고, 비류는 예맥족 전체를 대변하는 이름을

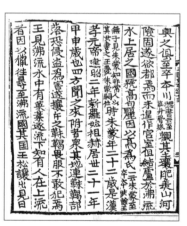

삼국사기 고구려 본기

이어받겠다고 한 것입니다. 이것이 백제 초기의 국명을 두고 벌어진 갈등의 근원입니다.

한반도의 서쪽을 차지한 이 나라를 두고 일본은 '구다라'라고 불렀고, 온조계는 '고 씨의 나라'라고 불렀고, 비류계는 '부여 씨의 나라'라고 불렀음이 어원 추적 과정에서 드러났습니다. 부리야트의 구다라족이 한강에 와서 어느 성씨로 나라의 이름을 정할 것이냐며 의견이 갈라진 것입니다. 이 갈등은 끝내 봉합되지 못하고 백제 후기로 가면 가야 세력의 합류로 권력투쟁 양상이 더 복잡해지면서, 결국은 백제 세력의 일부가 일본으로 건너가서 새로운 나라를 건설하는 것으로 끝을 맺습니다.

얘기가 좀 길어졌는데, 언어와 국명의 표현 양상을 정리하면 이렇습니다.

맥클리＝발구진＋고리
구다라＝고리＋(구)다라
백제＝고리＋(구)다라
진번＝발구진＋(구)다라
예맥＝(구)다라＋발구진

일본 쪽 얘기 좀 하겠습니다. 일본에서는 아직도 백제를 '구다라'라고 부르고, 고구려를 '고마'라고 부릅니다. 백제를 '구다라'라고 부르는 사람들은 고구려를 '고마'라고 부를 수밖에 없습니다. 왜냐하면 고구려는 백제가 성립할 때 마치 뒤쪽을 받쳐주는 큰 형님이나 방패 노릇을 했기 때문입니다. 직접 나서지는 않지만, 은근히 힘을 보태주는 존재죠. 아이들이 싸울 때 아버지의 뒷배에 따라 우위와 서열이 결정되는 것과 같은 이치입니다. 심지어 개들도 그렇습니다. 백제에게 고구려는 그런 존재였습니다.

일본인들이 '고마'라고 부르는 것 때문에 고구려를 '신의 나라'라고 풀이하는 사람들도 있는데, 이것은 좀 단정 짓기 어려운 말입니다. 그런 식이면 선진 문화를 받아들이는 일본 쪽에서 볼 때 삼국 모두 신의 나라가 아닌 곳은 없습니다.

'고마'는 우리 말에서 신을 뜻하기도 하지만, 퉁구스어에서는 '뒤'를 뜻합니다. 그래서 '후처, 첩실, 후궁'을 '고마'라고 합니다. 떠돌이 환웅의 아내가 되는 여자가 '곰(熊女)'인 것은, 이 신화가 퉁구스족의 그것이기 때문입니다. 퉁구스족의 신화가 피지배층에게 전해지면서 '뒤'가 '신'으로 둔갑한 것입니다. 아이누어로 '감'은 신이 맞습니다. '니사금'은 아이누어로 '하늘의 신(니쉬가무이)'을 뜻하는 말입니다.(뒤에서 신라를 다룰 때 좀 더 자세히 다루겠습니다.) 그러나 퉁구스어에서는 오히려 '뒤'의 뜻이 더 강합니다.

이렇게 보면 공주와 금강의 의미도 전혀 다르게 풀 수 있습니다. '공주'는 원래 '웅주熊州'였고, 웅주는 '곰고을'을 번역한 것입니다. 신의 도읍이 아닙니다. '곰강'의 남쪽에 있어서, 곰강을 등 뒤에 둔 땅을 말하는 것입니다. '금강'은 '곰강'을 적은 것이고, 금강은 정확히 공주의 뒤에서 공주를 감싸고 보호하며 서남쪽으로 흘러갑니다. 공주에 사는 사람들이 그 강을 자기네 '뒤'에서 감싸고 흐르는 강이라고 이름 붙이는 것은 당연합니다.

이제 막 남쪽으로 내려와 자리 잡은 백제의 뒤에는 고구려가 거인처럼 혹은 큰 형님처럼 떡 하니 버티고 있습니다. 그래서 '구다라

(백제)의 뒤(고마)에 버틴 나라'를 뜻하는 말로 '고마'라고 부르는 것입니다. 하지만 고구려인 스스로는 '고마'라고 말할 리가 없지요. 그들은 스스로를 '솟을 구르: 위대한 중심의 나라'라고 불렀습니다. 그게 '코리'이고, '계루'이고, '고리'이고, '고구리'이고, '고구려'입니다. 이런 말들이 그 말의 뜻을 알 리 없는 중국인들의 귀에 들리는 대로 한자로 적힌 것입니다. '졸본부여'도 이런 뜻을 지닌 말이죠.

하지만 말은 무서운 것이어서 아무리 이리저리 구부러지고 바뀌어도 어원을 파고들면 그 뿌리를 잡아낼 수 있습니다. 한 집단이 쓴 언어는 그들의 무의식을 반영합니다. 무의식은 왜 그런지도 모르고 그렇게 하는 행위를 말합니다. 역사서에 남은 모든 언어는 그런 것들입니다. 임자도 모르는 무덤에서 귀중한 금붙이 몇 개가 발견되었다고 환호작약할 일이 아닙니다. 그보다 더 빛나는 황금이 그들의 언어입니다. 이런 황금을 날마다 쓰면서도 눈길 한 번 주지 않은 것이 한국의 역사학계입니다. 옛날 서양의 기록에 신라에서는 길바닥에 굴러다니는 황금을 보고도 주워가는 사람이 없었다는데, 이게 오늘날 한국의 역사학계를 말한 게 아닌가 하는 엉뚱한 생각이 듭니다. 안 주워가기는커녕 발길로 걷어차죠.

5장

발해

나이 환갑을 넘기니 노안 때문에 글씨가 흐릿하게 보입니다. 그런데도 뭘 하겠다고 안경까지 끼는 것은 싫어서 책을 안 읽은 지도 꽤 됩니다. 노안이 와서 세상이 안 보이고 난청이 와서 귀가 안 들리면, 안 보이는 채로 안 들리는 채로 살아가는 게 자연의 이치라고 생각하며 사는데, 어쩌다 이런 잡스러운 글을 쓰는 일에 코가 꿰이어 책에 눈길을 주는 불편한 일이 가끔 생깁니다.

이런 부담 땜에 충북대학교 중앙도서관 서고를 어슬렁거리며 뭐 하나 얻어걸리지 않을까 싶어 역사책 제목 구경을 하는데, 몇 권 들춰봐도 역사학계의 주장이라는 게 40년 전이나 지금이나 그저 그 타령인 건 뻔합니다. 그래도 가끔 서가를 훑어보는 것은, 역사언어학 쪽으로 뭔가 새로운 업적이 나오지 않았을까 하는 일말의 기대감 때문인데, '혹시나?' 하여 역사책을 들추면 이병도와 그 제자들의 혀짧은 소리만 가득하여 '역시나!'를 뱉으며 책을 도로 꽂아놓습니다.

    그런데 하루는 이런 무심한 저의 눈길을 『고구려-발해인 칭기스 칸』이라는 제목이 슬그머니 잡아끕니다. 칭기즈칸 따위는 저의 관심사가 아닌데, 그 앞에 고구려-발해가 붙은 것이 특이해서 책을 꺼내어 서문 몇 장 읽다가 눈이 번쩍하고 머릿속이 환히 밝아졌습니다. 1~2권 모두 빌려서 한달음에 읽었습니다. 제가 역사책과 어원책을 읽은 이래 처음으로 큰 감동을 했습니다. 불모지인 역사언어학 분야에 드디어 나올 책이 나왔다는 감동입니다.

    역사에서 국명 인명 지명이 어렵고 문제가 되는 것은, 그 뜻을 알 수 없다는 것입니다. 왜냐하면 한글로 기록된 게 아니고 모두 한문 아니면 낯선 남의 나라말입니다. 그래서 그 말들을 비교 분석하는 비교언어학이 꼭 필요한데 우리나라의 비교언어학 수준은 걸음마 수준입니다. 게다가 역사 쪽으로는 아예 비교언어학 개념이 적용된 적도 없습니다. 모두 자신이 아는 일본어 정도의 수준에서 개똥철학을 펼쳐보는 것이 우리 역사언어학의 현실이죠.

    비교언어학을 회피하는 그네들 마음도 이해가 갑니다. 역사학에서 비교언어학을 하려면 적어도 몽골어, 터키어, 퉁구스어, 드라비다어, 중국어, 일본어, 한국어를 기본으로 해야 하고, 여기에 소수민족의 언어를 더 살펴야 합니다. 예벤키, 야쿠트, 아이누, 길랴, 축치, 올차 같은 언어 말이죠. 유적 파헤치기도 바쁜 역사학자들은, 한 마디로, 불가능한 일입니다. 게다가 이런 수준의 언어이해는 상고사에만 국한한 일입니다. 만약에 삼국시대가 끝날 때쯤으로 내려오면 서양의 여러 역사서도 읽어야 합니다. 페르시아어, 인도어, 범어, 아랍어, 우즈벡어, 폴란드어, 헝가리어, 러시아어 정도는 드문드문 읽을 정도가 되어야 합니다. 그래서 저는 오직 삼국시대 초기까지만 아는 체합니다. 저의 능력이 거기까지이기 때문이지요.

　이런 게으름과 자기합리화로 주저앉은 저의 뒤통수를 한 대 내려친 몽둥이가 전원철의 이 책입니다. 그렇다고 제가 다시 정신 차려서 공부할 생각은 여전히 없습니다만, 제가 아니라도 누군가 이런 훌륭한 작업을 어디선가 할 거라는 '안심'은 하게 되었다는 얘기죠. 마테호른 차가운 벼랑에 혼자 대롱대롱 매달린 외로움을 그나마 달래주는 일이었기에, 이 책을 쓰신 작가께 특별히 감사 인사는 해야겠습니다. 전원철 씨, 고맙습니다. 그럴 일은 없을 것 같지만, 언제 한 번 뵐 일이 있다면, 제가 밥 한 끼 사겠습니다. 청주에 제가 잘 가는 식당이 하나 있습니다. 얼마 전에 용암동에서 남일면 효촌으로 이사한, '가마솥추어매운탕'이라고, 아주 맛있습니다.

　이 책은 몽골제국을 이룬 칭기즈칸의 가계와 혈통을 살핀 것입니다. 칭기즈칸은 '잿빛 푸른 늑대(부르테 치노)'와 '흰 암사슴(알란 고와)'을 조상으로 한다는 것이 역사학계의 정설입니다. 또 원나라의 정사인 『몽골(원조)비사』의 결론이기도 하죠. 하지만 이런 비유는 그 앞의 어떤 질서나 계통을 확신할 수 없을 때 취하는 회피 수단입니다. 단군 이전에 누가 있었냐는 질문에 아무도 답하지 못할 때 그때는 하늘에서 누가 내려왔다는 식이죠.

　칭기즈칸을 말할 때 동양의 자료에서는 여기서 단 한 걸음도 나아갈 수 없습니다. 하지만 몽골은 원나라만 세운 게 아닙니다. 칭기즈칸의 자손이 나뉘어 모두 4한국을 만들었죠. 그 나라에서 제 조상에 관한 기록을 남깁니다. 물론 희귀자료죠. 있다고 해도 우리나라의 게으른 역사학자들은 그런 것을 찾을 여유가 없습니다. 빵꾸 나서 줄줄 새는 제 스승의 학설을 여기저기 땜빵하느라 바빠서 이렇게 시간과 공이 많이 걸리는 일에 눈 돌릴 틈이 없습니다. 역사학자가 아닌 엉뚱한 사람이나 이런 짓을 하죠. 아니나 다를까! 이 책의 지은이 전원철은 역사학자가 아니라 외교관 출신이더군요. 역시 한국의 역사학계는 저의 기대를 한 치도 저버리지 않습니다. 하하하.

동양의 『몽골비사』와 아랍의 『집사』, 『사국사』, 『황금의 책』, 『행운의 정원』을 비교하면 부르테 치노(잿빛 푸른 늑대) 이전의 칭기즈칸 혈통을 거슬러 갈 수 있다는 것이 이 책의 주장이고, 그 연구 과정과 결과를 정리한 것입니다. 물론 비교언어학이 가장 중요한 연구 방법으로 적용되었음은 말할 것도 없습니다. 그 결과 칭기즈칸의 조상은 발해의 대조영과 대야발로 연결되고, 발해는 고구려의 후손이 세운 나라이니, 더 거슬러 가면 몽골과 발해 모두 주몽의 자손이라는 것이 이 책의 결론입니다.

이 연재의 맨 앞쪽에서 저는 칭기즈칸의 어원을 밝혀드린 적이 있습니다. '칭(金)+기즈(國)+칸(王)'의 짜임으로 '하늘의 뜻을 받은 황금 겨레 연합국가의 우두머리'를 뜻한다고 했습니다. 그런데 이 책에서는 한 발 더 나갔습니다. 즉 '진국왕震國王'을 그대로 옮겨적은 것이 칭기즈칸이라는 거죠. 물론 진국은 '해동성국 발해'를 말하는 것입니다. 칭기즈칸의 혈통을 중심으로 논의하다 보니 이런 결론에 이른 것인데, 저의 결론과 비슷하기는 합니다. 진辰이 바로 황금(金)을 뜻하는 말이기 때문입니다. 발해는 처음에 '진震'이라고 했는데, 이것은 벼락을 뜻하는 말입니다. '辰'은 별이니, 둘 다 같은 말입니다. 즉 '별'과 비슷한 소리가 나는 어떤 것을 적으려는 것이죠. 무엇일까요? 벌써 얘기해 드렸습니다. '부리야트(부여)'죠. 이 부여를 '발해'로 적은 것입니다.

부리야트는 몽골족이고, 발해는 말갈족으로 배웠는데, 이상하죠? 이상할 겁니다. 그게 이병도와 그 제자들의 혀짧은 소견 때문이라고 제가 몇 번이나 말했습니다. 그들을 욕하자는 게 아니라 사실을 지적한 겁니다. 비교언어학 공부를 할 생각도 않고, 국어학자에게 물을 생각도 하지 않는 게 그들입니다. 그들이 비교언어학에 조금만 관심을 두었어도 전원철 같은 제도권 밖의 인물이 이런 위대한 책을 쓰도록 놔두지는 않았을 겁니다. 자기들이 직접 나섰겠죠.

'몽골'은 무슨 말인가요? 이것을 아는 사람도 없습니다. 전 세계 모든 학자가 그렇습니다. 몽고가 은을 뜻하는 말이어서 그것을 국명으로 삼았다는 것이 정설로 자리 잡은 상태입니다. 하지만 이것도 혀짧은 소리인 것은 쉽게 알 수 있습니다. 황금을 놔두고 굳이 은을 나라 이름으로 삼을 사람이 누가 있을까요? 칭기즈칸의 조상 부르테치노가 '잿빛 푸른 늑대'라는 설명과 똑같은 수준의 소견입니다. 건질 게 없습니다. 이래서 세계 역사언어학 계의 수준이 걸음마 단계라고 말하는 겁니다. 제가 건방진 게 아닙니다. 그들을 우습게 보는 게 아니라, 실제로 그들의 수준이 아장걸음마인 겁니다. 역사학이 언어 앞에서 헤매는 것은 국내와 국외가 다르지 않습니다.

몽골은 '모골'과 같은 말입니다. '모골'은 '말갈'이죠. '말'은 크다는 뜻입니다. 말잠자리, 말뚝, 말벌, 마루, 머리. '갈'은 고구려의 그 '구려, 고리'입니다. 우리말에서 '굴'은 중심을 뜻하는 말입니다. 말갈은 '위대한 세상의 중심'을 뜻하는 말이고, 그것(ㅁㄹㄱㄹ)이 유성음화하면서 '몽골'로 변한 것입니다. 아마도 중국 측에서 한자로 몽고蒙古라고 표기한 결과일 것입니다.

'蒙'의 상고음과 중고음 'muŋ'인데, 이응(ŋ)이 앞소리에 올 때는 기역으로 발음됩니다. 아마도 'muŋ'을 한자음으로 적은 것이 '蒙古'가 아닌가 합니다. 'muŋ'에 2음절화하는 모음(아래아)이 붙어 '몽고'가 된 것 같습니다. 그러니 말갈은 우리가 배운 대로 여진족의 일파를 말하는 것이 아니고, 민족 언어와는 상관없이 동북아시아 초원지대에 살던 모든 사람이 쓰는 말입니다. 다만 후대로 오면서 특별한 부족이 자신의 종족을 대표하는 말로 골라 쓰는 바람에 그 종족을 지칭하는 말로 굳어진 것이지요.

전원철의 주장대로 칭기즈칸의 조상이 발해인 핏줄이고 시조가 주몽이라면 이런 어원은 더욱 확실합니다. 만몽 초원은 바다와 같아서 국경이나 구획을 나눌 수 없는 곳이고, 그곳에서 살던 민족들이 단 몇십 년 만에 이쪽 끝에서 저쪽 끝까지 갈 수 있어서, 만주에 살던 주르친이 카스피해 서쪽에서 불쑥 나타나 호시를 쏘며 유럽인들을 공포에 떨게 할 수 있는 것입니다. 이건 제 생각이 아닙니다. 초원지대 사람들은 모두 그렇게 생각했습니다. 심지어 드라마에도 이런 의식은 아주 잘 나타납니다. 한 번 보시죠.

중국 드라마 『대풍청운』과 『황제의 여인』에 공통으로 나오는 여인이, 청 태종(황태극: 홍타이지. '좋은 아들'을 뜻하는 만주어)의 후궁이자 섭정왕 도르곤(태종의 이복동생)의 부인인 따옥(大玉)입니다. 몽골의 할하 초원이 고향이죠. 그러니까 몽골 여인이 여진족에게 시집을 와서 청나라를 3대에 걸쳐 사직을 보살펴 온 겁니다. 아들 순치 황제가 강남에 잠행을 나갔다가 한눈에 반해서 데려온 한족 여인을 만나려 가장 좋은 옷을 꺼내 오라고 하자, 시중들던 조카가 "고모(태후)가 만몽에서 가장 아름다운 여인임은 온 세상이 다 아는 사실인데 그 옷을 꺼내라시는 걸 보니, 한족 최고의 미인을 만나시는 까닭인가 봅니다."라고 하자, 태후는 고개를 끄덕이며 웃음으로 답을 대신합니다.

만주와 몽골로 이어진 초원지대는 바다처럼 경계가 없어 언어가 다르고 풍속이 달라도 모두 같은 의식을 지녔음을 말하려는 것입니다. 앞서 칭기즈칸을 말할 때 테무친이 칭기즈칸으로 등극하려 할 때 가장 강력한 지지 세력이 주르킨 씨족이었고, 이들은 '주르친'으로 보아 여진족이었을 것이라고 제가 추정했습니다. 이 초원지대를 지배하는 세력이 중국으로 들어가 왕국을 세우고, 그 왕국은 다시 초원지대에서 들어온 세력에게 밀리는 것이 중국사이고 동아시아사였습니다.

그러니 이들이 몽골어를 쓴다, 터키어를 쓴다, 퉁구스어를 쓴다는 언어 문제는 이들의 이합집산과 아무런 상관이 없는 조건이라는 것입니다. 세력에 따라서 뭉치고 흩어지며 역사를 뒤흔드는 것이 이들의 행동이고 풍속이었습니다. 그런 점에서 칭기즈칸이 가장 믿을 만한 세력이 여진족이라는 것은 역사 이해에 아무런 문제도 되지 않는다는 것이죠. 그런 점에서 볼 때 만주와 몽골로 이어지는 초원지대의 판도는 태평양 같은 한 덩어리라고 보는 것이고, 칭기즈칸의 조상이 한반도 북부에서 흘러 나갔다는 주장은 이상할 것도 없는 아주 자연스러운 일입니다. 압록강에 살던 부족이 100년 뒤에 몽골 초원지대에 도깨비처럼 나타나고, 만주에서 활동하던 여진족이 유럽의 카스피해나 흑해 주변에 혜성같이 등장하는 것은, 놀랄 일도 아니라는 것입니다.

금나라를 세운 완안 씨의 '완안'이 어디서 왔고 도대체 무슨 뜻일까 궁금했는데, 그것도 간단히 해결되었습니다. 완안 씨의 조상 함보가 살던 곳이 발해의 반안盤安 군인데, 이 반안이 음운변화를 거쳐서 완안으로 바뀐 것입니다. 즉 '반'이 순경음화를 거치면서 '완'으로 바뀐 것입니다. '반〉판〉완'의 과정이죠. 비읍순경음(ㅸ)은 모음 'ㅜ'나 'ㅗ'로 바뀝니다. '춥다'가 '추워'로 바뀌는 것과 같은 이치입니다. 각종 백과사전에서는 완안을 '왕가'를 뜻하는 말이라고 소개하는데, 어림없는 얘기입니다.

전원철의 글을 읽고 나니, 한 가지 문제가 저절로 해결되었습니다. 몽골은 가는 곳마다 왕국 독립을 인정하지 않고 몽골제국의 지방으로 만들어 직접 통치했습니다. 그런데 유독 고려만은 그러지 않고 왕국으로 인정했죠. 다루가치(達魯花赤)를 두어 간접 지배했습니다. 이것도 참 이해가 안 가는 일이었는데, 이 책을 읽으면서 그럴 법도 하다고 생각하게 되었습니다. 즉 칭기즈칸이 자신의 조상이 일어난 최초의 땅이 고려임을 알았다면 충분히 그럴 수도 있겠다는 것입니다. 몽골 지배하의 전 세계에서 유일하게 고려만 왕조의 명맥을 유지했습니다. 고려가 너무 맹렬하게 저항해서 그랬다고 배웠고 민족의식으로 정당화했는데, 그게 아니었을 것 같습니다. 원 나라가 제 조상의 유래를 생각해서 적당히 봐준 게 아니었을까 생각해 봅니다.

발해는 어느 나라의 역사일까요? 바보 같은 질문이라고요? 그렇지 않습니다. 중국의 동북공정 학파들이 보기에는 고구려 발해 모두 자기네 역사입니다. 중국사를 구성하는 지방 정권이라는 말이죠. 이런 식이면 발해는 러시아사도 됩니다. 그 지역의 일부가 러시아 소속이니 말이죠. 그러니 발해는 중국 러시아 한국이 공유하는 역사가 됩니다. 발해가 무슨 주식회사도 아니고, 최대 주주를 뽑아서 경영권을 방어해야 하는 이상한 상황이 벌어졌습니다. 이게 누구 탓일까요?

100% 한국의 역사학자들 탓입니다.

1979년에 고등학교를 졸업한 저는 고등학교 때까지 통일신라 시대라고 배웠습니다. 그런데 1985년에 26살 늦깎이로 대학에 들어가니, 1학년 교양 국사 시간에 남북국시대라고 가르치더군요. 남쪽은 신라 북쪽은 발해라는 식입니다. 그제야 발해는 우리나라의 역사가 된 것인데, 그것도 강만길 교수를 비롯하여 국사학계의 극히 일부 학자들만이 그랬습니다. 뜻 있는 사람들이 모여서 펴낸 『한국사 개론』 책에서만 남북국시대였지, 당시의 다른 국사책에는 대부분 통일신라 시대로 가르쳤습니다. 지금도 마찬가지입니다. 이러니 우리 국사학에서 내팽개친 고깃덩이를 지나가던 개가 집어먹는 것을 탓할 수도 없는 일입니다.

발해에 대해서는 우리가 아는 것이 전혀 없습니다. 대부분 중국과 러시아의 영토에 있어서 발굴 조사에 참여할 수도 없습니다. 남들이 발굴하여 발표하는 것을 갖고 '저게 우리 역사 맞나?' 하며 멀뚱멀뚱 쳐다보는 일이 전부입니다. 발해는 중국사가 아니기 때문에 중국 측의 기록에도 자세치 않습니다. 발해는 당나라를 공격하기도 한 나라입니다. 이런 일 때문에 당나라가 대응한 부분만 조금 남아있는 형편입니다. 그러니 그들의 혈통이나 가계 혹은 이들이 어떤 민족으로 구성되었는지조차도 분명치 않습니다.

그런데 이번에 전원철의 책을 읽다 보니, 서양 쪽의 자료와 비교 분석을 하여 발해에서 일어난 사건들을 새롭게 접하게 되었고, 이 정도면 발해사를 엮어도 되겠다고 생각했습니다. 대학 때 남북국시대라고 규정하고 설명하던 한국사 개론을 배우면서도, 그 헐렁한 설명에 '이게 우리 역사라고 할 근거가 되겠나?' 하는 회의감이 들었거든요.

그런데 전원철의 책을 보니 흥미진진한 사건들이 많아서 충분히 발해 왕실의 움직임을 추적할 수 있겠다는 생각이 듭니다. 역사학자들이 조금만 성의를 보인다면 가능할 텐데, 우리 국사학에 실망한 경험이 40여 년 쌓이다 보니 그런 믿음이 좀처럼 들지 않는 것은 단순히 제 기분 탓만은 아닐 겁니다.

저의 전공과 관심은 언어학이니 '발해'라는 말에 관해서만 몇 마디 하는 것으로 발해에 대한 아쉬움을 정리하려고 합니다.

'단군과 기자'를 얘기하면서 저는 고구려의 기원을 부리야트라고 보았습니다. 부리야트에는 3가지 방언이 있는데, 그 중에서 코리 방언을 쓴 사람들이 고구려의 주체 세력입니다. 코리 방언 중에는 기징가 방언이 또 있습니다. 이 기징가가 중국 측의 기록으로 '기자'가 된 것이고, '기자'는 조선시대 『천자문』(1575년)에 왕을 뜻하는 말(긔ㅈ왕)로 적혔다고 말했습니다. 이들은 당연히 몽골어를 쓴 사람들입니다.

'기자'의 '기箕'는 곡식을 까부르는 '키'인데, 이것을 퉁구스어로는 'fiyoo'라고 합니다. 'f'와 'p'는 서로 넘나듭니다. 그래서 'fiyoo'는 '*piyoo'로 재구되죠. 이 말이 향찰로 표기될 때 '부여夫餘, 불내不耐, 부리夫里, 부루夫婁, 발發, 패浿' 같은 문자로 나타납니다. 이렇게 표기된 것들은 모두 어떤 대상의 소리가 퉁구스어 쓰는 사람의 귀에 들린 말입니다. 몽골어를 쓰는 사람들은 '코리, 구려, 고코라, 매크리, 묘구리'라고 했습니다. 같은 대상을 몽골어와 퉁구스어에서는 서로 다르게 부른 것입니다. 무엇을 이렇게 한 것일까요? 바로 '부리야트'입니다. 처음엔 부리야트 족 일부가 지배층이 되었다가 나중에는 코리족이 부리야트를 대표하게 되면서 몽골어를 쓰는 부족들을 가리키는 명칭이 바뀐 것입니다.

앞서 얘기한 것처럼 만몽 초원은 한 덩어리입니다. 그곳에 이들이 뒤엉켜 살면서 이렇게 같은 대상을 서로 자기에게 맞는 말로 부른 것입니다. 몽골족이 나라를 세우면 그리로 몰리고, 퉁구스족이 나라를 세우면 그 밑으로 들어가서 사는 것이죠. 고조선 시대부터 고구려 발해 시대까지 만주와 몽골 초원은 이런 식으로 움직입니다.

신라 영토는 삼국시대에 가장 넓은 영역이 한강 유역이었습니다. 나당 연합군의 공격으로 고구려가 망하자 국토가 갑자기 요동 지역까지 확대되고, 당황한 신라를 배제하려고 당나라가 획책하자 신라는 반발하여 전쟁까지 불사하죠. 철령과 호로하를 경계로 하여 타협을 합니다. 철령과 호로하를 국사학자들은 근거도 없이 함경남도와 임진강의 연결선이라고 비정해버렸는데, 제가 살펴본 어원으로는 요녕성의 도시인 철령과 대릉하입니다.(이에 대해서는 나중에 다시 얘기하겠습니다.)

고구려가 망한 덕에 신라는 요동까지 차지했는데, 문제는 거기서 고구려가 망한 지 불과 30년도 채 안 되어 고구려와 똑같은 나라가 다시 섰다는 것입니다. 진국, 즉 발해죠. 따라서 신라는 철령과 호로하(대릉하) 경계선을 지킬 수가 없게 되고, 한반도로 철수합니다. 어디까지 철수했을까요? 이에 관한 근거도 역사학계에서는 별로 찾아볼 수 없습니다. 그런데 전원철의 책을 보니 발해는 개성 지역까지 차지했다네요. 그렇다면 신라는 삼국시대의 영역으로 다시 후퇴한 셈입니다. 기껏해야 임진강 유역까지 차지한 것인데, 결국 신라가 먹은 영토는 백제뿐임을 알 수 있습니다. 이러니 국사학계의 '통일신라 시대'라는 구분이 얼마나 황당무계한 논리인지 알 수 있습니다. 일본 스승들의 논리를 단 한 발짝도 벗어나지 않는 게 그들의 신념이고 학설입니다.

나라 이름 '발해'를 살펴보겠습니다. 처음 이름은 진국震國, 振國이었습니다. 그러다가 발해로 바꾸죠. 한자 표기로는 바꾼 것으로 보이지만, 그들의 말로는 똑같은 이름입니다. '진震'은 '벼락 진' 자입니다. 벼락은 '별+악'의 짜임으로 '악'은 '나락' 같은 말에서 보듯이 접미사입니다. 이름씨임을 나타내주는 문법 기능을 할 뿐, 의미는 없습니다. 그러니 震이 전하려는 뜻은 '별'입니다. 발해渤海는 '바리'인데, 'ㅣ'는 '아이, 아해(아희)'에서 보듯이 접미사입니다. 결국 진국과 발해는 같은 소리를 서로 다른 한자로 표기한 것입니다.

이게 무슨 뜻일까요? 발해는 우리에게 낯선 말이 아닙니다. 바다 이름으로 우리에게 익숙하죠. 중국과 한반도 사이에는 바다가 있습니다. 우리는 서해라고 하고, 중국에서는 동해라고 합니다. 황하가 흘러드는 바다라는 뜻으로 '황해'라고도 하죠. 그런데 중국의 산동 반도와 요동 반도가 감싸안은 안쪽 바다가 있습니다. 그 바닷가를 요동이라고 하죠. 이렇게 요동을 가슴팍으로 하여 오른팔 산동 반도와 왼팔 요동 반도가 감싸 안은 그 품 안의 바다가 바로 '발해'입니다. 그런데 이게 왜 발해일까요? 황하와 똑같습니다. '발수'가 흘러드는 바다라서 발해입니다. '발수'는 뭘까요? '패수'입니다. 그러면 이 지역에 왜 '발, 패' 같은 말이 붙었을까요?

산동 반도는 동이족이 살던 곳이고, 북경도 그렇습니다. 그 위쪽 요동 지역과 요동 반도는 물론이지요. 우리가 '발해'라고 부르는 바다의 둘레 땅은 모두 동이족이 살던 곳입니다. 그러니 그들이 살던 땅이라는 뜻으로 '발'을 붙인 것입니다. 그 땅을 흐르는 큰 강은 '패수'가 되는 것이지요. 이 지역에 살던 사람들 중에서 '발, 패' 같은 소리가 나는 겨레나 나라가 있을까요? 있습니다. 부리야트가 바로 그들입니다. 기자조선의 지배층은 몽골어를 썼고, 부리야트는 몽골어를 쓴 부족입니다. 앞서 고구려가 고죽국에서 동쪽으로 밀리면서 대동강에 이르는 경로를 우리는 차례로 확인했습니다. 바로 이들 때문에 이곳의 바다 이름이 '발해'로 이름 붙은 것입니다.

발해라는 이름을 남긴 부족들이 마지막으로 자리 잡은 곳이 바로 '발해'이고, 대조영의 그 나라에 '발해'라는 이름이 붙은 것은 아주 당연한 일이라는 말입니다. 진震과 발해渤海가 나타내고자 하는 말은 '바르'이고, 이것은 부리야트의 준말입니다. '바르'에 접미사 '악'과 'ㅣ'가 붙어서 '벼락'과 '바릐'가 된 것입니다. '벼락'은 뜻을 취하여 '진震'으로, '바릐'는 소리를 취하여 '발해渤海'로 적은 것입니다.

이번에는 발해의 혈통과 계보를 알아보겠습니다. 중고등학교 다닐 때 발해 대목에서 고개를 갸우뚱거렸습니다. 발해를 세운 사람의 이름은 대조영인데, 그 아버지 이름은 걸걸중상이랍니다. 대사리걸걸중상大舍利乞乞仲象. 부자 관계인데, 성이 다릅니다. 아들은 '대大'인데, 아버지가 '걸걸'입니다. 껄껄껄! 정말 웃기지 않나요? 아버지와 아들의 성이 다르다니! 허긴, 공자의 아버지도 숙량흘叔梁紇인데, 아들 구丘는 공 씨여서 여기서도 부자의 성이 다르죠. 이 괴이한 현상을 설명해 주는 사람이 아무도 없습니다. 지금도 마찬가지입니다. 역사학자들도 이걸 설명하지 못합니다. 이런 황당무계함 앞에서 저 혼자 미치고 환장할 일은 40년 전이나 지금이나 마찬가지입니다.

아들과 아버지의 성이 다를 리가 없습니다. 그렇다면 '大'와 '乞乞'은 같은 말이라는 뜻입니다. 그런데 이렇게 보고 설명하자니 턱 하고 걸리는 게 하나 있습니다. 뭐냐면 같은 말 '걸'이 겹쳐서 2자라는 것입니다. 그냥 乞 하나면 거기에 맞는 풀이를 하면 되는데, 뒤에 乞이 하나 더 붙어서 '걸걸'입니다. 그렇다면 이 향찰 표기는 문자는 같을지언정 둘이 뜻은 다르다는 증겁니다. 앞의 乞과 뒤의 乞은 서로 다른 것을 뜻하는 말이라는 거죠. 이 두 걸을 똑같은 말로 풀면 안 될 것 같다는 말입니다.

이에 대한 힌트가 바로 걸사비우乞四比羽입니다. 여기에도 '걸'이 보이네요. 이 '걸'과 걸걸중상의 '걸'이 같은 말일 겁니다. 그렇다면 걸사비우와 걸걸중상은 성씨가 같은 한 가문이라고 볼 수 있습니다. 즉 형제일 수 있다는 거죠. 사촌이든 팔촌이든 16촌이든.

우리는 이제 大와 乞이 같은 말을 표기한 향찰임을 밝혀야 합니다. 大는 어떤 말의 뜻을 적은 것이고, 乞은 그 말의 소리를 적은 것일 겁니다. 걸乞은 현대 중국어 발음으로도 '키, 치(qǐ)'입니다. 답이 확 보이지 않나요? 기자의 '箕'와 똑같습니다. 이것을 몽골어로는 '키', 만주어로는 '*piyoo〉fiyoo'라고 한다고 말했습니다. 코리와 부리야트를 적은 것입니다. 코리는 '고리, 구려, 계루'로 적한다는 것은 이제 여러분도 잘 알죠. 같은 민족을 몽골족들이 적을 때는 고리라고 하고, 통구스족들이 적을 때는 부여라고 하는 겁니다. 부리야트의 3종족 중에서 '고리'를 箕로 적은 것입니다. 그렇다면 '고리'는 무슨 뜻일까요? 대조영의 예를 보면 '골(乞)'은 크다(大)는 뜻입니다. '글, 클, 큰, 콘, 훈'의 상태를 볼 수 있죠.

우리는 정작 우리말을 버리고 한자 표기에 의존하는 까닭에 제대로 된 발음으로 표기하지 않습니다. '乞'이라고 적고 '걸'이라 읽거나, '大'라고 적고 '대'라고 읽죠. 정작 우리말의 발음 '크, 커'는 쓰지 않습니다. '大韓'이라고 적고 '대한'이라고 읽지, '크한'이라고 읽지 않습니다. 그런데 이런 이름을 그대로 쓴 종족이 있습니다. 거란契丹이죠. 신채호는 『조선상고사』에서 '글안'이라고 적었는데, '契'의 음가를 나타내려고 일부러 그렇게 적은 것입니다. 이 '글'이 바로 '클, 골, 걸'을 적은 표기입니다. 거란은 스스로를 키탄(Khitan)이라고 적었습니다. 이것이 서양(그리스, 이란)에는 '키타이'라고 전해지고, 지역에 따라서 '히타이, 카타이, 햐타드, 크타이, 케세이' 같이 다양하게 퍼졌습니다. 그래서 서양에서는 중국을 '키타이'라고 인식합니다.

따라서 '거란'의 '거'는 크다는 뜻이고, '탄'은 왕이라는 뜻이므로, '큰 왕, 위대한 칸의 나라'를 뜻하는 말입니다. 이 뜻이 '거란'을 우리말로 읽을 때 그대로 살아납니다.

'크다'의 '크'가 '키(Khi)'이고, '한'이 '탄(tan)'입니다. 혼=큰=근=춘=튼=든의 넘나듦을 볼 수 있죠. '大韓'은 우리말 '크탄, 크한, 커한, 큰한, 걸한'을 적은 것입니다. 오늘날 대한의 후손으로 자부하는 우리는 아무도 이렇게 발음하지 않지만 말이죠.

우리말에서 '골'은 중심이나 중앙을 뜻하고 동시에 높음과 고귀함을 뜻합니다. '가람, 갈래기(쌍둥이), 갈래, 겨레' 같은 말에서 중심의 자취를 볼 수 있고, '골腦, 대가리, 대갈박, 구리대' 같은 말에서 높음의 자취를 볼 수 있습니다. 윷놀이의 가운데 말 이름이 '걸'이기도 하죠. 말갈의 '갈'도 틀림없이 이것입니다. 주몽이 나라 이름을 정할 때 앞에 '高'를 붙였습니다. 高는 높다는 뜻인데, '산마루' 같은 말을 보면 高와 마루가 정확히 대응합니다. 그러니 '말갈'을 한자로 쓰면 '고구려'가 되는 겁니다. 무ㄹ(高)+ㄱㄹ(qori). 하늘의 뜻을 받아 지상에 나라를 세운 위대한 황금 겨레를 뜻하는 말입니다.

이렇게 결론을 맺고 나면 우리가 역사 시간에 배운 사실과 많이 어긋납니다. 왜냐하면 중국의 사서에서 말갈은 숙신의 일파라고 했거든요. 숙신의 일파이니 퉁구스어를 썼을 겁니다. 고구려의 지배층은 몽골어를 썼는데, 말갈은 퉁구스어를 쓰는 사람들이라는 불일치가 우리 앞에 나타납니다. 하지만 이 불일치는 다시 200년만 더 흘러가면 아주 쉽게 해소됩니다. 왜냐하면 몽골어를 쓰는 부족들이 나타나거든요. 이름 그대로 몽골이죠. 몽골족은 몽골어를 썼습니다. 그런데 몽골이라는 말이 '모골'에서 온 것이고, 모골은 '말갈'을 뜻합니다. 게다가 돌궐 비문에는 고구려가 '맥클리(묘구리)'로 나옵니다. 그러니 '묘굴, 모골, 모구리'와 '몽골'의 유사성 친연성은 충분합니다. '모'가 '몽'이 된 것은 한자 표기 몽고蒙古의 영향일 겁니다.

이 혼란은 언어와 역사 기록이 달라서 오는 것입니다. 하지만, 발해왕 대조영의 '대'는 틀림없이 '걸'이고, '걸'은 고구려의 '고리, 코리, 계루'를 뜻합니다. 발해 왕조는 고구려의 후손이었다는 뜻입니다. 다만 나라 이름을 부리야트(발해)로 한 것은 망한 왕조의 이름(고구려)를 그대로 쓸 수 없어 퉁구스어를 쓰는 사람들이 부르는 명칭으로 바꾼 것입니다. 부리야트나 고구려나 똑같은 말입니다. '졸본부여, 북부여, 동부여'도 그렇게 해서 붙은 이름이죠. 따라서 발해와 관련된 언어들이 보여주는 계통의 흐름을 살펴보면 '대조영'은 고구려의 후손이고, '발해'는 고구려의 다른 이름이어서, 고구려가 간판만 바꿔 단 것입니다. 일종의 신장개업新裝開業이죠. 그러니 대조영은 퉁구스어가 아니라 고구려 지배층의 언어인 몽골어를 썼음을 알 수 있습니다.

이렇게 보면 말갈을 좀 달리 보아야 할 때가 온 것 같습니다. 중국의 사서에서는 말갈을 숙신의 후예라고 하지만, 언어를 살펴보면 그런 것 같지도 않습니다. 게다가 말갈은 한 종족만 있는 게 아닙니다. 『수서』에는 백산부白山部·속말부粟末部·백돌부伯咄部·안차골부安車骨部·불녈부拂涅部·호실부號室部·흑수부黑水部가 있다고 하여 다양한 말갈족을 볼 수 있습니다. 이들이 모두 퉁구스어를 썼을 것 같지는 않습니다.

특히 속말부 말갈은 고구려를 얘기할 때 유달리 많이 나오는 족속입니다. 속말粟末은 '테무르'라는 소리를 적은 것입니다.(전원철 2권 274쪽) 몽골족이 분명하죠. 백산의 '백'은 만주어로 호수를 뜻하는 말입니다. 우즈베키스탄의 타슈켄트 인근 호수 이름이 '차르박'인데, 이 '박'이 바로 퉁구스어로 호수를 뜻하는 말입니다. 그러니 백산부는 퉁구스족이 분명합니다. 이것을 보면 발해에는 다양한 족속이 자기 영역을 따로 갖고 중앙 왕실의 지휘 체계하에 있음을 알 수 있습니다. 모든 말갈족이 퉁구스어를 쓴 건 아니라는 말입니다.

중국 드라마 『강희』를 보면 청나라 강희제 때 몽골의 준가르 칸이 반란을 일으키는데, 주변의 몽골 족장들이 강희제에게 몰려와서 준가르를 토벌하고 몽골 초원의 평화를 되찾아달라고 호소하는 장면이 있습니다. 몽골과 만주 초원은 거대한 바다처럼 한 덩어리입니다. 어떤 몽골어를 쓰는 부족이 북만주 지역에 산다고 해서 이상한 일이 아니라는 뜻입니다. 말갈족의 구성은 다양한 언어를 쓴 사람들로 이루어졌고, 그중에서 지배층이 어떤 언어를 썼느냐가 훗날의 역사가들에게 그 나라의 언어로 비추어질 뿐입니다.

아울러 중국 지명에도 '박'이 나옵니다. '경박호鏡泊湖, 양산박梁山泊' 같은 것인데, 이곳의 '박'이 바로 퉁구스어 'bak(湖)'의 자취입니다. 중원에도 퉁구스족이 많이 살았다는 증거입니다. 심지어 이런 책도 있습니다. 『진시황은 몽골어를 하는 여진족이었다』. 이 연재 글의 초고를 완성하고 미진한 부분을 깁고 보태려 인터넷에서 이런저런 자료를 검색하다가 뒤늦게 알게 된 책입니다. 전원철의 책도 마찬가지 경우입니다. 글을 다 쓴 뒤에 보완할 게 더 없나 하고 여기저기 곁눈질하다가 알게 된 책이죠. 그래도 저의 누더기 같은 글의 구멍들을 메우는 데 많은 도움을 준 책입니다. 그렇게 기워봤자 누더기가 매끈한 비단으로 바뀌는 건 아니지만!

더욱 특이한 것은 고구려와 말갈이 한통속이라는 겁니다. 『삼국사기』 초기 기록을 보면 말갈이 백제와 신라의 변경을 침범했다는 말이 굉장히 많이 나옵니다. 고구려를 쳤다는 기록은 없습니다. 고구려의 지시를 받아서 움직인 세력이라는 뜻이죠. 고구려의 일파도 말갈이라는 이름으로 불렀음을 알 수 있습니다. 전원철은 고구려 왕실의 중심 세력으로부터 밀려난 주변부의 고구려 부족을 말갈이라고 불렀다고 하는데, 귀담아들을 값어치가 있는 아주 그럴듯한 이야기입니다.

중요한 것은 이겁니다. 당나라와 자웅을 겨루던 고구려가 망하자 그 자리를 대신할 어떤 세력이 새롭게 등장하여 나라를 세운 것인데, 그 세력이 누구이겠느냐 하는 것입니다. 고구려와 관련이 있는 어떤 세력이 아니고서는 할 수 없는 일입니다. 물론 고구려 왕실의 중심 세력은 아닐 겁니다. 그들을 당나라에서 그냥 둘 리 없지요. 그렇다면 당나라에서 주목하지 않던 곁가지 세력일 것이고, 그들은 반드시 고구려의 혈통과 관련이 있는 자들이어야 합니다. 바로 이런 자들을 '말갈'이라고 부른 듯합니다. 그들이 고구려의 전통을 이어받아서 발해를 세웁니다. 고구려의 적통이 아니라 방계에서 고구려를 대신할 발해를 세운 것입니다. 이것이 나라 이름을 고려로 두지 않고 발해로 바꾼 이유이기도 할 것입니다.

이 무렵 발해의 서쪽 그러니까 몽골 초원에는 거란(키탄)이 나타납니다. 이들도 몽골과 퉁구스족의 혼합세력입니다. 국경선이 없는 초원지대에 나타나는 세력은 거의가 그렇습니다. 당나라로서는 서쪽의 돌궐과 거기서 두각을 드러내는 거란, 동쪽의 해동성국 발해가 있는 형국이죠. 이 초원지대의 세력은 서로 경쟁하다가 발해는 거란에게 망하고, 돌궐은 당나라에게 망합니다. 거란이 요나라를 세워 발해를 멸망시키자, 그 밑에 있던 완안부가 일어나 금나라를 세우며 요나라를 거꾸러뜨리고, 다시 한두 세대가 지나면 테무친이 나타나 초원지대를 통일합니다. 이 경천동지의 혼란상이 만몽 초원에서 꼬리를 물고 일어나는 일이니, 이들이 서로 관련이 없다고 생각하는 것이 오히려 더 이상한 겁니다. 한반도에서 고려가 자리를 잡아갈 때 이중의 일파가 초원지대로 넘어가 칭기즈칸의 조상이 된다는 것이 전원철의 주장입니다. 이 부분은 역사학자들께서 열심히 파고들어서 부정이든 인정이든 알아서 하시고, 저는 다시 언어로 돌아가겠습니다.

이번에는 아무런 근거도 없는 저의 생각 꼬투리에서 나온 내용입니다. 한 귀로 듣고 한 귀로 흘리셔도 좋습니다. 걸사비우와 걸걸중상이 같은 '걸'로 시작한 핏줄이 아닐까 하고 앞서 의심했습니다. 기왕 의심한 거 한 걸음 더 가보겠습니다.

성씨로 보아 대조영은 고구려계 인물이니, 몽골어를 좀 더 끌어다 붙여보겠습니다. 성인 '걸'을 빼면 사비우四比羽와 걸중상乞仲象만 남습니다. 몽골어로 셋(3)은 'gvrban'이고, 넷(4)은 'durben'입니다. 그러니 걸사비우는 걸 씨 집안의 넷째인 비우이고 걸걸중상은 셋째인

중상인 셈입니다. 걸 씨 집안의 셋째 아들 중상과 넷째 아들 비우가 떨쳐 일어나 발해의 바탕을 놓은 것이죠.

어쩌면 '둘째'를 '四'로 오역한 것일 수도 있습니다. 번역자가 '둘'이라는 소리를 듣고 몽골어 'durben(4)'으로 착각하여 '四'로 옮겼을 수 있습니다. 비우가 둘째 중상이 셋째인데, 잘못 알아듣고 둘째를 넷째로 옮겨 적은 것일 수 있다는 말입니다. 'gvrban'을 '걸(gvr)'로 줄이듯이, 'durben'을 한 음절로 줄이면 '둘(dur)'만 남습니다. 두 낱말 모두 끝의 'ben'이 떨어져 나간 모양이죠. 역사학도들께서는 못마땅하시겠지만, 문학도인 저에게 이런 상상은 설령 틀린 것이라도 재미있습니다. 문학을 전공한 저의 특권이기도 합니다. 하하하.

걸걸중상 앞에 '대사리'라는 말이 붙었습니다. '사리솔체'는 한자로 쓰였지만, 금방 알 수 있습니다. '독수리, 솔개, 수라상' 같은 말에서 보듯이 '높다'는 뜻입니다. 아마도 나중에 후손들이 추서한 존호나 사람들이 붙인 존칭일 겁니다.

『고구려-발해인 칭기스 칸』을 읽으며 감탄과 동시에 많은 반성도 했습니다. 어원에 관한 알량한 지식으로 또 아는 체를 하다 보니, 역사 지식이 모자라서 엉뚱한 이야기를 갖다 붙인 게 아닌가 하는 불안함 또는 찜찜함이 가시지 않던 차에 제가 걱정했던 어떤 사실이 이 책을 통해서 드러났기 때문입니다. 그것은 부리야트 종족에 관한 것입니다.

저는 세상에 흔히 알려진 대로 부리야트 방언을 토대로 해서 고대사를 파악했는데, 정작 오늘날 부리야트 지역에 사는 사람들이 원래 그곳에서 살던 사람들이 아니고, 남쪽에서 이주해서 그곳으로 올라간 우리 겨레의 일부라는 것입니다. 이렇다면 저는 이 흐름을 거꾸로 놓고 설명한 셈이죠. 사실을 제대로 알 수 없는 저로서는 끝내 찜찜한 부분입니다만, 핑계로 실수를 모면할 생각은 없습니다. 그리고 역사학자가 아닌 저로서는 충분히 저지를 수 있는 일이기도 합니다.

역사는 어떤 밑그림으로 보느냐에 따라 결과가 천차만별입니다. 저는 지금 언어로 역사를 들여다보는 중입니다. 이 말이 면피가 될 수 있을지 모르겠으나 지금까지 누군가 이런 과감한 실수(!)를 한 적 없어 제가 일을 저지르는 중입니다. 먼저 내디딘 자의 발에는 늘 헛발질이 뒤따릅니다. 저라도 그런 헛발질을 해야, 다음 사람의 할 일이 생기죠.

6장

고려

발해를 샅샅이 파헤쳐 본 마당에, 고려를 빼고 지나가면 서운하겠죠? 발해와 마찬가지로 고려의 혈통도 또렷하지 않습니다. 고려 초기의 혈통은 발해처럼 오리무중입니다. 알려진 게 별로 없습니다. 고려를 세운 왕건은 개성에 대대로 산 호족으로 알려졌는데, 아버지는 용건이고 할아버지는 작제건이어서 성이 다르고 이름이 같습니다. 아버지 할아버지와 이름이 같은 인물이 나중에 왕이 된 것입니다. 그리고 조상의 내력은 신화로 꾸며졌습니다. 이런 흐리멍덩한 혈통에 대한 의심은 당시에도 있었는지, 왕 씨의 내력을 이제현이 직접 설명하여 정리하기도 했습니다.(고려사 - 고려세계 - 이제현의 찬) 다음과 같습니다.

이제현李齊賢이 찬술하기를, "김관의金寬毅가 쓰기를, '성골장군 호경虎景이 아간阿干 강충康忠을 낳고 강충이 거사居士 보육을 낳으니 이 분이 국조 원덕元德 대왕이다. 보육이 딸을 낳으니 당의 귀한 가문 사람

[貴姓]의 배필이 되어 의조懿祖를 낳고 의조가 세조를 낳고 세조가 태조를 낳았다.'고 하였다. 그가 말한 대로라면 당나라의 귀인이라고 한 이는 의조에게는 황고皇考가 되고 보육은 황고의 장인이 된다. 그런데도 국조라고 일컫는 것은 어째서인가?"라 하였다.

(이제현이) 또 말하기를, "(김관의는) '태조가 3대의 조상과 그 후비를 추존하여 아버지를 세조 위무威武 대왕이라 하고 어머니를 위숙威肅 왕후라 하였으며, 할아버지를 의조懿祖 경강景康 대왕이라 하고 할머니를 원창元昌 왕후라 하였으며, 증조할머니를 정화貞和 왕후라 하고 증조할머니의 아버지 보육을 국조 원덕元德 대왕이라 하였다.'고 말한다. 증조를 빠트린 대신 증조할머니의 아버지를 써넣어 삼대 조고祖考라고 한 것은 무엇 때문인가?『왕대종족기王代宗族記』를 살펴보건대, '국조는 태조의 증조이고 정화왕후는 국조의 비이다.'라고 하였으며,『성원록聖源錄』에 이르기를, '보육 성인聖人은 원덕대왕의 외할아버지이다.'라고 하였다. 이로서 보건대 원덕대왕은 당의 귀한 가문 사람의 아들로서 의조에게는 아버지가 되고, 정화왕후는 보육의 외손부로서 의조에게는 비가 된다. 그러니 보육을 국조 원덕대왕이라고 한 것은 잘못이다."라 하였다.

〈이제현이〉 또 말하기를, "김관의는 말하기를, '의조가 중국인 아버지[唐父]가 남기고 간 활과 화살을 받은 바, 바다를 건너 멀리 가서 (아버지를) 뵈려 하였다.'고 하였다. 그렇다면 곧 그 뜻이 매우 절실하였을 텐데도 용왕이 그 하고자 하는 바를 묻자 곧 동쪽으로 돌아가기를 구하였다고 하였다. 의조는 이렇게 하지는 않았을 것 같다.『성원록姓源錄』에 이르기를, '흔강昕康 대왕【곧 의조】의 처인 용녀는 평주平州 사람인 두은점豆恩坫 각간角干의 딸이다.'고 하였으니 곧 김관의가 기록한 바의 것과는 다르다."라 하였다.

(이제현이) 또 말하기를, "김관의는 말하기를, '도선道詵이 송악 남쪽에 있는 세조의 집을 보고 말하기를,「기장을 심을 밭에 마를 심었구나.」라고 하였는데 기장은 왕王과 우리말에서 서로 비슷하다. 그런 까닭에 태조께서는 이로 인해 왕씨를 성으로 삼았다.'고 하였다. 아버지가 살아 계신데 아들이 그 성을 고쳤다면 천하에 어찌 이런 이치가 있겠는가? 아아! 우리 태조께서 이것을 하였다고 여기는가? 또 태조와 세조께서는 궁예 밑에서 벼슬하였다. 궁예는 의심과 시기가 많았는데 태조께서 아무 까닭 없이 홀로 왕씨를 성으로 삼았다면 어찌 화를 얻는 길이 아니었으랴? 삼가 『왕씨종족기』를 살펴보니 국조의 성이 왕씨라 하였다. 그렇다면 곧 태조에 이르러 비로소 왕을 성으로 삼은 것이 아니니 기장을 심는다는 이야기도 또한 거짓이 아니리오? (김관의는) 또 말하기를, '의조와 세조 휘의 아래 글자가 태조의 휘와 더불어 나란히 같다.'고 하였다. 김관의는 개국하기 전에는 풍속이 순박함을 숭상하여 혹 그랬을 수도 있다고 생각하고 그런 까닭에 썼을 것이다. (그러나) 『왕대력王代曆』에는, 의조께서 6예에 통달하였고 글씨와 활쏘기가 당대에 신묘하게 빼어났으며, 세조께서는 젊은 시절 재주와 도량을 쌓아 삼한에 웅거할 뜻을 지녔다고 하였다. 어찌 할아버지의 이름을 범해서는 안 된다는 것을 알지 못하고 스스로 자기 이름으로 삼으며 또 아들의 이름으로까지 삼았겠는가? 하물며 태조께서는 창업하여 왕통을 전함에 있어, 행동거지를 선왕을 본받았는데 어찌 부득이하게 편안히 예에 어긋난 이름을 지었겠는가? 삼가 신라 때를 생각하건대, 그 임금을 마립간이라 부르고 그 신하를 아간阿干·대아간大阿干이라 불렀으며 시골 백성들에 이르러서도 으레

간干을 이름에 붙여 불렀으니 대개 서로 높이는 말이다. 아간을 혹 아찬阿粲·알찬閼餐이라고 한 것도 간·찬粲·찬餐 3자字의 소리와 서로 가깝기 때문이다. 의조와 세조 휘의 아래 글자도 또한 간·찬粲·찬餐의 소리와 더불어 서로 가까우니 이는 이른바 서로 높이는 말을 그 이름에 이어 붙여 부른 것이 바뀐 것이지 이름은 아니다. 태조께서 마침 이 글자를 이름으로 삼았기에 호사가들이 드디어 끌어 붙여다가 만들어 말하기를, '3대가 같은 이름이면 반드시 삼한의 왕이 된다.' 하였을 터이니 대개 믿을 수 없다."라 하였다.

고려의 혈통에 중요한 인물 '두은점 각간'에 대해서는 전원철의 책에 나오니 거기서 자세히 보시고, 여기서는 요약만 하겠습니다. '두은점豆恩坫 각간'은 부리야트어 '토곤 테무르 칸'을 적은 향찰 표기입니다. '豆恩'의 옛 발음이 '토곤'이고, '坫'은 테무르의 '템'을 적은 것입니다. '점'과 '템'은 뒷날 일어난 구개음화 현상이고, 끝 받침은 생략된 것이죠. '각간'은 신라의 고위직을 나타내는 말이니 '칸'을 적은 것입니다. 豆恩坫 角干=토곤 테무르 칸.

또! 또! 또! 반박하려고 혀를 움찔거리는 분들에게 경고합니다. 저한테 말하지 마시고, 전원철의 책을 읽은 다음에, 전원철에게 항의하십시오. 저는 저에게 필요한 내용만 뽑아낸 겁니다. 그런데 제가 보기에는 전원철의 주장이 확실히 맞습니다. 음운의 변천 과정이나 상호 작용을 검토해보아도 전원철의 주장은 오류가 없습니다. 아마도 반박하시기 꽤 힘들 겁니다. 한 번 해보시죠. 제대로 된 반박이라면 뭔가 위대한 업적이 될 수도 있습니다. 괜히 남 욕하느라 시간 허비하지 마시고, 뜻깊은 일에 에너지를 쏟아부어 역사에 길이 이름 남기

시기 바랍니다.

도선국사 얘기가 나옵니다. 도선국사는 풍수지리를 우리나라에 처음 도입한 사람으로 알려졌습니다. 그런 그가 '기장 심을 곳에 마를 심었구나'라고 탄식을 합니다. 여기서 말하는 '기장'은 식물이 아닙니다. 비유일 뿐이죠. 왕을 뜻하는 우리말입니다.

기장에 대해서는 앞서 살펴본 바가 있습니다. 만리장성 안의 영정하 말이죠. 영정하의 영정永定이 바로 '기장'의 향찰 표기라고 했습니다. '깃+앙'의 짜임으로 '앙'은 '마당, 봉당' 같은 말에서 보듯이 접미사이고, '깃, 긴, 깃'이 기자箕子와 같은 말이라고 했습니다. 따라서 '기장'은 왕을 뜻하는 우리말입니다. 1575년의 광주 천자문에 '王: 긔즈 왕'으로 나온다고 했습니다. 기자箕子는 은나라 현자의 이름이 아니라 왕을 뜻하는 우리 말이라고 했고, 앞의 인용문에서 보듯이 고려에서는 흔히 쓰던 말이었음을 알 수 있습니다.

우리가 어려서 먹던 떡 중에 '기장떡'이 있습니다. 제가 자란 충청도에서는 '기주 떡' 또는 '기지 떡'이라고 했는데, 전라도에서는 '기장떡'이라고 합니다. 밀가루에 막걸리를 넣어서 발표시키면 '술떡'이 되는데, 쌀가루로 하면 이게 뽀얗게 부풀면서 빛깔 고운 고급스러운 떡이 됩니다. 여기다가 참기름을 살짝 바르면 마치 거울처럼 반짝반짝 빛납니다. 이것을 '기주, 기지, 기정'이라고 합니다. 잔칫집에서는 빼놓을 수 없는, 말하자면 잔칫상에서 귀족 대접을 받은 떡입니다. 이 떡의 이름이 '기주, 기지, 기정'인 것을 보면 어근 '깃'이 '기자箕子, 기정永定'의 어근처럼 왕을 뜻하는 말임을 알 수 있습니다. 잔칫상의 왕이 바로 '기주, 기지, 기정'입니다.

기장은 '영정하'에서 보듯이 오랜 내력이 있는 말입니다. 이 말의 자취는 발해에서도 볼 수 있죠. '걸'이 바로 그것입니다. 따라서 이렇게 정리할 수 있습니다. '箕子=기장=긔ㅈ=기정=기주=乞=大=王=龍=帝' 이런 맥락으로 보면 왕건은 고구려에서 발해로 이어지는 혈통이 분명하죠. 발해의 대조영도 걸걸중상도 모두 발해의 왕족이고 고구려의 후손을 뜻하는 말인데, 이점은 고려의 창업자들도 마찬가지입니다.

왕건의 아버지는 용건이고 할아버지는 작제건입니다. 한눈에 들어오는 특징이 3대에 걸친 이름이 같다는 것입니다. 모두 '건'입니다. 이름이 같고 성이 다른 것은, 아주 특이한 일입니다. 그래서 위의 기록에서도 "삼가 신라 때를 생각건대, (중략) 시골 백성들에 이르러서도 으레 간干을 이름에 붙여 불렀으니 대개 서로 높이는 말이다."라고 덧붙였습니다. 설화에서는 3건이 지나야 왕이 될 수 있다고 했는데, 이것은 '건'이란 말의 뜻을 잘 모르게 되면서 갖다 붙인 합리화죠.

'건'은 이름이 아니라 그 집안의 벼슬 이름일 것입니다. '건'은 위의 인용문에도 나오듯이 신라 벼슬에서 흔히 볼 수 있는 관직 이름입니다. '아찬, 대아찬'의 '찬', '각간'의 '간'이 바로 그것입니다. 이것은 북방 민족에서 흔히 볼 수 있는 '칸, 간, 한'의 변형된 소리입니다. 따라서 왕건 용건 작제건의 '건'은 그 소리에 맞는 어떤 벼슬을 한 집안을 가리키는 말입니다. 이것이 나중에 '기장'이 되는데, 기장은 왕을 뜻하는 우리말이므로 왕건이 왕이 된 뒤에 덧붙은 말일 것입니다. 왕건의 집터를 두고 도선국사가 기장 심을 터라고 한 것으로 보아, 당시 사람들은 왕건 집안을 '기장 댁'이라고 불렀을 것입니다. 기장이 곡식 이름과 같아서 왕이라는 뜻을 감추는 효과를 냈을 것입니다.

왕은 용으로도 표현합니다. 따라서 '帝=龍=王'은 같은 말입니다. '帝建=龍建=王建'이죠. 帝 앞에 작炸이 붙은 것은 할아버지 때부터 왕이 되었거나 추존했기 때문일 것입니다. 결국 '건'은 신라의 관직명일 것인데, 거기에 임금을 뜻하는 말이 붙었으니, 나중에 고려의 왕이 된 신라 출신의 벼슬아치를 뜻합니다.

유래가 불분명한 왕족들이 걸핏하면 들고나오는 것이 지렁이 설화입니다. 처녀가 애를 뱄는데 남자가 밤마다 와서 자고 가죠. 몰래 옷에다가 실을 꿰어 놓고 날이 밝았을 때 실을 따라 가보니 그 끝에 지렁이가 꿰이어 죽었다는 이야기죠. 궁예도 이런 출신입니다. 이런 것은 어떤 위대한 인물이 갑자기 나타났을 때 그 위대성을 다른 존재에 가탁하여 신비화하려는 발상입니다. 신화에서는 흔히 나타나는 표현법입니다. 하필 지렁이인 것은, 지렁이가 땅의 정기를 받은 존재라는 뜻이고, 또 지룡地龍과 소리가 같아서 그렇게 연결한 통속어원설이 작용한 결과입니다.

이와 비슷한 존재가 또한 용인데, 용은 뱀을 이상화한 동물입니다. 뱀을 대표하는 말은 '구렁이'죠. 접미사 '이'를 빼면 '구렁'만 남는데, '굴+엉'의 짜임이죠. '엉'은 접미사이니, 의미를 지닌 말은 '굴'입니다. 이제 앞서 살펴본 '걸, 그릇, 가리, 클'과 같은 말임을 한눈에 알 수 있습니다. 영정하永定河에서 본 '영정'이 바로 '구렁'이고 '기장'입니다. 우리말 구렁이에 가탁하여 통속어원설이 작동된 것입니다. 용은 '구렁'이고, '(용)가리'이고, 미르(마루, 宗)이며, '乞(클)'이고, 대大(한)이고, 찬粲이고, 간干입니다. 그가 바로 '작제, 용, 왕'이 붙은 '건健'이라는 인물입니다. 여기다가 나중에 고려가 선 뒤에 옛날 일을 전하는 사람들이 '고려(고리, 구리, 계루)' 발음을 '구렁'과 동일시해서 역시 같은 내용을 덧붙인 것입니다. 서해 용왕 설화를 잠시 보겠습니다.

선종은 한 달 동안 머무르다가 진의가 임신하자 아들에게 전하라고 하며 활과 화살을 주고 당으로 돌아갔다. 뒤에 아들을 낳아서 작제 건이라 하였다. 작제건은 총명하고 용맹하였으며 서예와 활쏘기에 뛰어났다. 5, 6세 때 어머니로부터 아버지가 당나라 사람이라는 말을 들었으며, 16세에 아버지가 남겨 준 활과 화살을 받고서 기뻐하며 이를 쏘니 백발백중인지라 사람들이 신궁이라 하였다.

아버지를 찾아서 배를 타고 항해하다가 날이 흐려 3일 동안 나아가지 못하는데 뱃사람들이 점을 쳐서 "고려 사람을 없애야 한다."고 말했다. 이에 작제건이 활과 화살을 잡고 바다로 뛰어내리자 밑에 바위가 있어 그 위에 설 수 있었다. 그러자 안개가 개고 순풍이 불어 배가 떠났다. 이윽고 서해 용왕이 나타나서 이르기를, 부처의 상을 한 여우가 자기를 못살게 구니 활로 물리쳐 달라고 하였다. 과연 공중에서 풍악 소리가 들리며 부처의 상을 한 자가 나타나기에 주저하다가 쏘았더니 늙은 여우가 떨어져 죽었다. 서해 용왕이 감사하며 소원을 묻자 작제건은 장차 동쪽 나라의 왕이 되고자 한다고 하였다. 이에 용왕은 그대의 자손 삼건을 기다려야 왕이 될 수 있다고 하며 다른 소원을 들어주겠다고 하였다. 작제건은 아직 때가 되지 않았음을 알고 용왕의 맏딸에게 장가를 들었다. 용궁에서 나올 때에 용녀의 말을 듣고 용왕으로부터 칠보 외에 돼지를 얻어서 돌아왔다.

작제건이 돌아오자, 작제건이 용녀에게 장가들고 돌아왔다며 경사로 여기고, 네 주와 세 현의 사람들이 성을 쌓아 궁실을 지어 주었다. 일 년이 되어도 돼지가 우리에 들어가지 않아서 이상하게 여겨 놓아두었더니, 송악 남쪽 기슭 옛 강충의 거처에 자리를 잡으므로 거기에 집을 지었다. 그래서 영안성과 송악을 왕래하며 30년을 살았는데, 용녀는 침실의 창밖에다 우물을 파고 우물을 통해 서해 용궁을 왕래하였다. 작제건이 용녀의 당부를 어기고 몰래 그 광경을 엿보니, 용녀는 우물에 들어가 황룡으로 변하여 오색구름을 일으키며 용궁으로 사라졌다. 용궁에서 돌아온 용녀는 부부의 신의를 지키지 않은 작제건을 원망하며 다시 용이 되어 우물에 들어가 버린 후 돌아오지 않았다.

작제건은 속리산 장갑사에 들어가 독경하다가 세상을 마쳤다. 뒤에 추존하여 경강대왕이라 하고 용녀를 원창왕후라 하였다.

설화에서 3건을 지나야 왕이 될 수 있다는 것은 작제건 용건 왕건을 말합니다. 이것을 보면 왕건은, 사람 이름이 아니고 그를 사람들이 부른 호칭입니다. 그러다가 나중에 그의 이름으로 굳어진 것이죠. 왕건은 발해와 같은 핏줄을 받은 사람으로, 고구려의 혈통이며 조상은 주몽입니다. 신라 시절에 자신의 혈통을 숨기고 있다가 신라가 망하자 자신의 정체를 드러내며 용 신화를 앞세워 귀족으로 나섰고, 지도력을 발휘하여 왕의 자리까지 오른 사람입니다.

서해 용왕이 과연 누굴까요? 우리나라에서 서쪽에 있는 바다는 황해이고 발해입니다. 나라 발해를 기준으로 서쪽 바다라면 서해가 아니라 바다 발해입니다. 그렇다면 간단하죠. 나라 이름이 발해인데, 그 이름이 중국과 우리나라 사이의 바다를 가리키는 이름이니, 서해 용왕이라고 표현한 것입니다. 따라서 여기의 서해란 바다가 아니라 '발해'라는 나라를 가리키는 것이고, 용왕이란 그 나라의 임금을 말하는 것입니다. 따라서 서해 용왕은 발해의 왕족을 말하는 것입니다. 결국 왕건은 발해의 왕족 출신이라는 뜻입니다. 발해의 왕족은 고구려 혈통이니, 왕건 또한 발해와 같은 혈통임을 말하는 것입니다. 그가 나라 이름을 '고려'라고 지은 것도 이유는 똑같습니다. '고려'는 고구려에서 발해로 이어진 고구려의 혈통 왕족이 세운 나라입니다.

역사학에서는 혈통에 관한 이런 주장이 왜 없었을까요? 유물이나 문서만 의지하다 보니 그렇게 된 것입니다. 어원을 살펴보면 고려 왕건의 혈통이 이렇게 또렷합니다. 고려가 말로만 고구려를 이은 게 아니라 분명한 근거와 의지로 왕통을 이었음이 확인되죠. 여기서 뭘 더 입증해 드려야 역사학자들께서 믿으실까요? 언어학을 전공한 제가 보기에, 한국의 역사학은 너무 편협한 학문입니다. 주변 학문에서 들이대는 자료나 증거조차 믿지 못합니다.

계림유사

제 책꽂이에는 40년 전인 대학 때 사둔 책 한 권이 있습니다. 『계림유사 「고려방언」 연구』라는 강신항 교수의 책입니다. 이 연재 글을 쓰느라고 서긍의 책 『고려도경』을 주마간산 격으로 뒤져보다가, 우리나라에 온 송나라 사신이 서긍만이 아니라 손목도 있다는 생각이 나서 책꽂이를 뒤적거린 것입니다. 손목孫穆은 1103년(고려 숙종 8년)에 송나라 사신의 일원으로 고려를 방문하고 돌아가 자신이 본 고려의 여러 가지 풍속을 글로 정리하였습니다.

이 중에 국어과 학생인 저의 눈길을 잡아끈 것이 고려 방언인데, 손목은 약 360 나문 개 낱말을 채록하여 자신의 책에 남겨놓았습니다. 그래서 국어사에서는 훈민정음이 창제되기 이전의 우리 언어를 보여주는 아주 중요한 자료로 여깁니다.

이번에 심심풀이로 뒤적이다 보니, 눈이 번쩍 띄는 낱말이 하나 있습니다. 서긍은 고려에서 용龍을 '칭稱'이라고 했다고 적었습니다. 우리가 아는 용은 '미르'나 '용가리'인데, 이건 정말 뜬금없는 일이라고 생각하고 고민에 빠져들었습니다. 한 5초 뒤, 머릿속에서 번갯불이 번쩍 스쳤습니다. 순식간에 문제가 해결되었습니다. 제가 이렇게 말하는 순간, 저의 글을 지금까지 성심껏 읽어온 분이라면, 저와 동시에 답을 찾았을 것입니다.

지금까지 우리에게 알려진 『계림유사』의 판본은, 모두 3가지입니다. 이름이 아주 복잡해서 전문가들이나 알 책 이름은 생략하고, 출판 연도만 밝혀서 세 판본을 구분해보겠습니다. 1647년 청나라, 1926년 상해, 1927년 상해. 이렇게 세 가지입니다. 여기서는 서지학을 연구하자는 게 아니니, 그냥 연도만 표시하는 것으로 구분하겠습니다.

1647년과 1926년 판에서는 '龍曰稱'이라고 하여 용龍을 고려에서는 '칭'이라고 한다고 했습니다. 그런데 1927년 판에서는 '龍曰稱'이 아니라, '龍曰珍'으로 나옵니다. '칭'과 '진', 어느 쪽이 맞을까요? 결론은 둘 다 맞습니다. 稱이나 珍은 뜻이 아니라 소리를 적은 것입니다. '칭'과 '진'은 비슷하게 들립니다. 우리가 지금까지 어원으로 상고사를 탐구하며 지긋지긋하게 봐온 바로 그 발음 'čin'입니다.

'čin'은 황금을 뜻하는 말로 혈통에서는 한 나라를 창업한 왕족, 즉 황금 겨레를 가리킨다고 했습니다. 이것을 북방에서는 '친'이라고 하고, 우리말에서는 '금, 김'이라고 한다고 귀에 딱지가 앉도록 떠들었습니다.

그런데 이게 용을 가리키는 말이라는 것이 의미심장합니다. 용을 가리키는 우리말은 '미르, 가리'입니다. 그런데 'čin'이라니요? 따라서 이 'čin'은 실제 용을 가리키는 말이 아니라 왕족이나 왕을 가리키는 말임을 알 수 있습니다. 아마도 왕건을 비롯하여 고려 왕족인 왕 씨들을 만나보고 그들을 가리키는 말(용안, 용상, 용포, 용종)이 용의 계통이어서 이렇게 적었을 것입니다.

왕건의 아버지는 용건이고, 할아버지는 작제건입니다. '作帝=龍=王'의 등식을 확인할 수 있죠. 『계림유사』에 나온 고려 방언에 따르면 여기에 '칭'을 추가할 수 있습니다. '作帝=龍=čin(稱)=珍=金=王'이 되죠. 이 고리를 따라가면 몇 가지 중요한 깨달음을 얻을 수 있습니다.

우선 작제건의 설화에서 용이 등장하는 까닭을 알 수 있습니다. 여우에게 괴롭힘을 당하던 용왕을 구해주고 용왕의 맏딸과 결혼하게 된다는 것은, 왕건의 조상이 용왕의 일족이었음을 뜻합니다. 여우(狐)는 무엇일까요? 호狐는 호胡와 음이 같습니다. 발해 왕실을 위협하는 외부세력을 나타낸 것이었을 것입니다. 왕건의 할아버지 무렵에 발해를 괴롭힌 오랑캐라면 거란이 아닐까요? 나중에 요나라로 발전하여 발해를 멸망하게 만든 그 겨레일 것입니다. 발해와 대립각을 세웠던 당나라도 오랑캐로 볼 수 있는데, 왕건의 조상이 당나라 귀족이라고 했으니, 제 조상을 오랑캐로 설정하지는 않았을 것입니다. 따라서 거란과 발해의 갈등 속에서 왕건의 할아버지는 발해에 도움이 되는 어떤 행위를 했을 것으로 보입니다. 그에 대한 보상이 발해 왕족과 결혼하는 것이겠죠. 아마도 요나라와 싸우는 전쟁에서 군대에 동원되어 꽤 그럴 듯한 전공을 세운 것이 아닐까 추정합니다. 그도 아니라면 당나라에 사신으로 오가며 거란이 일으킨 갈등을 해결하려는 사람이었을 것입니다.

앞서 설화에서 알아본 대로 여기서 용왕은 발해의 왕족을 뜻하므로, 왕건의 할아버지는 발해의 왕녀와 결혼한 것임을 알 수 있습니다. 그럼으로써 황금 겨레로 합류한 것이죠. 그래서 작제作帝의 아들은 그 어머니 때문에 저절로 용龍의 혈통이 된 것입니다. 그러면『계림유사』고려 방언에 나온 '龍曰稱'의 뜻이 비로소 또렷해집니다. '龍曰稱'이고 '稱曰王'입니다. 발해 왕족의 혈통을 이었기에 성을 '왕'으로 삼은 것입니다. 후삼국 시대의 혼란기에 자신의 성을 왕이라고 할 수 없으니, '용'으로 간접 표현을 한 것이고, 그것을 달리 표현한 것이 '칭'임을 알 수 있습니다.

나중에 왕건의 할아버지 작제건은 용왕의 딸을 아내로 맞아 집으로 데려오지만, 아내를 훔쳐보면 안 된다는 약속을 어기고 침실 밖 우물을 통해 용궁으로 오가는 아내를 몰래 들여다봅니다. 그것을 안 용녀는 남편을 버리고 용궁으로 돌아가죠. 작제건은 속리산 장갑사에 들어가 불경을 읽다가 세상을 마칩니다. 이 이야기의 마무리는, 왕건의 조상이 한때 발해 왕실과 관계를 맺었다가 어떤 이유로 멀어졌다는 얘기입니다. 쉽게 말해 왕건은 발해 왕실과 혼인으로 맺어진 인연의 고리가 몇 세대 흐른 뒤 흐지부지된 몰락 왕족 출신이었다는 뜻입니다. 그러다가 후삼국이라는 어지러운 시대를 만나 위기를 극복하고 자신의 능력으로 왕의 자리까지 등극하게 된 것이죠.

이런 점은 발해도 마찬가지입니다. 그들 출신도 고구려 왕실과 연관을 맺고 있죠. 발해를 세운 걸걸중상과 대조영의 이름을 보면 '걸'이라는 말을 확인할 수 있고, 고려에서도 왕을 '기장'이라고 하여 같은 맥락으로 썼음을 알 수 있습니다. 고려와 발해가 다른 이름을 쓴 것 같지만 결국은 모두 황금을 뜻하는 'čin'으로 자신들을 나타냈음을 볼 수 있습니다. 고구려의 왕실이 발해로 이어지고, 발해의 왕실이 다시 고구려로 이어져, 고려는 결국 고구려의 혈통과 계보를 이었음을 말한 것입니다.

龍이 'čin'이므로, 용건龍建은 'čin-khan'이고, 'čin'을 무엇으로 표현하느냐에 따라서 '제건帝建, 왕건王建, 김건金建, 칭건稱建, 진건珍建, 진건辰王, 걸건乞建, 대건大建, 한건韓建'처럼 다양한 이름이 나타날 수 있습니다. '용건'은 그런 표현 중의 하나일 뿐이죠.

고려 창업 신화를 조금 더 살펴보겠습니다. 다음입니다.

선종은 한 달 동안 머무르다가 진의가 임신하자 아들에게 전하라고 하며 활과 화살을 주고 당으로 돌아갔다. 뒤에 아들을 낳아서 작제건이라 하였다. 작제건은 총명하고 용맹하였으며 서예와 활쏘기에 뛰어났다. 5, 6세 때 어머니로부터 아버지가 당나라 사람이라는 말을 들었으며, 16세에 아버지가 남겨 준 활과 화살을 받고서 기뻐하며 이를 쏘니 백발백중인지라 사람들이 신궁이라 하였다.

사람의 이름을 빼고 전체의 줄거리만을 보면 어디서 많이 보던 설화 아닌가요? 어디서 보았을까요? 주몽 설화와 똑같습니다. 아버지가 누구인지 모르는 아들이 뛰어난 활쏘기 실력으로 자신의 아버지를 찾아가는 과정을 보여줍니다.

왜 이렇게 똑같은 설화가 만들어졌을까요? 이 설화를 만든 주체가 같은 사람들이기 때문입니다. 즉 주몽 신화를 만든 그 사람들이 1,000년 세월 뒤에 다시 똑같은 사람이 나타나기를 기대하며 신화를 만든 것입니다. 그 신화의 주인공이 이번에는 '고구려'가 아닌 '고려'를 세운 것일 뿐입니다. 이 신화를 만든 사람들은 2,500년 전에 서언왕 신화를 만들었고, 2,000년 전에 동명 신화를 만들었고, 고구려 건국 때 주몽 신화를 만들었습니다. 이 신화의 구도는 고려의 창업자들이 신라계가 아니라 고구려와 발해의 계통임을 보여주는 증거이기도 합니다. 역사학도들께서는 못마땅하시겠으나, 문학을 전공한 저의 눈에는 이보다 더 또렷한 증거도 없어 보입니다. 억울하시면 주변의 문학도들에게 확인해보시기 바랍니다. 신화는 계통이 있어서 국문학계에는 그에 관한 연구도 꽤 많이 그리고 깊이 이루어졌습니다. 그 성과를 바탕으로 저의 주장을 검토해보라고 하십시오. 저는 검증을 기꺼이 환영합니다. 역사학도 여러분의 코를 납작하게 눌러줄 자신이 있습니다.

완안부 아골타가 세운 금나라는 조상 함보가 고려 김 씨 출신이라서 나라 이름을 '金'이라고 했습니다. 그런데 이 '金'을 우리는 '금'이라고 읽는데, 정작 나라를 세운 아골타는 뭐라고 읽었을까요? 만주에서 여진족과 함께 살던 그가 오늘날의 우리처럼 '금'이라고 읽지는 않았을 것입니다. 이런 의문이 『계림유사』를 읽어보면 눈 녹듯이 풀립니다. 고려에서는 황금 혈통인 왕족을 '칭'이라고 불렀습니다. 따라서 고려 출신을 조상으로 둔 아골타는 '金'을 '칭稱'이라고 읽었을 것이고, 이 '칭'은 'čin'임을 알 수 있습니다. 이런 추정대로 뒷날 청나라를 세운 여진족들은 '金'을 'qing'이라고 발음합니다.

그들의 나라 이름 청淸(qīng)도 여기서 온 말입니다. 진시황의 대진 大秦도 '따친'이고, 아골타의 대금大金도 '따친'이고, 누루하치의 대청 大淸도 '따친'입니다. '하늘의 뜻을 받아 나라를 세운 위대한 황금 겨레'를 뜻하는 말입니다. 『계림유사』에 따르면, 고려도 따친大稱입니다. 大秦=大金=大淸=大稱=čin.

여기서 조금 더 거슬러 가면 위만에게 왕궁을 빼앗기고 바다를 건너가서 스스로 한왕이라고 한 기자조선의 마지막 왕 이름이 준準인데, 지금 살펴보니 이것도 용을 뜻하는 'čin'이 아닌가 생각됩니다. 소학당 사이트에서 알려주는 '準'의 상고음은 학자마다 조금씩 다르기는 하지만 'čin'과 비슷한 소리가 납니다. 'ȶiwən, ȶiwən, ȶjuən, tjiwən, tjənx'이어서, 중고음 'tɕiuěn'을 거쳐, 현대음 'zhǔn(tʂuən)'으로 자리 잡습니다. 그러니까 '준'은 이름이 아니라 조선에서 왕을 가리키는 말이었던 것이죠.

손목이 쓴 책의 이름에 들어간 '계림'은 원래 신라를 가리키는 말이었는데, 신라가 통일함으로써 우리나라를 가리키는 말로 확대되어 쓰였습니다. 계림은 신라의 수도 금성의 서쪽에 있는 지명인데, 시림始林이라고도 합니다. 김알지의 등장 신화와 관련이 있는 곳이죠. 닭이 울어서 가보니 황금 궤가 나무에 걸려있고 그것을 열어보니 거기서 아기가 나옵니다. 그가 김알지죠. 닭이 울었다고 해서 계림이라고 했다는 것입니다. 계鷄와 시始는 같은 말을 적은 표기일 것입니다. 鷄는 뜻이 닭이지만 닭이 새여서 '새'로도 읽을 수 있습니다. 그러면 '새(鷄)'와 '시始'는 같은 소리를 표기한 말이죠. 林은 '수불'이니, 계림은 '시벌, 서라벌'을 적은 향찰 표기입니다. 뒤집어보면 김알지 때문에 지명이 붙은 게 아니라, 지명 때문에 김알지 신화가 나온 것이라고 봐야 합니다. 신화와 사실은 이렇게 선후 관계가 뒤집히기도 합니다.

우리의 눈길을 끄는 고려시대의 말 몇 가지를 더 살펴보겠습니다. 『계림유사』에서 '100'은 '온醖'이라고 했습니다. 지금은 거의 사라진 말이지만, 이때만 해도 '백'이라는 말보다 '온'을 더 많이 썼다는 뜻입니다. 그리고 '온'은 몽골어에서 온 말이라고 앞서 말씀드렸습니다.(『활쏘기의 나침반』)

금金은 '나론의那論義'라고 적었는데, 강신항은 이것을 '누른쇠'로 재구성하였습니다. 義를 歲의 오자로 보는 학자도 있습니다. 원래 'čin'이 황금을 가리키는 말이었는데, 고려 때에 이르면 'čin'은 왕족인 '용'을 나타내는 말로 자리 잡고, 황금은 '누런 쇠'로 표현한 모양입니다. 은銀은 '한세漢歲'라고 적었는데, 이건 한 눈에 보기에도 '흰 쇠'를 적은 것임을 알 수 있습니다. 철鐵은 당연히 '세歲'라고 적어서, '쇠'를 표기한 것임을 알 수 있습니다.

우리 조상들이 우리 입에서 나오는 소리를 제대로 적을 수 있게 된 것은, 조선 세종의 훈민정음 창제 이후입니다. 그래서 그 전의 자료는 모두 한자로 표기되었습니다. 이러다 보니 우리 말에 대한 자료가 드물어서 국어를 연구하는 학자들도 애를 많이 먹습니다. 그런 가운데 외국인이 우리나라에 와서 우리 말이나 우리 풍속을 한자로 표기한 사례는 많지 않아서 『고려도경』이나 『계림유사』 같은 책은 국어사에서는 아주 중요한 자료로 취급합니다. 신라시대의 언어와 조선시대 이후의 언어를 매개해 주는 것이 고려의 언어인데, 우리 말의 중요한 음운 변화를 확인시켜 주는 것이 손목의 『계림유사』입니다.

저는 대학 때 국어를 전공했습니다. 덕분에 평생 국어 공부를 하며 살았죠. 그런데 고전문학 시간에 고려가요를 배우면서 지금까지도 풀리지 않는 의문이 하나 있습니다. '서경별곡'이라는 고려가요입니다. 이 '서경'이 평양이라고 배웠고, 지금까지 의심하지 않고 그렇게 믿어왔습니다. 그런데 어원으로 역사를 파헤치다 보니, 저의 믿음에 금이 갔습니다.

평양을 서경이라고 했는데, 이때 서쪽의 기준은 중앙이고, 이때의 중앙이란 고려의 도읍인 개성(송도)을 말합니다. 개성을 중앙으로 놓고 본다면 평양은 서경이 아니라 북경입니다. 평양이 정확히 개성의 북쪽에 있으니 말입니다. 그런데 북쪽에 있는 평양을 서경이라고 했습니다. 이게 첫 번째 드는 강한 의문입니다.

두 번째 의문은, 고려가요에 나오는 여음구입니다. 고려가요는 당시 백성들이 부르는 노래였고, 그것을 조선 왕조에서 골라서 악보를 정리한 것이 오늘날까지 알려져 온 것입니다. 당연히 조선 왕조에서는 그 노래를 궁중에서 들으며 옛 추억을 곱씹었죠. 음악이다 보니 의미는 없는 소리가 많이 있습니다. 예컨대 '청산별곡'에는 정체를 알 수 없는 여음구가 있죠. "얄리 얄리 얄랑셩 얄라리 얄라"가 그것입니다. 이런 식의 여음구가 노래마다 있습니다.

그런데 이 여음구가 무슨 뜻인지 도대체 모르겠습니다. 국어학자들도 골머리를 앓으며 이를 연구합니다. 근래에는 이 구절들이 우리 말이 아니라 몽골을 비롯하여 당시 대륙에 있던 민족들의 노랫말이라는 주장이 솔솔 나옵니다. 오늘날 아프리카나 아메리카 중동에서 케이팝을 부르듯이, 그 옛날 대륙에 흘러다니던 노래들이 고려가요에 끼어든 것이라고 보는 관점입니다.

이 두 가지 의문을 결합하면 우리는 아주 중요한 결론을 얻을 수 있습니다. 즉 서경의 위치 말입니다. 우리가 아는 서경은 오늘날의 평양이 아니라 경도상 개성보다 더 서쪽에 있는 어떤 국제도시를 말하는 것이다! 그렇지 않다면 고려가요에 섞여든 정체불명의 여음구를 우리는 설명할 수 없습니다. 더군다나 '쌍화점'이라는 고려가요에는 만두 파는 회회아비가 나오는데, 회회아비는 아랍 사람(서역인)을 말합니다. 회회아비가 내 손목을 잡는다는 구절이 노래에 나와서 조선시대에는 이 노래가 남녀상열지사로 분류되었습니다. 그리고 만두는 원래 원나라 때 들어온 음식입니다.

자, 이제 많이 압축되었습니다. 개성보다 더 서쪽에 있으면서 전세계 여러 민족이 장사하러 와서 북적거리는 국제도시라면 떠오르는 곳이 있습니다. 요동 지역의 중심도시 노릇을 한 심양(봉천)이죠.(요양이나 본계, 또는 그 근처의 어떤 도시라고 해도 마찬가지.) 심양이 바로 고려시대의 서경이라는 가정을 하면 위의 두 의문은 쉽게 풀립니다. 그리고 공민왕이 요동 정벌을 한 이유도 분명해지죠. 공민왕에게 요동은 원래 우리 땅이었기 때문에 정벌해서라도 되찾아야 했던 것입니다. 옛 땅 회복이죠.

이런 설명이 없었기 때문에 고등학교 국사 시간에 공민왕이 최영과 이성계를 시켜 요동을 정벌한다고 했을 때, 저는 혼자 속으로 '왜 남의 나라 땅을 쳐서 빼앗아?'라고 생각했습니다. 제가 국사 시간에 들은 바로는, 고구려 때까지 우리 겨레가 지배했던 요동은 200년간 발해 왕조의 땅이었고, 그 후로는 몽골의 땅이었습니다. 고려 왕조 500년간 요동을 통치한 적이 없습니다. 제가 배운 국사 지식으로 요동은 우리 땅이 아니었던 겁니다. 그런데 뜬금없이 요동 땅을 정벌한다니요? 공민왕과 우왕이 미치지 않고서야 이런 황당한 명령을 내릴 수 있나요?

　고등학교 국사 시간에 고개를 갸우뚱거리던 설명이 또 하나 있습니다. 고려의 북쪽 경계선이 청천강이라고 배웠는데, 이상했습니다. 왜냐하면 고려는 발해와 신라의 옛 땅을 차지한 나라인데, 신라의 영역보다 더 졸아들었기 때문입니다. 더 이상한 건 공민왕의 옛땅 회복에 대한 설명입니다. 고려가 원나라의 동녕부와 쌍성총관부를 공격하여 회복했다는데, 그 지역이 평안북도와 함경도 일부 지역입니다. 우리가 아는 동녕부와 쌍성총관부의 관리 구역은 쓸모없는 땅입니다. 산이 높고 골짜기가 깊어서 유목민들도 살기 어려운 지역이죠. 그런 지역을 원나라에서 다루가치를 파견하여 고려에 재갈을 물리는 역할을 시켰다는 것입니다. 그때는 고개를 갸우뚱거렸는데, 지금 생각해 보면 엉터리였던 것 같습니다.

　고려의 서경이 심양이라면 원나라가 빼앗아 차지한 동녕부는 심양이 있는 요동 지역이고, 쌍성총관부는 그 동쪽 만주 지역 어디여야 맞습니다. 고려가 발해로부터 받았던 구역을 몽골이 일어나면서 고려를 몰아붙여 왕조를 유지하게 해주는 대신 영토 일부를 빼앗아서 직접 관리했던 것이죠. 고려는 오랜 항몽 투쟁에서 왕조를 유지하는 조건으로 적절히 타협한 결과가 동녕부와 쌍성총관부를 원나라에게 내주는 것이었던 셈입니다. 이렇게 설명하면 제가 고등학교 때 가졌던 의문과 국문학을 공부하며 생겼던 의문이 눈 녹듯이 해결됩니다. 역사학계에서는 소수의견이지만 이런 주장을 하는 분들도 있습니다.(『고구려의 국제정치 역사지리』)

　발해가 망하자 왕족 대광현이 주민들을 이끌고 고려에 투항하여 귀속했으며, 왕건은 그에게 왕씨 성을 주었습니다. 우리는 대광현이 수만 명을 이끌고 고려로 이사온 것으로 이해하지만, 보통 주민을 이끌고 투항했다는 것은 통치를 받아들였다는 뜻입니다. 대광현은 그 자리에 있고 고려에서 통치 관리와 군대를 파견하여 자신의 체제로 만들었다는 뜻입니다. 이사 왔다는 설명보다는 이런 설명이 더 적합합니다. 만약에 수만 명이 이사를 오게 되면 원래 있던 사람들의 반발을 사게 됩니다. 반드시 역사에 그 흔적이 남게 되죠. 예군 남려가 투항하자 한 무제가 창해군을 설치했고, 그러자 연제 지역에서 소란이 일었다는 『사기』의 기록 같은 것이 그것입니다. 하지만 대광현이 고려에 붙었다고 해서 무슨 소란이나 부작용이 일었다는 기록은 없습니다. 대광현은 자신이 관리하던 압록강 이북의 발해 땅을 고려에 바친 것입니다.

이렇게 해서 고려는 한반도의 신라 땅과 압록강 이북의 발해 땅을 동시에 다스리는 거대국가를 이루었는데, 뒤이어 몽골이 일어나면서 압록강 이북의 땅을 빼앗겨 동녕부와 쌍성총관부를 인정하는 선에서 원나라와 타협을 한 것이, 우리가 배운 국사 시간의 그 고려 북쪽 경계선 지도입니다.

이런 논란은 철령위 문제에서도 그대로 드러납니다. 우왕 13년(1387) 12월에 명나라는 철령 이북의 땅이 원나라에 속했던 것이므로 요동遼東에 귀속시켜야 한다는 이유를 내세워 철령위의 설치를 결정하였습니다. 이 '철령'을 함경도의 '철령'으로 해석하여 지금까지 교과서에서 가르치는 것입니다. '철령'과 '철령위'는 전혀 다른 것입니다. 백두대간의 철령鐵嶺은 '쇠재(鐵嶺)'를 뜻하는 순우리말의 향찰 표기입니다. 하지만 명나라의 철령위는 행정구역 이름입니다. 말하자면 요동 지역을 통치할 행정관서가 있던 곳의 지명이죠. 그 이름은 지금까지도 남아 중국 랴오닝성의 도시 이름으로 쓰입니다.

만약에 함경도의 '철령'을 '철령위'로 이해한다면, 명나라는 함경도 철령 산꼭대기에다가 행정관서를 설치했어야 합니다. 하지만 거기에다가 행정관서를 설치했을 리가 없죠. 함경도 철령은 그럴 만한 곳이 못 됩니다. 워낙 외진 곳이고, 유사시 중국으로 연락할 방도가 없습니다. 사방이 중국의 오랑캐에게 포위된 곳입니다. 그곳에다가 철령위를 설치한다는 건, 도대체 꿈같은 소리입니다.

그러니 이런 점을 감안한다면, 심양은 랴오닝성의 중심도시이니, 이곳은 원래 고려의 영토였다는 뜻입니다. 심양은 고려의 서경이었고, 그래야만 서경은 중앙인 개성의 서쪽에 있게 됩니다. 따라서 지금의 평양은 그냥 평양이고, 심양은 서경이었는데, 이때 서경은 이름이 평양이었다는 뜻입니다. 쉽게 말해 고려에는 평양이 둘이었는데, 그 하나는 요동에도 있었다는 뜻이죠. 그것이 서경입니다. 아마도 요동에 있던 평양이 서경 노릇을 못 함으로써 한반도 안의 평양에 서경이라는 이름이 옮겨 붙었을 것입니다. 우리는 그것을 서경이라고 배웠을 테고요.

신라가 삼국을 통일하자 당나라가 욕심을 부려 직접 지배하려고 안동 도호부를 설치합니다. 이 안동도호부의 위치를 한반도 안에 욱여넣으려고 조선시대의 유학자, 일제강점기 어용학자, 국내의 식민사학자들까지 애를 쓴 결과 우리는 국사 시간에 이상한 국사를 배우며 자랐습니다. 당나라의 야욕을 눈치챈 김유신이 목숨 걸고 싸워서 당나라와 타협을 봅니다. 철령과 호로하를 잇는 선을 당과 신라의 국경으로 정한다는 것이죠.

어용 사학자들로서는 철령이 함경도의 백두대간에 있으니, 나머지

호로하만 만들면 됩니다. 그래서 호로하를 임진강이라고 가정하고 식민사학에서는 당과 신라의 국경선을 함흥(철령)과 임진강을 연결하는 선(추가령 지구대)으로 정리하여 가르쳤습니다. 이렇게까지 한국사를 축소 시키려 애쓰는 식민사학자들의 지극정성과 일편단심은 정말 감탄스럽기까지 합니다. 일본 제국주의의 역사 정신을 한국사에 그대로 담아내신 것이죠. 마침내 신라의 통일 강역을 한반도의 절반으로 만드는 데 성공했습니다.

하지만 철령은 심양의 북쪽 랴오닝성에 지금도 도시 이름으로 있습니다. 삼국 '통일'이 맞다면 신라의 통일 영역은 고구려의 서쪽 경계가 되어야 합니다. 그렇지 않다면 '삼국통일'이라는 말을 쓸 자격이 없습니다. 이렇게 지극히 당연한 상식 위에서 추론해야 역사가 올바르지 않을까요? 철령이 랴오닝성에 있다면 호로하는 요하나 대릉하 둘 중의 하나일 것입니다. 요하는 고구려의 땅이었으니, 중국과 경계선이 된 호로하는 당연히 대릉하쯤이 되어야 합니다. 김유신이 당나라와 타협하여 맺은 국경선은 랴오닝성의 철령과 대릉하를 잇는 선입니다.

그런데 김유신이 당나라와 애써 성사시킨 타협은 무의미해집니다. 왜냐하면 이렇게 합의 본 지 30년도 채 안 되어 발해가 일어서기 때문입니다. 당나라와 맞서 싸운 김유신의 노력도 무의미해져 신라는 한반도로 철수하고, 그 자리에 해동성국 발해가 들어섭니다. 신라와 당나라 사이를 비집고 거인처럼 우뚝 일어선 것이죠. 그 발해와 신라의 뒤를 이은 나라가 고려입니다. 고려의 초기 국경선이 청천강 이남일 수가 없습니다. 원래 발해가 차지했던 고려의 북쪽 땅을, 몽골은 동녕부와 쌍성총관부로 나누어 관리했던 것입니다. 공민왕은 그것을 수복하려 했던 것이고, 요동 정벌도 그런 의미가 있는 것입니다.

왕건은 자신의 왕국이 고구려를 이었다는 뜻으로 국명을 '고려'로 했습니다. 만약에 청천강 이남을 차지했다면 그가 어찌 고구려를 이었다고 자부할 수 있었을까요? 초기 고려의 영토는 랴오닝성의 철령과 대릉하를 잇는 선의 동쪽이었던 것이 분명합니다. 김유신과 당나라가 타협을 본 그 선이죠. 심양은 그 지역 일대를 다스리는 중심지였습니다. 그리고 만주에서 일어나 중국으로 들어간 역대 왕조는 모두 이곳을 수도로 삼았습니다. 청나라도 누르하치가 만주를 통일한 뒤, 2대 황제 홍타이지(皇太極)가 이곳을 수도로 삼아서 중국 공격의 교두보로 삼았습니다. 결국 3대 순치제에 이르러 이자성의 난으로 명나라가 혼란에 빠진 틈을 타 만리장성을 넘는 데 성공하죠. 청나라가 중국을 완전히 지배하게 된 겁니다.

북경을 수도로 삼은 뒤에도 청나라는 심양을 '성경盛京'이라고 하여 중요한 배후도시로 여겼습니다. 일제가 마지막 황제 푸이를 앞세워 만주국을 세웠을 때도 이곳을 도읍으로 삼아 '봉천'이라고 불렀습니다. 고려가 진정으로 고구려를 이은 나라라면 이곳을 차지했어야 합니다. 하지만 우리 역사는 엉뚱한 이야기로 교과서를 가득 채웠죠. 고려가요에 남은 여음구는 전 세계를 돌아다니던 소리이자 노랫가락입니다. 그 소리는 결코 한반도 안의 도시만으로 설명할 수 없습니다.

재미있는 얘기를 하나 하겠습니다. 제가 이 글 때문에 자료를 찾느라고 대제각출판사에서 나온 『악장가사』 영인본을 펼쳤는데, 서경별곡에 '서경이 아즐가... 닷곤딕 소성경 고외마른'이라고 나옵니다. '서경=小셩경'입니다. 앞서 서경은 지금의 평양이 아니라 요동의

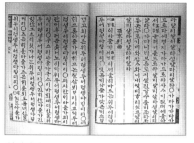
악장가사

심양이라고 했는데, 심양의 청나라 때 명칭인 성경이 '서경별곡'에 나옵니다. 물론 고려 때의 노래이기 때문에 이 성경이 심양을 뜻한다고 하기에는 여러 가지 검토가 필요합니다만, 제 눈에는 참 희한한 우연의 일치로 보여서 심상치 않습니다. 만약에 성경盛京이란 말이 고려 때도 쓰인 말이라면, 정말 재미있을 것 같습니다. 하지만 저로서는 이를 입증할 방법이 없고 또 자료를 뒤적이자니 귀찮네요. 그래서 힌트만 남기고 이쯤에서 덮어둡니다.

사족 하나 붙이자면, '高麗'를 읽는 소리값에 대한 의문입니다. '高句麗'는 '고구리'를 잘못 표기한 것이라고 말씀드렸습니다. 이게 옳다면 '高麗'에 대한 소리값도 마찬가지입니다. '고려'가 아니라 '고리'라고 읽어야 합니다. 그렇지만 아무도 제 말에 귀 기울이지 않을 것이니, 역시 임금님 귀는 당나귀 귀라고 대숲에 가서 혼자 떠드는 수밖에 없네요.

7장

『사기』를 다시 읽다

우리말의 뿌리를 다루면서 상고사를 건드리다 보니, 30년 넘게 책꽃이에서 먼지 뒤집어쓴 채 빛바랜 사마천의 『사기』를 뒤늦게 또 꺼내 들었습니다. '조선 열전'을 읽으면서 보니, 첫 단추를 잘못 끼운 우리 역사학이 어떤 짓을 저질렀는지 다시 한번 저지레가 환히 보입니다.

사람이 동쪽 동네에 놀러 갔다가 서쪽에서 돌아올 수는 없습니다. 땅 밑에 굴이 뚫린 것도 아닌데, 동쪽으로 놀러 갔으면 반드시 동쪽에서 돌아와야 하는 이치가, 유독 『사기』 조선 열전을 바라보는 역사학자들한테는 적용되지 않는다는 사실이 우리 역사에 참극을 초래한 원인임을 알게 되었습니다. 역사학자들이 바보 천치가 아닐 텐데, 유독 조선 열전 앞에서는 바보 등신이 되어 앞뒤가 안 맞는 헛소리를 마구 해대는 것을 보고, 저도 다시 한번 구차하게 말하지 않을 수 없어 이렇게 또 주절거립니다.

우선 사마천의 『사기』에 나오는 '조선 열전'을 보겠습니다. 원문을 제시하면 읽는 분들이 어려워할 것 같아, 1995년에 정범진을 비롯한 여러 학자가 힘을 합쳐서 번역한 책(도서출판 까치)에서 그대로 옮겨 옵니다. 길지만 앞부분을 인용합니다.

조선의 왕 만滿은 원래 연나라 사람이다. 연나라는 그 전성기 때 일찍이 진번眞番과 조선을 공격하여 연나라에 귀속시켜 관리를 설치하고 요새에 성을 쌓았다. 진秦나라가 연나라를 멸망시켰을 때에는 요동遼東의 바깥 경계에 속하였다. 한漢나라가 일어나자 그곳이 멀어 지키기가 어렵다고 하여 다시 요동의 옛 요새를 수축하고 패수浿水에 이르러 경계를 정하고 연나라에 속하게 하였다. 연왕 노관盧綰이 배

사기 조선 열전

반하여 흉노에 들어가니, 만이 망명하여 천여 명의 무리를 모아 추결抽結을 하고 만이蠻夷의 복장을 하고서 동쪽으로 가서 요새를 나와 패수를 건너서 진나라의 옛 땅에 살면서 장障을 오르내리며 점차로 진번과 조선의 만이와 옛 연과 제齊나라의 망명

자들을 복속시켜 그들의 왕이 되었고, 왕검王儉에 도읍을 정하였다.

그때가 마침 효혜孝惠, 고후高后의 시기로서, 천하가 처음 평정되었다. 요동 태수는 곧 만과 약속하기를 "외신外臣이 되어 만이를 보호하고 변경을 침범하는 일이 없도록 하라. 여러 만이의 군장이 들어와 황제를 뵙고자 하거든 금하지 말라."고 하였다. 요동 태수가 이를 보고하니 황제가 허락하였다. 이런 까닭에 만은 병위兵威와 재물을 얻어 그 주위의 작은 나라를 침략하여 항복시키니 진번과 임둔臨屯이

다 복속하였고, 그 땅이 사방 수천 리가 되었다.

(만이 죽자) 왕위가 아들에게 전해지고 다시 손자 우거右渠에 이르니 꾀어들인 한나라의 도망친 백성들이 점차 많아졌고, 또 입조하여 황제를 뵙지도 않았다. 또한 진번의 주위 여러 나라들이 글을 올려 황제를 뵙고자 하면 가로막고 통하지 못하게 하였다. 원봉元封 2년에 한나라는 섭하涉河를 시켜 우거를 꾸짖고 타이르게 하였으나, 끝내 그는 황제의 명령을 받아들이지 않았다. 섭하가 떠나 국경에 이르러 패수에 임하였을 때 수레를 끄는 사람을 시켜 섭하를 전송하던 조선의 비왕裨王 장長을 죽이고 패수를 건너 말을 달려서 요새로 돌아갔다. 마침내 돌아가 황제에게 "조선의 장수를 죽였습니다."라고 보고하였다. 황제는 (조선의 장수를 죽였다는) 미명美名으로 인해서 꾸짖지 않고 섭하를 요동의 동부도위東部都尉로 임명하였다. 조선이 섭하를 원망하며 군사를 일으켜 습격하여 섭하를 죽여버렸다.

이에 황제는 죄인들을 모아 조선을 공격하게 하였다. 그해 가을 누선장군樓船將軍 양복楊僕을 파견하여 제나라 땅을 출발하여 발해渤海를 건너니 군사가 5만여 명이었는데 좌장군 순체荀彘로 하여금 요동을 나와 우거를 치게 하였다.

토씨 하나 안 틀리게 그대로 옮겨 적었습니다. 꼼꼼히 잘 읽어주십시오. 연나라가 이 지역의 핵심 세력입니다. '진번'이라는 이름이 나오는데, 한사군의 이름과 똑같습니다. 조선이 망한 뒤에 한나라가 설치한 그 진번과는 이름이 똑같지만 다른 존재죠. 원래 중국이 아니었는데 연나라가 강성할 때 중국령으로 만들었다는 뜻입니다. 이때의 중국은 전국시대였습니다. 이 시기는 일곱 제후국이 서로 우위를 다투던 때였고, 이를 전국칠웅戰國七雄이라고 불렀으며, 우리는 시험용으로 이렇게 외웠습니다.

진秦 – 초楚 – 연燕 – 제齊 – 한韓 – 위魏 – 조趙.

결국은 맨 서쪽에 쓸개처럼 붙어있던 가장 작은 진나라가 통일하여 진시황이 등장하죠. 이때 연도 망합니다. 다음 문장이 중요합니다.

"한漢나라가 일어나자 그곳(요동의 바깥 경계에 속한 진번 조선)이 멀어 지키기가 어렵다고 하여 다시 요동의 옛 요새를 수축하고 패수浿水에 이르러 경계를 정하고 연나라에 속하게 하였다."

정리하면 이렇습니다. 연나라 때는 진번과 조선까지 연나라에 귀속된 땅이었습니다. 그런데 연나라가 망하고 지키기 어려우니까 (진번 조선에서) 철수하여 요동에 있던 옛날 요새를 고쳤는데, 그 경계가 '패수'라는 것입니다. 그러면 여기서 '패수'가 과연 어디인가? 하는 것이 중요해집니다. 그렇죠? 안 그런가요? 저만 그런가요? 하하하. 그러면 이 패수가 어디인지 번역하신 분들이 설명을 들어보면 되겠습니다. 정범진의 번역 글은 원문을 번역하고 필요한 곳에다가 각주를 달았습니다. 그 각주에 이 패수에 대한 설명이 자세히 나옵니다. 다음과 같습니다.

"5) 浿水: 강 이름. 『史記』에서는 지금의 平壤市 북쪽의 淸川江을 가리키며, 혹은 大同江 혹은 鴨綠江을 가리키기도 한다. 김부식의 『三國史記』에서는 지금의 禮成江을 가리키며, 혹은 臨津江을 가리키기도 한다. 『隋書』 「高麗傳」에서는 지금의 대동강을 가리킨다."

패수는 한 군데일 텐데, 거기를 가리키는 강들은 이렇게 많습니다. 이러다가는 한반도에 있는 모든 강 이름이 다 동원될 것 같습니다. '漢江, 錦江, 榮山江, 洛東江'까지 동원될 기세입니다. 그런데 정말 얄미운 것은 무엇인지 아십니까? 정작 중국놈들은 패수가 청천강이라는데, 한국놈인 김부식은 임진강이라고 하여 남쪽으로 조금이라도 더 끌어내려서 어떻게든 한국사의 강역을 오그라들게 하려는 작태입니다. 바람의 풍선을 빼서 껍데기만 흐믈흐믈 남기려는 수작이죠. 껍데기만 남은 풍선도 풍선이라고 주장한다면 틀렸다 할 수는 없겠지요. 그렇지만 옳은 것은 더더욱 아닙니다. 바람 빠진 풍선을 놓고서 풍선의 너비를 정하는 김부식을 정말 부관참시라도 하고픈 심정입니다.

그런데 여기서 잘 보십시오. 『사기』 번역본에 달린 각주의 설명을 보면 정말 '옛날 놈'들이나 '요즘 놈'들이나 다를 게 하나도 없다는 생각이 절로 듭니다. '『史記』에서는 지금의 平壤市 북쪽의 淸川江을 가리키며, 혹은 大同江 혹은 鴨綠江을 가리키기도 한다.'고 썼습니다. 정말 그런가요? 『사기』에서 패수가 언제 청천강이라고 했다는 말입니까? 후대에 거기다가 주석을 단 놈들의 짓인데, 역사를 연구하는 학자라는 사람들이 그것을 『사기』의 주장이라고 냅다 질러버리니, 역사에 문외한인 저로서는 깜짝 놀랄 수밖에 없습니다. 자세히 읽어보십시오. 『사기』 원문에서는 '청천강'이라고 한 적이 없습니다. '패수'라고 했죠. 패수가 청천강이라고 비정比定한 것은 먼 훗날의 주석자들입니다.

위의 번역 책에서는 이것을 각주에 설명해놓았습니다. 이상합니다. 『사기』 원문의 글과 거기 달린 주석자들의 견해를 구분 못 한

단 말입니까? 못한다기보다는 하기 싫은 거겠죠. 학계에서 통용되는 견해를 소개한 것일 겁니다. 한반도의 강 이름이 모두 등장하는 것으로 보아, 한국의 역사학계에서도 수많은 주장이 나와서 어느 하나로 합의를 하지 못한 모양입니다. 쯧쯧쯧! 하지만 공통점은 하나 있죠. 한국의 역사학자들은 한결같이 패수를 한반도의 어느 강에서 찾으려 든다는 것입니다. 왜 소수의견은 없을까요? 혹시라도 패수가 압록강 너머 요동 어디엔가 있었다면 어떡하려고 이러시는지 모르겠습니다. 한국 역사학계는 여기서 이미 배수진을 치고 돌아올 수 없는 강을 건넌 셈입니다.

그러면 이제부터 '패수'가 어디인지를 제가 알려드리겠습니다. 저는 역사에 문외한인 문학도입니다. 1987년 문학 전문지를 통해 시로 등단한 시인입니다. 시인의 상상력이 더 나은지 역사학도의 사실 추구 정신이 더 나은지 여러분이 한번 비교해보시기 바랍니다. 앞서 본문 중에서 두 번째 문장을 다시 보겠습니다.

"연왕 노관盧綰이 배반하여 흉노에 들어가니, 만이 망명하여 천여 명의 무리를 모아 추결抽結을 하고 만이蠻夷의 복장을 하고서 <u>동쪽으로 가서 요새를 나와 패수를 건너서 진나라의 옛 땅에 살면서</u> 장障을 오르내리며 점차로 진번과 조선의 만이와 옛 연과 제齊나라의 망명자들을 복속시켜 그들의 왕이 되었고, 왕검王儉에 도읍을 정하였다."

위 인용문에서 밑줄 친 곳을 살펴보시기 바랍니다. 한때 연나라 땅이었던 한나라의 동쪽 요새를 위만이 나섭니다. 이 요새는 조선과 연나라 사이에 지은 요동의 옛 요새입니다. 거기를 나와서 패수를 건넙니다. 그런데 거기가 '진나라의 옛 땅'입니다. 이 말을 잘 기억해 주십시오.

앞서 각주에 『사기』에서 말한 패수 즉 청천강을 기준으로 이 문장을 살펴보겠습니다. 위만이 요새를 나와서 패수(청천강)를 건넜는데, 거기가 '진나라의 옛 땅(연나라 요동의 바깥 경계, 즉 연과 진번 조선이 만나는 경계선)'입니다. 이렇다면 진번 조선은 청천강을 건너서 있었다는 뜻입니다. 지금의 평양을 고조선의 도읍이라고 해도 이건 문제입니다. 고조선이 청천강 이남에 있었다는 말입니다. 이게 말이 되나요?

앞서 제시한 조선 열전의 원문을 여러분이 한 번 더 확인해보시기 바랍니다. 제가 잘못 읽었나요? 아니죠! 제가 제대로 읽었죠? 그렇습니다. 제가 문장 그대로 읽었고 풀이했습니다. '패수'를 청천강이 아니라 대동강이라고 하면 더 이상합니다. 만약에 패수가 대동강이라고 한다면 고조선은 황해도나 한강쯤에 있어야 합니다. 김부식의 말대로 패수가 예성강이라면 고조선은 경기도나 충남 어디쯤 있어야 합니다.

사실 패수를 한반도 내의 어떤 강으로 설정해도 문제가 됩니다. 왜냐하면, 한반도는 유사 이래 진나라의 땅이 된 적이 없습니다. 연나라의 땅이 된 적도 없습니다. 우리가 교과서에서 배운 국사 지식에 바탕을 두고 이해한다고 해도, 연나라의 공격에 밀려 위축된 적은 있지만, 연나라에게 먹힌 적은 없습니다. 연나라의 최전성기 때도 관리 영역이 만주에 미치지 못했습니다. 그런데 어떻게 하여 한반도의 허리까지 진나라 땅이 된단 말입니까? 제 말이 이상한가요? 이 글을 읽는 분들은 역사학자가 아닐 테니, 우리가 국사 시간에 배운 이상한 선입견이나 지식을 몽땅 내려놓고 제 설명에 따라 선후 관계와 인과 관계, 그리고 상식에 기초한 논리를 따져서 곰곰이 생각해보시기 바랍니다. 제 말이 이상할 것 없습니다. 이것을 이상하다고 생각하는 사람이 이상한 겁니다.

교과서를 쓴 학자들의 가르침을 충실히 따라도 한반도의 대동강 이남이 연나라의 땅이 된 적은 없습니다. 물론 진나라의 땅이 된 적도 없습니다. 한반도는 단 한 번도 중국의 땅이 된 적이 없습니다. 그렇다면 결론은 하나입니다. 위만이 건넜다는 그 '패수'는 한반도에 있던 강이 아니다! 이것은 제가 강짜 부린 결론이 아닙니다. 사마천이 쓴 『사기』를 읽고, 있는 그대로 풀이하여 다다른 결론입니다.

그러면 패수는 어디에 있었을까요? 『사기』 번역본의 주석에 그 설명이 있습니다. 다음과 같이 번역 글에 친절하게 주석을 달았습니다.

"4) 遼東: 郡 이름, 나라 이름. 전국시대 燕나라가 처음으로 郡을 설치하였는데, 관할 지역은 지금의 遼寧省 大陵河 이동 지역이다. 西晉 때 郡에서 國으로 바뀌었다."

사기 원문에 따르면 진번 조선은 요동의 바깥 경계에 닿았고, 역사학자들의 주석에 따르면 그 요동은 요녕성 대릉하 지역입니다. 따라서 위만이 요새(대릉하 동쪽)를 나와서 건넌 강이 '패수'인데, 대릉하 동쪽에 있는 강은 어떤 강일까요? 지도를 보면 현재의 요하를 말합니다. 그 요하를 건너면 진나라 때의 옛땅이 있습니다. 연나라가 전성기 때 개척했다가 진나라의 통일로 연이 망하면서 버려둔 땅이랍니다. 위만은 그곳에 살면서 '조선 쪽의 경비 초소(下障)'와 '중국 쪽의 경비 초소(下障)' 사이 완충지대(DMZ)에서 전쟁을 피해 떠도는 유민을 모아, 기자조선의 준왕에게는 중국의 공격에 방패막이가 돼주겠다고 말하여 인심을 얻은 다음에, 기회가 오자 기준箕準=扶餘準을 쳐내고 스스로 왕이 된 것입니다.

따라서 사기를 번역하신 분들이 달아놓은 주석을 성실히 따라가보면, 지금의 요하는 '요하'가 아니라 '패수'이고, 지금의 대릉하는 사마천이 『사기』를 쓸 무렵의 '요하'였던 것입니다. 그래야 사마천이 직접 쓴 이 문장이 매끄럽게 풀립니다. 패수를 한반도의 청천강이나 대동강이라고 했을 때 벌어졌던 황당한 일들이 모조리 풀립니다. 고조선의 수도 박달성(평양)은 지금의 대동강에 있던 것이 아니라 사마천이 『사기』를 쓸 무렵에는 패수의 동쪽인 지금의 요녕遼寧에 있었던 것입니다.

게다가 상장과 하장 사이 완충지대에서 위만은 제나라의 유민을 긁어모아 세를 불렸습니다. 제나라에 살던 사람들이 어떻게 대동강에 나타났을까요? 배를 타고 갔을까요? 만약에 제나라 사람들이 갈 수 있는 곳이라면 중국에서 가까운 곳이어야 합니다. 조선 시대에도 북경에 조공을 가려면 3~6개월이나 걸려서 가는 거리입니다. 그런데 이토록 먼 곳에 중국 동쪽의 제나라 백성들이 전쟁을 피해서 대동강까지 온단 말입니까? 이게 말이나 되는 설정입니까? 차라리 로마 사람들이 게르만족을 피해서 대동강까지 도망쳐왔다고 하는 게 더 나을 일입니다. 이런 주장을 천연덕스럽게 믿는 사람들이 한국의 역사학자들이라는 게 놀랍습니다. 우리가 그러는 동안 일본놈들은 어떻게든 고대사를 한반도 안으로 축소 시키려고 하고, 중국놈들은 동북공정으로 고구려도 자기네 역사라는 논리를 강화 시킵니다. 왜놈이나 떼놈의 말장난에 놀아나는 것은 우리입니다.

결론은 이것입니다. 패수는 지금의 패수가 아니니, 결국 패수도 요하도 점차 동쪽으로 이동했다는 것이죠. 처음의 요하는 진시황이 쌓은 만리장성 너머의 강이었을 것입니다. 연나라의 성들을 연결하여 길게 완성한 것이 만리장성임은, 역사학자만이 아니라 온 세상이 다 아는 사실입니다. 그러니 연나라 때의 요하란 '난하'쯤이 되지 않았을까요? 그러다가 중국이 장성을 넘어서 동쪽으로 팽창하면서 요동군이 지금의 자리로 옮겨갈 당시에는 '대릉하'로 옮겼다가, 사마천이 죽고 난 뒤 어느 무렵에 지금의 요하로 자리 잡은 것입니다. 이렇게 된 것은 아마도 반고(32?~92년)의 『한서』(82년)와 범엽(398~445년)의 『후한서』가 쓰일 무렵이 아닌가 합니다. 어쨌거나 사마천(B.C.145~85)과 반고(A.D.92) 사이(177년)의 어느 때일 것입니다.

그렇다면 우리는 사마천의 말을 더 믿어야 할까요? 아니면 반고나 범엽의 말을 더 믿어야 할까요? 이런 질문을 한다는 것 자체가 역사학계의 수치입니다. 사마천은 자기가 살아있던 때의 이야기를 한 것이고, 반고는 200년 전의 이야기를, 범엽은 500년 전의 이야기를 한 것입니다. 누구 말을 믿어야 합니까? 반고와 범엽을 더 믿어서 사마천이 살아서 한 말을 거짓이라고 해야 하나요? 정말 어이없습니다.

그 뒤에도 '패수'는 계속 동쪽으로 가서 압록강이니, 청천강이니, 대동강이니, 예성강이니 하며 역사를 논하는 사람들의 심심풀이 땅콩이 됩니다. 왜 심심풀이 땅콩이냐면, 한 번 툭 던져놓고, "아니면 말고!"이기 때문입니다. 이렇게 간편한 역사 학설도 없습니다. 개나 소나 다 지껄인 것이 '패수' 학설입니다.

강이 이렇게 옮겨갔다면 그 강 옆에 깃든 도읍(평양)도 따라서 갔을 것입니다. 평양은 패수를 건너서 동쪽에 있습니다. 이 논리에 따르면 지금의 평양은 고조선의 평양이 될 수 없습니다. 지금의 평양은 대동강 북쪽에 있기 때문입니다. 패수가 대동강이라면 평양은 동쪽에 있어야 하니 말이 안 됩니다. 패수가 청천강이라면 더더욱 말이 안 됩니다. 평양이 남쪽에 있기 때문입니다. 게다가 코앞의 대동강을 두고서 굳이 한참 멀리 떨어진 청천강을 갖다가 평양에다가 붙여보는 것은 정말 한심한 짓거리입니다. 역사학자들이 방향감각이 없어도 분수가 있지 어찌 이렇게 술주정뱅이처럼 가리산지리산한단 말입니까? 다음 구절을 보면 더 확실해지는 게 있습니다.

"왕위가 아들에게 전해지고 다시 손자 우거右渠에 이르니 꾀어들인 한나라의 도망친 백성들이 점차 많아졌고, 또 입조하여 황제를 뵙지도 않았다. 또한 진번의 주위 여러 나라들이 글을 올려 황제를 뵙고자 하면 가로막고 통하지 못하게 하였다."

한나라가 사신 섭하를 시켜서 우거를 꾸짖고 달랜 까닭이 뭐냐면, 주위 여러 나라가 황제에게 가려는 것을 가로막았다는 것입니다. 만약에 우거가 사는 평양이 대동강이었다면, 황제로 보러 가는 다른 여러 나라가 대동강 이남에 있어야 합니다. 그런데 우리가 배운 역사에서 대동강 이남에는 삼한밖에 없습니다. 도대체 '진번의 주위 여러 나라들'이 있던 곳이 대동강 이남 지역이었단 말입니까? 만약에 『사기』 조선 열전에서 말한 '진번의 주위 여러 나라들'이 만주 지역에 있었다면, 대동강에 있는 우거가 어떻게 그들을 막는단 말입니까?

우거가 살던 평양은 대동강에 있지 않았다는 증거입니다. '진번의 주위 여러 나라들'이 만주와 중국 북부 일대에 사는 사람들이고, 우거가 그들을 막았다면 조선은 '진번의 주위 여러 나라들' 사이에 있어야 합니다. 만주와 중국 사이의 그 어떤 지점이죠. 그 지점은 바로 앞에서 밝혀졌습니다. 사마천이 살았을 때의 요하는 지금의 대릉하이고, 우거의 평양은 지금의 요하인 '패수' 건너편에 있었다는 얘기입니다. 그래야만 『사기』의 이 구절이 매끄럽게 풀이됩니다. 매끄럽게 풀이되는 것을 두고 굳이 이상하게 해석하려는 어리석음을 왜 고집스럽게 지킨다는 말입니까? 사마천의 『사기』를 읽어보면 평양의 위치가 손금 보듯이 또렷해집니다. 적어도 지금의 평양은 『사기』의 평양이 아니었다는 것입니다. 도대체 얼마를 더 얘기해야 역사학자들의 귓구녕이 뚫릴까요?

'난하'를 찾아보면 '하북성에서 발원하여 발해渤海로 흘러들어가는 강'이라고 설명이 나옵니다. '발해'는 어디일까요? 『사기』 원문에서 살펴보겠습니다. 이렇습니다.

"이에 황제는 죄인들을 모아 조선을 공격하게 하였다. 그해 가을 누선장군樓船將軍 양복楊僕을 파견하여 제나라 땅을 출발하여 발해渤海를 건너니 군사가 5만여 명이었는데 좌장군 순체荀彘로 하여금 요동을 나와 우거를 치게 하였다."

우리는 국사 시간에 누선장군이 황해바다를 건너 지금의 대동강 평양으로 쳐들어갔다고 배웠습니다. 하북성에서 발원하여 바다로 들어가는 그 '발해'가 우리가 아는 '황해, 서해'인가요? 그러면 중국사가들이 '동해'를 건넌다고 말하지 않고 하필 난하가 흘러드는 '발해'라고 했을까요? 누선장군이 황해바다를 건넜다면 패수는 대동강이 되고, 이렇게 되면 앞서 살펴본 것처럼 큰 문제를 일으킵니다. 고조선이 황해도나 한강 언저리로 이사 가야 합니다.

따라서 발해는 황해가 아니라 난하가 바다로 흘러드는 바로 그 바다를 말하는 것입니다. 누선장군 양복이 건넌 바다가 황해가 아니라 발해라고 사마천이 분명히 말했습니다. 배를 타고 해안을 따라서 패수 동쪽의 요녕(평양)으로 쳐들어간 것이죠. 그래야 요하(대릉하) 동쪽, 즉 요동에서 출발한 군대와 만납니다. 지금의 평양으로 건너가면 패수의 '남쪽'으로 가지 절대로 '동쪽'으로 갈 수 없습니다.

따라서 어떻게 읽어보아도 『사기』 조선 열전에서 말한 '발해'는 '발해'이지 '황해'일 수 없습니다. 그렇다면 이런 글을 제대로 읽기만도 평양은 한반도에 있을 수 없습니다. 발해를 건너갔는데, 어떻게 한반도가 나온단 말입니까? 발해를 건너면 요동이 나옵니다. 발해를 건너가서 도착한 곳은 절대로 한반도가 될 수 없습니다.

평양은 한반도가 아니라 요동 어딘가에 있던 도시임을 알 수 있습니다. 이건 제 생각이 아니라 사마천의 말입니다. 사마천이 『사기』에서 해준 말을 있는 그대로 설명드린 겁니다.

이러면 조선을 친 명분도 분명해집니다. 위만이 다른 오랑캐들이 중국에 입조하는 것을 막으려면 요동에 있어야 합니다. 요동이 길목이기 때문이죠. 『사기』의 어떤 기록이나 정황을 보아도 평양은 한반도에 있을 수 없습니다. 대체 어떤 요술을 부려야만 이 이치를 벗어나서 패수를 한반도로 끌어올 수 있을까요? 기적이 일어나지 않고서는 힘들 듯한데, 그 힘겨운 일이 우리 역사에서는 버젓이 일어났습니다.

말이 나온 김에 좀 더 정리하고 가겠습니다. 패(㵠([pʰuɑd]pèi(pʰei]))와 발(㳍([buət]bó(po]))의 소리를 잘 보시기 바랍니다. 비슷하지 않나요? 제 눈에만 그렇게 보이고, 제 귀에만 그렇게 들리나요? 두 한자의 소리는 정말 비슷합니다. 피읖과 비읍은 우리말에서나 구분되지, 악센트가 살아있는 다른 나라 말에서는 거의 구별되지 않습니다. 마치 한 소리처럼 발음됩니다. 한자는 4성 체계입니다. 그래서 더더욱 구별하기 어렵습니다. 더구나 㳍의 뜻은 '바다 이름 발'입니다. 특정 대상을 위해서 만들어진 말입니다. 그러니 소리가 중요합니다.

그렇다면 동북아 고대사에서 가장 많이, 그리고 가장 중요하게 쓰이는 '발해'는 무슨 뜻일까요? '발해'의 뜻은, '발하'가 흘러드는 바다입니다. 위의 음성 표기에 따라 '발해=패해'이고, '발수=패수'이죠. 왜 이럴까요? 패수는 고정된 강이 아니라 세상을 보는 중국인들의 인식이 점차 넓어지면서 그에 따라 옮겨간 물줄기이기 때문입니다. 그래서 이름도 요하(遼河: 멀고 먼 물줄기)라고 했습니다. 그들은 요하라고 했지만, 그 요하 언저리에 사는 사람들(동이족)은 자신이 사는 강을 멀다고 표현하지는 않았을 것입니다. 뭐라고 표현했을까요? 제 겨레의 이름을 붙였을 것입니다.

'패, 발'에 가까운 소리를 내는 동이족 표현은 '밝'일 겁니다. '예맥'의 '맥'도 이것입니다. 또 이 뜻을 번역한 말이 조선朝鮮이죠. 중국의 동쪽이기에 해가 뜨는 곳입니다. 그래서 밝다는 뜻으로 이름을 붙인 것입니다. 고구려가 망하고 그 땅에 대조영이 세운 나라 이름이 '발해'이고 '진震'인 것은 우연이 아닙니다. '밝, 맥' 겨레가 세운 나라라는 뜻입니다. 발해는 벼락(震)과 같은 소리를 냅니다. 5행 상 동방을 뜻하기도 하죠. '벼락'은 '별+악'의 짜임이고, '악'은 명사화 접미사입니다. '부뚜막, 오두막, 오르막' 같은 말에서 볼 수 있죠. 게다가 '발조선發朝鮮'이라는 말도 있습니다. 신채호는 『조선상고사』에서 이것을 3조선 중의 하나라고 보는데, 뭐라고 하든 '발'이 '밝'의 표기임은 틀림이 없습니다. 패수는 또 불수沛水로도 표기됩니다. 같은 말을 각기 다른 한자로 적은 것입니다. 發=渤=浿=沛.

이러한 낱말을 낳은 부족의 이름을 동이족에서 찾자면 '부리야트'를 들 수 있습니다. '부리야트'는 주나라 낙읍에서 성왕이 대회를 열 때 참가한 오랑캐 이름에 있는데, 불령지不令支나 영지冷支로 기록되었습니다.(『일주서』 왕회편) 이들은 황하 하류 지역에 살다가 중국이 팽창함에 따라 동북쪽으로 계속 밀려나면서 곳곳에 지명을 남깁니다. 그들이 따라간 바다 '발해'도 '부리야트'를 적은 것입니다. 그들이 기대 살던 바다였기에 이런 이름이 붙은 것입니다.

따라서 어떤 강에 대해서 중국 측에서 이름을 붙이면 '요하'가 되고, 동이족이 이름을 붙이면 '패수, 발수'가 되는 것입니다. 이 패수(발수)는 동이족이 요동 반도 동쪽으로 완전히 밀려날 때까지 지금 요하의 서쪽에 있게 됩니다. 대릉하, 난하, 조하, 백하, 영정하가 모두 패수이자 발하였을 것입니다. 그러다가 중국의 외연 확장에 따라 점차 동쪽으로 밀려난 것이죠. 따라서 그 발하가 어디에 있든, 발하가 흘러드는 바다는 '발해'가 되는 것입니다. 만약에 지금의 대동강이 패수라면, 우리가 황해라고 부르는 그 바다는 발해가 되어야 합니다. 이 '황해黃海'라는 말도 황하가 흘러드는 바다라는 뜻으로 붙은 것입니다. 패수가 흘러드는 바다는 패해浿海가 되는 것처럼. 그러므로 발해는 황해가 아니라, 요동 반도가 감싼 안쪽의 바다를 말하는 것입니다. 발해라는 말이 패수가 요동 반도 안쪽에 있었다는 증거입니다.

중국인들은 강과 하를 구분해서 썼습니다. 남쪽에서는 주로 강江이라고 했고, 북쪽에서는 주로 하河라고 했습니다. 양자강은 남쪽을 대표하는 강이고, 황하는 북쪽을 대표하는 강입니다. 그 위로 가면 백하, 난하, 대릉하, 요하, 태자하 같은 이름이 보이죠. 조선 후기의 천재 연암 박지원은 중국의 강과 하에 대해 맑은 물은 강이라고 하고 흐린 물은 하라고 한다고 했는데, 그럴 듯은 하지만 어쩐지 뒤가 찜찜합니다. 황하만 흐리지 다른 물은 그렇게 흐리지 않습니다. 아마도 '하'는 옛날의 동이족들이 쓰던 말 같습니다. 아니면 지역에 따라서 달리 불렀던가.

이런 물줄기에 대해서 조선 쪽에서는 '수水'라고 했습니다. 물줄기라는 뜻입니다. '시엄수, 엄체수, 압자수, 아리수, 한수'라는 식입니다. 그러니 '패수'는 조선 쪽에서 붙인 물줄기 이름일 겁니다. 조선 쪽에서 붙이면 '패수'가 되겠지만, 똑같은 발음으로 중국 쪽에서 붙이면 '발하'가 될 것입니다. 발하渤河=패수浿水.

우리나라에서도 큰 물줄기를 '강'으로 쓰는 경향이 있는데, 이것은 한자가 우리나라에 들어와서 정착한 뒤의 일일 것입니다. 앞서 보았듯이 우리는 물줄기를 '수'라고 했습니다. '시엄수, 엄체수, 아리수, 패수, 한수'가 다 그렇습니다. 우리나라의 물줄기 이름(水)이 한자로 '하'가 아니라 '강'으로 교체된 것은, 소리값에 대한 우리 겨레의 무의식이 작용한 탓입니다. 물줄기의 우리말이 '가람'이기에, '하'보다는 '강'에 더 가까워서 입으로 말하기에 편했던 것입니다. 만약에 그렇지 않다면 바로 옆 동네에서 쓰이는 '하'를 버리고, 굳이 중국 남부에서 유행한 '강'을 갖다가 붙였을 리가 없습니다.

하천河川이란 말을 보면 '하'는 물줄기의 크기에 따라서 붙은 것 같고, 강산江山이라는 말을 보면 '강'은 그 주변을 흐르는 산과 짝하여 불린 이름 같습니다. 이런 개념으로 조선 후기에는 우리만의 독특한 지리 개념인 『산경표』가 만들어지죠. '강은 산을 넘지 못하고, 산은 강을 건너지 못한다.' 이렇게 만들어진 한반도의 등뼈가 백두대간입니다. 이걸 일본제국주의가 난도질하여 토막살인한 끝에 붙인 이름이 '산맥'이라는 개념입니다.

강과 관련된 우리 겨레의 말버릇에 대해서도 한 번 살펴보고 가겠습니다. 비가 오면 물이 모여서 흐릅니다. 이렇게 되면 반드시 세 가지 현상이 동시에 일어납니다. 우선 물이 줄기를 만들죠. 이것이 '물줄기, 물(水)'이죠. 이 물줄기는 흐르는 땅의 양쪽을 반드시 가릅니다. 이래서 '가람'이 되는 겁니다. '가람'은 '가르다'의 어간 '갈'에 접미사 '암'이 붙은 것입니다. 이렇게 땅을 둘로 나누면, 그 갈라진 곳은 깊이 파입니다. 그렇게 파인 것을 '골'이라고 하죠. '골짜기'가 되는 겁니다. 이것을 고구려에서는 '홀忽, 골骨'이라고 했습니다. '미추홀, 홀승골'이 그런 것입니다.

그런데 물이 골짜기를 만들고 땅을 둘로 나누면, 나뉜 그곳에는 반드시 모래가 쌓입니다. 퇴적물이 생기는 거죠. 그게 '모래톱'입니다. '톱'은 '손톱, 발톱, 톱, 톱밥' 같은 곳에서 보듯이 가장자리에 생긴 것을 가리키는 말입니다. 이렇게 해서 생긴 넓은 퇴적물을 '내'라고 합니다. '냇가, 시냇물' 할 때의 그 내입니다. 물줄기를 따라서 난 흙과 땅을 말합니다. 이 내를 고구려어로는 '나那, 노奴'로 적었습니다. 번역하면 '양壤'이 되죠. '평양平壤'이 그것입니다. 퇴적물인 이 내가 널찍하게 벌어지면 '벌, 벌판'이 됩니다. 이것을 한자로 적으면 '발發, 불내不耐, 부리夫里, 부여扶餘, 바라婆羅, 버들柳'입니다. 이런 벌판이 높으면 '닭'이 됩니다. '달, 다라, 들, 돌'로 변화되는데, 한자로 '달達, 양陽, 돌(石, 梁, 濟), 독(石), 다라多羅'라 쓰입니다.

'패수'와 '발해'를 이렇게 보면 평양의 위치는 저절로 정해집니다. 『사기』에 적힌 패수를 기준으로 보면 지금의 요녕이 바로 고조선의 평양입니다.(학자마다 그 근처의 다른 도시를 지목하기도 함.) 패수가 지금의 대동강이 아니라는 것은 제가 처음 지적하는 게 아닙니다. 단재 신채호 선생이 『조선상고사』에서 통렬하게 파헤쳤습니다.

이상한 건 역사학자들입니다. 우리처럼 무식한 일반인이 맨눈으로 보기에도 문장을 제대로만 읽으면 이렇게 저절로 진실이 드러나는데, 어찌하여 역사를 전공하여 그것으로 밥 벌어 먹고사는 학자들의 눈에는 이 사실이 뜨이지 않을까요? 석사 박사를 거친 사람들이 머리가 나빠서 그러지는 않을 겁니다. 학자들이 바보 등신도 아닌데, 다 알면서도 그렇게 말할 수 없는 절박한 사정이 있을 겁니다. 그 절박한 사정이 무엇일까요? 제 스승의 학설을 뒤집어엎을 수 없는 한국 역사학의 현실입니다. 우리나라에서 제 스승과 다른 의견을 내는 게 무슨 반역죄나 배신을 때리는 것으로 취급되다 보니, 스승이 무식해서 저질러놓으면 그걸 바꾸지 못하고 처음부터 잘못된 주장을 앵무새처럼 되풀이하는 겁니다. 잘못 꿰인 첫 단추를 아무도 풀 수 없는 것이 우리나라 학계의 분위기입니다. 첫 단추 패수를 청천강에 잘못 비정한 사람들은 누구일까요?

앞서 보았듯이 패수를 한반도 안으로 들여놓으면 북방의 초원지대를 뒤덮고 호령하던 고조선은 손바닥만한 크기로 졸아듭니다. 이런 현상을 가장 즐겁고 애절하게 바라는 사람은 누구일까요? 조선을 한입에 삼키려던 일본놈들이겠지요. 일본제국주의에 빌붙은 일본 역사학자들입니다. 이들이 우리나라에 실증주의 식민사관을 심었고, 그것을 보고 배운 사람들이 충실하게 뒤따랐습니다. 그러니 이런 궤변이 우리나라 역사학의 공식 학설로 자리 잡은 것이고, 서울대학교 학파로 전국 대학의 강단이 뒤덮여버리고 나니, 그것을 반박할 만한 배짱을 지닌 사람이라고는 국사학과가 아닌 중국사 전공자 딱 1명이었던 겁니다. 중국의 상주사商周史를 전공한 단국대학교의 윤내현이 그 딱 1명이죠.

예수는 나귀 타고 도착한 예루살렘 성전에서 분노하여 판을 뒤집으며 '회칠한 무덤!'이라고 외쳤는데, 한국 고대사 연구의 꼬락서니를 보면 역사학계에는 이런 예수가 왜 아직도 나타나지 않는지 그게 다 궁금합니다. 어쩌면 100년 전의 단재가 예수였는지도 모르겠습니다. 하지만 예수 사후에 기독교가 나와서 유대교의 버르장머리를 고쳤지만, 한국은 단재 사후에 아무런 변화가 없으니, 한국의 역사학은 아직도 회칠한 무덤의 시기입니다. 그렇다고 1980년대 이후 국수주의 역사학이 단재를 교주로 모실 자격을 얻는 것은 결코 아닙니다. 단재의 그림에 멋대로 개칠한 것이 국수주의 역사학입니다.

이러니 현실에서 역사 문제만 나오면 황당무계한 일들이 되풀이되는 겁니다. 정신대 할머니들을 창녀라고 공공연히 떠드는 학자가 있는가 하면 '토착왜구'라고 손가락질하는 사람들에게 스스로를 그렇다고 당당하게 말하는 정치인들까지 있어서, 역사학이 왜곡한 과거가 우리의 앞날까지도 식민시대로 되돌릴 수 있음을 또렷이 보여줍니다. 고대사는 단순히 고대사가 아니라 우리 역사가 맞닥뜨린 현실의 벽임을 다시 한번 깨닫습니다. "회칠한 무덤 한국 역사학이여!"를 외칠 광야의 요한과 나귀 탄 예수는 어디쯤 오실까요?

1. 한사군의 이름

『사기』를 읽다 보니, 또 한 번 문학도의 상상력이 빠작! 하고 불꽃을 튀깁니다. '진번' 문제입니다. 『사기』 조선 열전 본문을 보면, 일찍이 연나라가 진번 조선을 공격하여 연나라에 귀속시켰다는 말이 나옵니다. 이 '진번'은 한사군의 한 군인 그 진번이 아닙니다. 한사군은 이 말이 나온 한참 뒤에 설치되기 때문입니다. 한사군의 '진번'이라는 이름도 이 진번에서 나온 것임을 알 수 있습니다. 낙랑군이 '박달(평양)'의 몽골어 표기인 것과 마찬가지입니다. 원래 그곳에서 불리던 이름을 '군'에다가 붙여서 재활용한 것이죠.

따라서 연나라가 진번을 공격하여 귀속시켰는데, 한나라에서 설치한 진번은 연나라의 그 진번이 있던 그 지역일 것입니다. 그렇다면 연나라 때 공격받은 진번 사람들은 거기에 그대로 있었을까요? 그럴리가 없지요. 공격받아서 연나라에 귀속되었지만, 연나라의 통치를 거부한 사람들은 동쪽으로 이동하여, 거기서 다시 '진번'이라는 이름을 썼을 것입니다. 그렇다면 '진번'이라는 말을 기록할 때는 연나라의 진번과 본래의 진번이 나뉘게 되죠. 아마도 한나라는 연나라에 귀속된 진번을 '군'으로 삼았을 것입니다. 자리를 옮긴 진번 사람들은 진번이라는 말을 쓰다가 나중에는 다른 이름으로 바꿨을 것입니다.

이런 위치 이동은 북부여에서도 한 번 본 적이 있습니다. 주몽은 북부여 출신인데, 원래 부여에 살던 아란불의 꿈에 신이 나타나서 동쪽으로 옮겨가라고 했고, 그대로 옮겨간 나라가 동부여입니다. 부여가 꿈에 나타난 신을 매개로 하여 둘로 갈라진 것입니다. 지휘부가 동쪽으로 옮겨가려고 하자, 그에 반발하여 그 자리에 남은 사람들이 생긴 것이고, 그것이 북부여이며, 주몽은 이 북부여에서 나와서 따로 '졸본부여'를 세웁니다. 그것이 고구려죠. 제가 보기에는, 이 '진번'이 부여의 이 상황을 정확히 반영한 게 아닌가 싶습니다. 연나라나 한나라와 맞닿은 동이족 조선의 구성원은 예맥족이니 말이죠. 예맥족은 진번을 가리킵니다.

그렇다면 이 '진번'이 무엇이냐 하는 것입니다. 여기서 한 번 더 상상력이 불꽃을 튀깁니다. 후대의 역사서에서는 이 대목을 표기할 때 반드시 '예맥 조선'이라고 나옵니다. 『사기』에 나오는 진번이 후대에서는 '예맥'으로 대체된 것입니다. 진번이 예맥이라는 뜻입니다. 예맥이라는 말은 뒤에서도 계속 쓰이는데, 진번은 더 이상 쓰이지 않습니다. 연나라에 진번을 빼앗긴 예맥족이 장소를 이동하면서 그 뒤로 다른 이름을 썼을 거라는 짐작을 해볼 수 있습니다.

흉노 일선에서 흉노와 동호 사이에는 1,000여 리 빈 땅이 있었다는 얘기를 했습니다. 그런데 흉노의 동쪽에는 동호만 있는 게 아니었습니다. 흉노는 예맥과도 접했습니다. 그렇게 되면 흉노는 동쪽과 동남쪽으로 두 부족과 닿아있었는데, 동호와 싸우고 예맥과는 싸우지 않았습니다. 동호는 흉노의 바로 옆 동쪽이었지만, 예맥은 좀 더 남쪽이면서 중국 접경에 있었기 때문입니다. 흉노의 동쪽 땅에 동호가 있고, 동호와 중국 사이에 예맥이 있었던 겁니다. 흉노는 동호를 쳤으나 예맥을 치지 않았습니다. 왜냐하면, 흉노의 적은 중국인데, 예맥도 중국과 국경을 맞대어 중국과 싸우는 중이었기 때문입니다. 흉노로서는 적의 적이기에 예맥이 우리 편인 셈입니다.

그런데 진번이라는 이름은, 『사기』와 한사군 이후에 역사에서 감쪽같이 사라집니다. 한사군에 붙은 이름이면 꽤나 이름이 났을 텐데, 이상합니다. 게다가 그 지역 이름이거나 그 지역을 지배한 부족 이름이었을 것 같은데, 감쪽같이 사라집니다. 그렇다면 이 '진번'은 다른 이름으로 대체되었으리라고 생각해볼 수 있습니다.

'진번'의 번藩은 지킴이 또는 방패막이라는 뜻입니다. '진번'이란 '진'이라는 이름을 지닌 호위병의 뜻입니다. 누굴 호위한다는 뜻일까요? 설마 중국을 호위하진 않았을 겁니다. 『사기』에서 연나라의 공격을 받은 대상이라고 적었는데, 중국의 번국일 수는 없겠지요. 그렇다면 조선의 번국이라는 뜻입니다. 그런데 왜 조선에 포함시키지 않고, 따로 얘기했을까요? 조선을 닮았는데, 완전히 조선에 포함되지도 않는 아주 특이한 존재이기 때문이겠지요. 어째서 그럴까요? 조선에 예속되기는 했지만, 조선과는 따로 움직일 만큼 독자성이 있는 세력이었기 때문일 겁니다. 이 관계가 기존의 역사학에 익숙한 사람에게는 알딸딸하겠지만, 지금까지 저의 글을 성실하게 읽어온 독자라면 탁! 하고 무릎을 치실 겁니다. 조선이 복판 기자라면, 진번은 '서기자' 아니겠어요? 조선에 포함되기는 하지만 느슨한 종속관계 때문에 전쟁을 할 때는 사실상 독자 세력으로 혼자서 움직이는 존재죠. 이런 존재가 누가 있을까요?

'진'은 소리를 적은 말일 겁니다. 그러면 이와 비슷한 소리가 나는 정치 세력이 기억나는 게 있을까요? '진, 신, 손'쯤으로 소리 나는 어떤 세력이라? 저는 떠오르는 게 있습니다. '소노(순노)'입니다. 순노順奴(jiuəno)는 몽골어에 'jegün'이 있는데, 이게 '왼쪽, 동쪽'을 뜻하는 'jün'이고, 만주어로는 '왼쪽'을 뜻하는 'jun'이 됩니다. '진眞'과 별 차이가 없습니다.

주몽부터 왕을 배출한 것은 계루부이고, 그 전에는 소노부에서 왕이 나왔다는 『삼국사기』의 기록을 보면, 나중에 고구려라고 불리는 이 겨레는 그 전부터 국가의 노릇을 해왔을 것입니다. 그래서 계루부가 왕을 배출한 뒤에도 왕실의 제사를 그대로 이어서 지낸다고 한 것입니다. 그 민족은 예맥족이고, 중국의 동북방에서 가장 강력하게 대중국 항쟁을 해오던 세력입니다. 따라서 문학도의 반짝이는 상상력으로 보면 진번은, 고구려가 되기 이전의 소노부 세력을 가리키는 말입니다. 이들이 서쪽에서 우기자의 노릇을 할 때 이름이 '진번'이었던 것입니다. '번'이라는 이름이 붙은 것도 서쪽 조선으로서 중국과 싸울 때 복판 조선의 방패막이 노릇 때문에 붙은 이름일 겁니다. 아마도 고조선의 정치체제에서 이런 구도가 익숙했기에, 위만조선이 접근하여 방패막이 노릇을 하겠다고 할 때 기자조선의 준 왕은 얼른 그러라고 허락했을 것입니다.

고조선의 슬하에 있던 수많은 민족이 각자도생하게 된 것은, 난하 대릉하 언저리에 있던 평양이 한나라 군대에 점령당하면서 갑자기 일어난 변화일 것입니다. 이후, 동쪽 지역에는 우두머리가 없어지고, 한사군만 형식으로 남아서 통치하는 듯하다가, 각자도생하여 산지사방으로 흩어진 겨레들이 나라를 만들고 다시 일어나는 과정이 삼국시대의 초기 상황입니다.

난하 대릉하 요녕에서 흩어진 부족들은 저절로 더 먼 동쪽으로 이동하게 되고, 그곳은 바로 만주 지역입니다. 대동강에 평양이 있게 된 것은, 우거 때문이 아니라 기자조선의 마지막 왕 준 때문입니다. 준이 남쪽으로 도망쳐서 삼한을 세웠고, 그때 마한의 도움으로 대동강을 정하고 거기 이름을, 그들이 부르던 전통에 따라 '평양(박달)'이라고 정한 것입니다. 이 이동과 변화의 시기가 불과 100년 안팎입니다. 이렇게 짧은 기간에 요녕에서 평양으로 이름이 옮겨오다 보니, 그 후의 역사가들은 평양을 요녕이 아니라 지금의 평양으로 기록하게 된 것입니다. 『한서』를 지은 반고나, 『후한서』를 지은 범엽은 이 짧은 기간 이후에 태어나서 산 사람들입니다. 그러다 보니 사마천의 살아생전 기록보다는 자신들이 마주친 현실의 상황을 더욱 믿게 되었을 것이고, 그대로 역사를 기록했을 것이며, 그 와중에 평양은 대동강의 그곳으로 확정된 것이라고 봅니다.

이 와중에 가장 고단한 행군을 한 것은 예맥족입니다. 원래 황하의 동쪽과 중국의 동북부 만리장성 밖에서 흩어져 살다가 뜻밖에 중국의 외연 확장으로 흉노와 함께 가장 먼저 공격을 받는 민족이 되었고, 가장 치열한 전쟁을 벌이면서 끝없이 동쪽으로 이동하다가 송화강까지 밀려와서 더는 갈 곳이 없자 스스로 일어나 나라를 세운 것입니다. 이렇게 고구려가 일어서기 전의 과정을 이끈 세력이 소노(순노)이고, 이것이 그대로 '진眞'이며, 조선 쪽의 방패막이가 되겠다고 자처한 상황이기에 '번(지킴이)'이 붙어서 '진번'이 된 것입니다. 주몽이라는 전대미문의 영웅이 출현하고, 그의 지도력으로 소노부의 진번이 환골탈태하여 고구려가 됩니다.

이것이 문학도가 내린 결론이니 역사학도들께서는 마음껏 비웃어 주시기 바랍니다. 그렇게 비웃은 뒤에 '진번'에 관해 저보다 더 정확한 사실을 밝혀주십시오. 저의 이 어처구니없는 상상력을 꾸짖을 당당한 연구 결과를 만들어주십시오. 그러지 못하다면 여러분은 저를 비웃을 자격이 없습니다.

『조선상고사』에서 신채호가 설명한 3조선에 대해서도 간단히 언급하고 가야겠습니다. 『사기』에 나오는 '진번조선'이라는 문구를 신채호는 '진조선, 번조선'으로 읽고, '발'조선과 함께 3조선을 이룬다는 논리로 설명했습니다. 조선을 '마한 진한 변한'처럼 3수로 읽고 적용한 것입니다. 당연히 이런 구도는 흉노의 '선우(복판) 좌현왕(동) 우현왕(서)' 제도로부터 온 것입니다. 흉노의 세 우두머리는 각기 '운중, 상곡, 상군'에 자리 잡고 각자 움직이죠. 셋으로 나뉘었으나 전체가 하나로 유기체처럼 움직이는 삼위일체 구조입니다. 조선도 그렇다고 본 것입니다. 역사를 세계사의 큰 흐름 속에서 읽는 신채호의 탁월한 안목이 느껴지는 부분입니다.

마침 중국 측의 기록에 '번한현番汗縣'이 있어서, 이것을 보면 이렇게 분석해도 됩니다. '번'과 '진'이 나뉘었기 때문에 나머지 한 조선이 더 있고, 이것이 '발發'입니다. 『관자』에 나오는 그 '발조선'이죠. '발'이 무엇을 뜻하는 말일까 하는 숙제가 남은 셈입니다. 여기에 힌트를 주는 것이 있습니다. 고구려의 수도 이름입니다.

고구려는 국내성國內城에 도읍을 정합니다. 이 '국내성'을 가리키는 말은 2가지가 더 있습니다. 불내성不耐城과 위나암성尉那巖城입니다. 백과사전을 찾아보니, 국내성은 평지에 위나암성은 환도산에 있는 성으로 구분하는데, 같은 이름으로 봐도 될 것 같습니다. 그리고 보다시피 고조선 때부터 고구려까지 수도는 모두'평양'이라고 했습니다. 이 네 낱말의 관계를 좀 살펴보겠습니다. 이것을 보면 '발'의 뜻이 저절로 밝혀질 것입니다.

內와 耐와 那는 똑같은 말입니다. 땅을 뜻하는 우리말 '닉'를 한자의 소리(音)로 적은 것이죠. 그러면 國과 不과 尉가 같은 뜻이어야 합니다. 國은 뜻이 '나라'이지만, 실제로는 에워싼 것을 나타낸 말입니다. 영역을 나타내는 말이고, 우리말의 '울, 우리, 울타리'의 뜻입니다. 몽골어로 나라(國)가 'ulus'라는 것을 알면 이 관계가 더욱 또렷해지죠. 이 '울'을 한자로 적으면 國이 되고, 리을이 떨어진 '우'를 적으면 尉가 됩니다.

尉는 '불'이고, 國은 '울'입니다. 비읍이 있느냐 없느냐 하는 차이인데, 몽골어와 만주어에서는 비읍이 있거나 없거나 같습니다. 앞서서 부여夫餘를 뜻하는 '*piyoo'와 'fiyoo'에서 보았죠. '불'과 '울'은 같은 말이란 뜻입니다. 몽골어로 읽느냐 퉁구스어로 읽느냐 하는 차이일 뿐입니다.

『장군 재상』이라는 중국 드라마에서 등장인물 범중엄范仲淹의 '범'을 '휜' 쯤으로 발음하더군요. 발음기호를 찾아보니 [fàn]입니다. 우리말의 'b'가 중국어에서는 'f'로 바뀐 것을 볼 수 있습니다. 'b'가 약화되면 'f'로 바뀌는데, 우리말에는 없는 발음이어서 적기가 참 난감합니다. 옛날 지명이나 인명을 발음할 때 우리말이 현대의 중국어보다 훨씬 더 옛 모습을 간직하고 있다는 점을 감안하면 의외로 재미있는 결론을 낼 수 있습니다. '范'의 상고음이 [bǐwam]이니, 중국에서도 선진시대에는 비읍(b)이 그대로 살아있었음을 알 수 있습니다. 2,000년이 지나는 사이에 중국의 발음과 우리말의 소리가 서로 딴 길을 걸어간 것입니다. 우리말은 그대로 있고, 중국어는 딴 길을 간 것입니다.

이런 현상은 아마도 악센트 때문이 아닐까 추정합니다. 우리는 악센트를 점점 안 쓰는 쪽으로 갔고, 중국어는 4성 체계로 악센트를 활용하여 의미를 담는 방향으로 나아갔습니다. 그 때문에 이런 결과에 이르렀을 것으로 봅니다. 인도 유럽어를 비롯하여 악센트를 쓰는 언어에서는 'f' 발음이 아주 많고 또 중요하게 쓰입니다.

평양平壤의 平은 '벌판'을 뜻하는 말입니다. 壤은 땅을 뜻하는 '달'입니다. 퉁구스어로 '너른 들'은 'tala'입니다. 그래서 평양을 퉁구스어로 '박달'이라고 했죠. '박'의 원래 모습은 '밝'입니다. 어떤 때는 '발'로 발음되고, 어떤 때는 '박'으로 발음됩니다. 마을을 뜻하는 말입니다. '범박골, 용박골' 같은 지명에 있는 '박'이 그것이고, 이것이 또 '바위'로 나타나기도 한다고 충북 증평의 '울어바위' 지명에서 얘기했습니다. '장승배기, 선돌배기' 같은 지명에서도 '박'의 자취를 볼 수 있습니다.

이성계가 압록강을 건너 여진족과 싸울 때 우라산성에서 애기 살로 적의 왼쪽 눈을 연달아 맞힙니다. 이 '우라兀剌'도 '울어'와 똑같은 말입니다. 우리말로 들어오면 주로 울鬱, 蔚로 적습니다. 경상도 울산蔚山도 그런 지명입니다. 울산은 아득한 옛날에 틀림없이 대단한 우두머리 노릇을 하던 인물이 살았던 동네였을 것입니다. 우리말 '울창鬱蒼하다'는 말에도 그 자취가 남았죠. 우리말에서 퉁구스어의 자취를 찾아볼 수 있는 말입니다. 설악산에 가면 '울산바위'가 있는데, 이것도 같은 어원입니다.

'발'은 위에서 보듯이 '불, 울'과 같이 나타납니다. 그래서 몽골어로 보면 평양은 부여를 적은 것입니다. 따라서 '발조선'은 '부여조선'이 되죠. '진조선'과 '번조선'이 하나로 표현되어 '진번조선'으로 적힌 것이라면 이들을 통솔하는 조선은 '불조선, 울조선'이 된다는 것입니다. 그리고 부리야트 사투리에 '발구진'이 있다는 점을 생각하면 이와도 연관 지을 수 있습니다.

국내성과 위나암성은 같은 말인 것 같고, 불내성의 '불내'는 『삼국지』 동이전에 불내예不耐濊라는 말이 있는 것으로 보아, '부리야트'를 적었을 수도 있습니다. '위나암'은 몽골어 'ulus'이므로 이것을 한자로 번역한 것이 '국내'입니다. '불내'가 '위나암'과 같은 계열의 말임은 알 수 있지만, 불내성이 위나암성인지는 확신할 수 없습니다.

'발구진', '불조선', '불내성', '국내성', '평양', '부여'는 한 두름으로 꿰이는 연관성을 지닌 말들입니다. 고대사를 지배했던 몽골어 퉁구스어 터키어 중에서 어느 언어로 읽느냐에 따라서 이렇게 다양한 모습으로 나타난 것입니다. 일단 고대사 연구를 위한 자료 차원에서 이렇게 정리해둡니다.

말이 나온 김에 한 가지만 더 정리하고 가겠습니다. 청주 상당산성은 '서원, 낭비'로도 불렸는데, 몽골어로 바라간이 오른쪽이어서 서원西原이 된 것이고, 또 상당上黨은 '가라벌'을 적은 것이니 '서원＝상당＝낭비'입니다. 上을 뜻하는 몽골어는 '가라, 가리(garui)'이고, 터키어로는 낭자(娘)는 '길(kir), 깃(kiz)'입니다. 둘 다 비슷한 소리가 나죠. 같은 소리를 몽골어로 기억하느냐 터키어로 기록하느냐에 따라서 향찰 표기가 '상당'과 '낭비'로 갈라진 것입니다. 기억이 떨어져 '오르벌, 오르갈'이 된 것이고, 이것이 오르다(上)로 옮겨진 것입니다. 우리 지명에 흔히 나타나는 '오리골'은, 오리나무가 많아서 붙은 이름이 아니라 오른쪽이나 위쪽에 있는 골짜기라는 뜻입니다.

이것을 보면 '올, 갈, 살'은 모두 우두머리나 위쪽을 가리키는 말입니다. 이 말들은 한자로 아주 다양하게 바뀌어 기록됩니다. 동북아시아의 역사를 논할 때마다 약방의 감초처럼 등장하는 지명이 있습니다. 상곡上谷이죠. 진나라 때는 저양현沮陽縣인데, 상곡上谷

[ziaŋkɔk]과 저양沮陽[tsʰjagʎiaŋ]의 상고음 표기를 보십시오. 거의 같은 소리입니다. 谷과 陽은 고구려어 '홀忽'을 적은 것임이 한눈에 보입니다. 이곳이 지금은 허베이성(河北省) 회래현懷來縣입니다. '회래, [gʰwærləg]'는 '홀'의 2음절 표기입니다. 중국인들이 몽골어의 뜻을 모르니까 이렇게 함부로 잘라서 쓴 것이죠. 요하를 기준으로 보면 요동에서 만리장성을 따라 서쪽으로 가면서 요서, 우북평, 어양, 상곡, 대, 안문, 운중, 구원 순으로 군현이 배치됩니다.

'上谷'은 몽골어 식으로 읽으면 '가르홀, 오르홀'이 될 것입니다. '홀'은 고구려로 골짜기를 뜻하는 말이니, '오르골'이 되죠. 이것은 '오르'는 '오리'와 같고, '홀'은 '알'처럼 들립니다. 그래서 '오리알'이 되죠. 오리알이 한자로 뭔가요? 압자鴨子죠. 그 근처에 압자하鴨子河가 있습니다. '오르다'는 높다는 뜻이고, 높다는 뜻을 지닌 퉁구스어는 '솔, 수라'가 있죠. 소나무의 꽃은 뭐죠? '솔가루, 송화가루'죠. 이것을 한자로 적으면 '송화松花'입니다. 이 말은 '압자'를 다르게 표기한 것입니다. 어차피 꽃(花)의 옛말은 '곳, 곳, 골'이어서 '송화'는 '소리골, 오르골'의 뜻입니다. 높다는 뜻이 붙은 '수리벌, 소리골'을 한자로 적으면 '졸본卒本'이 됩니다. 고구려의 수도죠. '졸卒'은 소리를 적은 것이고, '본本'은 뿌리의 옛말 '불휘'를 적은 것입니다. '조릿벌, 소리벌, 수루벌, 오르벌, 오르골'이죠. 이것이 물을 가리킬 때는 '살미, 솔미薩水'가 된다고도 설명했습니다. '미(물)'와 '벌(땅)'은 같은 곳의 어떤 지점을 가리키느냐에 따라 달라질 따름입니다.

몽골어로 오른(서)쪽을 '바라간'이라고 했습니다. 중국 측에서 멀고 먼 물길이라고 표현한 요하遼河는 중국의 동쪽에 있고, 이 요하가 조선 측에서 볼 때는 늘 오른쪽, 즉 서쪽에 있습니다. 그래서 국경이 되는 이 물줄기를 중국에서는 '요하'라고 하고, 조선의 몽골어 쓰는 지배층에서는 '오른쪽'에 있는 물줄기라는 뜻으로 말하고 쓰게 됩니다. 조선에서는 뭐라고 했을까요? 기자조선은 몽골어를 썼으니, 몽골어로 말했을 것입니다. 몽골어로 오른쪽은 '바라간'이니, '바라간 물'이라고 했을 겁니다. 우리말에서 오른쪽은 다른 말로 바른쪽이라고 하는데, 이 '바른'이 '바르다'의 꾸밈씨 꼴이기도 하지만, 몽골어 '바라간'의 영향이라고 봐도 손색이 없습니다. '바라간쪽'이 '바른쪽'이 되는 거죠.

몽골어로 '바라간 물(오른쪽에 있는 물줄기)'을 한자로 적자면 뭐라고 적을까요? '밝수'쯤 되지 않을까요? '밝'을 소리 나는 대로 적자면 어떻게 될까요? '발渤'이 될 수밖에 없습니다. 요하는 발수渤水가 됩니다. '밝'을 그대로 적으면 '백白'도 됩니다. 그러면 백하白河가 되겠죠. 다른 말로 소리를 적으면 '패수浿水'겠죠? 따라서 중국 측에서 요하라고 한 강이 조선 측에서는 '패수'가 되고, 이것을 달리 '백하, 발하'라고도 한 것입니다. 발하를 가리키는 강 이름은 『당서』에 나오는데, 바다에도 이 이름이 붙어 발해渤海라는 이름으로 남았죠. 황해가 황하가 흘러드는 바다黃海라는 뜻인 것처럼, 발해는 '발하(패수)'가 흘러드는 바다渤海의 뜻이죠. 패수는 중국의 외세 확장으로 요하와 더불어 계속 동쪽으로 옮겨갑니다. 그래서 중국 땅에 남은 말이 '백하, 발해, 패수'가 된 것입니다. 백하白河 옆의 조하潮河는 심지어 송나라 때 '조선하'라고도 불렀답니다. 모두 기자조선이 동쪽으로 옮겨가면서 여기저기에 남겨놓은 자취입니다.

예군 남려가 끌고 온 28만 명을 한나라에서는 연제지간燕齊之間에 두고 이름을 창해군滄海郡이라고 붙였다고 합니다. 이 이름은 창해蒼海

때문에 붙은 것인데, 발해를 말합니다. '파랑'의 어근'팔'을 '蒼'으로 번역한 것입니다. 동쪽은 청색이기에 蒼海라는 이름을 붙인 것입니다. 중국에서 볼 때 발해는 동쪽에 있습니다. 조선 측에서는 패수라고 붙였습니다.

중국에서는 물줄기를 주로 하河나 강江이라고 표현하는데 우리는 수(水)라고 표현합니다. 박지원은 중국어로 맑은 물을 강, 흐린 물을 하라고 한다는데, 그건 억지 같습니다. 중국의 절반을 나누어서 위쪽에서는 모두 '하'라고 하고, 남쪽에서는 양자강이나 주강처럼 '강'이라고 하여, 한자가 발생한 지역의 특성을 반영하여 붙은 이름으로 보입니다. 흐리고 맑다고 이름이 그렇게 달리 붙은 것은 아니라는 뜻이죠. 따라서 중국 측에서 붙이자면 발하가 될 것이고, 조선 측에서 붙이자면 발수가 될 것입니다. 그래서 중국에서 '발해'라는 말을 쓰자, 조선에서는 '패수'라는 말을 쓴 것입니다.

이 '패수'가 주몽 신화에서는 '엄체수淹遞水[yānzhǐ], 시엄수施奄水'로 나오는데, 모두 오리골을 한자로 적은 것입니다. '오리'는 알타이 제어에서 황금을 뜻하는 '알'입니다. 황금을 만주어로는 'asin', 몽골어로는 'alta', 터키어로는 'altïn'이라고 합니다. 이것이 여진어로는 '안춘(Antʃun), 안출호(ànchuhū)'가 되죠. 그리고 이 오리골은 강 이름에 붙을 때 鴨으로 적히는데, 압록강은 '압' 자가 붙은 마지막 오리골인 셈입니다. 대동강에 와서는 패수라는 본래 이름을 되찾습니다.

이름도 그렇고 역사학자들의 비정도 그렇고, 엄체수는 오늘날의 송화강으로 봅니다. 주몽 신화에서 그렇다는 것이죠. 하지만 주몽신화는 '동명왕' 신화로도 남았고, 신화를 연구하는 국문학에서는 주몽과 동명이 다른 인물일 것으로 봅니다. 같은 신화가 시대를 달리하여 나타났다고 봅니다. 그에 대한 강력한 증거가 천남생 묘비입니다. 천남생 묘비에서 동명왕은 호천을 건너 나라를 세웠고 주몽은 패수를 건너 나라를 열었다고 나옵니다.

　고구려 사람의 비석에 나온 두 인물이 서로 다른 강을 건너 나라를 세웁니다. 따라서 주몽이 건넌 강은 엄체수(안출호=안추후: 황금의 강)라고 해도 동명이 건넌 강은 호천입니다. 호천은 '산서성山西省 번치현繁峙縣에서 발원, 백하白河로 흐르는 강'이라고 옥편이 친절하게 설명해줍니다. 주몽신화가 그 전의 어떤 신화를 벤치마킹해서 새로운 시대에 나타난 것임을 알 수 있고, 그 앞의 신화가 동명왕 신화임을 알 수 있습니다. 이런 주장은 한국 고대문학에서 오래전에 나온 주장입니다. 저는 1980년대 대학 때 배운 내용을 소개할 뿐이니, 역사학자들께서는 자기 입맛에 안 맞는다고 저를 욕하신들 아무 소용이 없습니다. 저에게 그렇게 가르쳐준 국문학 교수들을 욕하십시오.

　기왕에 이렇게 된 거, 한 번 더 상상의 불꽃을 튀겨보겠습니다. 위의 『사기』 원문을 보면 '임둔'도 한사군 설치 이전부터 쓰인 말임을 알 수 있습니다. 그렇다면 '현도'나 '낙랑'도 마찬가지일 것입니다. 이들이 과연 무엇을 가리키는 말일까요?

　'낙랑'은 어렵지 않습니다. 앞서 알아본 적도 있죠. '평양'을 가리키는 말이고, 곧 우리말로 '박달'입니다. 한자말 '평양'은 우리말로 '박달성'이라고 했죠. 몽골어로 '즐겁다'가 'baxadal'이고 이것을 한자로 번역하니 '낙랑樂浪'이 된 것이라고 설명했습니다. 여기서 한 걸음 더 나아가면 '낙랑'을 같은 소리로 옮겨적은 것이 '노룡盧龍'입니다. 몽골어와 중국어로 용이라는 뜻까지 따라붙어 자연스럽게 만리장성의 시작점을 나타내는 지명으로 자리 잡았습니다.

그렇다면 '임둔'과 '현도'만 남았네요. '진번'의 경우는, '진'이 음차이고, '번'은 방패막이로 뜻을 적은 말이라고 봅니다. 임둔과 현도도 이런 식의 이름이라고 본다면 '임'과 '현'에 초점을 맞추면 될 듯합니다.

먼저 중국 측에서 제 귀에 들리는 대로 소리를 적은 것으로 본다면 '臨屯'의 상고음이 [bliəmtiwən]입니다. [b]은 종종 떨어져 나가는지 학자마다 재구할 때 없는 경우도 있습니다. [b]이 붙기도 하고 떨어지기도 하는 이 현상, 어디서 많이 본 거 아닌가요? 전에 '불령지'와 '영지'를 얘기할 때 '불'이 붙기도 하고 떨어지기도 한다고 말씀드렸습니다. '부리야트'를 얘기하는 것이죠. 실제로 [bliəmtiwən]의 발음을 잘 들어보면 '부리야트'와 비슷하기도 합니다.

만약에 임둔이 소리를 적은 것이 아니고 뜻을 취하여 적은 말이었다면 또 다른 모습이 나타납니다. 임臨은 '다다를 림' 자입니다. '다다를'에서 연상되는 부족 이름이 뭐가 있을까요? '달단韃靼, 타타르'가 있죠. 달단은 말갈족의 일파이고, '실위'가 이들입니다. 고조선을 구성한 25 종족 중의 하나죠. 임둔의 '둔'과 달단의 '단'이 어쩐지 같은 말로 보이지 않나요?

'현도'의 현은 검을 현玄 자입니다. 이것을 뜻 '검다'로 읽어서 개마蓋馬라고도 하는데, 임둔과 같은 발상으로 보면 이것은 소리를 닮은 두 말을 연결 지은 것에 불과합니다. 예맥 조선이 통치하던 지역이니 몽골어나 만주어로 접근하는 것이 가장 이치에 맞습니다. 검은 것을 북방어로는 '가라'라고 표현합니다. 이 소리와 비슷하게 나는 부족 이름 중에서 떠오르는 것이 있을까요? 저는 있습니다. '거란'

이죠. 거란은 흉노전에 나오는 동호의 후예입니다. 물론 그전에도 그렇게 불렸겠지만, 중국 측에서 동호東胡라고 적었기에 거란契丹은 선비鮮卑나 오환烏桓보다 더 늦게 나타납니다. 하지만 같은 부족을 부른 이름입니다.

오환烏桓이 '까마귀 오' 자인 것을 보면 '가라, 거란'과 관련이 있을 법도 합니다. 몽골어로 까마귀는 'kariye'입니다. '가라환, 가라한, 가라칸, 가라간'이라면 '거란'과 비슷하죠. '거란'의 한자 표기는 '契丹'인데, 그 부족의 발음을 존중하여 그렇게 읽는 것입니다. '가라한'은 우리말로 뜻을 보자면 하늘처럼 큰 겨레라는 뜻입니다. 거란에 대한 세계 여러 학자의 뜻풀이보다 우리말로 푸는 것이 훨씬 더 정확할 것입니다. 그들 언어의 전통이 우리말 속에 더 또렷하게 흘러왔기 때문입니다.

이렇게 얘기하면 떨떠름해하는 분들이 꼭 있습니다. 우리말로 남의 말을 마구 갖다 붙여서 풀이하는 게 아니냐는 의문이 낯빛에 나타나는 거죠. 저는 우리 역사를 규정한 어떤 사실을 우리말로 푸는 사람입니다. 오만가지 학술이론보다 언어의 직관이 훨씬 더 정확할 때가 많음을 평생토록 겪으며 산 사람입니다. 하지만 저의 이런 직감 타령이 몹시 떫은 분들을 위해서 좀 더 정밀한 학문으로 접근할 필요가 있겠지요? 그렇습니다.

중국 사서의 설명을 보면 오환은 오환산에 살아서 붙은 이름이고, 선비는 선비산에 살아서 붙은 이름이라고 설명합니다. 중국의 사관들이 뜻을 알 수 없을 때 설명하는 뻔한 수법인데, 이래서는 오환과 선비가 무슨 뜻인지는 끝내 알 수 없습니다. 그러면 일단 이들의 소리를 중국인들이 귀에 들린 대로 받아 적은 말이라고 보고, 상고음을 적어보겠습니다. 烏의 상고음은 [o] 또는 [aɡ]이고, 桓은 [ɡʰwɑn]입니다. 玄은 [ɡʰiwen]입니다. '玄=桓'이죠. 契의 상고음은 [kʰiad]이고, 丹의 상고음은 [tɑn]입니다. 거란의 상고음이 [kʰiadtɑn]이니 현도의 상고음 [ɡʰiwentʰa]과 비슷하죠. 이쯤이면 됐나요?

'玄菟'를 우리는 '현도'라고 읽는데, 菟는 '도'가 아니라 '토'입니다. 서양에서는 거란을 '키탄, 키타이'라고 읽었다는 사실을 참고하면 菟는 '키탄(Khitan)'의 '탄'을 표기하려는 말이었을 것입니다. 키타이=玄菟=거란. 키=玄=契=거. 타이=菟=兎=丹=란. 이것을 보면 우리는 현도가 오환을 나타내는 말임을 알 수 있습니다.

'가라'는 검정을 나타내는 말이지만 또 한편으로는 '크다, 복판'을 나타내는 우리 고유어이기도 합니다. 몽골어에서도 가운데는 'gool'입니다. 윷말에도 있죠. '걸'. 쌍둥이를 우리말로 '갈래기'라고 하는데, 원래 중앙이란 갈라진 모든 것이 모여드는 곳이고, 모든 곳으로 갈라지기 시작하는 곳입니다. 그래서 '갈, 걸'이 복판의 뜻을 나타내는 겁니다. '진번'이 중국식으로 붙인 명칭이 아니라 조선 측의 이름이기에 나머지도 그렇게 보는 것이 합당합니다. 한사군으로 명명된 이름 넷이 모두 조선 쪽에서 붙여쓰던 이름이었습니다. 고조선에 원래 있던 이름들을 그대로 써서 행정구역만 쪼개서 배당한 것이죠. 이름 재활용!

말이 나온 김에 선비鮮卑에 대해서도 살펴보고 가겠습니다. 선비와 오환은 늘 같이 나오는데, 동호의 후예이고 한나라 때 선비라는 이름이 등장합니다. 수당 때까지는 실위室韋로 나오다가, 그 후에 서쪽으로 옮겨가서 여러 가지 이름으로 기록됩니다. 사비師比, 서비犀毗라고도 하는데, 스스로는 '시버(錫伯, 錫韋)'라고 하여 현재도 중국의 소수민족으로 남아있습니다. 시베리아^{siberia}라는 말의 어근 시베르 siber는 '선비'에서 온 것입니다.

'鮮卑'는 상고음이 [sianpie]입니다. '선비'의 선鮮은 우리에게 낯익은 말입니다. 조선朝鮮과 같은데, 조선은 주신珠申과 같고, 이것은 '주르친'을 적은 것이며, '친'은 황금을 뜻한다고 말씀드렸습니다. '주르'를 떼고 남은 '친'에 접미사 '비'가 붙어서 이루어진 말입니다. 아마도 황금 부족이라는 자부심으로 붙인 이름일 것입니다. 단군조선의 후예라는 자부심도 느껴지는 말입니다. 이것이 단음절로 굳어지면 진辰, 연燕이 됩니다.

제가 이들의 현재 상황을 들은 것은 활쏘기 때문이었습니다. 2007년에 천안에서 세계민족궁 대회가 열렸는데, 그때 제가 학술대회에 한국 대표로 참가했고, 그때 중국의 활쏘기 현황을 중국 대표가 와서 발표할 때 시버족 얘기를 했습니다.(펑 후이: 중국 시버족의 전통 활쏘기) 원래 만주 지역에 살던 사람들이 청나라 때 용병으로 동원되어 서쪽으로 와서 현재의 자리에 산다고 소개하더군요. 이들은 활쏘기를 잘 해서 용병으로 기용되었다는 얘기였습니다.

한사군 말고, 중국에서 붙인 군현 이름 중에는 대방군도 있습니다. 『삼국유사』 북대방 조에 보면 대방은 죽담성竹覃城이라고 나옵니다. 대방帶方=죽담竹覃이죠. 帶와 竹의 짝은 쉽게 알 수 있습니다. 帶는 소리를, 竹은 뜻을 고른 것이죠. 둘 다 '대'를 표현한 말입니다. 그런데 方과 覃의 짝은 알 수 없습니다. '모 방方'과 '미칠 담覃'자이니, 이둘의 공통점을 보면, '모=및'인데, 뜻이 정확히 드러나지 않습니다.

그런데 『삼국사기』 지리지를 보면 다른 대조가 나옵니다. '帶方州

本竹軍城'이 그것입니다. 이것을 보면 方은 軍과 짝을 이룹니다.『삼국
유사』의 覃은 軍의 오자일 것 같습니다. 이렇게 보면 다시 눈에 보이는
게 있습니다. 같은 지리지에 보면 '三嶺縣今方山縣'이라는 말이 나옵
니다. 三과 方이 짝을 이루죠. 三은 윷말의 '걸'에서 보듯이 우리말에
서도 셋을 뜻합니다. 따라서 이 대조어에서 보면 方은 '모'가 아니라,
'걸'에 비슷한 말과 대응합니다.

'모'는 모서리를 뜻하는데, 이와
같은 뜻을 지닌 우리말로는 '귀, 귀
퉁이, 구석, 가장자리, 가생이' 같
은 말이 있습니다. '굿, 굳, 굴, 갓'
으로 재구할 수 있죠. 만주어로 군
대軍伍는 'kuren'이고, 몽골어로
는 'kure'입니다. '나라'는 만주
어로 'gurun'이고, 몽골어로는
'gürün'이며, 고구려어로도 '구루
溝婁'가 성을 뜻하니,『삼국사기』의

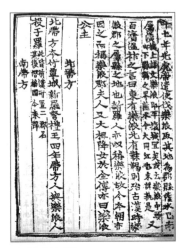

삼국유사 북대방조

軍과『삼국유사』의 覃이 나타내려는 말은 '구루'일 것입니다.

　　띠帶는 만주어로 'umiyesun'이고, 몽골어로 'buse'입니다.
'구루'가 고구려에서 쓰는 말이므로, 만주어보다는 아무래도 몽골
어가 더 어울릴 것 같습니다. 따라서 대방帶方은, 'buse-gürün'을 번
역한 것이 분명합니다. 저는 역사학에 문외한이어서 이와 관련된 자
료를 인터넷에서 찾아보니, 고구려에 '책구루'라는 게 있었다고 나오
네요. 이 책구루가 바로 'buse-gürün'을 표기한 것이고, 그 한문
식 번역어가 '대방'입니다. 幘溝婁=buse-gürün=帶方.『삼국지』

동이전 고구려 조에 보면 이런 구절이 나옵니다.

> 한나라 때에는 북과 피리와 악공을 내려주었으며, (동이의 부족들은)
> 항상 현도군에 나아가 (한나라의) 조복朝服과 옷과 머리쓰개(衣幘)를
> 받아갔는데, (현도군의) 고구려 령이 그에 따른 문서를 관장하였다.
> 그 뒤에 차츰 교만 방자해져서 다시는 (현도)군에 오지 않았다. 이에
> (현도군의) 동쪽 경계상에 작은 성을 쌓고서 조복과 의책을 그곳에
> 두어, 해마다 (고구려)인이 그 성에 와서 그것을 가져가게 하였다. 지
> 금도 오랑캐들은 이 성을 책구루幘溝漊라 부른다. '溝漊'란 [고]구려
> 사람들이 성을 부르는 말이다.

'幘'은 중국어 발음으로 'tʃek(先秦)〉tʃæk(隋唐)〉zé(현대)'입니다.
'buse'에서 'bu'가 생략되고 'se'만남은 모양이죠. zé＝se. 한자로
우리말을 표기할 때 한 음절로 줄이는 버릇이 적용된 것입니다. 'b'는
순경음화(ㅸ)를 거쳐서 단순모음으로 바뀌었다가 발음이 사라지는 경
우가 많습니다.

위의 설명을 보면 중국 측에서 내리는 조복과 옷 머리쓰개를 주
고받는 곳을 가리키는 말이 책구루입니다. 책을 주고받는 성이라는
뜻이죠. '幘'은 머리에 쓰는 것을 말하는데, 오늘날 우리 사회에서
이것을 볼 수 있는 것은 상갓집의 상주가 머리에 쓰는 삼베 두건(巾)
입니다. 띠 같은 것이 길고 높게 붙었죠. '巾'은 '뚫을 곤(丨)' 획이 그
띠를 나타내는 상형 글자입니다. 그래서 그것을 帶(띠 대) 자로 번역
한 것입니다. 고구려의 '부쎄구루〉후쎄구루〉우쎄구루'를 액센트 넣
어서 '체구루'라고 읽고, 원문으로는 '책구루幘溝漊' 한문 번역어로는

‘대방帶方’이라고 한 것이죠. ‘衣 服 幘’ 중에서 ‘幘’을 쓴 것은, 몽골어와 비슷한 발음이 나는 말을 고르느라고 그랬을 것입니다.

‘구루, 구렌’을 ‘방方’으로 옮긴 것은 다 이유가 있습니다. 方은 ‘모 방’ 자입니다. 뜻(訓)이 ‘모’이고 소리(音)가 ‘방’이죠. ‘모’는 ‘모서리’를 뜻합니다. 모서리와 똑같은 말이 ‘귀, 귀퉁이, 구석’입니다. ‘귀’의 옛말은 ‘굴, 굽, 굿’입니다. 받침이 모음으로 바뀌면서 ‘굽〉구비〉구이〉귀’의 변화과정을 거친 것입니다. 그러므로 ‘구루’와 ‘귀’는 2,000년 전에는 거의 같은 소리로 들렸을 것입니다. 그래서 ‘구루’를 방方으로 옮긴 것입니다.

그렇다면 대방군의 위치도 어느 정도 가늠할 수 있네요! 책구루인 대방군은 현도군과 고구려의 접경 지역에 있는 곳이고, 그것도 고구려가 가기를 꺼린 곳입니다. 즉 대방군은 현도군 쪽에 훨씬 더 가까운 곳이라는 말입니다. 현도군의 동쪽 경계라고 나오네요. 따라서 현도군의 위치만 결정되면 대방군의 위치도 저절로 정해집니다. 한나라 때의 일이니, 대방군은 만리장성 밖이고, 만리장성에서 그렇게 멀지 않은 곳임을 알 수 있습니다. 아무리 멀게 잡아도 난하와 대릉하 사이의 어느 곳일 것입니다.

그런데 인터넷을 뒤적거리다 보니 또 이 책구루를 중국과 고구려가 조공 무역하는 장소라고 풀이하는 학자들도 있는 모양입니다. 아마도 같이 나오는 매구루(買溝婁)의 ‘買’가 ‘살 매’자여서 물건을 사고 판다는 뜻으로 이해한 모양인데, 만약에 그렇다면 역사학계의 무지와 무식을 만천하에 드러내는 일입니다. 그건 어원이 가리키는 상황을 무시하고 사건의 정황만을 바라보려고 하는 학자들의 안쓰러운 망상에 불과합니다. ‘買’는 뜻을 취한 글자가 아니고 소리를 적은 글자입니다.

이 '買'는 '물'을 뜻하는 고구려 말입니다. 買가 물을 뜻하는 말이 아니라면 책구루幘溝瘻나 치구루와 같은 말입니다. 책구루 말고 치구루置溝瘻도 있는데, '책'과 '치'는 같은 말(buse)을 달리 적은 것으로 보입니다. 치구루를 다른 말로 치성置城, 책성冊城이라고도 했다는데, 이 말들은 구루를 성으로 바꾼 것이고, 幘(tʃek)과 冊(tʃʰek)을 보면 더욱 분명해지죠. '책'은 몽골어 'buse'의 음차인데, 'bu'를 강조하느냐 'se'를 강조하느냐에 따라서 소리가 달라진 것입니다. 우리말에서 b와 m은 모두 입술소리로 소리 나는 위치가 같습니다. 따라서 'bu'를 얼마든지 'mu'로 발음할 수 있습니다. 'buse〉muse'에서 'se'가 생략되면 '買'로 표기될 수 있다는 것이죠. 결론은 이렇습니다. 책구루=치구루=매구루=대방=buse-gürün.

언어학이 가리키는 어원으로 보면 책구루란 중국과 고구려가 틈이 벌어져서 서로 소 닭 보듯이 하는 상황에서 마지막 관계를 서로 놓지 않으려고 택한 궁여지책에 지나지 않습니다. 서로 얼마나 꼴 보기 싫었으면 한쪽에서 먼저 물건을 갖다 놓고, 다른 쪽에서 나중에 와서 그걸 가져가겠어요? 그저 전쟁만 피하겠다는 서로 간의 암묵이죠. 수틀리면 언제라도 한판 붙겠다는 뜻입니다. 이런 상황을 조공무역이 이루어지는 장소라고 해석하다니, 그 상상력이 참 놀라울 따름입니다. 소설을 한 편 써도 이보다는 더 나을 듯합니다. 차라리 제가 소설을 써볼까요?

어때요? 그럴 듯하지 않나요? 이런 발견을 하고 나면 저 스스로 흐뭇합니다. 하지만 저의 흐뭇함이 못마땅한 사람들도 많겠죠. 그러니 저의 상상은 일단 여기서 멈추겠습니다. 자꾸 저를 꼬나보는 역사학자들의 눈길이 뒤통수에 따갑게 와닿아서 더 나아갈 수 없습니다. 하하하.

한사군의 명칭이 왜 그렇게 붙었을까 생각해보면 좀 더 의미심장한 결론을 낼 수 있습니다. 만리장성 바깥의 동쪽 세계는 '조선'이었습니다. 그런데 그 조선이 위만조선을 마지막으로 사라집니다. 그러자 그 밑에 있던 여러 부족이 핵분열하듯이 각기 쪼개집니다. 그러면서 '조선'의 권위를 되찾으려고 저마다 나라를 세우려 들죠. 이런 세력들을 하나로 뭉치게 놔두면 중국으로서는 다시 '조선' 같은 거대한 나라와 싸워야 합니다. 그래서 이들이 하나로 합치지 못하도록 부족 별로 쪼개어 각기 그들에게 권위를 부여합니다. 즉 중국의 벼슬을 주는 것이죠. 그러면 각 부족은 제가 우두머리인 줄 알고 그렇게 행세하려고 합니다.

이렇게 각기 우두머리가 된 부족들은 조선이라는 몸통에서 메두사처럼 수많은 대가리를 쳐들고 서로를 물어뜯는 아귀다툼을 하게 되죠. 지들끼리 다투느라 바쁜 저들은 중국 쪽을 돌아볼 틈이 없게 됩니다. 중국으로서는 손가락 하나 까닥 않고 변방의 걱정을 덜게 되는 것입니다. 이것이 한사군에다가 각기 '낙랑(조선 본토), 진번(예맥), 임둔(타타르), 현도(거란)'라는 이름을 붙인 것입니다. 이들이 얼마 못 가 흐지부지 끝나자, 이제는 '대방군'을 설치합니다. 고구려가 중국의 벼슬을 받아가는 일조차도 귀찮아하자, 중국으로서는 애걸복걸할 수는 없어 슬그머니 조복만을 갖다주고, 고구려로서는 모르는 척 받아주는 시늉만 남은 형식으로 바뀐 것이죠. 이것이 '책구루'로 표기된 대방군의 실체입니다.

오늘날 역사학에서 말하는 대방군은 황해도 언저리라고 하는데,

황당무계할 따름입니다. 한사군을 한반도 안에서 찾으려는 사람들로서는 어쩔 수 없는 일이기는 하겠습니다만……. 설령 요동군이 대릉하에 있었다고 해도 대방군이 황해도에 있을 수는 없습니다. 교과서가 가르쳐주는 고구려의 영토가 한반도 북부와 요동반도 전역에 걸쳤는데, 고구려와 중국의 경계는 당연히 대릉하나 요하일 터이고, 그렇다면 중국 측에서 현도군의 동쪽에 쌓은 작은 성은 그 경계선에 있었을 것입니다. 그런데 어떻게 대방군을 황해도에다가 비정시킬 수 있다는 말인지 참 이해하기 어렵습니다.

1910년에 조선총독부가 설치되자마자 평안도와 황해도 일대에서는 낙랑군과 대방군의 유물이 쏟아지듯이 발굴됩니다. 1911년 9월 점제현 치지 발견, 1911년 10월 대방태수 장무이묘 발굴, 1911년 10월 대방군 치지 발견, 1913년 9월 낙랑군 치지 발견, 1913년 9월 점제현 신사비 발견. 불과 3년 사이에 오늘날 우리 역사학계에서 고조선의 위치를 대동강 언저리에 못 박은 그 유물들이 와르르 쏟아지듯 나타납니다. 조선 후기 실학자들이 그토록 찾아헤매던 자료가, '조선총독부'가 설치되자마자 3년만에 마치 마법처럼 뿅! 뿅! 뿅! 하고 나타납니다. 가히 마이다스의 손이라고 할 수 있습니다.

이런 유물들은 그 뒤로 끝없이 의심받아 왔습니다. 저는 역사학계의 이런 논란에 흥미가 없습니다. 어차피 첫 단추가 잘못 꿰인 옷을 아무리 바로 잡아봤자 제 태가 나기는 글른 일이기 때문입니다. 그래서 전혀 다른 시각으로 역사를 바라보는 것입니다. 그 전혀 다른 시각이란 '어원'입니다. 어원이 가리키는 방향으로 열심히 달려오다 보니, 조선총독부가 찾아낸 그 자료가, '어원'이 가르쳐주는 그 방향과 너무나도 동떨어진 위치에 있음을 말하는 것입니다.

만약에 조선총독부가 찾아낸 대방태수의 무덤이 있는 황해도가 실제로 대방군이었다면, 한나라와 고구려는 황해도에서 서로 만나 책봉과 조복朝服을 주고받았다는 얘기입니다. 한나라 측에서 책구루라는 성에 물건을 갖다 놓으면, 고구려에서는 나중에 잠시 들러 그것을 마지못해 받아가지고 돌아갔다는 얘기입니다. 양국 간에 틈이 벌어진 이 냉랭함이 느껴지지 않나요? 그렇다면 한나라와 고구려의 접경지대가 황해도라는 얘기인데, 이건 교과서 국사의 지식으로 비춰봐도 너무나 우스꽝스러운 결말입니다. 고구려가 황해도 이남에 있었다는 얘기인데, 이걸 어떻게 받아들일 수 있을까요? 점제현 신사비 밑에서 조선시대 기왓조각이 나왔다는 발굴 후기보다 책구루의 위치 설정이 더 명확한 '유물 조작'의 증거라고 할 수 있습니다.

발굴지에다가 자신이 바라는 유물을 심어 학설을 창조하는 것은, 일본 고고학의 오랜 내력이고 전통인가 봅니다. 이젠 자신들도 스스로를 못 믿어 발굴보고서에 외국인 학자를 반드시 하나 끼워넣도록 제도화했다는데, 기본이 안 된 이런 세상에서 올라온 보고서가 과연 어떤 권위를 지닐지 참 한심할 따름입니다. 아직도 그런 시각으로 우리 역사를 바라보고 교과서에서 배워야 한다는 게, 참! 그저 말문이 턱! 막힐 뿐입니다.

한사군의 명칭에 대한 저의 의견은 '아님 말고!'식이니, 한 귀로 듣고 한 귀로 흘리시기 바랍니다. 훗날 혹시 몰라서 힌트라도 될까 하여 적어두는 겁니다. 고조선의 역사를 적는 학자분들의 의견은 거의가 '아님 말고!'식이니, 이런 의견을 내는 저라고 해서 딱히 부끄러워할 의무는 없는 듯합니다. 하다 하다 안 될 때 끌어다 쓰는 귀퉁이

의견으로 족합니다.

한사군 때문에 『신오대사新五代史』를 부분부분 읽다 보니 알타이 말붙이(語群)의 후예들이 나타나서 흥미를 끕니다. 이들 부족에 대한 기록을 조금만 더 살펴보겠습니다.

"거란契丹은 후위後魏 이래로 이름이 중국(즉 사서)에 보인다. 때로 고막해(庫莫奚[kʰomuakgʰieɡ])와는 같은 (夷狄의) 부류同類이나 (혈연상으로는) 다른 종족異種이라고 말한다. 그들이 살던 곳을 효라개몰리梟羅箇沒里라고 말한다. 몰리沒里는 강(을 가리키는 것)이다. 이것은 황수黃水의 남쪽, 황룡黃龍의 북쪽을 이르는 것으로 선비의 옛 땅을 획득한 것이라 예로부터 또한 선비의 남겨진 무리遺種라고 말했다. 당대唐代에 그(들이 살던) 땅은 북쪽으로 실위와 접했고 동쪽으로는 고려와 인접했고 서쪽으로는 해국奚國과 이웃했고 남쪽으로는 (당의) 영주에 이르렀다."

거란은 중국과 요동의 북부 지역을 넓게 차지하면서 발해를 무너뜨리고 요나라를 세웠습니다. 여기서는 황수라고 나오는데, 요하의 상류를 말합니다. 요하는 중국의 북쪽 사막지대에서 동쪽으로 흐르다가 기역 자로 꺾여서 남쪽으로 내려가 발해로 들어갑니다. 서쪽에서 동쪽으로 가로 흐르는 요하 상류의 이 강물을 황수黃水라고 하고 몽골어로 시라무렌(Šira Mören)이라고 하는데, '시라'가 노랗다는 뜻이어서 그렇게 적은 것입니다. 효라개몰리의 위치가 이 황수의 남쪽이라고 합니다. 효라개몰리의 '몰리'가 강을 가리키는 것이라는 말이 눈에 들어옵니다. 그대로 우리말 '물'입니다. 용을 '미리, 미르'라고 하는 우리말과 연관이 있습니다. 용도 '물'의 뜻이죠.

그리고 그 효라개몰리 남쪽에는 황룡이 있습니다. 구글 지도를 보면 시라무렌 남쪽으로는 적봉시가 있고, 적봉시 동쪽으로는 요하 상류의 지류가 북쪽으로 흘러 시라무렌으로 합류합니다. 그러니 효라개몰리는 요하 상류의 이 지류를 가리키는 것입니다. 황룡은 이 지류의 동남쪽 지역을 말하는 것 같습니다. 『삼국사기』 고구려 본기에 황룡국이 등장합니다. 2대 유리 왕의 태자 해명解明이 황룡국 사자가 선물로 준 강궁을 당겨서 부러뜨려 그들의 기세를 눌러버리는 장면이 있죠. 그러니까 고구려에 온 황룡국의 사자는 효라개몰리 남쪽에 살던 거란 사람임을 알 수 있습니다. 거란은 고구려와 밀접한 관계가 있고, 고조선을 구성하던 한 부족입니다.

"해奚[gʰieg]는 본래 흉노의 별종이다. 당나라 말에 음량천陰涼川에 살았는데 (그곳은) 영주 관아의 서쪽, 유주의 서남쪽에서 모두 수백 리 (떨어졌)다. (그들에게는) 인마 이만 기騎가 있었다. (무리를) 5부로 나누었는데, 첫 번째는 아회부阿薈部, 두 번째는 철미부啜米部, 세 번째는 오질부粵質部, 네 번째는 노개부奴皆部, 다섯 번째는 흑흘지부黑訖支部라 하였다. 후에 비파천琵琶川으로 옮겨 가서 살았는데, 유주에서 동북쪽으로 수백 리 (떨어져 있었)다. 그 땅에는 검은색 양이 많았고 말은 앞 발톱이 단단해 달리기를 잘했고 그것들이 산에 올라 짐승을 쫓아다니면 아래위로 (달리는 모습이) 날아다니는 것 같았다."

앞부분에서 거란을 '고막해'와 같은 부류이나 혈연 상으로는 다르다고 설명한 것을 볼 수 있습니다. 몽골어를 쓰는 종족과 터키어를 쓰는 종족이 뒤섞여 살았음을 보여주는 기록입니다. 그래서 거란을 '해'의 일부로 보고 앞에 꾸밈말을 넣어서 '고막해'라고 한 것입니다. '해'는 터키어를 썼는데, 그의 일부로 섞여 살던 '고막해'는 몽골어를 썼기 때문입니다. 하지만 같은 초원지대에서 생존을 목표로 협력하던 세력이었음을 알 수 있습니다. 그러다가 거란의 세력이 커지면서 독립하여 나중에 요나라를 세우는 강성한 부족이 되죠.

'해'가 5부로 나누었다는 것이 보이죠? 흉노의 일파이기 때문에 당연한 일이고, 동북아시아의 여러 부족에게서 공통으로 나타나는 현상입니다. 고구려와 백제의 5부 통치구조도 이것의 연장선입니다. 마치 판박이를 보는 듯합니다.

흉노의 지배층은 터키어를 썼으니, 위의 다섯 무리에 관한 말을 터키어와 대조해보면 좋은 결과를 얻을 수 있습니다. 터키어로 중앙은 'özek'입니다. 오질(粵質[jiuɑtʂi〉yuèzhì])과 정확히 대응합니다. 터키어로 뒤는 'geri'인데, 철미부(啜米[tjuædmiei〉chuomǐ])에 대응합니다. 노개(奴皆[nuokǎi〉nújiē])는 정면을 뜻하는 터키어 'yüz'와 대응하죠. 'nu'의 n이 탈락하면서 반모음화한 겁니다. 아회(阿薈[ɑtsəŋ])는 터키어 'Alçak(낮은 곳)'와 대응하고, 흑흘지黑訖支([xəkkiəttçiɛl])는 터키어 'Yüksek(높은 곳)'과 대응합니다. 좌우를 높이에 따라 다르게 대접한 것으로 보아, 아마도 지형이나 지위에 따라서 높낮이로 구분된 듯합니다.

참고로 한사군에 대해서는 왈가왈부 말들이 많은데, 한국 역사학은 이에 관해 단재 신채호의 학설에서 단 한 발자국도 더 못 나갔다는 느낌입니다. 단재 신채호의 학설을 간단히 소개합니다.

"신채호의 경우, 그의 여러 저서들에 나타난 한사군론은 일정하지 않으나, 뒷날 그의 주장이 정립되었을 때에 그는 '한사군의 반도 밖 설치설' 내지는 '한사군을 실제로는 설치하지 않았다는 설'을 주장하였다. 한사군이 실제로는 설치되지 않았다는 그의 주장은, 한무제가 위만조선을 멸망시킨 후에 어느 지역에 어떤 군현을 설치할 것이라고 계획만 세운, 일종의 '지도상의 설치'를 의미한다는 것이다. 그의 이러한 주장은 '한군현 허치설'인 셈인데, 이 주장보다는 '한반도 밖에 한사군을 설치했다는 주장'이 더욱 설득력이 있다.

한반도 밖에 설치되었다는 주장은 다음의 이유 때문이다.

첫째는 위만조선의 수도와 강역이 지금의 요하 하류 지역에 있었으니, 위만조선을 멸망시킨 후에 세워진 한사군은 요하 하류 지역일 수밖에 없다는 것이다.

둘째, 한사군의 존재와 겹치는 시기에 낙랑군이 존재했다는 평양과 그 부근에는 최 씨가 다스리는 낙랑국이 존재했기 때문에 그 지역에 한군현 즉 낙랑군이 존재할 수 없다는 것이다. 이를 증명하기 위해 단재는 삼국사기의 고구려 대무신왕 기록에 그의 아들 호동과 낙랑국왕 최리의 딸의 혼인 관계 기사를 제시한다. 덧붙이는 것은, 신채호가 '한사군의 한반도 밖 설치'를 내세우면서 그 세력이 지극히 보잘것없는 '교치설'을 주장하였다는 것이다."—이만열, '역사문화산책'에서.

일본제국주의 식민사학자들은 한사군을 다음처럼 배치했습니다. 즉 지금의 평양 일대에 낙랑군을 놓고, 그 밑(황해도)에다가 진번을 놓고, 동쪽(강원도 함경도)에다가 임둔을 놓고, 그 북쪽에다가 현도를 놓았습니다. 앞서 보았듯이 대방은 현도의 동쪽 경계에 있었습니다. 그러면 두만강 건너 사할린쯤에 있어야 합니다. 그런데 또 엉뚱하게 황해도에 있다고 합니다. 환장할 일입니다.

식민사학자들은 『사기』의 기록을 무시하고 한사군을 어떻게든 한반도 안에다가 우겨넣으려고 용을 썼습니다. 학자의 양심이라고는 털끝만큼도 찾아볼 수 없는, 제국주의의 시녀나 똘마니 노릇을 자처했습니다. 이익을 위해 신념을 헌신짝처럼 버리는 일본인들의 이런 특성을 우리나라 백성들은 '쪽발이'라고 콕(!) 찍어 불렀습니다. '쪽'은 반이라는 뜻이고, '바리'는 사람을 뜻하는 아이누어입니다. '비바리, 냉바리, 학삐리, 발바리, 군바리' 같은 말에 있죠. '쪽'을 게다짝이라고 보는 사람도 있는데, 사람 구실을 반쪽밖에 못 한다는 뜻이 더 맞습니다. 일본 어용학자를 탓하기 전에, 문학도인 제가 보기엔, 역사학이 원래 그런 걸지도 모르겠습니다.

하지만 사마천이 쓴 『사기』를 정확히 읽으면 우리가 배운 역사 지식과는 사뭇 다른 사실이 드러납니다. 특히 한사군의 위치는 아주 또렷하게 드러나죠. 지금까지 『사기』를 번역한 분들의 논리에 성실하게 따라서 정리한 저의 설명에 따르면 이렇습니다. 위만조선의 마지막 수도는 요하에 있었으니, 거기가 낙랑이고, 낙랑의 왼쪽에 진번이 있어야 하고, 낙랑의 동북쪽 즉 지금의 서만주에 현도가 있어야 하고, 현도의 왼쪽 그러니까 진번과 현도 사이에 임둔이 있어야 합니다. 조선이 망한 뒤에 그렇게 해야 한다고 한 무제가 '생각'했겠죠. 그것이 '허치설'입니다. 만약에 실제로 설치했다고 해도 이렇게 배치되어야 합니다. 이때도 한반도에는 삼한이 있었습니다. 삼한이 한사군에 포함되었다는 얘기는 없습니다. 이렇게 허술하게 설치된 한사군에 대해 고조선의 옛 부족들이 저항하면서 일어나는 시기가 바로 삼국시대 초기입니다. 이런 흐름을 이끈 것은, 기자조선 시절 내내 중국의 침략에 맞서 싸우던 예맥족입니다.

진수의 『삼국지』를 보면 위나라의 사마의가 요동의 공손찬을 공격할 때 그 북쪽의 선비와 오환 세력을 이용합니다. 선비와 오환은 대대로 요하 상류인 시라무렌과 지금의 중국 내몽골 근처에 살았습니다. 이들은 나중에 거란이 되는데, 역시 거란도 남송과 중국의 절반을 나눌 때 그 지역을 중심으로 통치 영역을 넓힌 정도였습니다. 서희가 거란의 소손녕과 담판을 할 때 소손녕이 서희의 말만 듣고서도 순순히 물러난 것은, 송나라로부터 넘겨받은 중국 북부의 연운 16주를 관리하느라 여력이 없었기 때문입니다. 이런 사례에서 보듯이 이들의 본거지는 중국의 북부에 있었다는 뜻입니다. 그러니 만주를 지나 압록강 이남에 웅크린 고려까지 싸움판으로 끌어들일 힘이 없었던 것이지요. 이들 거란의 조상이 한사군에 편입되었다면, 한사군의 위치가 어디쯤이어야 하는지 저절로 드러납니다. 적어도 한사군이 대동강 근처에 있을 수는 없습니다.

한사군은 한나라가 조선을 멸망시킨 뒤에 세운 군현입니다. 조선의 통치 밑에는 오환 선비의 조상인 동호와 예맥이 있었습니다. 이들이 모두 한사군의 지배를 받아야 할 구도였다는 뜻입니다. 흉노에게 땅을 빼앗겼던 동호의 후예인 선비와 오환은 흉노가 떠난 자리로 돌아와서 중국을 위협하는 강한 세력으로 떠오릅니다. 하지만 그들이 통제할 수 없는 만주 지역에서 일어난 신흥강자에게 결국 망하고 말죠. 그 신흥강자는 바로 완안부의 아골타가 세운 금나라입니다. 금나라에 뒤이어 초원 강자의 끝판왕 몽골이 일어서죠. 전 세계가 그 말발굽 아래 무릎 꿇습니다.

용광로처럼 뒤얽혀 끓어오르는 이 상황에서 우리 역사만을 똑 떼내어 설명하기는 쉽지 않습니다. 만주와 한반도는 동북아시아 초원지대와 연결되어 한 덩어리처럼 돌아갔습니다. 당연히 우리 역사도 그 용광로 속에 뒤섞인 내용물의 일부입니다. 그러자면 각 부족이 쓴 언어를 알아야 합니다. 그 언어를 모르고 접근하면 장님 코끼리 만지기식 해석에 다다릅니다. 그 결정판이 한국의 국사 교과서입니다. 초원지대에서 벌어진 엄청난 사건들을 모조리 한반도라는 자루에 집어넣고 짓이긴 것이 우리가 중고등학교 내내 배운 한국 고대사입니다.

2. 갈석산과 고조선의 진실

지금까지 저는 국사 교과서를 쓰신 분들(이른바 주류역사학)의 견해를 충실히 따라서 설명해왔습니다. 물론 국사 교과서에서 모순되게 서술한 부분을 어떻게든 메워보려는 갸륵한(!) 노력도 서슴지 않았습니다. 그런데 어떻게든 메우고 아무리 짜 맞추려고 해도 맞지 않는 부분들이 있습니다. 앞서 말한 예군 남려가 28만 명을 이끌고 한에 투항했을 때 연제지간燕齊之間에서 소란이 일어났다든가 하는 부분들은, 국사 교과서를 쓰신 분들의 견해를 일단 존중하고서, 아무리 모순 없이 풀어보려고 해도 그게 안 됩니다. 연제지간은 연나라와 제나라 사이인데, 그러면 황하하구 아닙니까? 그런데 우리나라 역사학에서는 창해군을 압록강 근처에다가 그려놓았습니다. 연나라는 그렇다처도 제나라가 압록강까지 왔다는 말인데, 이게 아무리 머리를 굴려도 무리수입니다.

그렇다면 이쯤에서 한 번 국사 교과서를 의심해봐야 하지 않을까요? 한국인으로 살기가 힘든 게 이런 겁니다. 아무것도 모르는 한 백성이, 샛별처럼 빛나는 수많은 학자가 정리해놓은 이 단단한 논리를, 어쩌면 잘못된 게 아닐까 하고 의심해야 하는 상황! 하늘이 북극성을 중심으로 돈다고 믿었는데, 내가 알던 북극성이 그 북극성이 아닌 이 현실! 이런 게 저는 정말 싫습니다. 도대체 제가 왜 이런 의심을 해야 합니까? 나라의 바탕이 얼마나 부실하면, 한 무지랭이 백성이 그 나라의 밑바탕을 의심한단 말입니까? 하지만 어쩌겠어요? 현실이 그러한 것을!

국사 교과서는 고조선의 수도를 지금의 평양이라고 못 박았습니다. 그러니 그 옆 동네 요하가 요동일 수밖에 없지요. 그래서 『사기』 번역본에 각주를 단 분이 요동군을 연나라 때 거기다가 설치했다고 설명한 것입니다. 다 좋습니다! 일단 맞는다고 존중해드리지요. 그런데 말입니다. 한 가지만 상식에 비춰 생각해보겠습니다.

만리장성은 동북방에 사는 오랑캐의 침입 막으려고 진나라가 쌓았습니다. 그런데 진나라는 50년도 못 채우고 망했습니다. 초한지 시대가 전개되며 다시 혼란으로 빠져들죠. 이렇게 짧게 존재한 통일 왕국이 어떻게 그 긴 성을 다 쌓았을까요? 진나라가 쌓기 전에도 성이 있었던 것입니다. 그 성들을 연결한 작업을 진나라가 완성한 것이죠. 그게 만리장성입니다. 중국 역사책에서도 그렇게 기록했습니다. 연나라 때 외적의 침입을 막으려고 쌓은 성 여러 개를 연결했다고 말이죠. 연나라의 장성과 진나라의 장성은 똑같은 것입니다.

그러면 우리는 연나라와 진나라가 쌓았다는 장성을 찾으면 됩니다. 그 장성의 시작은 동쪽 발해 바닷가의 갈석산에서 시작된다고 중국 역사서에서는 이구동성으로 말합니다. 이에 대해서는 의문의 여지가 없습니다. 삼국지 시대의 조조가 이곳에 올라 발해를 바라보며 시를 짓고 그것을 바위에 새겼으니, 뭘 더 의심하겠어요? 백과사전에도 이렇게 나옵니다.

유적명. 위치: 하북성 창려현昌黎縣 현성 북쪽. 연산燕山산맥의 줄기로 주봉인 선대정仙臺頂은 해발 695m이고 발해渤海에서 15km 거리에 있으며 해안을 의지한 산 가운데 가장 높은 봉우리이다. 봉우리의 위는 둥글고 아래는 네모난 비석 같은 모양이어서 이러한 이름이 붙었다. 산 정상의 석벽에 '갈석碣石'이라는 두 글자가 큼직하게 새겨져 있다. 산 정상에 오르면 몸이 하늘에 닿는 듯하며, 발해 바다의 도도한 물결이 한눈에 들어온다. 그래서 이곳은 고금을 통해 바다를 관망하는 명승지가 되었다. 207년 조조가 오환烏桓을 정벌하고 개선하면서 이곳에 이르러 '동쪽으로 갈석에 이르러 푸른 바다를 바라보네(東臨碣石, 以觀滄海)'라며 자신의 감정을 토로했다. 「갈석편碣石篇」이라는 명시는 바로 이때 탄생했다.

그러면 연나라가 이 장성 안에 있었을까요? 밖에 있었을까요? 바보 천치인가요? 이런 질문을 하게! 장성을 제 나라 안에다가 쌓는 등신이 어디 있을까요? 당연히 이 장성 바깥은 연나라 땅이 아닙니다. 장성의 존재는 연나라 스스로 그렇게 판정한 것입니다. 그렇다면 연나라 땅 요동군은 어디에 있었을까요? 이 장성 안쪽 그러니까 갈석산

서쪽에 있었을 것입니다.

　한 발 더 통 크게 양보하겠습니다. 군 이름이 요동遼東이나 큰 물줄기의 동쪽에 있다고 보고, 그러면 갈석산 동쪽에 있다고 가정해보겠습니다. 그러면 그 요동에서 연나라 장수 진개가 조선 땅 2,000리를 차지했다고 하는 『위략』의 설명을 곧이곧대로 믿으면 그제야 연나라의 영토는 오늘날의 요동까지 아우르게 됩니다. 더는 양보 못 합니다.

　이렇게 되면 주나라를 피해서 동쪽으로 온 기자가 중국과 조선 사이에 살았다고 했는데, 기자가 살던 곳도 엉킨 매듭 풀리듯이 저절로 밝혀집니다. 왜냐하면 위만이 중국과 조선 사이의 빈 땅에 살겠다고 양쪽(한과 조선)에 허락을 받고 산 곳이, 바로 그곳이니 말이죠. 위만은 기자조선을 내쫓고 왕위에 올랐다고 분명히 『사기』가 기록했습니다. 기록자 사마천이 살아생전에 일어난 사건입니다. 사마천이 살았던 시기의 이 사건들은 모두 갈석산 옆에 있는 큰 물줄기의 서쪽에서 일어난 일입니다.(『고조선 연구』) 그 물줄기 이름을 지도에서 찾아보면 난하灤河입니다. 오늘날 베이징(北京)과 톈진(天津) 시의 동쪽에 있는데, 남북으로 길게 흐릅니다.

　그러면 국사 교과서에 고조선의 수도를 평양으로 못 박으신 분들은 이 갈석산을 어찌해야 할까요? 대동강과 압록강 사이에 있을 거라고 믿고 아직도 열심히 찾는 중입니다. 인터넷을 뒤지면 백과사전에서 이렇게 자세히 설명해주었는데, 저도 찾은 그 갈석산을 그 학식 높은 전문가들이 아직도 못 찾았답니다. 이쯤 되면 이런 생각이 저절로 들지 않나요?

　'이 사람들, 혹시 집단으로 미친 건가?'

　하지만 이런 말을 입 밖에 낼 수는 없으니 속으로만 하고, 겉으로는 한국 역사학계가 남북한과 손잡고 통일 역사를 위해 함께 조조가 시를 암벽에 새겼다는 그 갈석산을 평양 언저리에서 찾도록 기원하는 수밖에 없습니다. 꼭 찾으시기를 바랍니다.

지명을 좀 살펴보겠습니다. 창려현昌黎縣이 무슨 뜻일까요? 이 지역에 왜 이런 이름이 붙었을까요? 이곳은 중국과 조선의 분쟁지역입니다. 분쟁지역 한복판에 이런 이름이 붙었습니다. '창昌'은 '상商'과 음이 똑같습니다. 물론 음을 재구성한 언어학자마다 조금씩 차이는 있지만, 그런 차이 무시해도 될 만큼 같습니다. 비교해보십시오.

昌 tʰiaŋ, tʰjaŋ, thjang
商 ɕiaŋ, stʰjaŋ, sthjang

치앙(商)은 '주르친'의 '친(金, čin)' 소리를 표기한 것이라고 말했습니다. '려黎'는 '검은 머리 백성'을 뜻합니다. 검은 머리라는 것은, 머리에 아무런 갓을 쓰지 않은, 즉 벼슬 없는 일반 백성을 뜻하는 말입니다. 따라서 창려현昌黎縣을 풀어서 설명하면 '주나라를 떠난 치앙(商) 나라 백성(黎)이 모여 사는 고을(縣)'이 됩니다. 중국을 떠난 은나라의 백성들이 중국의 팽창에 밀려 변방으로 쫓겨나 살던 곳을 가리키는 말입니다.

이 이름이 붙을 때만 해도 창려현은 중국과 조선의 격렬한 분쟁지역이었다는 말입니다. 주나라가 상나라를 거꾸러뜨리자 '기자'처럼 자신이 살던 땅을 자의 반 타의 반으로 떠난 사람들이 와서 머물던 곳이죠. 당연히 중국과 조선의 경계선이고, 아직은 조선의 통치구역 안입니다. 기자 일행은 창려현에 살다가 점차 동쪽으로 옮겨갔을 것입니다. 그들이 떠난 뒤에도 중국에서 붙인 이름이기에 여전히 중국의 행정구역 이름으로 남은 것이죠.

이런 여정은 위만이 중국을 빠져나올 때 똑같이 되풀이됩니다. 위만조선은 만리장성 밖의 기자조선 자리를 차지하고 어떻게 했을까요? 가만히 앉아서 중국과 조선의 눈치를 쌍으로 봤을까요? 그럴 리가 없지요! 위만은 동쪽을 공격하여 세력을 확장합니다. 서쪽의 중국을 칠 수는 없는 일 아닙니까? 중국의 외신外臣이 되겠다고 충성맹세를 했으니 말이죠. 나중에는 진번과 임둔까지 와서 복종했다고 『사기』는 기록합니다. 과연 어디까지 갔을까요? 답은 간단합니다. 요동입니다. 만리장성 옆에 있던 요동이 위만 세력과 함께 점차 동쪽으로 밀려서, 더는 가지 못한 곳에 비로소 '요동'이란 말은 자리 잡습니다. 그것이 『사기』 번역본에 정범진을 비롯한 여러 학자가 각주를 단 내용입니다. 대릉하 근처라고 했죠.

그리고 요동이 지금 위치에 자리 잡을 때 위만조선이 망합니다. 외신外臣이 건방져지니까 쳐서 거꾸러뜨린 거죠. 그래서 '요동'이라는 말이 더는 동쪽으로 갈 수가 없었던 겁니다. 만약에 위만조선이 망하지 않았다면 요동은 계속해서 동쪽으로 더 갔을 겁니다. 압자하를 건너고 송화강을 건너 북으로 아무르강까지 가고, 남으로는 압록강과 청천강 두만강을 지나 김부식이 패수라고 지정한 예성강까지도 갔을 겁니다. 예성강뿐이겠어요? 한강 금강 낙동강까지 가고도 남았을 겁니다. 조금 더 가면 패수는 일본 어디에 있을 겁니다.

위만조선은 86년 유지된 왕국입니다. 그러니까 이 100년이 채안 되는 동안 위만조선의 세력은 점차 동쪽으로 확장되었고, 사마천이 죽고 난 뒤 범엽과 반고가 『한서』와 『후한서』를 쓸 때쯤이면,

우리가 교과서에서 배운 내용과 비슷하게 구역정리가 되었을 것입니다. 오늘날 우리 역사학계에서 주장하는 내용이 사실이 되려면 말입니다.

하지만 저는 이 비주류 학자의 견해를 채택하지 않고 계속해서 국사 교과서의 안내를 따라서 글을 써나갈 것입니다. 제가 대한민국의 한 무지렁이 백성인데 교과서를 따라야지, 어쩌겠어요? 이렇게 생각을 정리하고 글을 쓰기는 쓰는데, 갈수록 제 마음이 비참해지는 건 어쩐 일인지 모르겠습니다. 저는 왜 이런 나라에 태어났을까요?

3. 서언왕 동명 주몽 신화

제가 이번 글을 쓰면서 웬만해서는 욕을 안 하려고 했는데, 역사학계가 언어학에 얼마나 무지한지 한 번 꼬집기는 해야겠다 싶어서 한마디 하기는 해야겠습니다. 중국의 동북공정이 시작된 뒤에 만시지탄 운운하며 〈동북아역사재단〉이 출범하였고, 적지 않은 책을 낸다는 소식을 가끔 신문에서 보았습니다. 이름만 보면 중국의 동북공정에 대항하는 것일 텐데, 막상 거기서 나온 책을 읽어보니, 중국의 동북공정을 오히려 정당화해주려는 국내의 박수부대가 아닌가 하는 의심이 절로 납니다.

늦깎이로 대학원 다니는 마누라 따라서 충북대학교에 놀러갔다가 중앙도서관에 들렀는데, 동북아역사재단에서 냈다기에 혹시나 뭐 좀 새로운 내용이 있을까 하여 꺼내든 책이 『요동군과 현도군 연구』

(2008)입니다. 그런데 우리가 12년 동안 학교에서 신물 나게 배운 그 교과서의 내용을 더 정당화해주는 내용으로 가득 찬 책인데, 거기에 이런 내용이 나옵니다.

『염철론』과 『한서』 「지리지」에서 보듯이 전한 말기부터 요동의 패수를 대동강 유역의 고조선 중심지에 가까운 조선계 지명인 패수浿水와 구별하기 위해 패수沛水(『염철론』·『한서』), 또는 패수溴水(『위략』)로 고쳐서 부른 것으로 생각된다.(47쪽.)

단재 신채호가 역사상의 기록을 언어학에 의존하여 문제를 풀려는 갸륵한 시도를 한 지가 벌써 100년이 지났는데, 정작 그 후배들이 이끄는 100년 뒤 오늘날의 역사학계가 이 지경입니다. 역사에서 사실을 다루는 사람이 〈고쳐서 부른 것으로 생각된다.〉고 제 상상과 짐작으로 결론을 냅니다. 요동의 패수와 한반도의 패수를 구별하기 위하여 중국의 옛날 사가들이 한자를 달리 썼다는 것인데, 어림 반 푼어치도 없는 일입니다. 실제로 그랬다면 그렇게 한 역사기록의 전례나 관행 같은 증거를 대야 합니다. 역사 기록자들이 그런 적이 없는데, 연구자가 자기 생각이 그럴 것이라고 하여 그것을 이런 식으로 대놓고 써놓으면 그게 상상력으로 역사소설을 쓰는 것과 뭐가 다를까요?

앞서 본 것처럼 浿水니 沛水니 한 것은, 중국의 사가들이 남의 겨레가 쓰는 말의 소리를 듣고 적은 것이기 때문에 듣는 사람마다 다 달라서 제멋대로 적힌 탓입니다. 우리가 'Newyork'을 '뉴요크, 뉴욕, 뉴윽, 뉴요오크, 뉴요올크, 뉴요르크'라고 듣는 사람마다 다 달리 적는 것과 같은 이치입니다. 한반도 밖의 물줄기와 한반도 안의 물줄기를 가르려고 한자를 달리 선택했다는 것은 말도 안 되는 주장입니다. 그럴 만큼 중국의 옛 사가들이 사려 깊지도 않습니다. 남의 일에 대해서는 지들 멋대로 휘갈겨대는 것이 중국 역대 사가들의 못돼먹은 버릇입니다. 사방의 오랑캐를 짐승에 빗대어 이름 붙이는 꼬락서니를 보십시오. 남만, 북적, 서융. 모르면 소설 쓰지 말고 제발 국어학자들에게 물으십시오. 그게 망신당하지 않는 지름길입니다.

이 책이 이상한 건 또 있습니다. 『위략』에 '패수'를 '溴水'라고 적었다는데, 溴는 음이 '패'가 아니라 '호'입니다. 그런데 이게 '패수'랍니다. 글쓴이는 溴水를 왜 '패수'라고 읽었을까요? 오타일까요? 이상한 한자는 또 있습니다. 최근 발견된 천남산泉男産 묘지를 소개하면서 호천(溥川)의 溥를 각주에서는 옥편에도 없는 이상한 글자(遰의 밑책받침(辶)이 떨어진 글자)로 적어놨습니다. 이것도 오타일까요? 한문에 지식이 얕은 저로서는 잘 모르겠습니다.

원래는 욕을 하려고 하던 것이었는데, 이 책을 읽으면서 뜻밖의 수확도 얻었습니다. 천남산은 아버지 연개소문이 죽은 뒤 천남생과 권력투쟁을 하다가 쫓겨난 사람이죠. 이 새끼들 때문에 고구려가 망하는데, 백과사전에서 천남산을 찾으니 이렇습니다.

연남산淵男産(639년~701년)은 고구려의 귀족으로 연개소문(617-666)의 셋째 아들이다. 선인先人으로 시작해 소형小兄, 대형大兄, 위두대형位頭大兄, 그리고 중군주활中軍主活을 지냈다. 666년 아버지 연개소문이 죽자 연남산은 그의 형인 연남건과 연합하여 정변을 일으켜 연남생을 몰아내고 정권을 장악한다. 그러나 668년 당나라가 고구려를 침략하고 고구려가 멸망의 위기에 처하자 당나라에 항복한다. 이후 당나라에서 연남산은 사재소경司宰少卿이라는 벼슬에 봉해진다. 연남산은 낙양에서 병사하였는데, 이후에 그의 비석은 그의 형 연남생의 것과 함께 낙양의 동부에서 발견되었다.

연남산을 천남산이라고 적은 것은, 피휘避諱입니다. 당 고종 이연의 이름이 연淵 자이기 때문에 그것을 피하느라고 뜻이 같은 천泉으로 바꿔쓴 것입니다. 심지어 불교 염불도 피휘를 하느라고 '나무아미타불관세음보살'을 '나무아미타불관음보살'이라고 하여 세世 자를 빼버렸습니다. 당 태종의 이름이 이세민이기 때문입니다. 천남산의 묘지에 적힌 내용을 위의 책에서 인용했습니다. 다음입니다.

옛날에 동명은 하늘의 기에 감응하여 태어나 溥川을 건너 나라를 세웠으며, 주몽은 해를 품어 태어나 패수를 건너 나라를 열었다.

고구려인이 스스로 자기네 개국 신화를 전하는 것은 호태왕비에 이어 이것이 두 번째입니다. 이것을 보면 동명과 주몽은 다른 사람입니다. 이 둘이 같은 사람이라면 굳이 되풀이하여 넣을 필요가 없죠. 주몽이 건넌 강물은, 우리가 알기론, 송화강(안출호수, 엄체수: 황금의 강)입니다. 그런데 여기에서 패수라고 했습니다. 그러니 고구려가 설 때쯤에는 발해만 근처 요동에 있던 패수가 송화강으로 옮겨왔음을 알 수 있습니다. 패수가 계속 이동했다는 사실이 확인됩니다. 아니면 우리가 교과서에서 배운 고구려의 위치가 틀렸을 수도 있습니다. 역사학자들께서 고구려의 위치를 바꿔주실 리는 없으니 그냥 있던 대로 이어가겠습니다.

천남산을 기리는 비석에 동명을 넣었다면 동명도 고구려와 관련이 있는 것이 분명합니다. 그러면 이 기록을 어떻게 이해해야 할까요? 방법은 하나뿐입니다. 동명신화도 사실이고 주몽신화도 사실인데, 동명과 주몽이 다른 사람이라면, 뒷날의 주몽이 앞선 시대의 동명신화를 베꼈다고 봐야 합니다. 주몽은 고구려의 창시자이고, 동명은 고구려 이전의 왕조를 창시한 사람이라고 보는 것이죠. 앞서 살펴본 대로 고구려 이전의 왕조는 예맥족입니다. 예맥족의 창시자 신화가 바로 동명 신화이니, 예맥 국가를 만든 왕이 동명이고, 한참 후대에 고구려를 새로 연 임금이 주몽이라는 말입니다. 후대의 주몽에 권위를 부여하려고 그 당시에 유행했던 옛날의 건국 신화를 주몽에게 입힌 것이죠. 동명이 건넜다는 '호천'이 어디인지 알아보면 됩니다. 옥편을 찾으면 이렇게 나옵니다.

濠 강 이름 호. 산서성 번치현繁峙縣에서 발원, 백하白河로 흐르는 강. 滸와 동자.

산서성은 만리장성 안쪽에 있는 곳이고, 백하는 만리장성 바로 옆에 있는 강입니다. 띠용! 헐! 허걱! 그러니까 예맥족의 나라를 처음 세운 사람이 건넌 강이 백하라면, 그가 세운 나라는 만리장성 근처에 있어야 합니다. 그리고 지금까지 내내 예맥족은 중국과 국경을 맞대고 그들과 싸웠다고 설명했습니다. 동명은 고구려를 세운 주몽이 아니라, 그 이전 예맥족 나라의 첫 임금이었다는 말입니다. 위치도 이렇게 백하로 확정되었죠. 위만이 차지했던 중국 접경지역의 예맥조선이 바로 그들입니다.

옛 사서의 기록보다 더 정확한 것이 비석이나 기와 같은 곳에 새겨진 금석문입니다. 왜냐하면 그것은 그 당시 사람들이 적은 것이기 때문입니다. 반면에 역사서는 시대가 한참 지난 뒤에 뒷사람들이 적는 것이어서, 그 사건이 일어난 때보다는 그 사건을 기록할 때의 현실 감각이 반영되는 수가 더 많습니다. 따라서 역사기록과 금석문이 일치하지 않을 때는 금석문을 존중해야 합니다. 우리가 충주 '중원고구려비'나 단양 '적성비'를 중요하게 여기는 까닭이 바로 이런 것입니다.

그런 근거로 우리에게 고구려를 이해하는 데 중요한 금석문이 바로 '국강상호태왕비'와 '천남산 묘비'입니다. 다른 역사기록이 아무리 그럴 듯하다고 해도 당시 사람들이 직접 바위에 새긴 이 글을 무시할 수는 없습니다. 진시황과 조조가 들러 기록을 남겼다는 갈석산의 글씨도 마찬가지입니다. 산해관 옆의 갈석산을 빤히 두고서도 압록강 언저리에서 갈석산을 찾으려는 사람들을 미쳤다고 말하지 않는다면, 반대로 우리가 미친 게 분명합니다.

천남산의 묘비에 그들의 조상 내력을 가짜로 적을 수는 없을 것입니다. 게다가 당나라 사람들이 두 눈 벌겋게 뜨고 지켜보는 수도 장안에서 새긴 글입니다. 동명이 호천을 건너서 고구려를 세웠는데, 그 호천은 만리장성 근처 백하의 지류라고 중국의 옥편이 알려줍니다. 그러면 우리는 이것을 부인해야 할까요? 우리가 미치지 않고서야 이런 질문을 하거나 받을 필요가 없는 일입니다. 이와 어긋나는 모든 문자 기록이나 역사책은 가짜입니다. 고구려는 지금의 압록강이 아니라 만리장성 옆의 백하에서 건국한 것입니다.

그런데 조금 더 이전의 시기에 나온 중국 설화에도 이와 똑같은 난생신화가 나옵니다. 즉 동이족의 신화 중에 서언왕徐偃王 이야기가 그것이죠. 이름만 다를 뿐, 주몽 신화와 똑같습니다. 서언왕 이야기는 동이족의 이야기이고, 동이족들은 당시 만리장성 안의 황하 지역에 살았습니다. 서언왕 동명 주몽의 세 신화를 살펴보면 황하에서 송화강에 이르는 동이족의 고단한 행군이 엿보입니다.

이런 상황을 살펴보면 고구려를 주몽이 세운 것은 뒷날의 일이고, 그보다 한 참 더 전인 예맥족 시절에 처음으로 예맥족을 이끌며 중국과 항쟁을 한 나라가 예맥 조선이었는데, 그 나라를 처음 세운 사람이 동명이었다는 것입니다. 그렇다면 예맥 조선의 동명과 동이족 서徐 나라의 서언왕은 같은 사람이었을 것입니다. 서언왕의 신화가 동명의 개국 신화와 주몽의 개국 신화와 똑같기 때문입니다.

신화가 똑같다면 같은 사람의 이야기이고, 그렇다면 서언왕과 동명왕은 같은 사람이며, 그렇다면 서언과 동명은 같은 말일 것임을 짐작할 수 있습니다. 서언=동명. 모르겠다고요? 여러분이 아무리 왼고개를 쳐도, 지금까지 한국 상고사의 어원을 다루어온 제 눈에는 똑같은 말로 보입니다. '서언'은 음절을 줄이면 '선'인데, 조선과 숙신처럼 동이족을 가리키는 말에 음가가 그대로 살아있습니다. 게다가 같은 시절의 산융山戎도 이들과 한통속입니다. 산융은 산山에 사는 오랑캐가 아니라 산(東, 슨)에 사는 오랑캐의 뜻일 겁니다. 즉 동이東夷죠.

서언을 우리말의 자취에서 찾는다면 더욱 또렷해집니다. 동쪽의 왕이라는 뜻입니다. 즉 '서언'은 '시(東)+한(王)〉새안〉서언'이죠. 이것(시한)을 한문으로 번역하면 동명東明이 됩니다. 동명은 순우리말로는 새벽이고, 뜻으로는 동쪽이 훤히 밝아온다는 말 '새한'입니다. 그러니 신화의 내용으로 보나, 왕의 이름으로 보나, 서언과 동명은 같은 사람임을 알 수 있습니다. '새한'을 더 옛날의 중국식으로 쓰면 조이

鳥夷가 되겠죠.

'서언'에서 '서徐'는 중국의 동쪽에 있는 나라 이름이니, 나라 이름을 빼면 '언偃'이 왕의 이름입니다. 이 언은 옆으로 눕거나 길게 늘어선 둑을 가리키는 말입니다. 창 중에서도 이런 게 있죠. 날이 크고 길어서 언월도라고 합니다. 삼국지의 맹장 관우가 잘 썼다는 그 창이 바로 청룡언월도입니다. 앞서 동명과 주몽은 고구려족으로 몽골어를 썼다고 했습니다. 몽골어로 이 언월도는 뭐라고 할까요? 'tumoge'입니다. 'ge'는 사람이나 존자를 뜻하는 접미사이기도 하니, 'tumo'만 읽으면 될 것 같습니다. '언'이라는 귀인 존자(ge)를 말하는 것입니다. 청룡언월도를 잘 쓰는 겨레의 지도자! 어때요?

이제 좀 보이시죠? 주몽을 호태왕비에서는 '추모鄒牟'라고 적었습니다. 't'는 발음할 때 치읓과 지읓으로 넘나듭니다. '투모, 추모, 주모'로 모두 발음될 수 있다는 말입니다. 기록마다 다른 한자 표기는 모두 그것입니다. 어원을 더듬어보면 결국 서언왕도 '추모'였고, 주몽도 '추모'였고 동명도 '추모'였음을 알 수 있습니다. 시대를 달리해서 같은 영웅 이야기로 위기에 처한 민족의 단결을 도모한 자취겠지요.

서언왕 이야기는 단채 신채호가 『조선상고사』에서 중국과 대항한 동이족의 왕으로 아주 특별하게 취급했던 내용입니다. 일본제국주의에 맞서 가슴속에서 민족주의의 불길이 활활 타오르던 시절의 단재에게는 이보다 더 즐겁고 또렷한 자긍심을 주는 이야기가 없었을 것입니다. 그때는 그 논리가 좀 무리라고 생각했는데, 이제 패수를 따지다가 천남산 묘지의 설명을 보니, 신채호의 주장이 한결 신빙성이 있는 것임을 확인하게 되었습니다. 남 욕하려다가 횡재를 한 기분입니다. 하하하.

동이족의 서언왕 이야기, 예맥 조선을 세운 동명왕 이야기, 고구려를 세운 주몽 이야기가 똑같은 줄거리를 갖는다는 것은, 이들이 이런 이야기를 중심으로 겨레의 자긍심을 높여왔다는 것입니다. 시대를 달리해서 똑같은 이야기로 제 겨레의 정체성을 확립하려던 것으로 보입니다. 알에서 태어난 사람이 왕이 된다는 것은 동이족을 대표하는 신화로 자리 잡았습니다. 서언왕의 이야기를 남의 나라 이야기라고 생각할 필요가 없게 되었습니다. 우리 역사가 동이족의 역사에 잇닿아 있다는 사실을 이 신화를 통해서 새삼 깨달으며, 아무래도 저는 신채호를 넘어서기 어렵겠다는 즐거운 절망도 기꺼이 하게 됩니다.

　　기왕에 진도 나간 거, 한 번 더 미친 소리를 해보겠습니다. 조선을 대한제국으로 바꿀 때 아무도 반대한 사람이 없었습니다. '조선=3한'을 당연한 것으로 받아들였다는 뜻이죠. 그런데 어원을 보면 '조선'은 '삼한'과 같습니다. 삼한을 그대로 읽으면 '세한, 새한'이 됩니다. 서언왕의 '서언'과 같죠. '시'는 동쪽을 뜻하는 말이고, 동터오는 시간이 바로 '조朝'입니다. '선鮮'은 '환하다, 또렷하다'는 뜻이니, 결국 '한'입니다. 조선=시한=삼한. 제가 지금 미친 소리를 하는 거겠죠? 그러나 저는 역사 시간에 배운 내용을 믿을 수 없어 언어가 가리키는 방향만을 보고 따라가며 가을 들판에 떨어진 뒷목을 줍는 중입니다. 그러니 믿거나 말거나!

4. 『위략』의 진개 2,000리

본론에서는 조금 벗어나는 일인데, 하도 논란이 많아서 저도 한 마디 던져봅니다. 거리 문제입니다. 『후한서』에 인용된 글 중에 『위략』이라는 책이 있습니다. 거기에는 우리 고대사에 중요한 언급들이 적지 않습니다. 그 중에 진개라는 연나라 장수에 관한 기록이 있습니다. 다음입니다.

연나라에는 진개라는 현명한 장군이 있었다. 호胡에 볼모가 되었는데, 호가 그를 매우 믿었다. (연으로) 돌아오고 동호를 격파해, (동호가) 1,000여 리나 물러났다. 형가와 함께 진나라의 왕을 암살하러 떠났던 진무양이 바로 진개의 손자였다. 연나라는 또한 장성을 조양에서 양평까지 쌓았고, 상곡, 어양, 우북평, 요서, 요동군을 두어 호를 막았다. 이 무렵 의관과 속대를 할 줄 아는 곳이 전국(시대)에 일곱이었는데, 그중 셋이 흉노와 경계를 맞대고 있었다.

그(조선왕) 자손이 점점 교만하고 포악해지자, 연나라는 이에 장수 진개를 보내어 그(고조선의) 서방을 공격하여 땅 2,000여 리를 취하고, 만번한에 이르러 이를 경계로 삼았다. 이에 조선이 약해졌다.

이를 두고 말들이 많습니다. 진개가 과연 2,000리를 갔다느니, 2,000리는 셈법의 오류라느니, 하며 말이죠. 이것은 거리를 셈하는 기준이 사람마다 시대마다 달라서 그런 것입니다. 사실 이 거리를 셈하려면 골치 아픕니다. 제가 조선시대 각궁의 길이를 알아보려고 이것저것 자료를 찾아보니 도량형에 관한 연구가 엉망진창이었습니다.

시중에 나오는 대옥편 부록에 보면 목수들이 쓰는 영조척의 경우 중국은 31.1cm이고, 일본은 30.3cm입니다. 자는 영조척만 있는 게 아니라 포목점에서 쓰는 포백척, 논밭의 길이를 재는 주척(주척도 2가지), 왕실의 의례에 쓰는 조례기척처럼 여러 가지입니다. 가장 흔히 접할 수 있는 게 영조척이죠. 그런데 중국의 영조척과 일본의 영조척 길이는 앞선 사전에 버젓이 있는데, 조선의 영조척 길이는 알 수가 없는 게 현실입니다. 우리는 습관처럼 1자를 30.3cm로 쓰죠. 즉 일본 자를 쓰는 겁니다. 그러면 조선과 일본이 같은 자를 썼다는 말인가요? 그럴 리가요!

조선은 조선만의 자가 있었습니다. 중국과도 달랐습니다. 당연히 왜와도 달랐죠. 세종 때 황해도 해주에서 나는 기장의 열매 중 중간치 크기 1개를 1푼으로 하고 그것을 10개 쌓아 올려 1촌 길이로 정한 조선만의 자를 만들어 썼습니다. 기장을 100개 쌓아 올려 음률의 기준이 되는 황종척 1자의 길이로 정합니다. 그렇게 해서 조례기척을 정하고, 그를 바탕으로 조선의 모든 제도(五禮)를 정비한 것입니다. 이게 고종 때 나라가 망하면서 도량형 제도도 일본의 것으로 적용되죠. 그것이 우리가 기억하는 30.3cm입니다. 아직도 정리되지 않은 우리 안의 식민 잔재죠. 우리는 도량형에서 여전히 일본 자를 쓰고 있습니다.

해방 전에 활터에서 활을 쏜 노인들의 이야기를 들으면 과녁 거리가 150m였답니다. 이것을 환산하여 영조척을 알아보면 대체로 30.8cm가 조금 넘습니다. 그런데 경복궁을 뜯어고치다가 마루 밑에서 영조 때 만든 구리자가 발견되었는데, 그것을 문화재청에서 정밀

조사해보니, 영조척 1자가 30.8cm 정도 나왔습니다. 그게 2000년의 일입니다. 그 자로 과녁 거리를 정확히 따져보니, 149.466cm가 나왔습니다.(『온각지 활 공부』) 해방 전 과녁 거리를 150m라고 딱 부러지게 말하던 활터 노인들의 기억이 아주 정확했음을 알 수 있죠. 현재의 과녁 거리는 145미터입니다. 조선 자 30.8cm를 적용한 게 아니라 일본자 30.3cm를 적용하여 얻은 것입니다. 오늘날 국궁에서는 일본자로 환산한 거리에 과녁을 두고 활쏘기를 하는 중입니다. '전통'이 삐걱거리는 소리가 들립니다.

진개가 진격했다는 2,000리를 정확히 셈하려면 이런 식으로 중국의 도량형 역사를 샅샅이 뒤져서 과연 그 기록을 한 때와 실제 사건이 벌어진 때의 자를 정확히 알아야 합니다. 이것만으로도 한 학문 분야 전체가 들썩거려야 할 겁니다. 그리고 그 자를 알아낸다고 해도, 과연 그게 제대로 적용됐을까 하는 사실 여부를 또 가려야죠. 산 넘어 산이라는 뜻입니다.

문학도인 저로서는 그럴 필요도 없는 일이죠. 문학에서는 '태도'를 중시하는데, 그런 방법으로도 대충 알아볼 수 있습니다. 진개 2,000리를 말한 사람들의 태도를 판단해보면 그들이 그 거리를 통해서 말하고자 한 의도가 드러난다는 뜻입니다. 진개 2,000리는 중국인들이 한 말이니, 그 당시 중국인들이 거리를 실제로 어떻게 생각했는지 알아보면 답이 나옵니다. 이와 관련하여 중국인들이 말하는 거리의 개념을 『관자』에서 볼 수 있습니다. 『관자』에 이런 대화가 나옵니다.

한 장의 표범 가죽豹皮이라도 천금의 값으로 계산해준다면, 팔천 리 떨어진 발조선發朝鮮도 조관朝觀을 오게 할 수 있을 것이다. -『관자』
경중갑輕重甲 편.

이 말은 산동 반도에 있던 제나라의 수도 임치臨淄에서 환공과 관중
이 나눈 대화입니다. 이 말을 액면 그대로 믿으면 임치로부터 8,000리
거리에 조선이 있었다는 얘기입니다. 옛날 거리를 가늠할 때 우리에
게 익숙한 한반도 길이 삼천리와 비교해보면 편합니다. 8,000리면 삼
천리의 약 2.6배입니다. 임치로부터 삼천리의 2.6배 거리를 동북쪽으
로 대충 가늠해보면, 흑룡강성을 지나 러시아 오호츠크해 옆 하바롭
스크까지 갑니다. 조선이 거기에 있었다는 겁니다. 서쪽으로 이 거리
를 가늠하면 중국을 관통하여 신장위구르 접경까지 갑니다. 남쪽으로
가면 인도네시아 자바섬에 이르고, 동쪽으로 가면 하와이가 코앞인
태평양 바다 한 가운데입니다. 그러니 환공과 관자가 말한 8,000리는
실제 거리라기보다는 중국인들이 누리는 마음의 거리죠. 그렇다면
8,000리의 실제 거리는 얼마일까요?
　당시 조선의 중심은 난하에서 대릉하에 걸쳐 있었습니다. 임치
에서 가장 먼 대릉하까지 손가락으로 뻗어보면 그 길이는 한반도
의 평양과 부산을 잰 길이와 비슷합니다. 그러니까 『관자』에서 말한
8,000리는 평양과 부산 사이에 해당하는 거리를 말하는 것입니다.
따라서 이를 등비로 셈해보면 중국인들이 말하는 8,000리란 오늘날
의 600~700km를 말합니다. 셈하기 편하게 800km쯤으로 잡겠습니
다. 따라서 이를 기준으로 셈하면 진개가 공격한 조선 땅 2,000리는
200km를 말합니다. 『관자』의 거리를 조금 더 크게 쳐줄까요? 8,000
리를 1,000km라고 한다면 2,000리는 300km쯤입니다. 뭐, 얼마나

더 봐 드릴까요? 아무리 후하게 쳐주어도, 진개는 갈석산 근처의 만리장성에서 동쪽으로 300km쯤 되는 곳까지 쳐들어간 겁니다.

구글 지도를 펴놓고서 그곳 언저리의 도시 이름을 보니, 차오양(朝陽) 시와 후루다오(葫蘆島, 錦西) 시가 보이네요. '조양'이라는 이름은 낯익네요. 조선朝鮮과 같은 말이죠. 옛날에 단군이 붙였음 직한 이름입니다. 진개가 거기까지 가서 그대로 눌러앉았을까요? 사방이 예맥족으로 에워싸인 그곳에서 계속 통치했을까요? 그건 어렵습니다. 아마도 조선의 코빼기를 납작하게 해주고 철수했을 겁니다.

교과서 학자들은 요동반도에 있던 진개가 2,000리를 쳐들어가는 바람에 고조선의 강역이 압록강과 대동강 유역으로 졸아들었다고 설명합니다. 요동반도에서 대동강까지가 2,000리라고 합니다. 이 거리 감각은 도대체 어디서 나온 것인지 알 수가 없습니다. 진개의 출발지가 요동반도였다면, 진개는 부산까지도 점령했어야 합니다. 말도 안 되는 이런 가늠 앞에서 우리의 청춘이 덧없이 흘러갑니다.

5. '패수' 고

두 나라가 국경을 맞대고 있을 때 그 사이에 흐르는 강이 있다면 양쪽에서 거기에 붙이는 이름은 각기 다를 것입니다. 한국사에서 끝내 풀리지 않은 문제가 바로 '패수'입니다. 고구려와 수당이 싸울 때도 살수와 패수라는 이름이 등장하고, 그 이전 고조선에서도 패수는 늘 문제가 되었습니다.

중국 측에서 이 강에 붙인 이름은 요하遼河입니다. 조선 측에서는 뭐라고 붙였을까요? '패수'라고 붙였습니다. 요하와 패수는 같은 강이라는 말입니다. 문제는 조선 측에서는 문자가 없어 기록하지 못하므로, 자기네 말을 한자로 적게 되었다는 것입니다. 그래서 표기가 다양하게 나타납니다.

'조선'은 '박달'입니다. 퉁구스어로는 '아사달'이죠. 그러니까 '박달, 배달'은 지배층의 언어가 아니라 피지배층의 언어라는 뜻입니다. 지배층인 퉁구스어로는 아사달이라고 했고, 피지배층이 쓰던 그 어떤 토착 언어로는 '박달, 배달'이라고 했다는 겁니다.

'밝'은 뜻을 적기도 하고, 음을 적기도 하였습니다. 소리를 적으면 '발發, 발瀎, 발勃, 패浿, 불沛'이 됩니다. 발조선發朝鮮, 발해渤海, 발해勃海, 패수浿水, 불수沛水. 이와 달리, 경상도 말처럼 기역(ㄱ)이 살아나면 '박朴, 북北, 박樸, 박泊'으로 적히기도 합니다. 박달朴達, 박혁거세朴赫居世, 대박산大朴山, 우북평右北平, 북경北京=北平. 뜻을 적으면 '백白, 적赤, 홍紅, 창蒼, 창滄, 청靑'으로 나타납니다.

'발'은 '밝'에서 기역이 떨어진 것인데, '발, 벌, 불, 빌'로 발음됩니다. 이것이 냇물에 붙으면 '발물'이 되고, 이것을 한자로 적으면 '발수渤水, 패수浿水, 불수沛水'가 됩니다. 중국 측에서 적으면 '발하渤河'도 될 텐데, 아직 이 말은 발견하지 못했습니다. 그렇지만 바다 이름에 그 자취가 남았습니다. 요동 반도와 산동 반도가 감싸안은 그 안쪽의 바다를 발해渤海라고 하는데, 이 말은 '발하, 발수가 흘러드는 바다'를 뜻합니다. 황해黃海는 '황하黃河가 흘러드는 바다'를 뜻하는 것과 똑같은 이치입니다.

이렇게 원고를 정리하고, 이책 저책 뒤적거리는데, 반갑게도 '발하'가 눈에 띕니다. 『신당서』고려전에, 고구려가 망한 뒤 겸모잠鉗牟岑이 반란을 일으켰는데, 이근행이 발로하發盧河에서 두 번 싸워 만 명 가량을 포로로 잡았다는 기록이 나옵니다. 백과사전류에서는 겸모 잠이 패수에서 싸웠다고 정리한 것으로 보아, 이 '발로하'는 '패수' 가 분명합니다. '발수'가 '발하'로도 적히고, '패수'로도 적혔다는 사실을 알 수 있습니다. '발로하'가 실제로 어디에 있는 강이든, '발 해'의 연관어임은 확실해졌습니다. '로'는 리을(ㄹ) 받침을따로 적은 향찰표기입니다. '낙랑'처럼. 만약에 구당서의 이 말이 지금의 평양에 있는 대동강을 가리킨 말이라면, 이때쯤에 '발수'는 '발해만'을 떠나 서 고구려인들을 따라 한반도로 옮겨왔을 것입니다. 그런데도 중국 인들은 발수가 아니라 발하라고 여전히 부른 것입니다.(아니면 이때까 지도 고구려는 고조선의 옛 땅인 난하 근처에 있었을 것입니다.)

이 '패수, 발수'는 중국의 동쪽에, 조선의 서쪽에 있습니다. 기자 조선의 지배층이 쓴 몽골어로 오른쪽(西)은 'baragvn'이라고 합니 다. '바라간'도 '밝'과 비슷한 소리입니다. 그래서 우리 땅의 오른쪽 에 있는 물줄기라는 뜻으로 '패수'라고 적은 것입니다.

이상은 소리로 어원을 추적해본 것입니다. 이제 뜻으로 갑니다. '붉'은 '밝다, 붉다, 파랗다'로 음운변화를 합니다. '밝다'로 일어난 음운변화를 적은 것이 '백白, 적赤, 홍紅'입니다. 만리장성 옆의 냇물 이름 백하白河이고, 요하 문명의 유적지가 늘어선 '적봉赤峰'과 '홍산 紅山'은 '박달'을 적은 것입니다. 산과 봉우리를 뜻하는 말이 몽골어 와 퉁구스어로 '달達'입니다.

홍산문명이 발굴되는 지역의 도시 이름이 적봉과 홍산인데, 언 론에서 이 지역의 이름을 두고 설명하는 것을 보면, 이렇습니다. 즉,

그 지역의 흙이 붉은 빛깔을 띠어서 지역 이름에 붉다는 뜻의 '적'과 '홍'이 붙었다는 것입니다. 맞는 말입니다. 그러나 그 지역의 요동 땅 전체가 다 붉지는 않습니다. 이름이 그렇게 된 것은 땅의 빛깔이 붉은 것만이 아니라, 그 지역이 단군의 도읍지인 '박달(밝돌)'이었기 때문이라는 말입니다. 아마도 둘 다 해당하는 이야기일 것입니다. 처음엔 땅이 붉어서 그렇게 이름 붙었다가 나중에는 그것이 도읍이나 나라를 가리키는 일반 명사로 굳은 것이라고 봐도 된다는 말입니다.

중국에서 볼 때 '패수'는 동쪽에 있습니다. 동쪽은 음양오행설에 따라 색깔로 치면 파랑입니다. '파랑'은 '팔+앙'의 짜임이고, '팔'이 '패浿'로 적힌 것입니다. '팔'과 '발'은 중국어에서 같은 소리가 납니다. 이것을 적은 것이 '발渤, 창蒼, 창滄, 청靑'입니다. 발해渤海의 다른 이름이 '창해蒼海, 창해滄海'인데, 중국의 동쪽이기에 '파란 바다'라고 한 것입니다. 예군 남려가 끌고 온 28만 명을 한나라에서는 연나라와 제나라 사이(燕齊之間)에 두고 이름을 창해군滄海郡이라고 붙였습니다. 창해는 발해를 말합니다. '파랑'의 어근'팔'의 소리를 '발渤로 적고, 뜻을 '蒼'으로 번역한 것입니다. 어원으로 보면 창해군은 한반도에 있을 수 없는 일입니다.

땅도 마찬가지 방식이어서 조선을 예부터 청구靑丘라고 했는데, 동쪽의 나라를 뜻하는 말입니다. '발해'나 '패수'는 중국인들의 평소 버릇대로 붙인 이름입니다. 자신들은 중앙인 노랑으로 표현했죠. 황하黃河의 '황'도 흙탕물의 뜻이기보다는 중앙의 뜻이 강합니다. 황하가 있는 땅이 중국中國입니다. 세상의 중심이라는 자부심이 느껴지는 말이죠.

패수는 중국의 외세 확장으로 요하와 더불어 계속 동쪽으로 옮겨갑니다. 그래서 중국 땅에 남은 말이 '백하, 발해, 패수, 불수'입니다. 백하白河 옆의 조하潮河는 심지어 송나라 때 '조선하'라고도 불렸답니다. 대릉하는 고대에 '백랑수白狼水'로도 불렸음은 북조선의 리지린이 입증한 것이라고, 소련의 역사학자 유 엠 부찐은 자신의 저서 『고조선: 역사 고고학적 개요』에서 말합니다. 리지린은 『수경』에 묘사된, 동남쪽으로 꺾이는 물길임을 입증하는 방식으로 증명합니다. 하지만 리지린도 유 엠 부찐도 '백랑수'가 '발수'라는 사실은 몰랐던 모양입니다. 어원을 모르니 그럴 수밖에 없죠. 어원을 보면 이 둘의 관계는 아주 간단하게 입증됩니다.

'백랑'은 현대 중국어 발음으로 '빠이랑'인데, '랑'은 한자음 표기의 반절反切 법에서 받침 'ㄹ'을 표시한 것입니다. '낙랑'도 그렇게 표시된 말입니다. 이렇게 보면 '백랑'은 '밸' 또는 '밝'을 표시한 것이고, 백랑수는 '발수, 발하'가 되는 겁니다. 이게 '패수'와 발음이 똑같죠. '白(bái)=浿(pái)'. 앞서 보았듯이 '수'가 붙은 물줄기 이름들은 조선 쪽에서 붙인 것입니다. '대릉하'는 중국에서 붙인 이름이고, '백랑수'는 조선에서 붙인 이름입니다. '하'에 남은 중국인들의 말버릇과 '수'에 남은 조선인들의 말버릇이 만든 차이죠.

'대릉하'와 '백랑수'의 짜임을 잘 비교해보면 더욱 또렷해집니다. '大=白'이고, '陵=狼'입니다. '릉=랑'은 같은 소리이니 볼 것도 없죠. 大는 우리말로 크다는 뜻인 '한'이고, 白은 희다는 뜻인 '흰, 하얀'입니다. 大와 白은 우리말의 '한'을 뜻으로 옮겨적은 것입니다. '太白山, 大田, 長白山, 白頭山' 같은 말에서 이런 자취를 또렷이 볼 수 있습니다.

따라서 大와 白은 '한'을 적은 것이고, '陵'은 리을(ㄹ) 받침을 적은 것입니다. 합치면 '할'이 되죠. '할아버지'의 '할'은 크다는 뜻의 '한'이 변화된 말이고, 전국의 지명에 '할티'라는 지명이 많습니다. 높은 재를 뜻하는 말이죠. 대릉하는 '할수, 발수'를 적은 향찰표기입니다. 발음은 이렇지만, 뜻은 '큰 강물'이라는 뜻입니다. 이런 지명들은 모두 조선이 동쪽으로 옮겨가면서 여기저기에 남겨놓은 자취입니다.

신라가 삼국을 통일한 직후에 당나라에서 신라까지도 직접 지배하려고 수작을 부립니다. 그래서 한판 전쟁이 벌어지는데, 당나라가 견디지 못하죠. 그래서 안동도호부를 설치하고 국경을 '호로하'에서 '철관성'까지 정하여 합의를 봅니다.(『구당서』) 이제 좀 보이시나요? 아직도 안 보이는 것은 역사의 장님이기 때문입니다. 철관성은 랴오닝성에 지금도 '철령'이라는 도시 이름으로 쓰입니다. 원명 교체기에 철령위를 설치한 그 '철령'입니다.

'호로하'. 이것을 어떤 한자로 표기하든 'ᄒᆞᄅ하, 흘하, 할하'입니다. 조선어 '할수'를 중국어식(河〈水〉)으로 표기한 것이죠. 그러니 앞서 살펴본 대로 '호로하=대릉하'의 등식이 성립합니다. 문제는 대릉하가 한반도가 아닌 발해만에 있다는 거죠. 그렇다면 통일신라도 발해만 근처까지 와서 고구려의 옛 땅을 통째로 먹으려 당나라와 한판 싸움을 하다가 당나라의 양보로 대릉하를 경계로 삼았는데, 해동성국 발해가 일어나 고구려의 옛 영토를 회복하자, 하는 수 없이 한반도로 철수한 게 아닐까요? 그리하여 이른바 '남북국시대'가 열리는데, 역사학계에서는 뭐라고 할지 모르겠으나, 어원으로 보면 그렇습니다. '대릉하=백랑수=호로하'가 성립한다면 '패수=발로하=요하'가 될 것입니다. 『당서』의 '호로하'와 '발로하'를 굳이 한반도 안에서 찾아야겠나 싶습니다.

　'대릉하=할수'를 아직도 못 믿겠다는 놈들을 위해서 돌주먹으로 턱주가리를 한 대 날려드리지요. 대릉하를 우리말로 달리 적으면 또 '한수'가 됩니다. 한강을 백제 때는 '한수漢水'라고 불렀죠. 이제 패수 한강설이 또 등장하겠네요. 하하하. '한'이 또 왜 '발'이냐고요? 크다는 뜻의 '한'은 '해'에서 나온 말입니다. '환하다' 같은 말이죠. '환하다'와 '밝다'는 우리말에서 같은 대상을 가리키는 말입니다. '한'과 '밝'은 호환성이 짙다는 말입니다. 白과 大와 渤(浿)은 같은 말입니다. 그것을 '한'이라고 읽었느냐 '발'이라고 읽었느냐는 상황에 따라 다르지만 말이죠. 이래도 못 믿겠죠? 안 믿으려 드는 놈을 설득할 방법은 없습니다. 혜성이 지구와 충돌한다는 증거를 대도, 정치공작이라고 떠드는 게 사람입니다.

　한국 사학계의 패수는 청천강입니다. '패수=청천강'은 맞는 말입니다. 청천강의 이름이 '청천靑川'인 것은, '청구靑丘'와 똑같은 이유입니다. 소리로 적은 '패수'를 뜻으로 번역한 것이 '청천'입니다. 하지만 이 '패수'는 발해만 근처에 있던 고조선의 평양(박달)이 한반도로 옮겨오면서 따라온 말이죠. 발해만 근처에 있을 때는 강 이름도 '발해'와 어울리는 '패수'가 적당했는데, 발해를 떠나자 '패수'라는 말이 짝을 잃고 어색해져서 저절로 '청구'와 짝을 이루는 '청천'으로 번역된 말을 쓰게 된 것입니다.

　음운변화 과정에서 첫소리 'p, b'는 'f'를 거쳐서 탈락하는 경우가 많습니다. 이 변화과정이 지명에 반영되면 일목요연한 질서를 보이며 나타납니다. '패수, 발수'의 '발, 팔'에서 피읖과 비읍이 'f'로 변하면 '할수, 호로하'의 '홀, 흐르'가 되고, 'f'가 약화되어 떨어져

나가면 '올, 으르'가 됩니다. 이래서 '아리수'가 되는데, 이것을 '알'로 인식하면 압자鴨子로 기록됩니다. 압자는 '새 새끼'의 뜻이고, 새가 낳은 새끼는 새의 알입니다. '새알鴨子'이죠. 압록강이나 압자하 같은 말들은 이런 과정에서 나타난 지명입니다. '알'은 알타이 제어에서 황금을 뜻합니다. 그래서 황금을 뜻하는 말로 번역되기도 합니다. 여진어로 황금은 '안춘'인데, 이것이 '안출호, 안출수, 엄체수, 시엄수' 같은 말로 표기되는 것이죠. 요동과 만주에서 보이는 여러 물줄기 이름이나 지명은 이런 연관성을 지닙니다.

'패수'(조선어)는 '요하'(중국어)와 함께 황하 옆의 영정하에서부터 시작하여 만리장성 밖 동쪽으로 점차 밀려온 이름입니다. 그러니 패수를 청천강 한 곳에 못 박는 것은 서울 사는 김 씨와 부산 사는 김 씨를 혼동하고 같은 사람이라고 주장하는 것과 다르지 않습니다. 바보들이나 그런 소리를 하는 겁니다.

6. '요수'고

요하는 패수를 따라서 동쪽으로 옮겨갑니다. 그러다가 현재의 자리에 뿌리내리죠. 그것이 요하입니다. 요하는 거기서 멈추었는데, 패수는 역사학자들에 의해 계속 동쪽으로 옮겨가 대동강에 이릅니다. 역사학자들이 이렇게 강 이름을 옮겨도 강은 옮겨가지 않습니다. 그리고 그 자취를 말에 남기죠. 요하遼河라는 말의 뜻을 잘 살펴보시기 바랍니다.

요하는 중국 동북쪽에서 발원하여 정확히 동쪽으로 흘러가다가,

요동에 와서 기역 자로 꺾여 남쪽으로 흐릅니다. 이 기역자의 첫 획, 즉 서쪽에서 동쪽으로 흐르는 물줄기를 '시라무렌'이라고 합니다. 몽골어로 '시라'는 노랑이고, 무렌은 '물'입니다. 따라서 시라무렌을 중국인들은 황수黃水라고 적었습니다. 그대로 번역한 것입니다. 몽골어 '무렌'은 우리말 '물'과 뿌리가 같습니다. 같은 알타이 말붙이이기 때문에 그런 것입니다. 이 황색은 땅이나 강물 빛깔이 아니라, 세상의 중심이라는 뜻입니다. 오방색에서 노랑은 중앙을 뜻하기 때문입니다. 황수 즉 시라무렌은 그럴 자격이 차고도 넘칩니다. 그곳에서 유목민족들이 일어나서 거대한 왕국을 끝없이 세웠기 때문입니다.

그런데 같은 강물 줄기를 꺾인 지점을 기준으로 이름을 달리 붙였습니다. 가로로 흐르는 강 이름은 황수, 세로로 흘러 발해로 들어가는 강 이름은 요하. 같은 물줄기인데, 흐르는 방향 때문에 이름이 달라진 것입니다. 과연 달라졌을까요? 혹시 황수와 요하가 같은 말이 아닐까요? 어원을 공부하는 제 눈에는 똑같은 말로 보입니다.

'遼'는 '멀 요[liau〉lieu〉liáo]'입니다. '멀'과 '물'은 발음이 거의 같습니다. 시라무렌(黃水)의 '시라'가 떨어져나간 모습과 같습니다. 서에서 동으로 흐르던 물줄기가 '시라'를 떼어 버리고 '무렌'만 남은 것입니다. 그것이 요하입니다. '무렌'의 어근 '물'의 소리를 '멀'이라고 듣고 그 뜻(멀다: 遼)을 취하여 '요하'라고 적은 것입니다.

또 한 가지 생각할 것은, 음입니다. '요[liau]'는 용을 뜻하는 몽골어 'luo'와 거의 같다는 것입니다. 노룡현을 말할 때 알아본 것처럼 만리장성의 시작점인 노룡현의 '노룡'은 '로+룡'의 짜임인데, '盧'의 현대어 발음이 [lú]여서 '노'와 '룡'은 같은 말을 되풀이한 것이라고 설명했습니다.('단군과 기자 2' 참조)

이상을 보면 강물 이름에 붙은 '遼'자는 여러 뜻이 겹겹이 쌓인 문제의 언어임을 알 수 있습니다. 최근에 최춘태 박사는 갑골문을 설명하는 유튜브 강의에서 또 전혀 새로운 시각으로 조명하기도 했습니다. 이 부분은 인터넷에서 직접 찾아보십시오. 여기서 따로 다룰 겨를이 없습니다. 이 시라무렌 지역에서 일어난 나라는 여럿이지만, 그 중에 거란은 나라 이름을 아예 '요' 나라라고 했습니다. 제 나라 이름을 지을 때 '멀다'는 뜻으로 붙일 리는 없습니다. 자신을 중심으로 붙이죠. 따라서 이 때의 요나라는 중국에서 먼 나라라는 뜻이 아니라, 다른 뜻일 것입니다.

'요'나라를 소리로 본다면 시라무렌에서 일어난 나라를 뜻합니다. '무렌'의 소리와 비슷한 '물, 말, 멀'을 취한 것인데, 이때의 '물, 말'은 크다는 뜻입니다. '말갈'의 '말'이 그렇습니다. 그리고 이 말은 거란과 같은 뜻입니다. 거란은 서양 표기는 '키타이'인데, '크다'는 뜻을 취한 것입니다. 그러니 '크다'와 '말'은 같은 뜻입니다. 결국 '요'는 큰 나라라는 뜻이고 거란의 속뜻을 달리 표현한 것입니다. 거란도 크다는 뜻이기 때문입니다.

시라무렌의 '무렌'은 물을 뜻하는 몽골어이지만, 어근 '물'은 여러 뜻을 담고 있습니다. 또 우리말 '미르'에서 보듯이 용을 뜻하기도 합니다. 물줄기를 용으로 표현하는 버릇은 알타이 제어에서 두루 나타납니다. 앞서 노룡현에서도 용의 이미지를 썼고, '노'도 용을 뜻하는 몽골어의 소리를 적은 것이라고 했습니다.

한발 더 나아가면 '노룡'과 '요'의 중국어 발음은 '낙랑樂浪'과도 비슷합니다. '낙랑'은 퉁구스어 '박달'을 몽골어로 적은 것이라고 앞서 설명했습니다. 이렇게 보면 만리장성의 노룡에서 낙랑 요하에 이르는 일련의 상관성을 볼 수 있습니다.

요하는 요동 지역을 기역 자로 휘감아 도는 강물입니다. 그곳에서는 수많은 유목민이 일어났고, 유목민들이 중국과 자웅을 겨루는 가장 중요한 근거지입니다. 따라서 가장 중심이 되는 어떤 이름이 붙어 쓰이다가 그 소리를 중국어 '요'로 적었고, 중국 측에서는 '멀다'라는 뜻으로 확정되어 변방의 물줄기를 뜻하는 말로 쓰이게 된 것입니다.

그러나 그 지역을 중심으로 살아온 우리 겨레의 말에는 '복판, 크다'를 뜻하는 말이 살아있고, 거기서 파생한 말들이 '말갈, 거란, 노룡, 낙랑' 같은 것들입니다. 몽골어 '시라무렌'은 세상의 중심을 흐르는 물줄기를 뜻하고, 그 세상의 중심에서 여러 나라가 일어났습니다. 그리고 요하는 고조선 시대는 물론 삼국 시대 내내 고구려의 중심지이기도 했습니다.

중국이 황하를 중심으로 문명을 펼쳤고, 그 한계 영역에 장성을 쌓아서 1만 리에 이르도록 구획을 그었습니다. 그 안에서 자신의 제국을 자랑했죠. 만리장성 바깥의 중심은 어디일까요? 그에 대한 답이 바로 시리무렌, 황수黃水입니다. 만리장성 안쪽의 왕국은 황하를 중심으로 일어섰고, 만리장성 바깥의 왕국은 시라무렌을 중심으로 일어났습니다.

우리는 지금껏 만리장성 안쪽을 세상의 중심으로 놓고 봐왔습니다. 거기에 익숙해져서 그 바깥의 또 다른 세상을 '오랑캐' 세상으로 보고, 스스로를 비하하면서 역사를 배우고 커왔습니다. 그러나 이렇게 역사의 속살을 파고들어서 살피면 어원에서는 전혀 그렇지 않다는 사실이 드러납니다. 만리장성 바깥의 사람들은 스스로 세상의 중심이라고 여겼습니다. 시라무렌이라는 강물 이름이 그 증거입니다.

만리장성 안쪽의 문명은 은나라부터 시작됩니다. 그 이전의 하나라는 전설상의 나라일 뿐, 실제 유물이 발굴되는 문명은 은허입니다. 그런데 만리장성 바깥쪽의 문명은 무려 15,000년 전부터 유물이 발굴됩니다. 홍산 문명 요하문명을 말하는 것입니다. 그렇다면 우리에게 익숙한 만리장성 안의 문명을 세상의 중심으로 놓고 설명하는 것은 지극히 왜곡된 시각임을 알 수 있습니다. 오히려 만리장성 바깥의 문명이 중심이고, 그 문명이 만리장성 안쪽으로 흘러들어가서 중국의 문명을 일구었다고 보아야 합니다. 문명의 중심이 이동한 셈이죠.

이런 중심이동이 이상할 것 없습니다. 영원한 문명은 없습니다. 문명은 흥했다가 망했다가 되풀이되죠. 문제는 그런 문명의 어느 하나에 생각이 꽂혀 다른 문명의 존재를 망각하는 것입니다. 이런 우려가 적나라하게 드러나는 현장이 바로 만리장성 바깥의 문명입니다. 유적으로도 그렇지만, 우리는 지금 언어의 뿌리, 즉 어원을 통해서 그 양상을 살펴보는 중입니다. 어느 한쪽의 시각으로 볼 게 아니라, 색안경을 벗고 있는 그대로 보자는 겁니다.

7. '열수' 고

열수 얘기도 하고 가겠습니다. 열수에 대한 『사기집해』의 기록은 다음과 같습니다.

장안이 말하기를 "조선에는 습수·열수·산수가 있는데 세 물이 합쳐서 열수가 되었다. 낙랑과 조선이라는 이름은 여기서 따온 이름인 듯하다."고 하였다. 集解張晏曰 : 朝鮮有濕水, 洌水, 汕水, 三水合爲洌水, 疑樂浪, 朝鮮取名於此也.『史記』卷一百一十五, 朝鮮列傳第五十五

이를 근거로 북조선의 학자 리지린은 조선이라는 이름이 열수와 산수에서 나왔다고 결론을 맺습니다.(『고조선 연구』) 여기에는 洌이라고 나오는데, 다른 책에서는 모두 列로 나오고 '열구, 열양' 같은 관련어들도 모두 列로 나와서 洌은 列의 오타이거나, 강물임을 강조하기 위해서 삼수변을 붙인 것으로 보입니다. 이 열수가 바로 패수라고 주장하는 학자들도 꽤 있습니다. 그래야만 조선과 연나라의 경계가 된다는 점에서 열수=패수설은 설득력이 있습니다.

이 주장을 어원으로 살펴보겠습니다. '列'은 '벌 렬, 벌일 열'입니다. 여러 물건을 나란히 벌여놓는다는 뜻입니다. 그러니 '列水'는 '벌수'가 되는데, '벌=밝'임을 한눈에 알아볼 수 있죠. '밝, 발'이 패浿나 발渤로 적힌다는 것은 앞서 충분히 설명했습니다. 따라서 열수는 패수이고, 패수는 조선에서 이름 붙인 물줄기입니다.

습수는 축축하다는 뜻이니, '젖다'와 관련이 있고, 몽골어로 '젖다'는 'noromui'여서 송화강을 뜻하는 'narasu'와 거의 비슷합니다. 여기서 니은이 탈락하면 동명이 건넜다는 '아리수, 시엄수, 엄체수'가 되죠. 산수汕水의 '산'은 동쪽을 뜻하는 말입니다. 제환공이 쳤다는 '산융'이 고구려를 뜻하고 '산(산)'이 동쪽을 뜻한다는 것은 벌써 설명했습니다.

고구려의 지배층이 쓴 몽골어로 보면 '습수'는 '아리수'이고, 열수는 '패수'이며, '산수'는 '샛내(東川)'입니다. 동천왕東川王의 무덤이 여기 있지 않을까요? 하하하. 이 셋을 합한 또 다른 이름도 '열수'인데, 단군조선의 지배층이 쓰던 퉁구스어로 3은 'ilan'이어서, '열쮀, 쮀'은 이것의 소리를 적은 것으로 봐도 됩니다. 앞의 열수는 '패수'이고, 세 강을 가리키는 뒤의 열수는 '일라^{ilan}수'가 됩니다. 이래 놓고 보니, 열수는 '아리수'와도 비슷하네요.

『사기집해』의 얘기로는, 낙랑과 조선이 열수에서 나온 이름 같다(疑)는 겁니다. 낙랑은 '박달'의 몽골어 표기(baxadal)이고, '조선'은 퉁구스어로 '박달, 배달, 아사달'이니, 결국 낙랑(몽골어)과 조선(퉁구스어)은 같은 말입니다. 같은 말을 몽골어로 하느냐 퉁구스어로 하느냐에 따라서 기록이 달라졌을 뿐입니다. 그러니 낙랑과 조선이라는 이름이 세 물길에서 나왔다고 말하는 것입니다.

몽골어로 '물'은 'usu'입니다. 퉁구스어인 '아사달'을 몽골어로 말하면 'usudal'이니, '아사달'은 원래 퉁구스어로 해가 뜨는 땅(조선)이라는 뜻인데, 몽골어로 읽으면 물줄기 옆에 있는 땅을 뜻합니다. 따라서 박달(樂浪, 朝鮮)의 옆을 흐르는 물은 '발수, 패수'이니, 『사기집해』의 설명이 옳은 것이라면 열수는 '발수, 밝수, 박달수'의 향찰표기입니다.

한편, 장안은 세 물길이 만나는 것에서 '조선'이라는 말이 나왔다고 했으니, 조선은 '세 물길'을 뜻하는 말입니다. 따라서 습수 열수 산수 세 물길에는 아마도 '세 어쩌고'하는 이름이 붙을 것입니다. 그 '어쩌고'에 해당하는 것을 찾아야 합니다. 그것은 갈라진다는 뜻이 될 것입니다. '가지, 가라지, 갈래, 갈래기, 가리, 가라, 가새, 갈, 가락. 가닥' 같은 말들이 그것입니다. 이 말들의 어근은 '갈'입니다.

우리말 '갈'은 길이나 가지가 갈라지는 것을 가리키기도 하고,

혈통이 갈라지는 것을 뜻하기도 합니다.(예를 들어, '갈래기, 겨레') 이렇게 갈라진 것 중에서는 서열이 생깁니다. 형과 아우, 왼쪽과 오른쪽, 높은 것(솔, 수라)과 낮은 것(밑, 아래). 한 혈통에서 갈라진 세 부족 중에서 가장 높은 갈래는 '솔, 가라'가 됩니다. 이것을 향찰로 표기하면 '고구리高句麗'가 됩니다. 구리句麗는 고리蒬離이고, 계루桂樓이죠. 부리야트의 세 부족(발구진, 구다라, 코리) 중에서 코리 족이 몽골계 혈통의 어른 노릇을 했다는 뜻입니다. 그래서 높다는 뜻의 '졸본부여=고구리'라고 부른 것입니다.

장안이 말한 세 물길은, 물길만이 아니라 고조선을 구성한 동이족의 혈통에도 해당하는 말입니다. 이들 동이족의 특징은 나라 전체를 셋으로 나누어 다스린다는 것이고, 이것은 흉노족의 특징이자 고조선의 가장 큰 특징입니다. 그래서 고조선이 망한 뒤에 조선의 후예임을 자칭한 선비족의 단석괴가 통치 구역을 셋으로 나누었다는 얘기가 동이전에 나오는 것입니다. 고조선도 마찬가지로 세 구역으로 나누는 것이 오래 묵은 그들의 버릇이고, 혈통도 마찬가지여서 나중에 고구려 백제 신라라는 세 갈래로 자리 잡습니다. 이것이 위치에 따라 마한 변한 진한이라고도 불렸고, 이것이 그대로 '삼한'으로 불리기도 하죠.

'골'은 '가라, 가리'같이 음절을 늘려 쓰기도 합니다. 윷말에도 '걸'이 있는데, 이것을 말합니다. 몽골어로 셋은 'gvrban'입니다. '골'은 'gvr'과 같습니다. 이것이 '할'을 거쳐서 '한'으로 자리 잡습니다. 고대 언어에서 히읗과 키읔과 기역은 서로 잘 넘나듭니다. 왕을 뜻하는 말 '한-칸-간'에서 그것을 볼 수 있습니다.

따라서 물길 세 갈래나 혈통 세 갈래를 뜻하는 '세 골'을 옛날식으로 표현하면 '세 한〈세 칸〈세 간'이 되는 겁니다. '세 한'을 향찰로 표기하면 '조선'이 된다고 앞서 말한 적이 있습니다. 원래 ㅅ는 우리말에서 동쪽을 뜻하는 말이고, 날이 밝는다는 뜻이 들어있는 말입니다. 이것이 숫자 셋으로 이해되어 삼한三韓으로도 기록되면 '조선=삼한'입니다.

삼한은 고구려 백제 신라를 뜻하는 말로 굳었습니다. 조선이 곧 삼한이었기에, 가야가 엄연히 나라를 세웠는데도 3이라는 숫자에 매여 가야를 나라로 치지 않은 것입니다. 그러나 기실 삼한은 '세 나라 三國, 세 갈래(三韓)'가 아니라 '동방의 나라(朝鮮)'를 뜻하는 말이었습니다. 가야는 이 오역된 말의 희생양이 된 것이죠.

'가라' 계열의 말은 아주 오래된 말입니다. 가락국도 그렇고 가야도 그렇습니다. 이런 자취는 은나라의 갑골문까지 거슬러갑니다. 이것이 후대로 내려오면서 여러 겨레의 언어로 가지 치면서 복잡하게 이어지죠. '한, 칸, 간' 같은 말들이 그런 갈래 변화의 양상을 보여줍니다. 그러다 보니 한 가지 뜻만 지니는 게 아니라 분화되면서 여러 가지 의미를 띠게 됩니다. 2,000년이 지난 지금에 살펴보면 어지럽기 그지없죠.

낙랑과 조선이 열수에서 나왔다는 장안의 추측은 우리말의 기원을 암시하는 중요한 단서이고, 그 단서를 어원으로 접근하면 충분히 풀이할 수 있다는 것이 이 글의 요지입니다.

8. '살수' 고

얘기 나온 김에, 살수薩水도 정리하겠습니다. 수나라 대군이 고구려를 쳤다가 을지문덕에게 호되게 당하여 20만 대군을 물밑에 장사지내고 겨우 2,700명만 살아 돌아간 강이 '살수'입니다. 살수대첩. 역사학계에서는 이 살수를 청천강에 비정하고, 실제로 우리가 고등학교 다닐 때 그렇게 배웠습니다. 하지만 어원으로 보면 살수는 압록강입니다. 청천강과 압록강이 모두 같은 이름으로 불려서 어느 쪽이라고 잘라 말할 수 없습니다. 위치나 상황으로 보면 청천강보다는 압록강이 더 그럴듯합니다. 그런데 굳이 압록강을 버리고 청천강을 택한 까닭은 무엇일까요?

충북 충주에서 수안보로 가는 길을 따라 긴 골짜기가 파였는데, 거기에 냇물이 따라 흐릅니다. 이름이 '살미'입니다. '살미휴게소'에서 커피 한잔하고 수안보나 단양으로 차를 몰아 목적지로 갑니다. 이 냇물을 한자로는 '살수薩水'라고 적습니다.(『신증동국여지승람』) 당연히 향찰식 표기죠. 그러니 압록강을 '살수'라고 적었지만 읽을 때는 '살미'였다는 뜻입니다.

이 '살미'를 다른 한자로 적으면 '졸본卒本'이 됩니다. '본本'은 '밑 본'자입니다. 받침(ㅌ)이 떨어지면 '미'가 되죠. '졸卒'은 소리를 적은 것이고, '본'은 뜻을 적어서, '솔미'입니다. '졸'과 '살'은 같은 말입니다. 모두 '높다, 크다'는 뜻을 지닌 말 '솔'에서 갈라진 말입니다. '살'은 북방어의 '수라상, 솔개, 독수리'에서 보듯이 높다는 뜻입니다. '미'는 순우리말로 물을 뜻하는 말입니다. '장마, 미더덕' 같은

360　　어원 상고사

말에서 볼 수 있고, '미추홀彌鄒忽, 매홀買忽, 매구루買溝婁, 매포買浦' 같은 말에서 볼 수 있죠.

지금은 이 졸본천을 혼강渾江으로 부르는데, '渾'은 물이 어지러이 휘감기며 돌거나, 또는 두 물줄기가 합쳐지는 것을 나타내는 말입니다. 휘감기는 것을 우리말로는 '사리다'라고 표현합니다. 국수의 '사리'도 그것이고, '고사리'도 풀 끝이 동글게 돌돌 말려서 붙은 이름입니다. 즉 '고사리'는 '끝(곶)이 사려지는 풀'의 뜻입니다. 서로 다른 물이 만나 이렇게 뱅뱅 돌며 사리는 모양을 나타내는 말이 '渾'이기에 '혼강'이라는 이름이 붙은 것입니다. '살미'의 '살'을 '사리다'의 어근 '살'로 오인한 결과 번역이 좀 이상스럽게 된 이름입니다. '혼강'은 만주어 '살미苹本'를 번역한 말입니다.

충북 괴산에 보면 청천면이 있고, 그 앞에 개울이 있는데, 이름이 청천靑川입니다. 『신증동국여지승람』에는 고려 때 살매薩買현을 청천현으로 고쳤다고 나옵니다. '살수'와 '살미'가 '청천'과 같은 말임이 여기서도 확인됩니다. '살미'가 청천靑川으로 옮겨지는 까닭은 동쪽의 뜻 때문입니다. 동쪽은 해가 뜨는 곳이어서 높다는 뜻으로도 받아들입니다.

아마 청천강도 살미였기 때문에 살수대첩의 현장을 청천강에 비정한 것 같은데, 이건 너무 무책임한 일입니다. 압록강도 살수였고, 충주 옆의 개울도 살수였고, 괴산의 청천천도 살수였습니다. 이런 식이면 살수대첩이 괴산의 청천에서 일어났다고 주장 못 할 일도 없습니다. 이를 어떻게 하려고들 이러시는지 모르겠습니다. 이제 한자와 향찰로 표기된 동의어를 정리하면 이렇게 됩니다.

청천靑川 = 살수薩水 = 살매薩買 = 살미 = 졸본卒本 = 압록鴨綠

이상은 저의 머릿속에서 생각들이 함부로 광합성을 한 결과인데, 정답이라고는 못 하겠지만, 답이 없는 어떤 문제를 푸는 출발점은 되겠다는 생각이 들어 고민의 자취를 여기다가 슬쩍 남겨놓고 갑니다. 역사학자님네야 어차피 이런 생각에 귀 기울이지도 않을 것이니, 말을 하는 제 속은 더없이 편합니다.

'졸본'이나 '수라상, 독수리' 같은 말에서 보듯이, 만주어에서는 높다는 뜻을 '살'이라고 했는데, 고구려 지배층이 쓴 몽골어에서는 '가라, 가리(garui)'라고 했습니다. 여기서 기역이 떨어지면 '아리, 아라, 오리'가 되는데, 이것을 새의 한 종류인 '오리'로 알아듣고 번역한 말이 '鴨(오리 압)' 자입니다. 그래서 '압자하鴨子河, 압록강鴨綠江'이 된 것입니다. '압자'는 '오리알'을 말하고, '압록'은 '아'에 리을(ㄹ)이 첨가된 것입니다. '알, 아리'이죠. 우리말로 하자면 '아리수, 아라내, 알내'쯤이 될 겁니다. 경주의 '알천閼川'도 이것을 적은 말입니다.

'가라, 가리'에서 기역이 탈락하면 '아리, 오리'가 되는데, 이것이 가끔 '오를 상上'자로 번역됩니다. 위치상으로 높은 곳을 말하기도 하지만, 우두머리나 왕처럼 지체 높은 분이 산다는 뜻으로도 이렇게 적힙니다. 예컨대 흉노족 중에서 좌현왕과 우현왕이 사는 곳을 상곡上谷이나 상군上郡이라고 하는데, 이것이 뜻으로 굳어져서 그 지역의 군 명으로 자리 잡았습니다.

몽골어로 소나무는 'narasu'입니다. 송화강의 '松'이 '나라수'라니, '아리수'와 똑같죠. 살수와 압록은 같은 말인데, 같은 물길을 만주어로 읽느냐 몽골어로 읽느냐에 따라서 달리 기록된 것입니다.

100년 전에 단재 신채호가 이런 생각을 한 건 정말 놀라운 일입니다. 그 뒤 100년이 더 지났는데 이런 생각을 하는 역사학자가 한 명도 없다는 것은 더욱 놀라운 일입니다.

'오리'는 '새'로 옮겨지기도 합니다. '새'는 방위상 동쪽을 나타내고, 동쪽은 동양의 고대 민족에게 높은 자리를 뜻합니다. 그래서 동쪽에 있는 물줄기를 '새'또는 '쇠' 같은 이름을 붙입니다. 금천金川 같은 냇물 이름은 가장 쉽게 '시'를 옮긴 사례입니다. 지구는 둥글지만, 고대에는 해가 뜨는 쪽이 높은 쪽이었습니다. 그래서 동쪽에 흐르는 물줄기에 '새'라는 이름이 붙습니다.

9. '난하' 고

중국과 조선의 경계로 계속해서 역사학자들의 입방아에 오르는 강 이름 중에 난하가 있습니다. 난하는 만리장성 바깥에서 만나는 가장 큰 강입니다. 만리장성을 북쪽 경계로 삼은 나라가 진나라인데, 만리장성을 사이에 두고 각축을 벌이던 다른 세력에게 당연히 이 강의 중요성은 짐작하기 어렵지 않습니다. 방어하는 쪽에서는 적의 접근을 막을 조건(해자)이 필요하고, 평상시에는 들판에서 유목이나 농사를 짓는데 필요한 물을 공급하다가 외적이 접근하면 그것이 그대로 방어의 중요한 수단이 되니, 강은 옛날 도읍에 꼭 필요한 조건입니다. 그래서 큰 강에는 큰 도시가 발달했고, 사람과 물산이 모여드는 곳이었습니다.

난하라고 해서 예외일 수 없고, 오히려 만리장성 바깥에서 활동하는 민족이나 국가에게는 더할 나위 없이 중요한 경계선이 될 수 있습니다. 그렇다면 진한대에 만리장성 바깥의 난하 유역에 자리 잡은 나라는 어떤 나라일까요? 볼 것도 없이 조선이죠. 그래서 기자도 이 만리장성을 나와서 조선의 영역으로 흘러들었고 1,000년 뒤의 위만도 만리장성을 나와서 이 지역 근처로 접근하여 둥지를 튼 것입니다. 그러니 난하는 만리장성 바깥에서 활동하는 모든 민족에게 가장 중요한 근거지 노릇을 하는 강입니다. 이런 강에 그들이 이름을 붙이지 않았을 리가 없습니다. 지금은 한자로 기록된 이름만 있지만, 원래 그곳에 살던 사람들이 붙인 이름이 한자로 흡수되어 지금의 이름이 되었을 것임은 어렵지 않게 짐작할 수 있는 일입니다.

난하灤河에 도대체 왜 잘 쓰이지도 않는 한자인 灤(새어 흐를 란)자가 붙었을까요? 저만 궁금한가요? 灤은 물이 샌다는 뜻입니다. 예컨대 항아리에 금이 가서 물이 슬금슬금 새어 흐르는 모양을 나타내는 말입니다. 이런 이상한 이름을 붙이는 데는 그럴 만한 까닭이 있기 때문입니다. 난하를 옛날에는 유수濡水라고 했답니다. 그러면 더욱 분명해지는 거죠. 濡는 '젖을 유'자입니다. 물이 새서 젖는다는 말이죠. 그래서 나중에 이 말과 똑같은 뜻을 지닌 '물이 새다'를 뜻하는 灤 자를 쓴 것입니다. 유수는 조선에서, 난하는 중국에서 붙인 말이죠.

우리 속담에 "밑 빠진 독에 물 붓기"라는 말이 있습니다. 밑 빠진 독에 물을 부으면 물은 밑으로 저절로 새어 어디론가 흐르죠. 이처럼 밑이 빠진 물건(無底物)에 붙이는 낱말이 있습니다. 퉁구스어로는 'fodoho'입니다. 'fodoho'에는 또 다른 뜻이 있습니다. 즉 동음이의어죠. 다른 뜻은 '버들'입니다. 이것'버들'은 '박달'과 같은 뜻입니다. 박달을 평양平壤이라고 옮겼는데, 평양을 또 다른 한자표기로 류경柳京이라고 합니다. '박달'은 원래 '밝달'이었기에, 발음에 따라 한자로 '박달(平壤), 버들(柳京), 붉달(紅山, 赤峯)'이라고 다양하게 적은 것입니다.

따라서 그 지역에 살던 퉁구스족들(단군조선의 지배층)이 자기네 말(퉁구스어)로 물줄기를 'fodoho'라고 했는데, 이것을 들은 중국측 기록자가 동음이의어 중에서 '박달수, 발수, 패수'라고 하지 않고, 하필 고약하게도 '밑 빠진 물건'이라는 또 다른 동음이의어의 뜻으로 번역한 것입니다. 따라서 중국인들이 '밑 빠진 물건처럼 물이 새는 물길'을 뜻하는 말 유수濡水로 번역한 것입니다. '유수'는 '패수'이고, '발수'입니다. 박달족이 사는 고을에 흐르는 물길을 뜻합니다.

그런데 단군조선에서 기자조선으로 바뀝니다. 기원전 1,122년의 일이죠. 그러자 몽골어를 쓰는 기자조선에서는 같은 강을 달리 부릅니다. 'fodoho'를 몽골어로는 'coqorahai'라고 합니다. 이렇게 되면 뜻이 더욱 또렷해지죠. 퉁구스어를 쓰던 박달족들이 '발수, 패수(박달수)'라고 부르던 물줄기 이름을, 몽골어를 쓰는 기자족들은 '고코라하이'라고 부른 것입니다. '고코라'가 뭐겠습니까? '고구리, 고구려'입니다.

그리하여 고조선 땅의 한복판을 질러 흐르던 물줄기는 처음에 퉁구스어로 'fodoho'라고 불렸다가, 몽골어로 'coqorahai'라고 불리고, 이것이 한문으로 오역되어 '유수濡水'라고 적혔다가, 마침내 '난하灤河'라고 또 한 번 오역되어, 오늘에 이르는 것입니다. '패수'라고 적혔던 이름은 말의 주인을 따라서 끝없이 이동하다가 대동강에 다다라서야 고단한 행군을 겨우 멈춥니다.

'난하'의 어원은 '박달수', '고구려하'이고, 원래 그 주인들의 말로는 'fodoho'와 'coqorahai'입니다. 이것을 조선에서는 '패수, 발수'라고 적었습니다. 따라서 이런 등식이 성립합니다.

灤河=濡水=fodoho(퉁구스어)=coqorahai(몽골어)=패수=발수=박달수=버들수

그런데 이 강에 어찌하여 이런 이상한 이름이 붙었을까요? 강의 특성이 그렇게 생겼기 때문입니다. 난하와 바다가 만나는 하류 지역은 거대한 뻘밭입니다. 강물이 바다로 들어가기 전에 넓은 퇴적층을 형성하면서 하류에 거대한 진흙을 쌓아놓은 것입니다. 그래서 비가 오거나 강물이 조금만 많이 흐르면 촉촉하게 젖은 풀밭이 뻘로 변하여 수레바퀴가 푹푹 빠지는 그런 지역입니다. 바로 이런 특징 때문에 '새어흐른다'나 '젓는다'는 뜻을 지닌 한자로 이름을 붙인 것입니다.

물론 지금은 그곳에 거대한 콘크리트 교각을 세워 고속도로를 만들었습니다. 1970~80년대에 중국에서 난하 상류에 댐을 몇 개 만들어 물을 조절하면서 하류의 그 질퍽질퍽한 땅이 마른 땅으로 변했고, 또 고속도로를 뚫어서 지금은 난(灤)이라는 한자의 표현이 무색해졌습니다. 하지만 그 전까지는 만리장성을 나와서 요동으로 가자면 가장 먼저 맞닥뜨리는 곤란한 지역이었습니다. 고구려를 친 수나라와 당나라의 군대가 끝없이 이어진 뻘 때문에 엄청 고생했다는 기록이 나오는데, 아마도 이곳이었을 것입니다.

이런 어려움은 이 지역에 살던 주인공들도 마찬가지여서 이름을

'fodoho(無底物)'라고 붙인 것입니다. 강물에 질퍽질퍽해진 하류의 퇴적층은 '밑이 빠진 물건(無底物)', 물이 줄줄 새는 그런 존재일 수밖에 없습니다.

10. 대동강의 어원 고찰

똥개 눈에는 똥만 보이는 법입니다. 제가 지금 그렇습니다. 어원에 관하여 글을 쓰는데, 이 세상 모든 언어가 다 어원으로 보이고, 특히 지명에서는 역사의 냄새가 풀풀 납니다. 그 냄새를 따라 킁킁거리는데, 유난히 지독한 냄새를 풍기는 말이 있습니다. 역사상 특히 중요한 지역의 이름이 그렇습니다. 대동강도 그런 것 중의 하나인데, 왜하필 '대동'이었을까? 하는 궁금증이 오래도록 머리에 남습니다. 그래서 백과사전을 찾아보았습니다. 그랬더니 이렇습니다.

대동강은 고조선시대에는 열수洌水, 고구려시대에는 패수浿水·패강浿江 또는 왕성강王城江이라고 불려오다가 고려시대 이래로 대동강이라 부르게 되었다.

고려 때에는 왕성강이라고도 하였는데, 고종 때의 문신 최자崔滋 (1188~1260)는 그의 시구에 "여러 물이 모여서 돌아 흐르므로 이름이 대동강이 되었다(衆水所匯名爲大同)."라고 그 이름의 유래를 밝혔다.

여러분이 한 눈에 보기에도 엉터리라는 게 보이나요? 엉터리라기보다는 무미건조한 설명이죠. 왜냐하면 우리가 지금까지 알아본 대로, '열수'나 '패수'는 한반도에 있는 강이 아닙니다. 모두 만리장성 밖 지금의 요동 지역에 있던 것들이 삼국시대로 접어들면서 점차 동쪽으로 밀려와서 한반도에 마지막으로 자리 잡은 말들입니다. 최자의 설명도 '대동'이라는 말에다가 강물을 갖다 붙여 설명한 것입니다. 개똥철학이고 통속어원설 수준이죠.

고조선의 수도는 평양이고 고구려가 오랜 세월 자리 잡은 곳의 이름이 한둘은 아니었을 것입니다. '대동'은 그런 말들의 연장일 것입니다. 대동강이라는 말은 고려 때부터 썼다고 설명하는데, 그전에는 이 말이 없었다는 뜻입니다. 그러나 믿기 힘듭니다. 열수나 패수가 요동에서 한반도로 옮겨온 말이라면 그전에 쓰던 말이 있었겠지요. 만약에 대동이 고려 때부터 쓴 말이라면 누가 그렇게 이름을 붙였다는 근거가 있었을 것입니다. 최자의 설명처럼 막연히 물줄기가 모여들어서 이름이 그렇게 붙었다는 것은 좀 어딘가 어설픕니다. 그래서 저는 꽤 유래가 있는 말이라고 보고 어원을 통해서 한 번 저의 개똥철학을 펴보려고 하는 것입니다.

대동강은 평양을 가로질러 흐르는 강물입니다. 평양은 우리말 '박달', '배달'을 적은 향찰표기입니다. 그리고 고조선의 수도였으므로 '아사달'이기도 합니다. 그렇다면 그 수도의 한복판을 흐르는 강물에 그와 짝을 이루는 어떤 말이 붙어야 합니다. 박달에 붙은 강 이름이 패수입니다. 패수는 박달강의 뜻이죠. 아마도 대동강의 원래 이름이 패수인 것은 맞을 것입니다. 평양이 계속 옮겨왔기 때문에 패수도 따라왔을 테니 말이죠. 이 '박달'은 퉁구스계의 지명입니다. 단군조선의 지배층이 퉁구스어를 썼기 때문입니다.

앞서 1만 년 전의 홍산 문화 주인공들이 빙하기를 겪으면서 각지로 퍼진 것이 알타이 제어라고 했고, 그 언어 중에서 꽤 오래전에 떨어져나온 것이 한국어라고 말씀드렸습니다. 이 '박달' 같은 말에서 그런 자취가 느껴집니다. 박달은 퉁구스어이기도 하지만, 우리 말이기도 하기 때문입니다. 터키어 몽골어 퉁구스어의 경우는 알타이어가 맞지만, 한국어는 거기서 오래전에 떨어져 나왔습니다. 뒤집어 얘기하면 터키어 몽골어 퉁구스어보다 어떤 면에서는 더 오래전의 자취를 간직한 언어라는 말입니다. 박달이 홍산紅山과 적봉赤峯으로 표기되고, 밝수가 패수浿水 발하勃河로 표기되는 것을 보면 더욱 그렇습니다.

대동大同의 大는 알타이어로 '한, 칸, 간'입니다. 同은 같다는 말인데, '같다'가 몽골어와 만주어로 'adali'입니다. 이 정도면 저의 주장이 그럴 듯하지 않은가요? 아직도 어렵다고요? 여기서 이 말을 단박에 알아듣는 분은 어원에 대한 지식이 상당한 분입니다.

평양은 고조선의 수도이기에 '아사달'입니다. '아사달'은 '앗+·(매개모음)+달'의 짜임을 보여줍니다. 매개모음이 빠지면 '앗달, 안달'이 되죠. 'adali'가 이것입니다. 그래서 '같을 동同'자로 표기한 것입니다. '大'는 '한'입니다. 따라서 '대동'은 '한앗달'이 되죠. 큰 아사달이라는 뜻입니다. 고조선의 수도에 붙이기 딱 좋은 말입니다. 고조선의 토박이들이 아사달이라고 불렀는데, 그것을 퉁구스족과 몽골족들이 듣고 '같다'는 뜻으로 이해하여 동同으로 적은 것입니다. 따라서 대동강은 아사달에 흐르는 강을 말합니다.

재미있는 것은, 대동강과 똑같은 뜻을 지닌 강 이름이 요하 옆에 있다는 것입니다. 대동강의 우리말 소리는 '한앗달'입니다. '한'은 크다(大, 太)는 뜻이고 '안, 앗'은 '아들(子)'의 '안'과 같습니다. 그러면 이 조합을 한자로 써보겠습니다. 이렇습니다. 태자太子! 요동에 태자라는 이름이 붙은 물줄기가 있던가요? 있죠! 요하의 동쪽에 흐르는 강 이름이 '태자하'입니다. 태자하太子河=대동강大同江.

태자하가 대동강이니, 이제 그 옆에는 박달(평양)이 있어야 하겠습니다. 그렇게 살펴보면 우리에게는 익숙한 이름이 떠오릅니다. 아사달을 뜻하는 '험독險瀆'이라는 한자가 붙은 이름이 지금의 중국 본계시에 있음을 우리는 앞서 알아봤습니다.(『고조선 연구』) 평양과 패수가 끝없이 이동해온 사실을 인정한다면, 태자하와 본계시도 평양과 패수의 짝꿍임을 알 수 있습니다. 태자하 인근의 '박달'과 '한앗달'이 평안도로 옮겨와 평양과 대동강으로 자리 잡은 것입니다.

요동 어딘가에 우리가 잃어버린 평양이 있다고 앞서 몇 차례 말했습니다. 그 평양 옆에는 강물이 흐릅니다. 그것이 '박달'과 '한앗달'의 짝이죠.

이 생각은 오로지 저의 머릿속에서 함부로 굴러다니다가 튀어나온 것이니, 그냥 무시해도 좋습니다. 그렇게 하시기 바랍니다. 다만 어원을 연재하는 곳이다 보니, 혹시나 이런 생각도 쓸모가 있지 않을까 하여 여기 사족처럼 남겨둡니다. 아무도 말을 하지 않기에 제가 먼저 운을 떼어 보는 것이니, 욕을 해도 좋고, 칭찬을 해도 좋습니다. 다 좋습니다. 제가 어지럽힌 것을 정리하다 보면 무언가 얻어걸리는 것이 있지 않을까요? 너무 뗇어 하지 마시기 바랍니다. 저는 역사학도가 아니라 문학도입니다. 문학도의 상상력은 무죄입니다.

11. '진번' 고

앞서 진번에 관해 설명했습니다. 하지만 무언가 석연치 않은 느낌이 들어서, 앞과 비슷하지만, 조금 다른 설명을 덧붙여보겠습니다. 저는 역사 자료를 접하는 데 한계가 있기에 고대사의 언어만을 바라봅니다. 그러다 보니 어느 것이 참인지 알 수 없는 경우가 있습니다. 그래서 언어에 나타난 상황만을 설명할 것입니다. 크게 3가지로 볼 수 있습니다.

① 방향으로 보는 경우

앞서 잠깐 얘기한 것입니다. 진번眞蕃을 '진'과 '번'으로 나눠서 보고, '진'을 몽골어로 동쪽을 뜻하는 'jegün〉jün'의 표기로 보는 것입니다. 이렇게 되면 '번'은 저절로 중앙을 뜻하는 몽골어 'biyan'의 표기가 됩니다.

기자조선의 지배층은 몽골어를 썼고, 흉노를 비롯한 동북방의 유목민들은 모두 나라를 셋을 나누어 다스렸습니다. 흉노의 경우는 왕을 중심으로 좌현왕과 우현왕을 두어 양 날개로 삼았죠. 이런 구도는 기자조선의 마지막 왕 준이 위만에게 쫓겨서 바다로 들어가 나라를 다시 세웠는데, 그게 삼한이었고, 삼한은 마현 변한 진한 세 한이었죠. 이 세 한이 모두 몽골어입니다. 이렇게 위만에게 밀려나기 전의 통치 방식을 '진번'은 보여줍니다.

② 겨레 명으로 보는 경우

반면에 진번을 겨레의 명칭으로 볼 수도 있습니다. 진眞은 부리야트의 세 종족 중에서 '발구진'으로, 악센트를 맨 뒤에 두었을 때 '진'의 음을 표기한 것으로 보는 것입니다.

'번'은 '蕃'으로 적었는데, 番이나 藩과 혼용한 것으로 보입니다. '蕃'은 우거질 번 자인데, 우거지다는 말뜻이 암시하는 바가 없어서 다른 말의 대용이라고 보는 것입니다. 番으로 통용된다면 이 뜻은 '번들다, 번갈아들다'여서, 부리야트의 세 종족 발구진, 구다라, 코리 중에서 '다라'에 해당합니다. 番을 '다라, 들'의 표기로 보는 것이죠.

진번과 예맥은 같은 말인데, '진: 맥, 번: 예'의 대조가 가능합니다. 그래서 몽골어를 쓰는 부리야트의 한 부족 명을 표기한 것으로 보는 것입니다.

③ 번국으로 보는 경우

사마천의 『사기』 조선 열전에는 조선의 통치 영역에 있는 부족 명칭이 모두 셋 나옵니다. 동호東胡, 예맥, 진번입니다. 동호는 흉노 묵돌 선우에게 호되게 당한 부족입니다. 후대에 선비 오환으로 나타나죠. 예맥은 부족 명칭을 뜻하는 말로, 나중에 이들이 고구려를 세웁니다. 진번은, 조선이 망한 뒤에 생긴 한사군 중의 진번과 이름은 같지만, 전혀 다른 존재입니다. 이 진번이 누구일까 하는 것입니다.

'번'은 큰 나라에 소속된 작은 나라를 뜻하는 '번국'을 뜻합니다. 문제는 '진'입니다. 앞선 설명대로 몽골어 '제즌'의 소리를 적은 '眞'으로 볼 수 있어서 조선의 서쪽에 있는 번국을 뜻한다고 볼 수 있는데, 문제는 이것이 기자조선 때의 존재라는 것입니다. 기자조선은 부리야트 기지족이 단군을 밀어내고 세운 나라라고 했습니다. 그렇다면 기자에게 밀려난 단군은 어디로 갔을까요? 중국과 국경을 맞댄 기자조선의 동쪽에 있었고, 대인이 사는 나라라는 뜻으로 '진국辰國'이라 불렸습니다. 한자는 다른데 소리가 같습니다. 眞과 辰.

진국은 진한과는 다릅니다. 진한은 3한 중의 한 소국입니다. 변국 마국이라고 하지 않는다는 것으로 봐도 진한과 진국은 다른 나라입니다. 3한의 진국은 경상도에 있었지만, 여기서 말하는 진국은 기자조선의 동쪽에 있는 나라였습니다.(『고조선 연구』) 위치로 치면 동쪽과 서쪽의 사이인 복판 기자에 해당하는 자리죠.

기자조선은 예맥조선이 분명합니다. 하지만 진번조선이 예맥조선인지는 분명치 않습니다. 앞서는 같은 것이라고 봤는데, 진국의 존재가 또렷하게 드러날수록 진번이 진국을 가리키는 것이 아닌가 하는 생각이 자꾸 듭니다. 진국은 단군조선입니다. 그래서 대인국이라고도 한 것입니다. 대중국 항쟁에서 주도권은 기자조선에게 내주었지만, 명목상 어른 노릇을 하는 나라였죠. 기자조선이 맹주가 되면서, 원래 맹주였던 단군조선은 번국으로 위치가 낮아진 것이고, 그래서 이름도 조선이 아니라 '진국'으로 바뀐 것입니다.

辰은 '별 진' 자입니다. 진국은 '별나라'죠. 별의 옛 표기는 '빌'입니다. '빛'과 같은 말이죠. '빗, 빛, 빈, 빗, 빌, 밝'으로 변용됩니다. 진국은 '빛의 나라'라는 뜻입니다. 이걸 그대로 번역하면 조선朝鮮입니다. 만주어로 별은 'usiha'이고, 해는 'xun'이기도 해서 각기 '아사', '辰'이라고 읽을 수 있습니다. 같은 뜻입니다. 그래서 기자에게 '조선'이라는 말을 넘겨주고 기자조선의 번국으로 자리 잡으면서 '진국'이라고 하게 된 것이고, 이것을 번국이라는 뜻으로 '진번'이라고 부르게 된 것입니다.

　신채호는 '진'을 '신'으로 보고 그대로 읽었습니다. 개연성이 충분한 발상입니다. 금金이 가야어로는 '친, 신(čin)'쯤으로 발음됩니다. 요동에 있던 이 진국이 조선이 망하고 한반도로 들어오면서 진한과 겹치는 진국으로 자리 잡은 것입니다.

　따라서 진번조선의 '진번'은 원래 단군조선이 기자조선에게 통치권을 빼앗기면서 조선을 구성하는 한 번국으로 지위가 낮아졌고, 그런 존재로 중국 측에 인지되면서 사마천의 붓끝에서 진번이라는 이름으로 자리 잡은 것입니다. 조선이 망한 뒤에 한 지역을 차지했던 진번 조선의 이름을 따서 한사군의 한 이름을 진번이라고 합니다.

　이 '진, 친'의 존재는 퉁구스족입니다. 퉁구스족은 나중에 여진족으로 불리다가 중국의 북방 민족 중에서 금金나라를 세웁니다. 누르하치도 처음에는 후금이라고 나라 이름을 정했습니다. 앞선 금원 시대의 제국 금나라의 후신이라는 뜻이죠. 이들은 스스로를 황금 부족이라고 여겨서 金을 자신의 성씨로 삼았습니다. 만주어로 황금은 '아신'입니다. 청의 마지막 황제 '아신자로 푸이'에서 그 자취를 볼 수 있죠.

　『대청풍운』 중국 역사 드라마를 보면 청나라를 배경으로 한 등장인물들이 김金 씨를 '친'이라고 부릅니다. 금나라는 '친'나라인 셈입니다. 나중에 후금은 나라 이름을 '청'으로 바꾸는데, '金[čin]'과 비슷한 소리가 나는 한자를 고른 결과입니다. 청의 현대중국어 발음은 '淸[qīng]'입니다. 뜻은 다르지만 같은 소리가 나는 한자 중에서 고른 것입니다.

12. 한사군의 진실

『사기』 한漢나라 때(BC 91년) 사마천(BC 145~85)

『한서』 후한 때(BC 82년경) 반고班固(32~92)

『후한서』 남조 송宋 때(432년경) 범엽范曄(398~446)

『삼국지』 서진西晉 때 진수(233~297), 배송지裴松之(372~451) 보충

위의 네 가지 책을 사사四史라고 합니다. 중국 고대사를 적은 네 가지 중요한 역사서라는 뜻입니다. 이 중에서 가장 중요한 책은 당연히 『사기』입니다. 뒤의 책들은 『사기』를 바탕으로 뒷이야기를 이어간 것이라고 보면 됩니다. 여러 가지 책이 서로 다른 주장을 할 경우 앞선 책이 더 중요한 기준이 되어야 한다는 뜻입니다. 역사서를 기록한 편찬자들이 동이족의 역사만 기록할 리는 없습니다. 동이족의 역사는 편찬자들에게 수많은 중국 역사의 변두리에 지나지 않습니다. 소홀하게 취급할 수 있다는 뜻입니다. 그것은 똑같은 동이족의 역사를 두고 중국의 사관들이 서로 다른 기록을 남기는 것을 보면 분명합니다.

우리가 중요하게 여기는, 고조선이 망한 뒤 한사군의 기록을 살펴보겠습니다.

故遂定朝鮮爲四郡 封參爲澅淸侯 陰爲萩苴侯 唊爲平州侯 長爲幾侯 最以父死頗有功爲溫陽侯 左將軍徵至坐爭功相嫉乖計棄市 樓船將軍亦坐兵至列口當待左將軍擅先縱失亡多 當誅贖爲庶人:『사기』 권115 조선열전

故遂定朝鮮爲眞蕃臨屯樂浪玄菟四郡 封參爲澅淸侯 陶爲秋苴侯 唊
爲平州侯 長爲幾侯 最以父死頗有功爲沮陽侯 左將軍徵至坐爭功相嫉
乖計棄市 樓船將軍亦坐兵至列口當待左將軍擅先縱失亡多 當誅贖爲
庶人 :『한서』 권95 조선전

　　두 글을 잘 비교해보십시오. 서로 다른 부분에 밑줄을 쳤습니다. 오타가 분명한 글자를 빼면 똑같습니다. 두 글을 비교해보면 4군 앞에 갑자기 〈眞蕃臨屯樂浪玄菟〉가 끼어들었죠.『사기』의 글을 반고가 옮겨적으면서 자기 생각을 집어넣은 것입니다. 그것이 말썽 많은 한사군의 첫 기록입니다. 오늘날 우리가 교과서에서 배운 한사군은 반고의 주장이지 사마천의 기록이 아닙니다. 반고가 어디선가 끌어다가 오려 붙인 것입니다.

　　사마천이 쓴『사기』에 따르면, 고조선이 망하고 무제가 봉지로 정해준 4군은 '획청후, 추저후, 평주후, 기후, 온양후'입니다. '후'는 그 지역을 다스리는 우두머리에게 주는 벼슬 이름입니다. 모두 다섯 곳이죠. 아마도 숫자가 안 맞으니 앞의 4군은 이와 다른 것이라 여기고, 반고는 다른 지역 이름을 갖다가『한서』에 덧붙인 것입니다. 그도 그럴 것이 왕겹王唊은 평주후로 임명된 지 1년만에 죽어서 '평주'는 저절로 사라졌죠. 그래서 이런 사실을 잘 안 사마천은 5군이 아니라, 4군이라고 기록한 것입니다. 기는 2년 뒤에 사라졌는데, 한사군을 한삼군이라고 하여 3과 4가 섞여 쓰이는 것도 이런 까닭입니다.

　　따라서 한사군은 5에서 하나(평주)가 줄어 '획청후, 추저후, 기후, 열양후(涅=溫=沮=苴)'의 4군으로 자리 잡습니다. 그런데 반고가 이런 사정을 모르고 뜬금없이 '진번, 임둔, 낙랑, 현토'를 끼워넣은 것입니다. '진번, 임둔'은 『사기』 조선 열전에 나오는 말이고, '낙랑, 현토'는 『한서』 왕망전에 나오는 말입니다. 모두 조선이 차지했던 지역에 있는 작은 나라죠. 이렇게 하여 한사군의 명칭이 등장한 것입니다. 황당하기 짝이 없는데, 이런 것을 확인하지도 않고 되풀이하는 중국과 한국의 역사학자들도 참 큰일입니다. 일본 제국주의 역사학자들은 말할 것도 없지요.

평주는 1년 뒤(B.C.107) 없어지고, 기는 2년 뒤(B.C.105)에, 열양은 4년 뒤(B.C.103)에, 획청은 9년 뒤(B.C.99)에, 추저는 17년 뒤(B.C.91)에 없어집니다. 이들이 있던 지역은 『한서』 권17 연표에 나오는데, 기는 전국시대 위나라의 하동(산서성 남쪽)이고, 나머지는 연제 지간(북경 천진 산동)입니다.

이런 상황은 조조의 시대까지 마찬가지여서, 이곳에 둥지 튼 공손 씨가 남쪽 바닷가의 한위韓魏를 공격하여 대방군(204?~238)을 설치했다고 나옵니다. 사마의와 고구려의 협공으로 공손연이 죽은 뒤에는 조조의 위나라에서 이곳에다가 낙랑태수와 대방태수를 임명하지만, 한예韓濊의 공격으로 모두 죽습니다. 정사 『삼국지』에 나오는 얘기입니다. 낙랑 대방을 비롯한 한사군이 모두 북경 근처에서 일어난 일들입니다.

이상의 주장은 제 생각이 아닙니다. 1970년에 박시인이 낸 책 『알타이 인문 연구』라는 책에 나오는 글을 그대로 소개한 것입니다. 1970년에 벌써 식민사관을 극복한 이런 훌륭한 업적이 나왔는데, 그 뒤로 한국의 역사학자들은 이 글을 무시한 채 왜놈 스승들이 싸놓고 간 똥 무더기를 포장하느라 바쁩니다.

위에서 제시된 다섯 제후의 이름을 상고음으로 재구성해보겠습니다. 획청灕淸[ɣwai qingl], 추저萩苴[tsʰjɒg tsʰjagl], 평주平州[bien tjɒgl], 온양溫陽[wən ʎiaŋ], 기醶[gʰjərl]인데, 이 중에서 획청과 기는 지금까지 읽어온 지식만으로도 무슨 뜻인지 금방 알아볼 수 있겠네요. '획청'은 '과이친'쯤으로 발음되니 '친'은 황금을 뜻하는 북방어임을 알 수 있습니다. '기[gʰjərl]'는 '걸'쯤으로 발음될 것이니, 중앙을 뜻하는 몽골어이고, '계루, 고려, 구려'와 같은 말임을 알 수 있습니다. 경기京畿란 서울을 중심으로 하는 중앙 지역을 나타낸 말임을 알 수 있습니다. 나머지는 여러분이 한 번 찾아내어 보십시오.

다시 돌아갑니다. 박시인은 이 글의 결론에서, 평양에서 발견된 낙랑 유물을 두고 오래 고민한 주장을 내놓았습니다. 유물 발굴 지점이 곧 당사자의 근무지가 아니라는 논리죠. 이 점은 그 유물이 나타났을 때 신채호도 마찬가지였습니다. 앞서 말했지만, 일본학자들은 고대사의 유물을 제가 발굴하는 곳에다가 심어서 고대사의 시기를 끌어올리는 일도 서슴지 않습니다. 이런 사례는 한두 건이 아닙니다. 아예 그들 역사학의 전통으로 자리 잡았습니다. 그러니 조선을 식민지로 삼은 제국주의 앞잡이들이 못 할 일은 없고, 그의 후예들이 지금도 그런 짓을 합니다.

후지무라 신이치(藤村新一)라는 사람은 제가 발굴 중인 유적에 석기를 몰래 땅에 파묻어서 일본의 선사시대 역사를 70만 년 전 전기 구석기 시대로 끌어올렸다가 발각되었습니다. 약 20년 동안 162곳의 구석기 유적을 날조했습니다. 이들이 이러는 건 간단합니다. 열등감 때문이죠. 이러다 보니 일본의 고고학은 아예 믿을 수 없는 일이 되어버렸습니다.

일본에서 우리나라보다 더 앞선, 세계 최초의 15,000년 전 구석기 유물이 발굴되었다는데, 저는 그것도 믿지 못하겠습니다. 인류사의 전개 방향으로 볼 때 대륙에서 한반도를 거쳐 섬으로 가는 방향이 옳지, 그것이 거꾸로 갈 수는 없다는 문명의 도도한 흐름 때문입니다. 한반도보다 앞선 일본의 구석기라니! 지나가던 개가 웃을 일입니다.

낙랑 유물도 마찬가지입니다. 일본인들이 발굴했다는 그 유적도 믿기 힘듭니다. 예를 들어, 한일 강제 합병이 끝난 직후인 1910년대에 평안도 황해도 일대에서 낙랑 대방과 관련된 유물이 3년만에 우르르 쏟아져나옵니다. 실학자들이 몇백 년간 찾으려고 몸부림치던 그 유물이 어찌 그리 단시간에 마법처럼 뿅 하고 그들 앞에 나타났을까요? 그것도 꼭 필요한 그 시기에!

그런데 말입니다. 대방군은 중국과 고구려가 만나는 접경에 설치된 군입니다. 중국이 책과 조복을 갖다놓으면 나중에 고구려가 들러 가져가는 방식으로 운영된 것이죠. 그러니 대방군은 중국과 고구려가 만나는 국경선 근처에 있어야 합니다. 이게 상식이죠. 이 대방군의 유물이 1911년에 황해도에서 발굴됩니다. 그것도 3년 사이에 우르르 나옵니다. 그렇다면 중국과 고구려의 국경이 황해도이어야 하는데, 이건 어떤 역사이론이나 학술로 봐도 말이 안 되는 것이죠. 대방군의 유물이 조작의 결과임을 만천하여 보여주는 일입니다. 낙랑 유물도 이런 혐의를 벗을 길이 없습니다. 다음 기사를 보시기 바랍니다.

낙랑군 재평양설의 물적 증거를 제공하여 낙랑군이 한반도 평양이라고 구체화시킨 세키노 다다시가 '조선총독부 박물관을 위하여 모두 갖추어진 낙랑출토품류를 구입했다.'는 일기가 공개되자 그 물적 증거는 위조된 것이라는 의심을 피할 수 없게 되었다.

대정 7년(1918) 3월 20일 맑음 북경

　서협 씨의 소개로 중산용차 씨(지나 교통부 고문, 월후 출신)를 방문, 그의 소개로 우편국장 중림 씨를 방문, 우편국 촉탁인 문학사 흑전간일 씨의 동료로부터 유리창의 골동품점을 둘러보고, 조선총독부 박물관을 위하여 漢代의 발굴품을 300여 엔에 구입함.

대정 7년 3월 22일 맑음

　오전에 죽촌 씨와 유리창에 가서 골동품을 삼. 유리창의 골동품점에는 비교적 漢代의 발굴품이 많아서, 낙랑 출토품류는 모두 갖추어져 있기에, 내가 적극적으로 그것들을 수집함.(출전: K스피릿)

　『세키노 다다시 일기[關野貞日記]』의 내용입니다. 일제강점기 한반도에서 출토된 낙랑 유물은 모두 이런 것들입니다. 신채호나 박시인은 이 기사를 보지 못했을 것이니, 천상 그의 영전에 바치는 수밖에 없겠습니다. 일본의 역사 연구를 어디까지 믿을 수 있을까요? 그들에게 역사는 사실이 아니라 소설입니다. 차라리 제가 지금 어원을 따라가며 쓰는 이 소설이 더 그럴 듯할 겁니다. 더는 조작할 수 없는 '언어'를 따라가는 중이니, 이렇게 곳곳에 심어놓은 유물보다 저의 추론이 훨씬 더 사실에 가까울 것입니다.

　고등학교 도덕 시험 주관식에 이런 문제가 나왔습니다.

　"『짜라투스투라』를 쓴 독일의 근대 철학자는 누구인지 이름을 쓰시오."

　답은 '니체'죠. 그런데 채점하던 선생님의 눈에 희한한 답이 보였습니다. 어떤 놈이 '누드'라고 쓴 것입니다. 조금 더 채점하니 별의별 답이 다 나오는 겁니다. 그래서 이상한 답을 쓴 놈들을 불러다가 추궁을 했습니다. 그리고 배꼽을 잡고 웃다가 죽었습니다. 정답 '니체'를 컨닝한 학생이 '나체'라고 썼고, 그것을 컨닝한 또 다른 학생은 '알몸'이라고 썼고, 그것을 또 컨닝한 학생이 마지막으로 '누드'라고 쓴 것입니다. 환갑이 지난 제가 고등학교 시절 들었던 우스갯소리입니다.

저는 지금 한국의 상고사를 다루는 중입니다. 몇 안 되는 기록으로 온갖 상상을 덧붙여 구성한 교과서의 고대사를 따라가다 보면 자꾸만 이 우스갯소리가 떠오릅니다. 북경에 있던 니체가 난하의 나체와 대릉하의 알몸을 거쳐 평양의 누드로 자리 잡습니다. 우리는 『짜라투스투라』를 쓴 독일 철학자의 이름을 '누드'라고 배우고 살아왔습니다. 저는 역사학이 진실을 제대로 다루었는지 모릅니다. 그걸 알아볼 능력이 없습니다. 게다가 삶의 막바지에 다다른 지금에는 진실이 과연 무엇인지 알아봤자 저로서는 쓸모도 없는 일입니다. 그러나 어원을 따라가며 살펴본 저의 눈에는 자꾸만 앞의 우스갯소리와 겹쳐 헛웃음이 나옵니다. 제가 떠드는 이 글의 내용이 한 늙은이의 노망이면 좋겠습니다.

8장

신라

이번에는 신라를 한 번 살펴보고 가겠습니다. 앞서 우리말의 뿌리를 더듬다 보니, 동북아시아의 2,000년 전 역사로 거슬러 올라가게 되었고, 한 무제에게 공격 당한 흉노족의 대이동으로 유럽에서는 게르만 민족의 대이동이 진행되어 로마제국의 해체를 불러왔고, 동쪽으로는 고대국가의 발생이 연쇄반응처럼 일어났다고 했습니다. 동양에서 그 상황을 집약해서 보여주는 나라가 신라입니다.

1. 신라 왕명의 어원

신라는 박 석 김 세 성씨가 돌아가면서 왕을 했습니다. 이건 2가지를 얘기합니다. 단일통치체제가 아니라 연합체였다는 것입니다. 왕

까지 교대로 해야 할 만큼 서로 다른 부족들이 뭉친 나라라는 뜻이죠. 왜 이렇게 서로 뭉치지 못했을까요? 민족이 달랐기 때문입니다. 언어가 다르고 문화가 달라서, 한 눈에 봐도 구별할 수 있을 정도였기 때문이죠. 박혁거세, 석탈해, 김알지 혈통이 서로 협력과 경쟁을 하다가 후기로 가면 김 씨가 대대로 왕을 합니다.

박혁거세로 대표되는 박 씨 왕조는 퉁구스어를 썼고, 김알지로 대표되는 김 씨 왕조는 터키어를 썼습니다. 석탈해로 대표되는 석 씨 왕조는 터키어 중에서도 스키타이계 어를 썼습니다. 심지어 '석탈해'는 '스키탈(방랑자) 크랄(왕)'을 그대로 적은 말입니다. 이들은 북방에서 내려온 집단으로 우연히 경주에서 함께 집단을 이루면서 협조를 한 것입니다.

이들은 자신의 왕을 가리키는 말이 모두 달랐습니다. 쓰는 말이 서로 다르니 이것은 아주 당연한 일입니다. 우리가 국사 시간에 배운 바대로 거서간, 차차웅, 니사금, 마립간이라고 해서 왕마다 붙이는 칭호가 달랐습니다. 이렇게 성씨가 다른 사람들이 왕을 하면서 이어가다가 17대 내물 마립간부터 이후 김 씨가 왕을 이어갑니다.

상황이 이렇다 보니, 신라에서는 '골품제'를 할 수밖에 없었던 것입니다. 골품제는 '골'에 따라서 품을 나누는 것입니다. 일반 백성은 아무리 똑똑해도 6두품이 상한선이죠. 그 이상은 올라갈 수 없습니다. 품계가 올라갈 수 없다는 것은, 그들이 할 수 있는 일에 한계가 있다는 것입니다. 최치원이 당나라에서 큰 공을 세운 천재인데도 신라도 돌아와서 할 일이 없었던 것은 바로 이 골품제 때문입니다. 당시 일반 백성들은 주로 길략이나 아이누족이었습니다. 이들은 아무리 능력이 좋아도 6두품 이상은 꿈일 뿐이었습니다.

따라서 골품은 혈통과 문화와 언어로 이루어진 것이어서 넘어설 수가 없습니다. 유일하게 신라에서 여왕이 나온 것도 바로 순수 혈통이 없어서 벌어진 일이었습니다. 언어를 통하지 않고서는 신라 사회의 이런 특성을 알 수가 없습니다. 역사학에서 언어가 얼마나 필요한 일인지는 이런 사례를 보면 알 수 있습니다. 역사학이 스스로 담을 높이 쌓아올 릴 때가 아닙니다.

신라는 22대 지증왕에 이르러서야 비로소 나라 이름을 '신라'로 정합니다. 임금에 대한 호칭도 '니사금'에서 '왕'으로 바꾸죠. 나라가 생긴 지 500년도 더 지나서 겨우 나라 이름을 정했다는 게 믿어지지 않습니다. 왕이 바뀌면 각기 자기네 말로 나라를 불러서 생긴 일입니다. 만약에 박 씨 쪽에서 나라 이름을 '사로'라고 하면, 김 씨 쪽에서는 '신라'라고 하자고 하는 시비가 계속 생기죠. 결국 박(퉁구스) 씨와 석(스키타이계) 씨가 이의 제기를 할 수 없을 만큼 김(터키) 씨의 힘이 커진 뒤에 나라 이름을 정하고 공표한 것입니다.

이 글을 쓰는 올해가 2022년입니다. 이 글을 쓰느라고 인터넷에서 거서간, 마립간 같은 신라 초기 왕명을 검색하여 어원을 알아보았습니다. 그랬더니, 정말 개똥철학에 주먹구구식 해석만이 가득 떠오르더군요. 이 어리석은 백성과 저만 잘난 교수 나부랭이들을 어쩌면 좋을까요?

백성들은 전문 정보를 접할 수 없어서 그렇다고 칩시다. 하지만 책상머리에 앉아서 연구만 하는 교수들은 왜 끝까지 침묵하는 걸까요? 강길운(충남대 국어학) 교수가 1990년에 한국 고대사를 비교 언어학으로 연구하여 단행본까지 냈는데, 정말 동종업계에 근무하는 국어학자들이 그의 책을 안 읽어보았다는 뜻일까요? 중앙지 신문에도 우리 말에 관해 수없이 연재하며 아는 체하던 그 전문학자들은 어째서 한결같이 강길운의 업적을 모르는 체하는 것일까요? 설마 정말로 모르는 것은 아니겠지요? 설마 국어학자들이 2010년에 나온 강길운의 어원사전을 모를까요? 그럴 리는 없을 듯합니다. 그럴 수가 없습니다. 그렇다면 어떻게 이토록 완전하게 강길운의 업적이 인터넷에서 그림자도 비치지 않을까요? 도서관에서 찾아본 고대사 책 몇 권도 마찬가지입니다. 이 놀라운 사실 앞에서 고개를 갸우뚱거리며 이 글을 씁니다.

앞서 말한 것처럼, 신라는 터키어, 퉁구스어를 쓰는 사람들이 왕을 번갈아 했습니다. 피지배층은 아이누어와 길략어를 썼죠. 여기에 나중에 가락국의 드라비다어가 합류합니다. 그렇다면 왕을 지칭하는 '거서간, 차차웅, 니사금, 마립간'이란 말도 이들의 언어라고 추정하는 것은 지극히 당연한 일 아닐까요? 그러면 터키어, 몽골어, 퉁구스어에서 이 말과 비슷

강길운, 『비교언어학적 연구』

한 말을 비교하여 찾아보면 되는 겁니다. 전문 국어학자들이 그게 뭐가 그렇게 어렵습니까?

불구내 왕 박혁거세가 쓴 '거서간'은 퉁구스어입니다. 만주어로 '하늘'은 '*kese'이고, '임금, 우두머리'는 'han, khan'입니다. '거서간'은 하늘이 내린 왕을 뜻하는 퉁구스어입니다. 이름은 박혁거세인데, 그것을 '弗矩內(붉은뉘)'라고 했습니다.

뒤이어 혁거세의 맏아들이 왕이 되는데, 이 이가 남해차차웅입

삼국사기 신라본기

니다. '차차웅次次雄'은 '자충慈充'
이라고 하는데, 신라 사람 김대문
은 이것이 무당을 뜻하고, 사람들
이 무당을 존경하므로 '존장자'의
뜻으로 쓰인다고 토를 달았습니다.
만주어로 '하늘에 제사를 지내는
제사장'은 'čačun'입니다. '자충
慈充'은 'cïcuŋ'을 적은 것입니다.
혁거세는 임금을 뜻하는 말로 썼
고, 그 아들은 무당을 뜻하는 말로 썼습니다. 둘 다 퉁구스족이기에
아들이 아버지의 권위를 허물지 않으려고 제정일치 시대에 통치자 왕
이 아니라 제사장의 존호를 택하여 쓴 것입니다. 이것이 '스승'이나
'중', 심지어 '제웅'을 뜻한다고 풀이한 것은 한참 뒤의 일입니다.

과연 1990년에 발간된 책에 나오는 이 내용을, 2010년에 발간된
어원사전 책에 나오는 이 내용을, 어원에 관해 중앙지에 연재하는 분
들이 몰랐을까요? 저는 이게 더 놀랍습니다. 만약에 알고도 학설이
달라 소개를 안 했다면, 그건 더 분통 터질 일입니다. 강길운 교수가
도대체 학계에서 무슨 짓을 했기에 이토록 철저하게 외면당한 걸까
요? 저는 이 이상한 현상의 내막과 뒷이야기가 더 궁금해집니다.

신라 초기 왕들의 이름 중에서 '거서간'과 '차차웅'의 어원은
앞서 말씀드렸으니, 이번에는 나머지를 알아보겠습니다. '니사금'과
'마립간'. '니사금'은 3대왕 유리부터 21대 소지까지 불린 이름입니
다. 22대가 지증왕인데, 이 왕은 신라의 중앙집권을 강화하면서 옛
호칭을 버리고 스스로 왕으로 바꾸었습니다. 거서간과 차차웅은,

한 임금만 정식 호칭으로 썼는데, 니사금은 아주 오래 정식 호칭으로 불렸다는 특징이 있습니다. 어떤 힘이 떠받쳤다는 뜻이지요.

아이누어로 '하늘'은 'niš'이고, '신, 왕'은 'kamui'입니다. 우리말로 '신'은 '굼'이라고 했는데, 여기서 보이네요. 반도 남쪽의 바닷가에 흩어져 살던 토박이 종족 아이누 사람들은 임금이나 제사장을 '니쉬가무이'쯤으로 부른 것입니다. 이게 '니사금'으로 적힌 것이죠. 이렇게 되면 여러 가지 의문이 풀립니다. 북방에서 내려온 박 석 김 세 씨족은 토박이들과 비교가 안 될 만큼 적은 숫자였고, 그들의 지배를 받는 사람들은 훨씬 더 많았습니다. 그들의 지지를 받지 않으면 왕 노릇을 하기 어렵다는 것을 알 수 있죠. 그래서 백성들에게 익숙한 호칭이 그토록 오래 쓰인 것입니다. 이 백성들의 눈치를 보지 않아도 될 만큼 왕권이 강화된 때가 바로 지증왕 무렵이라는 뜻입니다. 그러면 '마립간'이라는 말은 왜 안 쓰였는지도 저절로 알게 됩니다. 마립간麻立干은 지배층의 언어였던 것입니다. 터키어로 '왕'은 'melik'입니다. 여기에 '간'이 붙은 것이죠.

4대 왕 석탈해는 2대 남해차차웅의 사위입니다. 석 씨의 시조인데, 이름이 묘합니다. 사람 이름이 아니라, 부족 이름입니다. 기원전 6~3세기 무렵에 남러시아의 카르파티아산맥과 돈강 사이의 일대를 지배했던 이란계 유목민족이 있습니다. 북방계 청동기를 우리에게 전해주었다는 그 사람들입니다. 바로 스키타이인이죠. 러시아어로 '방랑하다'는 'skitatisya'이고, 남자 방랑자는 'skitalec'이고 여자 방랑자는 'skitalica'입니다. 여기에 왕을 뜻하는 터키어 'kïral'이 붙으면 뭔가를 닮았죠! 'skital(유목민)+kïral(왕)'=석탈해昔脫解. 석탈해는 스키타이 부족을 이끌고 한반도를 관통하여 경상도 내륙까지 단숨에 달려온 인솔자입니다. 스키타이 일파의 작은 왕이었겠죠. 처음엔 신라 왕실에 붙어서 무언가를 도모하지만, 뜻이 여의치 않자 가락국의 김수로왕을 찾아가서 도전장을 내밀죠. 수로왕과 한 판 붙습니다. 그 장면을 『삼국유사』는 이렇게 전합니다.

이때 갑자기 완하국琓夏國 함달왕含達王의 부인이 임신하여 달이 차서 알을 낳았고, 그 알이 화하여 사람이 되어 이름을 탈해脫解라고 하였다. 탈해가 바다를 따라 가락국에 왔다. 키가 3척이고 머리둘레가 1척이었다. 기꺼이 대궐로 나가서 왕에게 말하기를, "나는 왕의 자리를 빼앗고자 왔다"라고 하니 왕이 대답하였다 "하늘이 나에게 명해서 왕위에 오르게 한 것은 장차 나라를 안정시키고 백성들을 편안하게 하려 함이니, 감히 하늘의 명을 어기고 왕위를 남에게 줄 수도 없고, 또한 우리나라와 백성을 너에게 맡길 수도 없다." 탈해가 말하기를 "그러면 술법으로 겨루어 보겠는가?" 하니 왕이 좋다고 하였다. 잠깐 사이에 탈해가 변해서 매가 되니 왕은 변해서 독수리가 되었고, 또 탈해가 변해서 참새가 되니 왕은 변해서 새매가 되었다. 이때에 조금도 시간이 걸리지 않았다. 탈해가 본 모습으로 돌아오자 왕도 역시 전 모양이 되었다. 탈해가 이에 엎드려 항복하고 말하기를, "내가 술법을 겨루는 곳에서 매가 독수리에게, 참새가 새매에게 잡히기를 면하였는데, 이는 대개 성인이 죽이기를 미워하는 어진 마음을 가져서 그러한 것입니다. 내가 왕과 더불어 왕위를 다툼은 진실로 어렵습니다." 곧 왕에게 절을 하고 하직하고 나가서 이웃 교외의 나루에 이르러 중국 배가 오가는 물길을 따라서 나갔다. 왕은 마음속으로 탈해가 머물러 난을 꾀할까 염려하여 급히 수군 500척을 보내서 쫓게 하니 탈해가 계림의 국경으로 달아나므로 수군은 모두 돌아왔다. -『삼국유사』 권2 기이 '가락국기'조-

가락국을 떠나서 신라에 온 석탈해는 어떻게 했을까요? 잔꾀로 남의 집을 빼앗습니다. 그 장면도 『삼국유사』에 나옵니다.

말을 끝내자 그 아이는 지팡이를 끌며 두 종을 데리고 토함산 위에 올라가 돌집을 지어 칠일 동안 머물렀다. 성안에 살 만한 곳을 살펴보니 마치 초승달 모양으로 된 봉우리가 하나 보이는데 지세가 오래 머물 만한 땅이었다. 이내 내려와 그곳을 찾으니 바로 호공瓠公의 집이었다. 이에 지략을 써서 몰래 숫돌과 숯을 그 집 곁에 묻어놓고 (다음 날) 새벽 아침에 문 앞에 가서 "이 집은 조상 때부터 우리 집입니다."라고 말했다. 호공이 "그렇지 않다." 하여 서로 다투었으나 시비를 가리지 못하였다. 이에 관가에 고하자 관가에서 묻기를 "그 집이 너의 집임을 무엇으로 증명하겠느냐?" 하자 (동자가) "우리는 본래 대장장이였는데 얼마 전 이웃 고을에 간 사이에 그 집을 다른 사람이 빼앗아 살고 있으니 청컨대 땅을 파서 조사하게 해 주십시오." 하였다. 말대로 따르니 과연 숫돌과 숯이 나왔으므로 이에 그 집을 취하여 살게 하였다.

호공이 바보가 아닌 한 이런 식으로 순순히 집을 내주었을리 없습니다. 혁거세 거서간이 그랬고, 자신이 그랬듯이 북방 초원지대에서 멀리 내려온 이민족이었기에, 나중에 합류하는 세력에게 그럴 듯한 빌미를 제공하느라고 이런 연극을 했을 것으로 보입니다. 그 뒤에 김알지도 갑자기 나타나는데, 이들을 거두는 것도 석탈해입니다.

이렇게 신라에 안착한 석탈해는 남해차차웅의 사위가 되었다가 마침내 신라의 왕이 됩니다. 북방의 초원지대를 떠돌다가 부족을 이끌고 남하하여 자리 잡을 곳을 찾아 헤매던 유목민의 고단한 삶이 환히 보입니다. 강길운은, 이 때 바닷가에 널리 퍼져 살던 아이누인을 스키타이족으로 추정하기도 합니다.

이들의 고단한 이동과 그 과정에서 나타난 역사 사건에는 이들이 남긴 언어가 있습니다. 그 언어를 따라가면 이런 이야기들이 완전히 새롭게 들립니다. 벌써 그런 내용이 책으로 나왔죠. 이런 주장이 지난 30년 동안 인터넷에 단 한 번도 소개되지 않을 만큼 이상한 궤변인가요? 인터넷에 소개가 안 되었다면, 정식 학계라고 해서 사정이 다를까요? 정말 통탄할 일입니다. 한 학자의 고집스럽고 위대한 성과를, 30년 뒤에 이름 없는 촌뜨기 하나가 소개하는 이 순간이 정말 참담합니다. 30년 전에 제가 안 내용을, 끝내 모른 체할까 하다가 결국은 이렇게 아는 체를 하고 맙니다. 이제쯤이면 어디선가 작은 메아리라도 울리면 좋겠습니다.

2. 강원도 횡성

강원도 횡성에 갔다가 뜻밖에 박혁거세의 설화가 있는 것을 알고 입맛이 확 돌았습니다. 강원도 횡성이 고향인 김정래(독일 덕화대 사백) 접장이 온각지동문회 모임을 한 번 하자고 해서 2022년에

'임인년 단풍 활쏘기 한마당'을 열었고, 덕분에 갈 일이 없던 횡성까지 발걸음했습니다.

장소는 갑천면 어답산의 한 골짜기였는데, 거기서 각궁을 만들며 사는 최상배 궁장한테서 아주 재미있는 지역 설화를 들었습니다. 진한의 마지막 임금인 태기왕과 신라의 왕 박혁거세가 배수진을 치고 싸운 곳이 이곳이라는 겁니다. 그래서 임금이 밟은 산이라는 뜻으로 어답산御踏山이라고 했다는 것입니다. 진한의 마지막 임금 태기왕이 졌고, 박혁거세가 이김으로써 신라가 시작되었다는 것입니다.

어답산에서 흘러내리는 골짜기는 모두 셋입니다. 곧은골, 샘골, 장승골입니다. 곧은 골에서 큰 전투가 벌어졌다고 합니다. 겨울에 물이 꽁꽁 얼어서 병사들이 밥을 해먹을 수가 없는데 한 곳의 샘만이 얼지 않아서 거기서 물을 떠다가 밥을 했고, 그래서 샘골이라는 이름이 붙었답니다. 궁지에 몰린 태기왕이 병사의 숫자가 모자라서 장승을 많이 세워서 위장을 했다고 해서 장승골이 되었답니다. 이 전투가 얼마나 심했는지, 많은 병사가 냇가에서 갑옷에 묻은 피를 닦아내니, 냇물이 핏물로 붉게 젖었다고 하여 '갑천'이라고 하는데, 어답산에서 멀지 않은 곳에 있습니다.

이런 설화는 당연히 민간에서 떠도는 이야기인데, 너무 지명에 매여서 상상력을 풀다 보니 우스꽝스럽기까지 합니다. 그렇지만 이런 이야기들이 암시하는 내용이 있어서 저로서는 범상치 않다 느꼈습니다. 특히 강원도와 경상도는 백두대간으로 연결된 지역이기 때문에 여기서 박혁거세의 자취를 만난다는 것은 특별한 의미가 있습니다. 어쩌면 이 설화가 박혁거세의 이동 경로를 암시하는 것일 수도 있기 때문입니다. 신라는 원래 발해만 언저리에 있다가 서서히 이동하여 평양 구월산을 거쳐 경주에 다다릅니다. 박혁거세가 어떻게 어떤 경로를 거쳐서 경주에 이르렀는지는 알려진 바가 없습니다. 『삼국사기』에서는 어느 날 갑자기 경주에 나타납니다. 그런데 평양과 경주를 잇는 중간 지점 횡성에서 박혁거세의 자취를 설화로 확인할 수 있다는 것이 예사로운 일이 아니라고 직감하는 것입니다.

더군다나 진한의 마지막 왕이라는 말이 의미심장합니다. 신라 초기에는 진한의 세력이 훨씬 더 컸습니다. 신라의 부족장을 진한의 왕이 죽이고 갔는데도 신라는 항의하지 못할 정도였습니다. 석탈해가 신라로 들어오고 점차 신라가 강해지면서 진한의 세력이 좁아들죠. 나중에는 진한 세력이 완전히 신라에 복속됩니다. 이곳 설화의 주인공이 박혁거세인지 아니면 그 후손인지는 정확하지 않을 수 있으나 그런 변화의 과정을 보여주는 설화임은 분명합니다. 그것은 역사학자들께서 좀 더 연구해주시기 바랍니다.

횡성은 말 그대로 '가로재'라는 말입니다. 『신증동국여지승람』을 살펴보니, 고구려 때 횡천橫川이라고 했고, 다른 말로 어사매於斯買라고도 했다네요. 이것이 신라 때에는 삭주朔州 소속의 황천潢川으로 바뀌었다가, 고려 때에 횡성으로 바뀝니다. 川이 城으로 바뀌었습니다.

川과 買는 같은 말입니다. 고구려어로 '미'는 물을 뜻하죠. 그래서 川으로 옮긴 겁니다. 그런데 발음을 들어보면 '뫼'와 '미'는 구분이 잘 안 됩니다. 그래서 산을 뜻하는 '뫼'를 川으로 옮길 수도 있습니다. 횡천을 나중에 횡성으로 바꾼 것은 아마도 이런 결과일 것입니다. 城이 '재'이니, 높은 언덕을 가리킨 말로 옮겼을 것입니다. 백두대간의 고봉 준령이 연달아 있는 것이 횡성 지역입니다.

'어사매'는 신라의 지명일 겁니다. 신라의 지배층은 터키어를 썼고,

터키어로 물웅덩이(潢)나 소(潭)는 'azmak'이라고 합니다. 이것을 소리 나는 대로 적은 것이 '於斯(az)+買(mak)'이고, 한자로 황천潢川이라고 옮긴 것입니다. 이것이 고구려 지배층이 쓴 몽골어와 뜻이 통하니 그렇게 썼을 것입니다. 몽골어로 물웅덩이는 'gub'이라고 하거든요. 'gub'은 갑甲(gab)과 같습니다. 몽골어로 표기하면 '갈뫼(갑천, 횡천)'이고, 터키어로 표기하면 '어사매'가 되는 겁니다. 이 지역이 신라와 고구려의 분쟁 지역이기 때문에 지명도 왔다 갔다 했을 겁니다.

횡성은 '가로재, 갈재'인데, 이것은 한자의 뜻대로 가로 누었다는 뜻이 아닙니다. '갈'의 2음절이 '가로'이고, '갈'은 '골'로 골짝도 뜻하지만 높다는 뜻도 있고 가운데라는 뜻도 있습니다. 갈라지는 곳이 가운데이기 때문이죠. 골짜기는 가운데라는 뜻입니다. 호수 이름 '홉스굴(몽골), 바이칼(러시아), 이식쿨(키르기스스탄), 투다쿨(우즈베키스탄), 카라쿨(타지키스탄), 알라콜(카자흐스탄)'에 보이는 몽골어 '굴(gool), 갈'이 바로 우리말의 '골'짜기이고, '개울'입니다. 알타이산맥의 만년설이 녹아내리는 골짜기 이름이 '차강골'인데, 몽골어로 '차강'은 희다는 뜻이고, '골'은 강을 뜻하는 말입니다. 우리말과 똑같습니다.

우리말에서 중앙을 뜻하는 말의 표기는 '굽'과 '굴' 두 가지 꼴로 나타납니다. '굽'은 '가운데'라는 말에 살아있습니다. '가운데'는 '굽은딕'인데, '굽은딕〉ㄱᄫᅳᆫ딕〉ㄱᅟᅠᆫ딕〉가운데'의 음운변화를 거쳤습니다. 비읍이 'ㅜ'로 변하는 것은 순경음화(ᄫ) 과정을 거친 것입니다. '굴'은 앞서 잠깐 살펴본 것처럼 '갈라지다, 갈래기, 갈래, 가람' 같은 말에서 볼 수 있습니다. 횡성 관련어 갑천甲川은 비읍이 살아난 것이고, 갈재橫城는 리을이 살아난 것입니다. 둘 다 중심이나 높다는 뜻을 지닌 우리말의 향찰 표기입니다.

'글'이 용을 뜻하는 경우가 있습니다. '용가리'의 '가리'가 바로 그것인데, 횡성에 청룡靑龍이라는 지명이 있어서 예사롭지 않습니다. 만약에 이 지역의 태기왕 신화가 근거 없는 것이라면, 이 용의 이미지 때문에 생긴 설화일 것입니다.

어답산御踏山산은 '언+압+산'의 짜임인데, '압'은 '오지랖' 같은 말에서 보이는 명사화 접미사입니다. 어답산이 임금 설화에서 나온 말이라면 '언'은 '글, 급'의 변형일 것입니다. '갈'이 우리말에서 용을 뜻한다고 했습니다. 기역이 탈락하면 '알, 압, 엇, 언'이 되는 것입니다. 만약에 임금 설화와 관련이 없는 말이라면, 이 분석은 물려야 합니다.

어답산 밑 골짜기 마을이 병지방兵之坊인데, 아마도 이 때문에 두 임금의 전쟁 설화가 생긴 게 아닐까 싶기도 하고, 그 반대일 것 같기도 합니다. 이 지역은 고구려 땅이었습니다. 몽골어로 'kure'가 군대를 가리키는데, 갈재(橫城)의 '글'과 비슷한 소리가 납니다. '갈'이 'kure'와 비슷해서 군대라는 말이 쓰였고, '재'와 결합하면 '병지兵之'가 되지 않을까 싶습니다. '병지'는 'kure-ti'로 표기할 수 있는데, 향찰 표기에서 '子, 之'는 'ti'를 적은 말이기 때문입니다. '병지兵之'와 '갈재橫城'는 같은 말을 적은 향찰 표기입니다. '병지방'은 '갈재골, 갈재마을'이 되겠죠.

정리합니다. 높은 산줄기들이 서로 뒤엉킨 땅의 모습을 보고 이곳에 살던 토박이들이 '곱뫼(並山, 疊疊山)'라는 이름을 붙입니다. 고구려 지배층이 이곳에 와서 토박이들의 말을 들어보니 '갈미〈갈믜〉'로 들려, 자기들이 인식한 대로 횡천橫川이라고 표기합니다. 뒤에 신라의 지배층이 와서 보니 고구려 사람들이 몽골어로 'gub(급, 물웅덩이)'이라고 한다고 여겨서, 이 말을 자신들의 말인 터키어(azmak, 潢, 물웅덩이)로 이해하여 옮긴 것이 황천潢川입니다. 황천은 뜻을 옮긴 것이고, 어사매於斯買(azmak)는 소리를 적은 것입니다. 될수록 고구려 지명과 비슷하게 작명했다는 게 보이지요? 이것을 고구려를 계승했다고 자부한 고려에서 '횡성'으로 확정하였고, 오늘날에 이르죠. '뫼(山)'나 '재(城)'나 같은 말입니다.

제가 활을 쏘는 사람이다 보니, 활에 관한 지명이 눈에 잘 띄는데요, 횡성에 궁천리弓川里리라는 마을이 보입니다. 당연히 개울이 활처럼 굽었다고 해서 붙이는 이름입니다. 횡성군청의 홈페이지 안내를 보니 원래 지명이 '활아지'입니다. '아지'는 작은 것에 붙이는 축소사입니다. 망아지, 강아지, 송아지, 바가지, 싸가지, 모가지.

앞서 말한 '온깍지'가 궁금하시죠? 우리 활의 전통 사법을 가리키는 말입니다. 우리 활에서는 양궁과 달리 시위 잡은 손을 발시와 동시에 활짝 펼칩니다. 양궁은 뒷손이 그 자리에 그대로 있죠. 이렇게 깍짓손이 발시 후에도 그대로 멈춘 것을 '반깍지'라고 하여, 그렇게 하지 말라고 가르쳤습니다. 일종의 활병으로 본 것입니다.

그런데 양궁이 도입된 1960년대 이후 국궁계의 분위기는 완전히 바뀌어 양궁을 닮은 반깍지 동작이 대세가 되었고, 전통 사법 온깍지 동작으로 쏘는 사람들은 가물에 콩 나듯 한 이상한 상황이 벌어졌습니다. 국궁 인구 15,000명 중에서 전통 사법 온깍지로 쏘는 사람은 100명이 채 안 됩니다.

이러다가는 온깍지 활량들이 병신 취급을 받을 것 같아서, 안되겠다 싶어 2001년에 온깍지궁사회를 출범시켜 7년간 활동했고, 그 결과 국궁계에서는 온깍지가 전통 사법을 뜻하는 말로 자리 잡았습니다. 이후 온깍지활쏘기학교를 만들어서 전통 사법과 사풍을 제대로 보존하자는 활동을 하는 중입니다. 이 학교를 졸업한 동문들의 모임이 온깍지동문회입니다. 횡성에서 전통 활 각궁을 만드는 최상배 궁장의 초청으로 궁방이 있는 어답산 병지방리에서 한 번 모임을 한 것이고, 그곳에서 태기왕과 박혁거세의 설화를 듣게 된 것입니다.

2023년 3월 25일에는 온깍지협회가 출범하여 사단법인으로 등록하고 활동을 이어가는 중입니다. 그리고 두 번째 횡성 활쏘기 모임 '계묘년 단풍 활쏘기 한 마당'을 같은 곳에서 열었습니다. 이 날은 심지어 떡메로 쳐서 인절미를 만들어 먹는 행사도 했습니다. 모두 최상배 궁장과 그곳 농업법인인 '만인당' 분들의 배려로 생긴 일입니다.

3. 김일제

앞서 잠깐 말했습니다만, 김일제金日磾는 흉노 휴도왕休屠王의 장남입니다. 한 무제가 흉노를 공격할 때 명장 곽거병에게 포로로 잡혔는데, 그때의 나이가 14살이었습니다. 붙잡혀와서는 말 키우는 일을 맡게 되었는데, 한 무제의 눈에 들어 발탁되었고, 나중에는 김씨 성을 하사받아서 타현秅縣을 봉지로 받아 다스렸기에, '타후秅侯'라고 불립니다. 문무왕의 비석에 '秅侯天祭之胤'이라는 구절이 든 것은 이 때문입니다.

김씨 성을 받은 까닭은 흉노족이 황금으로 만든 금인金人을 제천의식 때 쓰기 때문입니다.(『알타이 인문 연구』) 이 '제천금인'은 곽거병이 전리품으로 중국에 가져옵니다. 흉노족이 이렇게 하는 것은 자신들의 모태인 알타이산맥과도 연관이 있습니다. 알타이가 이들의 말로는 '금'이어서, 알타이를 한자로 쓸 때 '金'이라고 합니다. 황금이 귀하고 비싸서 귀한 사람인 왕족, 즉 하늘의 아들과 그 자손에게만 붙이는 이름입니다. 그래서 이런 귀족들은 이름 자체가 '알'입니다. 김일제의 어머니가 알씨閼氏인데, 이것은 고대 터키어에서 '부인'을 뜻하는 'alga'를 적은 것에 지나지 않습니다.

그런데 놀랍게도 중국과 천만리나 멀리 떨어진 한반도의 경주 김씨 족보에 김일제가 등장합니다. 경주 김씨는 김일제의 후손이라는 것이죠. 그리고 문무왕비에도 그렇게 기록되어 이 점은 확실해 보입니다. 문제는 김일제의 후손이 한반도로 건너온 과정이 또렷하지 않다는 것입니다.

재미있는 것은, 김알지의 '알지'가 '일제'와 너무 닮았다는 것입니다. 닮은 정도가 아니라 아예 똑같은 말이라는 심증이 갑니다. 한나라 때의 한자 발음과 지금의 우리 발음이 어떻게 같을 수 있느냐고 트집 잡고 싶은 분도 있으실 겁니다. 여기에 대해 간단히 말씀드리면 현대의 중국음보다 오늘날 우리가 쓰는 한자음이 훨씬 더 한나라 시절의 한자음에 가깝습니다. 오늘날 우리가 쓰는 한자음은 당나라 무렵의 음(중고음)입니다. 이것은 『반야심경』의 주문을 읽어보면 압니다. 중국 무협 드라마에서 중국인들이 현대 발음으로 하는 것보다, 우리가 현재의 우리 한자음으로 읽는 것이 인도어(범어)의 소리에 훨씬 더 가깝습니다. 중국은 벌써 2,000년이나 흐르면서 소리가 많이 변했는데, 당나라 때 받아들인 소리를 지금도 우리는 쓰기 때문입니다.

예를 들어, 현대중국어에서는 입성入聲이 아예 사라졌습니다. '입, 각, 촉' 같은 말의 발음이 없어져서 중국 현대인들은 4성 체계인

자기네 한자를 보고서 입성을 구분하지 못합니다. 하지만 우리나라 사람들은 마치 콩 속에서 팥을 골라내듯이 쏙쏙 찾아내죠. 이런 걸 보면 오히려 중국인들이 더 감탄합니다. 한자음은 우리의 발음이 한나라의 발음에 더 가깝습니다. 그래서 '알지'와 '일제'가 거의 같은 소리라고 제가 감히 주장하는 것입니다.

『삼국사기三國史記』에서는 김알지의 출현을 이렇게 설명합니다. 즉, 탈해이사금 9년에 왕이 금성金城 서쪽 시림始林 속에서 닭이 우는 소리를 듣고 호공瓠公을 보내 살펴보게 했는데, 황금빛의 궤가 나뭇가지에 걸려 있고 궤에서 빛이 나오며 흰 닭이 나무 밑에서 울었다는 것입니다. 왕이 친히 가서 궤를 열자 잘생긴 사내아이가 나왔고, 이 때부터 시림을 '계림鷄林'이라 하고, 이를 나라 이름으로 삼았다는 것입니다. 탈해는 이 아이를 거두어 길렀는데 금궤에서 나왔다고 해서 성을 '김'씨로 했으며, 자라면서 똑똑하고 지략이 뛰어나 '알지'라고 이름 붙였다고 합니다. 가락국기의 김수로왕이 등장하는 것처럼 외부 세력이 어느 집단으로 들어오는 과정을 신화로 표현한 것입니다.

이것은 말 그대로 신화일 뿐입니다. 실상은 권력투쟁의 과정에서 나타난 덤터기죠. 신라는 퉁구스어를 쓰는 박씨와 스키타이어를 쓰는 석 씨, 터키어를 쓰는 김씨 세 부족이 지배층 노릇을 했습니다. 석탈해로 대표되는 세력이 가장 약하여 결국은 터키어를 쓰는 김알지 세력에게 흡수된 것인데, 그 과정을 이렇게 표현한 것입니다. 탈해가 '니사금'이라는 퉁구스족의 왕명을 쓴 것으로 보아 처음에는 박 씨에게 붙었을 것입니다. 패거리 숫자가 가장 적어서 세력이 약한 까닭이었겠지요. 그 전에도 가락국의 김수로왕에게 덤볐다가 패배하고 쫓겨난 전력이 있습니다. 그 뒤로 신라에 와서 남의 집 담장 밑에 숯을 숨겨

놓고 원래 자기네 집이었다고 거짓말을 하여 그 집을 차지하죠. 이렇게 오락가락하다가 어렵게 왕이 되자 자신을 지지할 세력이 필요했고, 그때 터키족에게 손을 내민 것이며 김알지가 그 손을 잡은 것입니다.

'磾'는 옥편에 '사람 이름 제'로 나옵니다. 보통명사가 아니라 그냥 사람 이름으로 쓰이는 말인 것으로 보아 한 무제가 김씨 성을 하사하듯이 김일제에게 만들어준 이름 같습니다. 당시만 해도 한자가 많이 생길 무렵입니다. 그래서 한자 하나가 사람을 가리키는 말로 만들어진 것입니다. 이 '磾'는 '石+單于'의 짜임으로, '새끼 선우'를 나타내는 말입니다. 우리말에 어린아이를 '돌이, 똘이, 똘똘이'라고 합니다. 이 '돌'은 돌덩이(石)가 아니라 사람을 가리키는 말입니다. 우리말에서는 돌처럼 단단하게 살아라는 뜻이 붙기는 했지만. 터키어로 '자손'은 töl입니다. 이것을 '石'으로 옮긴 거죠. '單'은 앞서 살펴본 대로 고대 터키어로 '폐하'를 뜻하는 'jenap〉jenu'이라고 했습니다. 김일제가 흉노의 선우 '휴도왕'의 아들이었기에 그의 아들이라는 애칭을 붙여서 만든 글자가 '磾'입니다.

이렇게 해서 14살에 붙잡혀온 포로에게 붙여줄 그럴듯한 이름을 뜻하는 한자를 새로 만들었습니다. 이렇게 뜻을 정했으면 '음'도 정해야죠. 뭐라고 할까요? '흉노 왕의 귀하신 아들'을 뜻하는 말에 걸맞은 '음'은 무엇으로 하는 게 좋을까요? '귀인, 존자'를 뜻하는 말이 있습니다. '벼슬아치, 구실아치'의 'č'가 그것입니다. 그래서 '제'라는 음이 결정된 것입니다. 그렇게 하여 '사람이름 제(磾)'자가 탄생합니다. 金은 '제천금인'인 때문에 생긴 한자이고, 日은 해를 숭상하는 흉노족의 관습 때문에 붙은 것입니다. 김일제는 '제천금인 가문의, 해 같은 아기 선우'라는 뜻이 됩니다.

김일제는 제천금인을 섬기는 알타이 사람이라서 '김'을 성으로 받았고, 김알지는 금궤에서 나와서 '김'을 성으로 받았습니다. 성씨의 내력이 똑같습니다. 내력이 같으면 이름도 같습니다. 『삼국사기』에서 '알지'를 똑똑하다고 해서 붙인 이름이라는데, 이것은 뜻을 잘 모르고 붙인 설명입니다. 알지는 흉노족의 '고위관리'를 가리키는 말입니다. 몽골어로 'ere'는 '남자'를 뜻하는 말인데, 크게 보면 몽골족과 함께 움직인 석탈해가 붙인 이름이니, '알지'는 당연히 'ere'라고 보는 것이 맞습니다. 궤 안에서 사내아이가 나왔다는 표현은 더욱 이 점을 확실히 보여주죠. 'ge'는 '존자'를 뜻하는 접미사인데, 'erege'는 남자 존자를 뜻합니다. '여성 존자'는 'alga'였고, 이것이 '알씨'가 된 것입니다. 'alga'는 알가(-哥)인데, 제 집안을 스스로 말할 때는 '가'라고 하고, 남의 집안을 말할 때는 '씨'라고 하니, '알가'를 '알씨'라고 한 것에 지나지 않습니다.

우리가 오늘날 쓰는 '씨'와 '가'는 한자가 아닙니다. 우리말입니다. '씨'는 '씨앗'과 같은 뿌리를 지닌 말입니다. '가'는 동북아에 살던 사람들의 공통 용어 '간, 카간, 한'입니다. '氏'나 '哥, 家'는 그 소리를 적은 것에 불과합니다.

'알'이라는 말은 우리에게 낯선 말이 아닙니다. 백제를 다룰 때 벌써 한번 봤습니다. 백제의 지배층은 임금을 '어라하於羅瑕'라고 하고, 피지배층은 '건길지鞬吉支'라고 했습니다. '어라하'가 바로 '얼-한'이고 '존자인 왕'을 뜻하는 말입니다. 아니면 소리 그대로 'erege'라고 봐도 됩니다.

우리말에서도 '알'은 해를 뜻합니다. '이틀, 사흘, 나흘'의 '흘'이 '해'의 자취입니다. 이 말들의 짜임은 '잍+을, 샅+을, 낳+을'입니다.

'을'의 옛 표기는 '올'입니다. '올'은 '해'의 변형입니다. 그래서 알 란卵 자를 쓰는 것입니다. 주몽의 엄마 유화가 햇빛에 닿았다가 알을 낳았다는 것도 이것을 의미합니다. 그 해는 물론 해모수라는 사람이고, 그의 해(알)를 품었다가 앞으로 해(왕)가 될 사람을 낳았다는 뜻입니다. 사실에만 집착하는 역사학자들께서는 도무지 무슨 소리인지 모르시겠거든, 저의 주장을 부인하시기 전에 주변의 문학도에게 한번 물어보시기 바랍니다. 괜시리 말 먼저 했다가 나중에 망신당하지 마시고.

김일제가 죽은 뒤 김일제의 후손은 왕망의 반란에 휘말려 위기를 맞습니다. 김일제의 자손이 왕망의 처가와 한 피붙이였던 까닭으로, 왕망이 한나라를 무너뜨리고 잠시 새로운 왕국을 만들었을 때 왕망의 편에 섰습니다. 그 뒤로 후한의 광무제가 일어나면서 왕망파를 숙청하기에 이르자 큰 위기를 맞은 것입니다. 이들이 설화처럼 성을 바꾸고 중국에 살았는지, 아니면 떠도는 전설처럼 가야가 뱃길로 김해에 이를 때 거기에 편승하여 흘러들었는지는 알 수 없습니다. 이런 떠도는 설화는 믿기 어렵습니다. 그럴 듯은 하지만 사실로 받아들이기에는 위험합니다.

다만, 이렇게 추정할 수는 있습니다. 신라 왕실에는 진작부터 터키족이 있었고, 한 무제의 흉노 정벌로 파편처럼 흩어진 흉노족의 일파가 한반도로 흘러들어서 경주에 자리 잡은 것이라고 볼 수 있죠. 한반도로 흘러든 터키족의 존재는 비류백제에서도 한번 확인한 적이 있습니다. 따라서 문무왕을 비롯하여 경주에 살던 터키족이 김일제의 직접 후손이라는 연결점은 없더라도, 같은 흉노족으로서 김일제와 혈통을 연결 지어 자신의 정체성으로 삼을 수는 있다는 것이 저의 생각입니다. 문무왕 비의 기록은, 신라의 지배층이 유라시아 초원지대에서 일어난 유목민이라는 것을 증명해주는 것입니다. 그리고 한 무제 무렵의 상황을 감안하면 얼마든지 이해할 수 있는 역사 이야기입니다.

신라의 건국 연대는 정확히 믿기 힘들지만, 어쨌든 한 무제의 흉노 정벌이 있던 기원전 129년보다 한참 뒤에 일어난 일이니, 경주의 김알지가 흉노와 연관된 것은 분명합니다. 경주 김씨 족보에 기록된 김일제의 기록과 신라 문무왕 비의 기록은 결코 허황한 것이라고 볼 수 없습니다. 분명히 어떤 연관과 맥락이 있는 기록임은 그들이 쓴 말의 뿌리를 통해서도 또렷이 확인되는 사실입니다.

이런 것을 보면 세계사에서 유례없는 한국인의 혈통 사랑이 만들어낸 족보의 세계가 팔만대장경 이상으로 놀라운 일임을 깨닫게 됩니다. 조선 말기로 접어들면 평민들의 신분 상승 욕구로 족보의 대혼란이 일어나지만, 이런 기록을 살펴보면 적어도 조선 중기 이전의 족보에 나타난 기록들은 매우 사실성이 짙다는 점을 알게 됩니다. 이로 인해 저는 이번에 우리나라 족보의 사실성을 다시 한번 생각해보는 계기가 되었습니다. 2천 년 전의 사실이 한 집안의 조상 내력을 적는 족보에 이토록 정확하게 기록된다는 사실이 놀라웠습니다. 저는 동래 정 가인데 동래 정씨의 내력은 경주 정씨의 분파이고, 조상은 『삼국유사』에 나오는 '소벌도리蘇伐都利'라는 『동래 정씨 파보』의 기록을 보고, 저걸 과연 믿을 수 있을까 고개를 갸우뚱거렸는데, 핏줄의 내력을 의심한 저를 반성하는 기회가 되었습니다.

오늘을 사는 한국인들은 대부분 조선 시대에 정승 판서를 지낸 사람의 후손입니다. 조선 초기 인구의 70%를 이루던 상민들은 다 어디로 간 걸까요? 일제강점기를 지나며 갑자기 사라진 쇠백정들은 지금 조선 시대 어느 재상의 자손으로 살아가고 있을까요? 이런 것을 생각하면 족보에 적힌 글들이 황당하게 보이지만, 김일제를 확인하는 과정에서 나타난 족보 기록의 사실성은 정말 놀라운 일입니다.

중국의 역사학에서는 극히 최근까지도 흉노나 동이를 자기네 역사로 취급하지 않았습니다. 역대로 북적이나 동이로 분류하여 자신들과 구분 지었죠. 그러던 것이 변화의 조짐을 나타내기 시작한 것은 1990년대 동북공정과 맞물립니다. 그때 흉노까지도 중국 역사로 넣으려고 하였고, 그들이 내세운 강력한 증거가 바로 휴도왕의 아들 김일제였습니다. 대부분의 흉노가 공격을 받고 서쪽과 동쪽으로 콩 튀듯이 흩어졌는데, 김일제를 비롯한 적지 않은 흉노족들이 포로로 잡혀 중국으로 끌려왔고, 이들이 흉노를 대표하기 때문에 역사에서 감쪽같이 사라진 흉노를 중국의 민족사에서 다루어야 한다는 논리입니다.

제가 알기로는, 한국을 비롯하여 그 주변의 역사학에서 이를 부인할 만한 적당한 구실을 찾지 못하고 멀뚱멀뚱 바라만 보는 처지입니다. 심지어 한국에서는 '아리랑'과 '씨름', '한복', '된장'까지도 중국에게 빼앗길 처지에 놓였습니다. 이런 덤터기를 쓰는 데 가장 크게 기여한 자들이, 제 나라의 역사 강역을 한반도 안으로 축소시킨 한국의 역사학자들이라는 것은 이제 피할 수 없는 그들의 업보가 되었습니다. 똥 싼 놈은 따로 있는데, 그 똥을 치우는 놈도 따로 있어서, 이런 뒷설거지나 해야 하는 저의 오지랖도 참 어지간하다는 탄식을 하면서, 얄밉지만 흉노가 한국의 엄연한 역사임을 제시하고자 합니다.

흉노는 터키어를 썼고, 우리 역사에서 터키어를 쓴 부족들은 적지 않습니다. 위만조선이 터키어를 썼고, 신라 후기를 지배한 김씨가 터키어를 썼습니다. 이것을 잘 보시기 바랍니다. 위만은 한 무제의 흉노 정벌 직전에 기자조선을 넘어뜨린 사람이고, 신라의 김씨들은 처음부터 신라를 세운 세력의 일부이지만, 그 세가 미약하여 다른 종족의 눈치를 보며 그들을 돕는 방식이었습니다. 탈해 니사금이 김 알지를 주워다 길렀다는 것이 그런 증거를 보여주는 설화입니다. 그러다가 신라 중기를 넘어서면 왕실을 접수하여 신라가 망할 때까지 그들의 왕국이 됩니다. 이 정도 설명이면 머릿속에서 무언가 퉁(!)하고 울리는 게 있어야 하지 않을까요?

신라 왕실의 김씨 세력은 터키어를 쓰는 흉노족이었다는 것입니다. 이상한 것은 신라 초기에 아주 미미해서 혼자서는 왕 노릇도 못하던 김씨 세력이 후대로 가면서 다른 왕족들을 압도하게 되었다는 것입니다. 이게 무엇을 뜻할까요? 박 석 김 세 성씨 중에서 박 씨와 석 씨는 새끼를 치지 않고 김씨들만 후손을 잔뜩 낳았다는 얘기일까요? 그럴 리가 없겠지요. 사람이 자식을 생산하는 능력은 거의 비슷하고 자식 많이 낳은 것이 가장 훌륭한 일이었던 옛날에는 세월이 좀 흐른다고 해서 어느 한쪽만 더 불어날 리도 없습니다. 그런데 김씨 세력이 갈수록 힘을 얻었다는 것은, 다른 그 어느 곳에선가 그들과 비슷한 세력이 밀려들었다는 것을 뜻합니다. 신라 후기로 가면서 김씨 세력이 커졌다는 것은, 그들을 뒷받침할 만한 어떤 세력이 외부로부터 꾸준히 흘러들었다는 증거입니다. 도대체 어디서 이들은 흘러들어온 것일까요?

뻔히 예상되는 일이 아닐까요? 한 무제의 흉노 정벌로 산지사방으로 흩어진 터키족들은 자신과 동족들이 사는 곳으로 흘러들었을 것입니다. 그 첫 번째 대상이 위만조선이었을 것입니다만, 위만조선은 곧 무제의 공격으로 망하고 말죠. 그러면 위만조선에 깃들었던 터키족들은 그들 스스로 왕국을 수립하든가 기존의 왕국으로 흘러들어

의탁해야 합니다. 그들 스스로 왕국을 수립하던 세력은 벌써 우리가 보았습니다. 누구죠? 바로 비류백제입니다. 처음 '십제'를 세웠던 세력들이었죠. 그러나 이들은 온조의 휘하로 들어감으로써 몽골어를 쓰는 왕조에 흡수되었습니다.

그다음으로 기존의 왕실에 의탁해야 하는 방법으로는 신라가 있습니다. 신라에는 미약하기는 하지만 이미 왕실의 일원으로 자리 잡은 김씨 세력이 있습니다. 이들에게 의탁하면 됩니다. 백제에서 비류 백제를 세우려던 세력의 일파는 틀림없이 신라로 옮겨갔을 것입니다. 백제가 건국된 이후에 후기로 접어들면 백제 왕실은 가야계가 거의 독차지 합니다. 웅진 시대의 백제는 그곳 토착 부족들과 협의를 통해 경영된 나라입니다. 터키어를 쓰던 세력을 드라비다어를 쓰는 세력이 대신하게 된 것입니다. 백제와 신라가 교류했던 상황은 서동과 선화 공주의 설화를 통해서도 충분히 입증됩니다.

하지만 신라 후기에 이르기까지는 세월이 많이 걸립니다. 위만조선이 망하고 신라가 후기로 접어들 때까지는 300~400년이라는 시간이 있습니다. 이때의 터키족들은 무엇을 했을까요? 그 자취가 바로 북위가 군대를 보내 요서와 진평의 백제를 쳤으나 졌다는 『자치통감』의 기록입니다. 그때까지도 중국 내에는 흉노와 몽골의 세력이 남아서 한 왕조의 공격을 견딜 만큼 우뚝한 세력으로 존재한 것입니다. 이들도 결국은 흩어지는데 크게 몽골계는 고구려의 품으로 들어가고 터키계는 백제로 합류했을 것입니다. 그것이 백제의 중흥기와 맞물립니다.

또 한 가지 문무왕비에서 자신의 조상을 김일제라고 한 것도 그러한 세력 합류의 한 증거가 됩니다. 김일제의 후손은 후한 대에도 중국에서 벼슬을 하지만, 이들 중 일부가 다른 곳으로 이주했다고 보는 것이 전혀 무리는 아닙니다. 특히 왕망王莽을 거치면서 멸족의 위기를 맞았다면 그럴 수 있습니다. 그렇다면 김일제의 후손도 자신과 같은 혈족인 터키어를 쓰는 신라로 합류했다고 보는 것이 자연스럽습니다. 그렇지 않다면 문무왕비에서 타후 김일제의 얘기를 꺼냈을 리가 없을 것입니다. 어떤 식으로든 어떤 규모로든 김일제의 후손은 신라로 합류한 것이 분명합니다. 문무왕이 김일제의 직계 자손이라는 주장은 무리입니다. 김알지와 김일제가 비슷한 시기의 혈족일 것은 분명합니다. 김일제가 한나라로 잡혀간 그 시기에 어디론가 달아났던 김일제 일족의 일부가 신라까지 흘러들었다고 보는 게 무난한 상상일 겁니다.

결론을 맺겠습니다. 한 무제의 공격으로 시작된 흉노와 중국의 전쟁은 흉노의 패배로 끝을 맺었고, 그 결과 흉노는 서쪽으로 가서 게르만 민족의 대이동을 촉발했습니다. 흉노의 일부 세력은 동이족의 활동으로 합류하여 수많은 왕국을 세우는 데 이바지했는데, 이들의 자취가 마지막으로 확인되는 곳은 신라였습니다. 신라는 명실공히 흉노족의 후예가 세운 왕국입니다. 우리말의 뿌리(語源)가 보여주는 역사의 실상이 그렇고, 문무왕 비 같은 비석의 기록이 그러합니다. 이런 말을 하지 않는 것은 지난 세월에 글로 만들어진 문서들이며, 그 문서에 코를 박고 딴 곳을 보지 않으려고 몸부림치는 한국 역사학의 결론일 뿐입니다. 심지어 경주 김씨 족보만도 못한 역사서를 믿는 한국 역사학자들의 결론과는 다르게 흉노는 한국의 맨 가장자리에 와서 자신의 왕국을 세우고 만들어갔습니다.

만약에 우리가 국사 교과서에서 배운 대로 통일신라를 우리 민족의 본줄기로 삼는다면, 한국의 기원은 흉노에 닿습니다. 흉노는 중국의 역사가 아니라 한국의 역사입니다.

우리말의 뿌리를 더듬다가 우리는 어느덧 신라가 흉노의 후예가
다스리는 나라였다는 사실을 알게 되었습니다. 그렇다면 흉노를 모
르는 체하고 갈 수가 없습니다. 흉노는 사마천의 『사기』에 처음으로
자세히 나옵니다. 그걸 다 볼 수는 없습니다. 그들이 사는 모습만 살짝
보고 가겠습니다. 먼저 풍속입니다. 『사기』에서 그대로 인용합니다.

"싸움이 유리할 때는 나아가고 불리할 때는 후퇴하였는데, 도주하
는 것을 수치로 여기지 않았다. 오로지 이익을 위해서 일을 꾸밀 뿐
예의는 고려하지 않았다. 임금을 비롯해 모든 사람이 가축의 고기를
먹고 그 가죽이나 털로는 옷을 해입거나 침구로 썼다. 건장한 사람
이 맛있는 음식을 먹고 노약자들은 그 나머지를 먹었다. 아비가 죽
으면 아들이 그 후처를 아내로 맞고 형제가 죽으면 남아있는 형이나
아우가 그 아내를 차지하였다. 서로 이름을 부르는 것을 꺼리지 않았
으며 성이나 자 같은 것은 아예 없었다."

삶에 예의가 자리 잡은 중국과는 다른 점을 부각해서 기록하였
음을 볼 수 있습니다. 이걸 보면 부여 고구려의 '형사취수兄死取嫂'가
여기서 말미암은 것임을 알 수 있고, 신라 사회에서 왜 그토록 늦은
시기까지 근친혼이 이어졌는지를 절로 밝혀집니다.

이번에는 정치구조를 보겠습니다. 우두머리는 선우이고, 좌현왕과
우현왕이 있습니다. 현왕 밑에 녹려왕谷蠡王, 대도위大都尉, 대당호大當
戶, 골도후骨都侯가 있습니다. 흉노는 기명 1만~몇 천 명을 기본 단위로

하는데, 이들을 '만기萬騎'라고 합니다. 이들 만기는 24개로 고정입니다. 그래서 24장長이라고 하고, 이들 밑에 각기 천장, 백장, 십장, 비소왕卑小王, 상방相邦, 도위, 당호, 저거且渠 같은 벼슬을 두었습니다.

만기가 24장이라는 것이 눈에 들어오죠? 왜 24일까요? 왕이 포함되면 25가 됩니다. 흉노는 전체를 3으로 나누어 선우와 좌우 현왕이 다스렸습니다. 이들에게 5장씩 나누면 3×5=15. 나머지가 9인데, 각기 3장씩 배당됩니다. 이들은 선우와 현왕을 보좌하는 대도위 대당호 골도후(녹려왕)죠. 흉노는 이들이 각기 일정한 구역을 차지하고 물과 풀을 따라서 옮겨다니며 삽니다. 초원의 삶이 궁핍하다보니 노략질을 하게 되고, 그것이 때만 되면 중국을 침략하는 원인입니다. 이동과 침략이 삶의 원리인 셈입니다. 이들에게 농사짓고 사는 중국의 시각으로 보니 이상해 보이는 겁니다.

지나는 김에 심심풀이로 흉노의 인구가 얼마나 되었는지 한 번 셈해보고 갈까요? 흉노는 좌우 현왕과 선우가 24장을 거느립니다. 각 장長은 휘하에 1만을 거느립니다. 그래서 '만기萬騎'라고 합니다. 그런데 이 만기는 꼭 1만명을 거느리는 것은 아니고, 그 숫자가 안 될 때도 있습니다. 하지만 기본 단위는 만기입니다. 그래서 가장 많은 인구수는 25만 명이라고 볼 수 있습니다. 이 숫자는 전투력입니다. 즉 성인 남자의 숫자죠. 여자와 아이는 제외된 숫자이니, 한 집에 자식을 하나만 두었다고 해서 3인으로 치면 아무리 적게 잡아도 초원에 퍼져 살던 흉노 인구는 75만 명은 훌쩍 넘었다는 뜻이죠. 한 집에 자식이 둘이면 인구는 125만명을 넘어갑니다. 설마 이 시대에 자식이 둘 뿐이었을까요? 그러면 이제 다시 셈해야죠.

그건 그렇고, 더 이상한 게 있습니다. 24장의 '장'이 느닷없이

『사기』의 「조선열전」에도 나온다는 것입니다. 원봉2년에 한나라에서 우거에게 사신을 보내는데, '섭하'라는 인물입니다. 이 사람이 돌아올 때 호위하여 전송을 나온 조선측 사람이 비왕裨王 장長이었습니다. 섭하가 자신을 호송해준 장을 죽이고 한나라로 도망칩니다. 섭하는 이로 인해 한나라에서 벼슬을 받아서 요동의 동부도위가 되는데, 조선에서 원수를 갚으려고 공격하여 섭하를 죽입니다. 이것이 조선 정벌의 발단이자 명분이 되어 한 무제는 그해 가을에 죄수들로 군대를 만들어 정벌에 나섭니다.

이 대목을 보면 흉노의 제도가 조선에도 그대로 쓰였다는 것을 알 수 있습니다. 장長을 비왕이라고 한 것으로 보아, 조선에서는 24장을 '작은 왕裨王'이라고 불렀음을 알 수 있습니다. 또 조선 열전에 우거의 아들 이름이 장항長降이라고 나옵니다. '장'은 이름이 아니라 직책이었을 겁니다. 우거의 아들도 24장 중의 한 명이었다는 얘기죠. 유목생활을 하는 사람들에게는 아주 간편하고 다스리기 편한 구조가 24장 제도였고, 그것은 부족이 다르다고 해서 쉽게 바뀔 성질의 것이 아님을 말해줍니다. 조선도 흉노처럼 24장을 기본 뼈대로 하여 전체를 세 구역으로 나누어 다스렸을 것임을 쉽게 추측할 수 있고, 그 증거는 한반도로 도망간 준 왕이 삼한을 세운다는 것에서 확인할 수 있습니다.

이들 벼슬이름 중에서 녹려왕과 골도후를 잘 살펴볼 필요가 있습니다. 녹려왕은 군사 행정을 담당하는 벼슬아치인데, 선우의 자제가 맡습니다. 고구려에 '고추가'라는 정체를 알 수 없는 벼슬 이름이 있는데, '고구려 때, 왕족이나 귀족에 대한 호칭의 하나.'로 설명하죠. 흉노의 녹려왕에 해당하는 벼슬이라서, 중앙집권제 하의 통치 논리로는 이해하기 쉽지 않았던 것입니다.

골도후는 성이 다른 대신이 맡습니다. 흉노는 원시 형태의 통치구조인데, 선우가 좌우 양쪽의 현왕을 견제하려는 방법으로 녹려왕을 두었고, 또 주먹구구식으로 돌아가는 것을 막기 위해 성이 다른 사람을 벼슬아치로 임명한 방법도 쓴 것입니다. 서로가 서로를 견제하는, 나름대로 조직을 통제하는 그들만의 방법이 있던 셈이고, 그게 고구려에도 흘러든 것입니다. 고구려가 다민족 연합국가이니 어쩌면 당연한 일이겠습니다. 흉노의 통치구조는 후대의 유목민 국가에서 거의 그대로 되풀이됩니다. 몽고(원)나 여진(청)의 벼슬인 '십호, 백호, 천호, 만호' 같은 것이 그런 것들입니다. 이것은 중국도 마찬가지입니다. 천자는 수레 만 대를 거느린다고 하여 만승, 제후는 천승, 백승, 이런 식으로 신분을 갈랐습니다.

김일제의 아버지는 휴도왕인데, 궁금한 김에 휴도왕의 뒷소식도 알아보겠습니다. 『사기』에 나옵니다.

"그해 가을, 선우는 서쪽 혼야왕과 휴도왕이 한나라 군사들에게 그의 병사 수만 명이 죽거나 포로가 되게 한 것을 노여워하여 그들을 불러들여 죽이려 하였다. 이에 혼야왕과 휴도왕은 겁을 먹고 한나라에 항복할 것을 꾀하였으므로 한나라는 표기장군(곽거병)을 시켜 이들을 맞게 하였다. 혼야왕은 휴도왕을 죽여 그의 군사와 백성들을 합쳐 거느리고 한나라에 항복하였다. 그 수는 약 4만여 명이었는데, 10만 명이라고도 하였다."

김일제는 한나라로 먼저 잡혀왔지만, 아버지가 있는 고향으로 도망칠 생각도 하였을 것입니다. 그러나 아버지도 이렇게 비참하고 불명예스럽게 죽으니, 돌아갈 곳이 없어진 셈입니다. 그가 중국에 눌러앉아 무제가 마지막까지 믿은 충신이 된 까닭입니다. 그리고 그 핏줄은 한반도 끝의 신라까지 넘어옵니다.

흉노는 이런 식으로 중국의 압박에 못 이겨 흩어집니다. 일부는 도망가고 일부는 중국으로 흡수되면서 점차 세력을 잃습니다. 한나라 이후에는 흉노가 사라지고 텅 빈 초원지대에 새로운 주인공이 등장합니다. 선비와 오환이 그들입니다. 이들은 고조선의 맨 서쪽에서 흉노와 경계를 맞대고 있던 부족입니다. 『사기』 흉노열전에서 묵돌冒頓 선우에게 호되게 당했던 동호東胡가 그들입니다.(『삼국지』 위서 열전) 이들은 후한과 삼국시대를 거쳐 수당에 이르기까지 중국 북부에서 일어나 각기 왕국을 세우고 중국의 일부가 됩니다. 이렇게 중국의 일부가 된 이들 세력인 이 씨의 당나라에게 삼국이 망하죠.

그러면 터키어를 쓰는 흉노족이 신라에 남긴 말들을 살펴보는 것으로 신라 얘기를 마치겠습니다. 신라는 초기에 박씨가 왕을 했고, 이들은 단군조선과 같은 퉁구스어를 썼습니다. 그 용어가 바로 왕을 뜻하는 '거서간, 화백, 건모라'같은 말들입니다. 거서간은, 만주어로 '하늘'은 '*kese'이고, '임금, 우두머리'는 'han, khan'이니, 여기서 온 말입니다. 만주어로 '회의'는 'hebe'이고, 이것을 한자로 적은 것이 '화백和白'입니다. '도성'은 'gemulehe'이고, 이것을 한자로 적은 것이 건모라健牟羅입니다.

김알지는 마립간이라고 했고, 후기로 접어들면서 왕명도 '마립간'이나 '왕'으로 바뀝니다. 물론 다른 용어도 바뀝니다. '마립간'은 터키어로 'melik-kan'인데 왕을 뜻하는 말입니다. 지증왕 대에 이르면 김 씨 신라의 면모가 확실해지는데, 왕명과 더불어 나라 이름을 '신라新羅'로 확정하여 쓰면서, 이 신라가 터키어 'sïla'를 표기한 것입니다. 이것은 그 전에 쓰이던 '徐羅伐, 斯盧, 斯羅, 鷄林' 같은 말을 제치고 선택된 것입니다. 비슷비슷한 발음인 것 같지만, '新羅'는 터키어로 '친목회'를 뜻하는 말입니다. 또 '회의'는 터키어로 'şûra'인데, 이것도 똑같습니다. 박씨 왕가에서 퉁구스어로 말한 '화백'이 터키어를 쓰는 김 씨 왕가에서는 '신라新羅'로 들린 것입니다. 또 '서야벌'이라고도 했는데, 터키어로 'şehir'은 '대도시'를 뜻고, 이것이 '서야벌徐耶伐'입니다. 같은 신라를 가리키는 말이 조금씩 소리가 다른 것은 이런 배경에서 온 결과입니다.

이들 흉노족이 남긴 터키어는 남쪽 바닷가 사람들이 쓰는 바람의 이름에 고스란히 남아 지금도 그대로 쓰입니다. 복잡해질 것 같아서 자세한 소개는 그치겠습니다만, 우리말에 남은 터키어가 적지 않음을 보여주는 일입니다.

휴도왕休屠王을 신채호는 『조선상고사』에서 '수두'로 보고 제사를 담당한 사람이라고 했더군요. 그 근거는 삼한의 소도蘇塗입니다. 제사장이 사는 특수구역으로 설령 죄인이 도망쳐와도 바깥사람들이 함부로 들어와서 잡아가지 못한다고 설명되었습니다. 일종의 치외법권 지대죠. 1970년대 학생운동하던 사람들에게 의지가 되던 명동성당 같은 느낌도 납니다. 이 소도를 '수두'라고 본 것입니다. 실제로 곽거병이 휴도왕의 소굴을 덮쳤을 때 휴도왕은 도망쳤지만, 그의 아들과 가족을 비롯하여 수많은 포로를 잡았고, 또 흉노가 제사 때 쓰는 금인金人을 빼앗아왔다는 기록도 있습니다. 이 금인은 흉노인들의 상징입니다. 왜 금으로 만들었느냐면, 그들의 기원이 알타이산맥이고, 알타이는 말 그대로 '금덩어리'를 뜻한 말(金山)입니다. 그래서 해마다 새해가 되면 금인을 모셔놓고 하늘에 제사를 지내죠. 금인은 제사를 지낼 때 받드는 대상입니다. 그 자취가 우리 조상들에게도 고스란히 나타납니다. 부여의 '영고迎鼓', 고구려의 '동맹東盟'이 그것입니다.

고구려의 경우 나라의 동쪽에 국동대혈國東大穴이 있는데, 이름이 수혈隧穴입니다. 축제가 시작되면 그곳으로 가서 수신을 모시고 와서 신의 자리에 모셔놓습니다. 그리고 며칠이나 축제를 즐기죠. 이걸 '동맹'이라고 하는 것은 자신들의 시조인 '동명'을 기리는 행사이기 때문일 겁니다. 실제로 주몽이 죽었을 때 큰 용이 마중 나와서 주몽을 모셔갑니다. 죽은 게 아니라 용을 타고 하늘로 돌아간 거죠. 이 용은 물론 기나긴 장례행렬을 뜻할 겁니다.

흉노의 금인은 고구려의 이런 제천행사와 똑같은 겁니다. 자신의 정체성을 잃지 않으려는 제의이자 축제인 것이죠. 이런 상징물을 흉노 휴도왕은 곽거병에게 빼앗긴 겁니다. 그러니 휴도왕이 선우에게 호출하자 자신이 죽을지도 모른다는 두려움에 떨었던 것이죠. 혼야왕도 마찬가지여서 결국은 둘이 모의하여 중국으로 투항하기로 했고, 혼야왕은 마음이 갈팡질팡하는 휴도왕을 죽이고 한나라에 항복합니다. 이럼으로써 초원의 지배자 흉노는 급격히 시들해집니다.

그 뒤로, 흉노의 제천 금인은 어떻게 되었을까요? 놀랍게도 그 뒷소식이 『삼국유사』에 나옵니다. 한 번 보겠습니다.

『삼보감통록三寶感通錄』에 쓰였으되, 고려 요동성 곁의 탑은 늙은이들이 전하는 말에 옛날 고려 성왕이 국경을 순행하다가 이 성에 이르러 오색구름이 땅을 덮은 것을 보고 가서 그 구름 속을 찾아보니 중이

지팡이를 짚고 서 있었다. (그 중에게 가까이) 가면 곧 없어지고 멀리서 보면 도로 나타났다. 그 곁에 삼층흙탑이 있어 위는 솥을 덮은 것 같았으나 그것이 무엇인지 알 수 없어 다시 가서 중을 찾으니 다만 거친 풀이 있을 뿐이었다. 거기를 한 길쯤 파보니 지팡이와 신이 나오고 또 파보니 명銘이 나오고 명 위는 범서梵書가 쓰였는데, 옆 신하가 그 글을 해독하고 부처의 탑이라고 하였다. 왕이 자세히 물으니 대답하기를, 옛날 한나라에서 소유하였던 것으로, 이를 포도왕蒲圖王[본시는 휴도왕休屠王이라 서칭書稱하는 것이니 제천하는 금인金人이다.]이라고 하였다. (성왕이) 이로 신심을 발하여 칠층목탑을 일으켰는데, 그 후에 불법이 전래되자 그 시말을 자세히 알았다. 지금 다시 그 높이를 줄이다가 본탑이 썩어 무너져버렸다. 육왕育王(인도 아육왕)이 통일한 염부제주閻浮提洲에는 처처에 탑을 세웠으니 괴이할 것이 없다. 또 당의 용삭 연간에 요동에 전역이 있을 때 행군 설인귀가 수주隋主와 요동 정벌의 고지에 이르러 산의 상이 공광하고 쓸쓸하여 행인이 끊어진 것을 보고 늙은이들에게 물으니 선대에 나타난 것이라 하거늘, 그대로 그려가지고 경사京師로 왔다.[약함苕函에 자세히 기록되었다.] 서한과 삼국의 지리지를 보면 요동성은 압록강 밖에 있어 한의 유주에 속하였다 한다. 고려 성왕은 어떤 임금인지 알 수 없으며, 혹은 동명성제라 하나 그렇지는 않은 듯하다. 동명은 전한 원제 건소 2년에 즉위하여 성제 홍가 임인에 돌아갔으니, 그때는 한에서도 패엽貝葉(불경)을 보지 못하였거든 어찌 해외의 배신陪臣이 벌써 범서를 알 수 있으랴? 그러나 부처를 포도왕이라 한 것을 보면 서한 시대인 듯하니 서역 문자를 혹 아는 자가 있었으므로 범서라 하였을 것이다. 고전에 의하면 아육왕이 귀신무리를 명하여 염부계

閻浮界 내에 팔만 사천을 세워 커다란 돌 속에 감추어 두었다 한다. 지금 처처에 그 상서로운 징조가 나타남이 한둘이 아니니 대개 진신의 사리는 감응을 측량키 어려운 까닭이다. 찬하노니 육왕의 보탑, 온 세속에 널리어, 비에 젖고 구름에 파묻히고 또 이끼에 얽혔도다. 그 당년의 행인을 회상해볼 때 몇 사람이나 지시하여 신을 제사하였을까? -『삼국유사』권3 요동성육왕탑.

두 가지가 눈에 띕니다. 제천금인이 요동성에 있다는 것과 불교와 습합하였다는 것입니다. 한나라 곽거병이 빼앗은 제천 금인이 요동성에 있다는 것은 뜻밖입니다. 아마도 전리품으로 갖고 있다가 흉노족의 후예들이 왕조를 세워 중국으로 소속되자 한나라의 유물을 요동지역에 살던 그 자손들이 가져갔을 것이라는 짐작을 해볼 수 있습니다. 그런데 그게 고구려의 관할 하에 있었다는 것이 좀 놀랍습니다. 여기서 말하는 요동성의 정확한 위치는 알 수 없습니다.

또 한 가지는 불교와 습합된 모습을 보인다는 것입니다. '포도왕'은 포蒲가 '부들'이니, 부도왕을 적은 것이 분명합니다. 휴도왕을 부도왕이라고 불렀으니, 이것이 부처를 뜻하는 부도와 소리가 같아서 이렇게 불렀을 것 같습니다. 그런데 휴도왕의 제천 금인을 불교의 유물처럼 탑에 모셨다는 것이 특이합니다.

포도왕의 정확한 뜻은 알 수 없지만, 하늘에 제사 지내는 풍속이 불교와 습합하면서 자신의 모습을 보존하려고 한 것 같습니다. 좀 더 연구해봐야 할 일입니다. 역사학자들께서는 제 논리의 약점을 어떻게든 찾아내려 잔머리 굴리지 말고, 제발 이런 연구에 힘을 기울여주시기 바랍니다.

4. 석탈해

저는 문학도이다 보니, 역사학에 문외한이어서 관련 자료를 찾을 때도 인터넷을 뒤져보는 수밖에 없습니다. 인터넷에는 워낙 허접한 자료들만 떠돌아서 큰 기대를 하지 않게 되는데, 어쩌다 괜찮은 자료가 얻어걸리는 수도 있습니다. 석탈해를 검색하고 몇 글을 읽다 보니 정말 괜찮은 글이 하나 보이더군요. 이재환의 「신라 석昔 씨족의 기원과 이동 연구」라는 논문입니다. 몇 차례 스크랩되어 옮겨 다닌 탓에 원문보기를 눌러도 원문은 벌써 사라진 글이었습니다. 이 글의 내용을 간단히 정리하면 이렇습니다.

석탈해에 관한 역사 기록은 몇 군데 나옵니다. 『삼국유사』 가락국기, 『삼국사기』 탈해왕 본기, 그리고 『수서』 신라전입니다. 내용을 간단히 소개하면 다음과 같습니다.

신라 남해왕 때, 가락국의 바다에 배가 와서 닿았다. 수로왕이 신민을 데리고 북을 치며 맞아들여 머물게 하려고 하니, 배가 곧 달아나 계림의 동쪽 아진포에 이르렀다. 바닷가의 한 노파가 (중략) 궤를 열어보니 단정한 사내아이와 더불어 칠보와 노비가 가득 들어있었다. 그들을 7일 동안 대접하자, 사내아이는 그때서야 비로소 말하기를 "나는 본래 용성국龍城國 사람입니다(正明國, 또는 琓夏國이라고도 한다. 어떤 글에서는 琓夏를 花廈國이라고도 적는다. 용성은 왜倭의 동북쪽 1천여 리에 있다 : 일연의 주석). 일찍이 우리나라에는 스물여덟 용왕龍王이 있었는데; 그들은 모두 사람의 배속(胎)에서 나왔으며 왕위를 대여섯 살부터 이어받아 임금이 되어 백성들을 다스려 성명性命을 바르게 했소. 8품品 성골姓骨이 있으나 가리는 일 없이 모두 대위大位에 올랐소. 그때 우리 부왕父王 함달파含達婆가 적녀국積女國의 왕녀를 맞아 왕비로 삼았는데, 오래도록 아들이 없어서 아들 얻기를 빌었더니 일곱 해 만에 커다란 알을 하나 낳았소. 이에 대왕은 신하들을 모아 의논하기를 '사람이 알을 낳은 일은 고금에 없었던 일이니 이는 반드시 좋은 징조가 아닐 것이다.'라 하시고 궤를 만들어 나를 칠보七寶와 노비들과 함께 궤 속에 넣어 배에 실은 뒤 바다에 띄우고 '부디 인연 있는 곳에 닿아 나라를 세우고 일가一家를 이루도록 하라.'고 비셨는데, 이때 갑자기 붉은 용이 나타나 배를 지켜주어 이곳에 이르렀소."라고 했다. -『삼국유사』권 1 「기이」1 제4 탈해왕조

석탈해가 외부 세력이라는 것은 역사학자들에게도 이견이 없습니다. 이들이 배를 타고 어디선가 출발하여 한반도에 이르렀다는 뜻입니다. 이들의 출발지는 '용성'이라는 나라입니다. 그렇다면 용성이라는 역사상의 지명을 찾으면 이들의 이동과정을 추적할 수 있을 것입니다. 용성은 모두 세 군데로 걸러집니다.

요령성遼寧省 대릉하大凌河 중류
대동강 하구인 평안남도 남포시 용강군龍岡郡
전라북도 남원시의 옛 이름이 용성龍城

용성으로 지목된 이 세 곳을 두고서 이재환이 내린 결론을 정리해보겠습니다. 서기전 195년부터 180년 사이에 위만衛滿은, 주변의

세력들을 아울러서 난하灤河와 갈석산碣石山으로부터 대릉하까지로 지배했는데, 이때 대릉하 중류에 자리 잡은 요녕성 용성국은 서기전 114년 전한이 고조선을 무너뜨리고 4군郡을 설치할 한나라의 공격을 피해 지금의 평안도 남포시 용강군으로 이동합니다. 서기전 59년 이전에 낙랑국樂浪國의 유민들이 평안도로 밀려 내려오자, 탈해는 다시 배를 타고 떠나 전라북도 남원에 터를 잡습니다. 하지만, 뒤이어 백제가 한강으로 내려오고, 남원도 안전하지 못한 곳이 되자 섬진강을 떠납니다. 이후 탈해는 김해를 정복하려 했으나 김수로왕에게 패배하고 오히려 가야에게 밀려났으며(『가락국기』) 마지막으로 아진포(영일만)에서 토함산을 넘어가 경주에 자리 잡게 됩니다. 이것이 역사 기록을 바탕으로 복원한 석 씨족의 기원과 이동, 정착과정입니다. 고단한 석탈해의 여정을 아주 잘 정리하여 마치 한 편의 영화를 보는 것 같습니다.

이 논문은 그 동안 제가 연재해온 글에서 여러 북방 민족이 한반도로 쏟아져 들어온 상황과 딱 맞아떨어지는 내용이어서 눈길을 끌었습니다. 하지만 역사 기록만으로 재구성하다 보니 아쉬운 점이 있고, 바로 그 점을 저의 어원 연구로 더 채워보면 좀 더 확실한 얘기가 될 것 같아서 이렇게 주절주절 얘기를 덧보태는 중입니다. 하하하.

아진포阿珍浦는 영일만迎日灣를 말합니다. '아진+포'는 '아잔+개'입니다. '아잔'은 '아찬'과 같고, '아침'과도 같습니다. '앚+은'의 짜임입니다. '아사달'도 같은 어원이죠. 이것을 한자로 번역하면 '해를 맞다(迎日)'입니다. '해돋이 마을'의 뜻이죠. 그래서 '영일'이 된 것입니다.

석탈해는 '스키탈 크랄'을 그대로 적은 것으로, '방랑자 왕'의 뜻이라고 말했습니다. 이들은 청동기와 철기를 한반도와 만주에 전한 세력으로, 북부 이란에서 출발하여 몽골 초원지대를 거쳐 바이칼

호까지 왔다가 다시 남동쪽으로 흘러가서 흉노의 일파가 되었다가 고조선의 일부가 되었고, 대동강과 전라도 남원 그리고 가락국을 거쳐, 마침내 한반도 맨 끝인 경주까지 와서 왕 노릇을 하다가 흘해니사금 이후에 감쪽같이 사라집니다. 이런 흐름을 보면 이들은 처음에 이란어를 썼겠지만, 초원의 지배자인 흉노에 편입되어 터키어를 함께 썼을 것입니다. 그리고 석탈해가 자신의 출신지로 말한 용성은, 앞서 말한 세 곳 이외에 흉노전에도 나오는데 이것이 그 방증입니다.

> "매년 정월에는 선우가 있는 정庭에서 모든 장(24長)이 소집회를 열고 제사를 지냈다. 5월에 용성龍城에서 대집회를 열고 조상과 천지신명과 귀신들에게 제사 지냈다. 가을에 말이 살찔 때에는 대림蹄林에서 대회를 열어 백성과 가축의 수를 조사하였다."-『사기』 흉노전.

용성이라는 말로 보아 용들이 사는 언덕배기를 말하는 것이고, 이 때 용이란 왕을 나타내는 말일 겁니다. 옛날부터 임금을 용龍으로 묘사했는데(龍顔, 龍袍, 龍床, 龍種.), 아마도 이 전통은 흉노로부터 시작된 게 아닌가 짐작합니다. 그러니까 용성을 비롯하여 용과 관련이 있는 용어를 쓰는 사람들은 왕의 혈통을 뜻하게 됩니다. 석탈해도 마찬가지로 흉노의 통치하에서는 왕 대접을 받았을 것으로 보입니다.

하지만 흉노는 한나라 무제의 공격으로 산지사방으로 흩어지고, 용성의 한 구성원이던 석탈해도 동쪽으로 흘러와서 동족인 위만조선의 날개 밑에 숨습니다. 그것이 바로 앞에서 말한 대릉하의 용성입니다. 그런데 한 무제의 공격은 흉노에 그치지 않고 조선으로 이어져 결국은 조선도 망하고 한사군이 설치됩니다. 이들은 다시 떠날 수밖에 없죠. 한사군이 설치된 지역에서 한나라의 지배를 거부하며 동쪽으로 이동한 세력이 예맥족이고, 이들은 그들을 따라 동으로 이동했다가 다시 남쪽으로 옮겨갑니다. 이 세력이 누굴까요? 바로 온조와 비류의 어머니 소서노죠.

소서노는 고구려를 세운 여인입니다. 그런데 용성국은 대동강에 있었습니다. 그렇다면 소서노가 압록강에서 주몽을 만날 때 석탈해 세력은 고구려의 남부인 대동강 언저리에 머물렀다는 얘기입니다. 소서노가 주몽과 결별하고 남쪽으로 내려갈 때 같이 따라간 것으로 보입니다.

백제는 한강가에 와서 살 터를 두고 패가 갈립니다. 형인 비류는 미추홀(인천)으로 가고, 온조는 바람들이(위례)에 남습니다. 그러다가 비류가 다시 돌아와 온조 밑으로 들어가죠. 비류를 지지한 세력은 터키어를 쓰는 세력이었기에, 장자 왕위 계승 원칙에 따라 처음에는 나라 이름을 '십제'라고 했는데, 이들의 판단 착오로 몽골어를 쓰는 온조 지지 세력에게 밀려 나라 이름까지 '백제'로 바뀝니다. 비류를 지지했던 세력의 일부는 온조 밑으로 들어갔지만, 일부는 백제에서 이탈했을 것임을 어렵지 않게 상상할 수 있습니다.

대동강의 용성을 떠난 석탈해가 이 비류백제의 이탈 세력에 섞였을 것은 훤히 보입니다. 석탈해는 이란계 유목민이었지만 정체성은 흉노의 한 갈래였으며, 나중에 신라에서 터키어를 쓰는 흉노족 김알지를 받아들이는 것으로 이들의 실체를 재확인할 수 있습니다. 『수서』 신라전에서 "그 나라의 임금은 본래 백제인이며 바다로 달아나 신라에 들어와 드디어 그 나라의 임금이 되었다."는 기록은 석탈해가 노서노의 세력과 함께 남하했음을 보여주는 증거입니다.

백제가 제 자리를 잡아가면서 터키어를 쓰는 부족들은 권력의 핵심에서 밀려났고, 이들은 남으로 내려갑니다. 그것이 남원에 용성국이 나타난 까닭입니다. 하지만 이미 남해안에는 가락국의 세력이 널리 자리를 잡았고, 석탈해는 더는 갈 곳이 없음을 알게 됩니다. 백제와는 거리가 멀어졌고, 새로운 땅에는 김수로왕이 가야의 터를 다져서 그 사이에 낀 것입니다. 남원이라는 작은 땅에 안주할 그런 사람이 아니었던 탈해는 새로운 탈출구를 찾죠. 그 첫 번째 시도가 김수로왕에게 도전장을 내미는 것입니다. 실제로 탈해는 김수로 왕을 찾아가서 한판 싸움을 벌입니다만, 패하죠. 앞선 탈해왕 신화에서 김수로왕이 신민을 거느리고 나가서 탈해가 탄 배를 맞이하려고 했는데, 쏜살같이 달아났다는 것은 이런 과정을 아주 간략하게 압축한 표현일 겁니다. 갈 곳을 잃은 석탈해는 김수로왕에게 패배를 깨끗이 인정하고 영일만으로 떠나 토함산을 넘어갑니다. 거기에 퉁구스족(혁거세)이 세운 작은 나라가 있는데, 그곳으로 합류하죠. 그것이 신라입니다. 합류하는 과정은 앞서 설명했으므로 여기서는 생략합니다.

'탈해왕조'에 따르면, 탈해는 신라 2대 남해왕 때 와서 서기 57년에 즉위해 나라를 다스리는데, 남해왕은 서기 4년부터 서기 20년까지 서라벌을 다스렸으므로 탈해가 신라로 건너온 시기는 서기 4년에서 20년 사이가 될 것입니다.

석 씨는 신라 왕가에서 박 씨와 교대로 탈해(4대 57~80) 벌휴(9대 184~196) 조분(11대 230~247) 침해(12대 247~261) 유례(14대 284~) 기림(15대 298~) 흘해(16대 310~356)로 왕위를 이어갑니다. 석탈해가 스키타이족이지만 흉노 시절에 터키어를 쓰는 부족으로 자리 잡았다는 것이 바로 김알지와 순서를 바꿔가며 왕을 계승했다는 것으로 알 수 있습니다. 그러다가 17대 내물마립간에 이르러 왕의 호칭도 니사금(퉁구스어)에서 마립간(터키어)으로 바뀌고 이후 왕계는 김 씨로 확정됩니다. 석 씨가 품어준 김알지의 후손 세력이 권력을 독점하게 된 것이죠. 흘해왕을 마지막 왕으로 이후 석 씨는 한반도에서 종적을 감춥니다.

역사 기록에 의하면 흘해왕이 자식이 없어서 김 씨가 왕위를 승계했다는 것인데, 이것은 권력투쟁에서 밀려난 사람을 미화시킨 표현에 지나지 않습니다. 왜냐하면 자식이 없다는 석 씨는 지금까지도 핏줄이 면면히 이어져 왔기 때문입니다. 현재 석 씨는 우리나라에서 인구가 얼마 안 되는 희귀성이 되었습니다. 역대 왕을 한 김 씨, 이 씨, 왕 씨와는 좋은 대조를 보입니다. 어째서 이런 걸까요? 석탈해의 행적을 좇다 보면 결론도 간단해지지 않나요? '방랑자'라는 별명답게 석 씨 부족 대부분은 어디론가 또 떠나간 겁니다. 어디로 갔을까요? 이제 갈 곳은 한 군데밖에 없죠. 바로 일본, 즉 '왜'입니다. 그래서 실제로 일본의 고대사를 연구한 사람 중에는 석 씨의 자취를 일본에서 찾아서 입증하려는 분도 있더군요.

그런데 재미있는 것은 '왜'가 일본 섬나라가 아니라, 북방 대륙 고조선의 통치 강역에서도 발견된다는 것입니다. 먼저 기록을 살펴보겠습니다.

> 개국蓋國이 거연鉅燕의 남쪽 왜의 북쪽에 있으며 왜는 연에 속한다.(蓋國 在鉅燕南 倭北 倭屬燕) -『산해경』
> 주나라 성왕 때 월상越裳은 꿩을 헌상하고, 왜인은 창초鬯草를 바쳤다. -『논형』권 19 회국편

유왜인이시맹불有倭人以時盟不 – 안휘성 박현亳縣의 원보갱촌 제1호분
벽돌

고구려 수성遂成(차대왕)이 왜산倭山에 나가 사냥했다. – 『삼국사
기』 고구려본기

이런 기록들은 대부분 지금의 왜가 중국에 알려지기 이전의 기
록들입니다. 따라서 이들은 일본에 사는 왜가 아니라 중국 북동부
고조선의 지배를 받던 겨레임을 알 수 있습니다. 그런데 재미있는 게
있습니다. 즉, '倭'를 우리는 지금 '왜'라고 읽는데, 임진왜란 이후에
도 이렇게 읽지 않고 조선 시대 내내 '예'라고 읽었습니다. 임진왜란
이후에 간행된 『삼강행실도』에 그렇게 나옵니다. 일본에서는 지금도
'예'에 가까운 발음으로 자신을 지칭합니다. 화和가 그것입니다. 이
화도 조선 시대에는 '예'로 읽었고, 그래서 일제강점기 때 일본 정신을
'대화혼大和魂'이라고 선전했습니다. 개도 안 물어갈 쪽발이 망령이죠.
　따라서 위의 기록에 나타난 倭는 '왜'가 아니라 '예'입니다. 그러
면 선뜻 눈에 들어오는 이름이 있지요. '예맥'의 '예'입니다. 한나라
식의 표현에 따르면 '진번'이 되는 것이죠. 김부식의 『삼국사기』 잡
지 지리地理에 실린 당나라 장수 이적李勣(이세적)의 편지에서 고구려의
땅 이름 가운데 '평왜현平倭縣'이 나오고, 이것은 왜를 평정했다는 뜻
인데, 이세적이 친 나라는 고구려이므로, 이 '倭'는 고구려 발음으로
는 예濊이고, 중국 측 기록으로는 '진번'이 되는 것입니다. 북방에 있
던 왜는 고구려의 한 부족을 가리키는 말이었음을 알 수 있습니다.
탈해왕 조의 '왜'가 하북성이나 요녕성에 있었다면, 지금의 요녕성
대릉하 중류에 있던 용성龍城에서 서남쪽으로 1천여 리 떨어진 곳이

므로, "용성국은 (왜에서 바라보았을 때) 왜倭의 동북쪽 1천여 리에 있다."는 구절과 정확하게 맞아떨어집니다. 이곳의 '왜'는 일본이 아니라 고구려의 한 부족을 가리키는 말이었습니다.

'倭'의 발음이 '예'라는 사실에 착안하여 동예설을 주장한 것은 이영희인데, 함경남도 덕원의 옛 지명이 용성이라는 점을 들어 석탈해가 동예인이라고 했고, 이재환은 덕원의 위치를 들어 석탈해와 관련 없다고 합니다만, 그것은 고대 한국사에서 한사군의 위치를 교과서에서 설명한 대로 받아들여서 생긴 문제입니다. 제가 보기에는 오히려 이영희의 가설이 더 맞습니다. 앞서 살펴본 것처럼 한나라의 4군은 요동의 평양을 공격하여 설치한 것이므로 한반도 안에 있을 수 없습니다. 그러니 그때의 동예는 하북이나 요녕 지역에 있었을 것으로 파악됩니다. 만약에 이렇다면 대릉하의 용성과 함경도의 덕원 용성은 같은 것이었기가 쉽습니다. 하북이나 요녕의 예족이 동쪽으로 한없이 밀리면서 삼국이 정립한 이후에는 두만강 유역과 바닷가까지 와서 정착했다는 증거가 되죠. 그 와중에 용성에 살던 석탈해도 이동한 것으로 보입니다.

석탈해의 후예들은 김알지의 후손에게 밀려 왕위에서 멀어지고, 또다시 방랑을 떠납니다. 바다 건너 일본으로 가서 새로운 천황가의 세력으로 자리 잡죠. 일본은 한반도에서 밀려난 세력들이 이합집산하여 새로운 세상을 여는 마지막 '초원지대'로 변합니다. 더는 갈 곳이 없는 이 세력들은 자신의 마지막 힘이 남을 때까지 싸움을 마다하지 않죠. 전국시대에 칼을 든 사무라이들이 끝까지 힘으로 세상을 평정하려던 태도는 이들이 마지막 땅에서 살아남아야 하는 얄궂은 운명이 남겨준 유산이라고 저는 생각합니다.

5. 신의 나라 '진국'

진국辰國과 진한辰韓. 이 둘이 같은 말일까요? 다른 말일까요? 다릅니다. 진한은 한반도에 있던 3한 중의 한 나라입니다. 반면에 진국은 발해만에 있던 나라인데, 지금은 완전히 잊힌 나라입니다. 이 두 나라가 다른 나라임은, 삼한의 나라 이름에서 증명됩니다. 삼한은 '마한 변한 진한'을 말하는 것인데, 이것을 우리는 '마국 변국 진국'이라고 부른 적이 없습니다. 이 3한 밑에 수많은 '국國'이 있습니다. 그러니 3한의 '한'은 '국'보다 더 높은 말임을 알 수 있습니다.

그러면 '진국'은 도대체 무엇일까요? 어떤 나라를 가리키는 말일까요? 진수가 『삼국지』를 편찬할 때 인용한 책 중에 『위략』이 있습니다. 『삼국지』「오환선비동이전」에 '한전韓傳'이 있는데, 이곳에 붙인 주석의 내용이 바로 『위략』에 실린 것입니다. 다음과 같습니다.

처음에 우거가 아직 (한나라에게) 깨지지 않았을 때, 조선상 역계경은 우거에게 간하였으나 우거가 듣지 않으므로 동쪽의 진국으로 갔는데, 그때 그를 따라간 백성들이 2,000호나 되었다. 그들은 또한 위만조선에 공납하는 번국蕃國들과도 서로 왕래하지 않았다.

'진국'이 위만조선의 동쪽에 있으므로, 한반도에 있는 진한은 아닌 것이 분명합니다. 위만조선은 한나라와 조선의 사이에 있었습니다. 위만조선과 친하게 지내는 번국들과도 아는 체를 하지 않았다니, 진국은 위만조선과도 사이가 안 좋았던 모양입니다. 그렇다면 위만조선의 바로 옆에 있던 이 진국은 도대체 어떤 나라일까요? 만약에 위만조선이 중국의 동쪽을 전부 다스렸다면 이 내용은 모순입니다.

『위략』이라는 책은 정말 곳곳에서 다른 역사 기록과 모순을 일으키는 내용을 많이 적어놨습니다. 하하하. 그래도 자료가 별로 없는 고대사에서 이를 무시할 수는 없습니다. 최대한 존중하여 서로 맞부딪치지 않도록 해석을 해봐야죠. 게다가 『사기』에도 위만을 치는 황제의 명목이 조공 오는 다른 나라를 길목에서 막는다는 것이었는데, 진번 조선의 주위 여러 나라(衆國)라는 표현을 썼습니다. 이 衆國이 다른 사서에는 진국辰國으로 나옵니다. 그러니 진국이 맞을 수도 있는 것입니다.

중국(衆國)이 맞는다고 해도 마찬가지입니다. 의외로 이 말이 위만조선의 위치를 가늠해볼 수 있는 실마리입니다. 중국 동쪽에서 중국으로 넘어가는 관문이 하나 있습니다. 산해관이죠. 험한 지형에 구멍만 하나 달랑 뚫려있어서, 군사 몇 명이 지키면 백만대군도 통과할 수 없는 요지입니다. 이곳이 아니고는 어느 누구도 중국으로 들어갈 수 없습니다. 그래서 중국은 이곳에다가 만리장성을 쌓기 시작한 것입니다. 여기서 버스 타고 15분만 가면, 만리장성이 바다에 들어가는 노룡두老龍頭가 나옵니다. 하북성 창려현입니다.

이곳을 통해야만 중국으로 들어가는데, 중국 입구의 여기 바깥을 지키는 세력이 밖에서 막아도 사정은 마찬가지입니다. 다른 여러 나라가 중국으로 가려면 이곳 산해관을 지나야 하는데, 산해관 바깥을 점령한 세력이 막으면 아무도 못 들어갑니다. 그러니까 중국측이 위만조선에게 보인 이런 불만이 바로 위만조선의 위치를 말해주는 것입니다. 위만조선이 산해관 바깥을 통치하고 있었다는 증거입니다. 그 자리는 옛날 기자가 와서 살던 곳이었습니다. 고조선의 서쪽 끝이었죠.

　이 무렵 위만조선은 중국을 등에 업고[背地] 동쪽으로 세력을 확장한 것인데, 진국은 아직 위만조선이 삼키지 못한 곳임은 분명합니다. 위만조선이 조선 서쪽의 기자조선을 삼켰지만, 나머지 모든 조선을 다 삼키지는 못했다는 증거입니다. 그러면 진국은 아직 위만조선에게 먹히지 않은, 조선의 나머지 조각일 것입니다.

　이제 어원을 뜯어보겠습니다. 辰진은 '별 진'자인데, '신'으로도 발음이 됩니다. '진국' 또는 '신국'을 우리말로 옮기면 '별나라'입니다. '별'은 '빌, 불, 발, 빛, 빌, 빗'과 같은 뿌리를 지닌 말입니다. 이 말들의 원형은 '붉, 밝'입니다. 적봉赤峰, 홍산紅山이 이것을 적은 말이라고 앞서 설명한 적 있죠. 우리말에서 끝에 붙는 이 기역(ㄱ)은, '기역 곡용'이라고 합니다. 낱말이 어떤 문장에 들어갈 때 느닷없이 튀어나오는 놈을 말합니다.

　이름씨와 이름씨가 만나 낱말을 만들 때는 시옷이 끼어들어서 (시냇물) '사이시옷 첨가 현상'이라고 하는데, 이게 토씨와 붙을 때는 갑자기 기역도 나타나고 히읗도 나타납니다. 예컨대 '나무'가 토씨 '가'를 만나면, 지금은 그렇지 않지만, 100년 전만 해도 '나무가'가 아니라 '남ㄱ'이 되어 갑자기 '남' 뒤에 'ㄱ'이 달라붙습니다. 실제로 사투리에서는 나무를 '낭구'라고 하는 곳이 많습니다. '좁쌀'이나, '접때'의 경우에는 비읍이 갑자기 살아나죠. 그래서 세종대왕께서 '낡(木), 뿔(米), 때(時)'라고 표기하신 것입니다.

　'붉'도 그렇습니다. 이것이 독립할 때는 기역을 떼어버리기도 하고, 리을을 떼어버리기도 합니다. 제 편한 대로 이리 가고 저리 가고 합니다. 얄밉습니다. 아래아(·)도 'ㅗ, ㅜ, ㅓ, ㅏ, ㅡ, ㅣ'로 멋대로 바뀝니다. 하지만 우리 조상들이 그렇게 쓴 걸 어찌합니까? 언어 현상으로 받아들여야죠. '둙'도 그렇다고 했죠? '돌'로 변신할 때도 있고, '독'으로 변신할 때도 있다고 했습니다. 대부분 기역을 떼어버리고 '돌'이 되는데, '독도'는 리을을 버리고 기역을 살린 경우입니다. 경상도 사투리의 특징이죠. 기역을 떼어버리면 '밝'은 '불, 빌, 별'이 되고, 리을을 떼버리면 '박'이 됩니다. 경상도에 와서 박혁거세의 '밝'은 리을을 떼어버린 겁니다.

이렇게 볼 때 '진국'의 '진'은 별을 뜻하는 한자로 표현되었지만, '밝(빛, 불, 해)'을 나타낸 향찰 표기임을 알 수 있습니다. 부여 신화에 나오는 인물 '해모수, 해부루'의 '해'는 이런 것입니다. 진국은 결국 '빛(해)의 나라'를 뜻합니다. '조선'이나 '아사달'과 같은 말임을 알 수 있습니다. 진국은 위만에게 아직 안 먹힌 단군의 나라를 말합니다. 아직도 제 말을 믿지 못하고 의심하는 어리석은 중생, 여러분을 위해 어퍼컷을 날려드리겠습니다.

박혁거세를 부르는 호칭은 '거서간'입니다. 혁거세赫居世를 다른 말로 불구내弗矩內라고도 한다고 『삼국유사』에는 각주가 달렸습니다. '붉은뉘'를 뜻으로 적으면 '혁거세'가 되고, 소리로 적으면 '불구내'가 됩니다. 거서간은 퉁구스어로 '하늘 임금'의 뜻입니다. 퉁구스어에서 '*kese'는 하늘이고, 'kan'은 왕이기 때문입니다. '붉은뉘, 혁거세, 불구내, 거서간, kese-kan'은 모두 한 사람을 가리키는 말입니다. 특히 2대왕 남해가 아버지가 쓰던 거서간을 쓰지 않고 '차차웅'이라고 한 것을 보면 이는 분명합니다. 박혁거세를 가리키는 고유명사가 '거서간'이었던 겁니다. 지금 살펴본 대로 이 다섯 가지 말은 모두 그 한 사람을 나타내는 말입니다.

아직도 못 믿겠다고 고집을 부리는 한심한 중생을 위해서 이번에는 태권도의 돌려차기로 한 방 날려드리겠습니다. 말썽 많은『위략』에 또 이상한 기록이 등장합니다. 〈염사착廉斯鑡이 진한辰韓의 우거수右渠帥가 되어 낙랑에 내항하려 하였다.〉는 말입니다. 여기에 '거수'가 나옵니다. '우'는 '좌'와 짝하는 말이니 떼어내도 됩니다. '거수'는 누가 봐도 '거서'와 같은 말입니다. 제정일치 사회의 무당이죠. 삼한은 제정이 분리된 사회이지만, 그 전의 말을 계속 쓰는 겁니다. 통치자와 제사장이 분리되면 이제 제사장을 가리키는 말은 따로 나타나야 합니다. 뭐죠? 삼한의 소도에서 제사장은 '천군'이라고 불렀습니다. '天君'은 중국어 발음으로 'tianjun'인데, '壇君'은 'tanjun'이어서 거의 같습니다. 박혁거세가 '거서간'인데, 이 거서간은 바로 제사장을 뜻하는 말이었던 것입니다. 박혁거세는 거서간이면서, 거서이고, 천군이며, 단군이고, 임금이었습니다. 제정일치 사회의 우두머리였습니다.

이제 위만조선의 동쪽에 있으면서 아직 위만에게 먹히지 않은 원래의 조선은, 바로 진국이었음이 드러납니다. '조선=진국'이죠. 이것이 성립하려면 '조선'도 빛을 뜻하는 말이고, '진'도 빛을 뜻하는 말이어야 합니다. '朝鮮'은 '아사달'이고, '辰'은 '별, 빛, 붉, 밝, 해'이니, 결국 같은 말입니다. 단군이 다스린 '조선'을 '진국'이라고 표현한 것입니다. '조선'을 위만이 차지하고 나니까 그와 똑같은 말로 할 수 없어 구분하려고 이렇게 '진국'으로 적은 것입니다. 물론 조선을 대표할 수 없는 작아진 상태를 나타낸 말이기도 합니다. 이 단군은 조선 전체를 다스리다가, 서쪽에서 위만이 야금야금 영토를 먹어오니까 점차 동쪽으로 옮기다가 결국은 한나라의 공격이 일으킨 거대한 해일에 밀려서 한반도까지 떠내려옵니다. 그 마지막 자리가 경상도 경주의 신라입니다.

중국의 기록에 처음 나타난 조선은 『관자』의 '발조선'이었습니다. 이 '발發'은 앞서 말한 '붉, 밝, 빌, 별'의 향찰 표기입니다. 이 발조선이 한자로 번역되어 '진국辰國'으로 기록된 것입니다. 이 '불, 발'은 '별'로 들린 것이고, 그것을 辰으로 번역한 것입니다.

단군조선의 지배층은 퉁구스어를 썼습니다. 신라의 지배층 중에서 혁거세 일파가 퉁구스어를 썼죠. 그래서 기준 왕이 한반도로 쫓겨왔을 때 삼한의 이름 중에서 자연스럽게 진한이 된 것입니다. '진국'의 소리가 '진한'으로 낙인처럼 찍힌 것이죠. 원래는 기자조선이 단군조선을 밀어내고 대중국 항전을 할 때 단군은 아사달로 돌아와(!) 신선이 되었는데, 그곳이 평양 근처 구월산이고, 구월산에는 아직도 단군의 유적과 전설이 있습니다. 구월산九月山은 '아사달'의 향찰 표기입니다. 구월九月은 '아홉 달'인데, '달'은 고구려어로 산을 뜻하는 말이고, '아사'와 '아홉'은 어간이 '앗(=앗=앟)'입니다. '앗'은 '아침, 아이'의 뜻입니다.

위만에게 패한 기자 준이 한반도로 오자 구월산의 단군은 다시 자리를 뜹니다. 요동 대륙에서 중국보다 더 큰 땅을 다스리던 거서간은 처음 기자에게 밀리고 한나라의 동쪽 공격에 밀려서 쫓기고 쫓기다가 마침내 한반도의 가장 외진 구석까지 옮겨온 것입니다. 그래서 '진'한이라는 이름이 저절로 붙은 것이고, 다른 한(마한, 변한)과 달리 진한에는 '국'이라는 말이 절로 붙어서 '진국'으로도 불린 것입니다. 진한은 조선을 다스린 단군이 마지막에 자리 잡은 왕국입니다.

그렇기에 흉노의 수도 용성에서 살던 석탈해가 중국 한 무제의 흉노정벌을 피해 고구려와 백제를 따라왔다가 다시 전주와 김해를 거쳐 토함산을 넘어 천신만고 끝에 경주에 다다랐을 때, 혁거세 일파는 선뜻 그들을 받아들인 것입니다. 동병상련이었던 거죠.

석탈해가 호공의 집 담장 밑에 숯을 묻어놓고서 대장장이인 제 조상의 집이라며 억지를 부려 호공의 집을 빼앗았는데, 이것도 이런 맥락에서 이해할 수 있습니다. 어느 바보가 그런 억지를 눈치채지 못하겠어요? 다 알면서도 내주었던 겁니다. 경주에 사는 다른 사람들에게 떠돌이를 받아들일 명분을 석탈해가 만들자 호공이 그것을 모르는 체하고 받아준 것이죠. 왜냐하면 호공은 박 씨이기 때문입니다. 호공瓠公의 '호'는 조롱박을 말합니다. 애기박이죠. '조롱박'은 '졸+옹+박'의 짜임입니다. '졸'은 '졸보, 조랭이, 졸복' 같은 말에서 보이는 말로 작다는 뜻입니다. 박혁거세의 일족으로, 새끼 박 씨였을 것입니다.

석탈해는 나중에 밀려든 흉노족 김알지 일파를 받아줍니다. 혁거세가 자신을 받아주었던 것처럼…. 이것도 마찬가지 동병상련이었을 것입니다. 흉노족의 후예 김알지는 신라에 자리 잡아서 신라 중기 후기는 김 씨가 왕위를 세습합니다. 신라 경주는 단군이라는 거대한 국가의 축소판이 되었습니다.

이상으로 볼 때 '진국'은 '단군이 다스리던 나라, 곧 제사장(무당)이 다스리던 신의 나라'였음을 알 수 있습니다.

9장

가야

1.6가야

단재 신채호가 중국 여순의 차디찬 감옥에서 순국하기 전에 한 가지 아쉬운 점이 있다고 고백했다는 글을 읽으며 단재에 심취했던 젊은 날의 제 가슴도 찡했습니다. 자신이 가야 연구를 많이 했는데, 그것을 글로 남기지 못하고 죽게 되어 아쉽다는 그런 얘기로 기억합니다. 그래서 도대체 가야에 관해 신채호가 무슨 말을 하려고 했을까 하는 궁금증이 저의 머릿속에서 내내 떠나지 않았습니다.

그런데 어원을 공부하면서 그 내용을 어느 정도 헤아리게 되었습니다. 만약에 단재가 가야 연구를 했다면, 『삼국유사』의 가락국기에서 시작했을 것이고, 거기에는 김수로왕과 허황옥이 인도에서 바다를 거쳐 김해에 이르는 과정이 아주 잘 나왔으니, 인도의 드라비다와 관련된 자료를 모으면서 가야 연구에 한층 깊이 들어가지 않았

432   어원 상고사

을까 하는 생각입니다. 실제로 단재 신채호는 고조선을 연구하면서 그 전의 연구자들이 생각하지 못한 방식으로 한자 표기를 새롭게 읽어내는 시도를 합니다. '평양'을 '펴라', '압록강, 압자하, 패수' 같은 강을 '아리라'라고 하는 식이죠. 하지만 이런 소박한 꿈도 차디찬 감옥에서 그의 순국과 함께 사라지고 맙니다.

그래서 어원학에 손을 댄 김에 혼란에 빠진 6가야국의 이름이라도 정리하고 가야겠다고 생각해서 이 글을 씁니다. 그것이 순국으로 꿈을 미처 못 펼친 단재 신채호의 넋을 조금이나마 위로하는 것이 아닐까 합니다. 물론 제가 창작한 것은 아니고 이미 발표된 강길운 교수의 글을 소개하는 수준에서 정리합니다. 벌써 30년째 도서관의 책꽂이 무덤 속에서 잠자는 강길운을 꺼낸 것이니, 역사학계와 국어학계에서 각기 가장 위대한 업적을 이루고도 그 분야의 학계에서 땅속 깊이 파묻어버린 두 사람을 동시에 기억하여 위로하는 일일 것입니다.

먼저 '가야'라는 말이 어디서 온 것인지 그것부터 알아야 할 것 같습니다. 『삼국유사』에는 김수로가 아유타국에서 왔다고 적었습니다. 인도의 아유타국 왕성에는 물고기 문양이 있습니다. 그 물고기는 불교의 목어木魚로 바뀌어 한참 뒤에 중국을 거쳐 우리나라 절로 들어옵니다. 이 물고기를 드라비다어로는 'Kayal, Kaye, Kayya, Kăra' 같이 아주 비슷하지만 다양하게 부릅니다. 그래서 이것을

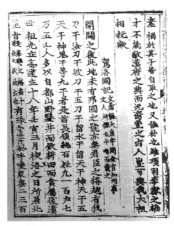

삼국유사 가락국기

각기 '加耶, 伽倻, 駕洛'이라는 식으로 적은 것입니다. 아마도 바다 이미지와 맞물리다 보니 물고기를 중요시한 것 같고, 그것이 나라 이름으로 굳었으며, 불교 양식으로 자리잡아서 한반도에 이른 것으로 보입니다. 가락국기는 『삼국유사』를 지은 일연이 가장 애착을 갖고 썼음 직한 글입니다.

불교사는 제가 잘 몰라서 그런데, 아주 단순한 궁금증 하나 여쭙고 갑니다. 우리가 학교에서 불교 전래에 대해서 배우기로는, 고구려 소수림왕 2년(서기 372)에 전진의 순도가 처음으로 불경과 불상을 들여왔다고 합니다. 그런데 그보다도 한참 전인 189년에 죽은 허황옥은 인도에서 올 때 배에 돌탑을 싣고 왔습니다. 그 돌탑은 지금도 김해에 있습니다. 물론 닳고 닳아서 돌덩이 몇 개 포개놓은 듯한 모습이지만. 그렇다면 불교가 처음 한반도에 전래된 것은 허황옥이 김해 바다에 다다른 그해가 되어야 하지 않을까요? 그런데 국사 시간에는 고구려 백제 신라 순으로 불교가 전래되었다고 전합니다. 이상합니다. 만약에 중이 직접 오지 않았다거나 불경이 아니라서 허황옥의 탑이 불교 유적이 아니라고 한다면 논란의 여지는 있습니다만, 불교의 자취가 이렇게 또렷한데, 우리가 국사 시간에 배운 불교 전래는 어찌된 일인지 궁금합니다. 일단은 이렇게 질문을 하나 해두고 가야로 돌아갑니다.

첫 번째로, 금관가야에 대해서는 『삼국사기』 지리지에 이런 말이 나옵니다.

金官小京金官國一云加落國一云加耶

'金官'은 드라비다어 '절바라'를 옮긴 표기입니다. 터키어로 황금은 'zer'이고, 드라비다어의 방언인 타밀어에서는 도시가 'cēri'입니다. 터키어로 '관리, 통치자'는 'vǎri'입니다. 이 터키어 낱말은 드라비다어와 비슷해서 우리말에서도 바다를 옛날에는 '바롤'이라고 했습니다. 'čel, zer'도 마찬가지죠. 지금도 우리는 '철'이라고 합니다. '김해金海'는 '철바라'를 번역한 것입니다.

가야 중에서 '절바라, 철바라, 쇠바라' 가야는 통치자가 사는 마을을 뜻합니다. 그러니 금관가야는 처음에 6가야를 통솔하는 우두머리 노릇을 했을 것입니다. 가야 중에 대가야가 있는 것으로 보아서 권력을 나중에는 대가야에 넘겨주었겠죠. 이것은 여섯 가야가 인도에서 와서 김해를 중심으로 한 경상도 지역에 퍼졌지만, 그들의 힘에 따라서 단일세력으로 외부에 대응하는 가야의 대표는 계속 달라졌다는 것을 뜻합니다.

두 번째로, 함안에 있던 아라가야입니다. 『삼국사기』 지리지에 나옵니다.

咸安郡… 阿尸良國一云阿那加耶

'함咸'은 '다 함' 자입니다. 드라비다어로 '모두'는 'ela'입니다. 이 '아라가야'를 한자로 함안이라고 번역한 것입니다. 'el'은 '咸'으로 'a'는 '安'으로 표기한 것이죠. 'ela'는 만주어에서도 똑같은 뜻으로 'ele'라고 합니다. 아라가야는 '모두가 함께하는 나라'라는 뜻입니다. 6가야를 통합할 수 있는 능력을 과시한 말이죠.

함안 바로 옆 창녕에 갔더니, '아라소'가 유명하다며 맛있는 식당을 안내해주더군요. 그래서 아라소가 뭐냐고 했더니, 이 지역에서 나는 특산 우리 소인데, 맛이 으뜸이어서 그렇게 부른다고 했습니다. 현지인들도 모르는 어원을 나만 알고 있어서 속으로 웃고 말았습니다. 그게 2000년 무렵이니, 벌써 20년 전의 일입니다.

'아라소'는 아라가야 지역의 소라는 뜻으로 특별한 의미가 있는 것은 아닙니다. 조선 시대에는 주변의 나라로부터 조공을 받았습니다. 만주의 여진족, 바다 건너 왜, 유구국에서 단골로 진상을 했습니다. 그 진상품 중에서 동물도 있었는데, 코끼리 같은 것도 받아서 기르다가 결국은 코끼리가 관리인을 밟아 죽이는 바람에 코끼리를 사형에 처했다고 조선왕조실록에 나옵니다. 이런 동물 중의 하나가 물소입니다.

30여 년 전에 KBS-TV '역사스페셜'에서 활과 관련하여 자문해 주고 직접 고증을 해준 적이 있습니다. 그때 작가 한 분이 물소에 관한 질문을 한 적이 있습니다. 조선에서는 물소를 수입해서 기르려고 했는데, 그 장소가 어디냐는 것입니다. 그래서 그 당시에는 몰라서 모른다고 했습니다. 그런데 창녕에서 아라소 한우고기를 씹다가 문득 깨달은 것입니다.

우리나라 전통 활은 '각궁角弓'이라고 합니다. 활채에 뿔이 들어가서 그렇습니다. 우리나라 황소뿔은 짧아서 세 개를 대야만 합니다. 고구려 고분벽화의 무용총에 활쏘기 사냥 그림이 있는데, 거기에 보면 활채에 매듭이 위아래로 2개씩 그려졌습니다. 뿔이 겹친 부분을 보강하느라고 끈으로 단단히 동인 것입니다. 이렇게 세 개씩 덧댄 활을 삼각궁三角弓이라고 합니다.(『이야기 활 풍속사』) 당연히 긴 뿔로 한 번에 댄 것과 비교하면 성능이 떨어지고 불편하죠. 그래서 조선에서는 긴 뿔을 수입합니다. 그게 무소뿔입니다.

우리나라에서는 무소뿔이 나지 않습니다. 중국의 양자강 이남이나 일본, 규수 같은 곳에서 나죠. 그래서 조선 시대 내내 그 뿔을 수

입하느라고 조정은 정신없이 바빴습니다. 조선의 가장 중요한 무기는 활이었는데, 그 활채를 보강할 좋은 뿔을 구하느라고 외교전에 총력을 기울였습니다. 시인으로 잘 알려진 소동파는 조선이 뿔을 구해 가면 송나라에 위협이 된다는 황당한 상소문을 올려 실제로 송나라에서 엄격히 수출이 금지된 적이 있고, 그 때문에 조선에서는 사신을 보내어 구걸에 가까운 청으로 수출금지 조치를 푼 적이 있습니다. 송나라조차도 무기와 관련해서는 이렇게 생각을 할 지경이니, 조선에서는 당연히 무소뿔 문제를 국내에서 해결하려고 갖은 방법을 모색하고 시도합니다.

가장 확실한 방법은 무소와 한우를 교배하여 뿔이 긴 소를 기르는 것입니다. 그래서 실제로 조선 조정에서는 왜에서 진상한 물소를 국내에서 키우려고 했습니다. 물소는 남방 지역의 동물이기에 추위에 약합니다. 그래서 조정에서는 우리나라 안에서 기후가 가장 고온다습한 지역을 찾았고, 바로 경남의 창녕으로 낙점되었습니다. 창녕에는 지금도 이름난 우포늪이 있죠. 그래서 거기에다가 물소를 보내어 키우라고 창녕군수에게 지시합니다만, 실패로 끝납니다. 물소가 한국의 겨울 추위를 견디지 못하는 것입니다. 이 이야기가 조선왕조실록 어딘가에 있는데, 제가 이런 글을 쓸 것이라고는 상상도 한 적이 없어서 한 귀로 흘려듣듯이 한 눈으로 흘려읽고 말았습니다. 정확히 어딘지는 모르겠으나, 하여간에 왕조실록에서 읽은 기억이 있으니, 이 대목이 꼭 필요한 분은 열심히 찾아서 확인해보시기 바랍니다. 요즘은 인터넷 검색 기능이 아주 좋으니 금방 찾으실 것입니다.

무소뿔이 부족하던 옛날에는 국내의 황소뿔 중에서 가장 긴 것을 임시방편으로 활에 썼습니다. 그것을 향각궁鄕角弓이라고 합니다.

긴 무소뿔로 댄 활은 흑각궁黑角弓이라고 합니다. 무소뿔의 빛깔이 검기 때문입니다. 황소 뿔의 경우, 조선왕조실록에는 황해도의 해주 지역과 경상도의 창녕 지역에서 좋은 뿔이 난다고 했습니다. 황해도 해주의 소는 어떤 까닭으로 다른 곳의 황소보다 뿔이 더 긴지 모르겠으나, 창녕의 황소 뿔이 다른 지역보다 더 긴 까닭을 저는 짐작할 수 있습니다. 조선 시대에 물소를 키운 곳이니, 틀림없이 물소와 황소를 교배하려고 시도했을 것이고, 일부는 성공했을 것입니다. 그렇지 않다면 '아라소'가 지금까지 남아서 명성을 유지하지 않았을 것입니다. 저는 이 아라소가 조선 시대 물소를 기른 흔적이라고 생각합니다.

제가 예천의 권영구 궁장에게 특별히 부탁해서 황소 뿔로 만든 휘궁을 만들어달라고 하여 딱 하나 만든 적이 있습니다. '휘궁'은 뿔이 짧은 활을 가리키는 말입니다. 직접 써보니, 쓰는 데 큰 문제는 없는데, 시간이 좀 지나니 뿔에서 잔금이 가면서 트집이 잡히더군요. 그렇게 되는 것을 '소풍 난다'고 하는데, 이렇게 되면 탄력이 떨어지고 곧 뿔이 완전히 떨어져나갑니다. 그래서 활을 못 쓰게 되죠. 바로 이 문제 때문에 우리 조상들은 조선 시대 내내 중국에 굴욕 외교를 펼치면서도 무소뿔 확보에 생사를 걸었던 것입니다. 조선의 무기 체계에서 가장 중요한 것은 활이었습니다. 무과를 볼 때 7가지 병장기를 보는데, 그중에서 4가지가 활쏘기 능력 테스트였습니다. 목전, 철전, 애기살, 기추. 조선 후기로 가면 유엽전까지 추가되죠. 활쏘기를 못하면 무과 출신이란 어림 없는 일이었습니다.

우리 활이 얼마나 어렵냐면 제대로 된 스승을 만나서 보통 15년은 죽어라고 쏴야 제대로 배웁니다. 충무공 이순신의 경우에는 34살에 무과에 급제했는데, 보통 무과로 방향을 결정하는 나이는 사서삼경을 다 읽을 무렵인 15~16세쯤입니다. 그러면 충무공의 경우 거의 20년이 다 되어서 겨우 무과에 합격한 것입니다. 이렇게 어려운 무술이 한국의 전통 활쏘기입니다.

활 이야기를 재미있게 읽으며 속으로, '이 놈 봐라?'하시는 분은, 앞서 제가 『한국의 활쏘기』를 냈다는 사실을 깜박 잊으신 겁니다. 『한국의 활쏘기』는 1929년에 나온 『조선의 궁술』(조선궁술연구회) 이후 처음으로 70년만에 활쏘기에 관한 내용을 상세히 정리한 국궁 종합 입문서입니다. 1999년 학민사에서 내어 3판을 찍고, 2013년에 개정증보판을 찍었습니다. 오늘 아라소와 관련하여 활쏘기 얘기를 한 이 내용은 여기서 처음으로 공개하는 겁니다. 국궁계에서는 이 사실을 아무도 모릅니다. 제가 지금 처음 얘기하는 것이어서도 그렇고, 과녁 맞히는 일 이외에는 아무 데도 관심이 없기 때문이죠.

세 번째로, 고령에 있던 대가야입니다. 『삼국사기』 지리지에 이렇게 나옵니다.

高靈郡本大伽倻國

고령과 대가야가 일치하려면 '高=大'인 말을 찾아야 하는데, 우리말에 있습니다. '말잠자리, 마루' 같은 데서 보이는 '무ᄅ(宗)'가 그것입니다. 이게 바로 인도에서 온 말입니다. 드라비다어로 'mēlu'가 '정수리, 상류'의 뜻입니다. 커지다(mali), 말잠자리(mal) 같은 것도 있습니다. 그러니 대가야를 옛 표기로 적으면 '무ᄅᄀᄅ, 말가라'가 되겠지요.

가야는 물고기를 뜻하는 말에서 시작하여 물고기 모양이 그려진 또는 그런 모양의 왕성으로 뜻이 넓혀 쓰였습니다. 역사학자들이 들으시면 또 발끈하겠지만, 가야지역과 일본 지역에서 보이는 열쇠 구멍 모양의 무덤 '이른바' 전방후원분前方後圓墳을 저는 이 물고기 모양이라고 생각합니다. 인도 드라비다에서 온 통치자들 무덤 양식이죠.

그런데 신라 후기에 이르면 이들이 신라와 백제 왕조의 주축 세력으로 자리 잡는데, 각 지역에 왕성이라는 뜻의 지명이 생기니 그 이미지를 없애야 할 필요성이 생깁니다. 그래서 한자로 지명을 옮길 때 加를 '더으다'로 읽어서 '덜, 돌'로 적게 됩니다. 그래서 나타난 것이 령(寧, 靈)입니다. 靈이 왜 '돌'이냐고요? '덜미'는 신을 뜻하는 가야계 언어입니다. '입덧, 덧들다'의 '덧, 들'이나 '탈病'도 이것과 같은 뿌리를 지닌 말입니다. 꼭두각시놀음에서 덜미가 있죠. 꼭두각시 인형을 조종하는 사람을 뜻합니다. 사람을 조종하는 게 뭔가요? 신이죠. 사람이 목덜미를 잡히면 꼼짝 못 합니다. 그렇게 조종하는 것이 덜미죠.

따라서 고령은 '마라돌'이겠지요? 아마도 우두머리가 사는 너른 들판 또는 높은 고을이 될 것입니다. '말가라'와 '마라돌'은 같은 말입니다.

네 번째로, 함령의 고령가야입니다. 『삼국사기』 지리지에 이렇게 나옵니다.

古寧郡本古寧加耶國今咸靈

'古=咸'이 되는 말을 드라비다어에서 찾아봅니다. '늙은, 낡은'은 'mutu'이고, '전부, 모두'는 'muttum'입니다. 우리말 '모두'도 여기서 온 말로 보입니다. 古寧은 '모두가라'겠지요. 6가야 중에서 어른 노릇을 하는 나라라는 뜻입니다. 어른 가야가 되겠습니다.

다섯 번째로, 고성의 소가야입니다. 『삼국사기』 지리지를 봅니다.

固城郡本古自郡本小加耶國

『동국여지승람』고성현 조에는 이 밖에 '古自, 古州, 鐵城'도 나옵니다. 드라비다어로 '작은, 좁은'은 'ciṟu'입니다. 그런데 이 말은 우리말에도 있습니다. '실개울, 오솔길'에서 볼 수 있죠. 아이누어에서는 '선철銑鐵'을 'sira kami'라고 하는데, 여기서 'sir'을 볼 수 있고 이것이 위의 지리지에서 '小=鐵'로 대조된 것입니다. 터키어로 '옛'은 'koja'인데, 이것이 그 계통의 신라어인 '고블〉고을'과 만나서 '옛고을'이라는 뜻의 '古自'가 된 것입니다. '自'는 끝소리(ㅈ) 첨가 현상. 터키어로 '굳은'은 'sert'여서 '固'는 여기서 온 말로 보입니다. 이렇게 하여 '固=小=鐵'의 등식을 확인할 수 있습니다. 소가야는 '실가라'를 적은 것인데, 뜻은 '쇠를 잘 다루는 나라'라는 뜻일 것입니다.

여섯 번째로, 성산가야는 『삼국사기』 지리지에 이렇게 나옵니다.

星山郡本一利郡一云里山郡今加利縣

'星=一利=里'를 보겠습니다. 드라비다어로 '별, 금성'은 'velli'인데, 경상도 사투리 '빌'과 똑같습니다. 이 말은 드라비다어에서 왔을 것입니다. 터키어로는 하나가 'bir'이니, '리利'는 끝소리 첨가 현상일 것입니다. 터키어로 마을은 'beled'입니다. 위에서 본 세 한자가 정확히 일치합니다. 성산가야는 '비리가라'를 적은 말인데, 이것은 '큰 마을이 있는 나라'라 뜻일 것입니다.

『삼국유사』에는 이 성산가야를 '벽진碧珍' 가야라고 했습니다. 성산과 벽진은 같은 말입니다. 표기만 달리 한 것이죠. 즉, 碧은 '푸를 벽' 자이고, 珍은 '돌(보배) 진' 자입니다. 보배가 제아무리 빛나야 돌이죠. 요즘 말로 그대로 읽으면 碧珍은 '푸르돌'이 됩니다. 'velli'이죠.

이상을 보면 6가야가 모두 어감은 다르지만 자신이 가장 뛰어난 나라임을 강조하는 쪽으로 이름이 붙었습니다. 당사자들의 자부심이 잘 드러나는 이름이라고 봅니다. 아마도 자신의 이름에 이런 의미를 붙이지 않는 사람이나 겨레는 없을 것입니다. 현실에서는 이들 중에서 어느 하나가 두드러지게 강해져서 나머지 가야를 통솔하는 방식으로 가락국은 세력균형을 유지했을 것입니다. 그러다가 결국에는 신라로 합병되고 말죠.

지면이 더는 허락지 않아서 여기서 가야 얘기를 그치겠습니다. 이 정도 소개라도 저승에 계신 신채호 선생의 영혼에 작은 위안이 된다면 좋겠습니다. 도서관의 무덤 속에서 30년도 넘는 깊은 잠에 빠질 책을 내신 강길운 교수도 마찬가지입니다. 단 한 번도 뵌 적 없는 두 분의 명복을 빕니다.

2. 어원으로 알아본 한겨레의 뿌리

그렇다면 도대체 이 한반도에는 어떤 민족들이 살았을까요? 우리말에는 그 자취가 고스란히 남았습니다. 마치 2000년 전의 무덤에 역사의 비밀이 숨겨졌듯이, 우리말에도 2,000~3,000년 전의 우리 역사가 고스란히 담겼습니다. 저는 지금 고분이 아니라 언어 발굴을 통해 고대사에 접근하는 중입니다. 역사학에서 비웃어도 저는 갈길을 갑니다. 누가 그럴듯할지는 읽는 분들이 한번 판단해보시기 바랍니다.

먼저 우리가 오늘날 쓰는 말 중에서 어떤 민족의 말이 남아있는가를 살펴보는 것이 중요합니다. 그러자면 비교 언어학의 연구가 있어야 합니다. 다행히 우리나라에는 비교 언어학으로 우리 말의 어원을 추적한 학자가 있습니다. 충남대에서 교수로 봉직한 강길운이라는 분입니다. 여러 가지 업적이 있지만, 이분의 마지막으로 남긴 책은 『비교언어학적 어원사전』입니다. 우리말의 어원사전을 펴내는데, 비교 언어학을 통해서 정리한 것입니다.

강길운의 연구에 의하면 우리나라에는 여러 민족의 언어가 보입니다. 가장 먼저 보이는 언어는 한강을 기준으로 한반도 내륙의 길략어와 한강 이남의 바닷가에 퍼진 아이누어입니다. 이들이 주된 언어를 보이다가 여기에 외부로부터 수많은 언어가 쏟아져 들어옵니다. 먼저 북방 유목지대에서 청동기와 철기로 무장한 세력이 밀려드는데, 3부족입니다. 즉 터키, 몽골, 퉁구스입니다. 이들은 초원지대를 교대로 장악한 세력인데, 초원지대의 싸움에서 밀려난 세력의 일부가 한반도로 밀려드는 일이 끝없이 되풀이됩니다. 그러면서 초기 고대국가 시기에는 이들이 나라를 세우는 주세력으로 떠오릅니다.

이런 세력과 남다른 부족이 드라비다족입니다. 인도에서 출발한 드라비다족은 인도네시아를 거쳐서 중국의 남부까지 왔다가 뱃길로 경상남도 남해에 다다릅니다. 거기서 경북 지역으로 퍼져 6가야를 형성하면서 한반도 남부에 정착하는 데 성공합니다.

결국은 이렇게 정리됩니다. 길략과 아이누가 주종을 이루던 한반도에 터키 몽골 퉁구스 세력이 밀려들고, 남쪽에서는 인도의 드라비다족이 들어와서 섞입니다. 이 과정에서 이들의 언어가 뒤섞이면서 한반도의 고대 언어를 형성합니다. 그래서 국어학에서도 고대의 언어체계를 둘로 나눕니다. 즉 북방의 원시 부여어와 남방의 원시 한어. 이 둘이 역사시대로 접어들면서 서로 뒤엉키기 시작하여 삼국이 정립될 때쯤이면 서로 다 알아들을 수 있는 우리 민족의 언어가 된다는 것입니다.

인도의 드라비다족은 당시 한반도에 살던 사람들과는 한눈에 보기에도 달라 보였습니다. 인도인들이니 당연한 일입니다. 따라서 이들은 변장하고 밖에 나가도 다른 사람의 눈에 발견될 수 있는 정도였습니다. 풍속도 말도 완전히 달랐습니다. 이들의 말은 우리 말에 수많은 자취를 남깁니다. 재미 삼아 한 번 볼까요?

어린 계집아이들이 머리를 땋으면 그 끝에 묶어주는 장식이 있습니다. 맞습니다. 댕기죠. 이게 바로 드라비다 말입니다. 드라비다 말로 '동구'는 매단다는 뜻입니다. 그것이 머리끝에 매달기 때문에 붙은 이름이죠. 이들은 남쪽에서 지배층으로 정착하였기에, 그 주변의 사람들도 상류층의 문화로 받아들여서 따라 하는 바람에 오늘날까지도 이어져 오는 것입니다.

기왕 말이 나온 김에 드라비다에서 온 우리말을 재미 삼아 몇 가지 더 알아보고 가겠습니다.

'오지랖'이라는 말이 있습니다. 이것은 '오질+압'의 짜임을 보여주는데, '오질'의 뜻을 알 길이 없습니다. 너무 낯설죠. 아주 많이 쓰는 말이 이 지경입니다. 이렇게 낯선 말은 뿌리가 다른 말에서 온 말입니다. '여자의 젖가슴'이 'occi'입니다. 똑같죠?

'방귀'는 드라비다어로 'vaŋku'인데, 뜻은 '삐꿈한 구멍'입니다.

'자갈'은 '작+갈'의 짜임인데, '작다'의 어간 '작'에 '갈'이 붙은 말입니다. 드라비다어로 'kal'이 돌입니다. 작은 돌이라는 뜻이죠.

'다담상'은 'taṭṭum(접시, 쟁반)'에서 온 말이고, '이바지'는 'nibbana(결혼축제)'에서 온 말입니다.

'빈대떡'도 어원을 전혀 알 수 없죠. '밀가루'가 'biṇṭi'입니다. 빈대떡은 밀가루로 부친 떡이라는 뜻이죠.

'미숫가루'의 '미시'는 'midi(가루를 내다, 빻다)'에서 온 말입니다.

귀여움받으려는 짓을 '어리광' 부린다고 하는데, 'uṛigu(사랑하다, 귀여워하다)'에서 온 말이고, '주눅 들다'의 '주눅'도 'junugu(주눅들다, 오그라들다)'에서 온 말입니다.

'앙금'은 'amuŋgu(가라앉다)'에서 온 말입니다.

'우락부락'의 '우락'은 'uṛkka(높은 소리로)'에서 온 것이고, 여기에 '울끈불끈'이나 '얽히고설키고'처럼 어울림 소리로 짝을 맞춘 것입니다.

'으름짱'은 'uṛumu(으르렁거리다)'에서 온 말입니다.

'건달'은 'kaṇṭār(관계없는 사람)'에서 온 말입니다. 인도의 신 '건달파'에서 왔다고 하는데, 그건 너무 고상한 데서 어원을 찾은 것입니다. 차라리 관계없는 사람이 건들거리면서 끼어드는 꼬락서니가 더 어울립니다. 관계없는 듯이 건들거리며 뒷돈을 챙기는 놈들이죠.

'둥지'는 'tuňci(잠자다, 쉬다)'에서 온 말입니다.

'바가지' 긁는다는 말은 'bagaisu(소리치다)'에서 온 말입니다.

'배짱(보짱)'은 'bojje(배)'에서 온 말입니다.

'벗'은 'patu(우정)'에서 온 말입니다.

'메뚜기'는 'meṭugu(뛰어다니다)'에서 온 말입니다.

옛날에 물 긷는 일꾼을 '무자이'라고 했는데, 'müjnā(얼굴 씻다)'에서 온 말입니다. '자이'는 한자 표기로 '자 척尺' 자를 써서, 수척水尺이라고 쓰고 '무자이, 무자리'라고 읽었습니다. 또 뱃사공도 무자리라고 했고, 버들고리 백정과 함께 양수척楊水尺이라고 했죠. 조선

시대에는 모두 백정에 포함 시켰습니다.

'몽당치마, 몽당연필'의 '몽당'은 'muntan(짧은), moṇḍi(몽당치마)'에서 왔습니다.

'맏아들'의 '맏'은 'mutal(큰), muta(시작하다)'에서 왔습니다.

'멍텅구리, 멍청이'의 '멍텅'은 'maṇtu(바보스러운), mottu(멍청이)'에서 왔습니다.

'발악'은 'varakku(소송, 다툼, 울분)'에서 왔습니다.

'바리바리, 짐바리(荷)'의 '바리'는 'vāru(짐을 싣다)'에서 왔습니다.

'바삭바삭'은 'vasa(마르다)'에서 왔습니다.

'뼘(엄지와 다른 손가락을 뻗어서 재는 것)'은 'vyam(넓이)'에서 왔습니다. 여기에 '-다'가 붙어서 '뼘다'라고 쓰입니다. 홍명희 소설 『임꺽정』에서 이 낱말이 쓰였습니다.

생식기능이 없는 것을 '고자'라고 하는데, 'koṭṭu(고자, 애기 못 낳는 여자)'에서 왔습니다. 우리가 죽는 것을 '골로 간다'고 하는데, 'kol'이 '죽이다'입니다.

'고추가古鄒加'는 'gottugāra(두목, 추장)'과 똑같습니다.

'고주망태'의 '고주'는 'goju(뒤엉키다)'에서 온 말입니다.

'지랄(간질)'은 'cirṟam(광포함)'에서 온 말입니다.

'줏대(주체성)'은 'cuṭṭi(이해심 있는 사람)'에서 온 말입니다.

호각 부는 사람을 '조라치'라고 하는데, '치'는 사람을 뜻하는 말이고, '조라'는 'cūḷa(호각, 기적소리)'에서 온 말입니다.

'진양'은 '진양조'라고 끝에 한자말 조調가 붙어서 마치 한자말처럼 보입니다. 느릿느릿하면서도 가장 힘주어 불러야 하는 가락입니다. 'tiṇṇiyaṇ(힘찬 사람)'에서 온 말입니다. 진양 다음으로는 '중모리,

중중모리, 잦은모리, 휘모리' 순입니다.

'긴가민가'는 'tika-maka(혼란)'에서 온 말입니다.

이 밖에도 엄청 많지만 이쯤에서 마무리합니다.

3. 탐라

중국의 진시황은 허황된 말을 아주 싫어했습니다. 이것은 사실을 중시하는 냉철한 사고력을 지닌 사람이었다는 뜻입니다. 그렇기에 그 어지러운 중국을 처음으로 통일한 위업을 세웠겠지요. 하지만 사람이 마주한 운명 즉 죽음 앞에서는 그도 단 한 번만이라도 그 냉철함으로 이룰 수 없는 기적을 바랐습니다. 그래서 전국의 도인들을 불러모았죠. 사람이 영생할 수 있는가? 그렇게 할 수 있다면 모든 것을 다 이루게 해주겠다!

전국에서 수많은 도인과 방사와 술사가 모여들었습니다. 진시황은 그들을 극진히 대접하며 만나서 얘기를 듣고 그 사람이 이렇게 할 수 있다고 하면 해보라고 하고, 그렇게 못하면 즉석에서 죽여버렸습니다. 까마귀 떼처럼 모여든 도인 술사들이 몇 명 죽어나가는 꼴을 보자 꽁지를 내리고 어마 뜨거라 흩어져버렸죠. 한동안 조용하던 황제 앞에 한 사람이 나타납니다. 이름은 서불徐市. 황제에게 눈 똑바로 뜨고 한 가지 제안을 합니다.

"여기서 동쪽으로 삼만리를 가면 삼신산이 있는데, 거기에 불로

초가 산다고 합니다. 신에게 동남동녀 3천을 주시면 배를 타고 가서 그 약풀을 구해오겠습니다."

이게 얼마나 황당한 얘기인지는 삼척동자도 알 수 있습니다. 그런데 그 제안을 황제가 받아들입니다. 이것이 더욱 황당한 일이죠. 진시황으로서는 그 말이 아무리 황당하더라도 목숨을 걸고 제안하는 것이니, 그렇게 못하면 죽이면 되므로 어차피 손해 볼 게 없는 게임이었습니다. 실제로 동남동녀 각각 3,000명을 뽑아서 거대한 배를 만들어주고 일꾼 5,000명까지 붙여서 불로초를 찾아오라고 장대한 송별 잔치까지 해줍니다. 그들은 진시황의 찬란한 배웅을 받으며 동쪽 바다로 떠납니다. 그리고 소식이 끊깁니다. 지금까지도 그 소식이 오지 않습니다. 오리무중이란 말이 이런 것을 가리키려고 만든 말일 겁니다.

동남동녀는 기준이 있습니다. 『황제내경』에 의하면 남자는 8×2=16살에 처음 몽정을 하고, 여자는 7×2=14살에 첫 달거리를 한다고 합니다. 몽정하지 않은 남자와 달거리 하지 않은 여자를 동남동녀라고 하는 겁니다. 그러니 15살 전후의 풋내나는 아이들 3,000명을 데리고 서불은 어디로 갔을까요? 동쪽이라고 하니 우리는 삼신산(봉래, 방장, 영주)이 우리나라나 일본에 있다고 가정할 수밖에 없습니다.

이것은 기원전 210년 무렵에 일어난 사건입니다. 봉래 방장 영주는 원래 어느 한 곳에 있는 산이라기보다는 사람들이 이상향으로 여기는 그 어떤 곳에 있는 산에 대한 호칭일 것입니다. 진시황 때는 만리장성을 쌓기 시작하여 중국의 영토를 표시하기 시작한 무렵이니, 장성 밖의 어떤 곳이고, 그곳에는 고조선이 있었습니다. 그렇다면 중국과 대적 중인 원수의 나라로 목숨 걸고 서불이 갔을 리는 없습니다. 가장 좋은 곳은, 5,000명의 뱃사람과 3,000명의 어린 남녀까지 모두 8,000명이 한 데 어울려 살 수 있을 만한, 그러면서도 사람들이 거의 살지 않는 곳입니다. 어디일까요? 저의 답을 보기 전에 여러분이 스스로 한 번 가늠해보시기 바랍니다.

봉래 방장 영주는, 후대에 우리나라 산 중에서 금강산, 지리산, 한라산에 비정합니다. 이런 근거로 더듬어보면 대뜸 눈에 들어오는 곳이 있죠. 제주도 즉 탐라입니다. 제주 신화에는 갑자기 땅굴 속에서 아이들 셋이 나옵니다. 양을라, 고을라, 부을라죠. 그래서 이들이 각기 양 씨, 고 씨, 부 씨의 시조가 된다고 하죠. 도대체 이들은 어디서 왔을까요?

이상한 건, 이들이 성은 모두 다르고 이름이 같다는 것입니다. 을라乙那. 세상에 이런 경우가 어디 있습니까? 따라서 이들 이름은 사람 이름이 아니라 보통명사였다는 증거입니다. 을라에 해당하는 가장 가까운 우리말은 아이를 뜻하는 경상도 사투리 '얼라'입니다. 이들이 구멍에서 나왔다는 것도 아이임을 뜻하죠.

이들이 제주에 다다라서 살 곳을 정하려고 한 짓이 뭐냐면 활을 쏘는 것이었습니다. 화살이 날아간 곳에 각기 흩어져서 마을을 이루고 살았죠. 활이 사냥이 아니라 마을을 짓는 일에 사용된 것이니, 무기를 가장 평화로운 방법으로 쓴 사례입니다. 활로 이런 짓을 할 사람은 누구일까요? 아이들일 겁니다. 그래서 얼라를 아이라고 보는 것입니다.

제주 한라산의 이름이 영주산이고, 갑자기 아이들이 나타나서 활을 쏴서 살 땅을 정하여 살았으니, 도대체 이들이 누구일까요? 이런 고민을 할 때 가장 먼저 떠오르는 것이 진나라를 떠난 동남동녀입니다. 제주도는 바다로 고립된 땅이니 외적의 침입을 걱정할 필요도 없고, 8,000명이라는 인구가 살기에 딱 좋은 곳입니다.

그런데 이번에 우리말의 뿌리를 다시 들여다보면서 재미있는 생각을 하나 더 했습니다. 처음에 을라를 '얼라' 즉 아이들이라고 보았는데, 동북아시아의 여러 겨레에 공통으로 쓰이는 '얼, 어라'가 귀인을 뜻하는 말이어서, 오히려 귀인이라는 뜻으로 보아야 하지 않을까 하는 생각에 이르렀습니다.

을지문덕의 '을지', 을파소나 을소의 '을', 연개소문의 '얼淵'이 모두 높은 지위의 사람을 가리키는 말이었습니다. 그러니 이에 따르면 세 '얼라'는 아이라기보다는 귀인의 뜻에 더 가깝습니다. 그렇기에 이름이 같은 것이죠. 이름이 같다기보다는 관직이나 직위를 나타내는 말이기에 세 사람의 이름이 같을 수 있겠다는 생각이 들었습니다.

역사에서 상상은 하면 안 될 일이나, 상상이 없으면 또 안 되는 것이 역사 특히 고대사여서, 이참에 저도 한 학설을 추가합니다. 하하하. 역사에 대하여 개나 소나 다 한마디씩 하는데, 저도 소쯤은 되니 음메 하고 한번 씨부려 봅니다. 저는 문학도이니, 아니면 말고요. 지금까지 역사가 문학을 무시해온 대로 계속 무시하시면 됩니다.

제주도 얘기를 하려다가 문학도 특유의 산만한 상상력으로 이야기가 자꾸 딴 곳에서 멍석을 까는 바람이 정신이 없어졌습니다. 이제 본론으로 돌아오죠. '한라산'은 『고려사』에 두무악頭無岳 또는 원산圓山으로 나옵니다. '두무'가 둥글다는 뜻이죠. 우리말에 '둠'이 둥근 것을 나타내는 말입니다. '둥글다'의 '둥'도 '둠'과 같은 뿌리입니다. 그래서 '두무'를 '원'으로 적은 것입니다. 같은 말을 우리말과 한자로 적은 것이죠.

한 가지 착각을 바로 잡고 갑니다. '두무악'에 붙은 '악'을 한자 악岳으로 착각하기 쉽습니다. 그러나 이것은 순우리말입니다. '부뚜막(붓+둠+악)'이라는 말에서 또렷이 볼 수 있죠. 불이 흩어지지 않도록 동그랗게 모아놓는 곳을 말합니다. '두무악頭無岳'은 '부뚜막'의 '둠악'을 한자로 적은 것입니다. '오르막내리막'이라는 말에서도 볼 수 있습니다. 한자 '악岳'이 뜻하는 산은, '바위로만 되어서 흙이 없는 산'을 가리킵니다. '관악산, 설악산'을 보면 알 수 있죠. 한라산은 흙산입니다. 악岳이 아닙니다. 그래서 '두무악'의 '악'을 '원산'이라고 번역한 것입니다. 만약에 한라산이 '악'산이었다면 '원악圓岳'이라고 번역했을 것입니다.

제주도 지명에서 '악'은 '오름'과 거의 같은 뜻으로 쓰입니다. 다만 크기에서 조금 더 큰 것에 '악'을 붙이는 경향성이 보입니다. '성판악, 구두악'처럼 쓰이는데, 다른 지명을 살펴보면 오름과 거의 같은 이름으로 쓰입니다. 아마도 한자말 '岳'을 쓰기 시작하면서 오름 중에서 좀 더 큰 것에 붙이게 된 것 같습니다. '거문오름-拒文岳, 족은지그리오름-之其里岳, 물찻오름-水城岳, 어후오름-御後岳' 같은 이름을 보면, 제주 토박이말에 한자를 마구잡이로 갖다 붙인 것이 환히 보입니다. 그래 놓고서는 한자 말에 따라 억지로 어원을 갖다 붙이는 민간어원설이 뒤따르죠.

'구두악'은 개가 머리를 치켜든 것 같아서 붙였다는 식입니다. '구두악'은 '굳(串)+우(매개모음)+악(山)'의 뜻입니다. '굳'은 '고지, 구지'로 뾰족한 땅을 가리키는 말입니다. 그게 아니라면 구멍을 가리키는 말로도 쓰입니다. '섭지코지'의 '코지'도 '고지, 고자'의 변형이죠. '섭지'의 '섭'은 '길섶, 풀섶'에서 보듯이 가장자리를 말하는 것입니다. 그러니 섭지코지는 땅의 가장자리에서 바다 쪽으로 길게 뻗어나간 지형을 나타내는 말이죠. '곶자왈'도 '곶(串)+ㅇ(매개모음)+왈(田)'의 짜임으로, 길게 튀어나간 모양의 밭을 말하는 것입니다. '왈'은 '밭〉왓〉왈'의 과정을 거칩니다.

탐라耽羅도 '두무'를 나타낸 말입니다. '둠'과 '탐'은 똑같죠. '라羅'는 '나라'를 뜻하는 말. '둥근 나라, 둥근 땅'의 뜻입니다. 섬이 둥글어서 붙은 이름입니다. 한라산이 『동국여지승람』에는 '은하수를 끌어당길 만한 산'이라고 나오는데, 이것은 한자 표기(漢拏)를 곧이곧대로 해석한 것입니다. 漢은 은하수를 뜻하는 한자이고 拏는 '잡을 나' 자이니 그렇게 풀이한 것입니다.

'둠, 탐라'를 한자로 번역하면 '제주'가 됩니다. '거제巨濟'를 보면 알 수 있죠. '둠, 담, 돌, 들, 등'을 한자로 적은 것이 濟입니다. 거제는 커다란 섬이라는 뜻이겠죠? '주州'는 '라羅'를 번역한 것입니다. '제주=탐나=두무섬'. 한마디 더 하자면, 濟는 '건널 제'자입니다. 건너는 것을 '다리'라고 하는데, '달+이'의 짜임이죠. '달'은 앞서 본 '둠, 담, 돌'과 같은 뿌리입니다. 그래서 濟를 '담, 돌, 달'을 뜻하는 향찰 표기로 쓰는 것입니다. '도랑(돌+앙)' 같은 거죠. '돌'은 동시에 물길을 뜻합니다. '울돌목(鳴梁), 손돌목(孫乭), 노돌(露梁)'이 다 그런 것입니다. 도랑은 건너라고 있는 것이니, 그런 자리를 가리키는 말로 濟를 쓰는 것이고, 건너가도록 놓은 긴 구조물을 '다리(달+이)'라고 하는 겁니다. '달'은 '들'이기에 아래아가 상황에 따라서 '돌'로도 발음됩니다. 제주말에는 특히 아래아가 많습니다.

백제百濟는 시조의 이름이 온조溫祚이고, 몽골어로 100을 '온'이라고 한다고 보면, 백제와 온조는 같은 말이라고 앞서 설명했습니다.

이것은 '온뎌'를 한자로 쓴 것입니다. '제'는 '뎌'가 구개음화를 일으켜서 바뀐 꼴입니다. 백제를 일본인들은 '구다라'라고 발음한 것을 보면 '뎌'의 자취를 볼 수 있습니다. '뎌'는 '다라'에서 받침 리을이 떨어져나간 형태임을 볼 수 있죠. '다라'는 '돌'의 뜻임을 알 수 있습니다. 이것을 '거제巨濟, 제주濟州'에서 볼 수 있습니다. 제濟가 '뎌, 다라'를 적은 것이고, 앞서 '도랑'이라는 말에서 물과 그 위를 오가게 하는 다리를 뜻하는 말이라고 설명했습니다. 그렇다면 일본인들에게는 '구다라'인 것이 백제인들에게는 '온다라'가 된 것인데, 몽골어에서 'öndör'는 높다高는 뜻입니다. 온조는 고주몽의 후손이니 그것을 뜻하는 말로 표기한 것입니다. 만약에 백제를 일본식으로 읽는다면 '구다라'이니, '구'는 '고高'의 자취일 것이고, 백제식으로 읽는다면 '온다라'가 될 것입니다. 결국 백제와 온조는 같은 말인 셈입니다.(『어원으로 본 한국 고대사』 245쪽)

비교 언어학으로 보면, 재미있는 사실을 하나 볼 수 있습니다. 드라비다어로 '높아진 땅'을 'dimma'라고 합니다. '두무'가 이것을 적은 것이라면 한라산은 바다에서 높이 솟아오른 땅이라는 뜻입니다. '섬'이라는 말도 이 솟는다는 말이나 땅이라는 말과 관련이 깊습니다. '사래 긴 밭'이라는 시조도 있는데, '사래'는 '살, 삳, 산, 삿'에 접미사 '애'가 붙은 말이어서, '섬'과 같은 뿌리를 지닌 말임을 알 수 있고, '솟다'라는 뜻이 보입니다. 또 몽골어로 땅을 'siroi'라고 해서 섬과 같은 계열임을 알 수 있고, 일본어 'sima'는 아예 우리말과 똑같습니다. '섬, 셤'은 땅이지만, 수평 개념에서 물보다 더 높다는 뜻이 들어있는 말이라고 볼 수밖에 없습니다.

한라산은 원래 두무산(圓山)이었는데, 나중에 '한라'라는 이름이

추가된 것입니다. 한라의 어원은 몽골어에서 찾는 것이 더 확실합니다. 왜냐하면 제주도는 고려 후기 몽골 섭정기에 말을 기르던 곳으로 몽골의 관리가 파견되었던 곳입니다. 특하나 일본 정벌 때 중요한 전진기지 노릇을 한 곳이었죠. 몽골의 자취가 욕에도 남아서 제주 사람들이 제일 듣기 싫어 하는 욕이 "조주르몽골놈의새끼"라고, 관광버스 안내 기사가 말씀해주시더군요. 어째 제 귀에는 이런 욕이 더 오래도록 남는지 제 심뽀가 궁금해지는 일이기도 합니다. 하하하. 제주도 지역의 당신堂神 이름에서 '하로영산 백관또', '올래모루 하로산' 같은 말들을 보면 몽골어의 자취가 또렷합니다. '할라'가 그것이죠. 할라는 검다는 뜻입니다. 따라서 한라산은 '멀리 구름 위로 우뚝 솟은 검푸른 산(동아일보 기사)'의 뜻입니다.

제주도 곳곳에 있는 작은 분화구 형의 산들은 '오름'이라고 하는데, 두 가지 뜻이 있습니다. '오르다'의 '올'에 명사화 접미사가 붙은 것이 그 하나입니다. 또 '올벼, 올해'에서 보듯이 이제 막 생긴 것을 나타내는 말 '올'에 명사화 접미사가 붙은 것이 또 다른 하나입니다. 둘 다 해당할 것으로 봅니다만, 오름이 이제 막 태어난 갓난아기처럼 작다는 뜻이 더 적합할 것 같아서, 저는 두 번째가 더 그럴듯하지 않을까 생각해봅니다.

제가 활을 쏘다 보니, 활에 관한 얘기가 기억에 유난히 남습니다. 앞서 고을라 양을라 부을라도 활쏘기로 자신이 살 땅을 정했다고 했는데, 그것도 활과 관련되어서 오래 기억하는 것입니다. 제주도에서 활과 관련한 아주 특이한 이름이 있습니다. 솔대왓이 그것입니다. 솔대왓은 '솔대밭'의 음운변화를 거친 것입니다. 옛날에 간편하게 쓰던 과녁은 헝겊으로 만들었습니다. 그것을 '솔포'라고 합니다. 헝겊으로 만들었으니 스스로는 설 수 없어 무언가에 기대야 합니다. 그래서 그걸 세울 수 있는 긴 나무를 세웠습니다. 가벼운 대나무로 많이 썼죠. 솔포를 기대는 나무라는 뜻으로 '솔대'라고 합니다. 밭에다가 이것을 세워놓고 연습하다가 농사지을 때는 순식간에 철거할 수 있어서 아주 편합니다. 이 솔대를 세우는 밭이라는 뜻입니다. '솔대밭'의 비읍이 순경음화를 거쳐서 '왓'으로 변한 것입니다. '솔대밭〉솔대밭〉솔대왈〉솔대왓'의 변화를 보이죠. 비읍이 순경음을 거쳐서 'ㅗ/ㅜ'로 변하는 것은 우리말에서 아주 흔히 일어나는 일입니다. '추워'는 '춥다'의 어간 '춥'에 활용어미 '어'가 붙어서 '춥어〉추벙〉추워'의 변화를 보인 것입니다.

한라산 꼭대기에는 움푹 파인 호수가 있습니다. 옛날의 분화구죠. 이름이 백록담白鹿潭입니다. 인터넷에서 아무리 자료를 찾아봐도 이 백록담에 대한 어원은 나온 게 없습니다. 이상합니다. 이름은 대상의 모양과 특성에 따라서 붙습니다. 그렇다면 '백록'을 분화구와 연관 지어 생각해야 하는데, 그렇게 생각해본 사람이 없는 듯합니다. 아무래도 제가 무리를 해서라도 시도를 한 번 해봐야겠습니다. 이렇게 얘기를 했는데도 꼭 나중에 보면 탈을 잡는 사람들이 있습니다. 그렇게 떫으면 네가 하세요.

'부싯돌'이라는 말이 있죠. '부시+ㅅ+돌'의 짜임입니다. 불을 일으키는 돌을 말합니다. 돌과 돌을 부딪히면 불꽃이 일어나고 불쏘시개를 대어 불을 내는데, 거기에 쓰이는 단단한 돌을 말합니다. '부시'는 '불'이겠죠? '붓, 붗, 붇, 불, 붕'로 나타납니다. 시옷은 우리말끼리 만날 때 끼어드는 사이시옷이고요. 제주는 화산으로 큰불을 게우던 섬입니다. 이런 섬에 불을 뜻하는 이름이 붙지 않았다는 게 너무

신기합니다. 신기한 정도를 지나서 정말 이상스럽죠. 그래서 자꾸 백록담이라도 불과 연관지어 보자는 생각이 듭니다.

그렇게 보면 '불섬'이라고 할 수 있습니다. 이걸 옛말로 바꾸면 '부ㅅ섬'이 되겠죠. '붗(火)+ㅇ(매개모음)+셤(島)'의 짜임입니다. 이것을 본 옛 선비가 한자로 옮기려면 어떤 글자를 꺼낼까요? 저라면 딱 하나가 떠오릅니다. '불+ㅅ섬'의 짜임으로 보고 '백록白鹿'이라고 할 수밖에 없을 것 같습니다. '불'이 왜 백白이냐고요? '불'의 옛 모습은 '붉'이기 때문입니다. 그 붉섬 꼭대기에 빗물이 잠시 고이면 '백록담'이 되는 것이죠. 저절로 신선이 떠오르는 것은 덤입니다.

제주가 '부시섬'이라는 증거는 뜻밖에도 일본에 있습니다. 일본의 후지산富士山이 그것입니다. 사과 이름으로 우리에게는 친숙하죠. '부사 사과'. 일본어와 우리말에서 비읍과 히읗은 서로 넘나듭니다. 그래서 같은 한자를 놓고 우리는 '부사'라고 읽고, 일본은 '후지'라고 읽는 겁니다. '후지'는 우리말에서 '부지'로 발음되고, 이것은 '부싯돌'의 '부시'와 같습니다. 후지산은 '부시뫼'로 불을 뿜는 산이라는 뜻입니다. 들판 한가운데 우뚝 솟은 후지산, 들판처럼 너른 바다에 우뚝 솟은 한라산은, 어쩐지 비슷한 모양입니다. 게다가 둘 다 불을 뿜던 화산이죠. 이 바다 양쪽 지역에 살던 사람들이 같은 겨레였다면 똑같은 이름으로 불렀을 것입니다. 그들은 언어도 같습니다. 그 주인공은 아이누인이죠.

우리말의 뿌리를 찾아서

10장

1. 어원 역사 논의의 뒷목

가을걷이가 끝난 들판에 떨어진 나락 따위를 '뒷목'이라고 합니다. 지금까지 짧은 지식으로 이런저런 시비분별을 해왔는데, 그 와중에 미처 못 다룬 내용 몇 가지가 있어서 이렇게 뒷목으로 정리해둡니다.

① 금과 김

'金'을 읽는 소리는 '금'과 '김' 두 가지입니다. 보통 쇠를 뜻하는 말로 쓸 때는 '금'이라고 읽고, 성씨를 뜻하는 말로 쓸 때는 '김'이라고 읽습니다. 이것은 성씨로 읽을 때의 특수성 때문에 생긴 일입니다. 어째서 이런 일이 일어났을까요? 이에 대한 설명은 아주 그럴듯하여 반박의 여지가 없는 듯이 인터넷 여러 곳에 자리 잡았습니다. 설명은 이렇습니다.

이성계가 고려를 무너뜨리고 조선을 세웠습니다. 당연히 자신의 왕국을 무너뜨릴 사람들에 대한 경계심이 일지요. 누구일까요? 당연히 왕 씨이어야 하지 않나요? 이에 위협을 느낀 왕 씨들이 점을 하나 더 찍어서 옥玉 씨가 되고, 위에다가 지붕을 씌워서 전全 씨로 바꾸었다는 설화도 있기는 합니다만, 민간어원설일 것으로 보입니다.

그런데 날벼락을 맞은 성 씨가 또 하나 있습니다. 김 씨입니다. 음양오행론에 따른 상극의관계로 설명됩니다. 즉, 조선을 세운 이李 씨는 나무(木)이니, 나무를 극하는 것이 금金이어서 금 씨들에 대한 탄압이 예상되었고, 이를 피하려고 '금'이라고 하지 않고 '김'이라고 바꿔 불렀다는 것입니다.

제가 보기에 이것은 어이없는 궤변으로 만들어진 민간어원설입니다. 발음을 바꾼다고 해서 쇠가 쇠 아닌 것으로 달라지지는 않기 때문입니다. 오행의 상생상극은 발음으로 설명되는 것이 아니라 실제 대상의 실체로 적용되는 것입니다. 따라서 이런 것은 설명할 수 없는 현상에 대한 마구잡이식 풀이에 불과합니다. 이런 논리를 그럴듯하다고 여기는 역사학계의 수준이 한심합니다.

'금'과 '김'은 우리나라 지명을 보면 또렷이 구분됩니다. 한국전쟁 말기에 남북이 다투었던 김화 지역 전투는 유명합니다. '金化'를 이곳에서는 금화와 김화라고 둘 다 읽습니다. 대체로 한강 언저리를 경계로 해서 그 위쪽은 '금'이라고 읽고, 그 아래쪽은 '김'이라고 읽습니다. 위의 오행론에 기대면 이런 현상도 조선 시대가 열리면서 나타난 것이라고 봐야 할 텐데, 누가 봐도 이건 무리죠. 그 전부터 한강 이남에서는 '김'이라고 불렀던 것입니다.

'金'을 달리 읽는 이 기이한 현상의 원인은 가락국입니다. 가락국

김수로왕은 인도 드라비다에서 온 사람입니다. 이들이 낙동강 하구에 다다라서 나라를 세우고 세력을 확장하여 경상도 지역을 거의 다 차지합니다. 바로 이들의 언어 즉 드라비다어에서 금金을 'cinna'라고 합니다. '알'도 'cinai'라고 합니다. 아시다시피 김수로왕은 황금알에서 태어납니다. 이런 것을 한 발음으로 하면 '신, 친'쯤이 되겠지요. 그래서 그것을 한자로 빌어 적으면 '진국辰國'이 됩니다. 이 진국을 삼한의 하나로 표기할 때 '진한'이 되는 것입니다. 김수로왕이 세운 가야가 금관국金官國인데, 이것을 드라비다인들이 '금'이라고 읽지는 않았을 겁니다. '신'이나 '진', 또는 '친'쯤으로 읽었을 것입니다. 여기에 중국에서 막 들어온 한자음 '금'이 결합하면 어떻게 될까요? 그게 바로 '김'입니다.

한강 이남에서 '金'을 '김'이라 읽은 버릇은, 가락국의 영향입니다. 쇠를 수출하여 막강한 왕국을 이루었던 가락국의 말이 중국 측으로부터 밀려드는 말의 소리를 바꾼 것입니다. 그것이 한강 이남에서 '김'이라고 발음되는 까닭입니다. 이 소리값은 오직 우리나라에만 있습니다. 강원도 금화 지역은 가락국의 영향이 미친 북한계선일 것입니다. 그래서 금화와 김화가 둘 다 쓰인 것이죠.

② 황금과 쇠

가락국에서 쓴 드라비다어로 금金을 'cinna'라고 했고, 이에 따라 나라 이름도 '진국辰國'이라고 했다면, 이 말뜻은 '황금의 나라'입니다. 조금 더 훗날의 이야기지만, 이런 점을 감안하면 쉽게 풀리는 문제가 있습니다. 즉, 신라를 다녀간 서역 상인들이 묘사하기를, 신라는 길거리에 황금으로 가득 찼고, 황금이 길바닥에 떨어져 있어도 아무도 주워가지 않는다고 기록했습니다. 실제 사실이기보다는 나라 이름이 주는 이미지를 적은 것으로 생각됩니다.

우리 말에서 이상한 건 또 있습니다. 우리말에는 골드(황금)와 아이언(쇠)이 구분되지 않는다는 것입니다. 우리가 '금덩어리'라고 하면, 골드를 말하는 것입니다. 우리는 쇠와 골드를 구분할 때 기껏 앞에 색깔을 뜻하는 말을 덧붙입니다. '황'은 노랗다는 뜻이죠. 골드는 '노란 쇠'이고, 아이언은 그냥 '쇠'입니다. 이것은 쇠가 청동에서 철로 발전해왔기 때문에 나타난 현상입니다. 청동은 노랑에 가깝습니다. 녹이 슬어서 청이 된 것입니다. 불에 녹는 온도를 보면 황금, 구리, 쇠 순입니다. 제련하기에 편하다는 뜻입니다. 그래서 골드는 무르기 때문에 장식용으로나 쓰입니다. 높은 신분을 나타내는 데 쓰일 각종 치레 거리를 만들기 때문에 값이 비싸죠. 그래서 황금은 비싼 것을 나타내는 말로 자리 잡았습니다.

가락국의 상황을 보면 우리말에서 골드와 아이언이 구분되지 않는 까닭을 알 수 있습니다. 김수로왕은 인도 드라비다 출신이고, 이들이 한반도에 가져온 축복은 2가지였습니다. 벼농사와 제련법이죠. 가락국은 이 두 가지 기술을 독점하고 있었기 때문에 그 지역 사람들의 지지를 받으며 쉽게 여섯이나 되는 작은 왕국을 만들 수 있었습니다.

가락국이 백제나 신라와 현저히 다른 특징은, 이들이 상업을 국가의 부를 창출하는 방법으로 생각했고, 나라의 세력을 육지로 확장한 것이 아니라 바다로 넓혔다는 것입니다. 그 기반이 되는 것이 바로 제철 제련입니다. 가야인들이 쇠를 다루는 기술은 다른 민족과는 차원이 달랐습니다. 이들은 각종 도구를 만들기 좋게 쇠를 일정한 크기로 만들어서(鐵釘) 팔았습니다. 한반도 내의 모든 부족은 물론이고, 바다 건너 왜에서도 이들의 쇠를 최상품으로 여기고 비싸게 사 갔습니다. 가락국은 쇠를 통해서 어마어마한 부를 이룬 나라입니다.

황금은 장식용으로 필요한 것이지만, 쇠는 생활 도구를 만드는 데 필요합니다. 그 쇠를 팔아서 만든 부는, 결국 왕족과 귀족의 사치품인 황금을 낳게 됩니다. 굳이 쇠와 황금이 구분될 필요가 없는 것이죠. 가야인들에게 쇠는 곧 황금이었던 셈입니다. 골드와 아이언이 굳이 구별될 필요 없는 세상이 가락국이었고, 이들의 이런 언어 습관이 현재의 우리에게도 이어져 쇠와 황금을 구분하지 못하는 버릇을 남겨놓았습니다.

앞서 말한 청동기 또한 이런 경향을 부추겼다고 봅니다. 청동을 우리 말로는 '놋쇠'라고 합니다. '놋'은 노랑을 뜻하는 말입니다. 불에 달아서 일그러지는 것을 '눌다'라고 하는데, 원형은 '눋다'입니다. 노랗게 변한다는 뜻이죠. 이 '눋'이 '놋'으로 바뀐 것입니다. 어떤 것이 불로 누를 때에 색이 노랗게 변하지요. 이런 현상 때문에 쇠에 '놋'이 붙어서 '놋쇠'가 된 것인데, 원래는 그냥 쇠였다가, 철이 나오면서 그것과 구별하려고 '놋'을 덧붙인 것이겠지요. 놋쇠.

③ 윷놀이

신채호가 부여의 4출도를 상징한 것으로 본 윷놀이에 관해서도 한마디하고 가겠습니다. 부여는 지배세력이 모두 다섯이었고, 이들의 회의를 통해서 중대사를 결정하는 방식으로 나라가 운영되었으며, 중앙의 왕을 제외한 벼슬 이름이 있었습니다. 마가馬加, 우가牛加, 저가猪加, 구가狗加가 그것이죠. '加'는 유목민족에게 공통으로 임금이나 우두머리를 뜻하는 말입니다. 그 말 앞에 짐승 이름이 붙었습니다.

윷말과 똑같죠.

윷놀이는 '놀이'이고, '윷'은 형식입니다. 윷가락 넷을 던져서 엎고 잦힌 상태로 숫자를 셈하여 말을 태우는 놀이죠. 이것을 역사 현상의 근거로 본다는 것은 참신한 발상이기는 하지만 위험성도 뒤따릅니다. 현재로서는 신채호의 주장을 부인할 만한 근거도 인정할 만한 자료도 없어서 일단 다양한 가설 중의 하나로 남겨두고 숙제를 풀어가는 태도가 필요합니다.

지금까지 알려진 윷놀이에 대한 정설은 '윷'을 '쇼'의 변화된 형태로 보는 것입니다. 즉 '쇼〉슈〉유'의 진행으로 보고, 뒤의 '놀이' 때문에 사이시옷이 붙어서 '윷놀이'가 되었다는 것이죠. 윷말의 이름이 '도, 개, 걸, 윷, 모'여서 '윷'은 우리에게 친근한 가축인 '소'의 변형이라고 저절로 유추하게 된 것입니다. '소'의 시옷이 떨어지는 것은 낯설지 않습니다. '외양간'의 '외'가 '쇠'입니다.

터키어로는 '윷'을 'öč'라고 하여 거의 같고, 만주어로는 '주사위'를 'dʒəu-tsï'라고 하는데, 이것이 '슞'으로 변했다고 볼 수 있습니다. 놀이의 성격으로 보면 같은 형식에서 찾아보는 것이 가장 좋은데, 이 경우가 매우 합당하죠. 게다가 몽골어로 '가축'은 'mal'이어서 '윷말'의 '말'에 적당합니다. 따라서 윷놀이는 유목민족의 특성이 많이 반영된 놀이였음을 알 수 있습니다.

유목 시대부터 지금까지 이어온 놀이인 만큼 말도 여러 겨레의 말이 서로 영향을 주고받으며 지금의 '도, 개, 걸, 윷, 모'로 자리 잡은 것이 아닌가 추정됩니다. '도'는 '돝, 중톳, 도야지, 돼지(豚)'임을 금방 알 수 있고, '개'는 '가히(犬)'인 것도 보이죠. '걸'은 드라비다어로 '가축'을 'kāli'라고 한 것을 보면 알 수 있습니다. '윷'은 터키어로 'sigïr'이 '소'여서 우리의 옛 기록 '쇼'와 비슷함을 볼 수 있습니다. '모'는 몽골어로 '말'이 'mori'여서 한눈에 봐도 닮았습니다. 문제는 이 윷말을 가리키는 말에 드라비다어, 몽골어, 우리말이 뒤범벅되었다는 것입니다. 일관성이 조금 부족하다는 뜻이죠.

이런 점에서 언어 계열의 일관성을 기준으로 살펴보면 오히려 숫자를 나타낸 말로 보는 것이 더 정확합니다. 터키어가 그 일관성을 보여줍니다. 도(tek, 甼一), 개(iki, 2), 걸(güč, 3), 윷(dört. 4), 모(beš, 5)와 정확히 대응합니다. '걸'은 몽골어와 더 정확히 대응합니다. 몽골어로 '3'은 'gur-ban'입니다.

윷놀이는 정말 뿌리 깊은 민속놀이입니다. 유구한 세월 속에서 우리 겨레가 이어온 풍속이라는 점에서 역사와 깊은 연관을 맺었습니다. 사실이 어떻든 신채호가 무의식에 깃든 윷놀이의 틀을 통해서 부여의 통치구조를 밝혀보려고 했던 노력은 실로 감탄과 존경을 받아 마땅한 일입니다.

④ 시라무렌

우리는 역사를 볼 때 국경으로 땅을 갈라서 보는 일에 익숙해졌습니다. 지금까지 제가 써온 글들만 해도 만리장성이 음산산맥을 따라서 이어졌고, 험한 산줄기가 요동까지 와서 끝나는 곳에 산해관과 노룡두가 있다는 식으로 설명했습니다. 이런 현상은 오늘날의 국가 개념으로 역사를 보았기 때문에 생긴 버릇이었습니다.

이런 조작된 의식을 툴툴 털어버리고 동북아시아 지역을 훑어보면 어떨까요? 몽골 초원과 만주 지역, 그리고 요동 지역을 훑어보면 짐승 키우기에 딱 좋은 풀밭이 온종일 달려가도 끝나지 않을 만큼 펼쳐진 초원지대입니다. 바다에다가 금을 그을 수 없듯이 이 초원에도 금을 그을 수 없습니다. 하지만 우리는 세계지도를 펼쳐놓고 보는 버릇 때문에 이곳에 또렷한 금이 그어졌다는 가정을 하고서 초원과 그 위에서 펼쳐진 시간, 곧 '역사'를 바라봅니다. 바로 이 눈길이 고정관념을 만듭니다.

고정관념을 털어버리고 이 초원지대에서는 어떤 일이 벌어질지 생각해 보겠습니다. 우선 끝없는 풀밭이 펼쳐집니다. 농사는 짓기 어렵습니다. 그러면 지금부터 3,000년 전 그 풀밭에 무엇이 있을까요? 수많은 동물이 있겠죠. 말, 소, 양, 염소, 낙타, 개, 이런 동물들이 생태계를 이루며 살 것입니다. 이 사이에 사람이 떼를 이루어 살겠죠.

문제는 사람입니다. 이 사람이 어느 날부턴가 짐승을 길들입니다. 아마도 양 같은 힘이 약한 짐승들부터 길들였을 것입니다. 가장 먼저 길든 동물은 개입니다. 왜냐고요? '개'라는 말이 그것을 말해줍니다. '개'의 15세기 표기는 '가히'입니다. 기독교가 우리나라에 전파될 당시 어느 신도가 성경을 읽다가 "예수님이 개고기를 좋아하신다."고 해서 목사님이 깜짝 놀랐다고 합니다. 이유를 물으니 성경에 "예수께서 가이사랴 빌립보로 향하시던 중"이라는 구절이 나오는데, '가이사랴'가 '개 사러'로 들린 것입니다. 당시 '개'는 '가히'였으니, '가이사랴'를 '개 사러'로 듣고 그렇게 말한 것입니다. 이것은 우리나라 기독교 초기 전도 역사에 나오는 우스개이지만, 우리가 '개'라고 말한 지는 얼마 안 됩니다. 보통 '가이'라고 많이 말했습니다.

'가히'는 '갛+이'의 짜임입니다. '갛'가 무엇일까요? '가장자리, 가의 뜻입니다. '사람의 둘레를 떠도는 놈'의 뜻이죠. 늑대나 여우 중에서 순한 놈들이 사람을 졸졸 따라다니며 사람이 먹고 싸고 버린 음식 찌꺼기를 얻어먹다가 정이 들어서 목에 목줄을 차게 된 것이고, 그것이 짐승 길듦의 시작이 된 것입니다.

가축 중에서 가장 늦게 길든 것이 말입니다. 말은 기원전 3,000년 경에 몽골 초원지대에서 처음으로 길듭니다. 이 때문에 인류의 역사가 초고속으로 변합니다. 그 속도 때문이죠. 흉노가 나타나서 중국을 괴롭힌 것이 말을 발로 삼은 사람들의 자취입니다. 말을 마지막으로 인류가 길들일 만한 짐승들은 모두 길들여서 그를 바탕으로 초원지대의 삶이 우리에게 익숙한 제 모습을 갖춥니다.

그러나 이들 유목민족이라고 해서 한없이 이동만 하는 것은 아닙니다. 이들도 벗어날 수 없는 숙명이 있습니다. 유목민족에게 필요한 것은 두 가지입니다. 풀과 물. 풀은 어디든 다 있습니다. 문제는 물입니다. 물이 없으면 풀도 소용이 없습니다. 풀을 뜯은 짐승이 물을 먹어야 살 수 있기 때문이죠. 따라서 유목민족이 큰 집단을 이루려면 반드시 큰 물을 끼고 있어야 합니다. 물은 곧 강을 뜻합니다. 초원지대에 강이 있어야만 많은 유목 부족이 살 수 있습니다. 유목국가 형성의 가장 중요한 조건을 말씀드리는 것입니다.

생각해보면 이것은 꼭 유목민족의 일만은 아닙니다. 모든 문명의 조건이 이렇습니다. 나일강, 유프라테스강, 인더스강, 황하, 모두 큰 문명을 일으킨 강입니다.

동북아로 눈을 돌려보면, 중국 역사에 큰 변화를 일으킨 이들은 대부분 북방 민족입니다. 흉노 시절은 물론이고, 그 뒤로도 중국 역사의 큰 변화 요인이 바로 북방 민족의 침입이었습니다. 내부에서 농민반란으로 혼란이 일어나면 북방 민족이 쳐들어와서 새로운 나라를 세우는 흐름이 중국사의 공식으로 자리 잡았습니다.

우리가 중국 역사 드라마를 보면서 고개를 갸웃거리게 되는 일이 있습니다. 흉노도 그렇지만 북방 민족이 침입할 때 그 인구가 중국에 견주면 몇십분의 1에 불과합니다. 그런데도 중국의 거대한 제국을 거꾸러뜨립니다. 예컨대 오랑캐 군대가 60만이라고 하면, 오랑캐 인구는 150만에 불과합니다. 어린아이와 여자 빼고 모두가 군대에 동원됩니다. 사내들은 모두가 군인인 셈입니다. 이런 걸 국민개병제라고 하는데, 북방 초원지대의 유목민족은 저절로 이렇게 됩니다. 말을 타고 이동하며 짐승을 몰고 다니던 행위가 그대로 군대의 진법이 되는 것입니다.

중국으로 들어오는 입구는 산해관이 유일한데, 만리장성을 기준으로 그 안과 바깥에 큰 강이 있습니다. 안에는 황하가 있고, 바깥에는 시라무렌이 있습니다. 황하는 농경 정주민족이 기댄 강이고, 시라무렌은 유목민족이 기댄 강입니다. 이 두 강이 역사의 큰 축을 이루어 동북아시아의 운명을 결정했습니다. 우리에게 황하는 낯익지만, 시라무렌은 낯섭니다. 그만큼 우리는 중국사를 중심으로 역사를 봐왔다는 뜻입니다.

시라무렌은 한자로 황수黃水라고 합니다. 황하黃河와 대비되는 이름이죠. 노랑(黃)은 오방색에서 중앙을 뜻합니다. 세상의 중앙이라는 뜻입니다. 황하는 세상의 중심을 흐르는 강이라는 뜻이죠. 황수는 세상의 중심을 흐르는 물줄기라는 뜻입니다. 그런데 우리는 황하만 기억할 뿐 황수를 기억하지 않습니다. 바로 이곳이 북방 오랑캐의 근거지이기 때문입니다.

초원지대에서 일어난 유목민족이 중국으로 들어가려면 반드시

이 시라무렌을 거쳐야 합니다. 시라무렌은 그 풍부한 강물로 인하여 수많은 짐승을 기릅니다. 중국에서 그토록 북방을 원정하여 정벌하는 데도 몇십 년만 지나면 또 북방 민족이 일어나서 중국을 공격하는 까닭도 이 강물이 길러주는 무한한 생명력 때문입니다. 북방 민족을 몰살시켜도 한 세대 30년만 지나면 그대로 복원됩니다. 아이가 태어나 전투력을 갖춘 어른이 되는 데는 20년이면 됩니다. 이러한 현상은 청나라가 중국을 공격하여 나라를 세우고 중원의 주인이 될 때까지 계속 이어집니다.

이 강에 뿌리를 두고 동양사를 바꾼 나라가 거란입니다. 거란의 영토를 보면 시라무렌을 중심으로 이루어진 나라임이 또렷합니다. 시라무렌에서 일어나 동쪽으로 발해를 무너뜨리고 서쪽으로 서양까지 공격하여 키타이라는 이름을 얻었고, 남쪽으로 중국을 압박하여 연운 16주를 할양받아 중국과 천하를 양분합니다.

거란 민족은 요遼나라를 세우는데, 거란어로 자신을 '카라키타이'라고 불러서 서양에서는 '카라키탄'으로 인지되어 지금도 '키타이, 케세이'라고 불립니다. 이 말에 대한 어원도 세계의 여러 학자마다 다 달라서 중구난방입니다. 이참에 제가 한 번 정리해 보죠. 앞서 보았듯이 동호의 후예인 이들은 주로 몽골어를 썼고, 고구려 백제도 지배층이 몽골어를 썼다는 것을 보면, '카라'가 무슨 뜻인지 쉽게 눈에 들어올 것입니다. '고구리高句麗=고리高麗=코리(qori)'임을 알 수 있습니다. '코리'는 부리야트어의 사투리이기도 하고, 고구려의 '계루부'이기도 하며, 윷놀이의 '걸'이기도 합니다. 즉 중앙을 뜻하는 말이죠. 자신을 세계의 중심으로 인식했다는 뜻입니다. 이것은 이들의 근거지인 시라무렌이 한자로 '황수黃水'라고 하여 그곳 유목민들이 세상의 중심이라고 여긴 것과 같은 맥락입니다.

'遼'는 거란문자의 소리를 재구성하면 "홀지(호리지/胡里只. huldʒi)"입니다. 이들 황족의 성씨는 야율耶律인데, 중국어 발음으로는 '예뤼(Yélǜ)'이고, 거란어로는 '야루드(ei.ra.u.ud)'입니다. 중국의 역사 드라마에서 하는 발음을 들어보면 '야리'쯤으로 들립니다. 이들의 근거지인 황수가 하류로 가서 남쪽으로 꺾어 들면 요하遼河가 된다는 사실이 중요합니다. 요遼는 [liáo]입니다. 노룡현의 '盧[lú]'와 발음이 거의 같다는 사실을 눈여겨봐야 합니다. 지금이야 모음이 언뜻 달라 보이지만, 1,000년 전으로 올라가면 사정이 다릅니다. 더구나 3,000년 전의 갑골문으로 올라가면 遼와 盧가 같은 발음(ㄱ르, ㅅ르)이라는 것은, 최춘태 박사가 밝혀놓은 업적입니다. '盧龍[lúlóng]〉遼[liáo]〉야루드[ei.ra.u.ud]'의 변천 과정을 직감할 수 있죠.

이를 한번 정리해 보겠습니다. 요나라를 세운 거란 사람들은 자신들을 카라키탄이라고 불렀고, '카라'는 부리야트 방언의 '코리'를 뜻하는 것이며, '코리'는 중앙을 뜻하는 몽골 민족의 표현이라고 말했습니다. 키읔은 히읗과 넘나듭니다. '한'이 북방어에서는 '칸'으로 발음된다는 것을 보면 알 수 있습니다. 그리고 가끔 생략되기도 하죠. 그러면 다음 등식이 성립합니다. '코리=호리=오리=ㅇ리=야리'. 그러면 이것을 원래의 한자 표기로 바꿔볼까요? 이렇게 됩니다.

코리=호리=오리=ㅇ리=야리
遼=胡里只=耶律=盧=龍

거란어 홀지(호리지/胡里只. huldʒi)는 히읗과 키읔의 교체 현상으로 보면 '코리'와 같은 말입니다. 거란은 앞선 연재 글에서 제가 '크한(大韓)'이라고 말씀드렸는데, 여기서도 그대로 볼 수 있습니다. 서양(그리스, 이란)에서 거란을 '카라키탄'이라고 했는데, '카라'는 '코리, 호리, 야리'와 같은 말이고, 세상의 중심을 나타내는 몽골어입니다. '키'는 우리말 '크다'의 어근 '크'입니다. '탄'은 '우즈베키스탄, 키르기스스탄, 아프가니스탄, 파키스탄'에서 보는 그 '탄'으로 언덕이나 마을을 뜻하는 북방어 '달達, 닭'을 서양식으로 적은 것입니다. '카라키탄'은 '카라(中)+키(大)+탄(國)'의 짜임으로, '세상의 중심인 큰 나라'를 뜻하는 거란어입니다. 세상의 중심에 우뚝 선 자신들의 자부심을 잘 나타낸 말이죠.

결국, 이들 거란은 겨레 이름과 나라 이름과 그 나라를 세운 황족 이름과 그들이 살았던 지역의 강 이름이 모두 같은 말에서 나왔고, 이것이 문자로 기록하는 사람들에 따라서 각기 달리 적혔을 뿐이라는 사실을 알 수 있습니다. 중국 드라마 『장군재상』에 송나라를 넘보는 서역의 오랑캐가 '탕구트'로 나오는데, 그곳 유목민족의 황제가 야리(耶律) 씨였습니다. 이들이 꽤 넓은 지역에 퍼져 살았음을 알 수 있습니다.

거란문자로 재구성한 '遼'의 음이 "훌지(호리지/胡里只. huldʑi)"라는 것을 알면, 우리말의 '할'과 같은 말임도 어렵지 않게 추측할 수 있습니다. '할아버니, 할머니, 할티' 같은 말에 있죠. 앞선 연재에서 제가 대릉하의 '대릉大陵'을 '할'의 향찰식 표기라고 했으며, 이를 『당서』에서는 '호로하'라고 적었고, 호로하는 '할하'의 향찰표기라고 했습니다. 결국 요하遼河=대릉하大陵河=할하=호로하=훌하의 공식을 볼 수 있습니다. 같은 말이 계속 이동했음을 여기서도 볼 수 있습니다.

요하는 난하 대릉하를 거쳐 지금의 시라무렌 하류까지 이동한 것입니다. 요하가 이동하지 않았다면 지금의 요하는 시라무렌이라고 불렸을 것입니다. 큰 강물을 둘로 나누어 위쪽은 시라무렌 아래쪽은 요하라고 따로 부른다는 것이 이상하지 않나요? 한강이 꺾이면 그 위아래를 나누어 다른 강 이름으로 부른다는 얘기인데, 이게 이상하죠. 지역별로 다른 이름이 있어도 전체의 강 이름은 한강입니다. 하지만 요하는 시라무렌과 같은 물줄기이면서도 이름은 다른 강입니다.

거란은 선비족이고, 선비족이 고조선 멸망 직후에 나라를 세웠습니다. 단석괴가 바로 그 인물입니다. 단석괴는 고조선 시절에 동호였습니다. 고조선이 망하고 『삼국지』에서 선비 오환으로 분류되었는데, 이들이 바로 이 시라무렌에 살았습니다. 그렇기에 조조가 공손연을 공격할 때 그 배후에서 연나라를 치도록 요청했고, 실제로 선비 오환이 협공하여 공손연을 죽이자, 결국 연나라는 망합니다.

거란의 후예는 어찌 되었을까요? 몽골 칭기즈칸이 일어난 뒤에 이들은 몽골로 흡수됩니다. 몽골어를 쓰니 어찌 보면 당연한 일이죠. 현재는 내몽골 지역의 소수민족으로 남았는데, 이름이 다우르족입니다. '다우르'는 '다+우르'의 짜임임을 한눈에 볼 수 있고, '우르'는 앞서 살펴본 '코리〉호리〉오리〉야리'의 변천을 거쳐서 '우르'로 자리 잡은 것임을 알 수 있습니다. '다'는 꾸밈말일 겁니다. 아마도 크다는 뜻의 '大'가 아닐까 싶습니다만, 확신할 수는 없습니다. '대거란'이 1,000년 세월 동안 음운변화를 일으켜 '다우르'가 되었을 것으로 봅니다. 이들의 거취와 거란의 역사를 놓고 중국과 몽골이 자기네 역사라고 서로 주장한다는 소식을 EBS-TV 다큐멘터리 "불의 검"에서 접합니다. 고조선이 우리 역사라고 주장하는 우리는 고조선의 땅에서 일어나 세계를 제패한 거란에 대해 찍소리도 못하고 멀뚱멀뚱 지켜만 봅니다.

이런 정황을 보면 고조선의 강역이 좀 더 또렷해집니다. 즉 중국의 만리장성 너머에 어떤 큰 나라가 있었는데, 그게 조선이었고, 고조선의 서북쪽 변방에 동호가 있다가 방심한 틈을 타서 흉노의 공격을 받았던 것입니다. 고조선과 흉노 사이에 동호가 있었던 셈이죠. 결국은 고조선의 강역은 시라무렌을 포함하였다가 동호가 흉노에게 밀리는 바람에 영토가 좁아진 셈입니다. 그리고 동시에 중국에도 밀려서 동쪽으로 이동하게 된 것입니다. 고조선이 동쪽으로 떠밀려도 결국은 시라무렌의 물줄기에 의지하게 됩니다. 왜냐하면 시라무렌강이 동쪽으로 흘러서 만주에 이를 무렵, 방향을 90도로 꺾어서 남쪽으로 내려가거든요. 그게 오늘날의 요하입니다. 이렇게 되면 패수가 어째서 동쪽으로 자꾸 이동했는지도 저절로 드러납니다.

황하는 농경 문명의 중심을 흐르는 강이고, 황수는 유목 문명의 중심을 흐르는 강입니다. 시라무렌을 차지 하는 민족이 결국은 만리장성을 넘어서 중국으로 들어갑니다. 그런 점에서 중국 중심으로 역사를 볼 게 아니라, 그 바깥의 초원지대를 중심으로 역사를 보고자 한다면, 가장 중요하게 떠오르는 강이 시라무렌, 즉 황수입니다. 만리장성 바깥의 모든 역사는 시라무렌에서 시작해야 할 듯합니다.

'시라'는 몽골어로 노랗다는 뜻이고, '무렌'은 강물을 뜻합니다. 무렌은 우리말 '물'에 접미사가 붙은 모양새입니다. 몽골어와 한국어가 같은 알타이 말붙이(語族)이기에 그리 된 것입니다.

동북아 문명의 중심을 황하黃河로 해야 할지 시라무렌(黃水)으로 해야 할지 고민이 되는 순간입니다. 분명한 건 만리장성 밖의 홍산 문명이 먼저 일어났고, 그 문명의 일부가 만리장성 안으로 들어가서 중국 문명의 시작인 은나라(商)가 되었다는 것입니다. 그러니 황수에서 발원하여 황하에서 꽃피운 것이 중국 문명입니다. 만리장성 바깥에서 시작된 문명이 만리장성 안에서 꽃피운 것이죠.

2. 우리말의 뿌리

이제부터는 제가 이 연재 글을 쓰려고 마음먹었을 때 가장 중요하게 여긴 책에 관해서 설명드리려고 합니다. 이 연재 글에서 제가 따로 출전을 밝히지 않았습니다. 연재의 성격상 그럴 수밖에 없었기 때문인데, 이 참에 제가 많이 살펴본 책으로 출전을 밝히고자 합니다.

① 신채호

아마도 젊은 날 우리 세대 사람 중에서, 단재 신채호의 『조선상고사』를 읽으며, 가슴 울컥하지 않은 사람은 없었을 것입니다. 2가지 까닭에서 그렇습니다. 첫 번째는, 이토록 조리 정연하고 재미있는 것이 역사란 말인가 하는 감탄과 감동. 두 번째는 이런 자랑스러운 역사가 제도권에서 찬밥 신세를 면치 못한다는 실망감과 분노.

사실, 제가 무엇이 되었든 20살 무렵에 읽은 이 책은 제 삶의 자취에 큰 영향을 미쳤을 것입니다. 저는 국어를 전공하여 아이들에게 문학을 가르치는 사람이 되었고, 그 과정에서 신채호가 준 이 영감을 끊임없이 저의 일에 활용했습니다. 신채호는 저에게 역사를 바라보는 시각을 열어주었고, 자료를 분석하는 냉철한 논리를 알려주었고, 사실에 집중하여 관념을 걷어내는 정신을 길러주었습니다. 이 정도면 한 사람의 인생을 바꾸었다고 할 수 있죠. 제가 국어를 전공하고, 시를 쓰고, 문학을 가르치면서, 어원에 관심을 갖고, 역사에도 조금은 흥미를 갖게 된 것은 모두 문공사의 700원짜리 문고판 『조선상고사』한 권으로부터 시작된 것입니다. 제가 지금까지 살아오면서 처음으로 고백하는 일입니다.

두 번째 사실은, 이미 역사학계에서 한 차례 큰 부메랑을 겪었습니다. 제도권 역사가 일제강점기의 실증사학에 매여 글과 유물로부터 단 한 걸음도 나아가지 못하고 맴돌이하는 동안, 재야 사학에서는 엄청난 책들이 쏟아져나오며, 강단 사학자들이 하지 못한 다양한 상상을 펼쳤고, 대단한 업적을 이루었습니다. 이들의 업적에 대항하느라 서울대 학파에서 낸 연간지가 『한국사시민강좌』라는 얄팍한 책이었습니다. 단군에 관한 기록을 다룬 책에서는, 이게 재야 사학자들의 이론을 딴지 걸자는 건지, 자신의 무능력을 합리화하자는 건지 모를 정도로 궁색한 논리로 가득 찼던 기억이 지금도 생생합니다.

재야 사학이 신채호의 짐을 지고 민족주의를 넘어 국수주의까지 치달으면서 스스로 궤멸하여, 다행히 강단 사학이 이제사 한숨을 돌리고 다시 제자리로 돌아가서 다람쥐 쳇바퀴 도는 일을 되풀이하고 있지만, 적어도 랑케에서 출발한 실증주의의 한계를 버리지 못하는 한, 1980년대 재야 사학의 부메랑 같은 해일은 언제든지 제도권 사학을 휩쓸 것이라는 점은 분명해졌습니다. 이 점은 언어학을 전공하고 우리 어원을 40년째 파고든 저의 경고이기도 합니다. 역사학계에서는 콧방귀도 뀌지 않겠지만, 어쨌든 경고를 하기는 해야겠습니다. 그래야 먼 세월이 흐른 뒤에 이 시대에도 언어로 역사학의 빈자리를 채우고 싶어 불장난을 한 사람이 있기는 있었다는 자취가 남아 혹시 저의 주장에 조금이라도 동의한 사람이 있다면 그것을 보고 위안 삼을 계기를 마련해보는 것입니다.

역사학자들이 제일 싫어하는 것이 신화 같은 문학 류에서 역사 속의 사실을 읽어내려는 짓입니다. 하지만 문학을 전공하고 보니, 문학이야말로 역사보다 더 정확히 역사를 기술할 수 있다는 것을 알게 되었다면, 역사학도들이 제 말에 동의할까요? 하거나 말거나죠.

신채호가 윷놀이에서 부여 사회의 사출도를 보고 그것을 입증하려고 한 것은, 역사학이 할 수 없는 일이었다고 저는 지금, 이 순간도 확신합니다. 마가, 우가, 저가, 구가가 윷말의 '도, 개, 윷, 모'와 정확히 일치하는 것을 보고서 어찌 우리의 민속놀이가 역사와 무관하다고 잘라 말

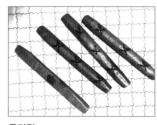
윷가락

할 수 있을까요? 역사와 문화와 문학은 한 덩어리의 다면입니다. 각기 사람의 그 무언가를 말하려고 하는 것이죠.

20살에 읽은 단재 신채호의 『조선상고사』를 40년도 더 지나 환갑 진갑 다 겪은 늙은이가 되어 책꽂이에서 다시 꺼냈습니다. 문공사 판 손바닥만한 문고본 책은 누렇게 빛바래 넘길 때마다 묵은 종이책 특유의 냄새를 저의 콧구멍으로 솔솔 뿌려줍니다. 그 냄새를 맡으며 40년 전에 가슴 두근거리던 저를 떠올리자니 절로 눈시울이 붉어졌습니다. 그리고 절반쯤 읽으며 신채호가 독립투쟁하겠다고 중국에서 떠도느라 10년째 『삼국유사』를 구해보지 못했다는 구절에 이르러

서는 눈물방울이 뚝 떨어졌습니다.

태평세월이 되었는데도 역사학, 특히 고대 역사학은 단재로부터 단 한 발자국도 더 나아가지 못한 현실을 생각하니, 어처구니가 없는 것은 말할 것도 없고, 이런 상황에서 저 같은 문외한이 역사 어쩌고 하며 떠드는 것이 더욱 허망하고 민망해졌습니다.

단재가 맞닥뜨린 역사 자료도 언어의 문제였습니다. 의문투성이인 말들과 그 말들이 어떤 사실을 전달하려고 애쓰고 있다는 것, 그러다 보니 이두 문을 비롯하여 한자와는 다른 문자 체계까지도 공부하지 않으면 안 된다는 무거운 학구열과 그것을 혼자 감당하느라 신채호가 맞닥뜨렸을 벽은, 어쩌면 식민지의 현실보다 더 크고 암담했을지도 모릅니다. 그래도 좌절하지 않고 낯선 용어들을 우리식으로 해석하려고 든 신채호의 신선한 발상과 과감한 도전은 청사에 길이 빛날 위대한 사건이고, 두고두고 칭찬받아 마땅한 일이라고 생각합니다.

단재 신채호가 돌아가신 지 벌써 100년이 가깝습니다. 이 태평성대에 어학을 전공한 제 눈에는 분명한 한계가 보이는 용어해석이지만, 그런 접근법이 역사를 향해 열어놓은 가능성 때문에 제가 오늘 입방아를 찧는지도 모르겠습니다. 단재의 업적에 비하면 제가 저지르는 일들은 그저 찌끄러기 뒷목 같은 것입니다.

놀라운 것은, 신채호가 사마천의 『사기』에서 흉노전과 조선전을 구별하지 않고 기록했음을 비판한 시각입니다. 사실 중국에서 북적과 동이로 구분하는 일은 의미가 없습니다. 그들은 원래 남만이나 서융과는 다르게 한 덩어리 족속이기 때문입니다. 같은 피붙이가 뒤엉켜 산 것이 동북아시아의 초원지대입니다. 거기서 북쪽과 동쪽을 나눈다는 것은 바다에다가 금을 그어놓는 것만큼이나 무의미한 일이죠. 실제로 흉노의 3구역 통치체제(좌현왕-선우-우현왕)는 동이족에 도 그대로 적용되어 기자조선의 뒷물인 삼한이 그렇게 짜였습니다. 흉노와 삼한 사이에 있던 조선이라고 해서 그러지 말라는 법은 없을 뿐더러, 오히려 조선도 그렇게 보아야 한다는 논리하에 '발조선-신 조선-번조선'으로 나눈 단재의 통찰력은, 100년 뒤의 제가 봐도 감 탄이 절로 날 만큼 뛰어납니다.

물증이 산적한 중세와 근세의 역사는 상상력이 금물이지만, 있 는 거라고는 정체를 알 수 없는 무덤이나 패총 또는 남의 책에 기록 된 글자 쪼가리 몇 개뿐인 상고사에서는 상상력과 통찰력이 가장 중 요한 것임을, 한국 상고사를 다루는 모든 학자의 글에서 피할 수 없 는 운명처럼 느껴집니다. 나의 상상력만이 정답이라고 우겨야 하는 곳이 바로 한국 상고사의 영역이죠. 상황이 이런데도 한국의 상고사 연구자들은 제 것만이 정답이라는 똥고집을 피우고 그것을 중고등학 교에서 가르쳐 '국사 열등감 국민'을 만들어내고 있습니다.

저는 대한민국 '국민'인 것이 싫습니다. 그냥 대한민국 '사람'으 로 살고 싶습니다. 제가 10대에 배운 1970년대 개발 시대의 역사와 문화가 '사람'이 아니라 '국민'을 만들었고, 그때 받은 지식의 오류 를 홀로 수정해야만 하는 삶을 평생 살아왔습니다. 그러다 보니 별 로 바꾸지도 못한 채 삶의 막바지에 다다랐고, 우리 자식들은 그러지 않았으면 좋겠다는 생각이, 문득 역사의 옆구리를 훑어보며 떠올라 한 마디 적습니다. 저는 나중에 이렇게 기억되면 좋겠습니다.

"정진명이 신채호를 만나 옆구리로 알을 낳았다."

② 양주동

말의 뿌리 얘기가 나왔으니, 양주동을 말하지 않고 지나갈 수 없습니다. 양주동은 스스로 국보 1호라고 자랑하고 다녔다는데, 이런 건방진 행태에 저는 콧방귀를 뀌다가 『고가 연구』(일조각)라는 그의 책을 보고서 그럴 자격이 있다고 인정했습니다.

『고가 연구』라는 책은, 신라 시대의 향가를 풀이한 책입니다. 일연의 『삼국유사』라는 책은 한문으로 쓰였습니다. 당연히 한문 문법으로 풀이하면 다 해석이 되는 책이죠. 그런데 그 안에 한문 문법으로 풀이가 안 되는 곳이 11군데 있습니다. 이게 뭔지 알 수가 없는 채로 고려 이후 일제강점기까지 내려온 것이죠.

그런데 그 중의 한 구절을 일본의 학자 시라도리 구라키치(白鳥庫吉)가 번역합니다. 그게 그럴듯합니다. 아시다시피 우리는 한자를 쓸 때 훈과 음을 따로 쓰지만, 일본어는 때에 따라서 편한 대로 훈과 음을 섞어 씁니다. 그래서 일본 사람이 명함을 건네주면 반드시 어떻게 읽는지 물어봐야 합니다. 그러니까 『삼국유사』의 해석이 안 되는 부분을 일본어 읽듯이 읽어본 것입니다. 그런데 그게 놀랍게도 의미가 통하며 풀이가 되더라는 것입니다. 그래서 그것을 간단히 정리하여 발표했습니다. 이것이 향가 해석의 효시입니다. 일본인이 처음으로 향가에 손을 댄 것입니다.

이 사실에 충격을 받은 양주동은, 서점에서 옛 책을 한 지게 사서 지고 골방에 처박혀 오래도록 구라키치가 한 방식으로 연구를 한 끝에 『고가 연구』라는 두툼한 책을 냅니다. 이렇게 해서 『삼국유사』 속에서 천 년 동안 잠자던 신라 시대의 노래가 우리 곁으로 돌아옵니다. 우리가 국어 교과서에서 배우는 향가는 이렇게 하여 알게 된 것입니다. 그 뒤로도 많은 학자가 달려들어 향가를 연구했고 훌륭한 업적을 쌓았지만, 향가에 관한 한 양주동 혼자 한 일이 그 후에 이루어진 일보다 훨씬 더 높고 큽니다.

이 책에서는 향가에 쓰인 모든 한자의 용례를 일일이 정리하여 그것이 뜻으로 쓰일 때와 음으로 쓰일 때의 차이점을 밝히고, 그 일관성을 바탕으로 원문을 풀어보는 방식이었습니다. 예컨대 「서동요」에는 '善花公主主隱'이라는 구절이 나오는데, 善花公主는 선화공주이지만, 主隱은 뭐냐는 겁니다. 이것은 님(主)과 은隱, 그러니까 '님은'을 적은 것이라는 거죠. 님은 뜻으로 적고, 은은 소리로 적은 겁니다. 이런 식의 풀이는 한문에서는 있을 수 없습니다. 일본어에서나 가능한 일이죠. 그래서 그 장구한 세월 동안 우리나라 사람들이 향가를 해석할 수 없었던 것입니다.

요즘은 컴퓨터가 발달하여 이런 작업은 순식간에 할 수 있습니다. 자료를 입력하고 글자에 따라 가나다순 배열을 하라고 명령한 다음에 엔터키만 툭 치면 몇 초 내로 다 화면에 뜨죠. 하지만 양주동이 살던 일제강점기에는 스티커 같은 좁고 긴 종이에다가 일일이 써서 가나다순으로 정리한 다음에 거기서 일일이 사전 찾듯이 해야 했습니다. 그러니 시간을 빨아들이는 블랙홀 같은 작업이 되죠.

이런 구조는 도서관에서 도서 카드를 찾는 방법으로 연결되는데, 제가 대학에 들어갔던 1980년대에도 도서관에서 책을 빌릴 때 이렇게 빌렸습니다. 1990년대 들어 컴퓨터가 생기면서 1층 도서관 홀에 가득했던 그 카드 함이 모두 사라졌습니다.

양주동의 이 업적은 국어교육과를 선택한 저로서는 당연히 향가를 배울 때 접했고, 양주동의 책을 직접 사서 읽었습니다. 우리말의 뿌리가 보여주는 상상에 행복했던 기억이 지금도 또렷합니다. 하지만 비교언어학으로 접근하지 않으면 고대 문자의 해석은 오류를 범하지 않을 수 없다는 사실도 또렷이 알려주었습니다. 역사에서 나타나는 언어는 우리만의 언어가 아니라 그 시대를 산 여러 언어의 산물입니다. 그래서 많은 언어를 적용해야만 제대로 의미가 드러납니다.

③ 이남덕

제가 어원에 제대로 매달리기 시작한 것은 1985년입니다. 국어교육과에 진학하여 국어 공부를 시작하면서 신채호의 『조선상고사』에서 강렬한 인상을 받은 어원에 관심은 한층 깊어졌습니다. 1989년의 일입니다. 서울 광화문의 교보문고에 갔다가 『한국어 어원 연구I』(이화여자대학교출판부)이라는 책에 눈길이 꽂혔습니다. 그리곤 집어들고 한 시간이 넘게 거기 빨려들었습니다. 그리고는 제 주머니를 탈탈 털어서 II까지 세트로 샀습니다.

그 책을 읽으며 그 동안 내가 얼마나 한심하게 어원에 관해 생각했는가를 깨닫게 되었습니다. 그때까지 저는 낱말 하나의 뿌리가 어떤 것일까 하고 생각해보고 사전을 찾아서 비슷한 말들의 어근이나 어간을 찾아 대조해보는 수준이었습니다. 그런데 이남덕의 책은 낱말 하나의 차원이 아니라 언어의 줄기를 찾아가는 방식이었습니다. 즉 원형어, '가르다', 인체어, 식물 어휘 하는 식으로 한 줄기를 잡아서 문법과 조어의 원리를 찾아 관련 언어를 모조리 동원하는 방식이었습니다. 제가 나무 한 그루를 보고 있었다면 이남덕은 나무의 여러 갈래를 보고 있던 셈이었습니다. 어원을 바라보는 차원이 달랐습니다. 그래서 낱말 하나를 끄집어 내면 나머지 관련 낱말들이 고구마

덩굴처럼 주욱 달려 올라왔습니다. 게다가 비교 언어학의 정보까지 동원하면서 그런 연유를 하나하나 밝혀나갔습니다. 그제야 안심이 되었습니다. 나 같은 무능력한 사람이 굳이 달려들지 않아도, 어원사전이 나오는 것은 시간 문제겠구나!

이남덕의 이 책은 I권부터 IV권까지 나오면서 우리나라 어원 연구의 신기원을 열어놓았습니다. 지금도 제 기억 속에서는 강길운의 비교 언어학에 의한 연구 빼고서는 이 책을 능가할 만한 업적은 없다고 생각합니다.

당시에는 제가 대학생 신분이었고, 방학이면 아파트 현장에서 공사 막일을 하면서 학비를 벌던 시절이었습니다. 그런데 돈 한 푼 아까운 그 때에 시중의 서점에서 전문가가 아니고서는 돈 주고 살 만한 그런 책이 아니었는데도, 무언가에 꽂혀 대뜸 산 것입니다. 40년이 다 되어가는 지금, 책꽂이에서 그 책을 다시 꺼내어 보니, 속표지 첫 장에 이런 메모가 적혔습니다.

"기모 삼촌이 준 돈으로 교보문고에서 구하다.
4322. 3. 28. 鄭鎭明."[빨강도장꾹]

아하! 돈이 궁색하던 시절에 기모 삼촌에게서 용돈을 받은 모양이고, 그 용돈으로 이 어려운 책을 산 모양입니다. 저희 아버지는 8남매였는데, 고모는 한 분이고 나머지는 모두 삼촌들이었습니다. 기모는 막내 삼촌인데, 우리는 '김모 삼촌'이라고 불렀습니다. 한자로는 基謨였는데, 이것을 왜 '김모'라고 미음을 겹쳐 발음했는지 모르겠습니다. 저만 그런 게 아니라 동네 사람들 모두 그렇게 불렀습니다.

지금 생각해도 불가사의한 일입니다. 하하하.

　재미있는 것은 제 책임을 표시하려고 인감에나 올릴 법한 둥근 도장을 꾹 찍어놓았다는 것입니다. 책이 소장욕을 자극했던 모양입니다. 서지 사항 밑에 쓰인 책값을 보니 8,500원입니다. 이때 짜장면 값이 보통 1,000원이 안 되던 시절이었습니다. 그러니 8,500원은 보통 비싼 게 아니었지요. 이 큰 돈을, 나보다 두 살밖에 더 먹지 않은 삼촌이 주신 것입니다. 갑자기 추억이 회오리칩니다.

④ 강길운

　활터에서는 남을 대접할 때 '접장'이라는 호칭을 씁니다. 지금은 일본의 츠쿠바(筑紫) 대학에서 교수를 하는 이찬우 접장이 서울대학교 대학원에서 국궁 관련 논문을 준비할 때 저를 찾아왔습니다. 그때 재미있는 말을 했습니다. 우리나라에는 학문의 기초가 허약한데, 이상하게도 인터넷에 들어가면 엉터리가 많은 중에도 각 분야에 한 군데 정도는 정말 괜찮은 자료들이 있다는 것입니다. 그 사이트를 통해서 공부를 많이 했는데 전통 활쏘기의 경우, 제가 운영하는 사이트 '온깍지궁사회'가 그렇고, 그래서 그곳을 통해 저를 찾아왔다는 것이었습니다.

　전국의 활터에는 과녁 잘 맞히는 사람들로 가득합니다. 과녁 맞히는 것 이외에는 무관심합니다. 그러던 중에 저는 과녁 맞히는 데는 관심 없고 해방 전후에는 어떻게 활을 쏘며 살았는가 하는 데 관심이 있어 구사들을 찾아다니며 자료를 정리하던 중이었습니다. 아무도 안 알아주는 일이었죠. 하도 외로우니 몇몇이서 모여서 함께 해보자는 뜻으로 출범한 것이 온깍지궁사회였고, 2000년에 인터넷 사이트를 개설했습니다.

어원도 마찬가지였습니다. 제가 1980년대부터 어원에 관심 갖고 지켜봤는데, 대명천지 대한민국에 어원사전 하나 없는 지경이었습니다. 이런 목마름을 단숨에 해결해준 분이 충남대학교에서 봉직한 강길운이었습니다. 『한국어계통론』 상하라는 두툼한 책 두 권을 냈는데, 어원 연구와 공부에 차원을 달리한 책이었습니다.

당시 어원 연구는 학문의 변방이었습니다. 당연히 연구비를 지원받을 생각도 못 하고 혼자서 제 돈을 들여서 책을 냈다고 머리말에 탄식 아닌 탄식을 썼습니다. 이러더니 2010년에 『비교언어학적 어원사전』을 내고는 이듬해 돌아가셨습니다. 한참 뒤에 이 소식을 듣고, 저 혼자 눈물을 글썽이며, 생면부지였던 고인의 명복을 빌었습니다.

비교언어학은 한 사람이 할 수 없는 일입니다. 우리와 연관이 있는 민족들을 방문하여 그들의 자료를 정리해야 하기 때문입니다. 북방의 초원지대를 떠돌던 민족들, 몽골 터키 퉁구스 예벤키 부리야트 아이누 길략 인도 드라비다를 넘어서 아메리카 인디언까지 자료를 모아서 서로 비교하는 일이기 때문입니다. 일본에는 오랜 연구가 되어서 그런 자료들이 남아있고, 아마도 그런 자료를 바탕으로 하여 강길운은 자신의 연구를 진행한 듯합니다. 우리나라 학자들의 무관심과 무능력을 혼자서 옴팍 뒤집어 쓴 형국인 셈입니다.

강길운 교수의 책을 접한 뒤 저는 우리나라 최초의 『한국어어원사전』을 써야겠다고 마음먹고 1년 넘게 자료를 정리하여 원고를 탈고했고, 그것을 저의 책을 몇 권 내준 학민사로 보냈습니다. 학민사에서도 진지하게 원고를 검토하여 책을 내기로 했고, 편집 작업을 하던 중에, 김학민 사장이 출판을 잠시 보류하자고 제안했습니다. 가장 기본이 되는 몸 용어 같은 것이 해결이 안 되었다는 것이었습니다. 그래서 잠시 미루었습니다. 그게 1997년의 일이었습니다.

출판 작업은 그대로 끝났습니다. 15년쯤 지난 뒤에 어원학 쪽을 돌아보니 벌써 어원사전이 몇 권 나왔더군요. 제가 손을 댈 필요가 없어졌습니다. 그러던 차에 한 지역 신문의 칼럼 연재 제안이 들어왔고, 결국은 이렇게 어원의 뒷목 같은 허접한 글을 쓰는 중입니다.

강길운은 아무도 돌아보지 않는 우리말의 뿌리를 캐느라고 한 생을 보낸 분입니다. 그런 분의 노력에 견주면 이따위 허접한 연재물은 가벼운 산책 정도에 지나지 않습니다. 문제는 강길운의 위대한 업적이, 그 뒤로 아무도 돌아보지 않은 채, 학계의 이단아 정도로 파묻혔다는 것입니다. 한국 사회의 병폐를 그대로 보여주는 일입니다.

어떤 학문 분야가 건전하려면, 다양한 관점이 논의되도록 허용되어야 합니다. 하지만 우리나라는 워낙 나라가 작아서 그런지 한 이론이 우위를 점하면 다른 이론을 용납하지 못합니다. 학문의 독과점이 우리나라처럼 심한 나라도 없을 듯합니다. 벌써 1990년에 고대사를 새롭게 볼 어원 연구가 나왔는데도, 역사학과 언어학 양쪽에서 이 위대한 성과를 묵살하여, 그 결과 고대 역사학은 여전히 그 자리에서 맴도는 중입니다. 만약에 이번에 제가 연재한 이 글이 역사를 바라보는 분들에게 신선하였다면, 그것은 역사학에서 크게 반성하여야 할 증거가 될 것입니다. 그러니 역사학이 앞으로도 자기 밥그릇을 확실히 챙기려면 저의 주장이나 글은 여전히 묵살되어야 할 것입니다.

⑤ 박시인

박시인이라는 이름은 전문가들조차도 낯선 분이 많을 것입니다.

박시인은 1921년에 태어났고, 서울대학교 교수를 지냈습니다. 1970년에 『알타이 인문 연구』라는 책을 냈습니다.

도대체 이런 학문을 뭐라고 해야 할까요? 오늘날에는 아주 익숙합니다. 학문간 융합과 통섭이 화두인 시대이니, 인문 과목을 모두 합쳐서 통폐합하고, 과학과도 모두 합쳐서 통폐합으로 정원을 줄이기 좋은 때죠. 성가신 교수들 모가지를 뎅겅뎅겅 날리기 좋은 시절에 이런 학문은 참 좋은 수단인데, 1970년대로 거슬러 간다면 사뭇 분위기가 달라질 것입니다.

아시아의 지도를 펼쳐놓고 중국 북쪽을 바라보면 끝도 없이 넓은 초원지대가 열리고 그곳으로 말 탄 사람들이 내달리며 뽀얀 먼지를 일으킵니다. 그 먼지 속에서 영웅이 나타나고, 제국이 일어서고, 또 잠시 후에는 영웅이 스러지고, 제국이 사라집니다. 이런 일이 끝없이 되풀이됩니다. 이런 과정을 더듬어 보면 일관된 한 흐름이 보입니다. 초원지대에서 일어난 영웅이 세계를 지배하는 제왕으로 성장하는 데는 그런 그들만의 풍속과 문화가 있죠. 그 문화의 일관성과 법칙성을 파악하면 우리는 지역별로 나뉜 문화권 개념으로부터 벗어나 그 문화권이 서로 교류하는 기나긴 자취를 볼 수 있습니다.

신라 왕릉에서 로마나 페르시아의 유리잔이 나온다는 것은 누구나 다 아는 사실입니다. 그렇지만 그게 어떤 과정을 거쳐서 신라까지 왔는지를 알아내는 일은 쉽지 않습니다. 아랍 상인이 비단길과 바닷길을 거쳐서 극동까지 온다는 사실은 분명한데, 그것을 어떻게 설명해야 할지는 연구자에게 남은 몫입니다.

이런 질문에 우리나라에서 처음으로 답을 한 사람이 박시인입니다. 박시인은 유목 민족에게서 나타나는 제의 형식에 주목하고, 언어와 문화가 똑같은 방식으로 되풀이된다는 사실을 밝혀 냅니다. 언어가 초원지대를 매개로 해서 전 세계로 뻗어나가는 현상을 쫓아가고, 아랍 세계와 신라의 계림 숲에서 벌어지는 임금님 귀는 당나귀 귀라는 설화의 상호 연관을 주목하고, 각국의 민족 신화에서 되풀이되는 구조를 파고 듭니다. 이런 결과를 엮은 것이 위의 책 『알타이 인문 연구』입니다.

10년 뒤에는 『알타이신화』(삼중당, 1980)라는 책을 냅니다. 민족 신화의 유사성과 반복성을 찾아서 북방 민족들의 문화 행태에 나타나는 특성을 잘 정리한 책입니다. 지금까지 단순하게 옛사람들이 즐기던 설화를, 세계사의 전개 과정에서 꼭 필요한 요소로 간주하고, 그 특성을 비교 분석하여 전파 과정과 전래 방식을 정리한 책입니다. 세계사는 농사를 기반으로 한 토착 세력과 초

알타이신화

원지대를 배경으로 한 유목 세력의 갈등을 바탕으로 전개된다는 논리를, 위의 여러 가지 논리로 입증하려고 한 것입니다. 룩 콴텐의 『유목민족제국사』가 1990년에 번역되어 소개되고, 르네 그루쎄의 『유라시아 유목제국사』가 1998년에 소개된 것을 보면 박시인의 연구가 얼마나 앞선 것이었는지를 볼 수 있습니다.

『알타이문화사연구-한국편』(1970)를 보면 낙랑이나 현도를 난하 주변에 설정한 것을 볼 수 있습니다. 이것을 보면 1970년대부터 꾸준히 고조선의 중국 내 존재설이 있었는데, 이런 것이 깡그리 무시 당하고 한반도 내로 졸아든 고조선만을 고집하는 쪽으로 정리된 것은 잘 이해되지 않습니다.

이에 대한 반발로 국수주의와 민족주의 역사학을 하는 분들이

워낙 많은 글을 써서, 오늘날에는 '대고조선론'과 '소고조선론'으로 정리되었더군요. 이런 분류가 올바른 것인지 어떤지 역사학 바깥의 저로서는 알 수 없습니다만, 그래도 윤내현 같은 제도권 내의 학자가 있어서 일본제국주의가 뿌리고 간 식민사학만이 존재하는 것은 아니라는 엉뚱한 위안을 얻기도 합니다.

그런 점에서 박시인의 업적은 식민사학의 강고한 벽에 실금을 내고, 우리가 역사를 새롭게 보는 길을 열었다고 평가할 수 있습니다. 이후에는 정수일의 거대한 비교문명사 작업이 이루어져 보는 이의 가슴을 시원하게 합니다.

⑥ 메마른 학문에도 향기가 있다 : 윤내현

1992년의 일입니다. 충남 서산여고에서 충북 제천상고로 발령을 받아서 갔는데, 업무로 문예를 맡았습니다. 제천상고에서는 해마다 교지를 만듭니다. 제가 문학(시)을 전공했다는 소문이 미리 돌았는지 저에게 그 업무를 주어서 맡았습니다. 교지 이름은 『신원新苑』이었습니다. 거기에다가 저의 작은 논문을 하나 실었습니다. 제목은 '삼국유사 고조선 조의 지명 고찰'이었고, 앞서 말한 대로 단군신화에 나오는 여러 이름을 어원으로 풀어본 것입니다. 이 글을 쓰게 된 계기는 윤내현 교수의 책(『한국고대사신론』)을 읽고 받은 감동 때문이었고, 이 책을 얼굴 한 번 본 적 없는 윤내현 교수에게 보냈습니다.

이듬해 집이 있는 단양고등학교로 적을 옮겨 정신없는 생활을 하는 중에 제천상고에서 재발송된 편지가 한 통 왔습니다. 받아보니 발송자가 단국대학교 중앙박물관의 윤내현 교수였습니다. 편지의 내용을 조금 소개하면 이렇습니다.

정진명 선생님.

보내주신 『新苑』 감사하게 받았습니다. 그리고 그 안에 실려 있는 정 선생님의 글「삼국유사 고조선 조의 지명 고찰」을 아주 재미있게 읽었습니다. 문학을 전공하시는 선생님께서 역사에 깊은 관심을 가지고 계시다는데 우선 감사를 드리고 싶습니다. 그리고 어쩌면 정 선생님께서는 문학을 전공하시기 때문에 이러한 지명이 지닌 의미를 밝히는 것이 역사를 전공한 사람보다 더 가능했을 수도 있다는 생각을 해봅니다. 정 선생님의 지명 고찰의 내용은 저에게는 매우 유익한 글이었습니다. 정 선생님의 견해에 동감입니다.

외람되게 한 가지 말씀을 드린다면 정 선생님께서는 하늘을 숭배했던 환웅족을 외래족으로 보시고 곰 숭배족을 토착족으로 보셨는데 저는 환웅족도 토착족으로 보고 있습니다. 이 내용은 정 선생님 글의 주된 요지는 아니기 때문에 중요한 문제는 아닌 듯합니다만 참고로 저의 의견을 말씀드리는 것입니다.(중략)

참고로 저의 생각을 말씀드렸습니다. 학문연구에 더욱 진전 있으시기를 빕니다. 안녕히 계십시오.

1993년 2월 19일.
윤내현 드림 [자필 서명]

이젠 누렇게 빛바랜 편지지와 110원짜리 우표가 붙은 편지 봉투에서 30년 흘러간 세월이 느껴지며 온갖 가지 감정이 회오리칩니다. 편지는 A4용지에 워드프로세서로 작성된 것이었습니다. 제 기억으로는 관공서에 막 컴퓨터가 공급되던 시절이었고, 1993년이면 단양고등학교 교무실에 피시 컴퓨터가 2대 놓여서 교직원 전부가 공동으로 쓰던 때였습니다. 아마도 대학은 조금 더 빨리 보급되었는지, 윤내현 교수도 그 컴퓨터로 프린트한 편지를 보냈습니다.

제가 감동한 것은, 교수라는 직책이 연구와 교육으로 정신없이 바쁜 직업인데도, 시골구석에서 보낸 허접한 책을 읽고, 장문의 답장까지 했다는 점입니다. 저도 지금은 가끔 다른 분의 책을 공짜로 받아보곤 하는데, 거기에 일일이 꼼꼼하게 답장 편지를 쓰지는 못하는 형편이어서, 지금 생각해도 윤내현 교수의 답장에 담긴 성의는 놀라운 일입니다.

어원에 관한 글을 쓰는데, 이런 엉뚱한 얘기를 하는 것은, 학문도 사람이 하는 일이라 사람의 향기가 있음을 말하려는 것입니다. 이런 향기는 세월이 지날수록 사람을 행복하게 합니다. 그리고 그 향기는 널리 퍼져갑니다. 이 글을 읽는 분들의 가슴에도 30년 전의 순수했던 향기가 전해지면 좋겠다는 생각을 잠시 해봅니다.

저는 이후, 학교에서 아이들과 지내느라고 정신이 없는 세월을 보냈고, 나이가 들 대로 들어서 늙은이가 되어 퇴임했는데, 얼마 전에 이 잡문을 쓰느라고 이런저런 인터넷 자료를 뒤지다 보니, 윤 교수는 역사학계의 이단아로 별의별 고초를 다 겪으셨더군요. 심지어 같은 역사학을 연구하는 분들이 고발하여 국정원의 조사까지 받았다고 하니, 이건 탄식을 넘어서 분노까지 치미는 일이었습니다.

학문에서 자신과 다른 주장을 하는 사람들이 있다는 것은, 그 분야가 그 만큼 건강하다는 지표인데, 한때 건강하지 못했던 시절의 혼란했던 징후라고 치부하고 넘어가겠지만, 그렇게 하고 나면 지금이야말로 건강한 시절이라고 해야 할 텐데, 이곳저곳 눈치를 보니 역사학은 오히려 더 뒷걸음질 치는 것 같아서, 이러지도 저러지도 못한 채 막다른 세월 앞에서 옛 사람들의 탄식을 떠올리며 또한 탄식하지 않을 수 없습니다.

"갈 길은 먼데, 날은 벌써 저무네!(日暮道遠)"

⑦ 『우리 역사 이야기 : 어원으로 본 한국 고대사』

저는 지금 어원으로 한국 상고사를 살펴보는 중입니다. 이 글을 제대로 읽으려면 역사학과 언어학에 상당한 지식이 필요합니다. 이 글을 연재하던 중에 인터넷을 검색해보니, 저의 글을 여기저기 퍼 나르는 사람들이 있더군요. 그런데 그 퍼나름이 어느 날 줄어들기 시작합니다. 당연한 일이고, 익히 예상한 일입니다. 이것은 제 글의 어려움 때문입니다. 지금까지 제가 쓴 글은 일반인이 읽기에 매우 어렵습니다. 역사는 일반인이라도 관심만 있으면 지식이 꾸준히 늘어나서 역사학에서 말하는 내용을 어느 정도는 알아들을 수 있습니다.

그러나 언어학은 그와 다릅니다. 언어학에는 언어학에서 쓰는 특수한 발음기호와 용어가 있습니다. 그것은 전문가들이 아니고서는 알기 어렵습니다. 그래서 저의 글이 어렵다고 말하는 것입니다. 물론 이 점을 감안하여 저는 연재 글에 발음기호를 될수록 적게 쓰려고 애썼습니다. 그러나 그게 제 뜻대로 되지 않습니다. 고대 인명 지명 국명 관명 부족명 같은 것이 저의 뜻대로 나타나지 않기 때문입니다. 그런 말을 추적하는 과정에서 전문 용어와 발음기호를 쓰지 않을 수가 없죠.

제가 어원을 통해서 추적한 한국 상고사의 개념은, 지금까지 다른 그 어느 역사학자도 언급한 적이 없는 낯설고 새로운 모습입니다. 우리는 2,000년 전의 사회나 환경을 지금의 우리와 똑같았다고 생각하는 경향이 있습니다. 고구려 때 사람들이 오늘날 우리와 같은 말을 썼을 거라는 식이죠. 이런 생각은 불과 백 년이 채 안 된 아주 가까운 시절에 형성된 관념입니다. 즉 민족주의 관념이죠. 민족주의는 서구에서도 겨우 200년 전에 나타나서 자본주의와 결합하며 식민지 개척의 도구로 활용된 사상입니다. 동양도 마찬가지입니다.

지난날 한반도와 만주 요동 지역에 살던 사람들은 어떤 나라의 사람이 아니었습니다. 그냥 그 땅에 사는 백성이었죠. 자기 땅에서 제 말을 쓰면서 살아가는 사람들이었습니다. 이런 사람들 위로 외부에서 우르르 몰려든 사람들이 지배층을 형성하며 나라를 만든 것입니다. 당연히 지배층과 피지배층의 언어가 달랐습니다. 하지만 우리는 이런 생각을 안 하고 2,000년 전의 그곳 주민들이 오늘날 우리가 쓰는 언어를 썼다고 생각합니다.

이런 문제는 사극에서 그대로 엿볼 수 있습니다. 삼국시대를 배경으로 하는 사극에서 배우들은 오늘날 우리가 쓰는 말 그대로 씁니다. 단군도 주몽도 김유신도 요즘 우리말을 씁니다. 과연 그랬을까요? 이런 의문을 던지는 사람은 한국에 아무도 없습니다. 역사학자들조차 당시의 사람들이 어떤 말을 썼는지는 관심이 없습니다. 저는 이번에 연재를 통해서 이에 관해 의문을 던진 것입니다.

연재를 시작할 무렵에 한 가지 고민이 생겼습니다. 이 연재를 통해서 제가 다룰 문제는 역사보다는 언어학의 관점이었습니다. 이렇게 되면 역사 얘기를 하기보다는 언어 얘기를 하는 쪽으로 이야기가 흘러갈 것이고, 역사학 지식이 별로 없는 일반인들로서는 읽기가 더욱 어렵게 될 것이었습니다. 이런 고민이 저를 괴롭혔습니다.

그래서 같은 이야기를 두 버전으로 써야겠다는 결심을 했습니다. 지금의 연재물은 그대로 진행하고, 일반인들이 좀 더 쉽게 이해할 수 있도록 역사 지식을 좀 더 곁들인 어원 상고사를 하나 더 써야겠다는 것입니다. 그렇게 해서 동시에 두 가지 원고를 쓰게 되었습니다. 하나는 지금 연재하는 『어원상고사』이고, 다른 하나는 단행본으로 구상하여 쓴 것으로 이 연재가 끝나갈 무렵에 책으로 나왔습니다. 제목은 『우리 역사 이야기 : 어원으로 본 한국 고대사』입니다.

저는 원래 문학지의 추천으로 1987년 등단하여 시집을 10여 권 낸 시인입니다. 그런데 1996년에 『우리 활 이야기』라는 책을 학민사에서 냅니다. 『우리 ○○ 이야기』라는 제목은 학민사에서 즐겨 쓴 제목이었습니다. 그 중의 하나로 활쏘기 안내서를 낸 것이죠. 그런데 제가 뜻하지 않게 이런저런 산문을 쓰면서 계속해서 학민사에서 이와 비슷한 제목을 붙여서 내게 되었습니다. 『우리 침뜸 이야기』, 『우리 시 이야기』, 『우리 붓 이야기–한국의 붓』, 『(청소년을 위한)우리 철학 이야기』……

이러다 보니 이번 연재의 자매 편으로 나온 글에도 저는 『우리 역사 이야기』라고 제목 붙였는데, 출판사에서 제목의 상투성을 염려하여 '어원으로 본 한국 고대사'라는 곁제목을 붙인 것입니다.

저는 본업이 시인인데, 어쩌다 보니 이런 잡문까지 많이 쓰게 되었습니다. 제가 시가 아닌 산문을 쓸 때는 꼭 지키는 원칙이 있습니다.

새로운 내용이 없다면 절대로 책을 만들면 안 된다는 것입니다. 새로운 내용이 없는 책은 쓰레기입니다. 홍보용 제 자랑이죠. 이런 행위는 환경오염만 가중시킬 뿐입니다. 그래서 새로운 내용 없이 남의 글만 뒤섞어서 쓰고 거기다가 제 이름을 붙여 내는 책들을 저는 혐오합니다.

그러다 보니 저는 책으로 낼 때 저의 원고를 판정하는 기준이 있습니다. 새로운 내용이 최소한 전체 책 내용의 15%가 되어야 한다는 것입니다. 만약에 새로운 내용이 15%가 안 된다면 그것은 자료로서 가치가 없는 것이고, 굳이 그걸 책으로 내야 할 필요가 있겠는가 하는 것입니다. 앞서 제가 쓴 모든 책은 이런 원칙에 따라 판단하고 낸 것들입니다.

그러면 이번에 연재한 내용은 어떨까요? 앞선 사람들이 언급하지 않은 새로운 내용이 전체 내용 중에서 얼마나 될까요? 제 생각에는 한 절반 즉 50%는 되지 않을까 싶습니다. 이 책의 절반 가량은 앞사람이 말하지 않은 내용을 제가 처음으로 머릿속에서 꺼내어 글로 정리한 것이라는 말입니다. 새로운 내용이 50% 정도라면 그 분야에서는 정말 굉장한 발견입니다.

그러면 나머지 50%는 어디에서 얻은 내용일까요? 신채호의 『조선상고사』와 강길운의 『한국 고대사의 비교언어학적 연구』(1990)를 비롯한 어원 관련 책들입니다. 특히 역사에 대한 저의 어원 지식은 강길운의 업적에 힘입은 바 큽니다. 심하게 말하면 강길운의 연구 성과에 저의 지식을 조금 더 보탠 정도라고 해도 될 정도로, 강길운은 어원으로 역사를 보는 저의 눈을 열어주었습니다.

이번에 나온 『우리 역사 이야기: 어원으로 본 한국 고대사』는 이번 연재에서 보여준 어원 지식을 정리하되, 동양 역사의 흐름 전체를 추가로 설명한 것입니다. 즉 역사학에서 설명하고 발견한 정보들을 동원하여 저의 어원이 찾아낸 지식과 결합함으로써 읽는 이의 편의를 도와주려고 한 것입니다.

특히 중국 동부인 황하 하류와 발해만 유역에 널리 퍼졌던 몽골어와 터키어 퉁구스어를 쓰는 사람들이 중국의 세력 확장에 동쪽으로 밀려나 이합집산하면서 고대 국가가 탄생하는 과정을 살펴보았습니다. 언어의 이동 과정을 더듬다 보면 역사학의 여러 주장 중에서 이런 이동과 일치하는 학설을 만날 수밖에 없습니다. 우리나라 역사학계의 윤내현이나 북한의 리지린 학설이 그나마 제가 살펴본 어원과 많이 겹치는 주장이었습니다. 이 중에서 특히 윤내현의 업적을 살펴보지 않을 수 없었습니다.

이를 바탕으로 우리 고대사를 살펴보니, 단군조선 기자조선 위만조선 고구려 백제 신라 가야로 펼쳐지는 고대사의 흐름이 일목요연하게 정리되었습니다. 그에 따라 각 국가의 지배층이 쓴 언어가 정리되면서 역사학에서 애매모호하게 설명하고 넘어간 부분들이 깔끔하게 이해되었고, 우리가 국사 시간에 배웠지만 고개를 갸우뚱거릴 수밖에 없었던 여러 가지 문제도 저절로 알게 되었습니다. 가야가 신라와 결합하면서 삼국통일의 기반을 마련한다는 것이나, 신라에서만 여왕이 나왔다는 특이한 사실 같은 것이 그것입니다.

특히 신라 문제는 지금까지 신화나 억측으로 가득 찼는데, 그것이 신라 지배층의 특성을 제대로 파악하지 못한 탓이었음이 저절로 드러났습니다. 신라는 초기 퉁구스어를 쓰는 부족이 지배하다가 나중에는 터키어를 쓰는 세력이 합류하면서 변화가 생겼고, 그것이 관명이나 지명에 반영되었던 것입니다. 특히 진한 6촌이 신라 6부로 바뀌게 되는데, 이때의 명칭 변화가 터키어 중심으로 진행되었다는 것을 『우리 역사 이야기: 어원으로 본 한국 고대사』에서 처음으로 밝혔습니다. 지금까지 역사학계에서는 누구도 이 점을 어원의 차원에서 살펴보지 않았습니다. 않은 게 아니라 못한 것이겠죠. 터키어는 흉노족들이 쓰던 언어이고, 신라는 명실공히 흉노의 후예가 세운 왕국임이 언어 고찰을 통해서 드러난 것입니다.

이번 연재에서 제대로 다루지 못한 것이 가야입니다. 가야를 포함하면 한국 고대사는 3국이 아니라 4국사가 되어야 하는데, 가야가 배제되었습니다. 여기서 못 다룬 이 이상한 현상을 이 자매 편 책에서 좀 더 자세히 다루었습니다. 가야가 한국사에서 다루어지지 않은 이유는 간단합니다. 가야가 신라로 통합된 까닭도 있지만, 가야의 핵심 세력이 일본으로 건너가서 천황가로 합류함으로써 가야는 한국의 역사에서 제외된 것입니다. 고대의 사관들은 가야사를 일본사로 생각한 것이 분명합니다. 한반도에 남은 가야 세력이 신라의 진골로 진입하여 이후 신라는 터키계와 드라비다계의 연합 정권을 이룹니다.

터키계는 성골, 드라비다계는 진골, 나머지 토박이 백성은 육두품 이하의 계층이죠. 순수한 터키계 혈통이 더는 없자 마지막 남은 순수혈통인 여성이 왕을 하기에 이른 것이 신라 왕실에서만 여자 왕이 나온 이유입니다. 여자마저 순수혈통이 끊어지자, 혼혈인 진골에서 왕이 나오기 시작한 것입니다. 그리고 드라비다계의 정체성도 사라질 무렵에 신라가 망합니다.

이 문제를 다루고 가야와 일본의 관계를 설명해야 우리 역사가 꼬리뼈까지 가지런히 드러나는데, 이런 작업도 벌써 강길운이 다 해 놓았습니다. 『한일 고대 관계사의 쟁점(2011)』이 바로 그 책입니다.

저의 책에서는 굳이 이 내용을 되풀이할 필요가 없어서 조금 소개하는 것으로 가야사를 마무리했습니다.

⑧ 한문의 기원 갑골문

사람이 잘난 체를 하면 뒤통수를 한 대 맞는 법입니다. 제가 지금 그 꼴입니다. 저는 되지도 않을 얄팍한 어원 지식으로 우리 상고사 전체를 흔들어 놓으면서 중국 중심으로 동양사를 바라본 기존의 사관을 신랄하게 비판하는 자세를 취했는데, 이 연재를 마칠 무렵에 돌이켜보니 저 또한 아직도 중국을 중심에 놓고 역사를 보는 한심한 짓에서 못 벗어났습니다.

한자 문제입니다. 중국 역사의 시작은 은나라이고, 은나라는 갑골문을 썼습니다. 동양에서 처음으로 문자를 만든 나라입니다. 이 문자는 주나라의 금문과 이후 한문으로 이어져 오늘날 중국의 공식 문자가 됩니다.

그런데 여기서 이상합니다. 은나라는 동이족이었습니다. 이것은 온 세상이 다 아는 사실입니다. 그렇다면 나중에 '한자'라는 이름을 얻은 이 글씨는 동이가 만들었다는 것입니다. 동이족인 은나라의 갑골문을 화하족인 주나라가 쓰면서 자신의 문자로 만들어 간 것이 중국 문명의 출발이고 중국 역사의 걸음걸이입니다. 한자의 시작은 갑골문이고, 갑골문은 동이인 은나라 사람들이 들었다는 사실을 까맣게 잊고 중국 사관을 벗어나야 한다고 떠들며 연재를 해온 셈이었습니다. 연재가 다 끝나갈 무렵에 최춘태의 책 『갑골음으로 잡는 식민사학 동북공정』을 읽으며 퍼뜩 이 생각을 하기에 이르렀습니다.

생각해보니 주나라의 조상인 고공단보는 서융이 살던 중국 서북쪽의 사막지대(기산)에서 유목 생활을 하다가 황하를 따라 서서히 내려와서 중류 유역에 자리 잡으며 세력을 넓히다가 후손들이 호경과 낙읍에 나라를 세우고 은나라를 멸망시킵니다. 이건 뭐냐면, 원래 중국 땅은 화하족이 아니라 동이족으로 가득한 곳이었는데, 한 줌밖에 안 되는 오랑캐인 화하족이 점차 세력을 확장하며 중원이라는 거대한 나라를 세웠다는 것입니다. 결국 주나라는 은나라와는 다른 문화를 지닌 작은 세력이었는데 자신의 문화 속으로 주변의 거대한 동이족을 빨아들이며 덩치를 불려 황하문명의 주역이 된 셈입니다.

이 과정에서 은나라에서 쓰던 갑골문을 자신들의 문자로 바꾸었고, 그 문자는 우리가 아는 '한자'와 '한문'이 되었습니다. 따라서 갑골문이던 시절의 문자와 주나라가 자신의 언어로 환골탈태시킨 문자는, 같은 글자라도 소리가 달랐을 것임을 누구나 쉽게 짐작할 수 있습니다. 오늘날 우리는 중국어를 볼 때 선진시대의 상고음, 수당시대의 중고음, 송명 이후의 현대음으로 나누어 발음을 정리합니다. 이것이 음운학의 관행이죠.

이렇게 같은 한자의 소리가 시대에 따라 다른 것은 세월에 따라 저절로 나타나는 현상입니다. 그러나 여기서 눈여겨보아야 할 것이 갑골문입니다. 갑골문이 금문으로 넘어가는 시기는 은나라를 멸망시킨 주나라가 들어서며 자신만의 전통과 문화를 새롭게 만들어 가던 때였습니다. 본래 동이족이던 우리에게 익숙한 갑골음이, 오늘날의 한자 전통을 만든 중국의 음으로 급격하게 변하던 시기라는 것입니다. 따라서 한자의 음에는 갑골음의 기억이 깔려있고, 갑골음을 파고들면 이 변화의 소용돌이를 엿볼 수 있습니다.

저는 미처 이 생각을 하지 못하고 한자는 화하족의 문자라고 여긴 채, 우리 상고사를 건드리고 아는 체했다는 자괴감을 지금 고백하는 중입니다. 그런 점에서 뒤늦게 읽은 최춘태의 책은 저에게 많은 생각을 하게 만들었습니다.

제가 다룬 주제에서 이런 반성이 주는 문제점은 이것입니다. 즉, 사마천의 『사기』를 비롯하여 제가 중요한 자료로 삼은 『삼국사기』, 『삼국유사』를 읽을 때 어디까지 갑골음을 적용해야 하는가 하는 점입니다. 당연히 은나라 때 만들어진 지명 인명을 갑골음으로 읽어야겠지요. '단군 환웅 환인' 같은 이름이 그렇습니다. '금미달, 아사달, 신단수, 궁홀, 백악, 신시'같이 단군신화에 나오는 모든 이름은 그렇게 읽어야 할 것 같습니다. 단군신화는 4,000년 전의 이야기를 전하는 내용입니다. 그 시기에 중국에서는 은나라가 갑골문을 쓰고 있었죠. 그러니 그 영향이 이런 이름에 알게 모르게 남았을 것입니다. 당시에 지어진 지명이나 인명을 갑골음으로 읽는다면 정확한 내용을 파악할 수 있을 것입니다.

반면에 한 무제의 흉노 공격으로 촉발된 2,000년 전의 동북아시아 상황은 좀 복잡합니다. 사마천의 『사기』에는 당시의 상황이 잘 정리되었습니다. 그리고 그 뒤에 나온 4사(한서, 후한서, 삼국지)에는 『사기』에는 없는 이름들이 무수히 나옵니다. 고구려 백제 신라 가야 대방 임둔 낙랑 현도 진번...... 이 이름들을 어떻게 해야 할까요? 4,000년 전의 갑골음으로 읽어야 할까요? 2,000년 전의 한자나 알타이어로 읽어야 할까요?

제 생각에는 둘 다 적용하여 읽어야 할 것 같습니다. 단군이 나라를 세운 4,000년 전의 언어가 2,000년 동안 변화를 겪어서 나타난 것이, 지금부터 2,000년 전의 한-흉노 조선 전쟁 시기입니다. 이 두 언어로 대조해보면 당시의 역사 상황을 좀 더 자세히 알 수 있을 것 같습니다.

저는 지난 한 해 어원상고사를 연재하면서 한자 상고음과 알타이어에 초점을 맞추어 떠들었습니다. 성과가 없진 않았지만, 여전히 오리무중인 말들이 많습니다. 여기에 갑골음을 적용해 본다면 좀 더 많은 성과가 나타날 것입니다. 그런 점에서 제가 뒤늦게 최춘태의 책을 접한 것은, 얄궂은 운명의 얼굴이라고 할 수밖에 없습니다. 저는 더 이상 역사에 관해 아는 체를 하지 않을 것이기 때문입니다. 그러기에는 너무 늙었습니다. 이젠 누군가 나서서 이 작업을 해주기를 기대하면서, 저는 활이나 쏘면서 살다 가렵니다.

단군조선은 4,000년부터 2,000년간 있던 나라입니다. 우리는 '단군'이 이 왕조의 임금을 나타내는 말이라고 알았는데, 2,000년 세월을 겪으면서 소리가 달라지지 않는다면 그게 이상할 것입니다. 같은 한자라도 1,000년이 흐르면 다른 소리로 바뀝니다. 하지만 그런 말을 통해 전달하고자 하는 뜻은 안 바뀝니다. 그러면 어떻게 할까요? 좀 더 정확한 뜻을 나타내는 글자로 바꿔서 쓰면 되죠. '가새'라는 말을 쓰는 충청도 사람에게 굳이 '가위'라고 쓸 필요가 없다는 것입니다. '가새'와 '가위'가 중요한 게 아니라, 이 두 말이 전하고자 하는 '자르는 도구'가 더 중요하다는 얘기입니다.

2,000년간 유지된 왕조에서 왕을 가리키는 말이 세월에 따라 달라졌습니다. 그것을 적은 한자의 소리가 세월 따라 달라졌기 때문입니다. 그러면 어떻게 될까요? 한자를 다른 걸로 바꿔서 표현하면 됩니다. 그렇게 해서 나타난 말이 '환인-환웅-단군'입니다. 최춘태의 갑골문 연구에 따르면 이 셋은 같은 소리를 나타내는 말로, 모두

'ㄱㅅㄹ', 또는 'ㄱㄹㅅㄹ'입니다. 음운 표기로 하면 'gəsər'입니다. 이와 똑같은 갑골음을 나타내는 한자가 많습니다. 조선朝鮮 환桓 단檀 예(濊) 금金 청靑이 갑골문에서 모두 같은 소리를 냅니다. 그러면 단군 신화에 나오는 '금미달 아사달 신시 백악 궁홀'같은 말들도 갑골음 으로 재구하면 좀 더 또렷해질 것 같습니다. 이것은 최춘태의 책『갑 골음으로 잡는 식민사학 동북공정』을 읽어보십시오.

어원으로 역사를 보는 일은 이제 막 시작입니다. 최근 전원철의 『고구려 발해인 칭기스칸』(2016)이 그 모범을 보였고, 최춘태의『갑 골음으로 잡는 식민사학 동북공정』(2017)이 또 다른 문을 열었습니 다. 머지않아 역사에서 이름의 뜻을 몰라 헤매는 일은 없는 시대가 올 것임을 믿어 의심치 않습니다. 그러면 고대사의 논란도 잦아들 것 입니다.

언어는 역사의 유물이고 유적입니다. 이걸 모르는 역사학이 비 극을 자초하는 것이죠. 저는 신채호의『조선상고사』와 강길운의『한 국 고대사의 비교언어학적 연구』라는 잔칫상에 슬그머니 숟가락을 얹었을 따름입니다.

⑨ 방법론이 있어야 학문이다

이 이야기를 할까 말까 정말 많이 망설이다가, 말할 기회가 따로 올 것 같지 않아서 여기서 한마디 합니다. 똥독 안에 뭐가 들었나 막 대를 대고 휘휘 저으면 똥 냄새만 퍼지고 똥물만 튀깁니다. 차라리 안 건드리는 게 낫습니다.

하나 마나 한 얘기이겠지만, 인터넷에 도배된 이상한 역사 관련 글 들을 쓰는 사람들에게 한마디 해야겠습니다. 그래도 상식을 꿈꾸는 사람들에게 그 상식에도 기준이 필요하다는 희망을 주기 위해서, 하지 않아도 될 말을 하고 쑤시지 않아도 될 똥통을 휘저을 수밖에 없는, 저의 신세가 한탄스럽기만 합니다.

1990년대 인터넷 시대가 열리면서 학문도 새로운 전기를 맞았습니다. 그전까지는 대학에서 전문가 과정을 거쳐서 공부하지 않으면 제대로 된 자료에 접근할 수가 없었습니다. 그래서 학문이라는 이름으로 그것을 독점하는 집단이 생기는 것입니다. 마치 마피아 집단과 같죠. 역사도 그랬습니다. 역사학자들이 몇 안 되는 스승 밑에서 철옹성을 쌓아서 일반인들이 다가갈 수 없게 만들었죠.

이런 불만이 1980년대 민족주의 사학으로 화산처럼 터져 오를 때, 학자들의 철옹성 밖에다 엄청난 담론의 마당을 마련해준 것이 바로 인터넷입니다. 예상대로 제도권 밖의 담론이 그동안 듣지 못한 신비하고 시원한 이야기로 백성들의 마음을 흔들었고, 철옹성은 옹색한 제 밥그릇 지키기로 전락했습니다. 민족주의와 국수주의 역사학의 불길은 제도권의 강단 사학이 위기를 느낄 만큼 거셌습니다. 특히 자료가 별로 없는 고대사에서는 소설 같은 주장들이 어둠 속에서 현란하게 불춤을 추며 존재감을 과시했습니다. 이에 대항하여 제도권에서 반박을 시작한 것이 『한국사시민강좌』입니다. 특히 1988년에는 '고조선 특집'으로 꾸며, 불타오르는 민족주의 사학에 찬물을 끼얹었습니다. 한 20~30년 동안 이런 공방이 이어지다가, 양쪽에서 더는 새로운 자료와 이론이 나오지 않자, 지금은 소강상태가 이어지는 상황입니다.

이 과정을 저는 국어 교사 생활을 하면서 강 건너 불구경하듯 지켜보았습니다. 계간지 『역사비평』을 구독한 것도 이때의 일입니다.

그런데 민족주의 사학은 극단으로 치닫기 시작했습니다. 이후 인터넷을 도배한 이상한 글들을 보면 공통점이 있습니다. 새로운 길이 보이지 않으면 사료가 조작됐다고 주장합니다. 이건 제가 1980~90년대 국수주의자들을 만나서 얘기할 때도 느끼는 답답한 점인데, 그렇게 주장하는 근거를 물으면 '심리주의'로 귀결합니다. 자기 마음이 답이고 제 생각이 참입니다. 참, 간편하고 속 편합니다.

세종대왕이 자신의 문자 창제를 정당화하기 위하여 그 전의 자료를 없애고 조작했다는 식입니다. 그러면서 한글은 가림토 문자에서 왔고, 그것은 1만 년도 더 된 우리의 전통 문자라고 우깁니다. 마치 세종대왕의 마음을 다 알고, 마치 그 현장에서 세종대왕이 하는 짓을 다 지켜봤다는 듯이 말합니다. 자기 맘에 안 들면 누군가 조작한 겁니다.

가림토 문자가 사실이든 아니든 세종의 훈민정음 작업은 그 안에 엄정한 논리가 있고 방법이 있습니다. 허파에서 나오는 바람이 입안의 어딘가에 부딪힐 때 소리가 난다는 사실을 알고 그것을 형상화하여 닿소리(자음)를 만든 다음에, 그것을 음양오행의 원리에 의하여 조합과 운용 방법을 설명한 것입니다. 이미 그렇게 만든 제자 원리를 세종이 자세하게 설명했습니다. 그게 『훈민정음 해례』입니다. 이런 원리 설명은 뉴턴이 공간을 계산하기 위하여 미적분학을 만든 것과 비슷한 일입니다. 그 이전에는 전혀 없던 일입니다. 오로지 세종의 머릿속에서 튀어나온 사실이고, 그 바탕에는 음양오행이라는 철학과 원리가 있습니다. 바로 이 방법론 때문에 그 이전의 유사한 형태와는 전혀 다른 업적이고 결과라고 보는 것입니다.

그런데 이걸 외형상의 간단한 유사성에 의존하여 그 이전의 어떤 문자에다가 갖다 붙여 해설하려 드니, 내막을 잘 아는 사람이 옆에서 보면 답답할 수밖에 없죠. 사실을 몰라서 답답한 게 아니라 한심해서 답답한 겁니다. 역사상의 사건이나 사실에 대한 모든 견해가 이렇습니다. 자신에게 불리하면 총독부가 조작했고, 조선의 사관이나 관리가 조작했고, 역사 편찬자들이 글자를 바꾸었다는 식입니다. 그런 주장을 하려면 그럴 만한 근거가 필요합니다. 근거 없이 자기 생각에 안 맞으면 조작 운운하는 것을 학문이라고 할 수 없습니다.

글 조작은 옛날에 실제로 많이 일어나는 일이었습니다. 송나라 때 교정의서국이 있었습니다. 그 전의 오랜 전란으로 의학책이 많이 불타자, 주변의 나라에 사신을 보내어 서적 같은 자료를 요구했고, 고려에서 많은 서책을 송나라에 보내줍니다. 그중에 『침경』이라는 책이 있었습니다. 그 책이 바로 오늘날 우리가 보는 동양의학의 경전인 『황제내경』입니다. 『황제내경』은 '소문'과 '영추' 두 가지로 구성되었습니다. 이 중에서 '영추'가 바로 고려에서 진상한 책(『고려침경』)입니다. 고려로부터 받은 이 책을 송의 교정의서국에서는 『황제내경』으로 편입시키고 책을 출판하여 전국에 뿌립니다. 그게 지금 우리가 보는 『황제내경』입니다. 고려에서 왔다는 말은 당연히 빠졌죠. 심지어 편집자인 사숭史崧은 자기네 집안에 대대로 내려오는 책이라고 사기 쳤습니다.

옛 시대의 관행은 책의 편집자들이 자신의 관점으로 편집한 뒤에 그 전의 자료를 모조리 불태우는 겁니다. 이런 것은 그 시대가 그러했기 때문에 벌어진 조작 사건입니다. 이런 사건들은 조작의 근거가 있고, 방법이 있습니다. 그리고 문맥이나 내용을 살펴보면 그 변화나 조작의 흔적을 찾아낼 수 있습니다.(『고려침경 영추』)

그러나 인터넷에서 조작 운운한 사람들의 주장은 이런 것과는 차원이 다릅니다. 근거라고는 달랑 자기 생각 하나입니다. 역사 연구에서 자료가 조작됐다고 주장하는 사람들의 머릿속에는 그런 주장을 하지 않으면 안 되는 큰 밑그림이 있습니다. 그 밑그림을 전제로 해서 역사를 꿰어맞추려고 하다 보면 도저히 맞지 않는 구석이 나타납니다. 바로 그 부분에서 '이랬으면!' 하는 마음이 발작하는 것이죠. 이것은 강단 사학자들도 마찬가지입니다. 이병도는 자료 해석을 하다가 자신의 주장과 맞지 않으면 틀렸다며 고칩니다. 강물의 방향도 바꾸고 『삼국사기』 원전의 글자도 고칩니다. 신라 기록에서 대부大部를 육부六部의 오타라며 고치는 작태가 그렇습니다. 그렇다고 해서 『삼국사기』를 바꿀 수는 없습니다. 우리 고대사에 자료가 없다고 해서 새로운 자료를 만들고 자기에게 불편한 사료를 조작됐다고 꾸며서 인터넷을 쓰레기 바다로 만들면, 실상을 알고자 하는 사람들이 너무나 많은 시간을 허비하게 됩니다.

자료 조작되었다고 주장하는 사람의 심정은 '천상천하 유아독존'설입니다. 자신을 신으로 착각하는 겁니다. 시공간을 초월하여 오직 자기만이 자료가 조작된 사실을 찾아낼 능력이 있음을 다른 사람들에게 자랑하고 싶은 것이죠. 딴 사람들은 그런 조작 사실을 알아채지 못하는 무능력자입니다. 무능력한 대중 위에 자신만 우뚝 솟아서 어리석은 그들을 내려다보는 것이죠. 이 말을 뒤집으면 저만 홀로 자료의 가치를 알아볼 수 있다는 오만에 휩싸인 사람입니다. 그런 사람이 역사 자료를 제대로 읽을 수 있을까요? 제가 읽는 것이 바로 역사의 진실이고, 당대의 '사실'이라고 여깁니다. 마치 저만이 역사의 진실을 안다고 착각하는 것이죠. 세상 사람은 모르는데 저만 홀로 안다는 건, 제정신이 아니라는 증거입니다. 쉽게 말해 미친놈입니다. 세상은 그렇게 호락호락하지 않습니다.

실제로 이렇게 할 수 있는 사람들이 있기는 있습니다. 종교인들이 그렇습니다. 종교인들은 그런 주장을 할 수 있습니다. 종교는 '믿음'이기에 '사실'과 다를 수 있습니다. 죽은 사람이 살아날 수 없는 것은 자연법의 이치인데, 기독교에서는 죽은 예수가 살아났다고 가르치고 실제로 신도들은 그렇게 믿습니다. 신도가 아닌 사람들은 그렇게 믿을 필요가 없고, 기독교도가 아닌 저는 그런 주장을 안 믿습니다. 죽은 사람의 부활을 과학 교과서에서 가르칠 수는 없는 노릇입니다.

그러니 역사 기록이 조작되었다고 주장하고 싶거든, 역사라는 가면을 쓰지 말고, 차라리 나는 무슨 종교를 믿는 사람이라고 정체를 밝히십시오. 그러면 그런 주장을 읽는 사람들은 그럴 수도 있다고 생각할 것입니다. 적어도 믿음과 사실이 뒤범벅되지는 않겠죠. 그래도 인터넷에다가 홍수 범람하듯이 뿌려대는 것은 '업무방해죄'에 해당합니다. 그런 엉터리 자료에 가려 진짜 자료를 찾는 데 너무나 많은 시간을 허비합니다.

학문에는 신이 필요 없습니다. 타임머신도 필요 없습니다. 만약에 살수대첩을 발표하는 역사학회 세미나 현장에 강감찬이 나타나서 "헛소리하지 말아라. 그때 나는 이렇게 했다."라고 한마디 하신다면 이 세상이 어찌 되겠습니까? 모든 역사학자가 직업을 잃게 될 겁니다. 인공 지능 알파고가 인간 이세돌과 4:1로 승리한 뒤 바둑계를 은퇴했듯이, 역사의 신들께서는 제발 은퇴해 주십시오. 역사학에는 신이 필요 없습니다.

역사 기록 조작론 못지않은 것이 또 말장난입니다. 저는 지금 언어학에 근거를 두고 저의 주장을 펼치는 중입니다. 그런데 이와 비슷한 짓을 하는 분들이 의외로 인터넷에 많습니다. 학문의 검증 없는 말장난으로 세상을 어지럽혀 인터넷을 쓰레기통으로 만듭니다. 저는 대학에서 국어를 전공했기에 우리말의 흐름을 배워서 우리 언어가 어떤 과정을 거쳐서 오늘에 이르렀는지를 대충 압니다. 제가 배운 그 내용들은 학계에서 보고된 연구 결과물을 재구성하여 교과서를 만들어 가르친 그것입니다. 저는 학문으로 그런 내용을 배웠습니다.

그런데 인터넷에서는 이런 학문의 검증 과정이 생략된 채, 우리말이 갑자기 세계 언어의 조상언어로 자리 잡아버렸습니다. 그 근거는 간단합니다. '음성 유사'입니다. 우리말과 발음이 비슷하면 세계의 모든 언어는 우리 말에서 갈라져 나갔다고 주장하는 식입니다. 음성 유사 하나로 우리말이 갑자기 세계의 가장 오래된 언어가 되는 것이죠. 이런 몰상식과 무지를 마치 자랑하듯이 인터넷에 도배하여 정작 필요한 자료를 찾는 저 같은 사람을 엿 먹입니다. '엿'은 먹는 엿이 아닙니다. '엿보다'의 '엿'이고, 드라비다에서 온 말이니, 인터넷에서 잘난 체하는 여러분이 스스로 알아보십시오. 이젠 상대하기도 귀찮습니다.

음성 유사만으로 학문이 성립하면, 이 세상에 고민할 게 뭐가 있겠습니까? 하지만 음성 유사는 언어학의 기초이지만, 그것으로 학문이 성립하지는 않으며, 그것만으로 증명되지 않습니다. 언어학에 음운 변천 과정의 법칙이 있음은, 수학에 공식이 있고 그 공식을 적용하여야 답이 나오는 것과 같은 이치입니다. 말에는 음성만 있는 것이 아니라 뜻이 있기 때문입니다. 일단 음성 유사가 확인되면 뜻이 일치하는지를 살펴야 합니다. 이 과정이 복잡합니다. 민족마다 국가마다 언어마다 오랜 세월 동안 변화해 온 과정이 있기에 그 과정이 확인되지 않으면 음성 유사가 확인되어도 같은 말이라고 결론 낼 수 없습니다.

단기單騎를 뜻하는 만주어는 'kaidu'이고, 몽골어로는 'haidak'입니다. 여기서도 k와 h의 음운 교체 현상이 보입니다. 우리말에서는 '홀(單)'이 이 'ka, hai'의 자취입니다. 'du'와 'dak'의 자취는 '닫다, 내닫다, 치닫다(走)'같은 말에서 볼 수 있죠. 우리말에는 이 말(單騎)을 직접 가리키는 낱말이 없지만, 이들과 같은 알타이어족이기에 그 어근이 이처럼 따로 살아서 우리말에 적절히 쓰이는 것입니다. 이처럼 말은 시대나 지역에 따라서 어떤 소리로 변하는 데 일정한 법칙이 있습니다. 만주와 몽골의 'k, h' 음운 교체가 그런 것입니다. 그 법칙에 따라서 음운현상이 일어납니다. 이런 변화의 법칙을 연구하는 것이 음운학입니다. 그러니 음성 유사만으로 어떤 결론을 짓는 것은, 한쪽 다리만을 보고서 짝다리인지 정상인지 구분하겠다는 발상과 다르지 않습니다. 짝다리는 두 발을 비교할 때 내릴 수 있는 결론입니다.

인터넷에 도배된 이런 어이없는 주장들은 공통점이 있습니다. 즉 음성 유사만 있지, 의미 변천 과정에서 나타난 음운학의 검증이 없습니다. 검증 없는 답을 맹신하면 공식 없이 수학 문제의 답을 찾았다는 주장과 같습니다. 그건 우연이지 검증이 아닙니다. 왜 이런 짓을 자꾸 벌이는지 모르겠습니다.

이런 주장의 배후에는 '감정'이 있습니다. 자기의 생각에 세상 사람들이 동의해 주었으면 하는 바람이 있는 거죠. 그러나 방법이 없는 그런 개인 생각은 학문에 독입니다. 학문에서 방법 없는 주장은 망나니짓과 다를 바가 없습니다. 오히려 학문을 방해하고 학문의 발전을 후퇴시킵니다. 이런 것을 어원학에서는 '민간어원설, 통속어원설'이라고 합니다. 일고의 가치도 없는 주장이죠. 어원 연구에 가장 방해가 되는 것이 바로 이런 통속어원설입니다. 황새가 많이 살아서 '황새울'이라고 한다느니, 가재가 많이 살아서 '가재울'이라고 한다느니 하는 지명 관련 주장들이 이런 것들입니다. 한 마디로 쓰레기죠.

인생은 짧습니다. 제발 그런 어리석은 장난에 여러분의 귀중한 시간을 낭비하지 마십시오. 장난은 남에게 피해를 안 줄 때 장난입니다. 남에게 피해를 주면 그건 장난이 아니라 테러입니다. 제발 학문하는 마당에서 테러를 자행하여 학문이 뒷걸음질 치고 좀 좋은 일을 해보려는 사람들이 헛물켜지 않도록 도와주십시오. 그렇게 할 일이 없으면 저에게 연락해 주십시오. 제가 학문할 방법을 소개해 드리겠습니다. 어원 연구는 한강의 모래톱에서 바늘을 찾는 일이기에 일손이 많이 필요합니다. 여러분의 그 잘난 생각과 뜨거운 열정을 엉뚱한 곳에 탕진하지 말고 우리 겨레와 이 세계에 도움이 되는 방향으로 바람직하게 쓰도록 허락해 주십시오. 그러자면 지금 인터넷에 올려놓은 그 똥 무더기부터 치워주십시오. 제발 부탁합니다.

3. 맺음말 _ 역사와 언어

기원전 8,000~7,000년 전, 북위 40도 동경 120도가 만나는 언저리에 해를 거룩하게 섬기는 사람들이 나타납니다. 이들은 꼭대기에 북이 달린 큰 나무를 마당 한가운데 세워놓고 한낮의 그림자를 살펴봅니다. 오랜 세월이 지나 그들은 그림자가 땅에 드리우는 데 일정한

가락이 있음을 알아냅니다. 우주가 춤추는 율려律呂의 노랫소리를 들은 것입니다. 솟대의 그림자가 알려준 내용은 이렇습니다.

해가 가장 높이 떴을 때를 정오正午라고 합니다. 정오의 그림자를 날마다 들여다보면 길이가 매번 달라진다는 것을 알게 됩니다. 그림자가 가장 짧아지는 때는 덥고, 그림자가 가장 길어지는 때는 춥습니다. 이것을 각기 하지와 동지라고 하고, 이 둘을 합쳐 '2지'라고 합니다. 반면에 밤과 낮의 길이가 똑같은 날이 2차례 생깁니다. 봄에 한 번, 가을에 한 번이죠. 이를 각기 춘분과 추분이라고 하고, 이 둘을 합쳐 2분이라고 합니다. 2분과 2지가 드러나면 나머지 절기는 저절로 나뉩니다. 한 번 더 나누면 8이 되고, 한 번 더 나누면 16이 되며, 한 번 더 나누면 24가 되고, 한 번 더 나누면 32가 되고, 한 번 더 나누면 64가 됩니다. 한없이 나누다 보면 360이 되고, 1년의 날짜가 되어, 그날의 특징이 드러나고, 그에 따라 사람이 그날 꼭 해야 할 일이 생깁니다.

문자가 없던 시절이었기에, 바닥에 그림자의 길이를 그어 막대 그림을 그립니다. 가장 짧은 그림자는 한 번 그어 −, 긴 것은 곱절이므로 두 번 그어 --. 이를 겹쳐 2분(=, ==)과 2지(==, ==)를 그립니다. 그림자 길이를 나타내는 부호는 누구나 알아볼 수 있습니다. 이렇게 앞 사람의 슬기를 뒷사람이 이어가죠. 마당에 떨어진 그림자의 길이와 방향을 알면 앞으로 날씨가 어떻게 변할지 그에 맞춰 사람이 무엇을 해야 할 때인지 알 수 있습니다. 그림자의 길이와 방향을 1년간 따라가면 마당의 솟대 밑에는 이런 그림이 크게 그려집니다. ☯.

밤에는 하늘을 올려다봅니다. 목이 아프면 커다란 물동이에 가득 담긴 별들을 들여다봅니다. 낮에 본 그림자의 길이가 밤하늘의 별이 보여주는 질서와 맷돌처럼 맞물려 돌아간다는 사실을 깨닫습니다. 하늘에서도 1년간 한 치 오차 없는 질서가 투명 그물처럼 펼쳐집니다. 1년 내내 못 박힌 북극성을 중심으로 삼아, 4방에 가지런히 놓인 숱한 별을, 국자 닮은 북두칠성이 이끌고 돌아갑니다. 그 네 방향에는 신이 있어, 별들의 질서를 주관합니다. 청룡, 백호, 주작, 현무. 북극성은 곧 무당 자신이 사는 세상의 한가운데입니다. 이 별들의 질서를 땅 위로 내려 세상을 넷으로 나눕니다. 전후좌우, 그리고 무당은 가운데 자미원紫微垣에 앉습니다. 비로소 하늘의 시간(宇)이 땅의 공간(宙)에 지은 집이 완성됩니다. 이렇게 완성된 우주宇宙는 하늘과 땅이 한바탕 어울리는 춤사위입니다.

새벽 장독대에 정화수를 떠놓고 칠성님께 소원을 비는 한겨레의 풍속은 여기서 비롯되었습니다. 원래는 하늘을 올려다보기 힘들어서 커다란 물동이를 거울삼아 거기 비친 별자리를 살펴보기 시작한 것이었지만, 내막을 모르는 사람들의 눈에는 기도하는 모습으로 비친 것입니다. 실제로 하늘에는 땅을 다스리는 사신이 있고, 사방의 네 신을 거느리는 별이 북두칠성입니다. 북두칠성은 북극성을 중심에 놓고 하룻밤 사이에 모든 별을 거느리고 하늘을 한 바퀴 돕니다. 왕의 명을 받아서 세상을 실제로 움직이는 재상의 노릇을 하는 현실과 똑같습니다. 그렇기에 북두칠성은 하늘의 주재자가 되었고, 장독대의 정화수 주인인 '칠성님'이 되었습니다. 새벽에 정화수 떠놓고 칠성님께 소원을 비는 풍속은 그들이 박달족임을 보여주는 증거입니다.

하늘과 땅이 어울려 춤추는 이 복잡한 질서는 하루아침에 배울 수 있는 것이 아니어서 이들은 자손에게 이런 질서를 전해줍니다. 그리고 자연의 변화가 그 그림자 속의 질서에서 나온다는 사실을 깨달은 그들은 자신이 알아낸 기쁜 소식을 사람들에게 알려줍니다. 그 값진 소식을 들으려고 사람들은 멀리서 찾아옵니다. 사람들은 그곳을 밝달(赤峰, 紅山), 또는 아사달(朝陽, 朝鮮)이라고 불렀습니다.

돌로 연모를 만들어 들짐승과 맞서고 사냥과 채집으로 굶주림은 겨우 면할 수 있어도, 자연이 부리는 횡포 앞에서는 어쩌지 못하던 사람들은 앞날을 정확히 예측하는 밝달의 임금(檀君)을 하늘의 자손으로 떠받들었습니다. 사람들은 그들이 섬기는 하늘에게 기꺼이 제사 지내고, 하늘의 뜻을 대신 물어 알려주는 무당들을 극진히 섬겼습니다. 그들 일족을 가리키는 말이 저절로 생겼습니다. 용龍! 용은 하늘이 알려주는 자연의 질서이자 그것을 주관하는 무당들을 가리키는 말이 되었고, 사람들은 이런 권능을 이어받고자 옥돌로 용의 모습을 깎아서 몸에 지니고 경배했습니다. 무당의 공수를 받는 모든 사람은 용의 자손이 되었습니다. 용이 모여 사는 가운데 땅을 '박달(龍城)'이라고 했고, 솟대가 선 왕궁을 '소도蘇塗'라고 했습니다.

사람들은 멀리서 찾아와 이들이 알려주는 자연의 이치를 배워 갔습니다. 세상의 중심 박달에서 무당을 도와 사람들에게 우주의 법칙과 세상의 이치를 가르쳐주는 이는 모두 스승이었습니다. 바람 스승(風伯), 구름 스승(雲師), 비 스승(雨師). 이들 밑에는 다시 네 '장군(加)'이 있어, 구역을 동서남북으로 나누어 다스렸습니다. 세상은 저절로 25구역으로 나뉘어 조화와 질서를 이루었습니다.

이들에게 와서 이런 이치를 배운 겨레는 서쪽으로 흙탕물(黃河) 건너까지 이르고, 동쪽으로는 대해大海에, 남쪽으로는 발해渤海에 이르렀습니다. 부족 간의 갈등이나 싸움이 생기면 이들에게 와서 묻고 문제를 해결했습니다.

거리가 너무 멀어 올 수 없는 겨레를 위해 이들은 해 뜨는 동쪽과 해 지는 서쪽에도 선무당을 보내어 '소도'를 세웠습니다. 박달 본터의 무당은 '거서간(*kese-khan)'이라 부르고, 동쪽 아사달과 서쪽 금미달의 무당은 '거수渠帥'이라고 불렀습니다. 각기 좌거수 우거수입니다. 이들 거수(*kese)를 돕는 이가 '박수(博士 baksi)'로 오늘날에도 박수무당이라는 말로 쓰입니다. 이렇게 하여 복판의 거서간과 좌우 두 거수가 거느리는 세상은 다시 큰 고을마다 장군이 다스리며 서로를 도왔습니다.

'거서간(*kese-khan)'은 말 그대로 '하늘 임금'이라는 뜻입니다. 이것을 중국 쪽에서 적을 때 '천군天君'으로 번역하였고, 중국어 발음으로는 'tianjun'입니다. 제사를 지내는 책임자라는 뜻으로 단군壇君이라고 적었는데, 그것은 중국 발음으로 'tanjun'이어서 '천군'과 같은 말입니다. 이들이 사는 곳을 '밝달'이라고 했는데, 해의 아들이 사는 곳은 늘 밝은 곳이어서, '밝은뉘(弗矩內)'라고 한 것입니다. 해의 아들은 '거서간'이고, 그들이 사는 곳은 '박달'이어서, 그곳에 사는 우두머리를 '박달의 임금'이라는 뜻으로 단군임금壇君王儉이라고도 적고 불렀습니다.

이런 세월이 5,000년 흘러 기원전 2,500년 무렵이 되었고, 다시 1,000년이 더 흘러, 기원전 2,500년과 1,500년 사이, 세상은 변화가 일었습니다. 붉달(赤峰, 紅山)의 북쪽 초원에서 말이 사람의 손에 벌써 길들여졌고, 발 빠른 말을 따라 서쪽 세상에서 청동기가 들어왔습니다. 사람들의 이동이 빨라졌고, 돌 연모보다 훨씬 더 나은 쇠가 들어와 새로운 질서를 만들었습니다. 무당이 전하는 하늘의 말씀만으로 살던 시절의 사람들에게 새로운 연모는 무기가 되었고, 여기저기 나타난 대장장이들이 앞다투어 만들어낸 쇠 무기는 무질서한 자연의 폭력보다 더 큰 재앙이 되었습니다. 말씀의 시대가 가고 싸움의 시대가 열렸습니다. 상생의 시대가 가고 상극의 시대가 닥쳤습니다. 짐승의 시간이 하늘의 시간을 대신했습니다.

흙탕물(黃河) 상류 거친 땅에 살던 서쪽 박달의 한 갈래가 청동기를 앞세워 하류로 내려오며 정복 전쟁을 시작했습니다. 물길 아래쪽과 바닷가에 널리 흩어져 살던 겨레는 그들에게 복속되거나 동쪽으로 옮겨갔습니다. 뒤늦게 청동기를 접한 동쪽의 임금이 서쪽으로 와서 침략자에 맞서며 스스로 '기자(王)'라 일컬었습니다. 말씀의 시대가 끝났음을 알게 된 단군은 기자에게 임금 자리를 내주고 세상을 떠나 동쪽의 '소도'인 아사달로 돌아갔습니다. 기원전 1,122년의 일입니다.

제정일치였던 단군조선과 달리, 제정이 나뉜 기자조선에서는 제사장보다 임금이 더 중요했습니다. 그래서 최고 우두머리를 거서간(단군)이라고 부르지 않고 하늘의 아들이라는 뜻으로 '한, 칸'이라고 불렀습니다. 해모수解慕漱, 해부루解夫婁의 '해'가 바로 이것입니다. 몽골어를 쓰는 부족 중에서 특히 '기지'족이 우두머리가 되었기에 그를 '긔즈(王)'라고도 불렀습니다. 그리고 이들에게는 풍백 운사 우사 같은 스승이 없어졌습니다. 대신에 직접 사람을 다스리는 벼슬이 존재합니다. 부여의 사출도에서 보이는 짐승 이름을 붙인 가加, 哥가 그것입니다. 마가 우가 저가 구가. 이들 장군 밑에는 '선비'가 있습니다. 실제 고구려를 버티는 벼슬입니다. 그리고 이들은 '골, 홀'에서 삽니다. 그래서 이런 곳을 구루溝婁라고 합니다.

기자는 스스로 단군이 되어 세 박달을 두루 다스렸지만, 서쪽에서 밀려드는 침략자와 끝없는 전쟁을 치러야 했습니다. 침략자들은 흙탕물 끝의 동쪽 갈석산에서부터 서쪽 끝까지 만리장성을 쌓아 자신들의 영역에 울타리를 치고 그 안에 자리 잡았지만, 곧이어 장성의 바깥으로도 영토를 넓히기 시작했습니다. 기자는 침략자들이 '먼 물길(遼河)'이라 부르는 '패수浿水'를 경계로 하여 이들과 맞서 싸웠으나 역부족이었고, 패수는 사람들을 따라 점차 동쪽으로 옮겨갔습니다. 발해로 흘러드는 여러 물길(黃河, 永定河, 白河, 灤河, 大陵河)에 '발수, 패수'라는 이름을 차례로 넘겨주고, 발해만 안의 마지막 패수인 지금의 요하遼河까지 밀려납니다.

이 전쟁의 마지막 모습이 침략자의 기록으로 생생히 남았습니다. 기록자는 사마천, 기록물은 『사기』. 정복 전쟁에 밀린 위만이 조선을 찬탈하고, 용상에서 밀려난 기자 준은 남쪽으로 내려가 다시 삼한을 세웁니다. 마한 진한 변한. 우두머리(단군)가 사라진 조선은 내분으로 망하고, 침략자에게 무릎 꿇기를 거부한 사람들은 수천 년 살아온 터전인 발해渤海 바닷가를 떠납니다.

발해 안의 마지막 박달(蓋平, 海城)을 끝으로 조선의 시대는 막을 내립니다. 하지만 서쪽 기자 시절부터 침략자와 맹렬히 싸우던 겨레는 '발해 밖의 첫 번째 패수, 송화강'에서 다시 일어나 나라를 세웁니다. 용의 후예들은 발해 밖의 두 번째 패수인 압록강 기슭에 둥지를 틀고 조선 '단군의 아들(壇君之子 —『삼국유사』 王曆)'로 거듭납니다. 사명을 다한 동명성왕은 황룡을 타고 하늘로 돌아가고(『삼국사기』 고구려 본기), 얼마 안 가 고구려는 동기자가 지배했던 영역을 모두 되찾습니다. 이를 시작으로 동북아시아는 새로운 시대로 접어듭니다. 발해만 근처에서 무수히 많은 부족이 독립된 나라를 세웠던 열국 시대가 끝나고, 우리에게 익숙한 삼국 시대가 열립니다. 이상이 어원으로 본 한국 상고사입니다.

참고로, 조선의 수도 왕험성王險城을 신채호는 중국 요하의 동쪽 해성海城으로 보았고, 북한의 리지린은 해성의 조금 아래쪽 개평蓋平=蓋州으로 보았습니다. 해성이나 개평나 모두 박달을 뜻하는 말입니다. '해, 개'는 우리말 '해'의 소리를 적은 것이고, 城과 平은 모두 언덕이나 마을을 뜻하는 고구려어 '달達'을 적은 것입니다.

赤峰, 紅山, 朝陽, 朝鮮, 白岳, 蓋平, 海城, 龍城, 北平, 平壤, 柳京, 北京. 이 모든 한자는 '밝달'을 표기한 것입니다. '밝'은 '해'로도 나타나고, '개'로도 나타납니다. '히, 기, 키'는 모두 같은 발음입니다. 왕을 뜻하는 북방어가 '한(汗), 칸(可汗), 간(干)'으로 표기된 것을 보면 이런 실상을 또렷하게 볼 수 있습니다. 朝는 해 뜨는 때를 나타내고, 陽과 鮮은 볕을 나타냅니다. 平은 '벌판'의 '벌'이고, 海는 '해'이기도 하고, '바롤'이기도 한데, 바롤은 '발+올'의 짜임이어서 결국 '밝'을 뜻합니다. 대조영이 세운 나라 발해勃海도 이것을 적은 말입니다. 북평도 박달입니다. '박'을 그대로 '北' 음으로 적고, '달, 들'을 '平'으로 적은 것이죠. 이 북평을 서울로 바꾸면 '북경'이 됩니다.

요컨대, 본래 우리말의 소리가 귀에 들리는 대로 적당히 받아 적은 것이 위의 향찰 표기입니다. 蓋平(키돌)과 海城(바르돌)은 모두 요동반도 안쪽에 있는 도시인데 거리가 가까워서, 아마도 옛날에는 '윗박달, 아랫박달'이라고 했을 것입니다. 윗박달이니 아랫박달이니 하는 지명은 우리나라 곳곳에 많습니다. 고구려도 이것을 본떠서 국내성과 위나암성을 동시에 쌓아 전쟁을 대비했습니다.

밝달은 해의 자손(龍)이 사는 곳을 말합니다. 중앙이어서 말뜻 그대로 '赤峰, 紅山, 龍城'이라고 씁니다. 赤峰은 붉은 봉우리라는 뜻이고, 紅山은 붉은 뫼라는 뜻입니다. 둘 다 '붉달'을 적은 향찰 표기입니다. 적봉과 홍산은 지금도 중국에서 그대로 쓰입니다. 용성은 『사기』흉노전을 보면 흉노의 선우가 사는 곳입니다. 흉노족은 알타이산 근방에서 기원하여 초원지대로 나온 부족입니다. 석탈해가 이 용성국 출신이라고 『삼국유사』는 말합니다.

해는 동쪽에서 떠서 서쪽으로 지죠. 동쪽은 해가 막 뜨는 곳이어서 아침이나 볕을 뜻하는 말로 많이 쓰입니다. '朝陽, 朝鮮'이 그것이고, 우리말로는 '아사달阿斯達'입니다. 반면에 서쪽은 해가 지면서 어두워지는 곳입니다. 땅거미가 지는 곳이기에 검다는 말이 쓰입니다. '검'은 신의 뜻으로도 쓰입니다. '蓋平, 蓋馬, 熊神山, 神市'가 그것이고, 우리말로는 '가마달(今彌達)'입니다. 요동의 개평은, 박달이 요동 밖으로 옮겨간 뒤에 붙은 서쪽 기자의 수도였을 것입니다. 해성이 박달성이었다가 단군이 요동으로 옮기면서 서쪽 기자가 수도를 바로 옆의 개평으로 옮겨서 붙은 이름으로 서쪽 수도인 가마달이라는 뜻입니다. 해성은 아사달, 개평은 가마달.

땅이름의 한자 표기가 이렇게 어지러운 것은, 지난 3,000년의 혼란이 반영된 결과입니다. 화하족의 동쪽 정벌로 촉발된 전쟁이 원래 있던 땅이름을 옮기게 했고, 똑같은 땅을 가리키는 이름이 시대마다 달리 기록되거나 위치가 바뀐 곳의 이름으로 기록되어 서로 뒤엉킨 것입니다. 동쪽과 서쪽이 뒤섞이고 발음에 따라 적는 이에 따라 달리 표기됨으로써 서로 다른 것을 나타내는 말처럼 변한 것입니다. 하지만 잘 보면 한자가 기록하려는 말이 아주 단순하고, 그것이 여기저기 흩어져 나타나는 것을 보면, 원래는 질서정연한 모습이었음을 알 수 있습니다.

사람의 삶은 우주와 자연의 법칙에 지배당하고, 그런 사람들의 모습과 땅의 이로움에 따라 이름이 붙습니다. 요즘처럼 신도시 개발하듯이 이름을 함부로 붙일 수 없습니다. 중국 지명 남경과 북경이 그렇고, 조선 지명 평양과 패수가 그렇습니다. 북경이 있으면 반드시 남경이 있고, 평양(박달)이 있으면 반드시 패수(밝물)가 있습니다. 따라서 땅이름을 자세히 들여다보면 그 도시를 바라본 옛사람들의 생각을 엿볼 수 있습니다. 땅이름에서 읽어내는 '철학'이 틀릴 수도 있지만, 철학 없이 바라보는 땅이름은 그곳에서 산 옛사람들에 대해 아무것도 알려주지 못합니다. 철학은 역사의 몸뚱이에 깃든 빛나는 정신이고, 언어는 그 정신의 유리 조각입니다.

『고려사』上·中·下(1983), 영인본, 재판, 아세아문화사.

『고려사절요』(1983), 영인본, 아세아문화사.

『단기고사』(단기4292), 복사본, 충북신보사.

『몽어노걸대』(2006), 영인본, 서울대학교규장각 한국학연구원.

『사기』(중화민국 59년), 영인본, 대만; 신흥서국.

『산해경 광주(廣注)』, 복사본, 충북대학교중앙도서관소장, 康熙丁未秋九月.

『삼국유사·삼국사기』(1995), 영인본, 대제각.

『설문해자주』(중화민국 75년), 영인본, 여명문화사업고빈(股份)유한공사.

『악장가사』(1973), 영인본, 대제각.

『이십오사초』上·中·下(1977), 한중일 관계자료집, 단국대학교부설 동양학연구소.

『주역』(1990), 영인본, 3판, 보경문화사.

『천자문』(1984), 영인본, 단국대학교부설 동양학연구소.

『청어노걸대』(2019), 영인본, 학자원.

『한국한자어사전』1~4(1997), 3쇄, 단국대학교 동양학연구소.

『한청문감』(2019), 영인본, 연세대학교 국학연구원.

『환단고기』(1979), 단단학회.

『훈몽자회』(1983), 영인본, 단국대학교부설 동양학연구소.

21세기 연구회(2001), 『지명으로 보는 세계사』(김향옮김), 시공사.

강길운(1990), 『고대사의 비교언어학적 연구』, 새문사.

_____(1992), 『한국어 계통론』 상·하, 형설출판사.

_____(2010), 『비교언어학적 어원사전』, 한국문화사.

_____(2011), 『한일 고대 관계사의 쟁점』, 한국문화사.

강신항(1980), 『계림유사 「고려방언」 연구』, 성균관대학교 출판부.

권오중(2012), 『요동 왕국과 동아시아』, 영남대학교출판부.

김교헌(대정3년), 『신단실기』, 한성도서주식회사.

김무림(2020), 『국어 어원사전』, 지식과교양.

김병모(1986), 『한국인의 발자취』, 3판, 정음사.

김상일(1985), 『한철학』, 전망사.

김성호(1990), 『비류백제와 일본의 국가 기원』, 지문사.

김완진(1995), 『향가해독법연구』, 서울대학교출판부.

김일권(2010), 『동양 천문사상, 인간의 역사』, 2쇄, 예문서원.

_____(2012), 『동양 천문사상, 하늘의 역사』, 2쇄, 예문서원.

김재완(1947), 『단군신화의 신연구』, 정음사

김정배·유재신 엮음(1991), 『중국학계의 고구려사 인식』(엄성흠 옮김), 대륙연구소
　　출판부.

김진식(2010), 『증평군 지명 유래』, 증평문화원.

김형수(1995), 『만주어 몽고어 비교 어휘 사전』, 형설출판사.

남주성 역주(2010), 『흠정 만주원류고』, 글모아,

단군학회(2005), 『남북 학자들이 함께 쓴 단군과 고조선 연구』, 지식산업사.

동북아역사재단 북방사연구소(2018), 『고조선의 언어계통 연구-양웅의 『방언』
　　수록 고조선어 분석-』, 동북아역사재단.

룩 콴텐(1988), 『유목민족제국사』(송기중 역), 중판, 민음사.

류동식(1992), 『한국 무교의 역사와 구조』, 8판, 연세대학교 출판부.

리지린·강인숙(1988), 『고구려 역사』, 논장.

리지린(1989), 『고조선 연구』, 열사람.

미르시아 엘리아데(1985), 『종교형태론』(이은봉 역), 3판, 형설출판사.

박시인(1970), 『알타이 인문 연구』, 서울대학교출판부.

_____(1970), 『알타이 문화사 연구-한국편』, 탐구당.

_____(1980), 『알타이 신화』, 삼중당.

박용숙(2010), 『샤먼 제국』, 소동.

배우리(1994), 『우리 땅 이름의 뿌리를 찾아서』 1·2, 토담.

서긍(2005), 『고려도경』(조동원 번역), 황소자리.

서길수(2019), 『고구려의 본디 이름 고구리』, 여유당.

서정범(1996), 『우리말의 뿌리』, 2판, 고려원.

_____(2018), 『새국어어원사전』, 신판 1쇄, 보고사.

스가야마 마사아키(1999), 『유목민이 본 세계사』(이진복 옮김), 학민사.

신동흔(2004), 『살아있는 우리 신화』, 한겨레신문사.

신채호(1982), 『조선상고사』, 문공사.

안호상(1979), 『단군과 화랑의 역사와 철학』, 사림원.

양주동(1986), 『증정 고가 연구』, 중판, 일조각.

우실하(1998), 『전통문화의 구성 원리』, 소나무.

유 엠 부찐(1990), 『고조선: 역사 고고학적 개요』, 소나무.

유창순(1997), 『이조어 사전』, 12판, 연세대학교 출판부.

윤내현(1989), 『한국고대사신론』, 6쇄, 일지사.

_____(1995), 『고조선 연구』, 일지사.

_____(1995), 『고조선 우리의 미래가 보인다』, 민음사.

_____(1998), 『한국 열국사 연구』, 지식산업사.

이기문(1986), 『국어사 개설』, 개정판 19쇄, 탑출판사.

이남덕(1987), 『한국어 어원 연구 I』, 제2쇄, 이화여자대학교 출판부.

_____(1995), 『한국어 어원 연구 II』, 제2쇄, 이화여자대학교 출판부.

이덕일 외(2024), 『온 국민을 위한 대한민국 역사 교과서 1』, 한가람역사문화연구소.

이도학(1997), 『새로 쓰는 백제사』, 푸른역사.

이병선(1988), 『한국고대국명지명연구』, 아세아문화사.

_____(1996), 『일본고대국명지명연구』, 아세아문화사.

이옥(1986), 『고구려 민족 형성과 사회』, 재판, 교보문고.

이은봉 엮음(1986), 『단군신화 연구』, 온누리.

이정훈(2019), 『고구려의 국제정치 역사 지리』, 주류성.

이형구 엮음(1994), 『단군을 찾아서』, 살림터.

전원철(2016), 『고구려-발해인 칭기스칸』 1~2, 비봉출판사.

정수일(2001), 『실크로드학』, 창작과비평사.

_____(2005), 『이슬람 문명』, 7쇄, 창비.

정진명(2023), 『어원으로 본 한국 고대사』, 학민사.

조흥윤(1986), 『한국의 무(巫)』, 4판, 정음사.

주강현(1996), 『우리 문화의 수수께끼』, 한겨레신문사.

주학연(2020), 『진시황은 몽골어를 하는 여진족이었다』(문성재 역주), 3쇄, 우리역사연구재단.

천관우 편(1975), 『한국 상고사의 쟁점』, 일조각.

천소영(1990), 『고대국어의 어휘 연구』, 고려대학교 민족문화연구소.

최광식(1994), 『고대 한국의 국가와 제사』, 한길사.

최춘태(2017), 『갑골음으로 잡는 식민사학·동북공정』, 북랩.

허웅(1985), 『국어 음운학』, 샘문화사.

언어는 역사의 유물일 수 있는가?

이 책은 이 질문에서 시작된다. 역사학은 기록과 유물을 통해서 지난날을 재구성하는 학문이다. 그러므로 늘 기록과 유물이라는 한계 안의 작업이 되고, 기록과 유물은 역사학을 가두는 굴레가 된다. 특히 자료가 적은 고대사는 이런 굴레의 제한이 더욱 크고, 특히나 한국의 고대사는 자료가 없으니 자료보다 그것을 해석하는 의견이 더욱 많아, 학문인지 해석학인지 소설인지 알 수 없는 경우가 많다. **그런데 중요한 것은, 역사 기록이 '언어'로 되었다는 점이다.**

어원으로 본 한국 고대사

글 · 정진명

이 책은 어원 연구를 중심으로 한국 고대사에 나오는 인명 지명 국명 관명이 어떤 뜻인가 밝히고, 그것을 토대로 단군조선부터 삼국시대까지 여러 국가의 건국 과정과 사회 구성체의 성격을 설명한다. 학문융합이 대세인 오늘날에, 어원학과 역사학이 만날 때 역사가 어떻게 새롭게 해석될 수 있는가 하는 것을 잘 보여준다.

값 26,800원
ISBN 978-89-7193-268-1 (03910)